丛书总主编／马怀德

中国政法大学新兴交叉学科研究生精品教材

娱乐法导论

主　编◎刘承韪

副主编◎刘　毅　武玉辉

撰稿人◎刘承韪　李梦佳　孙　毅

张羽霄　周　冲　王瑞奇

王　康　赵一洲　谢　妮

刘文杰　张艺璐　陈海金

YULEFA DAOLUN

中国政法大学出版社

2021·北京

图书在版编目（ＣＩＰ）数据

娱乐法导论/刘承韪主编. —北京：中国政法大学出版社, 2021. 11
ISBN 978-7-5764-0114-1

Ⅰ.①娱…　Ⅱ.①刘…　Ⅲ.①文化事业－法律－研究－中国　Ⅳ.①D922.164

中国版本图书馆CIP数据核字(2021)第200893号

出　版　者	中国政法大学出版社
地　　　址	北京市海淀区西土城路 25 号
邮　　　箱	fadapress@163.com
网　　　址	http://www.cuplpress.com (网络实名：中国政法大学出版社)
电　　　话	010-58908435(第一编辑部) 58908334(邮购部)
承　　　印	保定市中画美凯印刷有限公司
开　　　本	720mm×960mm　1/16
印　　　张	38.5
字　　　数	691 千字
版　　　次	2021 年 11 月第 1 版
印　　　次	2021 年 11 月第 1 次印刷
印　　　数	1～3000 册
定　　　价	98.00 元

作者简介

电影产业法部分：

刘承韪，中国政法大学教授、博士生导师，北京市文化娱乐法学会常务副会长，研究领域为娱乐法、合同法、比较法等。

李梦佳，中国音乐学院讲师，中国政法大学法学博士，北京市文化娱乐法学会理事，研究领域为娱乐法、著作权法、人格权法等。

孙毅，中国政法大学教师，研究领域为娱乐法、体育法。

张羽霄，加拿大麦吉尔大学法学院博士生，研究领域为著作权法、比较法。

电视产业法部分：

周冲，中央广播电视总台主任编辑，研究领域为传播法、传媒经济学。

王瑞奇，中国政法大学讲师，研究领域为传播法、互联网治理等。

王康，中国政法大学比较法学研究院博士生，研究领域为比较法、信托法。

音乐产业法部分：

赵一洲，中国人民大学法学院博士研究生，加利福尼亚大学洛杉矶分校娱乐法硕士，北京市文化娱乐法学会理事、音乐产业法律专业委员会委员，研究领域为知识产权法、娱乐法。

谢妮，互联网公司版权法律顾问，研究领域为音乐版权法。

游戏产业法部分：

刘文杰，中国政法大学教授，北京知识产权司法保护研究会副会长，北京市文化娱乐法学会常务理事，研究领域为网络法、知识产权法、人格权法等。

网络视听法部分：

张艺璐，中国政法大学博士，北京市文化娱乐法学会会员，研究领域为民商法等。

陈海金，律师，专利代理师，北京市文化娱乐法学会第一届理事会理事，研究领域为知识产权、娱乐法、合同法、公司法等。

统稿和校对：

刘承韪，中国政法大学教授、博士生导师，北京市文化娱乐法学会常务副会长，研究领域为娱乐法、合同法、比较法等。

刘毅，北京理工大学法治研究中心主任，北京市文化娱乐法学会常务副会长、秘书长，研究领域为娱乐法、法理学、比较法等。

武玉辉，北京市里仁律师事务所首席合伙人，北京市文化娱乐法学会副会长，研究领域娱乐法。

总　序

　　2017 年 5 月 3 日，在中国政法大学建校 65 周年前夕，习近平总书记考察中国政法大学并发表重要讲话。他强调，全面推进依法治国是一项长期而重大的历史任务，要坚持中国特色社会主义法治道路，坚持以马克思主义法学思想和中国特色社会主义法治理论为指导，立德树人，德法兼修，培养大批高素质法治人才。推进全面依法治国既要着眼长远、打好基础、建好制度，又要立足当前、突出重点、扎实工作。建设法治国家、法治政府、法治社会，实现科学立法、严格执法、公正司法、全民守法，都离不开一支高素质的法治工作队伍。法治人才培养上不去，法治领域不能人才辈出，全面依法治国就不可能做好。

　　习近平总书记强调，没有正确的法治理论引领，就不可能有正确的法治实践。高校作为法治人才培养的第一阵地，要充分利用学科齐全、人才密集的优势，加强法治及其相关领域基础性问题的研究，对复杂现实进行深入分析、作出科学总结，提炼规律性认识，为完善中国特色社会主义法治体系、建设社会主义法治国家提供理论支撑。法学学科体系建设对于法治人才培养至关重要。我们有我们的历史文化，有我们的体制机制，有我们的国情，我们的国家治理有其他国家不可比拟的特殊性和复杂性，也有我们自己长期积累的经验和优势，在法学学科体系建设上要有底气、有自信。要以我为主、兼收并蓄、突出特色，深入研究和解决好为谁教、教什么、教给谁、怎样教的问题，努力以中国智慧、中国实践为世界法治文明建设作出贡献。对世界上的优秀法治文明成果，要积极吸收借鉴，也要加以甄别，有选择地吸收和转化，不能囫囵吞枣、照搬照抄。

当前，我们正处于中华民族伟大复兴战略全局和世界百年未有之大变局之中，面对深刻的社会变革、复杂的法治实践和日新月异的科技发展，我们必须清醒认识到，我国法学学科体系存在学科结构不尽合理、社会急需的新兴学科供给不足、交叉融合不够、学科知识容量亟待拓展等深层次问题，需要加快构建具有中国特色和国际竞争力的法学学科体系。正如习近平总书记深刻指出的那样："我国高校学科结构不尽合理，课程体系不够完善，新兴学科开设不足，法学与其他学科的交叉融合不够。"近年来出现的教育法、网络法、卫生法、体育法、能源法、娱乐法、法律与经济等新兴法律领域和交叉学科，已经开始挑战固有的法学学科秩序，带来法学学科创新发展的新机遇。健全法学学科体系，重点在于创新法学学科体系，必须大力扶植法学新兴学科和交叉学科的发展。学科体系建设同教材体系建设密不可分。要培养出优秀的法治人才，教材体系建设是重要基础性工作。中国政法大学作为中国法学教育的最高学府，可以利用其学科齐全、人才密集的优势开展法学新兴交叉学科教材的编写工作，促进法学新兴交叉学科的建设。

编写法学新兴交叉学科教材是落实全面依法治国要求，大力发展法学新兴交叉学科的需要。十八大以来，全面依法治国进入快车道，对法学学科体系建设提出了新要求，构建中国特色法学体系特别是学科体系、教材体系刻不容缓。2020年9月，教育部等三部委联合下发了《关于加快新时代研究生教育改革发展的意见》，该意见明确提出，要加快学科专业结构调整、加强课程教材建设。推进法学新兴交叉学科发展、加强法学新兴交叉学科教材建设，是我校落实全面依法治国要求、加快法学学科体系和法学课程教材建设的应有之义和具体措施。

编写法学新兴交叉学科教材是推动法学教育事业，培养复合型、创新型人才的需要。随着经济社会快速发展，社会急需复合型、创新型人才。在法学领域，急需既懂法律，又懂专业技术和其他社科知识的复合型、创新型人才。特别是熟悉监察法、党内法规、大数据、人工智能、共享经济、数字货币、基因编辑、5G技术等方面的人才奇缺，研究也不深入。为此，急需建立一批法学新兴交叉学科专业，开设更多新兴交叉学科课程，努力培养社会急需的复合型、创新型法治人才。中国政法大学在回应新技术革新对法治的挑战，培养创新型、复合型人才方面一直在积极探索、努力耕耘。近年来，我校相继设立了一批科研机构（包括数据法治研究院、资本金融研究院、互联网金融法律研究院、党内法规研究所等），开设了一批新兴交叉学科课程。为发展新兴交叉学科，推动法治人才培养取得实效，必须推进法学新兴交叉学科教材建设。

编写法学新兴交叉学科教材是引领世界法学学科发展潮流，构建中国特色法学学科体系的需要。近年来，许多国家法学新兴交叉学科发展迅速。例如，美国推动法经济学、法社会学、法政治学、法心理学、法人类学等新兴交叉学科建设，在世界范围内产生较大影响。中国要引领法学学科发展，必须打破法学内部的学科壁垒，扩充法学学科的知识容量，推进法学和其他学科的交叉与融合。习近平总书记指出，要按照立足中国、借鉴国外，挖掘历史、把握当代，关怀人类、面向未来的思路，体现继承性、民族性、原创性、时代性、系统性、专业性，加快构建中国特色哲学社会科学。我们要在借鉴国外有益经验的基础上，努力建设既体现中国特色、中国风格、中国气派，又具有国际竞争力，能够引领世界发展潮流的法学学科体系。

推出这套法学新兴交叉学科精品教材，希望可以积极推动我国法学教育新的发展方向，做法学新兴交叉学科建设的探路者。我们深知，合抱之木，生于毫末；九层之台，起于累土。希望这套精品教材的推出能够成为一个良好开端，为推进我国法学新兴交叉学科发展尽绵薄之力。经过一段时间的努力，相信一定能够建成具有中国特色、中国风格、中国气派，符合时代要求、引领世界法学学科发展的我国法学新兴交叉学科。

是为序。

马怀德

2021 年 9 月 9 日

编写说明

❦

　　第一章概论部分由刘承韪总负责；第二章电影产业法部分由李梦佳总负责，刘承韪、孙毅、张羽霄参与；第三章电视产业法部分由周冲总负责，王瑞奇、王康参与；第四章音乐产业法部分由赵一洲总负责，谢妮参与；第五章游戏产业法部分由刘文杰总负责；第六章网络视听产业法部分由张艺璐总负责，陈海金参与。

编　者
2021 年 6 月

目录 Contents

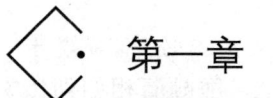

· 第一章 ·

概论：娱乐法的概念、内容与体系*

　　近些年来，在文化产业振兴计划和《中华人民共和国电影产业促进法》（以下简称《电影产业促进法》）的刺激和促进之下，我国娱乐产业发展迅猛，各电视台电视模式百花齐放，电视剧产量连续多年位居全球第一。电影票房持续增长，2019 年全国电影总票房达到 642.7 亿元，稳居世界第二。电影产量不断增加，稳定在一千余部。全国电影银幕总数达到 69 787 块，稳居世界第一。与此同时，我国游戏产业、音乐产业和演艺产业等文娱产业也都继续快速发展。比如 2019 年中国游戏产业市场实际销售收入达 2308.8 亿元，同比增长 7.7%。当然，我们也应当清楚地看到，在影视娱乐行业高歌猛进之时，我国娱乐产业领域的立法明显滞后，法律之治付之阙如，影视业之版权纠纷、违约纠纷、投资纠纷、名誉权纠纷纷扰不断；电视收视率造假、电影票房造假、网络点击量造假现象层出不穷；演艺行业从业人员偷税漏税、吸毒性侵等违法犯罪行为也屡见不鲜。娱乐产业秩序有待规范，娱乐产业的蓬勃发展势头与娱乐产业法律规则的缺失、混乱、滞后状况形成鲜明对照。并且之前的法律规则基本都散落在合同法、著作权法、侵权法等不同部门法中，有明显的碎片化特征。为了避免娱乐业野蛮生长，更好地促进娱乐业规范有序地发展，实现娱乐业的规则之治，有必要将散布在不同部门法中的、与娱乐业相关的规则提炼出来，形成统一的"娱乐法"，[①]并按照产业逻辑安排其内容体系，从而有助于娱乐法规范体系的构建和法律制度的适用。

---

* 本章主体内容来自刘承韪："中国影视娱乐法论纲"，载《法学杂志》2016 年第 12 期；刘承韪："娱乐法的规范意蕴与体系构建"，载《政法论坛》2019 年第 4 期。

① "娱乐法"共识概念在美国的形成也并非易事，甚至至今每年还都会有数百名法学院的学生和数千名未来的媒体领域的从业者不断地重复询问着同样一个问题："什么是娱乐法？" See Jon M. Garon, "Entertainment Law", 76 *Tul. L. Rev.* 559, 562 (2002). 同样的情景已经在中国不断上演。

一、娱乐法的概念

（一）所谓"娱乐"

娱乐法乃关于"娱乐"之法律，了解"娱乐"之本义实属必要。"娱乐"这一概念在中文里的意思就是要"使人快乐"，比如《史记·廉颇蔺相如列传》所载："赵王窃闻秦王善为秦声，请奏盆瓴秦王，以相娱乐。"古字典《说文解字》所载，"娱，乐也。从女，吴声。"而"娱"不仅发"吴"声，从词源上说，"娱"的本字就是"吴"。古汉语中的"吴"还是个象形字。金文中的"🙃"是由一个口和一个天组成的，像极了一个歪着脑袋、张着大口、吟唱娱乐的人。"吴"的"娱乐"本义消失后，以篆文"𥏇"再加"女"另造"娱"代替，娱字加上一个女，意在强调女子的歌舞角色，也就是说，女性更擅长歌舞。

英文的娱乐一词为"entertainment"，它的含义同样指向使人获得满足和喜悦（the attainment of gratification）。如约翰·F. 贝瑞（John F. Barry）和埃普斯·P. 萨金特（Epes P. Sargent）所言，娱乐业这个行业销售的就是"快乐"。就是说，娱乐一词不管是在中文语境还是英文语境下都有非常近似的含义，都是要使人快乐，皆为了传递快乐。因此，娱乐是一门有关快乐的学问，娱乐业是一个销售快乐的产业。

娱乐的话题在当今中国经济和社会文化转型的大背景下，有着十分重要的时代意义。大众娱乐是在人的基本物质需求满足之后的更高层次的精神需求，是生存之外的发展问题，是人民群众"美好生活"的重要内容。"人民对美好生活的向往"已经被确立为我们党的奋斗目标，在党的十八大被提出来。在党的十九大报告中，"人民美好生活"出现了 14 次之多。而娱乐消费已经成为"人民美好生活"的典型形态。在工作之余，到电影院去看看《流浪地球》，在电视上看《中国好声音》，戴上耳机用手机欣赏下汪峰的音乐，到网上追一下《白鹿原》等电视剧或网剧，到小剧场看看"开心麻花"的演出或去德云社听听郭德纲的相声，早上打开电视看看美职篮（NBA），每隔 4 年的夏天看看世界杯或奥运会，电影、电视、音乐、演出、游戏、体育等，都是我们日常生活中的娱乐形态，也是我们心目中的"人民美好生活"。

其实，不仅中国如此，在美国等西方国家对娱乐的强调也同样被认为是人们追求"美好生活"的体现。娱乐是大多数美国人生活的中心，同样也是美国经济的中心。[①]学者门德尔松研究后得出一个结论：人们对有充足的时间和金

---

① 根据《综艺杂志》的报道，娱乐业早在 2004 年就已经取代食品成为美国最大的出口产业。See Sherri L. Burr, *Entertainment Law In A Nutshell*, 4th ed., West Academic Publishing, 2018, introduction.

钱、不为劳动和需求所困、无忧无虑的"美好生活"的向往实际上是现代美国的一个超越所有阶层、得到普遍认同的价值观。[①] 大众娱乐在美国人民的美好生活中扮演了十分重要的角色，是比维持生存的物质需求层次更高的精神需求问题。美国的好莱坞、百老汇等文化娱乐市场也因此异常繁荣。而在困境中，人们寻求的往往是精神（如宗教）的支持，而非娱乐。不仅如此，大众娱乐还不断型塑着一个社会的流行文化、道德观念、经济现实和法律制度等多项内容。[②] 正如沃伦和布兰迪斯所说："政治、社会和经济的变化需要承认新的权利，而法律（普通法）在其永恒的青年时代，也在不断发展，以满足社会的需求。"[③] 娱乐法即是此种社会需求所催生的产物。

（二）娱乐法的由来与内涵

北京理工大学法学院刘毅教授深耕娱乐之法理，提出了"娱乐有理、娱乐有道、娱乐有度、娱乐有法"的主张，富有启发意义。对于他的这 16 字主张，我觉得，娱乐既然是"人民美好生活"的重要内容之一，那么娱乐自然是合理的。但娱乐的手段和途径要正当，娱乐的边界和底线要坚守，不能"娱乐至死"。这叫娱乐有道、娱乐有度。谁来划定娱乐的"道"和"度"的边界呢？当然是法律，即上文所说的"娱乐法"。

娱乐法是英文"Entertainment Law"的中译。娱乐法是美国的原创，这一概念已经有近 70 年的历史。与娱乐法相关的概念最早出现在《加利福尼亚法律评论》1954 年第 41 卷上。[④] 该卷是"娱乐产业与法"(Entertainment Industry and Law) 专刊。但是，娱乐法的术语此时还尚未明确，只是萌生娱乐法的相关主题和思想。但 1960 年出版的《权利与作者：文学作品与娱乐法手册》，就直接使用了娱乐法的词汇。[⑤] 这大概是最早出现娱乐法这个词的美国法律作品。20 世纪 80 年代，随着美国的规制政策、政治和媒体所有权关系的变化，美国的娱乐产业迎来了前所未有的发展契机。[⑥] 伴随着娱乐产业的大发展，娱乐法这一概念也正式出现在人们面前。1986 年，梅尔文·西蒙斯基(Melvin

---

① 熊倡："从娱乐的本体谈对电视娱乐化的认识"，载《新闻世界》2010 年第 S2 期。

② Jon M. Garon," Entertainment Law", 76 *Tul. L. Rev.* 559, 562 (2002).

③ See Samuel D. Warren & Louis D. Brandeis, "The Right to Privacy", 4 *Harv. L. Rev* 193, 193 (1890).

④ Adrian A Kragen, "Law and the Entertainment Industry: Introduction", 42 *Calif. L. Rev.* 1 (1954).

⑤ Zavin Harriet and Theodora Pipel, *Rights and Writers: A Handbook of Literary and Entertainment,* New York: E. P. Dutton, 1960.

⑥ 李清伟："娱乐法四题：诞生、概念、属性与原则"，载《上海大学学报（社会科学版）》2019 年第 1 期。

Simensky) 在《娱乐与体育律师》杂志上发表了《界定娱乐法》一文，首次界定了娱乐法的概念。[①] 它也随着美国娱乐产业的蓬勃发展而广为人知，并成为美国一个重要且独特的法律领域。

值得注意的是，娱乐法是娱乐与法律的结合，但娱乐与法律二者本身似乎是存在巨大张力的不同范畴。首先，娱乐是主观的，它作为人类的一种文化现象，更多的是对现实的一种反思、超越乃至叛逆，具有鲜明的主观性和任意性；法律则是人类社会的一种日常行为规则，具有很强的客观性和规律性，因此作为现实的法律和作为想象的娱乐，总显得有些风马牛不相及。[②] 其次，娱乐通常是活泼的，是各种社会文化艺术活动的总称，有着丰富的表现形式，比如电影、电视、戏剧、游戏、音乐、舞蹈、体育等不计其数的活泼形态，即只要有助于创造和传播快乐并在合法限度内，那么就可以无所不包；但法律相对而言却具有严肃性，其严肃性来自法律对于社会秩序的构筑和坚守。最后，娱乐主要是一种玩乐之术，目标在于创造和传递快乐，而法律的目标在于让人学会自律和守法，学会建立和遵循规则之治。也就是说，娱乐是活泼的，法律是严肃的；娱乐是感性的，法律是理性的；娱乐是行为，法律是规则。

但娱乐与法律等严肃主题并非不能融通。在现代西方国家，代表玩乐的娱乐一词也开始与代表严肃学习的教育一词相互接近，二者之间的界限也开始变得模糊，尤其是当娱乐越来越具有教育意义、教育越来越采取轻松愉悦的方式的时候，融合教育（Education）和娱乐（Entertainment）的一个全新词语出现了，这便是取教育的前半部和娱乐的后半部而组合起来的新词"Edutainment"，我们可称之为大写的 E 时代的娱乐。也就是说新时代的娱乐不仅仅是传统的玩乐，还可以包含教育、学习、治理、反思等非常严肃的内涵。比如莎士比亚的戏剧名作《哈姆雷特》，开篇就提出引人思考的"生存还是毁灭"的重大哲学问题；再比如好莱坞大片《黑客帝国》和《银河系漫游指南》等科幻电影也同样都触及生活的意义、娱乐的伦理、人工智能、多元世界等教育、科学、哲学类严肃话题。与此相仿，看似活泼的娱乐与看似严肃的法律也开始相互靠近与结合，二者天性上的张力逐步得以消解，这主要源于娱乐产业化对法治和规则的需求，以及社会治理法治化的不断扩张与强化，并最终促成了娱乐法这一独特法律领域的诞生。可见，娱乐与教育、法律等传统严肃主题实际上在现代社会已经相互融通、难分你我。

---

① Melvin Simensky, "Defining Entertainment Law", 4 *Ent. & Sports Law.* 13, (1986).

② 朱海波："娱乐法的基本问题——以美国法为参照"，载《宁波广播电视大学学报》2008 年第 4 期。

因此，娱乐法的概念也一定会像"民法""宪法"等这些我们今天耳熟能详的基本法律概念一样，逐渐被国人所熟悉和接受。正如在一百多年前的清末修律时，中国人对几乎所有现代法学基本概念都觉得陌生，因为我们传统文化中有法有律但没有法律的概念、有民有法但没有民法的概念、有宪有法但没有宪法的概念。日本法学家利用中国汉字翻译西方法学、政治学经典文献的过程中，才把这些专业术语确定了下来，[①]并逐步为中国所继受。在其后一百多年的社会发展过程中，这些词汇也逐渐被大众所熟悉，并且也影响了我们的日常生活，型构了整个社会的秩序。同理，我们对娱乐法概念的接受也当然需要一个由陌生到熟悉再到接受的过程。当中国电影票房稳居世界第二、电影银幕位居世界第一、电视剧产量位居世界第一之时，我们已经完全有资格、有能力为娱乐法的概念和规则在中国的本土化贡献力量。娱乐法学者、律师、法官等法律群体都在时刻关注该产业的发展和法律规则体系的建构，所以娱乐法本身在一点一点地生长，关于娱乐法的共识也在一点一点地达成。

从含义上来讲，娱乐法是为整个娱乐产业保驾护航的法律规范系统的总称。它主要是由合同法、著作权法、侵权行为法等多个传统门类的单行法组合而成的，并且适用于大量与众不同的娱乐产业领域。[②]娱乐法主要包括关于娱乐产业运转的合同法、关于核心资产保护的著作权法、关于从业人员人格权保护的侵权法、关于资金大量进入和退出的投融资法，还有一个中国特色的产业规制和行政管理法，下文详解之。

二、娱乐法的内容

从涵盖的内容上来看，娱乐法涉及合同法、著作权法、商标法、侵权责任法、担保法、投融资法、广告法、劳动法、行政管理法和国际法等多个传统法律部门的内容。上述不同法律部门规范之所以能够统摄于影视娱乐法这一大标题之下，是因为其间有可遵循之法理与逻辑。

（一）娱乐法三要素：人、财、物

影视娱乐法的第一要素的人，主要是指娱乐行业的从业人员。它包括著作权法视为"权利人及作者"的作家、编剧、导演、作曲、摄影、演员、制片人、监制、创意总监等，当然也包括商务统筹、独立经纪人、演员经纪机构、行业

---

① ［日］穗积陈重：《法窗夜话》，吉田庆子等译，中国法制出版社 2015 年版，第 115~127 页。

② ［英］安尼·雅克："英美两国娱乐法概况——有关演员声望和名次的法律的产生"，莱夫译，载《英美法律评论》1988 年第 1 期。

协会、影视后期制作人和歌手巡演服务商等特殊主体。娱乐作品是技术密集、创意密集型的事业，参与主体众多。以电影为例，一部优秀的电影作品需要编剧好的剧本创意、制片人融资与整体协调、导演高超的拍摄技术、演员精湛的演技，此外，随着 3D、IMAX 等新兴科技融入电影，各类后期技术人员亦对电影成品作出巨大贡献。人是影视娱乐法至为关键的要素，没有人的发起和参与，影视娱乐法的一切皆无从谈起。娱乐法首先要关注娱乐行业从业人员的角色和权利义务，并加以规范和保护。

娱乐法的第二要素的财，主要是指支撑娱乐行业运转的资金。任何行业的运转都需要资金的支持，中国以前的娱乐产业在资金成本方面规模较小，但近年来中国的电影产业的规模表明中国电影工业的雏形正在形成，其中资本对推动电影产业的建立起到了至关重要的作用。可以说，当下的中国娱乐产业已经逐步走向好莱坞模式，即资本和产业是"唇齿相依"的关系，二者的相互依存度越来越高，资本的运作是娱乐产品的重要基础。当然，如何在法律的框架内有效而安全地引入资金、如何友好而公正地进行收益分配、如何让资本与娱乐产业"相爱而不相杀"就成为中国未来娱乐行业依法规范运作的重要命题。

娱乐法的第三要素的物，主要是指娱乐行业以著作权为主的知识产权（IPR）。这些著作权包括小说、剧本、影视作品、音乐作品、游戏软件等无形资产，它们正是著作权法所保护的客体，也是娱乐行业健康蓬勃发展的关键所在。在当代社会，以著作权为主的知识产权也可以称作是娱乐行业的核心资产，其重要性一点都不亚于上述的娱乐行业从业人员和运转资金。实践中有很多电影是从一部小说或剧本的 IP 开始的，有很多电视节目是从引进国外的某一电视版式开始的（比如"中国好声音"节目）。除了著作权外，娱乐行业的物还包括各种创意、商标权、影视作品片名、角色商品化权等值得法律保护的无形资产。作为娱乐业核心资产的知识产权决定了产业发展的起点和高度，对知识产权的法律保护则决定了娱乐产业未来发展的潜力和是否可持续。

（二）娱乐法的生命线：合同

美国娱乐法专家伯尔（Sherri Burr）说，合同是电影行业的生命线。其实，不仅是电影行业，合同可以说是整个娱乐产业的生命线。娱乐行业的所有事情都是通过合同加以运转的（In the entertainment industry, everything operates under a contract）。就电影行业来说，购买小说 IP 需要合同、委托编剧创作作品需要合同、雇佣演员等制作人员需要合同、制作拍片过程需要多种合同、引进资本需要合同、发行电影需要合同、电影公映需要合同、票房分账需要合同。没有合同的连接，电影产业根本无法运转。对于整个娱乐行业，道理亦同。这也就是美国法学院讲授娱乐法的教授会说"娱乐法 90% 以上是合同法"的原因所在。娱乐法中的合同贯穿整个娱乐产业链，其中仅影视类合同就可以包括如下常见的众多合同类型：文学作品影视拍摄与改编许可合同、影视剧本委托创作合同、影视剧本版权转让合同、影视剧本等信息保密合同、影视剧投资与制作合作意向书、电视剧投资合作合同、电影投资合作合同、影视剧委托承制合同、影视剧音乐使用许可合同、影视剧歌曲委托创作合同、影视剧主题歌演唱合同、影视剧场景搭建工作任务承包合同、影视剧组车辆租用合同、影视剧组餐食供应合同、影视剧赞助合同、影视剧拍摄场地合作合同、影视剧政府资助合同、影视拍摄素材使用许可合同、影视剧导演聘用合同、影视剧演员聘用合同、影视剧美术指导聘用合同、影视剧监制聘用合同、影视剧制片主任聘用合同、影视剧未成年演员聘用合同、配音演员聘用合同、电影总发行委托合同、电视剧总发行委托合同、动漫作品卡通形象使用许可合同、影视企业版权质押合同、影视企业应收账款质押合同等。总之，合同是娱乐产业的财富代表、运转之基和生命之线。

（三）娱乐法的中国特色：管制与审查

尽管我国电影电视行业的市场化和产业化改革已经推行多年，但由于该行业与我国的新闻出版、媒体传播、思想宣传等管制性领域关系紧密，所以中国的娱乐行业法律始终包含有较大数量的管制与审查内容，娱乐法的管制性公法色彩较为浓厚。目前我国影视领域主要就是依靠《电影管理条例》《广播电视管理条例》等行政法规、部门规章和广电总局的各种法律文件（比如近些年的各种禁令）来规范，效力层级较低、管制色彩较浓。比如 2002 年 2 月 1 日起施行的《电影管理条例》，共 8 章 68 条，其中绝大多数涉及电影的制片、进口、出口、审查、发行和放映等环节的管理规范，仅在第 11 条和 15 条等少数几个条文中规定了电影制片单位的独立法人资格、电影著作权等私法事项，对于娱乐法领域的重头戏即娱乐产业私法事项关注甚少。当然，娱乐法即使在美国也同样经历过严格管制与审查的阶段，美国也有着自己的"从剪刀手到守夜人"的电影审查制度的变迁史。让人高兴的是，中国娱乐法近年已经开启了从意识形态浓烈的管制法向产业促进法迈进的篇章，在 2016 年 11 月 7 日经全国人大常委会第二十四次会议上通过的《电影产业促进法》，即其著例。《电影产业促进法》是电影行业的"宪法"，又是我国文化产业领域的第一部法律，是确立和引领整个电影行业未来发展方向的纲领性文件，被整个电影界行业寄予厚望。刚刚通过的经全国人大常委会多次审议的《电影产业促进法》草案充分体现了简政放权的"产业促进之法"的精神，既倡减免行政审批之治，又兴产业促进之举。减免行政审批的规定体现在取消了 2 项、下放了 5 项行政审批：一是鼓励企业、其他组织从事电影摄制活动，未新设行政审批项目，同时还取消了电影制片单位审批、《电影摄制许可证（单片）》，只保留《电影公映许可证》；二是简化了电影剧本审查制度，取消一般题材电影剧本的审查，只需将电影剧本梗概予以备案；三是降低了有关电影活动的准入门槛，下放了电影摄制审批、特殊题材电影剧本审批、电影公映审批、电影放映审批和举办涉外电影节（展）审批；四是简化了行政审批程序，并进一步规范了电影审查标准的制定和公开程序。《电影产业促进法》倡导产业促进之举的措施则体现在：一是各级政府将电影产业发展纳入本级国民经济和社会发展规划，国家制定电影及相关产业政策；二是国家支持创作、摄制各类优秀国产影片，地方政府对电影创作、摄制提供必要的便利和帮助；三是在财政、税收、土地、金融、用汇等方面对电影产业采取优惠措施，激励资本投入、降低运作成本；四是积极扶持电影科技研发、公益放映、人才培养、境外推广等事业发展，为电影产业发展夯实工业基础、培育人才梯队、拓展电影市场空间。即便如此，管制与审查仍将是中国娱乐法若干年内无法绕开的重要话题，未来是否会采纳国外相对成熟的电影分级制度来缓解电影审查制度的刚性值得期待。

三、娱乐法的独特法源与规范分层

作为一个法律规范系统的娱乐法有着自己独特的法源。从法理学上来说，法源即法律渊源，是指法的来源或法的栖身之所，其源于欧洲大陆古罗马的Fontes iuris，普遍使用"法的渊源"一词的是英美法系的学者。娱乐法的法源之所以特殊，是因为娱乐产业具有参与主体众多、覆盖面广、创新程度高、领域多重细分、法律关系复杂等特点，在此基础上形成的娱乐法渊源必然是一个盘根错节的复杂系统。[①] 再加上我国娱乐法刚刚处于起步阶段，所以尽管其从规范形式上总体涵盖法律规则、法律原则和商业惯例三个层次的法律渊源，但中国娱乐法的三层次法律渊源及其规范系统都十分独特，需要我们正视、整理和分析其所存在的问题并在三种层次上分别提升和不断完善。

（一）丰富和充实娱乐法规则，为娱乐产业提供制度支撑

娱乐法规则是娱乐法规范系统中的核心内容，其控制并规范娱乐业商业实践，划定合法行为的边界，并创造一个全新的法律领域。但由于中国娱乐业和娱乐法起步较晚，娱乐法规则异常缺乏，娱乐产业最常说的一句话就是，这个

---

① 程麒台："论以《电影产业促进法》为核心的中国电影法渊源"，载《电影艺术》2017 年第 1 期。

行业最缺乏法律规则。从业人员最苦恼的事情便是其业务活动因为娱乐法规则的缺乏而额外增加很多的成本和风险。很多对于好莱坞来说司空见惯也严格恪守的娱乐法规则（比如演艺经纪合同最高年限、分成比例等），在中国产业实践中都是空白，无法可依。同时，现有的娱乐法规范性文件也存在效力层级太低和内容陈旧落后的明显弊端。抛开那些散布在合同法、著作权法等部门法中的碎片化的娱乐业基础法律规则不谈，在电影、电视、音乐、演出、网络视听、游戏等所有娱乐产业中，只有 2017 年开始实施的《电影产业促进法》算是娱乐产业中的唯一一部法律，其他多是办法、规定甚至通知这样的效力层次很低的规范性文件。不仅如此，我国娱乐法规则多数还处于从娱乐事业到娱乐产业的过渡阶段，以行业管理性规范为主，产业发展规范十分缺乏，像电影法一样通过《电影产业促进法》成功完成其产业法转型的范例并不多见。其中，广播电视法就非常典型，在不多的电视法规范文件中，基本都是节目制作的管理规定、节目引进的管理规定、电视播放的管理规定、电视设施技术的管理规定、电视广告的管理规定、电视台的管理规定等。因此，我们十分有必要把丰富和充实娱乐法规则作为娱乐产业发展的首要任务来看待，在参考国外经验的基础上应该多想想如何在中国建立起系统而规范的影视制作、发行、放映体制规则；如何通过美国式的完片担保、保底发行、票房分账等制度规则推进影视作品的生产和交易；如何建立起规范的经纪人制度、工会或协会制度以有效保护广大从业人员的权益并促进影视行业的健康发展，这些都是我们未来应该努力的方向。

（二）概括和归纳娱乐法原则，为娱乐产业提供指导纲领

每个法律领域或法律部门都有自己的指导性原则。娱乐法原则应该是集中体现娱乐法的理念、价值与目标，贯穿整个娱乐法律体系，对娱乐法的立法、司法和执法都具有普遍指导作用的一般原则，一般应具备法律性、统率性、概括性和特殊性等属性。[1]笔者认为，娱乐法原则可以从人、财、物三要素出发，归纳出如下三个原则：

第一个原则是关于从业人员的"德艺双馨"原则。德艺双馨是对电影从业人员的职业要求，"德艺双馨"中的"德"，就是符合社会主义核心价值观的社会公德、职业道德和家庭美德；"德艺双馨"中的"艺"，就是艺术才华有行业共识，有群众口碑。该原则写进了《电影产业促进法》第 9 条中，旨在鼓励娱乐产业创作者既要具备良好的品德，也要体现不断精进的艺术才能。

---

① 解志勇："卫生法基本原则论要"，载《比较法研究》2019 年第 3 期。

知名的娱乐产业从业者作为公众人物，更应该严于律己，做好表率。为进一步净化从业环境、营造良好从业氛围，新闻出版广电总局于2014年9月底发布《国家新闻出版广电总局办公厅关于加强有关广播电视节目、影视剧和网络视听节目制作传播管理的通知》，正式对劣迹艺人提出封杀令，明确要求各级广播电视播出机构不得邀请有吸毒、嫖娼等违法犯罪行为者参与制作广播电视节目；暂停播出有吸毒、嫖娼等违法犯罪行为者作为主创人员参与制作的电影、电视剧、各类广播电视节目以及代言的广告节目。这些都是德艺双馨原则的具体落实。

第二个原则是关于产业资本的"经济效益与社会效益相统一"原则。娱乐产业作为推动市场经济发展的重要产业之一，经济效益是其天然的追求。而娱乐产业本身所承载的文化价值，也决定其同样创造着社会效益，两者是辩证统一的关系。近些年来，资本对于我国娱乐产业发展的推动起到了至关重要的作用。[1] 而此时，经济效益与社会效益相统一原则便可以起到调节资本介入与产业发展关系的重要作用，实现企业经济效益和公众社会效益的最佳平衡，有利于娱乐产业在新时期的健康有序发展。

第三个原则是关于娱乐作品的"鼓励创作"原则。好莱坞的辉煌离不开其强大的内容生产能力。娱乐法应当建立各种机制来保证娱乐产业的内容生产能力和娱乐作品的高水平创作能力，因为这事关娱乐产业的创造性和生命力。其实，我国《中华人民共和国宪法》（以下简称《宪法》）第47条对鼓励创作作出过原则性的规定，"国家对于从事教育、科学、技术、文学、艺术和其他文化事业的公民的有益于人民的创造性工作，给以鼓励和帮助。"娱乐法的鼓励创作原则是对于《宪法》第47条的落实。《电影产业促进法》更进一步，在第4条规定了以人民为中心的创作导向，规定了坚持百花齐放、百家争鸣的方针，规定了尊重和保障创作自由的高度姿态，规定了三贴近（贴近实际、贴近生活、贴近群众）和三性统一（思想性、艺术性、观赏性）的创作要求，是对鼓励创作原则的具体解读。

（三）整理和提炼行业习惯，为娱乐产业提供软法标准

娱乐业的商业习惯和惯例是确保娱乐业高效运转和商业运作的有利可图的重要法源，[2] 因为在娱乐法领域，商业比法律更具有主导地位。[3] 并且由

---

① 蒋洁琼："资本与电影产业进入'磨合期'"，载《中国证券报》2016年6月13日，第A09版。

② Jeffery A. Helewitz, Leah K. Edwards, *Entertainment Law*, Thomson, 2004, xvii.

③ Melvin Simensky, "Defining Entertainment Law", 4 *Ent. & Sports Law*. 13, 13 (1986).

于作为正式法源的我国娱乐法尚处于形成发育之中，因此我们更要注意汲取和提炼娱乐产业的大量实践做法和行业惯例，并把它们上升为娱乐法规则和《电影产业促进法》等娱乐法规范文件。现阶段行业习惯对于娱乐法的重要性，无论怎么强调都不过分。由于传统法律部门都是以逻辑而非经验为基础加以构建，因此传统法律部门对于娱乐产业领域中的法律问题通常没有针对性规定，用这些法律来解决娱乐法问题，也如隔靴搔痒，难得正解。所以，我们应该在娱乐法的概念和框架体系下，积累、分析和梳理行业实践案例、正视和发掘娱乐产业的术语、习惯和惯例，逐步将他们提炼并上升为法律标准、法律原则和法律规则，以此为基础丰富和完善娱乐法的内容和体系。例如，有一个案件中双方合同约定，电影上映后的 30 天内不得制作发行该电影的录像制品，因为这会影响票房。后来双方对于"上映"的理解发生了争议。即如何来确定上映的时间点？上映跟所谓的"点映""首映""公映"等一系列概念是否有区别？实际上，把行业中的一些普遍做法吸取到娱乐法中，将大大有助于行业从业者的行为规范和纠纷解决。又如，袁立与浙江卫视《演员的诞生》栏目组的争议。当时问到一个关于真人秀节目的内定晋级的问题，袁立称有人承诺她可以晋级第二轮，但后来没有实现。所以这就涉及内定晋级条款的效力问题。这也充分暴露了娱乐产业的大量活动，通常都没有系统而明确的法律规则，多数依靠行业习惯加以评判。但这些行业习惯良善与否、是否合理、能否产生行业约束力，要看其是否符合"多年惯行之事实及普通一般人之确信"[1]这两个必要条件，也都需要经过公序良俗原则等法律原则的衡量和评价。[2]然后才可能成为法源，并进而升华为娱乐法的标准与规范。当然，这样的行业习惯或习惯法的整理与提炼也是浩大的工程、艰巨的事业。1929~1930 年的《中华民国民法典》在将习惯作为重要的法源之后，前南京国民政府的司法行政部耗费了巨大的人力物力进行了民事习惯调查，并编纂而成近千页的《民事习惯调查报告录》，[3]以期助力《民法典》的落地实施。此事对于我们的启示是，娱乐法一定要特别重视对行业习惯和实践惯例的萃取和提炼，其行业习惯的法源地位要比其他成熟的法律领域更为重要。

---

① 胡长清：《中国民法总论》，中国政法大学出版社 1997 年版，第 30~31 页。
② 参见《中华人民共和国民法典》（以下简称《民法典》）第 10 条：处理民事纠纷，应当依照法律；法律没有规定的，可以适用习惯，但是不得违背公序良俗。
③ 前南京国民政府司法行政部编：《民事习惯调查报告录》，中国政法大学出版社 2005 年版。

四、娱乐法的学科归类与法律属性

（一）娱乐法的学科类别

所谓学科门类（Fields of Disciplines of Conferring Academic Degrees），是对具有一定关联学科的归类，是授予学位的学科类别。根据国务院学位委员会、教育部 2009 年《学位授予和人才培养学科目录设置与管理办法》和《学位授予和人才培养学科目录（2011 年）》的规定，由国务院学位委员会和教育部联合制定具体的学科门类，并依据这些学科门类来审核学位授予，进行学科管理，开展学位授予和人才培养工作。上述文件将我国的学科门类分为哲学、经济学、法学、教育学、文学、历史学、理学、工学、农学、医学、管理学、军事学、艺术学 13 种，即所谓的一级学科。此外，教育部还规定了法学理论、法律史、宪法学与行政法学、刑法学、民商法学、诉讼法学、经济法学（含：劳动社会保障法学）、环境与资源保护法学、国际法学（含：国际公法、国际私法、国际经济法）、军事法学 10 个法学二级学科。与此同时，教育部也赋予一些高校自主设立二级学科的权力。比如，中国政法大学等著名法学院校在官方确定的二级学科目录之外，还设置了若干"目录外"二级学科，主要包括人权法学、知识产权法学、比较法学、法与经济学、法治文化（交叉学科）、证据法学等。但由于教育部赋予高校可以自主设立 10 个法学二级学科的权力，现在实际使用的指标已经接近用完，不知以后若再出现像网络法、娱乐法这样的无法归类到传统学科中去的新兴前沿学科该如何处理，这些都有待主管部门或相关法律作出交代或释放空间。

相比较而言，美国的法学专业设置不是由政府机关而是由代表行业的美国律师协会（ABA）根据社会需求和产业发展需要批准设立的。法学院的法律博士学位（JD）一般是不分二级学科和专业方向的。但法学硕士学位（LLM）则可以根据法学院的特色、产业的需要，经过美国律协批准而设立相关专业方向的硕士。比如纽约大学的税法、佛蒙特大学（Vermont University）的环境法、乔治城大学（Georgetown University）的卫生法等。在娱乐法方面，美国律协官方批准的娱乐法硕士（LLM）在不同大学有不同叫法：迈阿密大学称作"娱乐、艺术和体育法（Entertainment，Arts & Sports）"硕士；位于加州的佩珀代因大学法学院（Pepperdine University Law School）、南加州大学法学院、西南大学法学院都称作"娱乐与传媒法（Entertainment and Media Law）"硕士。[①] 加州大学洛杉矶分校法学院（UCLA Law School）和洛杉矶洛约拉法学院

---

① 参见 ABA 官网的介绍：https://www.aba.com/Pages/default.aspx。

（Loyola Law School）虽然没有在美国律协的官方名单里，但也开设了娱乐法硕士方向。全美娱乐法排名第一的加州大学洛杉矶分校法学院[1]甚至在法律博士学位（JD）里也开设了娱乐法方向，他们把这个专业叫作媒体、娱乐和技术法律与政策（Media, Entertainment, and Technology Law and Policy）。加州大学洛杉矶分校法学院的娱乐法博士和硕士方向课程体系也非常完备，它通常有两个模块，第一个模块包括两门必修课程，一门是娱乐法课程，另一门是从知识产权法或者著作权法中挑选一项作为第二门必修课。有的学校要求三门必修课，内容大致是一样的。[2]第二个模块就是选修课。选修课程实际上就是要让学生熟悉和了解娱乐产业。一部分选修课程涉及广告法、电影学、电视学、商业侵权、商标、艺术和文化财产法、音乐产业法等；还有一部分则涉及好莱坞行业工会的法律和实践、动画的制作、动画的融资、演员运动员、艺术家的税收规划等。学生们可以在这一系列的课程中选上几门作为选修课程。[3]拿到所需要的学分，学到从业所必需的知识。

---

① 加州大学洛杉矶分校（UCLA）是全美国第一个开始对娱乐法进行研究的法学院，至今已有四十余年，它甚至还办有《娱乐法评论》（*UCLA Entertainment Law Review*）。

② 比如洛约拉法学院 LLM 学位课程就要求研习《娱乐法》《著作权法》和《商标法》三门必修课。

③ 加州大学洛杉矶分校：媒体、娱乐、科技法律和政策性的法律硕士课程专业要完成四门课程，分为两个模块。模块层次大致是渐近的（比如，基础版权法和娱乐法都对更高级的课程有帮助），但是通常来说以下课程可以同时修选（在特定情况下要服从于指导老师的先决要求）。模块一的必修课旨在介绍当代娱乐法的基础原则和实践，涵盖了版权保护和各种交易学说。第一模块课程通常作为第二模块更加专业的选修课程的铺垫，学生可以更精准地选择关注自己在娱乐法方面的特殊专业兴趣。

两个必需的入门课程（即模块一）课程（即从版权法或知识产权中选择一门；娱乐法课程是必修）：

302 版权法

307 知识产权

305 娱乐法

两个进阶课程（即模块二）：

213 广告法及第一修正案

244 电视业

252 商业侵权

274 商标法

301 艺术和文化财产法

303 音乐产业法

306 专利法

357 好莱坞行业工会的法律与实践 （转下页）

（二）法学学科与法律部门的变化与创新

值得注意的是，法学的上述二级学科的划分，与我国法律体系下部门法的划分有千丝万缕的联系。部门法的划分深刻影响了法学二级学科设置，在一定程度上强化了学术研究阵营和法学学科结构，形成了今天法学学科所面临的困境。"部门法"或"法律部门"是以调整对象和调整方法的关联性为依据，划分出的实在法律群，它们按照一定的逻辑结构，形成一国独特的法律体系。以传统部门法为依据所形成的学术阵营，造成了学术研究壁垒化、学术视野狭窄化以及调整对象平面化、调整方法狭隘化等问题，也在一定程度上落后于时代的发展。[①] 但随着社会需求的不断发展，这一切也都在慢慢发生着变化。

1. 法律学科与法律部门的分化。现代社会分工的细化体现在各个领域。法国社会学家涂尔干在《社会分工论》一书中指出，传统社会的稳定是依靠成员

___

（接上页③）

364 电影发行

372 电影融资

391 风险资本与创办公司

432 国际和比较体育法

433 艺人、运动员和艺术家的所得税

437 电信管制

525 研讨会：专利密集型

546A/B 研讨会：娱乐、媒体和知识产权学术报告会

578 数字战争：信息经济中的当前主要法律战

662A/B 进阶版权话题：加西亚诉谷歌案及其影响

681 研讨会：推动创新的是什么

683 研讨会：数字时代的新闻媒体法

743 诊所：探究法人内部

760 诊所：专利权

765 诊所：商标

767 诊所：音乐产业

768 诊所：体育法模仿

769 诊所：纪录片

900 一月学期课程：合同设计

972 一月学期课程：谈判理论与实践

附：J-term 含义

春季学期前有一个历时四周的 J-Term（一月学期），提供一些学时、学分少的实践性课程，医学院的实验室也适当开放，满足某些学生的补修或学分需求或者只是兴趣需求。

① 参见刘剑文："论领域法学：一种立足新兴交叉领域的法学研究范式"，载《政法论丛》2016 年第 5 期。

们高度的一致性、共同的归属感来维系的，是典型的"机械团结"的社会；现代社会成员间的差异日益增加，却通过分工合作相互连接在一起，构成了"有机团结"的社会。① 随着社会分工的精细化和专业化，一些前所未有、闻所未闻的职业不断进入我们的日常生活。职业分工的细化也必然导致法律和法学的分工细化。法学知识的生产经历了"从最初的原始状态，到以研究对象为主要依据的不断分化、细化，再到不断地调整研究的疆界和知识融合，最终形成了相对稳定的研究部落"的过程，这里的"研究部落"就是学科。② 早期大陆法系只粗略地根据社会关系和调整对象不同区分公法和私法，公法调整国家与私人间的社会关系，私法调整私人之间的法律关系，而后公法逐渐发展演化出了宪法、行政法、刑法等部门，私法发展出了民法、商法、国际私法等部门。这都是法律学科和法律部门持续分化的明证。

2. 法律学科与法律部门的"漂移"。法理学中的法律部门或部门法是指依据一定的标准和原则将调整某一类社会关系的同类法律规范集合而成法律系统的总称，正是由于调整社会关系的不同导致了不同法律部门的诞生。宪法、行政法、刑法、民法、商法、经济法、诉讼法、国际法等都是典型的传统法律部门。但即便是历史悠久的古老法律部门，也并非界限分明，更不会一成不变。部门法当然也会相时而动，随着社会关系的变化而变化，笔者将其命名为"漂移的部门法"。③ 法律学科和法律部门之间的调整和漂移已经是现代法学的常见现象，比如集公法行政法与私法合同法于一体的行政合同规则就是典型的法律部门漂移融合的结果。社会法等特殊法律学科和法律部门的出现也是同理。

3. 娱乐法的"马法之议"。从传统部门法的视角来看，娱乐法是囊括万象、无所不包的，其所涉合同法、侵权法属于传统民法的范畴，所涉著作权法、商标法属于传统知识产权法的范畴，所涉娱乐管理法律属于传统行政法范畴，所涉投融资法律属于传统商法范畴，所涉劳动法、广告法等属于传统的经济法和社会法范畴。由此观之，所谓娱乐法不免有法律大杂烩的嫌疑，或者同样会像网络法一样落入著名的"马法之议（Law of the Horse）"。所谓的"马法之议"最早于1996年出自美国联邦上诉法院法官弗兰克·伊斯特布鲁克（Judge Frank H. Easterbrook）之口。他于芝加哥大学的会议上提出，网络法的意义就

---

① ［法］埃米尔·涂尔干：《社会分工论》，渠东译，生活·读书·新知三联书店2000年版，第91页。

② 解志勇："法学学科结构的重塑研究"，载《政法论坛》2019年第2期。

③ 参见［美］达马斯卡：《漂移的证据法》，李学军等译，中国政法大学出版社2003年版。

同"马法"。"马法"是一个必要的法律部门吗？显然是否定的。在伊斯特看来，马的所有权问题由财产法规范，马的买卖问题由合同法管束，马踢伤人分清责任要找侵权法，马的品种、许可证、估价和治病均有相应部门法处理。如果有人企图将之汇集为一部"马法"，那将极大地损害法律体系的统一性。伊斯特布鲁克法官的"马法之议"同样会被人们用于对影视娱乐法的判断。因此，走出带有否定性评价的"马法"偏见并构建自己的法律规则系统也同样是中国娱乐法未来发展中的重要任务。

4. 法律学科与法律部门的创新。我国的法律学科和法律部门落后陈旧的问题由来已久。习近平总书记于 2017 年 5 月 3 日视察中国政法大学时也明确强调了法学学科设置的不合理，于是教育部随后便抓紧研究解决这一问题。中国法学会张文显副会长很快就撰文提出了相应的建议解决方案：①针对智识隔绝、知识老化、方法陈旧的法学传统学科提出升级转型；②针对经济发展和社会实践引发的新问题和新需求提出发展新兴学科；③针对传统法学理论和方法不能独立解决的科技和社会新问题，提出支持创设交叉学科。① 也就是说，受苏联法学影响而形成的法律体系及部门法分割的传统，在因应现实问题上存在明显不足，与此同时，过度教义化的研究方法，也在一定程度上阻碍了法学知识的创新与发展。正是在此基础上，学者们创新性地提出了"领域法学"的学科概念，并进而主张中国法学的研究进路应当由部门法学走向"领域法学"。② 从回应和证立某些现实问题的角度看，应该突出"领域法学"的重要地位。"领域法学"是体现法学因应时代问题的研究领域，"领域法学"实际是问题导向下法学研究回应现实问题的产物。有些研究领域已经具备了明确的研究对象和研究范式，基本形成了领域学科，只有加强这些领域学科的重要地位，才能在知识融合的基础上实现中国特色学科体系的建设。很明显，本文讨论的娱乐法即是此种具有鲜明"领域法"特色的新兴学科和交叉学科的典型代表。

（三）在事实与规范之间：娱乐法的实用主义品格

法律来自于事实，高于事实，又需要回应和关照事实。法律不能离事实太远，不能过分抽离于事实，否则便成为无源之水、无本之木。这也就是霍姆斯强调"法律的生命在于经验而不在于逻辑"的重要原因，也是英国法一直强调"常识（common sense）"的重要原因。在实用主义法学看来，经验重

---

① 张文显："关于构建中国特色法学体系的几个问题"，载《中国大学教学》2017 年第 5 期。
② 梁文永："一场静悄悄的革命：从部门法学到领域法学"，载《政法论丛》2017 年第 1 期。

于逻辑，先例重于原理，实践重于理论，救济重于权利。[①] 但大陆法系的传统法律部门的划分更强调逻辑、原理、理论、权利，容易走向过分看重逻辑推演、忽视经验理性、割裂事实与规范关系的法律形式主义的极端，忽略事实这一法律规范产生的母体，从而也无法有效地回应和关照事实。这是因为大陆法系法律部门是以概念法学为代表的法律实证主义为基础，其只顾在逻辑建构的世界中自娱自乐，生活世界与法律世界过分远离，以学术想象代替生活洞察，出现法律文本与社会现实的断裂也是必然。[②] 随着娱乐产业的蓬勃发展，中国娱乐业现在有点像 20 世纪六七十年代的好莱坞，电影开始走向工业化和产业化，而基于娱乐产业产生的特殊社会关系也日渐繁多和突出，与此类社会关系相关的法律规范也越来越有从传统法律部门中独立出来的必要性，形成单独的法律部门。[③] 也就是说，娱乐产业的事实和行为需要一个统一的娱乐法来有效规范和应对，传统法律部门中的碎片化规范对于娱乐产业的事实反应是迟钝滞后的，应对是无力的。娱乐法是一种典型的"拉近事实与规范之间关系"的实用主义新兴法律部门。总之，传统的法律部门划分将会遭遇不断的挑战和冲击，分化和解构更是常有之事，走向开放、实用的娱乐法等新兴前沿法学学科和法律部门才真正代表了法学未来发展的趋势和方向。[④] 可以说，传统部门法解决的是法律的生存问题，娱乐法等新兴、前沿、交叉部门法解决的是法律的发展问题。

（四）娱乐法是娱乐产业之法

正是由于娱乐产业快速发展产生的问题和相关业务实践引发的特种需要，才要求将原本散布在传统法律不同部门的规则梳理、提炼并整合成一个紧凑的法律体，[⑤] 以解决娱乐产业的难题、规范娱乐产业的运转、促进娱乐产业的发展。因此，我们可以说，娱乐法是娱乐产业之法。就像房地产法、能源法等产业法一样，娱乐法也是以娱乐产业的需求为中心建构起来的综合法律系统。娱乐法的实用主义和问题导向也因此非常明显，即娱乐法律规则系统的建立就在于解决娱乐产业存在的问题，为娱乐产业保驾护航。至于这些法律规则在传统大陆

---

① ［英］P. S. 阿蒂亚：《英国法中的实用主义与理论》，刘承韪、刘毅译，清华大学出版社 2008 年版。
② 汪洋："私法多元法源的观念、历史与中国实践《民法总则》第 10 条的理论构造及司法适用"，载《中外法学》2018 年第 1 期。
③ 徐显明主编：《法理学》，中国政法大学出版社 2007 年版，第 69 页。
④ 参见高其才：《法理学》，清华大学出版社 2007 年版，第 62 页。
⑤ ［英］安尼·雅克："英美两国娱乐法概况——有关演员声望和名次的法律的产生"，载《英美法律评论》1988 年第 1 期。

法系法学理论眼中是公法还是私法、是实体法还是程序法、是民法还是商法的不同性质争论，全都无关宏旨。只要有助于娱乐产业问题的解决，都悉数可以纳入到娱乐法体系之中。当然，作为产业法的娱乐法是与娱乐产业的发达程度成正相关的。好莱坞是一个地方，但更是一个产业，以洛杉矶为一体，以纽约和纳什维尔（Nashville）为两翼，其触角遍布全球。[①] 正因为如此，我们看到，娱乐产业高度发达的美国加利福尼亚州和纽约州几乎囊括了全美最好的娱乐法教学研究团队和法律服务团队，反映了娱乐产业事实与娱乐法规范之间的良性互动。法律服务、法律研究和法学教育都是跟着娱乐产业在走。娱乐法全美排名前十的法学院基本都集中在西部加州和东部的纽约。处于加州的是加州大学洛杉矶分校法学院（UCLA School of Law）、斯坦福大学法学院（Stanford Law School）、南加大法学院（USC Gould School of Law）、西南大学法学院（Southwestern Law School）、加州伯克利法学院（U.C. Berkeley School of Law）、洛约拉法学院（Loyola Law School）等几所顶尖法学院，哥伦比亚大学法学院（Columbia Law School）、纽约大学法学院（NYU School of Law）、福德姆大学法学院（Fordham University School of Law）、卡多佐法学院（Cardozo Law School）则身处纽约，与加州一道扛起娱乐法的大旗。范德贝尔特大学法学院（Vanderbilt Law School）虽然远离加州好莱坞和纽约百老汇，但由于它处于全美音乐之乡纳什维尔，所以其娱乐法研究也处于全美前列。[②] 不同排行榜的排位总体差别不大，都不会否认洛杉矶和纽约这两大娱乐法重镇的地位。这些法学院都重视娱乐产业与娱乐法的关联与互动，进一步促进了所在地的影视、音乐等娱乐产业的升级并反作用于自身法学院的建设，[③] 形成了法学研究、法律实务与娱乐产业的良性互动模式。总之，电影是娱乐，也是艺术，但在美国好莱坞，电影更是一种产业。娱乐法便是服务于娱乐产业的法律系统，是娱乐产业之法。从美国的经验可见，法学院的学位教育和学科设置是紧跟产业的，它是以服务产业为宗旨的。娱乐法是典型的产业之法。既然是产业法，那必然是"七分产业、三分法律"，娱乐法需要随着娱乐产业走，立足于娱乐产业，又服务于娱乐产业。

---

① Sherri L. Burr, *Entertainment Law In A Nutshell*, 4th ed., West Academic Publishing, 2018, introduction.

② Chris Hallman, "Top 12 Entertainment Law Schools Revealed", in *The Hollywood Reporter*, April 29, 2015.

③ 梁钦："浅观娱乐法在欧美的发展与在中国的发展现状"，载《法制博览》2014年第9期。

五、娱乐法的体系

娱乐法是实用主义的法律系统，但这绝不意味着娱乐法不讲逻辑、不成体系。对霍姆斯的"法律的生命在于经验不在于逻辑"[1]那句名言的正确理解是，以英美法对代表的实用主义法律传统更重视体现法律灵活性精神的经验和实践，但并不代表其不讲逻辑。没有逻辑的串联，任何法律系统都无法正常运转。作为典型产业法的娱乐法，就是按照产业的逻辑和产业的规律来安排其娱乐法体系的。

传统娱乐基于传播媒介的不同，区分为电影、电视、戏剧、音乐、体育和出版等具体领域，它们又可以被概括为负责创造娱乐材料的制作产业、负责对接零售商的发行产业和负责为娱乐消费者服务的销售产业三大版块。[2]以娱乐业和娱乐法最为发达的美国的经验来看，娱乐业就依据产业的逻辑区分成了电影产业、广播电视产业、戏剧产业、音乐产业、游戏产业等具体领域，并进而造就了电影法、电视法、戏剧法、音乐法和游戏法等内容的娱乐产业之法。美国的娱乐法的涵盖范围也并非十分确定，它也会因为不同州和不同城市的娱乐产业之差异而包含不同内容。正因为如此，我们才会看到美国的娱乐法有时也会包含休闲法、时尚法、体育法，甚至网络法的内容。这一点符合娱乐法的开放性和实用性特征，娱乐法随着产业的发展不断扩展、日益宽泛，也更加包罗万象。

从当下中国的情况来看，娱乐法包括电影法、广播电视法、音乐法、文艺演出法、网络视听法、电子游戏法、体育法七部分内容，每部分内容也大致按照该具体领域的产业逻辑和产业规律来安排其体系，即基本都涉及主体、流程、合同、著作权保护、行政管理等内容，这便是各具体领域的法律得以展开的内在逻辑线索，我们以电影法为例进行说明。作为文化产业第一法的《电影产业促进法》于 2017 年实施，这是我国电影法以及娱乐法领域的重要里程碑。该法是电影法领域的基本法，是我国电影法律体系的基石，实现了中国电影法治三个维度的重大突破：一是从电影事业到电影产业；二是从事业管理到产业促进；三是从电影条例到电影法律。[3]《电影产业促进法》对于我国电影法律体系的重要影响和启示是，电影法应当按照务实的产业的规律、产业的逻辑来安排

① Oliver Wendell Holmes, *The Common Law*, Harvard University Press, 1963，p.5.

② 梁钦："浅观娱乐法在欧美的发展与在中国的发展现状"，载《法制博览》2014 年第 9 期。

③ 武玉辉："《中华人民共和国电影产业促进法》成功之处及时代意义"，载《电影艺术》2019 年第 1 期。

其内容体系。因此，一个理想的电影法内容体系应该依次包括电影从业主体及其权利保护规则、电影筹备法律规则、电影制作法律规则、电影发行法律规则、电影放映法律规则、电影融资与产业支持法律规则、电影节法律规则、电影进出口法律规则、电影技术法律规则、电影审查法律规则等。①

娱乐法的上述七部分内容可以被俗称为"6+1"模式。②之所以要"+1"是因为体育法不属于传统的娱乐法范畴，最多是与娱乐法并行的一类法律。但我们主张纳入体育法，是从体育法的娱乐性而非竞技性入手的。当体育活动重在其观赏性和娱乐大众的价值之时，体育法已然成为娱乐法的一部分。这也是为什么媒体在对美国法学院进行专业排名时，基本都将娱乐法和体育法放在一起进行打分和评比。有些法学院和法学者则干脆把娱乐法和体育法放在一起，称之为"体育和娱乐法"（Sports and Entertainment Law）或"娱乐、体育和休闲法"（Entertainment，Sports，& Leisure Law）。③其实，体育从起源上来看，本身就是娱乐活动之一。④而随着现代职业体育和商业体育的发展，体育的娱乐性更是日益凸显，体育法与娱乐法的边界日益模糊，融合度越来越高。即使是作为体育中主要形态的竞技体育，也具有带给观众以满足和享受的很强的娱乐功能。举例来说，每年的圣诞节也是美职篮（NBA）球迷的重大节日。每一年的美国时间圣诞节当天，美职篮都只安排几场重头比赛，俗称圣诞大战。2017年~2018年赛季的圣诞大战就包括了骑士对勇士、火箭对雷霆等精彩的重量级比赛。20世纪40年代之后，美职篮就展现了超前的经营之道，开创了在圣诞夜推出重量级比赛的传统。电视转播盛行后，在圣诞节收看精彩的美职篮直播更是成了很多人的一种时尚和传统。美职篮圣诞大战的精彩在于吸引眼球，通

---

① 参照武玉辉、刘承韪、刘毅编：《娱乐法律法规汇编上（影视卷）》，中国电影出版社2018年版。
② 北京市影视娱乐法学会官微将电影、广播电视、音乐、体育产业娱乐、现场演出、网娱视听与电子游戏六大娱乐产业领域以及新闻出版产业（6+1模式）作为娱乐法的内容与板块。
③ 朱海波："娱乐法基本问题研究——以美国法为参照"，载《宁波广播电视大学学报》2008年第4期。
④ 竞技体育的英文词汇是sport，源于古拉丁语deportare。Sport起初是指"根据体力在户外进行的各式各样的充满欢乐的行动"，具体有射击、钓鱼、狩猎等娱乐活动，后来逐渐演变成带有竞技性质的游戏、娱乐和运动各种活动的总成，并逐渐传播流行到世界各地。体育运动大体分为以下四类：竞技运动、娱乐体育、大众体育和医疗体育。其中娱乐体育为娱乐法的当然范畴，它是指在余暇时间所进行的一种以愉悦身心为目的的体育娱乐活动。娱乐体育具有业余性、消遣性、文娱性等诸多特点，具体包括球类游戏、活动性游戏、旅游、棋类以及传统民族体育活动等。

过不断制造的"江湖恩怨"，为当红球星和当红球队提供广阔的展示舞台，[①] 为球迷和观众奉献过节的大礼。这样的体育实际上已经与娱乐密不可分，其主要功能已经在于娱乐大众，而不在于拿多少奖杯和奖牌。再比如每年 1 月的最后一个星期日或 2 月的第一个星期日举行的美国超级碗（Super Bowl Sunday）比赛，号称"美国的春晚"，对于观众来说，这完全是一场大联欢，是典型的娱乐活动。当然，我们也应该看到，体育活动是否属于娱乐的范畴也要取决于其类型，观赏性体育活动比如观看球赛，属于一种娱乐，受娱乐法的调整，可像美国那样称作"体育娱乐法"；而参与性体育活动因为包含有积极参与而非仅仅是休闲（active participation beyond mere leisure），从而不属于娱乐的范畴，主要受体育法的调整。[②] 另外，从内容上来看，体育娱乐法中的明星、经纪人、转会、代言、人格权保护，与娱乐法也有高度一致性，将其纳入娱乐法的范畴，也是没有问题的。

总之，是娱乐产业发展和社会需求而非理性逻辑，催生了作为学科和部门法的娱乐法。就像一百多年前的民法、商法、宪法、行政法、诉讼法等法律学科和法律部门一样，作为一个全新概念的娱乐法要得到社会普遍的承认还需要一个过程，但其生长和发育毕竟已经开始：娱乐法于 2008 年进入中国政法大学中美法学院课程体系和培养方案；2016 年 9 月 10 日，全国第一家娱乐法学会——北京市影视娱乐法学会正式成立；2018 年春季开始，笔者在中国政法大学正式开设了名为"娱乐法"的硕士研究生选修课程，面向全校研究生，受到了广泛的欢迎；2019 年开始，娱乐法成为中国政法大学法律硕士学院的独立专业方向，每年招收 20 名娱乐法方向法律硕士研究生；同样在 2019 年，娱乐法

---

① 美职篮联盟对每年圣诞大战对阵双方的挑选标准，主要就在于一个"恩仇"。"无恩仇无以成江湖"，恩仇是美职篮江湖的重要看点。这里的恩仇可以是凄美的季后赛大战所结下的"梁子"（比如凯尔特人和湖人的经典对决），可以是拳脚相加口水之争所引发的轩然大波（比如 2004 年奥本山宫群殴事件），更可以是当红球星争夺人气和市场的公开擂台（比如詹姆斯与库里的对决），所有的这一切都是为了吸引球迷的眼球。联盟深谙"有条件要上，没有条件创造条件也要上"的道理，为了引起最大的关注并创造最大的综合效益，美职篮甚至人为地炮制所谓的"江湖恩仇"，"姚鲨大战"就是最好的例子。姚明和奥尼尔本人都懂得尽力避免和对方在各类场合的冲突，但却毫无办法地被唯利是图的联盟赶上了前台。大卫·斯特恩等历任总裁的商人本能驱使他们不顾一切地把"圣诞大战"这块蛋糕做大做好。现在看来，斯特恩竭力打造的"圣诞品牌"战略非常成功，卓有成效，除了当红球星牺牲一点与家人共度良辰美景的天伦之乐外，联盟、球迷、电视台、广告商，以及一切和篮球有关的周边产业，都从中获益匪浅。球迷们更是享受到了娱乐体育的重大福利。

② 杨吉：《娱乐业的玩"法"》，中国社会科学出版社 2017 年版，第 7 页。

成为北京大学法学院知识产权法专业的博士招生方向；2020年7月，全国第一家高校文娱法治研究中心——中国政法大学文化娱乐法治研究中心正式获批成立；2020年8月，北京市影视娱乐法学会经主管部门批准更名为北京市文化娱乐法学会。有了以上一点一滴的累积，我们有理由相信中国娱乐法有着美好的前景，我们也充满期待。

六、中国娱乐法的难题与挑战

（一）如何回应IP为王的新时代

近几年的中国娱乐行业出现了一个炙手可热的词汇——IP。IP是英文知识产权（Intellectual Property）一词的简称。从《小时代》到《匆匆那年》，从《何以笙箫默》到《鬼吹灯》，中国娱乐行业对于超级小说等文学大IP的追逐和热捧简直到了疯狂的地步，也催生了中国影视业以大IP为王的新时代。其实，超级IP电影的成功例子早已比比皆是，《哈利·波特》《指环王》《星球大战》《变形金刚》等系列影片即其著例。从本质上来说，文娱行业之所以热衷于对超级IP的追逐，主要原因在于，IP是娱乐行业的核心资产，娱乐产业的运转和发展实际上就是围绕IP的授权、开发及衍生而构建的商业模式。而且，一个好的IP可以开发出各个领域的好产品，它的商业价值是可以被持续挖掘的，有着无限商业潜力。但实际上，直接购买小说等文学大IP来改编拍摄电影只是电影电视的源头之一，由制片人委托编剧按其创意创作剧本或购买原创编剧的剧本来拍摄电影也是非常重要的电影源头。因此，摆在中国娱乐产业面前的发展道路就有两条：一是购买、囤积甚至炒作有价值的、有影响的文学大IP，然后改编拍成电影，这条道路的优势在于这些IP具有良好的故事基础和经过一定市场检验的人气，缺点在于大大压缩了编剧行业的生存空间，打压了编剧们的创造力。更严重的问题是，这些大IP的话语权都不在作者手里，基本上已经被BAT即百度、阿里和腾讯三大公司的网络文学平台所垄断。二是培养影视行业的具有创造力的优秀编剧，而不是直接购买文学IP改编。因此，到底是直接购买文学大IP并实现影视业短平快的发展，还是着眼未来从法律上建立起一个培养、鼓励和保护优秀而富有创造力编剧的长效机制，是中国娱乐行业未来发展道路上所面临的重要选择。

（二）热钱资本与业绩对赌

随着我国产业转型和娱乐行业的蓬勃发展，传统行业中的资金和闲置的热钱资本近几年大幅进军娱乐行业，中国电影票房和电影产业规模也屡创纪录。大量资本的进入在带来中国娱乐行业高速产业化发展的同时，也为娱乐业带来诸多的法律难题。既然是对娱乐业的投资，那么投资风险的预防和控制就是其中最为重要的法律问题。因此，首要的法律难题便是被投资企业的价值评估问题。由于行业快速发展和不断看涨，影视娱乐和文化公司往往估值虚高，这直接导致资本投资方的投资风险不断被放大，于是市场就迫切需要法律对于文化娱乐公司的市场化估值能够提供科学的、切实可行的估值标准，该领域娱乐法律的建立是投资方风险得到合理防控、娱乐业有效融资进而得以健康发展的重要一环。第二个法律难题是投资方与被投资方文娱公司的对赌协议安排和未来纠纷风险。出于对影视文娱公司估值过高和对于自己投资风险控制的考虑，投资方往往都会在投资协议中约定与被投资文娱公司或其股东进行业绩或上市对赌，以保证自己的投资收益。尽管目前文娱产业发展火爆，但影视公司赚钱盈利者并非多数，因此大量此类的业绩或上市对赌投资协议在未来几年就面临着发生违约纠纷的巨大风险。再加之对赌协议有时是投资方与被投资公司非法对赌、有时经常包含保底回购条款、有时还会涉及国有企业的并购，所以相关协议和条款的效力如何，纠纷如何妥善解决也都是复杂的法律难题。第三个法律难题是如何才能建立起与电影产业或电影工业相适应的娱乐法律制度。中国娱乐业正在快速产业化或工业化，产业化发展之路需要健全的娱乐法律制度的支撑，所以如何在中国建立起系统而规范的影视制作、发行、放映体制，如何借鉴美国式的保底发行、版权质押、完片担保等制度推进影视作品的生产和交易，如何建立起规范的经纪人制度、工会或协会制度以有效保护广大从业人员的权益并促进文娱行业的健康发展，是中国娱乐法的另一实践难题。

（三）中外合拍片与国际电影合作

在中方资本充盈、市场火热，但人才匮乏、电影工业化体系尚不成熟的大环境下，中外合拍似已成为行业趋势，现今每年立项的中外合拍片已经超过百部。如今的中外合拍片呈现出了"三多一高"的可喜特点。所谓"三多"，一是国别多，二是合拍类型多，三是合拍数量多；"一高"，就是合拍片的质量提高了。2015年在电影市场中取得良好业绩的几部影片如《捉妖记》《道士下山》《我是路人甲》《命中注定》等都是合拍片。合拍片成为中国电影"走出去"和中外电影合作的重要渠道。但中外合拍片需要取得广电总局的立项审批才可以，而一旦取得中外合拍片的身份，影片不仅不占进口片的份额，其在国内影院排片政策和电影票房分账方面（制片方可分得43%而非进口片是25%）也可以按照国产片政策执行，获益颇丰。但我国法律对于中外合拍片的规定还有很多的模糊和不清楚的地方，也是未来中国影视娱乐法的难题所在，这些难点包括：什么样的影片才能被立项为中外合拍片？联合摄制、协作摄制、委托摄制这三种合拍片是否都可以享受国产片的待遇？"中方出资比例一般不少于 1/3，且必须有中国演员担任主要角色，并需要在中国取景"是不是认定中外合拍片身份的必要条件？合拍片的投融资可以采取哪些模式？制作方的国内票房分账比例可否以双方约定的方式上浮？合拍片的海外票房如何分账？如何克服国内投资方对于国外公司的票房计算、营收计算方式和票房分账规则并不了解的弱点？国外资本进入中国电影制作时所需要的完片担保等配套规则如何建立以及如何在国内付诸实践？除此之外，随着中美贸易谈判和国际交往环境的复杂化，中美关于进口电影配额、中国电影市场开放等焦点问题都有很多的不确定性，中外电影合作或将面临更多前所未有的挑战。

第二章
电影产业法

1895 年，法国卢米埃尔兄弟在巴黎大咖啡馆首次用活动电影机向公众进行放映活动，标志着电影的诞生。自电影诞生以来，先后经历了从无声到有声，从黑白到彩色以及进入高科技数字时代的三次变革，电影的每次变革都与现代科技的发展密切相关。电影行业是以电影的制片、发行和放映三个行业为主，同时包括电影衍生产品的开发以及与电影相关的市场活动的总称。电影的主要功能在于通过视听技术传递艺术形象信息，为人们提供审美、娱乐、宣教等服务。电影具备显著的特点：电影与意识形态紧密相关，在宣传教育领域发挥了重要作用；电影与资金市场紧密相关，需要大量的资金支持，是一种高投入、高风险的产业；电影与科学紧密相关，是科技含量较高的产业；电影具备知识经济特性，以文化创意为核心要素；电影具备高附加值特性，其后续衍生产品的运营收入具有更高价值；电影具备多元化特性，电影业是经济、文化、技术等相互融合的产物，具有高度的融合性、较强的渗透性和辐射力，为相关产业的发展提供了良好条件。

我国国民经济和社会发展"十四五"规划确定"繁荣发展文化事业和文化产业，提高国家文化软实力"，推进社会主义文化强国建设，而电影则是文化产业最重要的组成部分。自 2002 年电影产业化改革以来，我国电影产业取得了长足进步和巨大成就。我国在 2016 年就已经成为世界上电影银幕最多的国家，电影总票房位居世界第二。无论从电影生产数量，还是电影市场规模来看，我国已经成为世界电影大国。与此同时，经过多年酝酿，《电影产业促进法》终于在 2016 年 11 月 7 日由第十二届全国人大常委会第二十四次会议通过，并于 2017 年 3 月 1 日起施行。《电影产业促进法》作为我国文化产业领域的第一部行业法，为正处在黄金时代的中国电影产业的规范有序发展提供了法律依据和制度保障。

我国电影产业必将持续高速发展，电影作为新兴演员、导演、制片人、编剧的造梦机，必将继续吸引无数年轻人涉足电影产业，追逐电影梦。要真正了解电影产业，需对相关从业主体，电影制作、发行、放映各流程阶段，电影投融资模式等内容具有基本认知。

第一节　电影产业中的主体

电影作为一项技术密集和创意密集型的产业，在制作过程中会涉及众多主体。一部优秀的电影作品既需要编剧提供好的剧本创意，也需要制片人融资与整体协调，还需要导演能讲出一个好的故事以及演员精湛的表演技巧。除此之外，一部电影的成功与摄影师、美术师、照明师、剪辑师、录音师等幕后工作人员的辛勤付出也是分不开的。可以说，一部电影是众人智慧结晶的成果。因此，在正式学习电影法之前，需要对电影行业中的主体有所了解。在电影宣传活动中，我们经常听到"电影主创"一词，"主创"究竟指的是哪些人员，非主创人员又有哪些职责，本节将进行详细解读。

通常情况下，电影摄制组人员构成的划分具有两种不同的方法。在以欧美国家为主的西方国家电影界里，摄制组人员按其在一部影片生产过程中与影片创作的关系，被划分为"创作人员"（也称"线上部分人员"）和"制作人员"（也称"线下部分人员"）。"创作人员"包括制片人、编剧、导演和演员，"制作人员"则包括所有其他参与影片制作的人员。[1]

按照我国电影实践的传统，在组建电影摄制组时，为了考虑到工作的协调与整体的把握，我国一般采用按职能分别组建部门分别管理的模式，通常划分为制片管理组、导演组、表演组、摄影组、美工组等。与此相对应，电影摄制组人员被划分为主要创作人员（也称"主创"）与辅助人员。主要创作人员一般是以上所述各部门的负责人，辅助人员则是他们的助手。尽管由于受到影片本身的性质与投资规模等因素的影响，每个电影摄制组的人员构成多少会有所不同，但就一般情况而言，一个标准的电影摄制组都具备如下这些主要创作人员：制片人、导演、编剧、演员、制片主任、摄影师、照明师、录音师、美术师、服装师、化妆师、道具师、特技师。[2]由此可以看出，我国对于主创采取了相对宽泛的定义，所包含的范围较广。

---

① 参见于丽主编：《电影电视制片管理学》，中国电影出版社 2003 年版，第 45 页。

② 参见于丽主编：《电影电视制片管理学》，中国电影出版社 2003 年版，第 45 页。

一、制片人

如前所述，我国在组建电影摄制组时，采用的是按职能分别组建部门分别管理的模式。在剧组的各部门中，制片管理组可以说是最为核心的部门，起到了总揽全局、统筹规划的作用。制片管理组除制片人之外，还设有制片主任、制片、剧务、场务等工作人员。

（一）制片人的主要职责

制片人是一部影片的总负责人。制片人负责统筹指挥影片的筹备和投产，是将影片从原始创意转换为最终成品的核心人物。由于制片人深居幕后，鲜少出现在观众面前，因此一部电影大火，观众往往能记住演员的名字，却不一定能记住制片人的名字。实际上制片人所起的作用至关重要，其直接关涉到电影能否顺利融资、拍摄、发行。如果将电影摄制组比作一个公司，投资人是大股东，制片人则相当于公司的董事长，负责制定所有的政策，并且监督这些政策的顺利执行。制片人具备高度的专业性，其不仅需要具备一定的融资能力，同时还需具备敏锐的艺术触觉，能够发掘好的剧本创意，任用优秀的导演、演员。

制片人最主要的工作内容是负责组织制定并监督实施影片摄制计划与摄制预算。具体而言，制片人具有如下职责：

1. 帮助电影融资。一部电影往往耗资巨大，制作成本大都需要上千万甚至过亿，没有雄厚的资本支持，电影便无法拍摄。因此，制片人最基本的职能就是帮助电影融资，寻找适合的投资人，向其陈述影片的创意及基本构思，设法打动投资人为影片注资。

2. 制作电影预算，管控摄制资金。制片人在电影正式开拍前需要制作切实可行的预算计划。电影开拍后需要监督资金流向，总体把握和审核各种开支，严格执行财务制度，了解剧组的投入、花销、产出，了解摄影、灯光、服装、道具、场景等正常的行价，避免不合理费用开支，甚至需要了解基本的税务问题，确保剧组资金合理化、高效化运行。

3. 任贤用能，组建摄制剧组。制片人基本都是业内人士，本身了解艺术创作，懂得结合观众心理、市场信息及政策导向来选取电影剧本。确定剧本基调之后，制片人有权决定聘用优秀专业的导演、演员来对剧本进行拍摄、演绎。制片人需要了解导演、编剧的创作意图，召集剧组主创人员开会，统一创作思想，为按期完成影片制作提供条件。

4. 宏观把控，保证摄制进度正常进行。制片人从前期选班底选拍摄地点，到拍摄过程中监督剧本执行、各部门按时完成工作，再到后期监督制作、剪辑、配音、拷贝等工作，都需要事无巨细地进行监督管理，及时解决艺术创作部门内部或者艺术创作部门与其他部门之间的矛盾。制片人需要确保电影能够在计划周期内、预算范围内完成，从而制作出既具有艺术品位又具有经济效益的电影作品。

5. 审视电影成片，交付行政审查。制片人需要审看最终剪辑完成的电影成片，确保电影没有低俗色情、煽动民族仇恨等违反国家法律、行政法规强制性规定的禁映内容。自审完毕后，准备相应审查材料，申请获得国家电影局颁发的《电影片公映许可证》（民间俗称"龙标"）。

6. 配合发行公司制定宣传计划，宣传影片。摄制电影一方面是为了给电影市场作出更高层次的艺术贡献，但是在电影日益商业化的今天，电影必须具备经济效益、市场价值才能保证投资人的资金回笼，获得大众认可。因此，制片人需要具备一定的包装宣传技巧，将影片交付给具有专业资质的电影发行公司宣传发行。同时还需要配合发行公司制定一系列的影片宣传、发行计划，在电影正式上映前为其造势，树立良好口碑，吸引观影群众从而增加影片票房。随着电影放映渠道多元化，制片人与发行方也可将影片出售给付费电视、视频网站、海外电视、航空公司等非影院机构，增加电影收入来源。

值得注意的是，制片人并不等同于制作者[①]。这两个概念虽然看似相近，但内涵却相去甚远。制片人指的是电影项目的"董事长"，负责制定所有的政策，并且监督这些政策的顺利执行。而制作者则是指电影作品的著作权人。《中华人民共和国著作权法》（以下简称《著作权法》，2020 年修正）第 17 条第 1 款规定"视听作品中的电影作品、电视剧作品的著作权由制作者享有"。然而由于在现实层面中，影片的署名方式五花八门，很多时候并不会直接署名为制作者，因此究竟谁是影片的著作权人，需要结合具体情形进行分析。

根据北京市高级人民法院发布的《北京市高级人民法院侵害著作权案件审理指南》（以下简称《指南》）的规定，除有相反证据外，可以根据电影、电视剧等影视作品上明确标明的权属信息确定著作权人。未明确标明权属信息的，可以认定在片头或者片尾署名的出品单位为著作权人，无出品单位署名的，可以认定署名的摄制单位为著作权人，但有相反证据的除外。制作许可证、拍摄

[①] 在《中华人民共和国著作权法》（2010 年修正）中使用的是"制片者"的说法，《著作权法》（2020 年修正）中改为"制作者"。参见《著作权法》（2010 年修正）第 15 条第 1 款："电影作品和以类似摄制电影的方法创作的作品的著作权由制片者享有。"《著作权法》（2020 年修正）第 17 条第 1 款规定"视听作品中的电影作品、电视剧作品的著作权由制作者享有"。

许可证、发行许可证、公映许可证等行政机关颁发的证照，可以作为认定权属的参考，在无其他证据佐证的情况下，不宜单独作为认定权属的依据。因此，究竟谁是影片真正的著作权人需要结合个案进行考量，必要时还要考虑合同约定、实际投资人等诸多要素。不过可以肯定的是，制片人并不等同于制作者，对于二者应区分看待。

（二）制片主任、制片、剧务、场务

制片管理组除制片人之外，还设有制片主任、制片、剧务、场务等工作人员。他们各司其职，保障制片管理工作的有序开展。

制片主任对制片人负责，是制片人最主要的助手。制片主任的主要工作是协助制片人编制影片预算，制定拍摄计划，确保摄制组日常工作的正常运转，合理控制经费支出。制片主任还要根据制片人的授权，代表摄制组与外界就外景场地、协助人员等问题进行谈判，并签署有关协议。

制片主任的助手有制片、剧务和场务。

制片相当于制片主任助理，是我国影视界特有的摄制组工种名称。制片一般没有独立决定权，制片的工作需要按照制片主任的指示来完成。制片的分类根据影片规模和制片主任的要求而定，通常有负责拍摄现场运转协调的现场制片，管理生活与车辆调度的后勤制片，还有负责协调美术道具部门的美术制片等。

剧务是电影业借自戏剧界的工种名称，剧务对制片负责，专门处理制片部门的各项杂务工作，在规模较小，没有设置制片岗位的摄制组里，剧务实际上履行着制片的职能。

场务是现场杂工的总称，编制在制片部门，为现场各个部门服务，如铺设移动轨，现场的清理与搬运工作等。①

（三）独立制片人

独立制片人是来源于美国影视娱乐行业的专有名词，其本意是指那些在电影制作领域中不依靠于大制片厂体制，主要靠自己独立筹资，独立选择剧本，独立进行影片制作、发行以及后续产品开发的人。其核心要素在于"独立"，即所有的决策要依靠自己来做，同时也要为这些决策承担责任。②最初，独立制片人的出现与美国盛行的大制片厂体制相对立。独立制片人的最主要特点是创作新颖，可以尝试多种题材的影片，投资成本通常较低，运转灵活，不像大制片厂体制那样需要顾忌诸多因素。然而独立制片人也面临着一定的难题，相

---

① 参见于丽主编：《电影电视制片管理学》，中国电影出版社 2003 年版，第 47 页。

② 参见于丽主编：《电影电视制片管理学》，中国电影出版社 2003 年版，第 127 页。

对于大制片厂雄厚的资金实力而言，独立制片人需要想办法自筹资金，经常面临着资金短缺、融资困难的问题。

值得一提的是，"独立制片人"这一概念属于舶来品，尚未受到我国司法的正式认可。在目前已有判决中^①，法院认为："'独立制片人'的概念，不是著作权法意义上的制片人概念，而是在国内电影制片投资方式向综合性多元化发展的改革过程中出现的俗称概念，意指影片投资与具体摄制组织者。这一俗称，不具有法律上的含义。"因此，独立制片人究竟应属何种法律地位，应当结合其在具体电影项目中所起到的实际作用进行判断，有可能是电影作品的最终著作权人，也有可能是像制片人那样的管理负责人。^②

二、导演

（一）导演的主要职责

电影导演是影片创作的领导者，其主要任务是在制片人确定的影片制作计划和预算范围内，在影片创作的各个阶段里指导演员和摄制组的活动，将剧本内容转化为影片的图像和声音。电影导演在接受电影剧本之后，需要与制片人共同配合，组织主创人员研读剧本，训练演员排戏，选取外景，指导摄像，并且按照制片部门的计划来领导现场拍摄和后期制作工作。

具体而言，导演在不同阶段具备不同的职责：

1. 筹备阶段：修改剧本、确定演员。导演必须具备合格的剧作能力，通过与编剧等创作人员协商，最终确定剧本人物性格、故事架构，专业的导演应当具备对故事的掌控能力。紧接着导演还需进行演员及相关工作人员的选定工作，并且结合拍摄需要勘查、设计场景，确定拍摄日程安排等。

2. 拍摄阶段：分镜拍摄、现场协调。在拍摄阶段，导演的基本工作是运用分镜把剧本中的戏剧内容，用影像呈现出来。所谓影片分镜是指在实际拍摄之前，以图表的方式来说明影像的构成，如一个场景将如何构成、人物以多大的比例收入镜头成为构图、做出什么动作，摄影机要从哪个角度切入或带出、摄影机本身怎么移动、录映多少时间等。导演需要根据预先分好的镜头，在实际场景中查看场面处理与镜头运用是否恰当，进而指导演员演戏，包括为演员设定拍摄动作、培养演员情绪、帮助演员进入角色等。在这个过程中，导演必须

---

① "香港沛润国际有限公司与南宁泰安物业发展有限公司之间的著作权许可使用合同纠纷案"，参见中华人民共和国最高人民法院（1999）知终字第 12 号民事判决书。

② 参见余锋：《中国娱乐法》，北京大学出版社 2017 年版，第 279 页。

熟练掌握视听语言，将剧本故事、人物情感、时空变换体现为电影的画面和声音，控制电影剧情的起承转合及细节处理，简而言之，导演必须是一个"会讲故事的人"。同时，导演必须熟悉剧组各艺术部门的工作，对摄像、灯光、美术、服装、化妆、道具、场景等工作具备基本判断能力，能够根据电影拍摄的需求有序协调各部门的工作，达到影片所需要的艺术效果。

3. 后期阶段：剪辑影片、指导后期制作。影片拍摄完成，进入后期制作阶段，导演最重要的工作就是指导剪辑影片。在导演亲自剪辑或指导剪辑师剪辑的过程中，要保证影片的时空层次衔接自然，能完整表达出剧本的真实意思，同时运用专业的画面处理技巧以增加画面的连续性与韵律感，给观众带来良好的观影感受。此外，导演还需要指导配音等后期工作，保证影片戏剧效果的完整呈现。

（二）副导演、助理导演、场记

跟制片管理组类似，导演在电影摄制组中也有专门的工作部门，称为导演组。导演组除平常公众熟知的大导演之外，还设有副导演、助理导演、场记等职位，这些工作人员互相配合，为拍摄工作的顺利开展作出贡献。

副导演对导演负责，是导演最主要的助手。副导演的主要工作是代表导演组与制片主任合作制定切实可行的拍摄计划，协助导演选演员并根据导演要求指导临时演员、群众演员和特技效果。副导演还要负责影片摄制过程中的主要文案工作，例如撰写制定演员调度计划、摄制通知单以及协助电影送审工作等。

助理导演的主要职责是协助导演处理导演组的日常杂务。

场记也是导演组的重要成员。场记，顾名思义其职责与记录密切相关。场记主要负责在专用的场记单上详细记录拍摄过程中发生的一切，如场景名、镜号、机位、对白与变化、表演的衔接、镜头长度、主要道具使用情况、导演对已拍摄镜头的评价等。这些记录要求详尽准确，既可以作为拍摄现场参考，也可以在后期剪辑中为剪辑师提供可靠信息。[①]

（三）导演对电影的"终剪权"问题

众所周知，影视创作是文化创意产业的重要组成部分，其高投入、高风险且艺术创作活动极其复杂的特性，决定了对艺术与市场两方面都有很高的要求。就投资方而言，在关注电影作品投资与回报的同时，要强调尊重艺术创作的规律；就导演而言，在专注艺术创作的同时，也应当适度兼顾投资方投资利益的回报，如此才能实现双方利益的平衡。电影创作合同的履行，明显不同于标的

---

① 参见于丽主编：《电影电视制片管理学》，中国电影出版社 2003 年版，第 47 页。

为工业品的普通商事合同。在创作过程中，因艺术创作或者市场需求所进行的必要创作调整并不少见，然而无论是导演还是投资方提出的调整，都应本着善意协商的原则进行，且以不损害艺术创作水准为原则。

在"章曙祥诉江苏真慧影业有限公司导演聘用合同纠纷"一案[①]中，集中反映了导演及制片方就"艺术创作最终决定权"（即影片"终剪权"）产生争议的问题。该争议亦体现了目前影视行业较为突出的导演中心制与制片人中心制的争论。目前我国影视行业正处于导演中心制向制片人中心制的过渡时期，而完善的制片人中心制亦尚未完全确立。究竟应由导演还是制片方享有影片终剪权，在行业中存在诸多争议。从本案来看，原被告双方在合同明确约定章曙祥作为该片总导演，对该片的艺术创作具有最终的决定权。法院认为，由于合同已经非常明确地约定了总导演对艺术创作具有最终决定权，而影视剧的艺术创作包括前期筹备、中期拍摄及后期制作过程，故除非合同明确约定将终剪权排除在外，总导演对艺术创作的最终决定权应当包括终剪权。

通过本案可以反映出，目前法院对导演"终剪权"问题的裁判尺度是，无论影视制作行业是采取导演中心制还是制片人中心制，有关影视剧创作的最终决定权都应当首先依合同约定加以确定，只有在合同约定不明时，才考虑以行业惯例加以确定。同时，当投资方与导演在艺术创作上产生重大分歧时，双方首先应当协商解决，如协商解决不成，则投资方仍应当秉持契约精神，尊重合同约定。由此，行业在处理此类问题时，为防止后期发生纠纷，应当提前采取措施，就终剪权的归属问题事先在合同中明确加以约定。对于导演来说，终剪权是事关电影艺术创作的权利，单靠导演在拍摄现场的指挥、调动和说戏等，电影的艺术质量还无法得到保障。只有终剪权在手，才可以有效保证电影成片的最终效果。

三、编剧

编剧指的是电影剧本的作者。他们用文字来为影片创设人物、故事情节、主题思想等，从而为影片提供拍摄的基础。编剧存在委托编剧与独立编剧之分。委托编剧是指编剧与剧组或影视公司存在委托关系，通常分为两种情况：其一，制片人有一个原始的创意构思，通过与编剧沟通之后，委托编剧用专业的语言和表现手法将制片人的原始构思以电影剧本的方式呈现出来。其二，制片人在获得小说戏剧等原始 IP（知识产权）授权之后，委托编剧使用其专业的艺术手

---

① 参见江苏省高级人民法院（2014）苏知民终字第 0185 号民事判决书。

段和表达方式将小说戏剧等原始 IP 内容转换为电影剧本。由此可以看出，委托编剧都是在片方已有创意的基础之上，运用编剧的专业功底将创意转换为适于在大银幕上展现的电影剧本，编剧在此过程中无需有过多创意，拥有较少的自由裁量权，更多地扮演着一个"改编者"的角色。

相较之下，独立编剧则拥有较高的独立性与自由度，更多地扮演着一个"创作者"的角色。通常情况下，独立编剧对某个故事情节具有原始的创意与完整的构思，并将其用文字的形式表达出来，在剧本创作完成之后，独立编剧再主动向制片人或影视公司兜售剧本，说服其购买剧本并将剧本改编摄制为电影。当然，如果编剧本身非常有名，则不存在向影视公司兜售剧本的问题，通常影视公司会花高价购买其剧本，甚至在编剧创作完成之前就会通过协议的方式获得其剧本的优先购买权。

好莱坞著名编剧沃伦·格林曾说："编剧的第一要务是保证自己不因抄袭被诉。"[①]编剧作为电影创意的灵魂人物，必须保证其作品的独创性，避免出现抄袭等侵权诉讼。一旦出现侵犯已有作品著作权等情形，剧组难免重新更改故事情节、重新拍摄或花费高额和解金，对整个剧组而言损失难以估量。

从我国的实际情况来看，目前行业内与编剧密切相关的法律问题，主要涉及编剧对作品的署名权、修改权及保护作品完整权，这些问题在现实中纠纷争议较多。对此，后文在电影筹备、电影摄制部分，将对编剧相关权利的保护进行详细介绍，此处不再赘述。

四、演员

电影演员是指在电影中运用表演艺术扮演某个角色的人物。演员通过台词、动作、表情互相配合来展现剧本中的人物性格，推动故事情节发展，为观众展示丰满真实的人物形象。电影演员大都接受过专业影视院校的表演训练，但现实中也不乏未接受过专业训练而直接通过实践来积累经验的演员。

电影演员分为多种类型：角色演员、特型演员、群众演员、特技演员等。角色演员是最为观众熟知的一类演员，其善于运用表演技巧来塑造各种各样不同性格的人物，这类演员具有较强的可塑性，擅长通过独特的表演技巧努力使自己符合影片人物的性格、感情、动作等，从而在银幕上塑造出一个不同于演员本人的人物形象。角色演员通过入木三分的演绎，时常会使观众把片中角色等同于演员本人，演员也需要通过演绎不同类型的角色来摆脱观众对其的固有印象。角色

---

① Sherri Burr. *Entertainment Law: Thomson Reuters*, 2012:12.

演员享有较高的知名度，许多角色演员借演出电影成名，成为电影明星。

特型演员是特殊造型演员的简称，这类演员通常具备特殊的外形条件。如果电影角色涉及著名历史人物或者当代名人、领袖，为了在银幕上能够真实地再现这些人物的外貌，往往需要容貌相似或者经过化妆能够达到形似的演员来扮演。特型演员通常与某历史人物外形相似，因此特型演员通常也只擅长演这个人物，不经常演其他角色。

群众演员则是最基层的表演爱好者，他们通常在片场外等候，在剧组缺乏演员时，随时提供表演服务。群众演员虽然戏份很少，但其接近片场，通过临摹观看专业演员的表演从而能够帮助积累表演经验。

特技演员是替身演员的一种，他们通常拥有武打等特技，在知名电影演员遇到高难度及危险场景无法亲自演绎时，往往会雇佣特技演员来帮助其完成特技动作的演出。

电影演员光鲜亮丽的包装与享誉全国的知名度吸引了越来越多的人选择这份职业，成为演员的渠道也愈发多元化。一类通过签约专业的经纪公司，经纪公司为其包装，寻找电影演出机会，这类演员往往拥有较好的外貌条件或具备鲜明的个人特点。一类通过自我推荐，向剧组提交个人履历，期待获得剧组青睐，但这种方式相较于专业签约演员成功率较低。近年来，大型选秀也成为选拔演员的新型方式。一方面，剧组通过大型选秀可以遴选出富有表演特长的素人演员，另一方面，通过举办选秀活动也可以为剧组增加曝光率，为电影的后期宣传发行增加话题性。

演员通过出演电影，获得了社会知名度，享有声誉，大众媒体也关注着演员的一举一动。因此，与普通人相比，演员的人格权更容易受到侵犯。鉴于演员职业的特殊性，现实中与演员密切相关的法律问题，主要涉及演员的姓名权、肖像权、名誉权以及隐私权的保护。

五、美工组

美工组在电影的造型设计中起到至关重要的作用，美工组的工作直接决定了影片最终呈现出来的美观效果。美工组是规模较大的组，负责整部影片的造型设计工作，设有美术师、美术助理以及服装、道具、化妆等小组，工作内容包含影片场景设计、人物造型设计、陈设道具设计和镜头画面设计等。

美术师是负责整部影片造型设计的主要创作人员，国外称作艺术导演、艺术总设计师、艺术指导或美术指导等。在影片拍摄筹备阶段，美术师与导演、摄影师一起，根据剧本的规定情景与导演对未来影片总体创作意图和造型形式的要求，构思并绘制各种设计图来体现整部影片的造型意图。在案头工作阶段，美术师要主持并完成影片的场景设计、人物造型设计、陈设道具设计以及镜头画面设计。在拍摄前的准备与制作过程中，美术师为体现总体造型意图，负责组织与指导服装、道具、化妆、置景、绘景、特技美术等部门的具体工作。在整部影片摄制过程中，美术师应对未来影片银幕造型效果的质量负责。电影美术师须具备坚实的、熟练的绘画造型能力，具备一定的文艺修养，并掌握高科技造型手段，熟知影片视觉体现的特有规律，具备历史、建筑、服装、道具、民俗等方面较丰富的知识，并善于组织与指导有关部门协力体现总体设计意图。①

服装师要根据导演与美术师确定的影片设计方案和造型的总体构思，进行影片人物的衣着服饰的设计，并负责影片所需服装的制作与采购工作。服装师的助手是服装员，负责管理影片中人物的服装。在影片筹备阶段，服装员要根据美术师和服装师的要求挑选或按设计图置办服装，并将影片所用服装按拍摄计划整理成册。在拍摄阶段，服装员要负责人物服装穿着的衔接，现场服装员还要负责保管、发放大批群众演员的服装。

道具师是负责影片道具部门的美术创作人员，主要任务是根据美术师的总体造型设计意图，设计、组织、制作影片所需要的各种道具。道具员在道具师的领导下工作，协助道具师筹备各场景所需要的陈设道具和戏用道具。负责现场道具管理工作的道具人员称为现场道具员。现场道具员的职责是维护现场道具，确保跳拍时道具衔接自然，并根据拍摄需要调整道具的位置或临时装卸道具等。

化妆师的任务是根据剧本、导演要求、演员容貌和影片总体造型要求，为影片设计人物的化妆造型，指导制作各种化妆造型所需要的零配件，完成全片人物的试装和定型。在拍摄过程中，化妆师负责保持人物造型的连续性，准确描画出人物随年龄、环境、情绪的变化产生的不同形象。化妆助理在化妆师领导下工作，按化妆师的要求完成部分制作工作，编制预算、采购化妆用品，以及负责次要人物的化妆等。在一些较为特殊的摄制组，如古装摄制组，还会设置专业发型师，专门负责演员发型和假发的造型与制作。此外，根据剧情需要，也可设置身体化妆师，专门负责演员颈部以下部位的化妆。②

六、摄影组

摄影是电影拍摄工作的重要组成部分。摄影工作由摄影组来完成，摄影组

---

① 参见许南明、富澜、崔君衍主编：《电影艺术词典》，中国电影出版社 2005 年版，第 309 页。
② 参见于丽主编：《电影电视制片管理学》，中国电影出版社 2003 年版，第 50 页。

的组成成员通常有：摄影师、副摄影师、摄影助理和机械员。

摄影师对导演负责，是导演在创作方面最主要的合作者之一。摄影师负责影片银幕形象的摄影造型处理，为影片获取最恰当的摄影画面。摄影师根据影片内容与导演的要求选择摄影机及其辅助设备，确定照明设备，监督摄影组与照明组的工作，决定各场景的布光方案与各镜头的曝光量。当影片规模宏大，需众多摄影师同时拍摄时，还设有"总摄影师"一职。担任总摄影师的人员，多是电影摄影创作中有重大成就、有丰富工作经验并在摄影界有威望的摄影师。总摄影师通常并不直接操作摄影机，其主要工作是确保各摄影师工作的协调一致，从摄影画面上实现导演的创作意图。尤其是在重大题材、重点影片的拍摄中，为确保影片质量，常常设有总摄影师。①

副摄影师是摄影师的副手。副摄影师和摄影师一起参与摄制组各种艺术创作活动，协助摄影师完成影片摄制的技术和艺术任务。在摄制组中，有的副摄影师直接操作摄影机，体现摄影师的创作意图；有的则负责量光并会同照明组布光，完成摄影师对光线、色调的处理要求。多机拍摄时，副摄影师将单独掌握摄影机，分担拍摄任务。副摄影师还代表摄影师与摄制组各部门进行联系，商讨具体工作措施，以保证共同确定的创作意图得以实现。制定摄影组预算，并负责督促、检查摄影助理的工作。②

摄影助理是摄影组内负责帮助摄影师完成技术工作的辅助人员。他们主要负责按照摄影师的意图安排好摄影机和移动设备，记录摄影技术参数，同时也负责摄影机和相关设备的检查、日常维护和搬运。

七、照明组

照明组是电影生产过程中一个必不可少的部门。电影照明在影片的艺术创作中起到了非常重要的作用。通过对多种光线的处理，可以对人物和环境加以渲染，帮助展现人物的形象、情绪和性格，增强画面的情绪感染力。通过利用光影、明暗和光色配置，达到突出主体和平衡画面构图的目的。照明组通常由一名照明组长和若干名照明员组成，规模庞大的摄制组有时会再设副组长一人，协助组长工作。

照明组长是摄制组内电影照明工作的负责人。照明组长根据剧本和导演意图，特别是摄影师对光线处理的要求，带领和指挥照明员安装灯具和现场

① 参见许南明、富澜、崔君衍主编：《电影艺术词典》，中国电影出版社 2005 年版，第 215 页。
② 参见许南明、富澜、崔君衍主编：《电影艺术词典》，中国电影出版社 2005 年版，第 215 页。

布光，并负责安全用电和照明灯具的正常使用。照明组长不仅应谙熟电影照明的电器技术，而且应当具有丰富的布光经验，以便根据影片的内容和摄影师的创作意图，创造性地完成各种光影效果、光线气氛，并能解决照明工作中出现的难题。

照明员是负责电影照明的工作人员。照明员在照明组长的率领下负责接通电源，布置灯具，按需要的亮度和光效，照明场景，遮挡多余的光线，完成各种光线效果的特殊要求。其工作一般分前区人物光和后区背景光的布光。摄制组照明员一般为 4~8 名左右。①

八、剪辑师

剪辑是影片制作过程中一项必不可少的工作，也是影片艺术创作过程中最后的一次再创作。剪辑工作包括画面剪辑和声音剪辑两个方面，影片的声音必须和画面有机结合，达到声画统一，剪辑既是技术也是艺术工作。电影镜头通常是按照内景、外景、实景等不同的拍摄场地分别集中拍摄的，在剪辑时需要按照影片内容的顺序重新进行组接。重要的镜头往往由于艺术上或技术上的原因，需要重复拍摄多次或同时拍摄多条，剪辑时要进行挑选。群众场面在拍摄时常需拍摄大批素材镜头，在剪辑时要进行创造性的组接。简而言之，剪辑工作就是对拍摄出来的数以千计的镜头进行精心地筛选和去芜存菁地剪裁，按照最富有银幕效果的顺序组接起来。②

剪辑师是具体负责影片剪辑工作的人员。剪辑师应深刻理解剧本和导演的总体构思，以艺术的真实和生活的逻辑为基础，对在内景、外景、实景中分割拍摄的不同场景、不同景别，不同方法拍摄的画面素材和录制的声音素材，运用蒙太奇技巧进行有机地组合，最后使整部影片达到结构严谨、语言生动、节奏鲜明，从而突出人物，深化主题，提高艺术表现力和感染力。③

剪辑一般分为三个阶段：采选剪辑、粗剪、精剪。剪辑工作的第一个步骤叫采选剪辑。素材分类整理完毕并加上标签后，剪辑师开始从每场戏的文件中选择可以用于组成这场戏的镜头，有的镜头是导演要求使用的最优选择。基本上，采选剪辑还是要依据剪辑师的判断来完成，这个阶段的主要任务是搭建出整个故事的结构。采选剪辑一般依据剧本进行，这样导演就可以看到影片最原

---

① 参见许南明、富澜、崔君衍主编：《电影艺术词典》，中国电影出版社 2005 年版，第 264 页。
② 参见许南明、富澜、崔君衍主编：《电影艺术词典》，中国电影出版社 2005 年版，第 406 页。
③ 参见许南明、富澜、崔君衍主编：《电影艺术词典》，中国电影出版社 2005 年版，第 408 页。

始的样子。在粗剪阶段，剪辑师的精力会主要放在故事、角色的发展、叙事节奏等细节上。粗剪结束，意味着大块的修整工作已经完成了，此时电影差不多已基本定型。在精剪阶段，工作包括从技术层面完善电影的每一帧画面，确保每个转场都是正确的，每个镜头的衔接都不出现连续性的错误，每个定场镜头都剪辑地恰如其分，插入镜头和互换镜头也足够紧凑。剪辑师需要反复推敲每一处剪辑，力求做到完美。精剪过程可以被看作技术性的质量控制工作，因为绝大多数艺术性的决策已经在粗剪阶段做出来并实施了。①

九、录音师

录音师是对影片声音的艺术、技术质量负责的电影声音创作艺术家。

录音师根据剧本内容和导演意图，负责影片的声音设计及创作工作。录音师必须具有较高的艺术修养和电影专业知识，丰富的生活经验以及与本专业有关的电子理论、电学、声学、音乐等知识，能熟练地掌握录音技术。录音师在创作过程中应深入生活，与导演、摄影、作曲、美术反复交流创作意图，共同确定声音处理，并在录音过程中严格掌握各环节的声音质量，使声音与影片的总体构思最终完美统一。

在我国以前的电影生产中，采取的是一个录音师全面负责制，即一部影片的语言、音响、音乐、混合录音及其艺术、技术质量，均由该影片的录音师负责。随着声音艺术和录音技术的发展，录音师的分工呈现出越来越细的趋势，即一部影片的录音工作分别由声音设计师、同期录音师、音乐录音师、后期对白录音师、动效录音师、预混录音师、终混录音师、声音剪接师等共同完成。②

总而言之，电影是一项集体智慧的劳动，涉及众多从业主体，只有摄制组各个部门通力合作，才能制作出优秀的电影作品。一部电影的成功除了需要制片人、编剧、导演、演员等人员的努力，还需要摄影、照明、剪辑、录音、美术、服装、道具、化妆等多部门的共同配合。世界各大电影节除设置最佳导演、男女主角奖项之外，也设置了最佳摄像、最佳配乐、最佳服装等多类奖项，从而鼓舞各类为电影作出卓越贡献的幕后人员。

---

① 参见高福安、宋培义、司若编著:《影视制片管理基础》，中国传媒大学出版社 2013 年版，第 138 页。转引自余锋:《中国娱乐法》，北京大学出版社 2017 年版，第 288 页。

② 参见许南明、富澜、崔君衍主编:《电影艺术词典》，中国电影出版社 2005 年版，第 383 页。

第二节　电影筹备阶段的法律问题

一、电影筹备的基本概念

一部电影的诞生是一项系统性工程，其中电影制片环节，是电影具体生产活动的全过程。①狭义的制片阶段可分为前期筹备阶段和开机摄制阶段。电影筹备阶段即是指电影正式开拍前的准备阶段，是电影从制片人、编剧的创意构想转换为实际影像的前置过渡阶段。制片人在这个阶段需要获得具有创意的剧本，确立电影的核心思想，并且通过向投资人陈述电影情节、人物故事等，说服投资人为影片注入资金，进而选取导演、演员等主创人员，组建剧组班底。此外，筹备阶段还需要准备行政审查的材料、完成电影剧本的备案审查工作，之后电影才能正式进入摄制环节。具体而言，电影筹备阶段的工作是繁杂且零碎的，但是重点来看，无非是"找本（开发剧本）""找人（组建剧组）"和"找钱（项目融资）"三大任务。

二、开发电影剧本

一个电影项目的成功建立在一个好的剧本之上。好剧本不仅最终能够为观众呈现一个精彩纷呈的故事，在电影筹拍阶段也是制片人说服投资人为电影注入资金的制胜砝码。因此，准备好一个精彩的电影剧本是电影筹备阶段的第一项重要任务。

获得初始电影剧本的方式可以是多样化的。实际操作中，制片方或影视公司可能发掘到一部优秀的文学作品，通过与作者签订著作权转让或许可协议，获得相关授权（包括但不限于改编权和摄制权），将文学作品改编成剧本进而摄制成为电影。另外，也有一种可能是制片人或导演等主创人员已经有一个非常好的剧情创意，此时只需委托编剧，通过编剧运用专业功底将创意构想转化为电影剧本，这一过程也称为委托创作电影剧本。还有一种可能是独立编剧创作完成一部电影剧本之后，亲自或通过经纪公司主动向制片人或影视公司兜售自己创作的剧本，希望能被采纳，翻拍成电影。

（一）电影剧本的开发类型

1. 文学作品等其他 IP 改编电影剧本。有广泛受众的文学作品可以经过产业开发形成诸多衍生作品，如漫画、电影、游戏等，也就是近几年市场常说的

---

① 许南明、富澜、崔君衍主编：《电影艺术词典》，中国电影出版社 2005 年版，第 188 页。

"大 IP"。而此类大 IP 形成电影的第一步，就是进行改编作品 – 剧本的创作。从《甄嬛传》《失恋 33 天》等影视作品热映开始，由网络文学作品改编的电影电视逐渐受到市场肯定，原本没有完整商业模式的网络文学版权分销开始得到影视公司的关注。具有较高知名度的文学作品，已经吸引并培养了一批固定的粉丝，影视公司将这些文学作品改编摄制成电影，可以利用已有的口碑效应与粉丝经济，帮助电影获得更多的市场关注和商业票房。

"互联网＋"时代，文化产品的连接融合愈加明显，充分挖掘大 IP 的潜力，进行泛娱乐产品的开发越来越受到影视公司和资本媒介的关注。[①] 在泛娱乐产业生态链中，初始 IP 居于开发链最顶端，对于影视公司来说，它可以是网络文学作品，也可以是游戏 IP、动漫 IP，甚至可以是综艺节目 IP，例如由《爸爸去哪儿》等真人秀节目脱胎形成的"大电影"。[②] 由于优秀 IP 已经有一定的受众基础和口碑积累，因此由优秀 IP 改编摄制的电影相较于普通电影而言，更具有市场知名度和竞争力，后期价值变现具有更充分的粉丝基础，并且还有充分的大数据可供投资分析，由此也更容易受到市场的青睐。

从 2014 年开始，BAT 三家互联网巨头公司相继收购或成立了自有的文学部门。腾讯将业内著名的网络文学企业盛大文学收入旗下，腾讯文学与盛大文学整合成立了阅文集团，阅文集团于 2017 年 11 月在港交所挂牌上市，成为"网文第一股"。此外，百度、阿里也各自成立了百度文学、阿里文学。以 BAT 为代表的三大互联网巨头以不同的方式接入数字阅读领域，也从另一个侧面印证了 IP 的重要性。

在此种剧本开发类型中，制片方需要与作品著作权人签订著作权转让（许可）协议，至少获得包括但不限于"改编权"和"摄制权"等授权。以此两项权利为基础，制片方才能进行之后的剧本开发工作，或组织团队进行改编，或委托作家创作剧本。需要注意的是，无论初始 IP 著作权人如何与制片方约定转让（许可）的范围，原著作权人始终享有如"署名权"等人身性著作权。

2. 委托编剧创作电影剧本。影视公司获得剧本的第二种方式是委托编剧来

---

① 根据工信部发布的《2018 年中国泛娱乐产业白皮书》，"泛娱乐"的概念最早由腾讯在 2011 年提出，指的是基于互联网与移动互联网的多领域共生，打造明星 IP 的粉丝经济，其核心是 IP 资源，可以是一个故事、一个角色或者其他任何大量用户喜爱的事物。在"连接"思维和"开放"战略下，文化多业态融合与联动成为数字娱乐产业尤其是内容产业的发展趋势，以文学、动漫、影视、音乐、游戏、演出、周边等多元文化娱乐形态组成的开放、协同、共融共生的泛娱乐生态系统初步形成。

② 陈少峰、徐文明、王建平主编:《中国电影产业报告（2015）》，华文出版社 2015 年版，第 22 页。

创作电影剧本。在这种情形之下，通常电影制片人、导演等主创人员已经有较好的剧本创意，但其缺乏专业的剧本写作功底或没有时间进行剧本写作，此时便需要委托专业编剧加入电影团队、进行剧本写作。

导演、制片人先将剧本的原始构思及创意告知编剧，编剧再运用其专业功底将创意构思转化写作为电影剧本，期间通过与导演、制片人的不断探讨，持续润色修改，最终形成与电影基调最为契合的剧本。实践中不乏具备自编自导能力的导演，姜文、尔冬升、麦兆辉、宁浩等名导本身也是非常优秀的编剧，他们执导的许多电影作品都源于自己的原始创意构思。电影《疯狂的石头》既是宁浩的导演成名作，同时宁浩也担任了该部电影的编剧，对该电影的原始构思、剧本创意作出了非常大的贡献，再加上张承、岳小军等编剧的帮助，从而成就出一部非常成功的电影作品。

在委托编剧创作电影剧本之时，应当注意剧本作为委托作品的著作权归属问题。委托作品从本质上而言，属于委托创作的作品，委托人是电影制片方，受托人是编剧。根据我国《著作权法》的相关规定，委托作品的著作权归属应由委托人和受托人通过合同进行约定。若合同未作出明确约定或者没有订立合同，则作品著作权归受托人所有。也就是说如果电影制片方与编剧未就剧本的版权归属作出约定，则版权应由编剧享有。[①]而美国的规定则与我国恰好相反，根据美国版权法第101条规定，"电影作品与其他视听作品的一部分"作为特殊形式的委托作品，视为委托作品，其著作权属于委托人即电影制片方。也就是说，在美国法的框架之下，若当事人未对剧本的版权归属作出约定，则剧本版权应优先归属于电影制片方。由此可见，我国侧重于对作品创作人的保护，而美国则更侧重于对作品投资者的保护。因此，在涉及跨国电影合作之时，应当先行了解各国著作权法的相关规定，避免产生法律纠纷。

3. 作家授权转让电影剧本。知名编剧的作品往往具有很强的市场号召力，像严歌苓、高满堂、赵冬苓这样的著名编剧的剧本作品，影视公司愿意主动接触并开出高价来预购。然而，编剧中的"明星"毕竟是市场的少数，影视圈中更多的是名气平平或刚出道的普通编剧群体。编剧群体普遍面临缺乏知名度的处境，这便需要其主动向影视公司兜售电影剧本。作家既可以毛遂自荐，更多的也可以通过专业的经纪代理公司将创意或剧本大纲等投递给影视公司。如果影视公司对其创意、剧本大纲等感兴趣，便会与其联系，双方进一步磋商，确

---

① 《著作权法》第19条规定，受委托创作的作品，著作权的归属由委托人和受托人通过合同约定。合同未作明确约定或者没有订立合同的，著作权属于受托人。

立版权购买事宜，进而签订著作权授权合同，影视公司会向作家支付相关费用作为对价。

作为处在电影产业发展前列的好莱坞，美国有一系列实践经验值得借鉴。在美国，如果作家成功向影视公司兜售其作品，影视公司则会与其签订期权协议（Option Agreement)，期权协议是指影视公司在与作者签约时并不直接购买剧本的影视版权，而是通过期权协议获得其在未来一段时间内独家开发该剧本的"选择权"，确保其在一定期限内享有同作者签订版权授权协议的优先权，待到资金到位、电影确定开拍时再向作者全额支付版权费用，获得剧本版权。

另外，还存在一类作家兜售剧本后由影视公司"暂管"的方式。制片人可能主动联系作家，要求作家将其作品借由制片人保管一段时间，制片人再利用自有资源将剧本送交影视公司审视是否具有可开发性。相较于作家自己找影视公司兜售剧本的方式，通过制片人的渠道，能联系到更多的影视公司资源，更有利于剧本被购买。但根据美国编剧工会（WGA，Writer's Guild of America)的规定，如果在作家未签订期权协议的情况下，制片人在到处兜售作家作品之前，应向作家支付一定的补偿金作为对价。WGA 的该项规定是为了更好地维护作家的合法利益。试想如果一名制片人说服一位年轻编剧将作品交给他，制片人在交予影视公司查看之后，影视公司纷纷表示没有兴趣，这就意味着通过制片人渠道兜售剧本无果。当编剧再试图通过自己的力量向影视公司兜售剧本时，影视公司会发现该剧本正是此前被拒绝的剧本。也就意味着该作家在没有得到任何补偿的情况下剧本便被否决，不利于保护作家付出的劳动心血。[①]

（二）剧本开发的法律问题

1. 剧本剽窃风险。剧本与一般的文学作品相比，其受到的剽窃风险没有本质区别。但是，由于其属于一种电影作品产生过程中的前置性作品形式，在整个项目启动中起到类似于一种"计划书"的角色，所以其在投递、传阅等项目筹备进程中，会不可避免地传播开本身蕴含的情节与创意，这也就带来了一种更高的创意泄露和剧本剽窃的风险。

"编剧的第一要务是确保他不会被起诉，即他没有剽窃其他人的创意。"[②] 在美国，每年都有许多作家起诉影视公司抄袭其创意的案件，其中不乏真正剽窃作家作品的情况，但许多情况下，影视公司创作人员并不具备抄袭作家来稿的主观意图，只是在阅读来稿作品之后，潜移默化会受到作家作品的影响，无形

---

① Jeffrey A. Helewitz, Leah K. *Edwards. Entertainment Law: Thomson Delmar Learning*, 2004:149.

② ［美］谢丽·L. 伯尔：《娱乐法》，李清伟等译，上海财经大学出版社 2018 年版，第 11 页。

之中会导致电影出现与作家作品相似的情节。为了避免此类情况的出现，影视公司采取了更为谨慎的策略，比如影视公司工作人员不得接受"未经邀请主动提供的创意"，若作家需要投稿，则建议其通过经纪代理公司出面与影视公司联系。若作家坚持不通过经纪代理公司只通过自己兜售剧本，则需要在提交创意、剧本之时与影视公司签订《提交协议》（*Submission Agreement*），即免责声明，表示同意放弃对电影公司的追诉权。在《提交协议》中作家不仅要声明其对提交的剧本作品享有完整著作权，不存在侵犯他人知识产权等权利瑕疵的情况，同时还需要承认影视公司已接触过类似的创意或剧本，同意影视公司无需承担对其创意、剧本的保密义务。①

2. 剧本著作权归属。导演、编剧围绕电影剧本展开的著作权争议层出不穷。导演通常会认为自己才是电影故事情节、人物架构的原始创作者，编剧只是起到将其创作思想付诸书面表达的作用，因此编剧只是充当统筹者的角色，而并非真正的创作者。相反，编剧则会认为导演提供的仅仅是一种思想，具体如何撰写是由编剧来操刀，其间必然会加入编剧的个人思想，并由编剧来将其转化成为可受《著作权法》保护的独创性的表达，因此编剧才是真正的创作者。

解决此类争议，首先要明确我国《著作权法》保护的作品应当是一种"独创性的表达"，单纯的"思想"是不受保护的。另外，电影剧本属于"文字作品"，作者是进行创作活动并署名的人。当然，实践中也不鲜见真正的作者并不署名的情形，这时候未署名权利人主张权利，则应当根据我国民事诉讼法"谁主张、谁举证"的规则承担举证义务。②

如要避免此类电影剧本的著作权争议，最好的方式是当事人提前通过合同进行约定，双方就委托作品的著作权归属问题进行协商并达成一致意见，合同的约定应当尽可能细致和具体，从而对双方的权利和义务形成有力的约束。例如：哪方享有电影剧本的著作权，编剧是否享有署名权，是否为具有排他性的独立编剧，甚至署名应当出现在片头还是片尾，署名出现的时间长度，署名的字体大小、长度、粗细，署名占据画面的比例，双方都应当在合同中予以详细地规定，从而尽量避免法律纠纷。

3. 原始IP改编权、摄制权的归属。热门IP开发的著作权授权是版权市场上的"香饽饽"，由此也带来了相关的权属纠纷。在对上游大IP进行"购买"的过程中，影视公司希望获得的是著作权人对于其作品改编权、拍摄权等财产

① 宋海燕：《娱乐法》，商务印书馆2014年版，第182页。
② 高戡：《影视娱乐法》，清华大学出版社2017年版，第290页。

性权利的转让或许可。对于作品权益的转让或者许可使用，是著作权人获取收益的两种主要方式，这里有必要进行一下简单的区分。

首先，著作权转让。根据我国《著作权法》规定，著作权可以通过转让等法定方式从原始权利人手中继受取得，当然，这其中只限于改编权、摄制权等财产性权利，例如署名权等人身权利是不可以转让的。① 相关著作权利在转让后是单向的、不可回转的"一次性"交易，权利受让人成为转让范围内实质上新的著作权人。业内通常将此类交易称为"买断"，单次交易对价一般较高，但是长远来看并不利于原著作权人获得长期收益。

与"转让"不同，"许可"是一种更利于保护著作权人权益的授权方式，也是当下更为通行的做法。许可授权指的是著作权人授权他人在约定的时间和范围内使用相关著作权的财产性权利的行为。根据著作权法的授权框架，可以将"许可"分为独占许可、排他许可和普通许可三种类型。这三者的区别在于，独占许可在许可期限届满前，相关权利只能由被许可人享有，授权人和第三人都不得再行使被授权的相关权利；排他许可与独占许可大体相同但略有宽松，只限制著作权人对于第三人的再次授权，而不限制著作权人本身；最宽松的是普通许可，著作权人不受授权限制，可同时将一份权利授权其他多人使用。

可以发现，"转让—独占许可—排他许可—普通许可"这一授权选择区间将成为 IP 购买谈判桌上双方的拉锯空间。取得越具有独占性的授权安排，影视公司在后期开发中将会取得越主动的市场地位，反之对于著作权利人亦然。如果授权关系较为复杂，且独占性不强的话，制片方将会面临潜在的诉讼风险。

乐视影业与光线传媒围绕电影《何以笙箫默》（以下简称《何以》）展开的版权拍摄之争便是其中典型代表。乐视向小说原作者顾漫购买了《何以》的电影版权却迟迟没有拍摄，合约即将期满，顾漫也无续约之意，之后便将电影版权卖给了光线，光线声称将以其合法享有的电影版权进行电影拍摄。而乐视也不甘示弱，在与顾漫合约期满前 20 天，正式取得了《摄制电影许可证》，其凭借合法持有的《摄制电影许可证》进行了电影的拍摄。双方事后围绕谁才是电影拍摄版权的合法持有者展开了一系列的争议，一时成为话题热点。②

《何以》事件反映出影视公司过度囤积 IP 而无力开发带来的一系列问题。随着网络文学 IP 大热，昔日大火的网络小说被许多影视公司看中，影视公司为

---

① 王迁:《著作权法》，中国人民大学出版社 2015 年版，第 217 页。
② "乐视网《何以笙箫默》开机光线仍无止步之意"，载东方网，http://news.eastday.com/eastday/13news/anto/news/enjoy/u7ai3219710-k4.html，最后访问日期：2021 年 1 月 29 日。

了优先抢占大热的网络文学资源，不得不提早打算，进行文学资源的囤积，然而过早购入版权却迟迟无法进入拍摄状态，直至授权合同到期，由此也引发出一系列版权争议纠纷。电影拍摄从购买剧本到寻找资方、组建主创班底、通过行政审批，每个步骤都绝非易事，一旦哪个环节遇到障碍，常常需要影视公司耗费数月予以解决。因此影视公司从购买版权到影视项目开始运作再到拍摄结束是一项长期性的工作，往往耗时数年，待到影视公司真正确定开始投拍时，通常已经接近 IP 授权的截止日期。此时便涉及影视公司与 IP 原作者的授权续约问题，若双方能达成一致意见进行续约，则问题迎刃而解，电影拍摄继续有序开展。但倘若作者不愿再与影视公司续约，则导致一系列问题。一方面，影视公司不敢贸然拍摄 IP 授权已经过期的剧本，这意味着影视公司前期付出的影视筹备工作可能付诸东流；另一方面，原作者可能面临影视公司抢先备案或注册商标的问题，从而将导致原作者与第三方再展开版权交易时受到阻碍。

解决此类问题最好的方式是细化合同的条款约定。影视公司在与 IP 原作者签订 IP 授权合约时，应当在双方签订的合约中就版权续约事项作出更加细化的规定。例如，双方应当约定，假如影视公司是在版权合约届满前一个月内才取得影视拍摄许可，影视公司可以要求原作者续约，但应当向原作者支付更高的费用。或约定，影视公司应当在版权合约届满前一个月与原作者就是否续约展开谈判，若原作者明确表示不愿续约，影视公司不得再将影视剧本进行备案，更不得抢注商标。双方事先通过协议的方式达成一致的意思表示，只要不违反法律、行政法规的强制性规定，便合法有效，对双方当事人都具备法律拘束力，由此在一定程度上也可以避免事后矛盾激化。

4. 有益的借鉴：期权协议。美国在处理版权授权方面的做法亦值得我国参考借鉴。我国目前的通行做法是影视公司先向 IP 原作者支付大笔的费用以获得授权使用。而美国影视公司在与原作者签约之时，并不会先直接支付大笔费用来获得授权，而是与原作者签订"期权协议"（Option Agreement）。通过期权协议，影视公司可以获得在未来一段时间内独家开发该剧本的"选择权"，[①] 从而确保其在一定期限内享有同原作者签订版权授权协议的优先权，如同购买公司的股权、期权一样，看中的是在一定期限内的优先权利和增值空间。如此一来，美国的影视公司先不必支付巨额的版权授权费用给作者，可以先行进行剧本开发、拍摄筹备工作，若资金到位、主创合适，一切就绪只等开拍，此时再找原作者全额购买影视版权。若筹备不顺，拍摄计划中途夭

---

① 宋海燕：《娱乐法》，商务印书馆 2014 年版，第 184 页。

折，影视公司也不会损失太多费用。同时签订这样的期权协议也并不会影响版权的实质归属，在全额购买前，原作者仍享有作品版权，从而为作者的实质性权利保留了一定的自由，避免影视公司违背作者意愿行使作品权利。这样的做法可谓是四两拨千斤，电影制作方以很低的资金完成了项目初期的筹备工作，在吸引到实力雄厚的投资方注资之后，便可全额买下 IP 授权，从而有效降低了制作方前期筹备的资金压力。期权协议通常会对期权费用、期权期限、购买价格、编剧署名、授权范围、第一谈判权与最终否决权、声明与保证条款等内容作出约定。

值得注意的是，随着资本与互联网的力量进入影视行业，IP 被炒作过热，原来几十万便可购买到的剧本改编权可能被炒作至千万级别。IP 的定价核心是粉丝关注数量的多少，目前不乏企业为追求经济利益对粉丝量进行造假，再利用网络进行包装炒作，进而获得高额的 IP 定价，此种行为涉嫌商业欺诈。最后粗制滥造的作品经不起市场的检验，观众并不认可，直接影响影视公司的经济利益与口碑声誉。随着资本介入，IP 虚火现象严重，目前高额的版权费与续约费将不利于行业的长久发展，因此合理压缩 IP 泡沫是影视行业健康发展的必经之路。由于 IP 改编尚属新兴事物，目前主要依靠的是行业自律的力量，这就要求影视公司在购买 IP 时需要慧眼识珠，不能盲目跟投，需合理谨慎、防止掉入泡沫陷阱。一方面，影视公司可以在前期委托中立第三方对 IP 进行客观评估，确定作品粉丝量及口碑的真实情况，进而作出正确的商业判断。另一方面，应当规范影视公司与 IP 原作者的合约内容，对原作可以被改编修改到何种程度等内容作出尽可能细化的约定，进而规范双方的权利义务，避免"花高价拍烂片"的现象出现，尽量减少法律争议。

（三）编剧创作剧本的合同要点

无论上游 IP 来源何方，最终的剧本开发与成果落地，还是需要制片方组织编剧或编剧团队来最终确定下来。根据剧本研发方式的不同，可以将聘用编剧的具体合同类型分为"委托创作电影剧本"和"委托改编电影剧本"两种合同。第一种合同类型对应上文委托创造电影剧本的开发方式，指编剧根据制片方的需求，独立创作特定主题、题材和情节的原创剧本。第二种合同类型对应购买上游 IP 资源而进行的电影剧本改编，编剧通过对于已经附有著作权的相关作品进行电影剧本化的改编，从而形成改编电影剧本，这也是现在比较流行的剧本开发模式。编剧聘用合同最大的法律风险来源于剧本作品的著作权归属。这其中有两个比较典型的问题，一个是合作创作剧本的著作权归属问题，另一个是委托创作剧本的著作权归属问题。

1. 合作创作剧本合同。合作创作剧本的法律纠纷主要来源于编剧团队模式下的剧本署名权纠纷。在相关案例中，出现众多的剧本侵权行为，例如没有参与剧本创作的人在相关剧本上署名、冒用或"借用"著名编剧的署名加入自己的剧本作品等行为。剧本如果来自于某一编剧团队，往往形成我国著作权法上的"合作作品"。《著作权法》第 14 条第 1、2 款规定："两人以上合作创作的作品，著作权由合作作者共同享有。没有参加创作的人，不能成为合作作者。合作作品的著作权由合作作者通过协商一致行使；不能协商一致，又无正当理由的，任何一方不得阻止他方行使除转让、许可他人专有使用、出质以外的其他权利，但是所得收益应当合理分配给所有合作作者。"因此，针对具体的剧本合作作品，著作权由合作的编剧团队共同享有。需要注意，具体合作作者的认定需要结合"合作合意"和"创作行为"来判断，没有付出独创性劳动的不能成为剧本合作作者。著作权的支配和行使，应在合同中细化约定，如无一致约定，则合作作者共同行使，任何一方不得阻止他方行使。

2. 委托创作剧本合同。委托创作剧本的法律纠纷集中来自制片方与编剧签订委托创作合同时对著作权归属约定不明确。我国《著作权法》第 19 条规定了"委托作品"的著作权归属情形："受委托创作的作品，著作权的归属由委托人和受托人通过合同约定。合同未作明确约定或者没有订立合同的，著作权属于受托人。"具体到剧本创作而言，可以简单以两个优先来理解：一是"约定优先"，即剧本著作权的归属有合同约定则一定按照合同约定。二是"编剧优先"，如果制片方与编剧的聘用合同中没有约定剧本的著作权归属，则剧本的相关著作权由编剧享有。在实务中，一般来说制片方会在合同中要求剧本大部分著作权归属自己，但是应在最低限度上保证编剧对剧本的署名权。其他委托创作合同例如录音录像作品创作合同、美术工艺创作合同等，实质与剧本创作合同情形类似，参照其关于约定报酬、著作权转让和署名权的规定。

三、组建摄制组（剧组）

摄制组是影片摄制完成的基础组织结构。[①] 在获得电影剧本与电影融资之后，制片方便会开始寻找合适的导演、演员等主创人员，聘用摄像、灯光、服装、道具等各部门工作人员，组建电影剧组班底。此外，制片方和导演还要共同完成影片的选址工作，为电影寻找合适的拍摄场景，同时还要考虑天气等其他可能影响拍摄进程的因素。在电影正式开拍之前，导演还会对演员进行一系

---

① 于丽主编：《电影电视制片管理学》，中国电影出版社 2003 年版，第 31 页。

列的彩排、培训，进而帮助演员了解其所饰演的角色，培养演员情绪。演员在这一阶段则需要做大量的准备工作，除进入角色之外，还要具备剧中角色所需要的外形、特色、技能，例如刘德华、郑秀文在拍摄电影《瘦身男女》时曾为角色增肥几十斤；景甜在拍摄电影《长城》时曾在美国接受了半年的高强度封闭训练。同时，由于电影可能先拍片尾，再拍片头或片中，所以演员必须时刻酝酿好情绪进入角色，保证完成各阶段的拍摄工作。[1]

（一）摄制组的组建及构成

1. 摄制组的组建过程。一般而言，我国目前摄制组有常见的两种组织形式：一种是国营的有上级主管制片单位的摄制组，资金预算与人员调配都在其上级主管部门或行政权力的指导之下。另一种是无上级主管制片单位和固定制作人员，而是一种比较自由的自筹资金预算的市场形式，例如现今市场中文化团体和电影制作公司等就属于此类。

以上述的第一种国营制片厂的形式为例，一个摄制组的组建流程可以大致表述为："签发生产指令、统筹拍摄预算、审批通过剧本、确定主创人员、确定组建部门"。早在1987年我国广播电影电视部电影事业管理局颁发的《关于故事片摄制程序及阶段划分的规定》中，一部电影的制作过程被分为了"酝酿时期""筹备时期"和"生产时期"三个阶段，其中"酝酿时期"和"筹备时期"其实都可划归入摄制组的组建过程，这个期间需要完成的任务主要有：①审查通过电影文学剧本；②初步审核预算指标；③成立筹备组，研究文学剧本，统一创作方向；④初选外景，搜集资料，体验生活；⑤完成导演阐述；⑥绘制布景草图、气氛草图、平面草图等；⑦写作分镜头剧本；⑧商定演员，确定演员名单；⑨确定拍摄前准备阶段人员名单；⑩报请批准拍摄。[2] 经过这一整套前期流程，摄制组的主要创作人员基本得到确定，一部电影的拍摄才算正式提上了日程。

2. 摄制组的基本构成。摄制组是专为拍摄一部电影而由各种专业人员组织起来的集体，一个组建完备的摄制组的基本成员一般包括：导演、演员、摄影、美术、音乐、录音、剪辑、副导演、场记、化妆、服装、道具、置景、照明、电工、木工、裱糊工、油漆工等创作技术人员和制片主任、制片员、剧务、场务、会计、出纳等行政、财务人员。[3]

---

① Sherri Burr. *Entertainment Law: Thomson Reuters*, 2012:11.
② 于丽主编：《电影电视制片管理学》，中国电影出版社2003年版，第35页。
③ 许南明、富澜、崔君衍主编：《电影艺术词典》，中国电影出版社2005年版，第139页。

在我国，摄制组的"一个核心"是导演，其他则根据影片的性质和规模，灵活确定摄制组人员的多寡。无论一个摄制组的人员多少，在我国的电影制作中，一个摄制剧组主要被认知为两大组成部分。一部分是"主创人员"，另一部分是"辅助人员"。"主创人员"即是一个剧组的主要创作部门的负责人，地位重要。在组建摄制组的开始阶段就要确定主创人员的主要成员，因为其直接参与电影文学剧本的选定与分镜头剧本的创作，其包括总导演和副导演、制片人（制片主任）、总摄影、总美工、总录音师等。在确定主创人员后，才能进一步组建具体的制片管理组、导演组、表演组、美工组和录音组等具体部门。"辅助人员"，顾名思义，是主创人员的助手，根据制片计划为主创人员灵活配备。

摄制组人员最终组建完成的节点就在于各职责部门相应合同的签订完成。电影制作是一种高技术、高投入和高风险的市场项目，因而为保证项目的顺利运行及避免道德风险的发生，整个摄制组的工作推进是以一系列事先的庞杂的合同签订为前提。在这里明确摄制组内的聘用人员的劳务关系在法律上的定性和注意各类人员聘用合同的特征是十分重要的。

（二）摄制组涉及的合同类型

1. 人员聘用类合同：劳务关系。一个摄制组内，制片人、导演、演员和其他工作人员与制片方形成的是一种给付劳务性质的平等"劳务关系"，此类法律关系是狭义上的"劳务关系"，其合同类型属于聘用合同，调整规则主要来自于我国的《民法典》合同编，而不属于专门调整"劳动关系"的《中华人民共和国劳动合同法》（以下简称《劳动合同法》）。

劳务关系是指两个或两个以上的平等主体间就劳动事项进行等价交换过程中形成的一种经济关系。其主体多样，可以是法人之间的关系，自然人之间的关系，也可以是法人和自然人之间的关系。劳务关系实质上是一种民事权利义务关系，通过签订劳务合同建立，通过《民法典》等民事法律来调整。

摄制组劳务关系的确立是以摄制组人员各类劳务聘用合同的签订作为节点的。根据具体工作与职责的不同，可以分为导演聘用合同、演员聘用合同、临时人员聘用合同等具体类型，但是其必备条款是基本一致的，主要包括当事人的姓名与住所、合同标的、数量与质量、价款或报酬、履行期限、地点和方式、违约责任、争议解决等条款。①

以最典型的演员合同为例，一方当事人是制片方，另一方是演员，双方应

---

① 于丽主编：《电影电视制片管理学》，中国电影出版社 2003 年版，第 53~54 页

署名有法律效力的真实姓名和联系地址。合同的标的是演员的劳务，即提供表演或其他任务。合同的数量与质量条款则指演员提供演出等劳务的内容与质量要求，例如演员合同中一般详细约定了演员在何部作品中担任哪一角色，具体的演出内容，有多长的场景和荧幕时间，而制片方会对演员方提出相应的"期望标准"来作为质量要求。

履行期限应约定演员提供劳务的时间，可以规定即时履行、定时履行或者在一定期限内履行，这里存在一个制片人修改制片计划的问题，制片计划的修改会直接影响合同履行期限的确定，进而引起违约风险，因此履行期限条款往往会约定比较有余裕的时间段，或者补充延期条款。地点和方式条款中要详细确定提供劳务的地点和方式，比较特殊的要着重标明。这一部分也要注明提供交通食宿等工作条件的标准和方法，以及安全保护条件、人身保险等保障条件。如果双方当事人违反了上述约定的合同义务，则需要依照违约条款承担违约责任。违约的情形需要双方当事人事先约定，例如制片方常见的违约情形有：不能按期足额支付劳务报酬、超出履行期限仍不放人、没有完全兑现事前的待遇保证等，演员方常见的情形有：消极怠工、表演的数量和质量达不到要求、严重违相关管理规定等。为解决双方当事人对相关违约情形的争议，争议解决条款发挥作用，一般来说会约定三种解决方式：①协商解决；②申请仲裁；③提起诉讼。摄制组劳务人员签订的劳务合同和其他行业的劳务合同并没有本质上的不同，但是因为行业特点会有一些特色条款，这些部分需要双方当事人结合行业惯例和项目特点灵活协商。

2. 其他合同：素材制作、场地租用、后勤保障等承揽合同。除了上述最为典型和重要的人员聘用合同，一个剧组还需要进行大量的准备工作，例如多媒体素材的采购和租用、场地外景的制作和租赁、交通运输的保障、餐食后勤的日常供应等诸多方面，这些工作关系都需要签署相关合同来进行连接。此类合同多数为承揽合同，旨在通过约定使乙方在一定期限内提供合乎标准的服务或交付劳动成果。

在此大类合同中，值得注意的有几点问题：一是签约主体的选择，合同甲方一般应为主要制片方，即具体购买相应服务的影视公司。如果签约甲方为联合出品方、联合投资人等主体，则面临很高的潜在风险，如果剧组以自身名义作为甲方签约，则应该具有制片方或者出品方的委托书等相关背书，以免产生不必要的道德风险。二是对于"单方解除权"的限制问题，承揽类合同定作人，也即制片方享有法定单方解除权。但是此类解除权可能会给予承揽人过高的合同负担，因此可以在合同中细化约定相关解除权适用的具体标准以及限制情形，以保障双方的公平地位。①

（三）人员聘用类合同的法律要点

严格来说，涉及人员聘用类的合同甲方是制片方（出品方），但是行业惯例中也大量存在以摄制组（剧组）的名义作为甲方签署合同的情形。（关于摄制组的法律主体地位的问题，详见"电影摄制"章节的内容。）虽然在法律意义上，摄制组是为电影项目临时组织的机构，但是这也不意味着与摄制组签订的合同为无效合同，只是发生纠纷后最终承担法律责任的主体还是制片方（出品方）。②

1. 导演类聘用合同。导演聘用类合同根据乙方的职能不同，可以大致分为"总导演"和"执行导演"两种类型。导演实际上是与制片方（出品方）签订聘用合同，直接对制片方负责。导演的合同义务可以总体表述为"在制片方确定的影片制作计划和预算范围内，在影片创作的各个阶段里指导演员和摄制组的活动，将剧本内容转化为影片的图像和声音。"③

总导演是电影作品实际生产过程中的"艺术总指导"，从演员的表演、摄影师的取景、灯光师的布置到"服化道"的调整，都渗透着导演的影响。当前的"名导"大多有自己的个人工作室或者签约的影视公司，因此也不乏由导演的个人工作室或是所属公司来作为合同乙方。执行导演则更多的是担当总导演的辅助性角色，其进组在实务中有两种途径：①摄制组直接聘用，进入导演组，听从总导演安排；②不直接与摄制组签约，而是作为总导演的个人团队进组辅助，一般是总导演个人工作室的签约人员。这里谈到的合同类型显然适用于前者。④

总导演聘用合同的重点条款涉及工作期限、工作内容、工作职责、报酬金额与支付方式、后期宣传、后勤待遇（交通、住宿、保险等）、权利保护（肖像权、署名权、著作权等）、奖项参评、伤病意外、劣迹防范、违约责任等，需要特别注意的核心问题是总导演对影片的最终剪辑权、最终决策权。

关于上述"最终决定权"的条款设置，是为了解决总导演的艺术追求和制片方的商业考量发生冲突时产生的矛盾。这一条款是对于一系列权利的预先分配，样例如下：

---

① 王钺翰、肖云成、王贞友编著：《中国合同库：影视娱乐》，法律出版社2017年版，第276页。
② 王钺翰、肖云成、王贞友编著：《中国合同库：影视娱乐》，法律出版社2017年版，第332页。
③ 于丽主编：《电影电视制片管理学》，中国电影出版社2003年版，第46页。
④ 王钺翰、肖云成、王贞友编著：《中国合同库：影视娱乐》，法律出版社2017年版，第362页。

　　甲方与导演就第××条款设计的具体事务意见不一致的，甲方与导演应以获得更好的艺术表现及商业价值为宗旨，结合相关事项对本片摄制的重要程度、时间周期、剧组经费承受力等因素，友好协商确定，但导演对于以下第一项有最终的单方决定权，甲方对于以下第×项及导演不享有决定权的其他事项有最终的单方决定权：

　　本片如何剪辑，包括甲方是否可以找第三方剪辑本片。

　　对剧本、本片主要内容（包括故事整体性、重要场景、故事结局等）、本片主要人物角色的特点或定位进行实质性变更。

　　对主演、本片主要编剧、本片艺术团队各部门首席的摄像、美术、录音等人员的选定和更换。

　　对制景、服装、道具、摄制设备、特效制作团队等的选定及采购价格限制。[①]

　　另外，总导演聘用合同中还有酬劳支付条款和工作内容条款需要重视。在支付条款方面，一类方式是约定固定报酬，另一类方式是约定固定报酬加上票房等后期收入分账，视导演票房号召力的大小，制片方可能会采用不同的支付方式。在第一种固定报酬中，导演应避免约定按照"最终播映的集数、时长"作为计酬标准。因为在聘用合同中，导演直接约定的是电影创作期间"单位时间内的劳务价格"，而电影最终放映的"总时长"等是制片方或导演根据艺术质量、市场考虑、政策导向、销售价格等多种因素综合考虑的，与导演真正提供的"劳务时长"无直接联系。[②]在第二种涉及"票房分成"的报酬模式中，要细化约定"票房份额的比例、制片方所得票房分成的比例、超出预期票房的比例、网络点击达到一定数额后的比例"等条款。[③]

　　在工作内容方面，导演聘用合同不仅仅会约定电影制片期间的导演义务，可能也会在之后的发行、放映环节约定嗣后义务，比如约定导演有电影路演等帮助电影宣传的义务条款。在后续的电影宣发中，常见的现象是电影作品在片头或片尾会有"×××导演作品"类似字样。导演的署名，尤其是总导演的署名，可约定"在全体主创人员中的第一顺位""在出品人后的第一顺位""在全体主创人员中署名时长最长""与领衔主演的署名时长一致"等条款来保证署

① 王钺翰、肖云成、王贞友编著：《中国合同库：影视娱乐》，法律出版社 2017 年版，第 342 页。

② 王钺翰、肖云成、王贞友编著：《中国合同库：影视娱乐》，法律出版社 2017 年版，第 347 页。

③ 王钺翰、肖云成、王贞友编著：《中国合同库：影视娱乐》，法律出版社 2017 年版，第 352 页。

名最终的呈现效果。① 但是这样的署名情形代表的具体意义，是否会造成侵犯电影制片方的著作权或者其他主创人员的署名权，也需要在合同中事先约定好，避免产生之后的诉讼风险。

导演可以署名，但是在著作权方面，其却不能主张成为电影作品的作者，不能享有完整的著作权。我国《著作权法》第 17 条第 1 款规定："视听作品中的电影作品、电视剧作品的著作权由制作者享有，但编剧、导演、摄影、作词、作曲等作者享有署名权，并有权按照与制作者签订的合同获得报酬。"可见在著作权视角下，导演对电影作品仅享有"获得报酬权"和"署名权"。

执行导演作为总导演的辅助角色，接受总导演的指导，职责内容都比总导演的范围略小，因此相关条款内容约定都可以参照上述关于总导演的讨论，在此不再赘述。

2. 演员类聘用合同。演员类聘用合同，根据乙方演员的主体类型和担当角色，可以分为"主要演员""8 岁以下未成年""8 岁及以上未成年""特别（友情）出演""特约演员""跟组演员""临时演员"等。相关必备条款与一般性重点条款类似上文导演类合同，以下也先以"主要演员"（以下简称主演）类型作主要讨论。

主演合同根据演员是否签约经纪公司等情况，其聘用类型有：①演员没有签约演艺经纪公司的，一般制片方直接与演员个人签订聘用合同；②演员有自己的个人经纪人，或签约演艺经纪公司，但是没有与经纪公司签订全约代理的，一般制片方还需要与演员的个人经纪人签订聘用合同；③演员已经与演艺经纪公司签订了全约合同，此时需要制片方与相关经纪公司签订聘用合同；④演员有除演艺经纪公司外的工作单位的，制片方需要与其工作单位签订相关合同；⑤演员为未成年人的，没有签订合同的民事行为能力的，需要制片方与其监护人签订聘用合同。②

由于有大量经纪公司的存在，演员聘用合同首先需要注意的问题是"合同当事人的明确"。在合同当事人的确定方面，需要明确合同甲方为组建摄制组的电影制片公司或单位，而不是摄制组本身，如果是联合制作的情形，则多家制作单位共同形成合同的甲方当事人，当然，如果摄制组作为合同甲方，合同也不是当然无效；合同乙方是否是演员个人需要视情况而定，有个人经纪人的，或者有经纪公司的，或者是自己有个人工作室的，需要经纪人或者经纪公

① 王钺翰、肖云成、王贞友编著：《中国合同库：影视娱乐》，法律出版社 2017 年版，第 351 页。
② 王军、司若主编：《中国影视法律实务与商务宝典》，中国电影出版社 2017 年版，第 357 页。

司（个人工作室）作为合同乙方当事人。另外，如果是此类除演员方外的"经纪关系"存在的情况，经纪方作为合同乙方，演员一般需要在主演合同后另出具《声明书》，用来确认：经纪方对其享有的具体权利、演员愿意按照合同履行义务、演员与经纪方承担违约的连带责任。如若是甲方直接与演员个人，或者演员的个人工作室签订合同，《声明书》则殊无必要。①

根据演员的"咖位"大小，可以约定一些特色条款。例如"主创团队变更""剧情和角色调整""试镜""特殊场景（潜水、危险场地等）""外貌变化（整容、体重增减、文身等）"等，赋予主演针对上述条件变化时灵活选择是否继续履约的权利。其他一般性的主创条款，例如署名条款、报酬支付条款、票房分成条款、参评奖项条款等，也可以视演员的票房号召力大小进行约定，参考上述导演类合同的规定。

在合同的解除方面，应尽量详尽地列举演员聘用合同的解除情形，如"无法胜任角色""违反片场纪律""疾病工伤等""重大变更""不可抗力"等，在出现解除情形时约定解除权的行使权利人及对应的赔偿金额。

"8岁以下未成年"和"8岁及以上未成年"两类合同针对的是未成年演员。不过根据我国《民法典》第18条的规定，如果已满16周岁可以自己劳动收入为自己主要生活来源的，可以视为成年演员签署合同。依据我国《民法典》第19条和第20条的规定，"8岁以下未成年"演员是无民事行为能力人，完全由其法定代理人（一般是监护人）代理实施民事法律行为，"8岁及以上未成年"演员是限制民事行为能力人，除了纯获利益的民事法律行为，其他民事法律行为需要法定代理人同意、追认。演员聘用合同权利义务关系复杂，显然并非"纯获利益"的民事法律行为，因此两类合同的乙方都要求未成年演员的父母或监护人作为乙方签署合同。两类合同签订的不同之处在于，"8岁以下未成年"没有事项决策权且需要监护人全程陪伴拍摄，而"8岁及以上未成年"可以视演员具体情况约定一定的自主决策权，以及监护人全程陪伴并非必须。另外，这两类未成年演员聘用合同共同的独有条款是"未成年演员保护"和"受教育权"两条。包括设计未成年看护、危险性表演、服化道使用、未成年形象、表演状态等对未成年演员的身体健康、心理健康、社会形象等进行特殊保护，另外要注意保障未成年演员的受教育权和受教育时间。②

"特别（友情）出演""特约演员""跟组演员""临时演员"等类型的合同，

---

① 王轶瀚、肖云成、王贞友编著：《中国合同库：影视娱乐》，法律出版社2017年版，第449页。
② 王轶瀚、肖云成、王贞友编著：《中国合同库：影视娱乐》，法律出版社2017年版，第468~471页。

是根据参演目的、是否跟组等细分的。例如"特别出演"类型是邀请知名演员进行少量的"友情客串"，用以提高票房号召力。用以铺垫故事背景的群众演员，根据参与时间长短或者是否跟组，则可以签订"跟组演员"或"临时演员"的合同。此几类演员类合同无太多细化灵活的要求，大类条款参照上述主要演员合同进行相应调整、删减即可。在群众临时演员的合同签订方面，通常是一个临时演员群体由一"工头"代表签署合同，因此应注意提高与临时演员"工头"的合作效率，避免产生劳资纠纷

3. 制片主任等其他工作人员聘用合同。制片主任是一个摄制组的"行政总管"，通常在电影项目和摄制组筹备之初就会参与工作，是"根据分镜头剧本及导演的创作意图编制和执行设置计划和财务成本核算，并参与演员选择、外景拍摄地选择，审核布景设计等工作的剧组主要管理人之一，通常是剧组行政及后勤事务的管理者与组织者。"[1] 在合同要点方面，此类合同重点是对于制片主任工作内容的详细约定。包括但不限于：熟悉导演创作意图、协助组建主创团队、严格审计财务情况、编制摄制预算、制定工作计划、执行管理制度、保证日常的行政秩序和组织协调、审核摄制组各岗位的称职程度、解决拍摄遇到的困难、监督各项档案材料的归类保存。

为保证摄制组大量人员聘用及其他事务性工作的便捷性，除了上述对于全方位行政职能的约定，制片主任还可以与甲方约定一项重要权利，即可以剧组名义与非主创人员签订聘用合同。在非主创人员的服装、化妆、道具、置景、剧务、场务、场工、司机、烟火、灯光助理、摄像助理、场记等辅助性职位，制片主任一般承担着代表剧组聘用此类工作人员的职责。

制片主任是主创团队的重要成员，其他关键条款如署名条款、报酬条款等参考上文导演类和演员类的规定。其他非主创的管理人员根据具体岗位职责，签署类似合同。需要注意，此类合同或与制片方直接签署，或与代表摄制组的制片主任签署，在司法实践中都认为有效。

4. 制片人聘用合同。制片人类合同的签订主体比较特殊，甲方只能是严格意义上的电影制片方，而不能以摄制组的名字与乙方签订合同。这类特性是由制片人这一角色独特的职责密切相关的。由于制片人一个重要的前期工作就是负责筹建摄制组，因而与制片人签订合同的时间点必定是在摄制组形成时间之前的，所以以摄制组的名义与制片人签订合同在逻辑上是说不通的。制片人作为主创团队的成员，直接对制片方负责，以制片方的意志执行电影制片、发行、

---

① 王铖翰、肖云成、王贞友编著:《中国合同库：影视娱乐》，法律出版社 2017 年版，第 584 页。

宣传等工作。有时制片人也有可能是制片方直接派人担任，此时聘请合同并不必要。但是大多情况是需要聘请制片人，而制片人合同的乙方与演员类合同类似，视制片人有无所属的影视公司、有无个人工作室等情形，乙方主体可以是制片人个人、个人工作室（个人独资企业），或者是所属公司。

此类合同的重点条款需要关注乙方的"工作期限""工作职责""事项权限""项目中断处理"等条款，核心要点是制片人在重大事项上的"独立决策权"。[①]

制片人的工作职责包括但不限于：①前期市场调研；②寻找投资和赞助；③核定成本预算；④拟定项目流程；⑤规范财务审计；⑥开发剧本；⑦组建摄制组；⑧指挥电影的制作过程；⑨落实电影的宣发任务；⑩申请各项行政许可。[②]制片人作为整个电影项目的第一推动者和监督者，实际上是贯彻制片方意志的代言者。这一角色定位体现在制片人在剧本确定、人员调整、制度安排等重要决策方面，有及时向制片方汇报的义务。

其他通行的重要条款，如署名权、报酬支付、后勤待遇等，参考导演类和演员类合同。

四、启动项目融资

（一）一般概念

电影作为技术、劳动、智慧复合密集型产业，需要耗费大量的人力物力成本，不论是前期拍摄制作，还是后期宣传发行都需要巨额的资本支持。因此，能否顺利融资对于电影而言至关重要。我国电影融资在一定程度上借鉴了美国的电影融资模式，二者具有相似之处。因此，我们应当对美国电影融资的模式作一基本了解。

（二）美国的融资模式

在美国，电影制片商分为大制片公司与独立制片公司，二者在经济实力与资金规模方面悬殊较大，从而决定了二者在融资手段上的差异。

美国大制片公司通常采用内部项目开发（Studio-Financing）、摄制-融资-发行协议（Production-Financing-Distribution Deal）的模式进行融资，基本都是利用大制片公司自有的雄厚的资金实力来完成电影拍摄。而独立制片公司由于规模小、资金少，一般处于"有项目、没资金"的状态，通常需要借助多种

---

① 王钺翰、肖云成、王贞友编著：《中国合同库：影视娱乐》，法律出版社 2017 年版，第 379 页。
② 王钺翰、肖云成、王贞友编著：《中国合同库：影视娱乐》，法律出版社 2017 年版，第 386 页。

融资手段来完成电影拍摄。除了传统的银行贷款外，还伴有海外预售融资、国内底片收购融资、完片担保等多种融资模式，同时独立制片公司还会积极利用广告赞助及政府税收优惠政策。①

（三）我国的融资模式

我国近年来电影产业飞速发展，电影融资模式也呈现出多元化的特点。除传统的银行贷款融资方式之外，版权融资、广告融资、政府融资、互联网众筹等新兴的融资模式也不断兴起和发展。值得注意的是，伴随着电影产业的快速发展，我国资本市场与传统电影行业结合地愈发紧密，从而催生出许多新类型的电影融资手段。私募股权基金、P2P、保底发行等新兴金融产品被运用于电影融资后，大量金融资本涌入电影行业。一方面，金融衍生融资工具确实成为电影成功的助推器，为电影产业提供了丰厚的资金支持，帮助创作出更多优秀的电影作品；但另一方面，其也加剧了投资的风险性，大部分投资者并非电影行业专业人士，并不了解所投电影的真实情况，可能被电影炒作的噱头所迷惑，从而忽略其中包含的法律风险。融资作为电影产业的重要内容，本书将在后文第二章第七节对电影融资及其法律问题进行专门介绍。

当电影筹备阶段的基本工作完成后，便涉及将电影剧本送交行政审查的问题，一般题材的电影需对剧本梗概进行备案，重大或特殊题材的电影需对电影剧本送交审查，通过审查后，电影方能进入正式摄制阶段。

第三节　电影摄制阶段的法律问题

一、电影摄制阶段的基本概念

电影摄制阶段包括拍摄阶段与后期制作阶段。

拍摄阶段的主要工作是录制电影内容的原始片段，指的是"从开机拍摄到停机前的整个过程，是影片生产的关键环节，是导演的创作意图和构思在电影胶片上逐一体现的阶段。"②拍摄阶段是电影制作的核心阶段，其主要工作流程有三个部分：①准备拍摄。下达"导演通知单"、召开镜头会议、布置分镜头任务、验收布景、检查服化道、验证技术可行性等；②正式开机拍摄；③样片

---

① 宋海燕：《娱乐法》，商务印书馆 2018 年版，第 281 页。
② 许南明、富澜、崔君衍主编：《电影艺术词典》，中国电影出版社 2005 年版，第 139 页。

初剪，检查拍摄质量。[①]

后期制作阶段，指的是"一部电影停机后直至正式印出标准拷贝前的过程"[②]，是影片的剪辑最终定型的阶段，是导演和剪辑师对于影片进行"再创作"的重要环节。这一阶段的工作较为繁杂，包括剪辑影片；配音；创作、演奏并录制背景音乐和歌曲；设计并录制音效；特效合成；色彩校正；三维动画等。进行上述工作后，进行混合录音，形成"混录双片"送交审查，如"混录双片"顺利通过审查，则经过技术鉴定无质量问题后，录制最后的"标准拷贝"。至此，后期制作工作的结束，也标志着电影摄制工作的正式完成，好莱坞也称之为"锁定"（lock）。[③]

电影摄制阶段涉及诸多法律问题，如影片的"制片人"主体认定问题、电影版权的归属问题、行政审批问题等，需要电影从业者及投资方谨慎合理行事，避免出现法律争议。

二、电影摄制的主体

（一）制片方的行业类型

1. 电影制片厂 - 影视制作公司。电影制片厂是传统意义上的电影生产机构，是一种行业早期的称呼，并不是严格意义上的法律术语。早期的电影制片厂一般规模较小，经过电影产业的发展，现在的电影制片厂则成为有摄影棚、置景车间、服装道具仓库、专门的创作、技术、生产、管理部门等系统标准配置的机构。在欧美国家，电影制片厂往往隶属于涵盖电影制片、发行、放映领域的电影公司，根据总公司的指令完成拍摄任务，如美国的"八大电影公司"。

我国初始建设和较有特色的是国营电影制片厂，其大多是独立核算、自负盈亏的电影生产企业，按照电影行政管理机关下达的电影行业年度指令性、指导性业务计划拍摄影片。这类企业按照地方和专业分别设置，以拍故事片为主的制片厂由国家管理部门统一定点、统一管理。[④]

我国的著名制片厂如新中国成立的耳熟能详的"三大厂"：上海电影制片厂、北京电影制片厂和长春电影制片厂，以及八一电影制片厂、西部电影制片厂等，都是上述制片厂的模式。此类国营制片厂在我国电影产业早期占据了主要的市场份额，为人民群众提供了大量丰富又优质的电影作品，为我国早期电

---

① 许南明、富澜、崔君衍主编：《电影艺术词典》，中国电影出版社 2005 年版，第 139 页。
② 许南明、富澜、崔君衍主编：《电影艺术词典》，中国电影出版社 2005 年版，第 139 页。
③ 宋海燕：《娱乐法》，商务印书馆 2018 年版，第 73 页。
④ 许南明、富澜、崔君衍主编：《电影艺术词典》，中国电影出版社 2005 年版，第 469 页。

影产业的奠基和发展起到了不可忽视的重要作用。此类电影制片厂在我国相关法律规范中被表述为"电影制片单位"，其特点是设立时有符合国家新闻出版广电总局认定的主办单位及主管机关，以保证其国营性。

随着市场经济的发展，电影消费市场逐渐兴盛，电影制作的任务也逐渐由国营电影制作单位逐渐分散向私有企业发展起来的各大影视制作公司。自2003年《电影制片、发行、放映经营资格准入暂行规定》出台，电影制片的国营性限制被放开，"电影制片厂"这一概念也逐渐淡出历史舞台，被更耳熟能详的行业名称如"制片公司"、"影视项目制作公司"等所取代。我国比较著名的影视公司（集团）如华谊兄弟传媒集团、博纳影业集团、光线传媒有限公司、华夏电影发行有限责任公司、橙天娱乐集团（国际）控股有限公司、华亿联盟文化传媒投资有限公司、大盛国际传媒有限公司等。这类私有化的电影制片公司往往隶属于一个具有电影投资、制作、宣传、发行和演员经纪等配套业务的综合影视公司，相对于传统的电影制片厂，其制片更体现了以市场盈利为导向的总体样态。

2. 独立制片人。"独立制片人"是伴随着独立制片的概念随之产生的，其不仅仅指某个"制片人"，也包括一些不依赖大制片厂的"小制片厂"。此概念原生于美国，指的是脱离于华纳、迪士尼、环球、20世纪福克斯、哥伦比亚、派拉蒙、米高梅、梦工厂的"八大厂"，独立完成电影制片和发行的电影公司和制片人。[1]

在美国，根据公司规模和出片量等，"独立制片人"也有三个级别：① "迷你主流片厂"，参与低成本影片拍摄，但是足以抗衡八大厂；② "标准独立制片"，多数专攻某一艺术类型电影：③ "微型独立制片"，主要参与国际影展和艺术院线。在我国，独立制片人并不是一个成熟的市场概念，也没有形成比较公认的官方定义，不过我们也可以从认识独立制片人的"独立"概念来认识这个概念。

从管理的视角来看，"独立"意味着在选择剧本、影片制作、发行以及后续开发的整个过程中，独立地作出所有决策，并为这些决策承担终极责任。[2]而国际上比较宽松的说法更广为接受，即如"独立"地完成电影的"制片"环节，即可被认为是独立制片。我国也曾有独立制片的尝试，如早在1984年，著名导演腾文骥就以自由组合人员的方式制作了《飓风行动》《让世界充满爱》

---

① 许南明、富澜、崔君衍主编：《电影艺术词典》，中国电影出版社2005年版，第470页。

② 于丽主编：《电影电视制片管理学》，中国电影出版社2003年版，第127页。

等广受好评的影片。

应该说，独立制片人不仅是一个市场的概念，更是一个历史的概念，我国的电影市场相对于美国，一方面，电影生产作为一种工业起步较晚，并且在历史上并没有形成如美国 1908 年形成的垄断托拉斯"电影专利公司"，也就没有后来的市场反面现象"独立制片"的显现。另一方面，两国的电影规范制度不甚相似，我国对于何种主体能够参与电影生产规定严格，独立制片人这一概念并没有相关规范。在我国相关的司法案例中，"独立制片人"这一概念也被认为是一种行业俗称，不具有法律上的含义。[①] 其在个案中的法律地位取决于在实际项目中的具体作用，既可能是著作权人，也可能是项目执行人。

但是简单来说，独立制片人如想"独立"进行电影制片，也必须是我国《公司法》意义上的"法人"，具有法律认可的法律主体资格和承担相应责任的行为能力，以此才可以对电影项目有"独立"的决策权、控制权和经营权。[②]

（二）制片方的设立与权限

1.制片方的"法人"属性。"电影制片单位"和"电影制作公司"是我国相关法律规范对电影制片方的两种主要表述。"电影制片单位"多是指国营的电影制片厂，如北影、上影等，而"电影制作公司"多是指民营的影视集团下属的电影制作公司。无论是两者中的哪一种市场类型，都是我国民法意义上的"法人"。在《电影管理条例》中第 11 条就规定，"电影制片单位以其全部法人财产，依法享有民事权利，承担民事责任。"

《民法典》第 57 条规定了法人的法律性质："法人是具有民事权利能力和民事行为能力，依法独立享有民事权利和承担民事义务的组织。"以及第 58 条成立要件："法人应当依法成立。法人应当有自己的名称、组织机构、住所、财产或者经费。法人成立的具体条件和程序，依照法律、行政法规的规定。设立法人，法律、行政法规规定须经有关机关批准的，依照其规定。"法人以其全部财产独立承担民事责任。

在我国《民法总则》2017 年正式施行后，法人类型被分为"营利法人"和"非营利法人"两类，电影的实际制片者，即电影制片单位或电影制作公司，归属于营利法人一类。《民法典》第 76 条规定：" 以取得利润并分配给股东等出资人为目的成立的法人，为营利法人。营利法人包括有限责任公司、股份有

---

① 余锋：《中国娱乐法》，北京大学出版社 2017 年版，第 279 页。

② 于丽主编：《电影电视制片管理学》，中国电影出版社 2003 年版，第 134~135 页。

限公司和其他企业法人等。"电影制片单位或者电影制作公司需要符合《民法典》中关于法人成立、变更、消灭、机构设置、章程制度、权利义务等一般性规定以及《公司法》等细化规范。

需要注意的是，我国当下市场中的电影作品署名问题不太规范，有时会出现"××工作室"在电影制作方或者出品方的署名中。在认定"个人工作室"的法律属性上，一般认为是"个人独资企业"，属于《民法典》第 102 条规定的"非法人组织"，是不具有法人资格，但是能够依法以自己的名义从事民事活动的组织。包括个人独资企业、合伙企业、不具有法人资格的专业服务机构等。其一显著特点是"非法人组织的财产不足以清偿债务的，其出资人或者设立人承担无限责任"，意旨在于如某一明星工作室无法到期履行相关合同义务，则需要明星以个人财产来承担给付责任。

2.电影制片单位。国务院 2002 年 2 月 1 日施行的《电影管理条例》，是我国第一部针对电影产业的行政法规，在《电影产业促进法》出台之前，是我国电影相关规范的效力层级最高的法律文件。在《电影管理条例》中，对电影制片方采用的是电影制片单位的表述，其实其代表了当时我国国营制片厂仍占市场主导地位的状况，所以整部法规更多是针对国营电影制片厂的运营框架给予细化规范。

《电影管理条例》第 8 条规定了电影制片单位的设立条件："①有电影制片单位的名称、章程；②有符合国务院广播电影电视行政部门认定的主办单位及其主管机关；③有确定的业务范围；④有适应业务范围需要的组织机构和专业人员；⑤有适应业务范围需要的资金、场所和设备；⑥法律、行政法规规定的其他条件。

审批设立电影制片单位，除依照前款所列条件外，还应当符合国务院广播电影电视行政部门制定的电影制片单位总量、布局和结构的规划。"

申请设立的报批事项包括："①电影制片单位的名称、地址和经济性质；②电影制片单位的主办单位的名称、地址、性质及其主管机关；③电影制片单位的法定代表人的姓名、住址、资格证明文件；④电影制片单位的资金来源和数额。"

发放《摄制电影许可证》是申请设立电影制片单位通过的标志。如果申请被批准，由国务院广播电影电视行政部门发给《摄制电影许可证》，申请人持《摄制电影许可证》到国务院工商行政管理部门办理登记手续，依法领取营业执照。

电影制片单位成功设立后，其活动权限由《电影管理条例》第 13 条予以规定："电影制片单位可以从事下列活动：①摄制电影片；②按照国家有关规定制作本单位摄制的电影片的复制品；③按照国家有关规定在全国范围发行本单位摄制并被许可公映的电影片及其复制品；④按照国家有关规定出口本单位摄制并被许可公映的电影片及其复制品。"

涉及中外合作拍摄的，申请《中外合作摄制电影片许可证》必须遵循《电影管理条例》第 19 条："中外合作摄制电影片，应当由中方合作者事先向国务院广播电影电视行政部门提出立项申请。国务院广播电影电视行政部门征求有关部门的意见后，经审查符合规定的，发给申请人一次性《中外合作摄制电影片许可证》。申请人取得《中外合作摄制电影片许可证》后，应当按照国务院广播电影电视行政部门的规定签订中外合作摄制电影片合同。"

另外，《电影管理条例》也规定了电影制片单位"变更、终止"需先报国务院广播电影电视行政部门批准，再行工商登记。又如第 15 条："电影制片单位对其摄制的电影片，依法享有著作权。"规定了电影著作权的归属。

综上可以看到，"电影制片单位"从设立，到进行制片活动，再到变更、终止，始终有比较强的"国营性"和"行政指导性"，例如第 8 条第 2 款的"主办单位"的规定，就是指组织设立的主办单位是国家有关部门、社会团体或者事业单位，以此来"保证电影制片单位必须是国有企业"[①]，这与电影制片单位与生俱来的国家组织生产的背景是密不可分的。

3. 电影制作公司。随着电影制作市场的慢慢放开，民营企业制作电影，成立电影制作公司，《电影管理条例》已经不能满足规范市场的需要，因此国务院也于 2003 年、2004 年逐渐出台了《电影制片、发行、放映经营资格准入暂行规定》（已失效）和《电影企业经营资格准入暂行规定》，来规范国私合营、独立民营的电影制作公司。《电影企业经营资格准入暂行规定》"适用于境内公司、企业和其他经济组织经营电影制作、发行、放映、进出口业务及境外公司、企业和其他经济组织参与经营电影制作、放映业务的资格准入管理。"[②]

对于成立电影制作公司，《电影企业经营资格准入暂行规定》规定了几种类型：①已取得《摄制电影许可证》的境内公司、企业和其他经济组织（不包括外商投资企业）联合设立电影制片公司；②未取得《摄制电影许可证》的境内公司、企业和其他经济组织（不包括外商投资企业），首次拍摄电影片

---

① 王军、司若主编：《中国影视法律实务与商务宝典》，中国电影出版社 2017 年版，第 11 页。
② 《电影企业经营资格准入暂行规定》第 2 条。

时须设立影视文化公司，由影视文化公司申请领取《摄制电影片许可证（单片）》；③已取得《摄制电影片许可证（单片）》的境内公司、企业和其他经济组织（不包括外商投资企业）单独或联合设立电影制片公司；④境内公司、企业和其他经济组织（以下简称中方）与境外公司、企业和其他经济组织（以下简称外方）合资、合作设立电影制片公司（以下简称合营公司）；⑤电影技术公司。

可以看到，根据是否取得《摄制电影许可证》，可以将上述类型分为两大类。已经取得《摄制电影许可证》的公司等法人可以进行制片活动，而尚未取得许可证的法人主体需要在成立影视文化公司的基础上，先申领《摄制电影片许可证（单片）》，才可以进行电影制片活动。值得注意的是，《摄制电影片许可证（单片）》实行"一片一报"制度，权利单位享有影片一次性出品权。另外，上述第三种情况，即以《摄制电影片许可证（单片）》申请成立电影制作公司的，需要已经以《摄制电影片许可证（单片）》的形式投资拍摄了两部以上电影片，才可以申请设立制作公司。

另外，根据是否取得"摄制许可证"以及是否有外商投资，电影制作公司的审批条件在"注册资本""提交材料""外资比例""审批部门"等方面稍有不同，例如已经取得摄制电影许可证的境内公司设立最为简便，只需要100万元注册资本以及申请书、合同、章程、各方营业执照复印件等即可，而单片制作单位需要另外提供资金来源证明、文学剧本（故事梗概）等供广电总局审核，外资单位则需要面临不少于500万元的注册资本和不超过49%的外资比例，以及配套的商务部审批程序。

最后一种类型，民营企业单独成立电影制作公司，就涉及了比较严格的"电影摄制许可证"的申请程序，所谓"电影摄制许可证"制度，是"为了充分调动社会力量、加快发展电影产业培育市场主体，规范市场准入，增强电影业的整体实力和竞争力，促进社会主义电影业繁荣，满足广大人民群众的精神文化生活需求"①设置的，包括"排除外资独立设立""电影摄制许可证""摄制电影许可证（单片）""一片一报""联合摄制与合营公司"等要点。虽然2017年新施行的《电影产业促进法》取消了"摄制许可证制度"，但是其作为相当时间的市场主体行政规范起到了不可忽视的作用，另外我国还未出台相关细化规范配套"摄制电影许可证"取消后的企业准入，因此了解此制度还是很有参考意义的。详见后面的"摄制许可证制度"章节，在此暂不赘述。

---

① 《电影企业经营资格准入暂行规定》第1条。

（三）摄制组的法律主体地位

摄制组，也即常说的"剧组"，是电影摄制过程中的实际"生产者"。一个剧组由一个或几个制片方进行组建，其虽然是电影摄制工作的最终执行者，但是并不是我国民法意义上的"法人"。因此，严格来说摄制组并不能独立以自己名义行使与电影生产相关的法律行为，但是实务中，摄制组不可避免地要以自己的名义设立账户、签署公章、签订合同甚至与摄制组聘用人员发生合同纠纷。因此，结合我国电影产业的相关实务惯例和司法实践，摄制组的法律地位仍然是一件亟待在规范性文件中予以明确的议题。

作为一个针对临时电影项目搭建起来的"临时机构"，我们可以从摄制组的公章、账户和合同签订等外观特征来认识摄制组的法律地位。

1.摄制组的公章备案。关于摄制组对外公章的法律效力，我国并没有比较详细的规定和解释，只出现了各地公安局的"备案"规定。以北京市为例，曾有《北京市公安局公章审批办理指南》中特别规定："电影、电视剧摄制组刻制公章，应持拍摄单位营业执照副本原件和复印件、拍摄单位介绍信以及证明拍摄资料的相关资料。"而在最新的北京市相关公章刻制指南中，明确了办理对象为"企业法人、事业法人、社会组织法人、非法人企业、行政机关"，并引用了《印铸刻字业暂行管理规则》、《北京市刻字业管理暂行办法》规范了相关流程。[1] 可见，对于摄制组公章的行政管理，是不断趋于严格的。众所周知，公章之用在于代表某一类似"法人"主体对外签名，但是摄制组并不是真正的制作公司主体，是临时组建的一套班底，并不具有独立的民事行为能力，那么其公章备案的法理基础是什么呢？目前没有比较正面的回答，但是实务上的观点是，摄制组公章备案主要是起到"有备无患"的作用。一方面，公安机关对摄制组的公章备案后，实际上也会对相应影视公司等法人主体授予证明。另一方面，现在毕竟大量的实务操作是摄制组以自己的名义，即公章，对外签署合同，因此如果发生了恶意伪造公章的行为，备案后的公章才能支持摄制组或背后的影视公司在诉讼中明确举证、维护权利。[2] 所以，尽管摄制组并不是真正的"法人"主体，但是其公章在电影制片过程中也是必不可少的，公章备案作为一种行政保护切不可疏忽大意。

2.摄制组的银行账户。在一部电影的摄制过程中，除却印制剧组公章，还

---

[1] 载 http://banshi.beijing.gov.cn/pubtask/task/1/110108000000/2e3febe7-9565-11e9-8300-507b9d3e4710.html?locationCode=110108000000，最后访问时间：2021 年 1 月 31 日。

[2] 王军、司若主编：《中国影视法律实务与商务宝典》，中国电影出版社 2017 年版，第 282 页。

需要摄制组单独开设银行账户统一进出财务流水。因为一部电影的投资往往来自多方投资主体，通过多种融资方式，在出口上也是用处繁杂，因此必须建立一个统一的摄制组账户来规范管理资金。电影制作实务中，摄制组一般会在联合摄制合同中约定独立开设共管银行账户或者指定银行账户。其意义在于，可以使投资各方对摄制组流水进行透明监督，保证投资基金的安全、合理、高效的使用。① 在已经开设摄制组单独账户的情况下，摄制组履行相关合同付款义务时，一定要注意从此账户进行付款等，避免陷入"未履行合同义务"的诉讼风险中。

3. 摄制组签订合同的效力。综上可知，一个摄制组有自己独立的公章，自己单独的银行账户，但是其仍不是法律意义上的独立"法人"，也就意味着不是独立的民事主体和诉讼主体。在摄制组的人员聘用中，存在着摄制组主创人员与制片方、摄制组签订合同的混乱现象。关于摄制组与制片方的关系，有一种观点认为，可以参照"委托关系"进行认定，摄制组的法律定性应适用《民法典》关于"非法人组织"的规定。② 上述论断虽然只是一种法律适用上的建议，但是也暗含了当下摄制组展开对外工作的现状。实践中，摄制组聘用人员、租借场地、租赁设备或者筹措资金等，大多是以自己的名义，即公章"××公司××摄制组（剧组）"对外签署合同的。

摄制组以自己的名义对外签署合同，合同的效力问题是存在司法争议的。在"张帆与北京盛世鸿运影视设备租赁中心租赁合同纠纷一案"中，法院认为"电影摄制组无独立的法人资格"；在"中航文化股份有限公司与林楠等申请撤销仲裁裁决一案"③ 中，法院认为，"虽然电视剧《南少林荡倭英豪》摄制组作为甲方签订了该合约，但该摄制组属于为制作该电视剧而成立的临时机构，并不具有独立法人资格，也不具备承担该合约项下甲方权利义务的诉讼法意义上的民事主体资格。"④

但是也不乏法院承认摄制组签订的合同效力，如"北京海润演艺经纪有限公司与杭州佳平影业有限公司演出合同纠纷二审"，法院认为"《烽火双雄》摄制组与海润演艺公司签订《演员合同书》系双方当事人的真实意思表示，且未违反相关法律法规的强制性规定，合法有效，双方应依约履行各自义务。"⑤ 另

① 王军、司若主编：《中国影视法律实务与商务宝典》，中国电影出版社 2017 年版，第 286 页。

② 王钺翰、肖云成、王贞友编著：《中国合同库：影视娱乐》，法律出版社 2017 年版，第 332 页。

③ （2015）海民初字第 39551 号判决书。

④ （2014）三中民（商）特字第 08709 号裁定书。

⑤ 北京市第二中级人民法院（2014）二中民终字第 06005 号判决书。

在"中国电影集团公司与内蒙古克什克腾旗创建阿斯哈图旅游公司合资、合作开发房地产合同纠纷一案二审"中，对于创建集团不承认《无极》剧组以自己名义签署合同的效力的上诉理由，法院给出一种较为详述的判定："……关于摄制组的主体资格，由于摄制组是由影片的出资人选定的临时组织，在其成立后，有关电影拍摄的专业问题均由摄制组负责，包括选择外景地并以自己的名义签订与此相关的合同。虽然摄制组并不是一个民事主体，但是基于电影行业的特殊性，应认为是接受制片人委托的行为，其结果应由制片人负责，这在电影行业已形成惯例并为公众所接受。且该份合同已实际履行，制片人在取得了摄制组的劳动成果后，不承认摄制组的民事行为，有违诚实信用和公平原则。因此上诉人关于签约主体不合格导致合同无效的上诉理由不能成立……"[①]

关于摄制组的法律地位和诉讼纠纷中的合同效力处理，虽然确实尚未有定论，但是结合主流观点与权威案例，可以采取这样一种进路。首先，摄制组是为电影项目而临时组建的机构，可以结合《民法典》第102条"非法人组织"的规定："非法人组织是不具有法人资格，但是能够依法以自己的名义从事民事活动的组织。非法人组织包括个人独资企业、合伙企业、不具有法人资格的专业服务机构等。"认定其为非法人组织。在与真正的制片方的关系上，可以结合行业惯例，认为其是接受制片方委托拍摄电影项目的代理方。所以其可以在之后的项目管理运营中对外以自己的名义签署合同，但是如若发生诉讼，最终法律后果要追究到制片方的最终责任。

三、电影摄制的"前置许可"

（一）走下历史舞台的摄制许可证制度

在《电影产业促进法》出台之前，《电影管理条例》《电影企业经营资格准入暂行规定》等文件规定，我国电影制片单位或者电影制作公司如想进行电影的摄制，需经过"电影摄制许可证"制度的审批。此制度在相当长的时间内规范着我国电影制作市场的准入条件，把控电影制片者的质量，起到了积极的市场培育作用。随着《电影产业促进法》的出台，"剧本梗概备案制"放开了电影摄制的行政门槛，"摄制电影许可证制度"退出历史舞台，但是因为"剧本梗概备案制"并没有配套的细则，因此了解"摄制电影许可证制度"几个特点还是有助于了解我国电影制作的准入特色。

《电影企业经营资格准入暂行规定》明确了我国电影制作的许可证制度：

---

① （2007）内民二终字第61号判决书。

"国家对电影制作、发行、放映、进出口经营资格实行许可制度。"另外,《电影管理条例》第5条规定:"国家对电影摄制、进口、出口、发行、放映和电影片公映实行许可制度。未经许可,任何单位和个人不得从事电影片的摄制、进口、发行、放映活动,不得进口、出口、发行、放映未取得许可证的电影片。"可以看到,在"电影摄制许可证"时代,我国政府对于影视行业还是采取了较为严格的把控立场。

国家广播电影电视总局(以下简称广电总局)是全国电影制片、发行、放映、进出口经营资格准入的行业行政管理部门。申请设立电影制片单位,由所在地省、自治区、直辖市人民政府电影行政部门审核同意后,报国务院广播电影电视行政部门审批。申请设立的电影制片单位应当具备下列条件:①有电影制片单位的名称、章程;②有符合国务院广播电影电视行政部门认定的主办单位及其主管机关;③有确定的业务范围;④有适应业务范围需要的组织机构和专业人员;⑤有适应业务范围需要的资金、场所和设备;⑥法律、行政法规规定的其他条件。审批设立电影制片单位,除依照前款所列条件外,还应当符合国务院广播电影电视行政部门制定的电影制片单位总量、布局和结构的规划。

国务院广播电影电视行政部门应当自收到设立电影制片单位的申请书之日起90日内,作出批准或者不批准的决定,并通知申请人。批准的,由国务院广播电影电视行政部门发给《摄制电影许可证》,申请人持《摄制电影许可证》到国务院工商行政管理部门办理登记手续,依法领取营业执照;不批准的,应当说明理由。在摄制许可证的具体申请中,也有着"排除外资单独申请""摄制电影许可证(单片)一片一报"等制度,详见本书行政审查章节。

(二)《电影产业促进法》——电影剧本梗概备案制

《电影产业促进法》出台后,申请"摄制电影许可证"或者"摄制电影许可证(单片)"不再是电影制作公司摄制电影的前置条件,取而代之的是更为宽松的"剧本梗概备案制"。所谓"电影剧本梗概",是指电影制片公司在报备时需提交"简要梗概(50~100字)"和"详细梗概(1000~2500字)"两份文件,是一种采用简洁语言简述电影故事的创意、事件、焦点人物、基本模式等要素的文件,实践中一般通过网上电子政务系统随同其他证明文件上传。

尽管采取了更为宽松的备案制,新的《电影产业促进法》对于"一般题材"和"重大或特殊题材"的电影摄制,还是采取了分而治之的不同管控强度。《电影产业促进法》在第13条第1款规定:"拟摄制电影的法人、其他组织应当将电影剧本梗概向国务院电影主管部门或者省、自治区、直辖市人民政府电影主管部门备案;其中,涉及重大题材或者国家安全、外交、民族、宗教、军事等方面题材的，应当按照国家有关规定将电影剧本报送审查。"

1. 针对"一般题材"的电影摄制，存在两点改变。一是取消电影剧本审查制，改为剧本梗概备案制。此举简化了行政审批程序，由事前监管转变为事中和事后监管，提高了电影创作人员的创作热情，激发了电影市场的潜在活力。[①]二是审批权力由中央下放地方，拟制片方除可向广电总局提交备案外，亦可向当地省、自治区、直辖市人民政府电影主管部门进行备案。此项改变的属地放权理念，实际上也与 2006 年《电影剧本（梗概）备案、电影片管理规定》的专项"属地审查"规定相符。

2. 针对"重大或特殊题材"的电影摄制，管控还是较为严格，采取"审查制"。所谓"重大或特殊题材"，涉及我国革命历史、国家安全、外交关系、民族关系、宗教关系、军事力量等重要问题，关涉中华民族的团结与稳定，关乎我国国际形象。[②]如票房大卖的 2017 年上映的《战狼 2》和 2018 年的《红海行动》，都属于"重大或特殊题材"。此类影片因为此种敏感性和特殊性，原有的"剧本审查制"需以保留，具体行政程序参考广电总局 2010 年发布的《关于改进和完善电影剧本（梗概）备案、电影片审查工作的通知》，不再详述。

"剧本梗概备案制"不代表完全没有行政门槛，其内容须符合《电影产业促进法》第 16 条对于电影内容的禁止性规定。[③]符合规定的，"一般题材"的由国务院电影主管部门将拟摄制电影的基本情况予以公告，并由国务院电影主管部门或者省、自治区、直辖市人民政府电影主管部门出具"备案证明文件"，"重大或特殊题材"的颁发批准文件。

3. 针对"外资合作"的电影摄制项目，《电影产业促进法》还是坚持了更为严格把控的立场。其第 14 条规定："法人、其他组织经国务院电影主管部门

---

① 刘承韪、刘毅、武五辉编著:《〈中华人民共和国电影产业促进法〉释义》，中国电影出版社 2017 年版，第 79 页。

② 刘承韪、刘毅、武五辉编著:《〈中华人民共和国电影产业促进法〉释义》，中国电影出版社 2017 年版，第 80 页。

③ 《电影产业促进法》第 16 条:"电影不得含有下列内容:①违反宪法确定的基本原则，煽动抗拒或者破坏宪法、法律、行政法规实施;②危害国家统一、主权和领土完整，泄露国家秘密，危害国家安全，损害国家尊严、荣誉和利益，宣扬恐怖主义、极端主义;③诋毁民族优秀文化传统，煽动民族仇恨、民族歧视，侵害民族风俗习惯，歪曲民族历史或者民族历史人物，伤害民族感情，破坏民族团结;④煽动破坏国家宗教政策，宣扬邪教、迷信;⑤危害社会公德，扰乱社会秩序，破坏社会稳定，宣扬淫秽、赌博、吸毒，渲染暴力、恐怖，教唆犯罪或者传授犯罪方法;⑥侵害未成年人合法权益或者损害未成年人身心健康;⑦侮辱、诽谤他人或者散布他人隐私，侵害他人合法权益;⑧法律、行政法规禁止的其他内容。"

批准，可以与境外组织合作摄制电影；但是，不得与从事损害我国国家尊严、荣誉和利益，危害社会稳定，伤害民族感情等活动的境外组织合作，也不得聘用有上述行为的个人参加电影摄制。"另有"境外组织不得在境内独立从事电影摄制活动；境外个人不得在境内从事电影摄制活动。"

（三）著作权层面的"摄制权"许可

电影作为一种混合了声音、影像、美术、表演等多种艺术形式的综合性作品形式，是汇合了大量人力物力的项目成果，而电影项目起源于"剧本"，电影摄制在民法视域内也需要"剧本"的著作权人对于制片者"摄制权"的授权。

剧本，包括电影文学剧本和分镜头剧本，是我国《著作权法》上的"文字作品"，剧本的原创编剧作为作者享有完整的 13 种著作权，其中"摄制权"的权能表述为："以摄制视听作品的方法将作品固定在载体上的权利"。制片者如想基于剧本开启一部电影的拍摄，必须获得剧本作者关于"摄制权"的授权，否则不经授权即拍摄的行为是对著作权的侵权行为。

这里需要注意的是，"摄制权"并不像"发表权"具有"一次用尽性"，权利人转让许可后也不影响其他著作权权能的授权。例如《建国大业》的剧本，剧本作者授权许可中影集团电影的"摄制权"；"发表权"在《中国作家》杂志上使用；"改编权"以同名《建国大业》小说授权作家出版社出书；信息网络传播权授权盛大文学网；广播权授权中央人民广播电台；翻译权委托作家出版社代理。[1]另外，假设如果还有人想通过《建国大业》改编类似电影的连环画、美术动漫等，仍需要剧本作者重新授权。[2]

"原创编剧是影视作品的最高放权人"。[3]在"编剧授权剧本摄制权→制片者电影立项→聘用导演、演员等组建剧组→生产电影作品，产生电影作品著作权"的权利产生链条中，剧本作者的权利地位是在上游的，这在某些经典老电影的署名上得以体现，例如电影《祝福》的署名"原著鲁迅——改编夏衍——导演桑弧"，又如电影《红色娘子军》影片署名："编剧梁信——导演谢晋"依次排列。这些电影在署名序列上体现了对于原创编剧权利地位的彰显，但是如今多数电影并没有延续此类范例，而是比较着重导演或者制片方的优先署名。

这里需要区别"原创剧本"的编剧作者与"原作作品"的作者和"改编剧

---

① 王兴东："摄制权是原创剧本生成视听作品的先决权——从《著作权法》修改稿谈起"，载《电影文学》2012 年第 19 期。

② 《著作权法》第 17 条。

③ 王兴东："摄制权是原创剧本生成视听作品的先决权——从《著作权法》修改稿谈起"，载《电影文学》2012 年第 19 期。

本"的编剧作者。上述所谓"最高放权人"的论断只针对"原创剧本"的编剧，其地位实际上相当于"改编剧本"编剧的上位权利人、"原作作品"的作者。所以针对两种不同的作品类型，奥斯卡奖会设立"最佳原创剧本奖"和"最佳改编剧本奖"两项剧本奖。

总之，一部电影作品起始于一部剧本作品，制片方对电影作品的著作权起始于剧本作者对其享有的"摄制权"的授权许可。启动一个电影摄制项目，需要制片方及时与剧本作者签订相关授权许可使用合同，获得"摄制权"，当然，一般随之授权的还有"改编权"。在具体的合同签订中，明确阐明作者及被授权人所享有的权利种类，在先是否某些权利已经转让或者许可第三方使用，许可使用的权利属性、期限、地域范围等，是许可使用合同的关键要点。另外，对于著作权归属证明材料、使用的限制、续集使用等条款也要细化规定。[①] 对于剧本合同更为细致的讨论，详见第二章"剧本开发"章节。

四、电影作品的著作权归属及保护

（一）电影的作品属性及一般权属规则

电影作为一种特殊类型的作品，其法律概念及权利范围在 1967 年《保护文学艺术作品伯尔尼公约》（以下简称《伯尔尼公约》）斯德哥尔摩文本中得以正式确定。根据 1967 年《伯尔尼公约》斯德哥尔摩文本，电影作品的概念是"电影作品和以类似摄制电影方式表现的作品"。第 14 条规定："在不损害经改编或复制之作品的作者的权利的情况下，电影作品应视为原作受到保护。电影作品的著作权人享有与原作者同等的权利。"[②]

电影的创作过程涉及众多主体，其中既包括投资人和制片人，也包括导演、编剧、作曲、演员等艺术创作人员，因此电影作品在相关权利人构成和权利人享有权利的范围方面具有不同于一般作品的特殊性。如何确定电影作品的版权归属问题至关重要。电影在我国《著作权法》上是一类单独规定的作品类型。

一般而言，电影作品的整体著作权归制片者所有。此处的制片者需要与前文讨论的"制片人"区分清楚，"制片人是影视剧项目的 CEO，制片者是中国著作权法上的版权人。"[③] 参与制作电影作品的摄制组成员，包括但不限于导演、制片人、演员、编剧、摄影等人员，并不享有对于电影作品的著作权，只有相

---

① 王钺翰、肖云成、王贞友编著：《中国合同库：影视娱乐》，法律出版社 2017 年版，第 168 页。

② 宋海燕：《娱乐法》，商务印书馆 2014 年版，第 59 页。

③ 余锋：《中国娱乐法》，北京大学出版社 2017 年版，第 276 页。

关的署名权与获得报酬权。另外，对于剧本、配乐、主题曲等可以脱离电影作品单独行使权利的著作权客体，其对应作者可以单独行使著作权。

（二）电影作品性的特殊之处

以电影作品为代表的"视听作品"的著作权归属及行使相比其他作品类型尤为复杂，因为其涉及原著小说、剧本与电影作品的关系，也需要调和制片者与其他创作人员的权利分配。对于电影作品这一复杂的作品属性，可以从"演绎作品""合作作品""单独使用的部分""摄制要件"几个维度来理解。

1. 电影作为演绎作品的特殊。性如上文所述，电影作品的形成或根据小说改编的剧本，或根据原创剧本，应该落入我国《著作权法》关于演绎作品的定义，适用其归属规则："改编、翻译、注释、整理已有作品而产生的作品，其著作权由改编、翻译、注释、整理人享有，但行使著作权时不得侵犯原作品的著作权。"此条款规定了演绎作品"双重权利、双重许可"的规则。但是我国《著作权法》对于电影形成的改编问题并没有直接的认定规则，只是在第 17 条规定："视听作品中的电影作品、电视剧作品的著作权由制作者享有。"

这里应当不是立法的疏忽，而是电影作品如果采取普通演绎作品的著作权"双重权利、双重许可"规则，将会导致矛盾。如果将电影简单认定为"演绎作品"，则会在约定不明的情况下，对电影的任何利用都需要经过原作品著作权人与电影作品著作权人的双重许可。[①]，甚至电影著作权权利人自己也不能随意使用电影作品，这会对电影作品作为一种市场产品产生巨大的传播障碍。因此，电影虽作为"演绎作品"，但是有其特殊性，即电影作品的著作权完全属于制片者，因而针对电影作品的复制、发行、放映、网络播放、配音、配字幕等，只需取得制片者的许可即可，无需取得原生作品著作权人的"另一重许可"。[②]

2. 电影作为合作作品的特殊性。电影作品的摄制直至完成，凝结了制片人、导演、演员、编剧、摄影、美工等摄制组人员共同的创造性的劳动，是完全意义上的"合作作品"。《著作权法》第 14 条规定："两人以上合作创作的作品，著作权由合作作者共同享有。没有参加创作的人，不能成为合作作者。"如果按照此条规定，所有为电影作品的形成付出过创造性劳动的摄制组成员，似乎都可以主张著作权，但是这在现实实践中是不可能实现的。我国《著作权法》为解决此项矛盾，直接在第 17 条中将电影作品著作权直接赋予制片者，其他

① 王迁:《著作权法》,中国人民大学出版社 2015 年版,第 242 页。
② 王迁:《著作权法》,中国人民大学出版社 2015 年版,第 244 页。

付出创造性劳动的人员例如编剧、导演、词曲作者等只有署名权和获得报酬权。所以，当一部电影作品作为一个整体被使用时，制片者作为唯一著作权人，行使相关权利，其他摄制组人员无权行使。这一规定符合英美法系通行的做法，也与行业内的市场实践相融通。如在著名案例"黄梅戏电影《天仙配》案中"，严凤英作为主演并不能享有对于《天仙配》电影作品整体的著作权，其继承人对于《天仙配》VCD 的发行要求报酬等诉求更无从谈起。[①] 但是针对本案也有观点认为，剧中唱腔的组成部分可以单独主张著作权利及邻接权。[②]

3. 电影作品中可被单独使用的组成部分。作为一种各种艺术元素有机组合的作品形式，电影作品中某些组成元素，例如剧本、片中插曲、主题曲、摄影作品、美术作品等，具有单独使用的空间。第 17 条后一款："视听作品中的剧本、音乐等可以单独使用的作品的作者有权单独行使其著作权。"规定了此类组成部分权利人可以单独行使权利。此类情境中，需要重点把握"单独使用"的内涵。在某些类型作品的使用中，"单独使用"的内涵似乎是明确的，如作为文学作品的电影剧本、作为音乐作品的电影插曲、作为摄影作品的电影中使用的图片等，对这些电影中的组成部分，又单独形成另外的作品类型的，其后的出版、表演等单独利用，并不涉及电影作品的整体利用，只需要获得某一项作品作者的许可即可，并不需要获得制片方的许可。[③] 但是，在某些综合两种以上组成部分的情形中，"单独使用"需要仔细斟酌。如电视台"影视金曲"类栏目对包含电影段落的插曲 MV 播放，又如广播电台对"电影原声解说"节目的播放，还有待实务和司法案例来理清。

4. 电影作品的"摄制方式"要件。我国《著作权法》和《中华人民共和国著作权法实施条例》（以下简称《著作权法实施条例》）针对"视听作品"（即《著作权法实施案例》中的"电影和以类似摄制电影的方法创作的作品"）的定义给予了"技术性要件"的阐述，即"电影作品和以类似摄制电影的方法创作的作品，是指摄制在一定介质上，由一系列有伴音或者无伴音的画面组成，并且借助适当装置放映或者以其他方式传播的作品"[④] 此种关于技术手段的描述性定义，脱胎于一个时代的电影生产技术，但随着电影制作技术的发展，计算机

---

① （2009）深中法民三终字第 86 号判决书。

② 杨明："唱腔、戏曲作品与戏曲电影作品的著作权问题———由'《天仙配》案'引发的思考"，载《知识产权》2007 年第 1 期。

③ 当然，这是在制片方没有获得此类作品授权许可的情况下的讨论，如果制片者已经在先合同获得上述作品的著作权，则另需讨论。

④ 《著作权法实施条例》第 4 条第 11 款。

技术在电影拍摄的大规模应用，这种定义方式已经失去时代意义，反而成为认定新型电影作品的阻碍。

随着电影工业的迅猛发展，"电影作品"定义中的"摄制要件"越来越不合时宜。例如迪士尼公司出品的《玩具总动员》《海底总动员》等动画电影完全基于计算机的 3D 技术生成，并没有"摄制在一定介质上"，又例如漫威大宇宙的系列电影《钢铁侠》《复仇者联盟》运用大量的后期制作特效，形成的特效画面也并非现实之摄制。因此《著作权法实施条例》中的"摄制"要件在实务中应作扩大解释。

另外，纵观相关国际条约和各国立法，"摄制"并没有被规定为电影作品的构成要件。①《伯尔尼公约》第 2 条第 1 款规定："电影作品或以类似摄制电影的方法表现的作品"应当受到保护。知识产权组织编写的《伯尔尼公约指南》指出，对此类作品的定义并不考虑制作它的"工艺方法"，"无论在哪种情况下，屏幕上所显示的都应当受到同样的保护。"②

（三）制片者的著作权保护

1. 完全的著作权。我国《著作权法》第 17 条第 1 款的规定："视听作品中的电影作品、电视剧作品的著作权由制作者享有，但编剧、导演、摄影、作词、作曲等作者享有署名权，并有权按照与制作者签订的合同获得报酬。"前半句明确规定"著作权由制片者享有"，可以看出我国对电影作品的版权归属的规定类似于美国的"单一作品说"的理念，即法律直接规定制片方是电影作品的著作权人。③制片者享有《著作权法》第 10 条规定的 4 个人身性权利："发表权，署名权，修改权，保护作品完整权"，以及 12 个财产性权利："复制权、发行权，出租权，展览权，表演权，放映权，广播权，信息网络传播权，摄制权，改编权，翻译权，汇编权，其他权利。"针对人身权利，制片者可以授权许可给他人使用并获得报酬，但是不能转让；针对财产性权利，制片者则可以全部或者部分转让并获得报酬。

我国《著作权法》之所以规定"视听作品中的电影作品、电视剧作品的著作权由制作者享有"，是源于我国早期国有集中的制片厂体系。在我国电影还未进入市场化发展的早期阶段，国有制片厂掌握了绝对的话语权，国有制片

①　王迁："'电影作品'的重新定义及其著作权归属与行使规则的完善"，载《法学》2008 年第 4 期。

②　刘波林译：《保护文学和艺术作品伯尔尼公约（1971 年巴黎文本）指南》，中国人民大学出版社 2002 年版，第 15 页。

③　吴峻：《寻找庇护的艺术？——电影融资与扶持法律制度》，社会科学文献出版社 2013 年版，第 37 页。

厂拥有自己的导演、作家、演员，类似于美国早期垄断性质的八大电影公司。①在国有集中的制片体系中，每部电影的拍摄都有严格的计划性，制片厂从资金、人员等方面进行统一调度，进行集中管理，在这样的体制环境下，电影版权由制片厂享有当然毋庸置疑。

然而，伴随市场经济的发展，民营资本开始进入电影行业，电影行业不断开放，逐步市场化。电影拍摄团队也不再拘泥于同一制片厂，可以根据市场需求和剧本内容来广泛寻找导演、演员和编剧，创作人员能更大程度地发挥自己的主观能动性，主创人员的地位不断提高，电影创作类型也愈发丰富和多元。尽管电影产业不断市场化，但是《著作权法》关于"电影作品的著作权由制作者享有"的规定一直没有改变，许多艺术创作人员认为这一规定使得制片方本就强势的地位得以进一步巩固，削弱了其进行对等谈判的余地。②因此，许多著名导演索性自己充当起制片人，以保证对电影作品的绝对控制权。例如，著名制片人陈红就多次担任其丈夫陈凯歌所导演的电影的制片人，先后担任了《无极》《赵氏孤儿》《梅兰芳》等电影的总制片。

2. 制片者的署名规范性问题。我国《著作权法》第17条第1款规定了电影作品的著作权应归制作者所有，但是通过法院案例的观察，很难发现规范的电影作品按照著作权法的规定将"制作者"与真正的著作权人对应。

目前我国境内电影作品有常见几种署名方式：①片头或片尾标注"出品单位""联合出品单位"。②片头载明"联合出品单位"，同时在片尾标识 © 或载明"保留所有权利"的权利声明。③动画片类片尾标注"制作方"和"联合出品方公司 Logo"。④仅在片尾注明"出品单位"。

其中，署名的不规范现象频频出现，例如：①非权利人作为权利人进行署名：诸如电视剧播出的电视台、为影视作品拍摄提供地方政策支持的地方党政机构、国有企业等作为联合出品单位或摄制单位。③②署名单位与拍摄协议约

---

① 好莱坞最早的八大电影公司包括米高梅、派拉蒙、福克斯、华纳、联美、环球、哥伦比亚和雷电华，这八家电影公司创立组成的美国电影协会（MPAA）为所有在美国上映的影片分级，并为美国电影的利益进行游说，地位极为强势。

② 吴峻：《寻找庇护的艺术？——电影融资与扶持法律制度》，社会科学文献出版社2013年版，第39页。

③ 此种署名情况在反映特定人物或历史题材的影视作品中尤为突出。例如，在电视剧《8848》中，联合出品单位有中央电视台、成都军区政治部宣传部等非权利单位。针对此类现象，2013年广电总局发布《关于规范电影片署名相关事项的通知》，指示各级党政机关不得作为电影的出品单位，一般不作为电影的联合摄制单位。

定不一致。① ③权利人署名不完整。② ④不同的载体署名不同或有多种署名方式。③ ⑤权利人署名错误。⑥将公司内设机构或无法人资格的组织列入署名单位。④ ⑦引进影片权利人署名不一致且与我国署名方式存在差异。⑤

我国对于制片方署名的相关行政规范也存在不相融通之处。《电影管理条例》第 15 条规定，电影制片单位为电影的著作权人；第 3 条、第 4 条规定，获得摄制许可证的单位可独立或联合署名为出品单位，投资额度占影片总成本 1/3 的可署名为联合摄制单位；《新闻出版广播影视企业版权资产管理工作指引（试行）》第 9 条则明确要求应在作品的显著位置作出版权声明。总览上述规定，均未使用著作权法中的"制片者"，而是使用了"电影制片单位""出品单位""联合摄制单位"等多种可表明著作权人身份的署名方式。如此，是否可以参照上述行政法规或部门规章中关于署名的规定进行权属判断，存在

---

① 在原告北京紫禁城影业有限责任公司（以下简称紫禁城公司）诉被告中国移动通信集团湖南有限公司等著作权纠纷一案中，电影《张思德》片头署名有中国电影集团公司北京电影制片厂、紫禁城公司两家单位；片尾署名"联合摄制"的则有中共北京市委宣传部、紫禁城公司、中国电影集团公司第一制片分公司及北京新影联影业有限公司 4 家单位；而实际上，该电影的《联合摄制合同》中明确约定，紫禁城公司与中共北京市委宣传部共同享有该电影的著作权。

② 在作品进行署名时，会出现"公司 Logo"等类型的标识。仅列明电视台或视频类平台注册商标、电视台台标、中英文简称、公司标识等。署名仅有权利公司简称甚至只有英文简称。署名仅有商标、公司标识或电视台台标。仅有电视台台标和出品公司的商标，未列明公司、电视台单位的全称。

③ 部分影视作品权利人所提交的不同载体上所记载的署名不同，包括正版发行的 DVD 光盘封底及光盘中所记载的署名与在视频网站上播出的版权的署名有一定的出入或者不同网站上的署名情况不同。另有一种情况是同一个单位有多个署名，比如既为"荣誉出品"单位，又是"联合摄制单位"，而版权声明中又列明该剧的版权归该公司所有。原告飞狐信息技术（天津）有限公司诉被告乐视网信息技术（北京）有限公司侵害作品信息网络传播权纠纷一案中，就电视剧《西施秘史》，原告提交的权属光盘中，涉案电视剧片尾署名显示荣誉出品为"北京京都世纪文化发展有限公司"，片尾亦有权利声明"本剧版权归北京京都世纪文化发展有限公司独家所有"，而在本案的侵权公证书中，乐视网站上涉案电视剧的片尾署名中，北京京都世纪文化发展有限公司则为联合摄制单位。

④ 影视作品的署名中出现了公司的内设机构或者不具有法人主体资格的其他组织列入权利人的署名中。例如，电视剧《宫锁珠帘》的片尾署名的出品单位为"湖南经视文化传播有限公司""欢瑞世纪影视传媒股份有限公司""于正工作室"，从法律层面看，并没有"于正工作室"这一机构的存在，相关的授权材料也是由于正本人出具的。

⑤ 一般情况下，欧美等国家因为已经有相对完善的署名规则和诚信体系，视频网站在引进欧美地区影片时都会通过"©"来判断权利归属，而对于其他地区引进的影片，则由于缺乏统一的署名标准，在认定权利人时，也会出现相应的阻碍。

一定困惑。

在上述现实困境和现有规范下，制片者应当注重自身的署名规范性问题。否则，将会在潜在诉讼中面临如下几个问题：如何区分整体作品的著作权权利主体和其他与整体可分的作品权利主体；原始权利人为多个主体时如何确定原告；继受权利人的诉讼主体身份如何确定等。

结合有关法院进行的相关调研，制片者规范署名可以从以下几个角度来把握：①应以《著作权法》第 17 条所规定的署名方式进行署名；②权利声明应作为著作权权属认定的最优证据，即影视作品上明确标明著作权权属信息且无相反证据的，应据此认定著作权归属；③明确标识"出品单位""制作单位"或"联合出品单位"以及"摄制单位"或"联合摄制单位"的，除非有相反证据，"出品单位"或"制作单位"优先于"摄制单位"被确认为著作权人。①

3. 修改权及保护作品完整权。我国《著作权法》在著作权第 10 条规定了"修改权"和"保护作品完整权"作为两项人身性权利，这两项权利归属制片者享有。不难看出，这两项权利可能存在与导演的"最终剪辑权"等权利的潜在冲突之处，但是在实务案例中，却比较鲜见对于"修改权"或"保护作品完整权"提出主张的案例。对这两项权利如何行使与保护对象的问题，不妨以域外经验作为参考。

在美国，一旦电影完成，作品版权进入到制片方手中，制片方作为版权人享有对作品进行修改的权利，制片方完全可以根据自己的需求与喜好对影片内容作出修改，即便这种修改可能破坏作品的艺术完整性，但是无论制片方作出何种修改，电影创作人员都不得干涉。由于美国电影行业对制片方作出倾斜保护，导演、编剧等创作人员认为其对作品享有的艺术权利被严重削弱。于是美国在 1990 年颁布了《视觉艺术家权利法案》(*Visual Artists Rights Act of 1990*)，该法案主要涉及艺术创作人员的权利归属问题以及如何保护作品的完整性问题。具体包括创作人员对作品的署名权，防止他人作品冒用自己的署名；创作人员对作品的修改权，防止制片方在未经允许的情况下，擅自修改、破坏、曲解作品完整性，导致使创作人员的声誉受损。②此外，美国还有 4 种特殊的权利保护方式，防止导演、编剧的保护作品完整权受损，包括合同权利保护、侵权法下权利保护、宪法下隐私权保护、《兰哈姆法案》(*Lanham Act*) 下权利保

---

① 北京海淀法院民五庭课题组："海淀法院关于影视作品著作权案件署名问题的调研报告"，载《中国版权》2018 年第 3 期。

② Adam Epstein. *Entertainment Law: Person Prentice Hall*, 2004:272.

护四种方式，后文第四章第二节我们将进行详细介绍。①

　　相较于美国对制片方的保护，欧洲则更为注重保护创作人员的艺术权利。尽管电影的著作权被法定转让或推定转让给制片方，但导演、编剧等创作人员仍保留享有对艺术作品的道德权利（moral rights, or droit moral）。如果未经创作人员的许可，制片方不得擅自修改其艺术作品。具体而言，在欧洲法的框架之下，创作人员的权利保护起源于法国，最早称之为道德权利或作者权利（droit d'auteur）。道德权利赋予了创作人员对艺术作品内容的控制权，保留创作人员对艺术作品的展示权。道德权利的理论根基在于欧洲国家对于艺术的传统尊重，坚信艺术作品是创作人员人格的延伸，因此在未经作者允许的情况下，作品不得被任何人以任何理由篡改损害。作品就好比是作者的孩子，法国《著作权法》甚至将作者在作品上署名的权利形象地称为"父权"。作者享有署名权、保护作品完整权等精神权利，他人未经许可擅自署名相当于割断了作者与作品的"血缘"；他人未经许可篡改作品内容，无疑会使读者对作者的品位、品德、学识、素养产生误认，降低其社会评价。

　　（四）电影创作人员的权利保护

　　我国《著作权法》第 17 条规定："视听作品中的电影作品、电视剧作品的著作权由制作者享有，但编剧、导演、摄影、作词、作曲等作者享有署名权，并有权按照与制作者签订的合同获得报酬。"后半句又对作者的范围作出规定，包括"编剧、导演、摄影、作词、作曲等作者"，这又体现出欧洲国家"合作作品说"的理念。由此看出，我国对电影作品版权归属的法律规定比较含糊，既体现出美国法的理念，又杂糅了欧洲大陆的理念。

　　近年来，围绕电影创作人员尤其是编剧相关权利的法律争议不断增多，进而也引发行业思考，电影创作人员的权利究竟应当如何保护。我国在电影版权的归属问题上也体现出向资本方的倾斜，这导致制片方的地位更加强势。所以法律同时作出规定，编剧、导演、摄影、作词、作曲等艺术创作人员享有署名权和获得报酬权，从而实现利益平衡。总的来说，电影创作人员的权利保护问题主要体现在署名权和获得报酬权上。

　　1. 署名权。署名权直接关涉艺术创作人员能否在电影作品中表明自己参与创作的"作者"身份。影视行业关于编剧的署名权争议一直不断，《赵氏孤儿》《北京爱情故事》《平凡的世界》《芈月传》《北平无战事》等热映的电影电视都曾因编剧署名权争议引发媒体关注。目前，我国影视行业呈现出编剧"边缘化"

①　Jeffrey A. Helewitz, Leah K. Edwards. *Entertainment Law: Thomson Delmar Learning*, 2004:157.

和导演"中心化"的发展趋势,导演的地位日益上升,而编剧作为弱势一方拥有较少话语权,权益难以得到保障。

《芈月传》小说的原作者蒋胜男就因"总编剧"的署名之争与出品方对簿公堂,引发舆论热议。蒋胜男从 2009 年开始创作《芈月传》,并在网上贴出部分章节,后被导演郑晓龙看中,遂提出与蒋胜男进行影视剧改编合作。但出品方认为小说"未出版",不与蒋签订改编权合同,只签订编剧创作合同,委托蒋对电视剧《芈月传》担任编剧工作。蒋陆续提交了剧本,然而出品方却对蒋所写的剧本不满意,进行了诸多改动,出品方请了王小平编剧对剧本进行大改。《芈月传》举行新闻发布会时,"总编剧"变为王小平,而蒋仅署名为"原创编剧"。蒋胜男声称自己才是小说《芈月传》原著作者和电视剧《芈月传》的独立编剧,并就著作权纠纷一案向法院提起诉讼。①

目前我国的现状是,签订编剧合约之时都会有"编剧享有署名权"这样的笼统规定,然而却很少对其作出细致严谨的约定,比如"未经编剧同意不得擅自增加编剧署名"等。这样一来便给制片方"空降编剧"留下隐患,制片方可能随意增加其他编剧的署名,甚至更改编剧的署名排序。这类问题本质上还是取决于签约双方的实力,知名编剧具有和制片方谈判的资本,但是一些小编剧,为获得机会,就不得不作出妥协退让。现实状况中,绝大多数制片方都会把"聘请其他编剧介入创作、根据创作者各自剧本被采用的比例来决定署名"的权力牢牢抓在手中。只有在少数情况下,作者已经完成了全部剧本并且进行了版权注册、直接出售摄制权的,由于此时作者处于较强势地位,才有可能要求制片方"不得以任何理由添加任何人为联合编剧,如资方认为剧本还需要修改,必须由原作者自行完成"。此外,由《芈月传》一案也引发了影视行业对于"总编剧"这一署名方式的探讨,所谓"总编剧"并不是说谁创作多谁就能担任总编剧。署名总编剧的情况主要分为两种:其一,多个编剧同时创作一部剧本,出品方指定一位总编剧负责整体的创作方向、统筹协调,其他编剧都根据总编剧的指示来完成相应的创作;其二,有多个编剧前后创作了多个版本的剧本,最终被出品方认可的一版剧本的作者为了与其他编剧有所区别,会与出品方协商享有总编剧的署名权。②

---

① 一审与二审法院均未支持蒋胜男方的诉讼请求,并驳回了再审申请。参见:(2016)京 0101 民初 8419 号判决书;(2017)浙 03 民终 351 号判决书;(2018)浙民申 2302 号裁定书。

② 杨文杰:"影视剧编剧署名权,究竟有多少'明规则'?",载《北京青年报》,http://culture.people.com.cn/n/2015/0212/c172318-26552310.html,最后访问时间:2021 年 1 月 30 日。

　　总体而言，署名权的问题本质上还是取决于当事人的合同约定情况，这也提示了编剧们在与制片方签订合同时，应当就署名权问题作出具体细致的约定，以免出现空降编剧和总编剧的情况。大到是否为具有排他性的独立编剧，小到署名的字体大小、长度、粗细，署名出现的时间，署名占据画面的比例，署名的范围都应当在签订合约之前与制片方进行充分的磋商，避免日后发生署名权纠纷。

　　2. 获得报酬权。我国《著作权法》中虽然规定了电影导演、编剧等作者具有"获得报酬权"，但是这种获得报酬权最终是要依靠导演、编剧等作者们与制作者——也就是电影制片公司，具体签订的聘用合同来实现的。

　　观察导演和编剧、摄影、词曲作者的工作内容的区别，可以发现其获得报酬的内涵稍有不同。导演指挥全局，从演员表演到后期剪辑都渗透着导演的影响，其"作者"地位来源于对整个电影作品盖然性的工作指导，这其中并无其他中间作品的产生。而编剧、词曲作者等作者群体不同，其主要工作是为电影创作提供了剧本、歌词、主题曲等基础性、部分性的"作品性元素"，其获得的报酬实际上包含了一部分对于自身中间作品的转让或许可费用。这一区别决定了，《著作权法》第 17 条第 3 款："视听作品中的剧本、音乐等可以单独使用的作品的作者有权单独行使其著作权"只对电影创作者团队中的编剧、词曲作者等有适用空间。然而，对于此类可以独立于电影作品行使著作权的情形，实务中制片者基于确保电影本身的顺利发行与使用，往往会选择将上述"作品性元素"一并买断，从编剧、词曲作者等作者处取得相关作品的财产性著作权，这一合同对价也构成了编剧等作者获得报酬权的实质组成部分。[①]

　　（五）电影演员的相关权利

　　值得注意的是，电影演员作为一部电影的重要创作人员，并不包含在《著作权法》第 17 条规定的作者群体内，进而也不享有对应的署名权和获得报酬权。这在逻辑上可以接受，因为电影演员的人物演绎是在剧本、导演和场景等综合因素的影响下的劳动，并不能达到独创性表达的作品标准，因而不能认定为作者确实无可厚非。

　　但是，电影演员是否受到基于表演获得的"表演者权"这一邻接权保护呢？在学理和实践中这一问题是存在争议的。有《著作权法实施条例》第 5 条规定："表演者，是指演员、演出单位或者其他表演文学、艺术作品的人。"可见，我国著作权法体系下，对于表演者的定义局限于唱歌、舞蹈等现场性的

　　① 高歆：《影视娱乐法》，清华大学出版社 2017 年版，第 325 页。

"活表演"形式,对于电影作品中演员被固化在胶片上的机械表演,需要采取一种扩张解释的方法才能囊括进来。所以,也有学者认为,电影演员完全不享有表演者权。①

在法定权利并不清晰的情况下,制片者和演员双方需要通过细致的演员聘用合同约定双方的权利义务关系。对于演员来说,署名权和获得报酬权是应有之义。而对于制片者来说,为防止潜在的著作权纠纷,其会倾向于一次性买断演员在电影作品内的相关权利,例如下述条款:"本剧的所有版权(包括电影、电视、广播、录像、激光影碟、计算机网络播放、舞台演出、展览展示及其他衍生商业利益)的收益归甲方(制片者)所有;乙方(演员)在本剧本的人物、造型、对白、剧照等相关权益归甲方。甲方(制片者)有权使用乙方(演员)在本剧中的表演、接受采访、现场报道的形象和声音用于宣传及其他商业用途。"②在此类条款设计下,制片者会在电影制作完成后取得优势地位,减少相关著作权纠纷的风险。

(六)比较法视野下的电影作品及权利归属

1.美国:单一作品说。美国对电影作品属性规定的理论基础是"单一作品说",即法律明文规定电影是制片方单独拥有的作品,制片方乃是电影版权的权利人。③

具体而言,美国对电影作品采用的是"Work made for hire"理论,电影被定性为雇佣作品,雇主是制片方,雇员是导演等创作人员。根据美国版权法对雇佣作品版权归属的规定:"就雇佣作品而言,雇主被认为是本法所称的作者,除非各方在由他们签署的书面文件中明确作出另外的协议,雇主拥有版权所包括的一切权利。"④因此,电影作品的版权归属于雇主即制片方,由制片方排他性地享有电影版权,导演、演员、摄影师等雇员不享有电影作品版权,但雇员可以依据和雇主签订的协议获得报酬。⑤

美国之所以采用"单一作品说",将电影作品的版权集中于制片方,是与制片方在电影筹备摄制中所起的巨大作用密不可分。一部电影的完成必须有制片方参与以下活动:组织创作生产;筹措提供资金、技术设备、材料;参与

---

① 崔国斌:《著作权法:原理与案例》,北京大学出版社 2014 年版,第 333 页。
② 高戡:《影视娱乐法》,清华大学出版社 2017 年版,第 332 页。
③ 采取这种模式的国家包括:美国、英国、澳大利亚、泰国等。
④ 17 U.S.C.A. § 201(b)(1994).
⑤ 参见卢海君、申耘宇:"电影作品的属性研究——以我国《著作权法》第 15 条修改为背景",载《重庆理工大学学报(社会科学)》2011 年第 3 期。

和监督电影创作生产。①同时，电影产业还具备高投入、高风险的特点，需要制片方大量融资来为影片注入资金，同时还要承担电影失败、无法收回成本的风险。因此，从经济利益和产业发展的角度考虑，将电影版权赋予制片方能最大限度地保证从巨额投资中收回成本、获得收益，从而刺激制片方继续投资、不断创作出更多优秀电影作品的热情。②

2. 欧洲：合作作品说。与美国实用主义、电影商品化的理念不同，欧洲国家更强调电影作品本身的艺术性和创造性。因此，大多数欧洲国家都将电影作品定性为"合作作品"，即所有对电影作出创造性工作的合作者都可以成为电影作品的作者。这种做法可以最大程度地保障创作人员的积极性，增加其创作热情，从而保证影片的艺术质量。然而从实践操作层面而言，假如每一位创作者都可以成为电影的合作者，各行其是地行使自己的权利，这样将导致实际工作的协调不便和低效率，电影作品可能无法完成，或者即便完成也难以上映。③此时还是需要制片方来统筹全局，尽全力保障电影的摄制发行。因此，尽管许多欧洲国家在法律层面规定了电影作品的版权由合作者享有，但在实践层面还是会进行变通，通过版权转让的方式来让制片方成为电影作品的版权人。具体而言，版权转让方式分为法定转让与推定转让两种类型。

（1）法定转让说。法定转让是指尽管著作权法承认电影作品的著作权属于作者（如导演等），但按照法律规定，著作权必须转让给制片者。德国、意大利是采用法定转让说的代表国家。④

根据德国《著作权法》第89条第1款的规定："参加创作电影的义务人如果获得电影著作权，电影作品的作者有义务将电影作品、对电影作品进行翻译以及其他类型演绎或者改编的排他性使用权许可给电影制片方。"

从前半句"参加创作电影的义务人获得电影著作权"可以看出，电影作品在德国被定义为合作作品，版权归属于每一个合作作者。但德国法并未对谁是合作作者作出具体规定，采取的是"个案认定"的方法，即在具体案件中，根据"谁在参与电影作品的制作中付出了创作性劳动"的具体事实来进行判断。同时，德国《著作权法》第89条第3款否定了原作品作者作为电影作品的合作作者，同时摄影师、表演者通常也不被纳入合作作者的范畴，因此德国电影

① 高谈英："电影版权的归属与特点"，载《电影通讯》1990年第3期。
② 卢海君、申耘宇："电影作品的属性研究——以我国《著作权法》第15条修改为背景"，载《重庆理工大学学报（社会科学）》2011年第3期。
③ 郑成思：《版权法》，中国人民大学出版社1997年版，第124页。
④ 采用法定转让说的国家还包括：荷兰、冰岛、匈牙利等。

作品的合作作者通常是指导演和编剧。

从后半句"电影作品的作者有义务将排他性使用权许可给电影制片方"可以看出，合作作者的版权自始就被法律强制性规定必须转让给制片方。与此类似，意大利《著作权法》第 45 条也对著作权的法定转让作出规定："电影作品的使用权由组织创作该作品的人行使。"[1] 法定转让的方式为制片方对电影作品进行统筹规划提供了极大的便利，有利于鼓舞制片方的融资制作热情，有利于推动电影的产业化发展。

（2）推定转让说。推定转让说是指著作权法承认电影作品的著作权属于作者，但推定作者已将著作权转让给制片方，除非作者能提出相反证据予以反驳。法国、西班牙是采取推定转让说的代表国家。

法国《知识产权法典》第 L.113-7 条规定："如无相反证明，下列人员被推定为合作创作产生的视听作品的合作作者：①剧本作者；②改编作者；③对白作者；④专门为作品创作的配词或不配词的音乐作者；⑤导演。视听作品源自一个仍然受法律保护的现有作品或剧本的，原作者视为新作品的作者。"从本条可以看出，电影作品在法国被视为合作作品，版权归属于每一个合作作者。并且法国对于哪些人构成合作作者，通过列举的形式进行了详细的规定。同时，法国《知识产权法典》第 L.132-24 条规定："除非本法另有规定，视听作品制片方和其作者之间有约束力的合同，应推定作者将利用视听作品的权利转让给了制片方。"从本条可以看出，通常情况下，法国电影作品的版权被推定转让给了制片方，除非合作作者能够提供相反证据进行证明，如当事人已经通过协议约定合作作者不向制片方转让电影版权，进而才能推翻"权利已转让给制片方"的假定，由合作作者自己来享有电影版权。同时我们也能看出法国对于合同自由、当事人意思自治的保护。[2]

与此类似，西班牙《著作权法》第 88 条也对著作权的推定转让作出规定："在不影响属于作者的权利的前提下，创作视听作品的合同被推定为将作者的复制权、发行权、公开传播权以及翻译配音权或字幕权排他地转让给制片者，但本章另有规定的除外。"[3]

---

① 卢海君、申耘宇："电影作品的属性研究——以我国《著作权法》第 15 条修改为背景"，载《重庆理工大学学报（社会科学）》2011 年第 3 期。

② 卢海君、申耘宇："电影作品的属性研究——以我国《著作权法》第 15 条修改为背景"，载《重庆理工大学学报（社会科学）》2011 年第 3 期。

③ 卢海君、申耘宇："电影作品的属性研究——以我国《著作权法》第 15 条修改为背景"，载《重庆理工大学学报（社会科学）》2011 年第 3 期。

第四节 电影审查制度

一、我国的电影审查制度概述

（一）我国电影审查制度变革

《电影管理条例》第 24 条第 1 款规定："国家实行电影审查制度。"一直以来，我国采用电影审查制度，通过在电影的摄制、发行、商业放映及相关宣传阶段进行批准或限制的手段实现对电影内容的控制。电影作为一种不同于以往以文字形式传播大众文化的媒介，其结合影像、声音、对白等多重元素呈现的综合体给人们带来了感观上的最大享受，同时，这种逼真的体验也往往使人们深陷其中，电影中暗含的思想无形地进入到观众的脑海中。因此，包括我国在内的许多国家实行电影审查制度，电影须经过权威部门的检查后才可进入市场。

自清末电影艺术传入我国以来，相关电影审查规定便如影随形，尽管随着时代的发展和国情的差别，具体的审查内容在不断变化，但其审查的宗旨都是为了使上映的影片能够适应社会的主流意识形态与普遍的道德规范要求。[①]下文将具体介绍我国自清末以来的电影审查制度变革。

1. 1949 年以前的电影审查制度。在电影传入我国不久后的清末首次出现电影审查制度。1911 年（清宣统三年）6 月，上海的"自治公所"公布过包含 7 项规定的《取缔影戏场条例》[②]，但它并非对电影内容的管制，而是对电影院管理的规定，具有很强的操作性。

民国初期，电影审查的任务是由教育界承担的，这也与电影当时的社会影响力更多地在于宣传教化作用有关。1923 年江苏省教育会电影审阅委员会（下称江苏电审会）成立并出台了相关审查标准，但由于江苏电审会是地方民间组织，没有行政执法权，因此最后流于一个毫无威信的审查机关。之后，电影审查的权力由非官方机构向中央强制性机关过渡，1926 年 2 月，在北京中央一级的电影审查机构——通俗教育研究会戏曲股成立了电影审阅会，拟定了共 10 条的《审查影剧章程》，在审查标准中涉及了"治安""淫亵""风化""风

① 参见毛琳："中国电影产业化与审查制度"，中国艺术研究院 2007 年硕士学位论文。

② 内容包括：不得放映淫亵影片，男女座位必须分开；收场时刻，至迟以夜间十二点钟为限；如违犯，经查察属实者，将执照吊销，分别惩罚。参见程季华主编：《中国电影发展史》，中国电影出版社 1981 年版，第 11 页。转引自毛琳："中国电影产业化与审查制度"，中国艺术研究院 2007 年硕士学位论文。

俗"等内容，还列入了"辱华"和"有碍邦交"等富有一定政治意味和意识形态色彩的元素。①

国民党执政后，1929 年 6 月 5 日国民党中宣部召开了宣传会议，会上决定施行由内政部和教育部合订的《检查电影片规则》16 条，该规则实行地方分级审查制度。实行机构是原上海电审会改组的由社会、教育、公安三局合组的电影审查委员会（下称电检会）。起初，电检会对国产片的审查主要针对武侠神怪片，这是由于武侠神怪片中隐含的对陈旧社会体系的反对思想，对统治阶级产生了一定威胁。最著名的案例是影片《火烧红莲寺》在被发放执照后的一个月执照被取消，且影片被禁演，被查禁的影片还有《车迟国》《飞侠吕四娘》等。随着日本军国主义的侵略加剧，电影的创作由武侠神怪片转向了社会现实，电影公司出品了大量描述黑暗的社会现实和尖锐的阶级对立的左翼影片。由于原电检会的工作人员以教育部的人员为主，他们对左翼电影相对不敏感，大多数的左翼电影只是删减内容而未被禁演，因此，国民党于 1934 年改组电检会为中央电影检查委员会，其成员主要是国民党党务和宣传系统的右翼势力。对于进口片的审查标准集中在"浪漫、肉感"和"辱华"这两个方面，对后者尤为严厉。最著名的例子是影片《大地》的原小说将中国人塑造成"虚伪贪墨、无一正人君子"的形象，电检会要求拍摄公司美国米高梅公司将剧本送审、中方监督拍摄并且最终将完片送审。②

2. 1949 年以后的电影审查制度。1948 年 10 月，中共中央宣传部向东北宣传局发出了《关于电影工作的指示》，对电影剧本审查方针和电影剧本故事的范围提出了具体要求，其确立的指导方针③体现了即将建立的电影审查制度的主导倾向——审查影片是否违犯了主流意识形态。

（1）改革开放前的电影审查制度。我国于 1953 年建立了高度集中的电影审查制度。中央人民政府政务院通过了《中央人民政府政务院关于加强电影制片工作的决定》。在这一时期，电影审查的程序繁琐冗长，仅电影剧本就要经过 4 次甚至更多次数的审查，同时，电影审查的形式也在不断变化，电影初审权在不断地下放和回收，电影审查的范围也无所不包，导演、演员以及影片中

---

① 参见毛琳："中国电影产业化与审查制度"，中国艺术研究院 2007 年硕士学位论文。

② 参见毛琳："中国电影产业化与审查制度"，中国艺术研究院 2007 年硕士学位论文。

③ 指导方针是：在阶级社会中的电影宣传，是一种阶级斗争的工具，而不是什么别的东西，如果没有马列主义观点和政策观点，他们就很难创造好的作品，并很难避免基本上的错误，就不能做党的好的宣传工作者。参见毛琳："中国电影产业化与审查制度"，中国艺术研究院 2007 年硕士学位论文。

的道具也在审查之内。当然电影审查的重点是电影的思想内容以及其中表现出的政治倾向是否符合主流意识形态。

（2）改革开放后的电影审查制度。随着改革开放的推进，我国加快了在各行各业进行法律法规体系建设的步伐，电影审查制度的法制化之路也逐步展开。

1988年《电影审查条例（修改稿）》出台，其中包括电影审查机关的权利义务、电影审查标准、电影审查程序等内容，并首次规定了"少儿不宜"的影片内容，为下一年规定电影分级制度提供了依据。1989年广播电视部公布了《关于对部分影片实行审查、放映分级制度的通知》，但随后被取消，之后我国再也没有规定过电影分级制度。①

关于电影审查机构，1997年颁布的《电影审查规定》（已失效）第5条确立设立电影审查委员会和电影复审委员会，由广播电影电视局下属的电影事业管理局设立，负责电影片的审查和复审工作。至此，之前完全由政府人员组成审片小组的局面发生了改变。2010年，原国家广电总局发布了《关于改进和完善电影剧本（梗概）备案、电影片审查工作的通知》，在北京、湖北、广东、吉林、陕西、山东及浙江七地试点，电影审查权力从中央部分下放到地方，以上七个省市出品的电影由当地的广电局进行审查即可，不必送至中央审查。2014年国家新闻出版广电总局下发《国家新闻出版广电总局关于试行国产电影属地审查的通知》，将属地审查推广到全国，彻底实现了电影审批权的下放。

关于电影审查标准，2001年颁布的《电影管理条例》确立了电影审查的"十不准"规定，这十条标准成为行政主管部门衡量电影内容是否合乎规范的审查依据。②2006年颁布的《电影剧本（梗概）备案、电影片管理规定》在

---

① 参见毛琳："中国电影产业化与审查制度"，中国艺术研究院2007年硕士学位论文。

② 参见《电影管理条例》第25条："电影片禁止载有下列内容：①反对宪法确定的基本原则的；②危害国家统一、主权和领土完整的；③泄露国家秘密、危害国家安全或者损害国家荣誉和利益的；④煽动民族仇恨、民族歧视，破坏民族团结，或者侵害民族风俗、习惯的；⑤宣扬邪教、迷信的；⑥扰乱社会秩序，破坏社会稳定的；⑦宣扬淫秽、赌博、暴力或者教唆犯罪的；⑧侮辱或者诽谤他人，侵害他人合法权益的；⑨危害社会公德或者民族优秀文化传统的；⑩有法律、行政法规和国家规定禁止的其他内容的。"

"十不准"规定的基础上,进一步细化规定了9种应删减修改的情形。①2017年3月起实施的《电影产业促进法》中规定的8条内容禁止性标准②延续了以上两个规定的风格,禁止的内容主要针对国家安全、民族团结、道德伦理、暴力色情及社会秩序等。尽管《电影产业促进法》是目前最重要的法律依据,但由于《电影管理条例》仍在实行中,因此,对于《电影产业促进法》规定不足之处应当参考《电影管理条例》的规定。

通过以上内容可以看出,电影审查制度贯穿我国一百多年来的电影发展史始终。电影兼具大众传播媒介和艺术作品两种特点。一方面,在我国电影不存在分级的前提下,为了维护公共利益、兼顾各年龄层和不同身份的观影人群,国家需要在一定程度上对电影内容进行审核。另一方面,电影作为一种艺术表现形式,电影创作者通过电影载体给人们带来光影体验的同时也传递一定的观点。在此过程中,为了在创作表达与公共利益之间达到平衡,创作者有必要事先了解电影审查机关关注的方向。因此,下一部分将对我国电影审查标准进行详细介绍。

---

① 参见《电影剧本(梗概)备案、电影片管理规定》第14条:"电影片有下列情形,应删剪修改:①曲解中华文明和中国历史,严重违背历史史实;曲解他国历史,不尊重他国文明和风俗习惯;贬损革命领袖、英雄人物、重要历史人物形象;篡改中外名著及名著中重要人物形象的;②恶意贬损人民军队、武装警察、公安和司法形象的;③夹杂淫秽色情和庸俗低级内容,展现淫乱、强奸、卖淫、嫖娼、性行为、性变态等情节及男女性器官等其他隐秘部位;夹杂肮脏低俗的台词、歌曲、背景音乐及声音效果等;④夹杂凶杀、暴力、恐怖内容,颠倒真假、善恶、美丑的价值取向,混淆正义与非正义的基本性质;刻意表现违法犯罪嚣张气焰,具体展示犯罪行为细节,暴露特殊侦查手段;有强烈刺激性的凶杀、血腥、暴力、吸毒、赌博等情节;有虐待俘虏、刑讯逼供罪犯或犯罪嫌疑人等情节;有过度惊吓恐怖的画面、台词、背景音乐及声音效果;⑤宣扬消极、颓废的人生观、世界观和价值观,刻意渲染、夸大民族愚昧落后或社会阴暗面的;⑥鼓吹宗教极端主义,挑起各宗教、教派之间,信教与不信教群众之间的矛盾和冲突,伤害群众感情的;⑦宣扬破坏生态环境,虐待动物,捕杀、食用国家保护类动物的;⑧过分表现酗酒、吸烟及其他陋习的;⑨违背相关法律、法规精神的。"

② 参见《电影产业促进法》第16条:"电影不得含有下列内容:①违反宪法确定的基本原则,煽动抗拒或者破坏宪法、法律、行政法规实施;②危害国家统一、主权和领土完整,泄露国家秘密,危害国家安全,损害国家尊严、荣誉和利益,宣扬恐怖主义、极端主义;③诋毁民族优秀文化传统,煽动民族仇恨、民族歧视,侵害民族风俗习惯,歪曲民族历史或者民族历史人物,伤害民族感情,破坏民族团结;④煽动破坏国家宗教政策,宣扬邪教、迷信;⑤危害社会公德,扰乱社会秩序,破坏社会稳定,宣扬淫秽、赌博、吸毒,渲染暴力、恐怖,教唆犯罪或者传授犯罪方法;⑥侵害未成年人合法权益或者损害未成年人身心健康;⑦侮辱、诽谤他人或者散布他人隐私,侵害他人合法权益;⑧法律、行政法规禁止的其他内容。"

（二）我国的电影审查标准

当我们在谈论电影审查制度的时候，我们讨论的焦点主要是电影审查的标准，其中很大一部分是有关电影内容的标准，如在 2017 年 3 月起施行的《电影产业促进法》的第 16 条"电影内容的禁止性规定"对于电影审查中应当规避的内容进行了全面规定。由于现行的电影审查分成事前剧本梗概审查和事后的电影成片审查两个部分，关于电影内容的管制贯穿电影的构思、拍摄和放映的全部流程，因此，弄清楚禁止性规定中每一条的具体内容和条款背后的深层原因对于电影产业相关人员来说至关重要，在一定程度上也能为电影顺利过审指引方向。

在电影内容的审查通过后，还有一项技术审查程序，主要针对电影有关的技术指标进行审查，目的是规范电影制作、保障电影技术方面的质量，从而为观众带来更好的观影体验。国家广电总局于 2011 年发布的《电影数字母版技术审查管理办法（暂行）》中针对电影的技术审查的内容、方法和流程作出了详细的规定。需要注意的是，尽管在实践中也发生过因技术审查没有通过、影片推迟上映的情况，但在我国的电影审查制度下，对内容的审查占绝对主导地位，行业中普遍反映内容审查在极端情形下可能持续几年，而技术审查最快一分钟给答复，[①]这一现象足以说明这两种审查类型的地位差别。

1. 内容审查标准。"我国电影审查制度变革"部分中提到，《电影管理条例》中有关内容审查的"十不准"规定以及《电影剧本（梗概）备案、电影片管理规定》随后细化的 9 种"应当删减"的规定构成了我国电影内容审查的标准，并且仍是现行有效的规定。2017 年 3 月起施行的《电影产业促进法》在以往规定的基础上顺应时代发展，在第 16 条"电影内容的禁止性规定"中列举了 7 种禁止情形和兜底条款共 8 条规定，将在下文中详细展开。

（1）电影不得含有违反宪法确定的基本原则，煽动抗拒或者破坏宪法、法律、行政法规实施的内容。宪法和法律是对一国公民的行为最根本也是最低限度的规范，通常道德、传统在社会中传承的价值观点远远高于宪法和法律的规定，但同时也因这类价值已经内化在社会中生活的人们日常行事的标准中，并没有明确的文本对之进行系统的规定。因此，本条对宪法、法律规范遵守的规定为电影内容应当遵从的标准定下了一个基调。

宪法是一国的根本大法，所有法律、行政法规都是在宪法原则的指引下对

---

① 参见"中国电影三步审查 技术一分钟内容可几年"，载金鹰网，https://www.mgtv.com//2013032 7/1224254，最后访问时间：2021 年 1 月 17 日。

某一方面的法律问题进行规定。我国宪法的基本原则包括人民主权原则、人权保障原则、社会主义法治原则以及民主集中制原则。

（2）电影不得含有危害国家统一、主权和领土完整，泄露国家秘密，危害国家安全，损害国家尊严、荣誉和利益，宣扬恐怖主义、极端主义的内容。本条是有关国家安全的规定。电影作为文化传播的重要工具，其展示内容在经文化效应的放大后，对观众的价值判断具有较大的影响。因此，电影在表达创作者的艺术灵感与思想的同时，还需兼顾其在意识形态方面的影响。

本条规定可再细化为四个部分：首先，对于国家主权而言，电影不得有危害国家主权统一和领土完整的内容；其次，对与国家安全而言，电影不得有泄露国家秘密、危害国家安全的内容；再次，对于国家尊严而言，电影不得有损害国家的名誉、荣誉和利益的内容；最后，对于世界和平而言，电影不得有宣扬恐怖主义和极端主义的内容。

（3）电影不得含有诋毁民族优秀文化传统，煽动民族仇恨、民族歧视，侵害民族风俗习惯，歪曲民族历史或者民族历史人物，伤害民族感情，破坏民族团结的内容。我国是由 56 个民族组成的统一的多民族国家，各族人民携手共进、和衷共济、共同经历了国内外的各种挑战，为构建一个经济发展、政治安定、文化繁荣、人民幸福的和谐社会尽自己的一份力。并且，我国《宪法》第4 条第 1 款规定："中华人民共和国各民族一律平等。国家保障各少数民族的合法的权利和利益，维护和发展各民族的平等团结互助和谐关系。禁止对任何民族的歧视和压迫，禁止破坏民族团结和制造民族分裂的行为。"因此，电影中应当避免出现破坏各民族团结的内容，具体包括：首先，在民族文化方面，电影不得有诋毁民族优秀文化传统、侵害民族风俗习惯、歪曲民族历史或者民族历史人物的内容；其次，在民族团结方面，电影不得有煽动民族仇恨和民族歧视、伤害民族感情、破坏民族团结的内容。

（4）电影不得含有煽动破坏国家宗教政策，宣扬邪教、迷信的内容。我国《宪法》第 36 条规定了我国的宗教政策，其中，第 1 款开宗名义，规定我国公民有宗教信仰自由。本条规定电影不得含有煽动破坏国家的宗教政策，具体表现在：其一，电影不得包含强制公民信仰宗教或者不信仰宗教、歧视信仰宗教的公民和不信仰宗教的公民的内容；其二，电影不得含有利用宗教进行破坏社会秩序、损害公民身体健康、妨碍国家教育制度的活动的内容；其三，电影不得含有宗教团体和宗教事务受外国势力支配的内容。

邪教并非我国宪法和法律所保障的宗教，而是一种冒用宗教、气功或其他的名义建立的，通过歪理邪说发展、控制其成员的危害社会的非法组织。邪教的目的通常是采取非法手段敛取财物，严重危害社会公共秩序甚至人民的生命和自由，因此，禁止在电影中宣扬邪教的内容。

本条中的迷信是狭义上的迷信，即封建迷信，从而与宗教区别开来。由于迷信同现代社会崇尚的客观公正、实事求是的科学态度相违背，是一种落后的、愚昧的活动，因此不为现代国家认同。

（5）电影不得含有危害社会公德，扰乱社会秩序，破坏社会稳定，宣扬淫秽、赌博、吸毒，渲染暴力、恐怖，教唆犯罪或者传授犯罪方法的内容。电影作为一种文化工具，其所展示的内容直接影响到观众的价值判断，因此电影应当发挥自身的正面导向作用，立足于传播中华文化，弘扬社会主义核心价值观。[①] 因此，本条禁止电影中出现危害社会公德、扰乱社会秩序、破坏社会稳定、教唆犯罪的内容。我国《电影管理条例》第 25 条也有类似规定，"电影片禁止载有下列内容：……⑥扰乱社会秩序，破坏社会稳定的；⑦宣扬淫秽、赌博、暴力或者教唆犯罪的"。

（6）电影不得含有侵害未成年人合法权益或者损害未成年人身心健康的内容。在我国还不存在按照适合观影对年龄段将影片分级的制度下，通过审查得以上映影片的受众是所有人，而相对成年人而言，未成年人的心智、判断能力等较不成熟，容易受到外界环境的影响，我国众多法律也将未成年人与成年人的行为能力作出区分。如《民法典》第 18 条规定："成年人为完全民事行为能力人，可以独立实施民事法律行为。"反之，未成年人要么由其法定代理人代理实施民事行为，要么在其法定代理人同意的条件下实施。这些规定体现了法律对未成年人的保护，因此，在本条中也强调加强对电影内容的把控，保护未成年人的健康成长。

（7）电影不得含有侮辱、诽谤他人或者散布他人隐私，侵害他人合法权益的内容。本条强调了对个体名誉权、隐私权的保护。《民法典》第 3 条规定："民事主体的人身权利、财产权利及其他合法权益受法律保护，任何组织或者个人不得侵犯。"其中，人身权利包含人格权和身份权，名誉权和隐私权是自然人重要的人格权利，受到法律保护。在院线上映的电影面向全国甚至全世界的观众，电影内容一经观看，有极大的可能会造成舆论放大效应。尤其在拍摄由真人真事改编的电影时，对人物形象的处理容易引起人物原型与片方之间的矛盾。电影《亲爱的》根据真人真事改编，在创作过程中加入了部分虚构情节，

---

① 参见刘承韪、刘毅、武玉辉编著：《〈中华人民共和国电影产业促进法〉释义》，中国电影出版社2017 年版，第 102 页。

但并没有说明哪些是虚构的情节。影片上映后，电影女主角原型表示，电影中虚构的下跪、陪睡情节给她的正常生活造成了影响，"开始整夜整夜睡不着，脑海里都是孩子、电影以及四年前的事情"。导演陈可辛代表剧组和自己向女主角原型人物公开致歉。截至目前，新闻没有继续报道事件的后续发展。此事也为今后尝试改编真人真事的影视剧方提了个醒，在此类题材的拍摄过程中，若有虚构情节，要尽量避免观众在虚构情节和原型人物间产生对应联想。可以采取在电影片尾列出虚构情节，或者不在电影中播出原型人物的真实信息等做法，从而避免产生法律争议。

（8）电影不得含有法律、行政法规禁止的其他内容。本条是兜底条款。在上述7条列举的禁止内容范围之外一定还存在不利于社会公共利益的情形，兜底条款的作用是将这些情形也囊括在本条"禁止内容"的规范下，将一切含有法律、行政法规禁止的内容排除出电影之外。我国许多法律中都采用了类似的立法技术，保证了规范适用范围的包容性。

2. 技术审查标准。电影技术审查是对电影的画面质量、音频质量、播放流畅度、字幕质量等技术指标进行的综合评价，从而有利于统一电影技术标准，规范电影制作，保障节目质量，更好地促进电影事业的发展。[①] 相关法律法规依据为：国家广播电视总局电影局2008年发布的《电影故事片（胶片、数字）送审须知》及2011年发布的《电影数字母版技术审查管理办法》。审查按照《电影送审数字母版声画技术质量主观评价办法》（GD/J033 — 2010）和《电影送审数字母版字幕技术要求》（GY/T288 — 2014）执行。

（1）电影技术审查的时间应当在影片已通过内容审查，且片头已加上电影片公映许可证标准画面之后进行。

（2）实行电影属地审查管理的电影行政主管部门负责本辖区内电影数字母版的技术审查。属地审查中目前仅吉林、陕西开展技术审查工作。其他地区的电影数字母版技术审查由总局电影局负责，即大部分地方还是报电影局审查。再次，进行技术审查的电影分为胶片电影和数字电影两种，根据《电影故事片（胶片、数字）送审须知》，二者仅在送交材料上有细微不同，其中，在胶片电影送审时，如果能同时送交一套数字母版，将获得3万元补贴，这也体现了国家对于发展数字电影的支持。

（3）电影数字母版技术审查合格的，由进行技术审查的电影行政主管部门

---

① 参见赵国朋、杨珊珊："说说与电影'技术审查'有关的那些事"，载于《现代电影艺术》2015年第10期。

发放《电影片（数字）技术合格证》书面证书和一份存有数字影像画面文件的光盘；审查不合格的，退回送审单位修改。

二、各国（地区）分级制度介绍

放眼于世界上的其他国家，我们发现，基本上所有国家在建构内容控制标准时都是从电影审查制度开始的，不过渐渐地，大多数国家从电影审查制度过渡到了今天为人熟知的分级制度，其中美国是分级制度的先行者，也是后世其他国家纷纷效仿的对象。这一部分将首先介绍美国分级制度的演变历程，然后介绍世界其他主要国家目前采用的分级制度内容。

（一）美国

在美国，电影审查的最早记录始于 1897 年纽约的"人民诉多利斯案"，其中新婚之夜的场景被认为是"超出了公众认可的端庄的界限"而被法官禁止。[①]反对电影工业的势力、对电影工业的不满与打压是美国电影审查制度存在的最重要的原因，其中反电影势力的组成人员主要是宗教组织和代表着传统价值观念的保守势力。而美国从电影审查制度走向电影分级制度这一转变，也是由电影工业与反电影势力之间力量对比发生了巨大变化而导致的。本节将选取这一历史变革中关于法律的三个重要时间节点，来展现美国分级制度的发展轨迹。这三个时间节点分别是：1913 年"共同案"的失败、1930 年《海斯法典》的颁布，以及 1952 年"《奇迹》案"的改判。这一系列的历史事件最终促使 1968 年美国电影分级制的诞生。

1.1915 年"共同案"的失败。美国电影业的兴盛离不开镍币影院的繁荣。自 1905 年第一家镍币影院诞生于宾夕法尼亚州的匹兹堡市后，仅需 5 美分（一枚镍币的币值）便能看一场电影，低廉的价格吸引了大量无力走进剧院消遣的工人阶级和贫民。随后，镍币影院席卷美国大地，也使得影片的需求急剧增加，大量鱼龙混杂的内容充斥着荧幕。继进步论者和宗教势力向这一现象发难后，州政府决定不再袖手旁观，1907 年 11 月，芝加哥政府出台了全美第一部电影审查法案，并授权警察当局为即将上映的影片颁发许可证。[②]警察们的禁止放映评判标准主要针对淫秽、种族歧视和宣扬犯罪这三类，随后《麦克白》等多部影片被禁，而一部讲述连环杀手生平事迹的影片却被准许放映，这令片方感

---

① 参见梅峰等编著：《电影审查：你一直想知道却没处问的事儿》，北京联合出版公司 2016 年版，第 3 页。

② 参见梅峰等编著：《电影审查：你一直想知道却没处问的事儿》，北京联合出版公司 2016 年版，第 36 页。

到十分愤怒。芝加哥政府的电影审查管制得到了其他多个州的效仿，如宾夕法尼亚州、俄亥俄州还有堪萨斯州先后组建了官方审查机构，至 1922 年，电影审查法案已经成了 36 个州的议案。

各州政府为平息宗教势力、社会进步论者对电影的非议而采取的官方审查做法引起了电影片方的强烈不满，1915 年，一家名为共同电影公司（Co Film Company）的州际发行公司开始反抗，其老板哈利·阿特金斯以美国宪法第一修正案中的"言论自由"为依据将俄亥俄州政府告上地方法院。在地方法院拒绝共同电影公司的诉讼后，共同电影公司上诉至美国联邦最高法院，但最终被驳回，最高法院的大法官们不认为电影具有和出版物相同的地位而受到"言论自由"的保护。

"共同案"的失败意味着电影中呈现的表达不能得到"言论自由"条款的保护，即政府可以不受限制地立法进行干预。它承认了全国各州电影审查机构的法律地位，事实上赋予了各州对电影进行审查的权力，美国各地方政府和教会团体组建形形色色的电影审查机构铺平了道路。[①] 为了避免最终联邦政府力量的介入而促成联邦电影审查法的出台，电影片方意识到只有加强自律才能对抗来自政府的审查。

2. 1930 年《海斯法典》的颁布。在"共同案"失败后，多部提倡建立联邦电影审查法案的议案被递交到国会，但毫无例外都失败了。此刻，电影工业自身的力量在壮大，在华尔街金融资本的注入下美国电影业构建了集制片、发行和放映于一体的垂直整合模式，代表就是好莱坞八大电影制片厂[②]的确立。电影工业在认识到自律的重要性后，于 1922 年成立美国电影制片人与发行人协会，旨在实现电影工业与各州政府间的沟通合作，协会的第一任领导人由哈定总统时期的邮电部部长威尔·海斯担任。

海斯上任之初，凭借自己过人的政治能力和在华尔街强大的人脉资源，迅速同宗教势力和进步论者建立了良好关系，但随后几部违反了电影势力道德标准的影片又将这良好关系打破。为了获得在社会上具有广泛影响力的宗教势力的支持，1930 年，海斯聘请天主教出版商马丁·奎克利和牧师丹尼尔·劳德就电影生产的道德规范起草一部有例可循的法典，即《好莱坞制片法典》，亦称

---

① 参见刘毅："电影审查或电影分级？——中美比较法视野的研究"，载《政法论坛》2018 年第 5 期。
② 1930 年左右诞生的好莱坞八大电影制片厂主要从事甲级影片的生产，其中，又以是否具备完整的制作发行和放映链条将之分为"五大厂"和"三小厂"。"五大厂"包括：派拉蒙、米高梅、20 世纪福克斯、华纳兄弟和雷电华，"三小厂"包括：哥伦比亚、环球和联艺。

《海斯法典》。①《海斯法典》的内容与之前多次破产的联邦电影审查法案内容大体一致，对电影中涉及的性、粗俗行为、宗教、国家情感等 11 个场景具体分类。自此，天主教会与美国电影协会结盟，开启了对好莱坞的 30 多年的审查监督。

3.1952 年"《奇迹》案"的改判。在华尔街金融资本不断渗透下的好莱坞形成了八大制片厂的垄断格局，对这一垄断局面，政府担心金钱的联系会导致美国电影工业成为几家金融寡头的喉舌，因此于 1939 年启动了"派拉蒙案"，最终法院于 1948 年判决好莱坞的制片体系构成垄断并进行了处罚。随后，八大制片厂相继退出院线投资，垂直整合的垄断模式被打破，使得"三小厂"以及独立放映商可以与"五大厂"进行竞争，整个电影放映行业开始了良性发展。同时，联邦法院对宪法第一修正案的认识和实践也在不断地深入，②这也预示着电影工业垄断下的产物《海斯法典》将面临严重的挑战，致命一击便是 1952 年"《奇迹》案"的改判。

1951 年 2 月，纽约州政务委员会撤销了影片《奇迹》的放映许可证，随后，几十个城市纷纷取缔了这部有争议的影片。10 月，《奇迹》的发行人将纽约州政务委员会作出的行政处罚行为告上了纽约州上诉法庭，但法院支持了后者的行政处罚决定。后原告向最高法院提起上诉。最高法院依据 1948 年"派拉蒙案"中裁定电影受联邦宪法第一修正案"言论自由条款"的保护，撤销了纽约州政务委员会对《奇迹》的禁止放映令。这一判决与前文提及的"共同案"的判决截然不同，承认电影具备思想交流的作用而应受到言论自由的保护，从此法律打破了电影审查存在的合理性，为 1968 年电影分级制的诞生奠定了基础。

4.1968 年电影分级制的诞生。随着电视工业的兴起，越来越多的人宁愿呆在家中看免费的电视，电影观众的数量急剧下降，电影片方逐渐认识到大众文化市场的竞争越来越激烈。同时，60 年代正是美国社会发生巨变的时代，观众不再满足于观看《音乐之声》这类宣扬美国传统价值观的影片，市场需要适合有不同观影需求的观众们的多元化的影片。作为一种发自于好莱坞工业体系内的自我保护以及为好莱坞银幕带来更多自由和可能性的分级制度③开始在片方的心中酝酿。1968 年 11 月 1 日，《电影自愿分级制度》正式实施，两个主

---

① 参见梅峰等编著：《电影审查：你一直想知道却没处问的事儿》，北京联合出版公司 2016 年版，第 58 页。
② 参见刘毅："电影审查或电影分级？——中美比较法视野的研究"，载《政法论坛》2018 年第 5 期。
③ 参见梅峰等编著：《电影审查：你一直想知道却没处问的事儿》，北京联合出版公司 2016 年版，第 93 页。

管部门电影分级委员会和法典执行委员会直属于美国电影协会。

分级制度是电影片方意识到电影内容必须和观众紧密联系后的产物，从此改变了《海斯法典》时代或放映或禁映的"一刀切"做法，建立起不同影片采用不同的电影制作、发行、宣传、放映一体化流程的产业系统，针对不同受众制作不同的电影产品，不仅满足了创作者创作自由的诉求，同时，由于越是限制级别的影片受众越少，因而在经济利益的驱动下，片方也并不会大量制作这类影片，可以说，分级制度在满足电影多元需求的同时也保证了社会主流价值不受破坏。

目前，美国电影分级制度将电影分为了五个级别和三个补充级别。具体内容见下文[①]：

（a）普通级（G级）：1968年分级制度开始就设立，适合所有年龄段的人观看，影片没有裸体、性爱场面，吸毒和暴力场面非常少，对话也是日常生活中经常接触到的。

（b）辅导级（PG级）：一些内容可能不适合幼小儿童观看，建议在家长指导下观看，1972年增设。基本没有性爱、吸毒场面，即使有很短的裸体画面也与性无关，恐怖和暴力场面也限制在非常有限的范围内。

（c）限制辅导级（PG—13级）：13岁以下儿童尤其要有父母陪同观看，1984年增设。有少量成人化语言、性爱、吸毒和裸体场面，会有一定的血腥、恐怖和暴力场面，但是通常不能进行正面和突出的表现。

（d）限制级（R级）：17岁以下观众要求有父母或成人陪同观看，1968年分级制度开始就设立。包含成人内容，里面有较多性爱、暴力、吸毒等场面和脏话等成人语言。评级人员还强烈建议家长不要让年龄幼小的儿童观看这类电影。

（e）严格限制级（NC—17级）：17岁以下观众禁止观看，1990年增设，取代了以前禁止18岁以下观众观看的X级成人电影。有明确的性爱场面，大量的吸毒或暴力镜头以及脏话等。

几种特殊的补充分级：

（a）NR级：未经定级的电影。由于美国的分级制度是行业协会实施的，因此不具有法律强制力，如果不希望自己的电影被分级，可以退出美国电影协会，但同时电影放映的渠道也会减少许多。

---

① 参见梅峰等编著:《电影审查：你一直想知道却没处问的事儿》，北京联合出版公司2016年版，第17~18页。

（b）U 级：针对 1968 年以前的电影定的级。

（c）M 级、X 级或 P 级：不同时期出现的限制类的级别，NC−17 级出现后不再使用。

通过以上对美国从电影审查制度转变为电影分级制度过程的呈现，我们可以看到，如今分级制较好地平衡了创作者的创作自由与社会公共价值间的矛盾。但同时我们要看到，美国电影分级制的产生是有着深刻的政治社会背景的官方审查和电影工业的独特张力形成了这一历史产物。[①]

自美国率先建立了电影分级制度起，各国也逐渐根据本国情况建立起了各具特色的分级制度。下面将具体介绍世界上其他主流电影国家的分级制度。

（二）英国

1912 年，英国电影工业界以行业自律的方式自发成立了英国电影审查委员会（The British Board of Film Censors，简称 BBFC），经济上依赖电影制片人提供资金，主席人选从皇家大臣办公室（The Lord Chamberlain's Office）选出，因而具有一定的政府官方色彩。他们最初把电影分成两级：适合所有人观看的"U"级和仅限于 16 岁以上的成年人观看的"A 级"。在而后的六十余年中，电影审查委员会关注的重点包括两点：一是对牵涉道德问题的审查，如禁止表现卖淫、裸体、堕胎、白人奴役等场景；二是维持政治秩序对现状，如坚决不允许批判君主、政府、与英国友善的国家等。

从 60 年代起，随着社会和文化发生迅猛变革，审查制度逐步放松，审查者们在性和暴力问题上采取了更加开放的态度。[②]到了 70 年代，英国电影审查委员会逐渐和美国的分级制度一致。1985 年，英国电影审查委员会正式更名为英国电影分级委员会，分级的趋势是逐渐向各个年龄阶段大众的利益和需求倾斜。

（三）法国

法国的电影审查制度是一直在国家政府的控制下实施的。法国作为电影艺术发展的源头，电影带来的商业化利润曾是法国政府的一笔巨大的收入来源，同时，政府支持建立起的大制片厂出产的作品远销海外，法国电影在全球形成了主宰地位。然而，随着 20 年代末好莱坞的发展、有声片的兴起以及经济危机的爆发，法国电影业受到了强烈冲击，政府决定利用行政管理力量统摄电影

---

① 参见梅峰等编著：《电影审查：你一直想知道却没处问的事儿》，北京联合出版公司 2016 年版，第 26 页。

② 参见梅峰等编著：《电影审查：你一直想知道却没处问的事儿》，北京联合出版公司 2016 年版，第 151 页。

业的发展。政府作为法国电影业背后的力量便从这里开始。

战后法国政府为了使电影产业在国家管制的范围内运作，1946 年国家电影中心（Le Centre national du cinema et de l'image animée，简称 CNC）成立，既对电影业进行监管，也负责扶植影片制作及海外推广。事实证明，政府行之有效的管理为法国电影带来了空前的繁荣。

随着 50 年代末法国逐渐从"二战"的阴霾中走出，文化和社会领域发生了巨大变革，如存在主义的兴起、摇滚乐的流行以及 1968 年 5 月发生的"五月风暴"等，整个社会呼唤一场大的改革。[①] 电影业相应地进入了"新浪潮"时期，政府关于电影审查也发布了新的政令，明确规定影片开拍前需要得到"审查委员会"的许可，审查标准按照政治和道德要求将电影分为四个等级：适合所有人观看；不适合 13 岁以下儿童观看；不适合 18 岁以下观看；完全禁映。除了官方审查制度外，还存在宗教势力（主要是天主教）影响下的民间审查形式，不过 70 年代后宗教对电影业的影响大幅下降。

五月风暴之后，政府对电影在政治方面的审查大为放松，但对于性方面的审查经历了先宽松后收紧的过程，专门将色情电影列为"X 级"，取消对这类电影的国家资助和补贴。

（四）德国

德国在经历了古典时期主要以政府辅助金形式进行电影审查、希特勒时代对电影意识形态的全面控制，以及战后在国家提供补助制度下对"政治恐怖事件"的禁言等电影审查制度后，现在形成了国家提供部分资助、行业自律协会对电影内容进行分级管理的管理体制。具体内容是：1990 年两德统一后，联邦政府、内务部以及各州市为电影产业提供一定的经济补助，同时德国总理府设立了文化与媒体委员会（Beauftragte der Bundesregierung für Kultur und Modien，简称 BKM），以资助的形式实现对电影业的管理。负责电影分级的机构是电影行业自律协会（Film Selbstkontrolle），主要依据是《青少年保护法》和《多媒体法》。在德国上映的每部电影、DVD 都要按照级别贴上标签。

（五）意大利

尽管在意大利诞生第一部电影的时间仅比法国的卢米埃尔兄弟公开放映电影的日子晚了几个月，但意大利的电影人却不如法国电影人幸运：法国电影人拥有一个支持电影产业的政府，而意大利政府一直以来对电影产业的态度相当

---

① 参见梅峰等编著：《电影审查：你一直想知道却没处问的事儿》，北京联合出版公司 2016 年版，第 167 页。

冷漠，①对其中闪耀着迷人的人文思想的艺术内涵更是全力打压。不过，即使在美国电影的强大攻势和国内电影的种种制约下，意大利电影人仍为世人贡献了不少佳作。

目前意大利基本上没有电影审查制度，取而代之的是电影分级制度，根据意大利政府文化遗产与活动部的分级标准，意大利电影可以分为以下几种级别：T级（适合所有年龄阶段观看）；VM14级（强烈建议年龄在14岁及14岁以下的观众，在父母的指导下观看）；VM18级（强烈建议年龄在18岁及18岁以下的观众，在父母的指导下观看）；X级（很少用于电影的分级，一般侧重于对色情视频的分级）。

（六）韩国

在日本殖民时期和军政府统治下的韩国，电影都必须在严格的审查制度下进行，主要表现在对意识形态、政治内容的控制。1997年金大中竞选总统成功，韩国的民主时代到来，在其就职期间，韩国电影废除了审查制度，确立了电影分级制。2000年第二次修订《电影振兴法》时删除了"保留电影上映等级"条款，按照年龄将电影（包括预告片和广告片）分为五个等级，分别是：适合全民观看、适合12岁以上观众观看、适合15岁以上观众观看、适合18岁以上观众观看以及限制放映。

（七）其他国家

1. 印度。作为一个多宗教的国家，印度人民一直对宗教电影偏爱有加，相应地印度电影对于宗教相关内容、色情和暴力的审查也相当严苛，②与大多数国家越来越开放的电影审查制度格格不入。比如，在20世纪90年代之前，印度电影几乎没有亲吻的镜头，一切亲热的场景都以歌舞或其他视觉表现手段替代。

印度于1952年通过了新的《电影法》，电影审查的权力统一到总部设立在孟买的中央电影审查委员会（Central Board of Film Censors）。目前印度电影公映许可证分为四级：U级（适合家长带孩子前往观看）；UA级（在情节或视觉上有必要提醒家长慎重考虑是否允许其12岁以下的儿童观看）；A级（禁止儿童观看）；S级（仅供特定专业、特定阶层的人看）。

2. 泰国。泰国的电影审查制度起源于在泰国拍摄的第一部影片《苏婉小

① 参见梅峰等编著：《电影审查：你一直想知道却没处问的事儿》，北京联合出版公司2016年版，第195页。

② 参见梅峰等编著：《电影审查：你一直想知道却没处问的事儿》，北京联合出版公司2016年版，第259页。

姐》，这部由美国人执导的影片因拍摄了一个处决犯人的镜头而受到审查，这个镜头随即被剪掉。1930年，泰国政府颁布实施了《1930年电影法案》（*1930 Film Act*），其中规定，在泰国上映的任何一部电影都不得违背社会的道德准则和文化习俗。由警务部、教育部、军队、宗教事务部和外事部等部门的代表组成的电影审查委员会（Film Censorship Board）随之成立，起初由警务部主管，2005年后由文化部接管。

在随后相当长的时间里，《1930年电影法案》和电影审查委员会的高压审查渗透泰国电影工业的方方面面，如泰国国王和僧侣不可侵犯、恐怖片名需要更换，以及所有关于安娜·李奥诺文斯[①]和泰国前国王拉玛四世之间的故事都被禁止。泰国严格的电影审查制度在新世纪发生了转变，在独立电影导演阿彼察邦·韦拉斯哈古[②]和其他导演组织的"自由泰国电影运动"的抗议下，电影分级法案于2007年12月20日通过，法案中电影被分为七级：P级（推广级，电影有教育意义，鼓励全泰国人观看）；G级（适合所有观众观看）；13+级（13岁以下的观众不宜观看）；15+级（15岁以下的观众不宜观看）；18+级（18岁以下的观众不宜观看）；20—级（20岁以下的观众不宜观看）；Banned级（影片不得在泰国国内公映）。同时，13+级、15+级和18+级这三个级别是建议级别，不强制实施，只有20—级要求观众在进入影院后出示身份证件。

三、我国电影审查制度的具体内容

（一）内地

我国的电影审查制度包括对电影剧本的事前审查和对电影成片的事后审查两个部分，《电影产业促进法》第13条至第20条是关于电影审查的规定。两个阶段的审查有相同点也有不同点。相同的部分是审查主体和审查内容，不同的部分是审查对象、审查形式及审查结果。

在审查主体方面，根据原国家广电总局2006年发布的《电影剧本（梗概）

---

① 安娜·李奥诺文斯是一名英国女教师，1862年应暹罗王室邀请前往暹罗担任拉玛四世的家庭教师，直至1867年搬至加拿大为止。后来，她将此经历写成回忆录《安娜与国王：曼谷皇宫六年回忆录》（*The English Governess at the Siamese Court: Recollections of Six Years in the Royal Palace at Bangkok*），后被多次改编成小说、舞台剧和电影。

② 阿彼察邦·韦拉斯哈古是影片《恋爱症候群》（*Syndromes and a Century*）的导演，2007年该片在泰国公映之际遭到了电影审查委员会的刁难，在拒绝电影被删改后他要求审查委员会归还拷贝，但审查委员会不但拒绝归还而且还坚持删改。"扣拷贝事件"引起了泰国各界的大讨论。参见梅峰等编著：《电影审查：你一直想知道却没处问的事儿》，北京联合出版公司2016年版，第288~291页。

备案、电影片管理规定》，两个阶段的审查主体为国家广电总局或实行属地审查的省级广电部门。在审查内容方面，在上文介绍我国电影审查制度历史变革部分提到，我国的电影审查的重点是对电影内容的审查，因此两个阶段的审查标准均为《电影产业促进法》第16条规定的"电影内容的禁止性规定"，禁止性规定的具体内容已在上文详细分析。

由于两个阶段的审查有先后次序之分，因此审查的对象也有所不同。事前审查的对象是电影剧本，事后审查的对象是拍摄完成的影片，但二者均根据涉及题材的类型和重要程度被分为一般题材和重大、特殊题材两类。在审查形式方面，对一般题材的剧本实行备案制，只要符合《电影产业促进法》第16条的规定，电影即可进入拍摄阶段；对重大、特殊题材的剧本实行审查制，在经过相关单位同意后才可进行下一步的拍摄活动。对于电影成片统一进行审查，并要求组织专家评审，专家评审的意见将作为作出审查决定的重要依据。在审查结果方面，对于事前审查，审查结果为是否出具备案证明文件或颁发批准文件；对于事后审查，审查结果为是否准予公映并颁发电影公映许可证。

本节的所有内容均依据2017年起实行的《电影产业促进法》展开，对于其中规定不明的方面将结合现行有效的其他法律、行政法规的内容进行补充。同时，根据《电影产业促进法》规定，有关电影剧本的备案审查具体办法、电影审查的具体标准以及专家遴选和评审的具体办法将由国务院电影主管部门制定。未来各个具体办法出台后将以其为准。

1. 事前审查。1953年的《中央人民政府政务院关于加强电影制片工作的决定》中第一次确立了剧本和成片的双重审查机制，随后在《电影剧本、影片审查试行办法》和《电影管理条例》中重申和确认了这一原则。2006年，原国家广电总局颁布的《电影剧本（梗概）备案、电影片管理规定》中第2条规定："国家实行电影剧本（梗概）备案和电影片审查制度。……未经审查通过的电影片不得发行、放映、进口、出口。"自此，剧本由审查制改为备案制。《电影产业促进法》进一步取消了"摄制电影许可证"，对于一般题材的电影剧本，备案公示后就可以进入拍摄阶段，延续了剧本备案制的制度设计。备案制有利于电影创作人员更好地发挥主观能动性，减少行政审批对电影市场活力的束缚。①

在电影备案制下，电影制片单位只需在拍摄前将电影剧本（梗概）送原国家广电总局或相应实行属地审查的省级广电部门备案，原国家广电总局或实行

---

① 参见刘承韪、刘毅、武玉辉编著：《〈中华人民共和国电影产业促进法〉释义》，中国电影出版社2017年版，第78页。

属地审查的省级广电部门应按照《中华人民共和国行政许可法》(以下简称《行政许可法》)规定的期限，发给《电影剧本（梗概）备案回执单》

（1）审查主体。根据《电影产业促进法》第13条规定，对于一般题材的电影剧本，拟摄制电影的法人、其他组织应当将电影剧本梗概向国务院电影主管部门或者省、自治区、直辖市人民政府主管部门备案；对于涉及重大题材或者国家安全、外交、民族、宗教、军事等特殊题材的，按照国家有关规定将电影剧本报送审查。因此，本阶段的审查主体有中央的国务院电影主管部门、地方人民政府主管部门以及与国家安全、外交、民族等特殊题材相关的有关部门。

第一，国务院电影主管部门。自2018年3月国家机构改革后，《电影产业促进法》中规定的国务院电影主管部门是由中宣部管理的国家电影局。

对于一般题材的电影剧本，拟摄制电影的法人、其他组织应当将电影剧本梗概向国务院电影主管部门备案后，国务院电影主管部门将根据《电影产业促进法》第16条的规定进行审查并回复备案结果。

对于重大、特殊题材的电影剧本，根据原国家广电总局2010年颁布的《关于改进和完善电影剧本（梗概）备案、电影片审查工作的通知》规定，重大革命和重大历史题材影片、重大文献记录影片的剧本经省级广电部门审核后，还需报国家广电总局进行立项审批。这一规定仅涉及重大题材的剧本审查。

第二，地方。自2006年原国家广电总局颁布《电影剧本（梗概）备案、电影片管理规定》起，电影审查的权力开始从中央下放到地方。该法在关于电影剧本（梗概）的程序中规定，"制片单位向广电总局或实行属地审查的省级广电部门提出备案"。电影审批权的下放体现了简政放权的理念，有利于激发电影市场活力，也与我国现行部门规章中的属地管理的理念相一致，体现了法律的稳定性。

对于一般题材的电影剧本，拟摄制电影的法人、其他组织应当将电影剧本梗概向省、自治区、直辖市人民政府主管部门（以下简称省级人民政府电影主管部门）备案后，省级人民政府电影主管部门将根据《电影产业促进法》第16条的规定进行审查并回复备案结果。

对于重大、特殊题材的电影剧本，重大题材的剧本审查需先经省级电影主管部门审核，之后报送国务院电影主管部门立项审批；剧情主要内容和主要人物涉及国家安全、外交、民族、宗教、军事、公安、司法、历史和文化名人、敏感历史事件等方面的特殊题材的剧本，省级电影主管部门需先征得省级相关主管部门意见后，才能进入备案程序。

（2）审查对象与审查形式。

第一，一般题材电影剧本（梗概）。对于一般题材的电影剧本，拟摄制电影的法人、其他组织将电影剧本梗概向国务院电影主管部门或者省、自治区、直辖市人民政府主管部门备案，待前述部门根据《电影产业促进法》第16条有关禁止性内容的规定进行审查后，便向电影摄制主体反馈备案结果。

需做备案处理的仅是电影剧本梗概而非剧本全文。电影剧本梗概通过朴实简洁的语言表达电影故事的起因、进展和结局，包括故事创意、故事事件、故事焦点人物、故事基本模式等基本要素。剧本梗概分为简要梗概和详细梗概，简要梗概在50字到100字间，详细梗概在1000字到2500字间。

第二，重大、特殊题材电影剧本（梗概）。重大题材包括重大革命题材和重大历史题材影片、以及重大文献纪录影片；特殊题材是指剧情主要内容和主要人物涉及国家安全、外交、民族、宗教、军事等方面的电影题材。由于重大或特殊题材的电影存在涉及国家历史、国家形象、民族宗教关系等敏感元素，具备特殊性，因此对这一类别的电影剧本仍然保留了审查制，拟摄制电影的法人、其他组织应按照国家有关规定将电影剧本梗概报送审查。

根据原国家广电总局2010年颁布的《关于改进和完善电影剧本（梗概）备案、电影片审查工作的通知》规定，对于重大题材的影片，在报送原国家广电总局进行立项审批前，需由省级广电部门首先审核剧本；对于特殊题材的影片，需先征得与国家安全、外交、民族、宗教、军事等相关的省级主管部门的意见后，才进入备案程序。需要说明的一点是，这里的"备案"是在原有电影制片单位设立审批和颁发《摄制电影许可证》《摄制电影片许可证（单片）》的语境下，不同于《电影产业促进法》中对一般题材的电影剧本所采用的备案制，对重大、特殊题材电影剧本的审查制度尚需国务院电影主管部门制定具体办法加以完善。

（3）审查内容。电影审查的内容一般分为内容审查和技术审查两类。在事前审查阶段，由于电影还未进入拍摄阶段，技术审查不存在，因此审查的内容仅限于电影剧本的内容。

对于一般题材的电影剧本，在进行备案时，国务院电影主管部门或者省级人民政府电影主管部门的审查标准是《电影产业促进法》第16条关于电影内容的禁止性规定，共8项：①违反宪法确定的基本原则，煽动抗拒或者破坏宪法、法律、行政法规实施；②危害国家统一、主权和领土完整，泄露国家秘密，危害国家安全，损害国家尊严、荣誉和利益，宣扬恐怖主义、极端主义；③诋毁民族优秀文化传统，煽动民族仇恨、民族歧视，侵害民族风俗习惯，歪曲民族历史或者民族历史人物，伤害民族感情，破坏民族团结；④煽动破坏国家宗教政策，宣扬邪教、迷信；⑤危害社会公德，扰乱社会秩序，破坏社会稳定，宣扬淫秽、赌博、吸毒，渲染暴力、恐怖，教唆犯罪或者传授犯罪方法；⑥侵害未成年人合法权益或者损害未成年人身心健康；⑦侮辱、诽谤他人或者散布他人隐私，侵害他人合法权益；⑧法律、行政法规禁止的其他内容。

关于第16条禁止性规定的具体内容已在第一部分进行了详细分析，此处不再赘述。

对于重大、特殊题材的电影剧本，除了《电影产业促进法》第16条的规定外，还需满足相关审查部门的特殊规定，目前关于不同题材的电影剧本审查的具体办法尚不明晰，还需国务院电影主管部门制定具体办法进一步完善。

（4）审查结果。经过国务院电影主管部门或者省级人民政府主管部门备案审查，或者经过与特殊题材相关的主管部门审查后，由国务院电影主管部门将拟摄制电影的基本情况予以公告，并由国务院电影主管部门或者省级人民政府主管部门出具备案证明文件或者颁发批准文件。

备案证明文件所针对的是一般题材电影剧本梗概备案，国务院电影主管部门或者省级人民政府电影主管部门对备案内容是否符合《电影产业促进法》第16条规定进行审查后，审查部门应按照《行政许可法》规定的期限发给《电影剧本（梗概）备案回执单》，备案结果分为同意拍摄、原则上同意拍摄、修改后同意拍摄及不同意拍摄几类。

批准文件所针对的是重大或特殊题材电影剧本审查，经过国务院电影主管部门、省级人民政府电影主管部门或者省级相关主管部门审查后，由国务院电影主管部门或者省级人民政府电影主管部门决定是否颁发批准文件。在国务院电影主管部门出台具体办法前，按照原国家广电总局相关题材电影剧本立项及完成片的管理规定办理。

2. 事后审查。经过事前审查阶段后的电影即可进入下一步的拍摄阶段，待电影摄制完成后，摄制电影的法人、其他组织应当将电影成片送往国务院电影主管部门或者省级人民政府电影主管部门审查，即进入事后审查阶段。

事后审查是有关电影公映的行政许可程序。行政许可是指，行政机关及法律、法规、规章授权的组织等行政主体根据作为行政相对人的公民、法人或者其他组织的申请，依法审查后准予其从事特定活动的行为。根据《电影产业促进法》第20条的规定："未取得电影公映许可证的电影，不得发行、放映，不得通过互联网、电信网、广播电视网等信息网络进行传播，不得制作为音像制品；但是，国家另有规定的，从其规定。"因此，摄制电影的法人、其他组织在摄制完成后拟进行发行、放映、送展等行为，必须向电影主管部门申请，经电影主管部门审查通过颁发电影公映许可证后，才能从事相关活动。

（1）审查主体。《电影产业促进法》第17条第1款规定，"法人、其他组织应当将其摄制完成的电影送国务院电影主管部门或者省、自治区、直辖市人民政府电影主管部门审查"。因此，具有成片审查权的主体有中央的国务院电影主管部门以及地方的省级人民政府电影主管部门。

2003年原国家广电总局颁布的《国家广播电影电视总局电影剧本（梗概）立项、电影片审查暂行规定》第10条规定，"经申请，省级广播影视行政部门可以受广电总局委托，对本省持有《摄制电影许可证》并依法注册登记的国有、非国有单位制作的部分电影片进行审查"。2010年，原国家广电总局发布了《国家广播电影电视总局关于改进和完善电影剧本（梗概）备案、电影片审查工作的通知》，确立了电影的"一备二审"制度，并在吉林、广东、浙江、陕西、湖北和北京率先试点开展成片终审权的下放工作。2014年，国家新闻出版广电总局下发《国家新闻出版广电总局关于试行国产电影属地审查的通知》，将属地审查由试点推广到全国，彻底实现电影审批权的下放。2017年起实行的《电影产业促进法》正式通过法律的形式确定省级人民政府主管部门享有电影审查权，与原国家广电总局之前颁布的一系列文件形成呼应与确认，有利于简化审批流程、提高行政效率、激发电影市场的活力。

国务院电影主管部门对一般题材的影片和重大、特殊题材的影片均享有终审权。省级人民政府电影主管部门仅对于一般题材的影片享有终审权；对于特殊题材的影片，在经由省级人民政府电影主管部门审查后，按照行业惯例，还需军队、文物、宗教、司法等与题材相关的行政部门参与审查；对于重大题材的影片，省级人民政府电影主管部门仅享有初审权，终审需送交国务院电影主管部门进行。[①] 2014年发布的《国家新闻出版广电总局关于试行国产电影属地审查的通知》规定，对于重大革命和重大历史题材影片，由省级广电部门电影审查机构审查通过后，送国家新闻出版广电总局重大革命和重大历史题材影视创作小组终审；对于重大文献纪录影片，由省级广电部门电影审查机构审查通过后，送国家新闻出版广电总局重大文献纪录影视片创作领导小组终审。

（2）审查对象。与事前审查阶段的电影剧本类似，根据题材的类型和重大

---

① 参见刘承韪、刘毅、武玉辉编著：《〈中华人民共和国电影产业促进法〉释义》，中国电影出版社2017年版，第106页。

程度的不同，本阶段的电影成片也被分为一般题材影片和重大、特殊题材影片两类，后者的审查流程更为复杂。重大题材包括重大革命题材和重大历史题材影片，以及重大文献纪录影片；特殊题材是指剧情主要内容和主要人物涉及国家安全、外交、民族、宗教、军事等方面的电影题材。

对于一般题材的影片，法人、其他组织在电影摄制完成后，可以选择将拟发行放映的电影成片送交国务院电影主管部门或者本省级人民政府的电影主管部门进行终审；对于特殊题材的影片，由省级人民政府电影主管部门审查的影片还需要军队、文物、宗教、司法等相关特殊题材的行政部门进一步审查；对于重大题材的影片，由省级人民政府电影主管部门审查的影片还需送交国务院电影主管部门进行终审。

（3）审查形式。在现有的电影审查制度中，《国家广播电影电视总局行政许可实施检查监督暂行办法》《电影剧本（梗概）备案、电影片管理规定》中均规定电影审查可选择专家参与评审，但并未对专家评审作具体规定。《关于加强和改进历史题材影视创作管理的通知》规定，凡涉及重大历史题材的影视作品，须请有关特约审查单位推荐的历史学家参与剧本的审查和讨论。以上规定中虽有涉及专家评审，但并未对专家评审、构成人数及评审意见作出强制性规定。《电影产业促进法》第18条规定了电影成片审查的专家评审制度，是对电影审查程序的规范和创新。①

第一，专家评审制度的设立目的。为了维护我国主流文化价值观、保护未成年人的身心健康，我国实行由国家行政部门主导的电影审查制度，但一直以来都存在审查标准较为宏观、抽象的问题，导致自由裁量过于随意，长此以往不利于电影产业的发展。因此，《电影产业促进法》第18条明确将专家评审纳入电影审查的必备程序中，将专家评审意见作为审查决定的重要依据，同时也明确授权国务院电影主管部门通过制定具体办法来进一步细化专家遴选及评审程序，从而确保审查决定的公平、公正和权威。

另外，《电影产业促进法》第18条第2款规定了评审专家的组成问题，评审专家包括专家库中的专家和根据电影题材特别聘请的专家。目前我国大部分行业均建立了专家库，进入专家库的专家应当是经政府有关部门通过一定的程

---

① 参见刘承韪、刘毅、武玉辉编著：《〈中华人民共和国电影产业促进法〉释义》，中国电影出版社2017年版，第115页。

序选择的在专业知识、实践经验和人格品质等方面比较优秀的专家。① 由于电影内容和题材可能涉及各行各业，因此在审查时为不同题材和内容的影片量身定做不同行业的评审专家，能够确保电影审查结果的客观和公正。并且，通过评审专家向行业协会、电影公司、制片人等的反馈，涉及不同行业影片的审查的标准逐渐在业内成型，创作者可据此对影片进行自审自查，提高电影审查的效率和影片的通过率。

第二，专家组成形式。《电影产业促进法》第 18 条第 1 款规定，"进行电影审查应当组织不少于 5 名专家进行评审"。这一款对评审专家的人数作了强制性规定，但并未对评审专家组成人数的上限进行明确规定。从以往广电总局的电影审查实践来看，电影审委会少于 5 人的审查是无效审查，审查一部电影一般不低于 10 人。审查部门可视具体情况确定评审专家人数，但也不宜过多，否则会影响评审工作效率，增加评审费用。②

《电影产业促进法》第 18 条第 2 款规定了专家遴选的来源，评审专家包括专家库中的专家和根据电影题材特别聘请的专家。因此，审查部门根据电影的内容、题材选择不同专业的专家，如拍摄重大革命和重大历史题材影片可以选择历史学家，内容涉及公安、司法内容的可选择法学专家，涉及经济、科技等其他题材的选择相应行业的专家参加评审。但究竟来自专家库的专家与特别聘请的专家的构成比例如何，并未具体规定，有待未来国务院电影主管部门就专家库的管理、专家遴选、专家评审程序等制定具体办法。

第三，专家评审程序。《电影产业促进法》中规定的专家评审程序包括评审的形式和救济途径。

首先，应当组织不少于 5 名专家对电影进行评审，由专家提出评审意见，专家的评审意见应当作为作出审查决定的重要依据。评审专家不得以个人的喜好为标准来评判一部电影的尺度，应当参考《电影产业促进法》第 16 条到 19 条内容进行审查，专家意见不一致时以 2/3 的多数票为准。若发生严重争执，审委会要展开二次审查以达成共识。③ 其次，若法人、其他组织对专家评审意见有异议，可以由电影审查部门另行组织专家再次评审，对是否"再次评审"并

---

① 参见刘承韪、刘毅、武玉辉编著：《〈中华人民共和国电影产业促进法〉释义》，中国电影出版社 2017 年版，第 116 页。

② 参见刘承韪、刘毅、武玉辉编著：《〈中华人民共和国电影产业促进法〉释义》，中国电影出版社 2017 年版，第 113 页。

③ 参见刘承韪、刘毅、武玉辉编著：《〈中华人民共和国电影产业促进法〉释义》，中国电影出版社 2017 年版，第 113 页。

未作强制要求，由审查部门根据实际情况决定是否需要另行组织专家再次评审。

电影审查部门在电影审查的过程中，未组织专家评审、专家评审程序不合法或未依据专家评审意见作出审查决定的，均属程序违法行为。依据《电影产业促进法》第58条第1款规定，"当事人对县级以上人民政府电影主管部门以及其他有关部门按照本法作出的行政行为不服的，可以依法申请行政复议或者提起行政诉讼。"根据《中华人民共和国行政复议法》（以下简称《行政复议法》）和《中华人民共和国行政诉讼法》（以下简称《行政诉讼法》）的规定，提起行政复议和行政诉讼的行为仅指具体行政行为，不能单独就任何行政规范性文件提起行政复议或行政诉讼。具体行政行为是指行政主体对特定行政相对人所做的行政行为，如行政处罚、行政强制、行政许可等。与具体行政行为相对的概念为抽象行政行为，是指行政主体针对不特定行政相对人所做的行政行为，如制定的行政法规、规章和其他规范性文件。因此，报请审查的法人及其他组织认为专家评审阶段的具体做法有不合法之处的，可以提起行政复议和行政诉讼程序对自身的合法权利进行救济。

第四，审查内容。电影成片的审查内容包括电影内容审查和电影技术审查两部分。内容审查是电影审查的核心，主要审查电影片中是否包含法律法规中禁止的内容。《电影产业促进法》第16条、《电影管理条例》及《电影剧本（梗概）备案、电影片管理规定》中对禁止性的电影内容作出了规定，详见前文第一部分对内容审查的分析。另外，一些规范性文件对重大、特殊题材的内容审查进行了特别规定，如《关于加强和改进历史题材影视创作管理的通知》和《关于切实加强公安题材影视节目制作、播出管理的通知》。

技术审查，前文第一部分中也进行了详细分析，是在电影通过内容审查、拿到公映许可证后的一道程序，通过对电影的画面质量、音频质量、播放流畅度、字幕质量等技术指标进行把关，力图为观众带来完美的观影感受。在《电影产业促进法》实施前，电影技术审查通过后将得到《电影片（数字）技术许可证》，但据电影数字节目管理中心于2017年3月7日发布的资讯，《电影片公映许可证》是电影片准予公映的唯一有效证明，不再单独发放《电影技术许可证》。① 这也是电影主管部门进一步简政放权的体现。

《电影产业促进法》第17条第3款规定由国务院电影主管部门制定完善的

---

① 参见中国电影报："电影主管部门：拟不再单独发放《电影技术合格证》"，载国家新闻出版广电总局电影数字节目管理中心，http://www.dmcc.gov.cn/mainSite/xw/jszx/892655/index.html，最后访问时间：2018年5月29日。

电影审查具体标准和程序。

第五，审查结果。根据《电影产业促进法》第17条第2款的规定，国务院电影主管部门或者省级人民政府电影主管部门在受理法人、其他组织提出的电影片审查申请后，应当在30日内作出审查决定。对符合《电影产业促进法》相关规定的，应当准予公映，并颁发电影公映许可证；对不符合《电影产业促进法》相关规定的，不允许公映，审查机关应当书面通知申请人并说明作出决定的相关理由。

取得电影公映许可证的电影可进入发行、放映等环节；对于未取得电影公映许可证的电影，根据《电影产业促进法》第20条的规定，不能进行发行、放映活动，不能通过互联网、电信网、广播电视网等信息网络进行传播，也不能制作为音像制品。但是，法人或者其他组织对于审查部门作出的不准予电影公映的决定不服的，可以按照《电影产业促进法》第58条规定采取行政救济途径，依法申请行政复议或者行政诉讼。需要注意的一点是，对国务院电影主管部门作出的不准予电影公映的决定不服的，应当先申请行政复议，对行政复议结果仍然不服的，可以提起行政诉讼。

本条明确规定审查机关在受理审查申请后作出许可决定的时间限制为30日。我国《行政许可法》第82条规定："本法规定的行政机关实施行政许可的期限以工作日计算，不含法定节假日。"《电影产业促进法》与《行政许可法》是特别法与一般法的关系，在《电影产业促进法》未明确规定的30日是否为工作日的情况下，应按照《行政许可法》的一般规定理解，及此处的30日也应为工作日，不含法定节假日。①

电影审查的核心是电影的内容审查，因此，如果电影制作方在取得电影公映许可证后需要对其电影的内容进行变更，则变更后的电影视为未取得电影公映许可证，须按照《电影产业促进法》第17条的规定重新报送国务院电影主管部门或者省级人民政府电影主管部门审查。《电影产业促进法》第49条第2项规定，对于变更电影内容后未按规定重新取得电影公映许可证而擅自发行、放映、送展的影片，将对其实施一系列的行政处罚，包括：由原发证机关吊销许可证；县级以上人民政府电影主管部门没收电影片和违法所得；违法所得5万元以上的，并处违法所得10倍以上20倍以下的罚款；没有违法所得或者违法所得不足5万元的，可以并处50万元以下的罚款。

---

① 参见刘承韪、刘毅、武玉辉编著：《〈中华人民共和国电影产业促进法〉释义》，中国电影出版社2017年版，第113页。

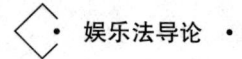

（二）香港地区

香港在回归之前的电影审查制度的宗旨和价值观基本遵循英国电影审查委员会的规定，即禁止暴力、色情、宗教相关的内容，但由于文化传统差别较大，具体关注的细节还是有所不同。同时，香港的殖民地身份也使得港英政府在处理有关白人与华人之间的关系的电影内容上有所限制。"二战"结束后，另一重点审查对象是有关中国大陆的电影。

从审查转向分级的突破点是 1987 年《亚洲华尔街日报》上的一篇文章。文章指出，一直以来电影审查的法律依据只是行政部门的规章准则，并未获得正式的法律授权。作为回应，香港政府于 1988 年 11 月 10 日颁布了香港法例第 392 章《电影检查条例》，正式实施分级制度。

目前香港地区施行的分级制度将电影分为四级：第 I 级（适合任何年龄人士观看）；第 II A 级（儿童不宜，儿童应在家长的指导下观看）；第 II B 级（青少年及儿童不宜，儿童及青少年应在家长指导下观看）；第 III 级（只准 18 岁及以上人士观看）。其中，只有第 III 级的年龄限制严格按照法例强制执行，I 级、II A 级和 II B 级对未成年人没有强制权利。

四、与电影审查相关的法律责任

（一）总则

法律责任是指行为人违反法律所应承担的不利法律后果，通过特定的国家机关对违法者依其所应承担的法律责任而实施的强制惩罚措施来实现。根据违法行为的性质、情节严重程度不同，法律责任一般分为民事责任、行政责任、刑事责任等。在与电影相关的法律法规中，对实施违法行为的行为人也有相应的法律责任规定。《电影产业促进法》首次在法律层级用一章的篇幅对法律责任进行规定，是立法上的重大突破。

《电影产业促进法》本质上是对电影进行行政管理的法律，因而其法律责任部分主要围绕行政责任、行政制裁的内容加以规定。行政责任是指行为人因违反行政法律规范应当承担的不利法律后果。行政制裁是行政机关对应当承担行政责任的主体所实施的强制性惩罚措施，包括行政处分和行政处罚。行政处分是对违法失职的行政机关内部公务人员所实施的一种制裁措施；行政处罚是对违反行政法律规范、侵害行政管理秩序的尚未构成犯罪的外部行政相对人所实施的一种制裁措施。为保障行政机关依法查处行政相对人的违法行为，许多部门行政法通过立法明确授权的方式规定特定行政机关在查处违法行为时享有实施查封、扣押、冻结等行政强制措施权；同时，为保障行政相对人的合法利益，我国法律还规定了行政相对人在不服行政处罚或其他行政行为时享有行政救济权，如通过申请行政复议、提起行政诉讼等方式获得救济。《电影产业促进法》对行政处罚、行政处分、行政强制措施和行政救济进行了规定，另外，还规定了违法行为人同时触犯民事和刑事法律时应当如何处理，这是立法技术成熟的标志。

1. 行政责任。

（1）行政处罚。行政处罚是行政机关和法律、法规授权的组织，基于行政管理职权，对违反行政法律规范的公民、法人或其他组织所实施的行政惩戒。①《中华人民共和国行政处罚法》（以下简称《行政处罚法》）第9条列举了5种行政处罚方式，分别为：警告、通报批评；罚款、没收违法所得、没收非法财物；暂扣许可证件、降低资质等级、吊销许可证件；限制开展生产经营活动、责令停产停业、责令关闭、限制从业；行政拘留。此外，《行政处罚法》还规定了"兜底条款"，即法律、行政法规规定的其他行政处罚，因而行政处罚的形式种类不限于《行政处罚法》列举的5类，法律和行政法规可以设定新的行政处罚种类。现实中，由于行政管理涉及社会中的各个领域，不同领域内的行政处罚的种类名称大不相同，在电影行业内，相关法律法规规定的行政处罚就有罚款、没收违法所得、没收电影片、没收从事违法活动的专用工具和设备、吊销许可证、撤销批准或证明文件、吊销营业执照、取缔、责令停止违法活动、责令改正、责令停业整顿、警告、从业禁止等十余种名称。

根据现有的行政法学理论②，行政处罚一般被划分为如下五类：人身自由罚、资格能力罚、财产罚、声誉罚和义务罚。

人身自由罚是指行政机关在一定期限内剥夺违法当事人人身自由的行政处罚形式。最典型的人身自由罚是行政拘留。电影行业相关的法律法规未规定此类行政处罚。

资格能力罚是指行政机关剥夺违法当事人某些特定行为能力和资格的行政处罚形式，吊销许可证、吊销营业执照、撤销批准或证明文件的处罚便属于此类。

财产罚是指行政机关剥夺违法当事人某些财产所有权的行政处罚形式。罚款、没收违法所得、没收从事违法活动的专用工具和设备等便属于此类。

声誉罚，亦称精神罚或申诫罚，是指行政机关向违法当事人发出警告，申

---

① 参见马怀德主编：《行政法与行政诉讼法》，中国法制出版社 2015 年版，第 215 页。

② 参见马怀德主编：《行政法与行政诉讼法》，中国法制出版社 2015 年版，第 216~217 页。

明其有违法行为，通过对其名誉、荣誉、信誉等施加影响，引起其精神上的警惕，使其不再违法的行政处罚形式。最典型的声誉罚便是警告。

义务罚，亦称责令作为或不作为罚，是指行政机关要求违法当事人做出某种行为或者不得做出某种行为的行政处罚形式。责令停业整顿、责令停止违法活动、从业禁止等便属于此类。

面对不同严重程度的违法行为，行政处罚通常有不同幅度的处罚与之对应，这有利于行政机关根据违法的事实、性质、情节以及社会危害程度作出合理、适当的处罚，真正体现罚责相当。行政处罚的幅度是指特定行政处罚种类在具体适用时可适用的宽度、距离或范围，主要在时间及金额两个方面浮动，比如行政拘留的期限、暂扣许可证期限、责令停产期限、罚款的金额等。电影行业的法律法规也对各类违法行为作出的罚款处罚规定了不同的幅度，如《电影产业促进法》第47条对于"擅自从事电影摄制、发行、放映活动"行为的处罚措施中规定，对于违法所得5万元以上的，并处违法所得5倍以上10倍以下的罚款，此处的幅度即为违法所得额的5倍以上、10倍以下。需要注意的一点是，从立法技术的角度看，"以上""以下""以内"均包含本数，而"不满""不足""超过"均不含本数。

对于受到吊销许可证处罚的主体及相关人员，《电影产业促进法》第53条规定了从业禁止处罚。从业禁止是指国家司法或行政机关依据法律规范对违法当事人决定其在一定期限或终身不得从事某项活动、职业或担任某种职务的措施，或者违法当事人依据法律规范所负有的在一定期限或终身不得从事某项活动、职业或担任某种职务的义务。被吊销许可证的法人、其他组织及其法定代表人、主要负责人，以及被吊销许可证的个体工商户，较其他主体存在着更大的再犯隐患，而从业禁止规定本质上是在风险社会背景下预防再犯的管控方法，有利于更好地维护电影管理秩序，警示从业者合法合规经营、预防违法者再犯。

第一，对于被吊销许可证的法人、其他组织或者个体工商户，自吊销许可证之日起5年内不得从事该项业务活动。《电影产业促进法》第49、48、51、54条均规定了吊销许可证的处罚。这里的许可证仅指《电影公映许可证》《电影发行经营许可证》《电影放映经营许可证》，不能从事的业务活动是指被吊销的许可证所对应的电影摄制、发行或放映等业务。

第二，法定代表人或者主要负责人自吊销许可证之日起5年内不得担任从事电影活动的法人、其他组织的法定代表人或者主要负责人。法定代表人是代表法人从事各项活动的负责人，其在职务范围内的行为代表该法人，一般以工商、民政等行政主管部门登记为准，依法不需要办理登记的法人，以其正职负责人为准。主要负责人是代表其他组织从事各项活动的人员，其在职务范围内的行为效力与上述法人的法定代表人基本相同。需要注意的一点是，法人的法定代表人为一人，但其他组织的主要负责人可以是一人或数人。另外，处罚措施"5年内不得担任从事电影活动的法人、其他组织的法定代表人或者主要负责人"，既包括被吊销许可证但仍继续从事其他电影活动的本法人单位的法定代表人、本"其他组织"的主要负责人，也包括其他从事电影活动的法人的法定代表人或者其他组织的主要负责人。

面对不同的行政处罚种类与幅度，行政机关通过法律赋予其的自由裁量权对不同违法行为进行合理处罚。行政自由裁量权是国家赋予行政机关在行政法律规范的幅度和范围内享有一定选择余地的处置权力，它是现代行政权的核心，就行政处罚而言，是指行政机关作出行政处罚决定时，可在法定的处罚种类、幅度范围内选择适用。依然以《电影产业促进法》第47条对于"擅自从事电影摄制、发行、放映活动"的规定为例，对于违法所得5万元以上的，规定并处违法所得5倍以上10倍以下的罚款，电影主管部门可以在此范围内对具体罚款数额作出决定。

通常，为规范行政机关的自由裁量行为，许多行政机关通过具体量化自由裁量权行使的方式，为正当行使行政自由裁量权提供依据，如通过行政法规、行政规章或者上级行政机关规范性文件的方式进行规范。例如，《电影产业促进法》第57条便对自由裁量行为的行使进行了立法授权，该条第1款规定，县级以上人民政府电影主管部门及其工作人员应当严格依照《电影产业促进法》规定的处罚种类和幅度，根据违法行为的性质和情节行使行政处罚权，具体办法由国务院电影主管部门制定。

（2）行政处分。行政公务员是行政法律规范的具体执行者，其是否正确履行职责、行使职权，对于法律规范的正确实施、维护相应的行政管理秩序，均具有至关重要的作用。因此，行政法律法规通常对于行政公务员的违法行为予以处罚，这类处罚被称为行政处分。

行政处分，是国家行政机关对所属公务员违反法律、法规、规章以及行政机关的决定和命令所实施的法律制裁。与行政处罚相比，行政处分是行政机关对内部工作人员的制裁，而行政处罚是行政机关对外部管理相对人的制裁，二者均属于行政制裁的组成部分。《电影产业促进法》第55条规定了对县级以上人民政府电影主管部门或者其他有关部门的工作人员的行政处分。其中，"其他有关部门的工作人员"应当包括电影行政管理涉及的工商、教育、档案管理、互联网行政管理、知识产权行政管理等部门的公务人员。

应当受到行政处分的违法行为有以下六类：

第一，利用职务上的便利收受他人财物或者其他好处。"职务上的便利"即利用职务权力和地位所形成的主管、管理、经手电影行政管理以及相关业务活动时产生的便利。

第二，违反《电影产业促进法》的规定进行审批活动。具体履行审批职责的人员未按照法律规范规定的条件和程序对当事人的申请事项进行审批，如对于符合取得行政许可的申请不予批准、对于不符合取得行政许可的申请予以准许等行为。本行为是一种违法作为行为。

第三，不履行监督职责。具体履行监督职责的人员，违反《电影产业促进法》或者相关法律、行政法规或者国家有关规定的职务要求而不履行应有的职责，既包括主观故意不履行，也包括因玩忽职守未能履行。本行为是一种消极不作为。

第四，发现违法行为不予查处。负有查处违法行为职责的人员，发现违法行为后拒绝履行职责，不对违法行为予以查处，这是一种主观故意不履行职责的行为。

第五，贪污、挪用、截留、克扣农村电影公益放映补贴资金或者相关专项资金、基金。"贪污"是指利用职务上的便利，侵吞、窃取、骗取或者以其他手段非法占有相关资金归个人所有的行为；挪用是指利用职务上的便利，挪用相关资金归个人使用的行为；截留、克扣行为虽未将相关资金占为己有或归个人使用，但侵害了相关权益方的应得权益，违反了国家设立相关资金的目的。

第六，其他违反《电影产业促进法》的规定滥用职权、玩忽职守、徇私舞弊的情形。此为一种兜底性表述方式。以上五类着重对较为严重的、对电影行政管理秩序破坏性较大的违法违纪行为表现进行了列举，起到对有关部门工作人员警示的作用，县级以上人民政府电影主管部门或者其他有关部门的工作人员也将因其他违法违纪行为受到行政处分。

《行政机关公务员处分条例》规定，行政处分分为警告、记过、记大过、降级、撤职和开除六个种类。对于行政机关公务员的不同违法行为适用何种行政处分，《电影产业促进法》没有具体规定，因此将参照《中华人民共和国公务员法》(以下简称《公务员法》)、《行政机关公务员处分条例》的有关规定处理。对于法律、法规授权的具有公共事务管理职能的组织中不参照《公务员法》管理的工作人员以及国家行政机关依法委托从事公共事务管理活动的组织中的工作人员给予处分，应依据《事业单位工作人员处分暂行规定》以及人员身份所对应的处分规定予以处理。

受到行政处分的公务员对行政处分决定不服的，可依照《公务员法》的有关规定申请复核或者申诉，即通过行政机关内部的途径寻求救济。

（3）行政强制措施。行政强制措施是指行政主体为保障行政管理秩序或为实现行政目的而采取的各种强力方法或手段，[1] 行政机关在行政管理过程中，为制止违法行为、防止证据损毁、避免危害发生、控制危险扩大等情形，依法对公民的人身自由实施暂时性限制，或者对公民、法人或者其他组织的财物实施暂时性控制。[2]

行政法中"职权法定"原则要求由法律明确设定哪一行政机关享有采取行政强制措施的权力、可以行使哪一种类的行政强制措施。《电影产业促进法》第57条对县级以上人民政府电影主管部门的行政强制措施权进行了规定，当该部门对有证据证明违反《电影产业促进法》规定的行为进行查处时，可以依法查封与违法行为有关的场所、设施或者查封、扣押用于违法行为的财物。赋予电影主管部门行使行政强制措施的权力，能够促进调查取证的有效开展、制止违法行为、控制危害结果的扩大，对于推进电影行政主管部门的执法活动、更好地维护电影行政管理秩序有深远的意义。

查封场所、设施、财物，是指行政机关对行政相对人经营场所、其所有或使用的设施、财物贴上封条，或者通过登记机关对有权属登记的动产或不动产进行权属转移限制的措施，查封期间禁止行政机关工作人员以外的人进入，或者禁止行政相对人继续使用、转移或者处理。扣押财物，是指行政机关为了取证等需要，对行政相对人所有或使用的财物予以扣留，暂时剥夺其占有、使用和处分的强制措施。对于财物，法律规定可以查封也可以扣押，二者的区别在于，查封主要针对不可移动的场所、设施或财物，一般表现为将财物封存在原地；扣押主要针对可移动的财物，一般由行政机关自原存放点挪至行政机关或指定场所保管。

（4）行政救济途径。行政救济是法律救济的一种，是指公民、法人或其他组织认为行政主体的行政行为侵害其合法权益，通过有权的国家机关依法审查、纠正，从而恢复或补救其合法权益的法律制度。行政救济的途径包括行政复议、行政诉讼、行政赔偿等多种途径，对于解决行政争议、维护行政相对人的合法权益、监督纠正行政主体的违法行为等具有重要的意义。其中最主要的是行政

---

① 参见马怀德主编：《行政法与行政诉讼法》，中国法制出版社 2015 年版，第 236 页。

② 参见《中华人民共和国行政强制法》第 2 条。

复议和行政诉讼。

《电影产业促进法》第 58 条对公民、法人和其他组织的行政救济途径作出了规定。当事人对县级以上人民政府电影主管部门以及其他有关部门按照《电影产业促进法》作出的行政行为不服的，可以依法申请行政复议或者提起行政诉讼。《电影产业促进法》中对行政复议和行政诉讼的规定对于减少行政争议、节约当事人的争议解决成本、降低司法资源浪费、规范电影审查标准具有积极的作用。

第一，行政复议与行政诉讼的流程。当公民、法人和其他组织（下称行政相对人）认为行政机关和法律、法规、规章授权行使行政权的组织（下称行政主体）的行政行为侵犯其合法权益，若行政相对人诉诸行政复议，则其依法向行政复议机关提出复查该行政行为的申请，由行政复议机关对被申请的行政行为进行合法性、适当性审查，并作出行政复议决定；若行政相对人诉诸行政诉讼，则其向法院提起诉讼，请求法院对被诉的行政行为进行审查，法院审查后作出裁判。

第二，行政复议与行政诉讼的审查范围。需要明确的一点是，并非所有行政主体作出的行政活动都是行政行为，同样并非所有由行政主体作出的行政行为都能得到救济。因此，明确行政主体的哪些活动属于可以救济的范围，即行政复议与行政诉讼的审查范围尤为重要。

行政行为是享有法律赋予的行政权能的组织运用或行使行政权力对行政相对人所作出的法律行为。[①] 以行政相对人是否特定为标准，行政行为可以被分为抽象行政行为和具体行政行为。抽象行政行为是指行政主体针对不特定行政相对人所作的行政行为，具有向后发生普遍法律效力并可反复使用的特点，包括制定行政法规、规章的行政立法行为以及制定其他行政规范性文件的行为；而具体行政行为是指行政主体对特定行政相对人所作的行政行为，包括行政处罚、行政强制、行政许可等。

根据法律规定，[②] 行政相对人认为具体行政行为侵犯其合法权益时，有权向行政机关提出行政复议申请或提起行政诉讼，认为具体行政行为所依据的国务院部门、县级以上地方各级人民政府及其工作部门、乡、镇人民政府的规定（即行政法规、规章、国务院规定之外的规范性文件）不合法，在对具体行政行为申请行政复议或提起行政诉讼时，可以一并提出对该规定的审查申请。因

---

① 参见马怀德主编：《行政法与行政诉讼法》，中国法制出版社 2015 年版，第 120 页。
② 参见《行政复议法》第 2 条和第 7 条；《行政诉讼法》第 2、12、13 条。

此，行政相对人不得单独就任何行政规范性文件提起行政复议或行政诉讼，也不能在就具体行政行为提出行政复议、行政诉讼时对行政法规、行政规章和国务院规定一并提出审查要求。总之，行政复议、行政诉讼的审查范围，是具体行政行为以及一定范围和条件下的抽象行政行为。

第三，行政复议和行政诉讼的选择与衔接。根据法律规定，①在申请行政复议和提起行政诉讼的选择与衔接上，存在以下两种情形：

第一种情形，可申请行政复议，对复议决定不服再提起行政诉讼，或不经行政复议直接提起行政诉讼。在电影行政管理领域内，大多数属于此种情形。具体为：①当事人对电影主管部门的具体行政行为不服，可以自知道或应当知道具体行政行为之日起 60 日内提出行政复议申请，或在 6 个月内直接提起行政诉讼。选择直接提起行政诉讼后不再具有申请行政复议权。②对复议决定不服或复议机关逾期不作决定的，可以自收到复议决定或复议期满之日起 15 日内提起行政诉讼，对复议决定不服可以选择提起行政诉讼，也可以选择申请国务院裁决，国务院裁决为最终裁决，之后不得再提起行政诉讼。

第二种情形，复议前置。行政相对人对行政主体的具体行政行为不服时，应当先向行政复议机关申请行政复议，不能直接向人民法院提起行政诉讼，只有对复议决定不服或复议机关逾期不作决定的，才能提起行政诉讼。在电影行政管理领域内，国务院电影主管部门作出的不准予电影公映的决定属于此种情形。行政相对人对国务院电影主管部门作出的不准予电影公映的决定不服的，应当先向国务院电影主管部门依法申请行政复议，对行政复议决定不服的，可以向中级人民法院提起诉讼，也可以申请国务院作出最终裁决。

第四，行政复议的复议机关与行政诉讼的受理法院。根据《行政复议法》的规定，对县级以上人民政府电影主管部门的行政行为不服的，行政复议机关为该部门的本级人民政府或上一级电影主管部门，但对国务院电影主管部门的行政行为不服的，行政复议机关为本部门。根据《行政诉讼法》的规定，对作出具体行政行为的电影主管部门直接提起诉讼的，由电影主管部门所在地的基层人民法院管辖；对经过行政复议的案件提起行政诉讼的，可由作出行政行为的电影主管部门所在地基层人民法院管辖，也可由复议机关所在地基层人民法院管辖。但是，对国务院电影主管部门的行政行为直接提起诉讼，或是对该部门的行政行为的行政复议决定不服提起诉讼的，由其所在地的中级人民法院管辖（目前为北京市第一中级人民法院）。

---

① 参见《行政复议法》第 16 条；《行政诉讼法》第 44~46 条。

2.民事与刑事责任。对于不同的社会关系，不同的法律规范从不同的角度对其加以调整，而由于法律规范的抽象性以及法律关系的复杂性，不同的法律规范在调整社会关系时可能产生一定重合，使得一个行为同时触犯不同的法律规范、面临数种法律责任，从而引起法律责任的竞合。《电影产业促进法》第56条第1款规定，违反本法规定，造成人身、财产损害的，依法承担民事责任；构成犯罪的，依法追究刑事责任。因而，在电影行政管理领域也存在法律责任竞合的问题。行政法律规范文件在规范行政责任的同时，也作出民事责任、刑事责任的相关规定，能够促进我国的立法体系保持一致，保护不同的法益。

行为人的违法行为对行政管理秩序造成破坏时，还有可能同时侵害他人的人身、财产权益，如侵犯他人的知识产权也是对知识产权权利人合法民事权益的侵害，需承担相应的民事责任。由于民法与行政法所调整的社会关系的性质完全不同，民事责任与行政责任的性质完全相异，前者是违法者向受害者承担民事赔偿责任，后者是行政机关给予违法者一定的制裁。由于两者在责任的具体承担上实质并无冲突，因此应当分别实施，既不能因承担行政责任而免除其民事责任，也不能因承担民事责任而免除或从轻、减轻行政责任。承担民事责任的方式主要有停止侵害、排除妨碍、消除危险、返还财产、恢复原状、修理、重作、更换、赔偿损失、赔礼道歉等。

行政法律规范与刑事法律规范对同一类违法行为所调整的社会关系基本相同，绝大部分的区别在于严重程度，故对于同一违法行为的行政责任和刑事责任的处理需遵循下列规则：

（1）违法行为构成犯罪的，必须移送司法机关追究刑事责任，不能以罚代刑。《行政处罚法》第8条第2款规定，违法行为构成犯罪，应当依法追究刑事责任的，不得以行政处罚代替刑事处罚。

（2）司法机关决定撤销案件、不起诉或判决不构成犯罪、定罪但免于刑事处罚的，违法行为符合行政处罚条件的，仍应依法予以行政处罚。刑罚是最为严厉的法律制裁措施，虽有违法行为但尚未达到定罪量刑的标准，或因犯罪嫌疑人的犯罪情节轻微、社会危害性不大等情形，司法机关均有权作出不予追究或免于刑事处罚的决定。此类情况下，违法者的行为往往仍然符合行政处罚的条件，此时行政机关必须依照法律规定予以行政处罚。

（3）违法行为构成犯罪予以刑罚制裁的同时，行政机关仍应对所采取的刑罚对应的行政处罚种类以外的特定处罚种类作出决定。刑罚分为管制、拘役、有期徒刑、无期徒刑、死刑等主刑，以及罚金、剥夺政治权利、没收财产、驱逐出境等附加刑。刑罚与行政处罚的种类与功能的差异决定了在适用刑罚的同时还需要适用行政处罚以补充刑罚种类的不足，如警告、吊销许可证等，否则将使部分违法行为的制裁出现真空地带，行政管理秩序无法得到切实的保护。

（二）分则

前文总则部分详细分析了《电影产业促进法》及其他电影相关法规、规范性文件中关于电影审查的法律责任的规定，内容偏宏观。《电影产业促进法》第五章第 47 条至第 52 条对电影审查以及与电影审查相关的具体法律行为进行了微观规定，对应承担法律责任的具体行为及行政处罚的内容、幅度进行了规范。分则中的六个条文按照性质可以分成两类，分别是电影审查的法律责任和与电影审查相关的从事电影产业的其他行为的法律责任，下文将从这两个方面进行具体分析。

1. 电影审查的法律责任。电影审查是国家对电影内容的把控，分为电影剧本（梗概）备案制度和电影成片审查制度，贯穿电影摄制阶段，只有通过电影审查、被颁发电影公映许可证后，法人、其他组织才能从事电影的发行、放映等相关活动。《电影产业促进法》第 47 条到第 50 条，以及第 52 条是有关电影审查的法律责任的规定，涵盖了 5 种未得到合法的电影公映许可证而从事电影相关活动的情形，并详细规定了各行为应当受到的行政处罚措施，这五类将在下文进行详细分析。

（1）擅自从事电影活动。

第一，违法行为。《电影产业促进法》第 47 条将擅自从事电影活动的行为规定为"违反本法规定擅自从事电影摄制、发行、放映活动"。"擅自"在行政管理法中可以理解为"越过法律授权范围行事"，通常是通过法律的禁止性或者限制性规定进行规范。从事法律禁止的活动及未经获准从事法律限制的活动构成擅自从事，应当承担相应的法律责任。

此处的"违反本法规定擅自从事电影摄制、发行、放映活动"，主要是指违反《电影产业促进法》第 13、14、24 条的规定，包括违背有关从事电影摄制、发行、放映活动的禁止性规定以及未取得电影主管部门的许可而从事电影摄制、发行、放映活动。具体可以分为擅自从事电影摄制活动、擅自从事电影发行活动和擅自从事电影放映活动三类。

属于擅自从事电影摄制活动的行为有：①未取得电影主管部门出具的电影剧本梗概备案证明文件，或重大题材、特殊题材电影剧本批准文件，在境内从事电影摄制活动（第 13 条）；②未经电影主管部门批准，与境外组织在境内合作从事电影摄制活动（第 14 条）；③境外个人在境内从事电影摄制活动，境外组织在境内独立从事电影摄制活动（第 14 条）。

属于擅自从事发行活动的行为有：未取得电影主管部门颁发的《电影发行经营许可证》或超出许可范围从事境内电影发行活动。（第24条）

属于擅自从事电影放映活动的行为有：未取得电影主管部门颁发的《电影放映许可证》或超出许可范围从事境内电影放映活动。（第24条）

在"济南龙田影城有限公司未经许可擅自从事电影放映活动二审案"[①]中，对于拥有合法营业执照的单位在住所外放映电影是否构成擅自从事电影放映活动的问题进行了解读。

2015年12月31日，被上诉人济南市历城区市场监督管理局（以下简称市场监管局）在执法中发现，上诉人公司住所为济南市，却在山东建筑大学三楼影音厅，擅自从事放映活动，遂当日立案，进行了调查，并扣押了上诉人的放映设备。2016年1月14日制作了延长扣押期限决定书，并于当日送达上诉人。后对上诉人下达了行政处罚告知书，认为上诉人行为违反了《电影管理条例》第39条规定，构成擅自设立放映单位，擅自从事放映活动的行为，根据该条例第55条规定，拟对上诉人进行处罚。上诉人济南龙田影城有限公司（以下简称龙田公司）于2012年11月18日通过济南文广新局的审批，取得电影放映许可；2013年2月5日注册成立公司，取得营业执照；龙田公司系具有合法手续的电影放映单位，可以在其住所内进行电影放映。本案的争议问题为：上诉人在住所外（经营区域外）的其他场所放映电影是否需要另行取得放映许可。

二审法院综合电影行政规范的目的、电影事业的发展、行政法的解释方法等多方面考虑，认定被上诉人在其住所外放映电影的行为不构成擅自从事放映活动的行为。首先，《电影管理条例》旨在加强对电影行业的管理，杜绝电影市场违法违规和不规范行为；同时，发展和繁荣电影事业，满足人民群众文化生活需要。上诉人龙田公司已经获得放映许可、具备电影放映资格，但同时，因其放映场所未向监管部门进行申报，会在一定程度上造成行政机关的监管困难，出现电影市场的不规范竞争，破坏市场秩序。其次，行政法的主要目的在于规范行政权力的行使、限制行政权力的范围，避免行政权力扩张而侵害行政相对人的合法利益。因此，在对行政法出现不同含义的解释时，应当选择有利

---

① 参见(2017)鲁01行终503号，"济南龙田影城有限公司与济南市历城区市场监督管理局、济南市历城区人民政府其他案"，载北大法宝网，http://www.pkulaw.cn/case/pfnl_a25051f3312b07f3490339a63c439f4857db846fd86b2d11bdfb.html?keywords=济南龙田影城有限公司与济南市历城区市场监督管理局、济南市历城区人民政府&match=Exact，最后访问时间：2018年6月22日。

于行政相对人的解释。最后，从体系解释的角度看，由《电影管理条例》第36条及相关条款可知，"设立电影放映单位"的含义为成立新的电影公司或者分支机构，上诉人在山东建筑大学并未成立新的电影公司或分支机构并以其名义放映电影，而是使用自己已注册登记的电影公司对外经营。综上所述，其"在住所地以外放映电影"的行为不属于擅自放映行为，被上诉人市场监管局对上诉人的处罚，以及被上诉人历城区政府对处罚决定予以维持的行为，均自行扩大了该条例规定的处罚适用范围，系法律适用不当，应予纠正。

因《电影产业促进法》实施不久，依据该法对擅自从事电影摄制、发行、放映的活动实施行政处罚的案例鲜有公布，本案例是法院依据《电影管理条例》对擅自从事电影放映活动行为的解读，可以作为今后处理类似案件的参考。

第二，行政处罚。

第一点，关于对擅自从事电影活动的行为实施行政处罚的部门，《电影产业促进法》第47条规定的是"县级以上人民政府电影主管部门"，对此可以从职能、地域和级别管辖三个方面来解读。

在职能管辖方面，《电影产业促进法》将进行处罚的部门规定为政府电影主管部门。在《电影产业促进法》实施之前，《电影管理条例》规定，对于擅自从事电影制片、进口、发行、放映活动的违法行为实施行政处罚的主体为工商行政管理部门，但负责电影审查的部门却是国务院或者省级人民政府电影主管部门。《电影产业促进法》将进行行政处罚的职能也归于各地县级以上人民政府电影主管部门，形成了行政许可与行政处罚在同一部门进行的局面，从而达到了部门职能的统一。

在地域管辖方面，《电影产业促进法》第47条并未明确规定，但《行政处罚法》已经确定了由"违法行为发生地的行政机关管辖"的基本原则，除非法律、行政法规有特别规定，均按照一般法，即《行政处罚法》的规定，[①]由违法行为发生地的电影主管部门管辖。

在级别管辖方面，第47条的规定并没有确定管辖部门的具体级别，而是规定了管辖部门的级别下限，县级以上的人民政府电影主管部门均有权力进行行政处罚。对于没有明确规定由哪一级行政主管部门管辖的问题，通常由对应的国务院主管部门、上级人民政府或上级行政主管部门通过法规、规章及其他

---

① 参见《行政处罚法》第22条规定，行政处罚由违法行为发生地的行政机关管辖。法律、行政法规、部门规章另有规定的，从其规定。

规范性文件予以确定。①

因此，对于擅自从事电影摄制、发行、放映活动的当事人，实施行政处罚的主体为违法行为发生地的县级以上人民政府电影主管部门，"以上"包括"县级"本级。

第二点，关于对擅自从事电影活动的行为实施行政处罚的种类，《电影产业促进法》第47条规定了取缔、没收、罚款三类。

关于取缔，《电影产业促进法》规定"违反本法规定擅自从事电影摄制、发行、放映活动的，由县级以上电影主管部门予以取缔"。取缔体现了行政机关对违法当事人的否定性评价，②当事人擅自从事电影摄制、发行、放映活动的行为违反了法律，行政机关因此可以取缔当事人从事的一系列违法活动。尽管学界对于取缔的行为性质是否属于行政处罚这一问题一直存有较大争议，但我国大量法律法规均将取缔规定在法律责任的章节内，将其明确规定为行政处罚的一种。《电影产业促进法》的规定符合当前国内立法的现状并有利于行政执法的执行、法律规范的适用。③

关于没收，《电影产业促进法》规定了"没收电影片和违法所得以及从事违法活动的专用工具、设备"的处罚。此处规定没收的财物包括三类，分别是：电影片；违法所得；从事违法活动的专用工具、设备。

"电影片"包括电影底片、样片、制作完成后的电影片拷贝、电影胶片以及电影数字的载体，即一切可能完全展现电影内容的"电影片"都将被没收。

"违法所得"相关规定通常作为行政机关剥夺违法当事人财产的依据。但违法所得的数额如何界定，目前法律并无明确规定。参照国家工商行政管理总局的规定，④一般应以当事人从事违法活动的全部收入减去合理支出的标准予以确定。

"从事违法活动的专用工具、设备"包括用于违法摄制、发行、放映电影的专用器材设备、设施和辅助工具等，如用于拍摄的摄像机、用于放映的

---

① 参见刘承韪、刘毅、武玉辉编著：《中华人民共和国电影产业促进法释义》，中国电影出版社2017年版，第256页。

② 参见刘承韪、刘毅、武玉辉编著：《中华人民共和国电影产业促进法释义》，中国电影出版社2017年版，第260页。

③ 参见胡建淼：《行政法学》法律出版社2015年版，第248~249页。

④ 参见《工商行政管理机关行政处罚案件违法所得认定办法》第2条第1款，工商行政管理机关认定违法所得基本原则是：以当事人违法生产、销售商品或者提供服务所获得的全部收入扣除当事人直接用于经营活动的适当的合理支出，为违法所得。

放映机、3D 眼镜、储存影片的设备等。此处的重点在于"专用",即一切违法当事人主要用以从事电影摄制、发行或放映活动的"工具、设备",都将被没收。

关于罚款,《电影产业促进法》规定"违法所得 5 万元以上的,并处 5 倍以上 10 倍以下的罚款;没有违法所得或者违法所得不足 5 万元的,可以并处 25 万元以下的罚款"。因此,是否并处罚款处罚以及罚款的具体数额,是以确定的违法所得数额为基准。当违法所得为 5 万元以上时,电影主管部门在作出取缔和没收的处罚决定时,必须对违法当事人并处罚款处罚,罚款幅度为违法所得 5 倍以上 10 倍以下;当没有违法所得或违法所得不足 5 万元时,"可以并处罚款",即电影主管部门有权根据违法行为的事实、性质、情节等因素,决定是否处以 25 万元以下的罚款。

（2）非法许可证件行为。非法许可证件行为是指通过伪造、变造、非法转让等不正当的手段取得有关的许可证、批准或者证明文件的行为。上述有关的许可证件、批准或者证明文件均属于行政许可文件的范畴,如电影剧本（梗概）阶段电影主管部门出具的备案证明文件或者颁发的批准文件、电影审查阶段颁发的电影公映许可证等。获得行政许可证件意味着符合条件的主体得到了从事某类行为的许可,若对以转让、假冒甚至不当手段获得行政许可证件的行为置之不理,即是对正常行政管理秩序的破坏。

《电影产业促进法》第 48 条是对非法许可证件行为的处罚规定,其中,非法许可证件是指"本法规定的许可证、批准或者证明文件",通过梳理《电影产业促进法》中的各条规定,各类许可证件的种类可列举如下:

许可证包括:国务院电影主管部门或省级人民政府电影主管部门颁发的《电影公映许可证》《电影发行经营许可证》;县级人民政府电影主管部门颁发的《电影放映许可证》。

批准文件包括:国务院电影主管部门或省级人民政府电影主管部门颁发的重大题材、特殊题材电影剧本批准文件;关于在境内举办涉外电影节（展）的批准文件;国务院电影主管部门颁发的与境外组织合作摄制电影批准文件。

证明文件包括:国务院电影主管部门或省级人民政府电影主管部门出具的电影剧本梗概备案证明文件。

在证明文件中,尽管此处使用了"备案"一词,但根据《电影产业促进法》第 13 条的规定,得到备案证明首先需要将电影剧本梗概送交电影主管部门审核,审核标准是《电影产业促进法》第 16 条有关禁止内容的规定。因此,这是一种资格文件,属于行政许可证件的范畴,伪造、变造、非法转让、非法取得该证件要受到《电影产业促进法》第48条中规定的相应行政处罚。但《电影产业促进法》中规定的提供影片参加境外电影节（展）的备案、承接境外电影的洗印、加工和后期制作业务的备案，以及从事电影流动放映活动的备案不属于行政许可证件，因为这是电影主管部门对信息进行存档、便于行政管理的行为，因而伪造、变造、非法转让、非法取得这些证件不属于"非法许可证件"规范的规制范畴。

第一，违法行为。《电影产业促进法》第48条中规定了三种违法行为，分别是伪造、变造行政许可证件，非法转让行政许可证件和非法取得行政许可证件。这三种非法行为涵盖了所有通过非法手段获得许可证件的情形。

伪造、变造行政许可证件，即通过伪造、变造的手段，制作虚假的行政许可证件的行为。"伪造"是完全虚假制作了一个许可证件；而"变造"则是在原有真实证件的基础上通过涂改、挖补、剪贴、揭层、拼接等方法加工处理成新的许可证件。二者得到的结果并无不同，都是虚造了一个不存在的许可证件，因而在社会危害性、法律责任层面上没有差异，不同的只是造假的手段。

非法转让许可证件，即通过出租、出借、买卖或者其他形式非法转让行政许可证件的行为。出租和出借都是在一段时间内将证件交给他人使用，二者的区别在于是否有对方支付的对价，如相应的金钱、利益等，通常出租是有偿的，而出借是无偿的。买卖是指对方支付一定的对价换取许可证件的所有权。"其他非法转让的形式"的规定起到了"兜底"的作用，既反映了现实中非法转让行政许可证件形式的多样性，也是立法技术成熟的表现，[①]能够尽可能全面地规范所有非法转让证件行为。"其他形式"包括赠与、挂靠、承包、以转让证件为目的的协议合作等行为。

非法取得行政许可证件，即通过欺骗、贿赂等不正当手段取得合法行政许可证件的行为。欺骗是通过提供虚假事实、材料或者隐瞒重要的事实、材料的手段，获取行政许可证件的行为；贿赂则是通过向有关人员给付金钱等利益的方式，使电影主管部门的工作人员产生错误认识，或者故意违反法律规定向其颁发行政许可证件的行为。

---

① 参见刘承韪、刘毅、武玉辉编著：《中华人民共和国电影产业促进法释义》，中国电影出版社2017年版，第273页。

在"黄木华非法经营一审案"①中,尽管公诉方中山市第二市区人民检察院以《刑法》中的非法经营罪为依据提起诉讼,但法官在判决理由中也肯定了对被告人的行为应当依据《电影产业促进法》的规定进行行政处罚。

2015年5月,被告人黄木华通过从网上下载模板、篡改等方法,伪造《广东省电影放映经营许可证》并使用该伪造的证件为其经营的深圳市某电影有限公司中山分公司申请电影片。同年7月至12月,被告人黄木华在中山市古镇镇某路45号经营上述公司期间,未经许可擅自放映电影,经营数额达人民币190 797元。同年12月10日,中山市文化广电新闻出版局对上述公司进行检查时发现上述《广东省电影放映经营许可证》系伪造,遂依法对其进行了扣押。

法院认为,被告人黄木华无视国家法律,伪造国家机关证件,其行为已构成伪造国家机关证件罪,应依法惩处。同时,《电影产业促进法》第48条明确规定对伪造、变造该法规定的许可证等行为应当处以行政处罚,而被告人黄木华非法从事电影片放映活动的行为也在《电影产业促进法》第47条中明确规定应当予以处罚。

第二,行政处罚。确定非法许可证件行为的当事人范围,即行政处罚对象的范围,是正确适用罚则的重点之一。通常,在伪造、变造行政许可证件的违法案件中,涉事主体不止一人,如伪造者、购买者以及中间多手中介。在非法转让和非法买卖行政许可证件的情形下,也至少存在双方当事人。根据法律设置专门法条对"非法许可证件"行为进行处罚来看,是为了遏制一切通过非法手段获得、交易行政许可证件的行为,正规的获得途径应当是首先经过行政机关许可,非法手段绕过了行政机关许可这一步骤,极大地破坏了电影产业的行政管理秩序。因此,伪造、变造非法证件的当事人既包括直接从事伪造、变造证件的当事人,也包括买卖、使用伪造或变造行政许可证的当事人。非法转让、买卖行政许可证件的当事人,应当包括从直接取得行政许可证件的当事人开始,直至最终持有人或使用人为止各转让环节的当事人。②

对于实施非法许可证件行为的当事人,行政处罚包括三类:一是吊销有关

---

① 参见(2017)粤2072刑初1343号,"黄木华非法经营一审判决书",载无讼网,https://www.itslaw.com/detail?judgementId=b266d724-6c21-43db-a153-a805ed3f0022&area=1&index=1&sortType=1&count=1&conditions=searchWord%2B黄木华非法经营一审 %2B1%2B 黄木华非法经营一审,最后访问时间:2018年6月22日。

② 参见刘承韪、刘毅、武玉辉编著:《中华人民共和国电影产业促进法释义》,中国电影出版社2017年版,第277页。

许可证、撤销有关批准或者证明文件；二是没收违法所得；三是罚款。需要注意的一点是，实施吊销许可证、撤销批准或者证明文件的机关为原发证机关，而实施没收和罚款处罚的机关为县级以上人民政府电影主管部门，实践中这两个机关并非同一机关。这时，需要违法行为发生地的电影主管部门实施罚款、没收等行政处罚时，报送原发证机关作出吊销许可证、撤销批准或者证明文件的处罚。

对于吊销有关许可证、撤销有关批准或者证明文件的处罚，"吊销"与"撤销"的含义基本相同，都是对行政相对人某种资格、资质的取消。只不过"吊销"是《行政处罚法》明确规定的处罚种类，而"撤销"是《电影产业促进法》作为法律层级的文件新设的行政处罚种类。"吊销"和"撤销"均针对真实有效的许可证，通过伪造、变造手段得到的虚假证件不会受到此类处罚。

对于没收违法所得的处罚，"违法所得"包括伪造、变造、非法转让、非法取得行政许可证件的直接非法收入，如出租、买卖证件的价款。至于是否应当包括使用上述行政许可证件从事电影摄制、发行、放映以及举办涉外电影节（展）、送展参加电影节（展）的违法收入，《电影产业促进法》没有具体规定，有学者认为对此应持否定态度。① 在《电影产业促进法》第47、49、52条中，分别对未取得电影行政主管部门的相关行政许可从事电影摄制、发行、放映、举办涉外电影节（展）和送展参加电影节（展）的违法行为规定了不同的罚款幅度和处罚种类，这体现了不同违法行为造成的不同社会危害。因此，若以"非法许可证件"行为的规定来处罚"使用非法取得的许可证件从事电影活动"的行为，而不适用第47条"擅自从事相关电影活动"的规定，会使得行为与处罚严重失衡。当然，以上只是在法律规定不明晰时的学者观点，具体应当如何操作还有待实践案例和进一步立法加以明确。

对于罚款，是否并用罚款处罚以及罚款的具体数额应以违法所得数额为基础。根据《电影产业促进法》第48条的规定，违法所得为5万元以上的，电影主管部门应当并处违法所得5倍以上10倍以下的罚款，即在作出没收违法所得处罚时必须同时处以罚款；没有违法所得或者违法所得不足5万元的，电影主管部门有权根据违法行为的事实、性质、情节以及社会危害性等因素，决定不罚款，或者处以25万元以下的罚款。

第三，擅自发行、放映、送展影片。本部分规范的"擅自发行、放映、送

---

① 参见刘承韪、刘毅、武玉辉编著：《中华人民共和国电影产业促进法释义》，中国电影出版社2017年版，第274页。

展影片"的违法行为与第一部分"擅自从事电影活动"的违法行为,从字面上看十分相似。前者包括"发行、放映、送展"三种行为,后者包括"摄制、发行、放映"三种行为,二者均对"擅自发行、放映影片"的行为进行了规范。但在法律上二者的处罚并不相同,因此必须厘清二者对于"擅自发行、放映影片"行为的规范范围。

在《电影产业促进法》第 47 条中,擅自从事电影活动即"违反本法规定擅自从事电影摄制、发行、放映活动"。具体对"擅自从事发行、放映活动"进行解释,包括两种情形:一是未取得电影主管部门颁发的《电影发行经营许可证》《电影放映经营许可证》从事境内电影发行、放映活动;二是超出许可范围从事境内电影发行、放映活动。而在《电影产业促进法》第 49 条的规定下,"擅自发行、放映影片"包括两种情形:一是发行、放映未取得电影公映许可证的电影;二是取得电影公映许可证后变更电影内容,未依照规定重新取得电影公映许可证擅自发行、放映的,即发行、放映经营部门已取得合法有效的经营资质,并且是在许可范围内从事经营活动。

通过以上分析可以看出,两个法条对于"擅自发行、放映影片"行为的规范范围并不重合。第 47 条的"擅自从事电影活动"侧重规范经营者是否具有发行、放映的资质,电影本身是得到了公映许可证的;而第 49 条侧重于电影本身是否获得了公映许可证。二者保护的行政许可类型不同,因而也被放在不同的条文中进行规范。

第一点,法人或其他组织擅自发行、放映、送展影片。《电影产业促进法》第 20 条第 1 款规定,未取得电影公映许可证的电影,不得发行、放映;第 21 条规定,摄制完成的电影取得电影公映许可证,方可参加电影节(展);第 19 条规定,取得电影公映许可证的电影需要变更内容的,应当依照本法规定重新报送审查。此处未取得电影公映许可证而擅自送展的主体仅限于法人或其他组织,因为《电影产业促进法》第 52 条第 2 款已明确规定了个人擅自提供未取得电影公映许可证的电影参加电影节(展)的罚则,根据"特别条款优于普通条款"的原则,此处仅规范法人或其他组织两个主体。

本部分的行政处罚所规范的违法行为与上述法条的禁止性规定相对应,分为"擅自发行、放映"和"擅自送展"。

"擅自发行、放映"的行为包括两类:一是未取得电影公映许可证而擅自发行、放映电影;二是取得电影公映许可证后变更电影内容,未按规定重新取得电影公映许可证擅自发行、放映电影。这里的"放映"包括在电影院等固定场所的放映和流动放映。对于取得电影公映许可证后变更内容的电影,必须再按照流程重新送审，这是由于电影审查的核心是内容审查，若变更内容后不必重新送审，那么将有争议的片段在第一次送审时删去，之后再进行"变更"，如此一来，电影审查的规定也就被架空了。

"擅自送展"的行为也包括两类：一是法人或其他组织提供未取得电影公映许可证的电影参加电影节（展）；二是取得电影公映许可证后变更电影内容，未按照规定重新取得电影公映许可证擅自参加电影节（展）。

对于实施"擅自发行、放映、送展影片"行为的当事人，对其的行政处罚包括三类：一是吊销许可证；二是没收电影片和违法所得；三是罚款。其中，吊销许可证的单位是原发证机关，而没收电影片、违法所得以及罚款的单位是县级以上人民政府电影主管部门。在实践中往往会出现二者并非同一部门的情形，此时需要违法行为发生地的电影主管部门在实施罚款和没收等处罚时，报送原发证机关作出吊销许可证的处罚。

吊销许可证中的许可证是指，从事该项违法行为的电影发行单位的《电影发行经营许可证》和从事该项违法行为的电影放映单位的《电影放映经营许可证》，不包括广义的行政许可批准文件和证明文件[①]。本部分规范的对象是对电影擅自进行发行、放映、送展的违法行为，因此不涉及电影公映许可证的问题，变更内容前的电影获得的电影公映许可证不能据此予以吊销。

没收包括没收电影片和违法所得。其中，电影片是指违规发行、放映及送展的未取得电影公映许可证的电影片，或者取得电影公映许可证后变更电影内容的电影片；违法所得是指擅自发行、放映、送展该电影片所得的违法收入。

是否进行罚款以及罚款幅度依旧视情况而定：当违法所得为 5 万元以上时，电影主管部门在作出没收违法所得决定时，必须对违法行为人并处违法所得 10 倍以上 20 倍以下的罚款；当没有违法所得或者违法所得不足 5 万元时，电影主管部门有权根据违法行为的事实、性质、情节以及社会危害性等因素，决定不罚款或者处以 50 万以下的罚款。

第二点，个人擅自送展影片。个人参展境内、外电影节（展）的情形并不鲜见，《电影管理条例》中即规定了电影审查和提供电影片参展境外电影节（展）的审批制度，并确立了具体的罚则。导演娄烨提供未通过电影审查的电影《颐和园》参展第 59 届法国戛纳电影节行政处罚案就是一起影响较大的案

---

① 参见刘承韪、刘毅、武玉辉编著：《中华人民共和国电影产业促进法释义》，中国电影出版社 2017 年版，第 281 页。

例。导演娄烨将未通过国务院电影行政主管部门审查的电影《颐和园》以个人名义送往戛纳参赛，2006 年 5 月 18 日，《颐和园》在戛纳展映。2006 年 9 月 1 日，国家广电总局电影局依据《电影管理条例》对娄烨进行了行政处罚，并公布该片导演娄烨、制片人耐安五年内不得拍片。①

个人擅自送展影片是指个人提供未取得电影公映许可证的电影参加电影节（展）。其中，对于个人送展已经取得电影公映许可证后变更内容，但未依照规定重新取得电影公映许可证的电影，《电影产业促进法》第 49 条与第 52 条第 2 款产生适用上的冲突。从未取得电影公映许可证和已取得电影公映许可证但变更电影内容的行为归类的一致性角度，以及个人违规送展的处罚有别于法人和其他组织违规送展的处罚方法上看，有学者建议②应当将个人送展已经取得电影公映许可证后变更内容、但未依照规定重新取得电影公映许可证的电影的行为视为提供未取得电影公映许可证的电影参加电影节（展）的行为。这一立法缺陷仍有待日后加以完善。

对于"个人擅自送展影片"的违法行为实施行政处罚的主体为国务院电影主管部门或省级人民政府电影主管部门。相关的行政处罚措施包括四种，分别为：责令停止违法活动、没收、罚款和从业禁止。

"责令停止违法活动"是指责令个人停止将未取得电影公映许可证的电影参加电影节（展）。

"没收"的范围包括参展的电影片和违法所得。其中，参展的电影片包括送展的未取得电影公映许可证的电影底片、样片、制作完成后的电影片拷贝、电影胶片以及电影数字的载体；违法所得指个人提供未取得电影公映许可证的电影参加电影节（展）的违法收入。

是否并处"罚款"处罚以及处罚的幅度根据违法所得数额分为两种情形：违法所得为 5 万元以上的，电影主管部门在作出没收的决定时，必须对违法行为人并处违法所得 5 倍以上 10 倍以下的罚款；没有违法所得或违法所得不足 5 万元的，电影主管部门有权根据违法行为的事实、性质、情节以及社会危害程度等因素，对违法行为人处以 25 万元以下的罚款，或者决定不罚款。

"从业禁止"处罚针对"情节严重"的"个人擅自送展影片"的违法行为。

---

① 参见"《颐和园》违规参赛 导演娄烨五年不能拍片"，载中国新闻网，https://www.chinanews.com/yl/ytnw/news/2006/09-05/784765.shtml，最后访问时间：2021 年 1 月 7 日。

② 参见刘承韪、刘毅、武玉辉编著:《中华人民共和国电影产业促进法释义》，中国电影出版社2017 年版，第 301 页。

对于个人擅自在境内举办涉外电影节（展），或擅自提供未取得电影公映许可证的电影参加电影节（展）的，情节严重的，该个人自受到处罚之日起不得从事相关电影活动。对于"从业禁止"行政处罚中不得从事的"相关电影活动"，与前文提及的"电影相关活动"这一概念是不同的。"相关电影活动"是指与举办、参加电影节（展）有关的活动，并非泛指与电影的摄制、发行、放映、进出口乃至举办、参加电影节（展）等相关的"电影相关活动"，[①] 当然，"相关电影活动"的具体内容还需未来立法加以明确。

第四，承接内容违禁的境外电影后期制作业务。由于一国之法律只能规范本国范围内的行为，因而对于在境外拍摄的电影，无法通过电影剧本梗概备案、电影剧本批准制度，以及电影成片审查制度对电影的内容进行管制。但对于境外电影在我国境内进行洗印、加工和后期制作的，可以通过对从业者进行洗印、加工和后期制作行为本身的约束，最大可能地干预含有违禁内容的境外电影的生产活动。[②] 这体现了电影审查制度的一致性，通过对电影内容的控制，维护国家利益和文化安全。

第一点，违法行为。《电影产业促进法》第22条是对承接境外电影后期制作业务的要求，其中，"不得承接含有损害我国国家尊严、荣誉和利益，危害社会稳定，伤害民族感情等内容的境外电影的相关业务"的规定昭示了对承接境外电影后期制作业务经营者的行政管理目的。第50条则规定了承接内容违禁的境外电影后期制作业务的相关处罚措施，与第22条内容形成呼应。

违法行为具体表现为：承接含有损害我国国家尊严、荣誉和利益，危害社会稳定，伤害民族感情等内容的境外电影的洗印、加工、后期制作等业务。其中，境外电影是指在境外摄制的电影，或者虽在境内中外合作摄制，但不能依照规定视同境内电影的电影。然而，无论是第22条还是第50条，对于此违法行为的界定还需未来相关行政法规的进一步明确，如"承接"包括的行为、违禁内容的判断标准、行为人的主观过错是否予以考虑等，目前的规定可能造成实践上的理解分歧和争议。

第二点，行政处罚。对于承接内容违禁的境外电影后期制作业务的违法行为人，进行处罚的部门是县级以上人民政府电影主管部门。需要注意的一点

---

① 参见刘承韪、刘毅、武玉辉编著：《中华人民共和国电影产业促进法释义》，中国电影出版社2017年版，第299页。

② 参见刘承韪、刘毅、武玉辉编著：《中华人民共和国电影产业促进法释义》，中国电影出版社2017年版，第285页。

是，对于情节严重的行为人，还需由电影主管部门通报工商管理部门，由工商管理部门吊销违法行为人的营业执照。引入工商管理部门的原因是，营业执照是工商行政管理部门核发给企业或个体工商户的具有合法工商业经营权的法定凭证，因此根据行政法中的"职权法定"原则，吊销营业执照的处罚只能由工商行政管理部门依法实施，其他机关不得越权行使。

对于承接内容违禁的境外电影后期制作业务违法行为的行政处罚种类，有责令停止违法活动、没收、罚款、吊销营业执照四种。

"责令停止违法活动"是违法行为人所承担的不利后果，体现了行政机关对违法行为人的制裁。就承接内容违禁的境外电影后期制作业务这一违法行为而言，是指责令行为当事人停止洗印、加工、后期制作含有损害我国国家尊严、荣誉和利益，危害社会稳定，伤害民族感情等内容的境外电影等业务。

"没收"包括没收含有违禁内容电影片和违法所得两种，电影片包括电影底片、样片、制作完成后的电影片拷贝、电影胶片以及电影的数字载体。

是否并处"罚款"处罚以及处罚的幅度根据违法所得数额分为两种情形：违法所得为 5 万元以上的，电影主管部门在作出没收的决定时，必须对违法行为人并处违法所得 3 倍以上 5 倍以下的罚款；没有违法所得或违法所得不足 5 万元的，电影主管部门有权根据违法行为的事实、性质、情节以及社会危害程度等因素，对违法行为人处以 50 万元以下的罚款，或者决定不罚款。

"吊销营业执照"处罚适用于"情节严重"的行为，由电影主管部门通报工商行政管理部门吊销营业执照。至于如何界定"情节严重"，需要日后立法加以完善。

第五，境内擅自举办涉外电影节（展）。根据我国法律规定，法人或其他组织在境内举办电影节（展）须经国务院电影主管部门或省级人民政府电影主管部门批准[1]。

第一点，违法行为。在《电影产业促进法》实施前，《电影管理条例》规定，举办中外电影展、国际电影节，应当报国务院广播电影电视行政部门批准。由于在中国境内举办涉外电影节（展）往往会涉及文化领域和意识形态领域，甚至涉及政治、外交因素，故行政许可制度继续保留在《电影产业促进法》中，法人或其他组织在境内举办涉外电影节（展）仍需经国务院电影主管部门批准、禁止个人在境内擅自举办涉外电影节（展）。

目前，"境内擅自举办涉外电影节（展）"的违法行为包括两种：其一，法

---

[1]　参见《电影产业促进法》第 35 条。

人或其他组织未取得国务院电影主管部门或省级人民政府电影主管部门的批准，在境内举办涉外电影节（展）；其二，个人在境内举办涉外电影节（展）。

第二点，行政处罚。对于"境内擅自举办涉外电影节（展）"的违法行为实施行政处罚的主体为国务院电影主管部门或省级人民政府电影主管部门。

相关的行政处罚措施包括四种，分别为：责令停止违法活动、没收、罚款和从业禁止。

"责令停止违法活动"是指责令法人或其他组织停止在境内继续举办涉外电影节（展）。

"没收"的范围包括参展的电影片和违法所得。其中，参展的电影片包括在境内举办的涉外电影节（展）的所有参加者送展的电影底片、样片、制作完成后的电影片拷贝、电影胶片以及电影数字的载体；违法所得指举办者违规在境内举办涉外电影节展的违法收入。

是否并处"罚款"处罚以及处罚的幅度根据违法所得数额分为两种情形：违法所得为5万元以上的，电影主管部门在作出没收的决定时，必须对违法行为人并处违法所得5倍以上10倍以下的罚款；没有违法所得或违法所得不足5万元的，电影主管部门有权根据违法行为的事实、性质、情节以及社会危害程度等因素，对违法行为人处以25万元以下的罚款，或者决定不罚款。

"从业禁止"处罚针对"情节严重"的"境内擅自举办涉外电影节（展）"的违法行为。对于法人或者其他组织未经许可擅自在境内举办涉外电影节（展）且情节严重的，该法人或者其他组织自受到处罚之日起5年内不得举办涉外电影节（展）。

第六，其他行政处罚情形。《电影产业促进法》第54条规定了"其他行政处罚"情形，其一，属于电影审查法律责任的有两种情形，分别是：违反国家有关规定，擅自将未取得电影公映许可证的电影制作为音像制品的；违反国家有关规定，擅自通过互联网、电信网、广播电视网等信息网络传播未取得电影公映许可证的电影的。对以上两种情形依照有关法律、行政法规及国家有关规定予以处罚。这一规定体现了行政法的职权法定基本原则，在行政处罚领域要求行政机关及其工作人员在实施行政处罚时，必须有法定的依据、是有权进行处罚的主体以及遵守法定程序。对以上违法行为的处罚属于其他行政管理部门的职权，故应由享有法定职权的行政机关依据其他相应的法律规范实施行政处罚。

对于"擅自将未取得电影公映许可证的电影制作为音像制品"的违法行为，应当按照《音像制品管理条例》和《音像制品制作管理规定》的规定，由出版行政主管部门、工商管理部门予以处罚。

2018年1月13日，海南文广电子光碟有限公司在没有合法委托手续的情况下，使用未蚀刻光盘来源识别码（SID码）的注塑模具复制生产无节目名称但有歌名的VCD光盘5360张，对此，其违反了《音像制品管理条例》第23条、第25条的规定，根据《音像制品管理条例》第42条第④项、第44条第⑥项的规定，新闻出版总署办公厅出具了行政处罚决定书^①，行政处罚为吊销《复制经营许可证（只读类光盘）》。

对于"擅自通过互联网、电信网、广播电视网等信息网络传播未取得电影公映许可证的电影"的违法行为，应当按照《广播电视管理条例》《互联网视听节目服务管理规定》及其他有关电信管理和互联网管理的法律、行政法规，由广播电影电视行政主管部门、电信主管部门予以处罚。

2. 其他与电影产业相关的法律责任。除了因电影审查而产生的法律责任之外，电影产业的从业人员的其他违背行业发展的行为也会带来相应的法律责任。"票房注水""虚假排片"等影片票房造假乱象长期以来困扰着中国电影市场，如，因票房"注水"行为，电影《叶问3》被国家电影局约谈，电影《捉妖记》也受到了央视的调查。^②

《电影产业促进法》实施之前，对虚假票房、影院违规放映广告等与电影产业相关的法律责任进行规定的规范性文件不多，仅有《国家新闻出版广电总局关于加强电影市场管理规范电影票务系统使用的通知》《广播电影电视行业统计管理办法》（已失效）等寥寥的规范性文件。《电影产业促进法》第51条规定了对虚假票房和影院违规放映广告行为的行政处罚。在法律层面上对虚假交易、虚报瞒报销售收入等行为的处罚进行规定，对于惩治票房造假、引导电影市场良性发展具有重大意义。

（1）虚假票房。中国电影近年来频频发生虚假票房事件，这种违背公平竞争原则的不正当行为受到法律的规范，《电影产业促进法》第51条对虚假票房的行为、主体、客体、客观表现、主观意图及处罚措施等作出了具体规定。

虚假票房行为是指，电影发行企业、电影院等制造虚假交易、虚报销售收入并且扰乱电影市场秩序的行为。以下从主体、客体、主观表现与客观表现四

---

① "新闻出版政府信息公开查询系统《行政处罚书》"，载 http://www.gapp.gov.cn/govpublic/86/543.shtml，最后访问时间：2018年7月15日。

② 参见"央视揭《捉妖记》票房造假黑幕 24亿到底注了多少水？"，载凤凰网，http://fashion.ifeng.com/a/20160421/40158648_0.shtml，最后访问时间：2021年1月9日。

个要件对虚假票房行为进行分析。

虚假票房行为的主体是电影发行企业、电影院等从事电影活动的单位，主要是取得《电影发行经营许可证》的电影发行企业和取得《电影放映经营许可证》的电影院。在实践中，可能还有其他主体参与违法行为，如票务代理商协助电影院篡改、伪造票房数据，[①]票务代理商也将因从事虚假票房行为而受到相应的行政处罚。

虚假票房行为的客观表现是制造虚假交易、虚报瞒报销售收入等行为。"制造虚假交易"是电影发行企业、电影院单独或合伙通过制造外观真实的购票（或退票）等行为，从而做高（或低）票房，而实际上并无观众实际入场观看（或无退票）的不正当行为。"虚报瞒报销售"是指掩盖真实的票房数据，向社会公示、向主管部门报告或者通过票务软件系统反映的数据与真实情况不符。报告的数据不真实为"虚报"，而隐匿不报为"瞒报"。

虚假票房行为的客体为电影市场秩序。如果电影发行企业、电影院等主体虽有制造虚假交易、虚报瞒报销售收入等行为，但其仅为了偷税、上市前满足财务数据需要等，并未实际干扰电影市场秩序的，不会受到适用于虚假票房行为的行政处罚。

虚假票房行为的主观方面为故意。违法行为人必然是为了达到制造虚假交易、虚报瞒报销售收入的效果，主观意图即为作假和隐瞒真实数据，从而谋取非法利益。

对制造虚假交易、虚报瞒报销售收入等行为实施行政处罚的主体为县级以上人民政府电影主管部门。行政处罚的种类包括五类，分别是：责令改正、没收、罚款、责令停业整顿和吊销许可证。

"责令改正"是一种行政机关要求特定的相对人履行一定的作为或不作为义务的意思表示。包括电影主管部门在内的行政机关在实施行政处罚时，均有权力通过口头或书面等方式要求违法行为人改正违法行为，以充分达到行政制裁所追求的最终目的。

"没收"即电影主管部门没收违法行为人从事制造虚假交易、虚报瞒报销售收入等活动的违法收入。

"罚款"的处罚幅度有两类。对于没有违法所得或者违法所得不足50万元的违法行为人，电影主管部门对其并处5万元以上50万元以下的罚款；而对

---

① 参见刘承韪、刘毅、武玉辉编著：《中华人民共和国电影产业促进法释义》，中国电影出版社2017年版，第291页。

于违法所得在 50 万元以上的违法行为人，电影主管部门对其并处违法所得 1
倍以上 5 倍以下的罚款。

"责令停业整顿"或"吊销许可证"处罚针对情节严重的违法行为。其中，
对于违法行为情节严重的行为人，电影主管部门予以责令停业整顿；对于违法
行为情节特别严重的行为人，由原发证机关吊销其许可证，即电影发行企业的
《电影发行经营许可证》、电影院的《电影放映经营许可证》等。这两类处罚的
适用条件分别是情节严重和情节特别严重，故对同一违法行为只能根据其情节
严重程度适用其中一种处罚。另外，若实施吊销许可证的处罚，在行政处罚机
关与颁发许可证的机关不是同一机关的情况下，电影主管机关应当报送原发证
机关作出吊销许可证的处罚。不过，"情节严重"和"情节特别严重"的标准
需要日后的立法加以完善。有学者建议可以以次数多少、金额大小、社会影响
轻重、手段恶劣程度和抗拒执法程度等因素为衡量标准。[①]

（2）影院违规放映广告。现实中经常出现电影院为谋利，在电影开场前放
映长时间的广告而推迟电影的放映时间，或者随意插播广告的情形，而以往的
法律法规对电影院违规放映广告的行为均未作出处罚规定。2010 年暑期《唐
山大地震》上映，收获了众多的好评与不俗的票房成绩，然而电影放映前耗时
的片头广告令观众们十分恼火，来自西安的陈女士因不满映前广告将影片放映
方西安保利博纳影城、版权方与发行方华谊兄弟传媒股份有限公司告上法庭，
请求判令 2 名被告退还其电影票款 35 元，赔偿损失 35 元，赔偿精神损失费 1
元。[②] 法院审理认为，原告与被告西安保利博纳影城之间形成消费合同关系。
被告在向原告提供观影服务过程中，理应按照《中华人民共和国消费者权益保
护法》（以下简称《消费者权益保护法》）全面履行义务，根据广电部 2004 年
关于贴片广告管理的文件精神，被告不得未经影片版权方同意搭载贴片广告。
被告西安保利博纳影城不仅自行搭载贴片广告，而且放映前没有以合理方式向
消费者履行公告义务，导致原告在观影时被迫接受时长 12 分钟的贴片广告。
所以，西安保利博纳影城应承担违约及侵权责任。这个判决带来的更多的是宣
示意义，因为当年并没有相应的法律对于影院违规的定义和处罚措施作出规定，
仅能依据《合同法》（现已失效）的违约损害赔偿规定进行裁判，如何将观众

---

① 参见刘承韪、刘毅、武玉辉编著：《中华人民共和国电影产业促进法释义》，中国电影出版社
2017 年版，第 293 页。

② "映前多放 12 分钟广告影院退还 35 元票款"，载《华商报》，http://hsb.hsw.cn/2010-11/25/
content_7943761.htm，最后访问时间：2018 年 7 月 16 日。

的时间损失和影院的所得利益量化成金钱赔偿成为一个难题。

《电影产业促进法》明确了电影院违规放映广告的法律责任，在未来将有力地提升观众的观影体验、保护观众的合法权益。尽管更加具体的定义和处罚规则有待未来配套的行政法规进行规定，但在法律层级的文件中对于电影院违规放映广告这一行为规定的相应法律责任，将为观众寻求救济提供一定的法律依据。

"影院违规放映广告"的行为表现为，电影院在向观众明示的电影开始放映时间之后至电影放映结束前的时间段内放映广告。违法行为主体是电影院，这是由于播放影片的行为通常是由影院来主导的。

"放映广告"是指在电影正常放映的时间段内，电影院在观众可视范围内放映广告，包括除电影植入式广告以外的任何形式、种类的广告。除明显的直接通过屏幕播放的广告外，还包括通过使用屏幕一角，或在观众可视范围内通过电子显示屏等方式放映广告等行为。而"放映广告的时间"并非仅指电影实际开始放映之后至电影放映结束前，电影院故意拖延电影放映、已超过向观众明示的电影开始放映的时间而播放广告的，也属于违法行为。

对违规放映广告的影院进行行政处罚的主体是县级人民政府电影主管部门。行政处罚种类包括三类，分别是警告、责令改正和罚款，不同处罚类型适用的条件不同。对于一般"违规放映广告"的影院，电影主管部门给予警告和责令改正的处罚；对于"违规放映广告"情节严重的影院，电影主管部门将对其处以1万元以上5万元以下的罚款。

（3）其他行政处罚情形。除了以上单列出来的两种违法行为之外，《电影产业促进法》第54条对适用于"其他行政处罚"的违法行为进行了规定，属于其他与电影产业相关的法律责任有三类，分别是：以虚报、冒领等手段骗取农村电影公益放映补贴资金；侵犯与电影有关的知识产权；未依法接收、收集、整理、保管、移交电影档案。

本法第27条规定，从事农村电影公益放映活动的，不得以虚报、冒领等手段骗取农村电影公益放映补贴资金。《农村电影公益放映场次补贴管理实施细则》第15条规定，各级电影行政管理部门要加强对农村电影公益场次补贴的监督管理，确保场次补贴资金先放后补、绩效挂钩、公开透明、简化程序、及时到位、足额发放。以虚报、冒领等手段骗取农村电影公益放映补贴资金违反了法律和有关规定，构成了违法行为。

"虚报"是指通过公开招标确定的国有、集体、民营、个体等农村电影放映主体未按照《农村电影公益放映场次补贴管理实施细则》的规定在农村行政村开展公益电影放映活动或者超出实际场次而骗取农村电影公益放映补贴资金的行为；"冒领"是指非通过招标确定为农村公益电影放映主体的单位或个人冒充以招标确定的农村公益电影放映主体，骗取农村电影公益放映补贴资金的行为。

与电影有关的知识产权以著作权为核心，违法行为人侵犯与电影有关的知识产权的，如电影院放映盗版电影、自行或协助他人非法对正在放映的电影进行录像的，应当由县级以上人民政府负责知识产权执法的部门依照《著作权法》《著作权法实施条例》等规定予以行政处罚。与电影有关的专利、商标等知识产权受到侵害时，将采用相应的法律法规予以处罚。

国家设立的电影档案机构，如中国电影资料馆，以及摄制电影的法人、其他组织未依照《中华人民共和国档案法》《中华人民共和国档案法实施办法》《电影艺术档案管理规定》接收、收集、整理、保管、移交电影档案的，应当依照上述法律文件的规定予以处罚。

若电影院有"以虚报、冒领等手段骗取农村电影公益放映补贴资金"或"侵犯与电影有关的知识产权"的行为，且情节严重的，在有关法律、行政法规规定的执法部门与原发证机关并非同一部门时，应当由执法部门报送原发证机关吊销许可证，即电影院的《电影放映经营许可证》等。

第五节　电影发行阶段的法律问题

一、电影发行的基本概念

所谓发行权，按照我国《著作权法》的定义，它是指"以出售或者赠与方式向公众提供作品的原件或者复制件的权利"。但这更多的是从图书出版的角度作的定义，与影视行业所说的发行具有较大的差异。

对此，《电影艺术词典》专门对"电影发行"作出定义，电影发行是指在取得影片发行权的基础上，将电影版本在规定的地区和期限内进行有偿传播的活动，或许可他人使用该电影版本的活动。电影发行是电影业经营活动中的重要一环，是连接电影制作和电影放映两个环节最重要的桥梁。

与之相对应的，电影发行权是指影片的作者或其他著作权人享有的发行其电影作品和控制该作品发行方式（出售、出租）和发行时间、区域的权利。发行权通常是包括在著作权利中的。电影制作者作为影片著作权人通常会将发行权授予给专业的电影发行机构代为发行。电影发行机构具有特定分销渠道及一整套销售和广告宣传操作能力，可对影片进行最有利于获取市场收益的销售。[①]由此，简单来说，可以将电影发行理解为对播映权的"销售"，即通过对播映权的出让，获得相应的利益。随着媒体技术的发展和放映渠道的多元化，广义的电影发行权除了影院拷贝发行权和影院放映权以外，逐步包括互联网视频平台和电视台播放、录像制品出版发行权以及印刷出版物和相关的特种制品等。

二、我国电影发行的基本情况

（一）电影发行的运作方式

1. 基本的发行模式。电影的发行依据主体不同分为自主发行和代理发行。

自主发行是指制片方以自己的名义来发行影片。一般拥有良好的发行渠道的制片方多采取自主发行。联合发行是自主发行中的一种模式，所谓联合发行是指制片方为了掌控电影市场，便于垂直管理，采用和发行公司联合发行的方式。采用这种方式发行的影片一般投资比较大，比如由北京新画面影业公司出品的《英雄》就是由制片方与中国电影集团发行公司联合发行，这样就能整合双方的优势资源，将影片的获利潜力充分挖掘出来，使双方都能获得最大收益。[②]

代理发行是指制片方委托持有发行许可证的专业的电影发行公司按照委托代理协议约定的时间、范围、区域发行影片的方式。[③]按照收益分配方式的不同，代理发行又可以具体分为买断发行和分账发行两种模式。

（1）买断发行。买断发行是指影片版权拥有者——制片方，将影片在某一地区或者某一段时期的发行权一次性出售给发行公司的行为。发行权一次性的售价称为发行权买断价格。在影片投放市场后，其经营的结果，无论是盈是亏与制片方无任何关系。采用这种发行方式的一般为小制作规模的影片或初入电影市场的制片公司。另外，发行公司为了扩大自己的市场份额，也有力量采取发行权买断的发行方式。[④]

（2）分账发行。与买断发行不同，分账发行指的是电影的版权方将影片的发行事宜委托给发行公司运作，在影片发行之后，按照一定的比例将影片在发行中所产生的收益在影院院线、发行方以及片方之间进行分配的模式。从国产电影

---

① 参见许南明、富澜、崔君衍主编：《电影艺术词典》，中国电影出版社 2005 年版，第 476 页。

② 参见许南明、富澜、崔君衍主编：《电影艺术词典》，中国电影出版社 2005 年版，第 476 页。

③ 参见高戡：《影视娱乐法》，清华大学出版社 2017 年版，第 401 页。

④ 参见许南明、富澜、崔君衍主编：《电影艺术词典》，中国电影出版社 2005 年版，第 477 页。

来看，绝大多数以营利为主要目的，且具有市场前景的商业电影采取的都是分账发行的模式。①

2. 发行公司的主要职能。

（1）发行公司的重要性。通过电影的发行，电影才能实现其商业化与市场化。发行既然作为电影产业中的一个重要环节，发行公司需要积极发挥作用，做好电影的包装、宣传工作，提高电影的影响力与曝光度，而不是无所事事，等待影院上门索取某部影片的放映权。电影宣传发行工作的好坏能直接影响到电影的票房收益，优质的宣传发行工作能在上映之前便给电影带来足够的曝光度与话题量，从而吸引更多的观众到电影院中观看电影。

通常我们认为在影视行业之中，如何取得引人入胜的内容资源是关键，即"内容为王"。内容的重要性毋庸置疑，但随着电影市场与经济全球化的发展，如何掌握媒介渠道，让更多的观众看到电影作品逐渐成为关键，即"渠道为王"。之所以出现这种变化，就在于这样一个事实："内容创作并非规模经济。"和内容创作相比，发行则需要建立渠道、市场推广等，涉及大量的资金投入。这种资金投入为市场准入设置的门槛比较高，使得发行市场只能为数量有限的发行公司所把持。②

发行公司需要完成的事务较为繁杂，包括跟院线签订合同，全权负责影片在各大影院的阵地宣传、排片及票房数据沟通，购买广告、开展宣传工作，安排主创前往全国各地的影城做路演活动等，堪称事无巨细，需要具备高度的专业性。

总体而言，发行公司的主要任务在于提高影片知名度，让更多消费者愿意花钱进入影院观看电影，因此运用强力的宣传推广方式是发行公司所必须具备的技能，例如：户外媒体上投放电影的预告短片与海报；影院内部海报以及在播放其他电影前置入预告片；电影杂志及其他影评推广；电视及视频网站上投放广告及预告片；公关活动以及话题预热；社交媒体上的传播推广。此外，随着科学技术的不断发展，电影行业的发行渠道也在不断扩展。电视、音像制品、互联网等新兴媒介的出现，使得发行方式不断多元化，对一部影片而言，可以通过影院、影碟、互联网视频点播、付费电视及免费电视等多渠道进行放映，

① 参见王军、司若主编:《中国影视法律实务与商务宝典》，中国电影出版社 2017 年版，第 290 页。
② 参见吴峻:《寻找庇护的艺术？——电影融资与扶持法律制度》，社会科学文献出版社 2013 年版，第 205 页。

从而帮助制片方和发行方在最大程度上获取经济利益。①

发行公司的盈利主要依靠票房分账，制片方和发行方会通过代理发行合同商定发行方收取的发行代理费，代理收入一般为制片方所获票房收入分成的5%~8%。②

（2）代理发行合同。代理发行合同是由电影制片方（通常为甲方）与发行公司（通常为乙方）所签订的合同，其中会就发行公司在一定时间和区域内宣传推广电影的事宜作出详细的规定。代理发行合同通常都会包含合作内容、授权范围、收益分配、双方权利义务、违约责任等几大方面的内容。

合作内容：会对发行的影片基本情况作出介绍，包含影片中英文名称，出品方、导演、主演等主创信息等，同时作出约定，甲方同意由乙方在相应的区域和期限内完成宣传推广影片的事宜。

授权范围：主要约定甲方在所辖的区域及期限内将影片的发行代理执行权授予乙方。发行代理执行权通常包含乙方全权负责影片在授权区域内各大影院的阵地宣传、宣传促销品、排片及票房数据沟通等的执行权。③

收益分配：考虑到电影很大一部分收入是来源于发行代理，因此在代理发行合同中，对于收益的分配、结算是最为重要的条款之一。为鼓励发行公司的工作积极性，制片方可以采取分段票房分成的模式。例如，甲乙双方同意，若影片在授权期限、授权区域的票房收入不足人民币【　】万元时，乙方获得的代理费为影片净票房收入（净票房收入＝总票房－电影专项基金－增值税）的【　】％。若影片在授权期限、授权区域内的票房收入超过人民币【　】万元（含）时，乙方获得的代理费为影片净票房收入的【　】％。④

双方权利义务：这是代理发行合同中最为核心的条款。首先，甲方需保证其为影片的合法著作权人，且已依法取得影片的公映许可证。其次，乙方负责制定授权区域内影片的宣传发行计划、预算以及检查方案。因宣传发行影片所产生的各项费用，乙方均应保留相关原始单据及合同文件供甲方随时审核、复制留存。再次，乙方应与甲方共同协商及共同书面制定阵地宣传方案以配合该片的电影市场行销策略。若乙方未经甲方同意，单独对外实施该片的阵地宣传方案，给该片造成负面影响，乙方有义务立即采取相应措施恢复该片的正面公

①　参见吴峻:《寻找庇护的艺术?——电影融资与扶持法律制度》，社会科学文献出版社2013年版，第210页。
②　参见于丽:《电影市场营销》，中国电影出版社2015年版，第57页。
③　参见王军、司若主编:《中国影视法律实务与商务宝典》，中国电影出版社2017年版，第290页。
④　参见王军、司若主编:《中国影视法律实务与商务宝典》，中国电影出版社2017年版，第291页。

众影响力，若乙方怠于行使或不采取相应措施而给甲方造成损失，乙方应据实赔偿。最后，考虑到代理发行一事存在着较大的主观能动性，因此保证乙方勤勉、负责执行义务事关重要。此外，如果甲方对乙方某一发行人员有着具体要求，则最好将该要求列在合同当中，指明必须由某某人担任本次发行工作的负责人，否则甲方有权解除协议。①

违约责任：合同双方承诺，任何一方实质性违反合同的约定，违约方均应依据约定或依法承担相应的违约责任，赔偿守约方遭受的损失。同时，守约方应当采取适当措施防止损失的扩大，否则扩大的损失由守约方自行承担，守约方因防止损失扩大而支出的合理费用，由违约方承担。②

（二）电影发行的主体资格要求

1. 发行公司的设立条件及程序。1993 年以前，国内外电影发行都是中影统购包销；1993 年以后，电影发行打破了中影垄断局面。根据《关于改革电影发行放映机制的实施细则（试行）》（以下简称《实施细则》）的有关精神，为了拓宽国有主渠道，形成竞争有序的电影市场格局，在保留中影集团已有的影片发行机构的同时，组建影片发行有限责任公司。③ 从 2002 年开始，国家逐步放开国产影片的发行许可资格，允许电影系统外的国有、民营公司来发行国产影片。第一批获得国产电影国内发行资格的就有七家民营企业，这使得长期以来由国有企业控制的我国国产电影发行格局发生大重组。这七家公司分别是北京博纳文化交流有限公司、北京新画面影业有限公司、上海金棕榈影视制作公司、广东大和影业有限公司、成都峨影影视文化传播公司、北京联盟娱乐传媒投资有限公司、中国华艺音像事业有限公司。④

根据《电影管理条例》第 36 条的规定：设立电影发行单位、电影放映单位，应当具备下列条件：①有电影发行单位、电影放映单位的名称、章程；②有确定的业务范围；③有适应业务范围需要的组织机构和专业人员；④有适应业务范围需要的资金、场所和设备；⑤法律、行政法规规定的其他条件。

同时，《电影企业经营资格准入暂行规定》对发行公司的设立条件及程序作出了具体规定。国家鼓励境内公司、企业和其他经济组织（不包括外商投资企业）设立专营国产影片发行公司。申报条件及程序如下：①受电影出品单位

---

①　参见王军、司若主编：《中国影视法律实务与商务宝典》，中国电影出版社 2017 年版，第 292 页。
②　参见王军、司若主编：《中国影视法律实务与商务宝典》，中国电影出版社 2017 年版，第 293 页。
③　参见于丽：《电影市场营销》，中国电影出版社 2015 年版，第 25 页。
④　参见于丽：《电影市场营销》，中国电影出版社 2015 年版，第 26 页。

委托代理发行过 2 部电影片或受电视剧出品单位委托发行过 2 部电视剧；②提交申请书、工商行政管理部门颁发的营业执照复印件、公司名称预核准通知书、已代理发行影视片的委托证明等材料；③符合①②项并向广电总局申请设立专营国产影片发行公司的，由广电总局在 20 个工作日内颁发全国专营国产影片的《电影发行经营许可证》；向当地省级电影行政管理部门申请设立专营国产影片发行公司的，由当地省级电影行政管理部门在 20 个工作日内颁发本省（区、市）专营国产影片的《电影发行经营许可证》。申报单位持电影行政管理部门出具的批准文件到所在地工商行政管理部门办理相关手续。不批准的，书面回复理由。

2. 外资准入限制。根据《电影企业经营资格准入暂行规定》的相关规定，电影发行公司仅允许境内公司、企业和其他经济组织来设立和专营，外资被禁止进入电影发行公司。

不过，依据《〈电影企业经营资格准入暂行规定〉的补充规定》，自 2005 年 1 月 1 日起，允许符合《内地与香港关于建立更紧密经贸关系的安排》和《内地与澳门关于建立更紧密经贸关系的安排》中关于"服务提供者"定义的香港、澳门服务提供者，在经过内地主管部门批准后，在内地试点设立独资公司发行国产电影片。

表 2-1　电影发行外资准入限制情况

领域	一般外资	中国香港	中国澳门
电影发行	禁止	可以设立独资公司	可以设立独资公司

（三）从传统发行到数字化发行

我国电影传统采用的是胶片拷贝发行和放映。早期电影发行业务工作就是指影片的胶片拷贝供应工作，其主要内容可划分为胶片拷贝的供给、分配使用、调度使用和安排放映四个方面。然而随着时代的发展和科技的进步，我国电影业从胶片拍摄向数字拍摄转变，发行方式也由传统发行转变为数字化发行，可以说数字技术对我国电影产业产生了举足轻重的影响。

数字化发行相较于传统发行而言，具有以下优势：

1. 数字拷贝高于胶片拷贝的质量，画面清晰、稳定、无磨损，始终如新。一部 35 毫米的电影胶片重量二十多公斤，而数字拷贝轻便小巧，可以免去因大量洗印拷贝而产生的环境污染，且制作单价较胶片也低廉很多，利用空运物流将影片拷贝顺利送达，发运的过程几乎不受客观因素影响，增加了影片上映数量。[1]

---

① 参见于丽:《电影市场营销》，中国电影出版社 2015 年版，第 76 页。

2. 发行载体由胶片转变为数字硬盘有利于节省成本。传统胶片拷贝洗印成本费用高，据统计，一份拷贝通常价格为 8000 元 ~1 万元之间，通常一部电影要印制 500 份 ~600 份拷贝，花费数额巨大。相较之下，一般使用的 2K 的数字拷贝，制作成本约 600 元 / 块，1.3K 数字拷贝约 300 元 / 块。例如《建国大业》的 700 个胶片拷贝全部制作为 2K 数字拷贝，也仅仅花费几十万元，与胶片拷贝几百万元的成本相差甚远。[①]

3. 数字密钥有效抑制了胶片时代的盗版问题。到 2007 年前后，在我国上映的影片几乎全部都以数字版本发行。为了方便管理和防止盗版，我国发行全面使用密钥，即每一家影院的每一台服务器都配有相应的密钥，只有当数字硬盘拷贝、密钥和服务器数据相一致的情况下，影片才能进行放映。另外，密钥的另一个功能就是能够对影院进行约束，防止在违反规定的时间里进行放映、以获得额外收益的行为。密钥的产生一则便于数字化的管理，二则比较有效地控制了盗版的肆虐，有利于加强版权保护力度。[②]

值得一提的是，我国还在不断试验运用数字卫星传输技术，假如卫星技术成熟之后得以规模化运用，传输速度将更快，几乎免去发运环节，降低发行成本，且覆盖范围更广。由此看来，数字化发行通过移动硬盘、光盘、网络、卫星等渠道，有利于发行方更加便捷地与放映部门联络，对影院放映工作的合理安排也起到帮助作用。[③]

三、进口影片发行

（一）进口影片发行的主体资格要求

《电影企业经营资格准入暂行规定》第 16 条规定："电影进口经营业务由广电总局批准的电影进口经营企业专营。进口影片全国发行业务由广电总局批准的具有进口影片全国发行权的发行公司发行。"2001 年，原国家广播电影电视总局和文化部联合颁布了《实施细则》，其中明确规定，进口电影的发行业务要拓展国有主渠道，建立两家进口影片发行公司。保留中影集团原进口影片发行公司，再组建一个进口影片股份制发行公司。在此背景之下，华夏电影发行公司于 2003 年 8 月 8 日挂牌成立，由 19 家企事业单位共同投资，注册资本6000 万元。[④]

[①]　参见于丽：《电影市场营销》，中国电影出版社 2015 年版，第 50 页。
[②]　参见于丽：《电影市场营销》，中国电影出版社 2015 年版，第 51 页。
[③]　参见于丽：《电影市场营销》，中国电影出版社 2015 年版，第 52 页。
[④]　参见于丽：《电影市场营销》，中国电影出版社 2015 年版，第 79 页。

总而言之，目前在我国唯一有资格经营电影进口业务的公司是中国电影集团公司电影进出口分公司（以下简称"中影进出口公司"）。而有权进行进口影片全国发行的公司仅有中国电影集团公司电影发行放映分公司（以下简称"中影"）和华夏电影发行有限责任公司（以下简称"华夏"）两家。

进口影片也可称为引进片，指的是由境外法人或其他组织拍摄的电影，包含分账片、批片及其他引进片三种类型。出于对国产电影的保护目的，我国对引进片实行电影进口配额或数量限制制度。从行业实践来看，我国每年可引进 34 部分账片和 30 余部批片。[①] 我国电影主管部门每年会对中影和华夏两家公司进行放映的考核奖励，以保证将进口影片的发行数量控制在可接受的范围之内。

（二）分账片进口发行

分账片指的是外国电影制片方对于在我国上映的电影票房可按一定比例分成的引进片模式，包括普通分账片与特种分账片两种类型。普通分账片每年共 20 部，为 2D 影片；特种分账片每年共 14 部，仅限于 3D 和 IMAX 电影。根据 2012 年中美签订的《中美双方就解决 WTO 电影相关问题的谅解备忘录》的规定，中国在原来每年引进分账片约 20 部的基础上增加 14 部 3D 或 IMAX 电影，每年合计引进 34 部海外分账片。[②] 通常情况下，分账片在中国内地的公映日期比较接近影片的全球商业首映日期，甚至可能进行全球同步上映。[③]

分账片的进口发行一般需要经过以下流程：

1. 中影、华夏选片。中影、华夏这两家具备进口影片全国发行资格的公司将共同参与选片，挑选具备市场开发潜力与价值导向正确的外国影片。

2. 报送审查。中影、华夏对所选影片进行初审后，会将影片报给国务院电影主管部门审查。报送电影主管部门审查的电影，由中影进出口公司持电影主管部门的临时进口批准文件到海关办理电影片临时进口手续。报送审查通常是最难且进度最慢的关口，进口片的审查尺度并不会比国产片宽松，情色、意识形态等方面都会被作出相应限制。如果送审的电影无法通过电影主管部门的审查，则该影片将无法被引进至中国，无缘跟中国观众见面。

3. 引进电影、全国发行。送审影片经电影主管部门审查合格并发给《电影

---

① 参见刘承韪、刘毅、武玉辉编著：《中华人民共和国电影产业促进法释义》，中国电影出版社 2017 年版，第 86 页。

② 参见刘承韪、刘毅、武玉辉编著：《中华人民共和国电影产业促进法释义》，中国电影出版社 2017 年版，第 86 页。

③ 参见王军、司若主编：《中国影视法律实务与商务宝典》，中国电影出版社 2017 年版，第 317 页。

片公映许可证》和进口批准文件后，由中影进出口公司持进口批准文件到海关办理进口手续，正式引进电影。中影、华夏两家公司进行影片的全国发行工作。在实践情形中，会有 1~3 部中影、华夏都认为非常有价值的影片，由两家公司协商共同发行，按照各自投入发行成本的比例来分配利润。①

（三）批片进口发行

批片，又称进口买断片，是国内电影市场上一种特殊的进口影片类型。批片是与分账片相对应的一种引进片，因为批片在我国发行不采用分账的方式，而是由我国的发行公司向供片的海外公司支付一定的费用，买断影片的内地发行权。批片通常是"多国别、多体裁、多样式的进口影片"，买断的价格也从十万到几十万美元不等。由于价格低，片源大多不是好莱坞大公司出品，且大多都是在北美上映超过半年以上投资规模较小的影片。②

尽管我国有权进行进口影片全国发行的公司仅有中影和华夏两家，然而在实际操作中，由于进口分账片的年度配额已经达到了 34 部，对于这两家公司而言，都难以分身投入到更大量的批片发行任务，因此近年来大量的民营发行公司就以"协助推广"的方式承担了进口批片的发行工作。

批片的进口发行一般需要经过以下流程：

1. 采购影片版权。对于民营发行公司而言，发行批片的第一步就是采购影片版权。各大电影节通常都是采购影片的主要市场，威尼斯国际电影节、戛纳国际电影节、柏林国际电影节、东京国际电影节、釜山国际电影节、上海国际电影节等都是在国际上具有较大影响力的 A 级国际电影节，每年在这些国际电影节上都能完成电影的大额交易。

2. 申请配额。由于我国有权进行进口影片全国发行的公司仅有中影和华夏两家，因此民营发行公司在买断影片版权之后，就需要通过申请中影和华夏两家公司的配额来发行，民营发行公司在名义上仅是"协助推广"。通常情况下，中影和华夏针对批片，每年各有 5 部美国片和 15 部非美国片的指标，并且有严格的审片小组，检查民营发行公司选择的影片是否包含敏感内容，并判断影片的市场前景，决定是否发放配额指标。③

3. 报送审查。中影、华夏对所选影片进行初审后，会将影片报给国务院电影主管部门审查。报送电影主管部门审查的电影，由中影进出口公司持电影主

---

① 参见于丽：《电影市场营销》，中国电影出版社 2015 年版，第 55 页。
② 参见王军、司若主编：《中国影视法律实务与商务宝典》，中国电影出版社 2017 年版，第 317 页。
③ 参见王军、司若主编：《中国影视法律实务与商务宝典》，中国电影出版社 2017 年版，第 318 页。

管部门的临时进口批准文件到海关办理电影片临时进口手续。报送审查通常是最难且进度最慢的关口，进口片的审查尺度并不会比国产片宽松，情色、意识形态等方面都会被作出相应限制。如果送审的电影无法通过电影主管部门的审查，则该影片将无法被引进至中国，无缘跟中国观众见面。

4.引进电影、全国发行。送审影片经电影主管部门审查合格并发给《电影片公映许可证》和进口批准文件后，由中影进出口公司持进口批准文件到海关办理进口手续，正式引进电影。在实际操作中，由购买影片版权的民营发行公司完成相应的宣传发行工作。

四、新兴发行方式——保底发行

（一）保底发行的含义

保底一词最初来源于西方。在海外一部影片制作过程中，一般会有保险公司的介入，担保影片在一定成本范围内按时制作完成。而国内的担保更像是一种完片后的票房保底，担保的是影片制作完成后的票房收益权。所谓保底发行，就是发行方对于制片方的一个票房承诺，对于看好的影片，发行方进行早期的市场预估，制定一个双方都可以接受的价格。即使实际票房没有达到这个保底票房数字，发行方还是要按这个数字分账给制片方，但如果最终票房超出保底数额，发行方将拥有更大的分账比例。通过保底发行，制片方提前锁定了风险，稳赚不赔，但同时也放弃了可能获得更多收益的机会，保底发行方则拥有更大的影片宣发权限和话语权。

与普通发行相比，保底发行主要有两大特点：一是制片方在影片上映前就能回收原本在影片下映一年后才能拿到的票房分账款；二是电影项目的风险被转嫁给保底发行方，这便要求保底发行方对影片票房具有正确的预判。[1]

（二）保底发行的实践运作方式

早在 2002 年，博纳影业就曾保底发行了《天脉传奇》，约定的预期票房为2000 万元。最终《天脉传奇》在内地获得了近 3000 万元的票房。2012 年，周星驰控股的崴盈投资有限公司与华谊签订了电影《西游降魔篇》保底发行的相关协议，约定的保底票房为 5 亿元，最终，该片于 2013 年上映后收获了 12.48亿元的票房收入。此后，保底发行渐渐被市场熟知，也诞生了众多非常成功的案例。例如，北京文化、影联传媒等发行方为《心花路放》保底 5 亿元票房，

---

① 参见高庆秀："电影＋保底发行：《美人鱼》《叶问 3》的天壤之别背后，保底发行错了吗?"，转引自微信公众号"娱乐资本论"上传时间：2016 年 5 月 4 日。

最终收获 11.7 亿元票房。2014 年，博纳影业为韩寒的导演处女作《后会无期》保底 3.5 亿元票房，收获 6.3 亿元票房。2015 年，21 控股斥资 1.5 亿元购买《港囧》47.5% 的票房收益权，相当于保底 9 亿元，最终获得 16 亿元票房。至 2016 年时，中影、光线、和和、联瑞四家共同以 18 亿元保底了《美人鱼》，最终收获 339 213 万票房，市场不仅为《美人鱼》的票房历史新高欢欣雀跃，更因该片的天价保底而倍受鼓舞。

　　保底发行的风靡起源于我国不断繁荣发展的电影市场，在电影票房不断推高、电影产量与日俱增的行业背景下，越来越多的中小制片公司、独立导演工作室诞生，导演们越来越意识到自我的价值，不甘只拿传统大发行公司提供的固定片酬，大量业外资本涌入电影行业，支持独立导演工作室的优质项目，高价保底也成为一些业外资本切入影视圈最直接和迅速的方式。这也能解释为何周星驰的电影《美人鱼》未能由五大民营电影公司[①]牵头发行，而是由新兴资本和和影业牵头发行。业内人士对保底发行的评价是："从制片方角度来说，电影回款周期长，而且不稳定，在上映之前便拿到现钱，有利于其新片等的准备；而对于保底发行方来讲，有了提高分成比例，以及在业内打响名头的机会。"

　　为了降低投资风险，保底发行也不断探索出多种开展方式：①多个资本方保底。和和影业为电影《美人鱼》提供的保底发行便是其中典型代表。除和和影业牵头发行外，参与保底方还包括光线传媒，联瑞作为执行发行方，麦特传媒作为宣传方，四大发行方联合签署票房保底协议，把整个发行环节切成了保底和执行发行两个部分。②与二级市场连接。电影《港囧》在上映之前，香港上市公司 21 控股便用 1.5 亿元为电影 47.5% 的票房收益权保底，电影还未上映，制片方便已收回成本。同时 21 控股也因为《港囧》大卖而股价大幅飙升，获得资本市场的额外收益。③为保底发行增加资金杠杆。和和影业保底发行电影《火锅英雄》采取了契约型基金，分为优先级与劣后级，使得劣后级有机会通过资金杠杆撬动更大收益率。④拍片前完成保底。冯小刚新作《我不是潘金莲》还未拍摄便已获得耀莱影视 2 亿元保底。[②]

---

① 根据 2016 年艺恩网数据调查显示，我国五大民营电影公司分别为：华谊兄弟、光线传媒、乐视影业、万达影视、博纳影业。

② 参见高庆秀："电影＋保底发行：《美人鱼》《叶问 3》的天壤之别背后，保底发行错了吗?"，转引自微信公众号"娱乐资本论"上传时间：2016 年 5 月 4 日。

（三）保底发行的法律风险

从法律层面进行分析，保底发行本质上就是一种对赌行为。保底发行与对赌的"指导思想"实际相同，都是以获得更多的未来预期利益换取当下现金流的契约，故也有将票房保底称为"票房对赌"。对赌通常是指投资方与融资方达成协议时，对于未来不确定情况的一种附条件约定。如果约定的条件出现，融资方可以行使某种权利，反之，投资方则行使某种权利。在保底发行中，保底方会预先按照约定的保底票房支付相应的保底费用，即使最终票房未能达到预期设想，制片方仍可获得此最低收益。但如果最终票房超出保底数额，发行方将会拥有更大的分账比例。随着在线票务平台、新兴中小民营影视公司等新角色进入电影行业，"无保底，不拿片"几乎成为业内一大现状，保底发行成为最快站稳市场的方式。急于向市场证明自己的中小型民营影视公司，花费重金参与保底是其争夺热款电影宣发权的背水一战。然而急于求成、未能客观分析影片市场行情也使得许多保底发行公司吃尽苦头。例如，剧角映画公司因未能完全主导电影《恋爱中的城市》的宣传发行工作，在电影上映前与制片方协议取消对该片的保底，然而双方却因沟通不畅，陷入了关于保底协议的诉讼纷争。[①]

保底发行本身具有极高的风险性，电影票房本身受到多重因素的影响，只能初步预测，但并不具备规律定势，谁也无法保障某部电影的票房一定火爆。同时，电影市场上保底发行的金额不断被助推攀高，一旦票房成绩不佳，制片方与发行方极易产生诉讼争议。此外，为了实现保底的票房成绩，容易产生票房造假行为，甚至可能发生发行方与放映方联合、恶意减少竞争对手的排片机会，从而引发不正当竞争。如此一来，将对电影市场的健康发展造成极大损害。事实上，保底发行的成功率不足50%，由于其对传统发行方的职能来说是一种颠覆，故也遭到部分传统发行公司的抵制。从域外角度来看，全球电影工业最为发达的美国很少存在针对票房成绩的保底，美国保底的对象主要是电影的版权收益，这其中包括电视台、互联网、网络电视领域的版权收入，以及电影中的人物形象的商品化权的运营等，此为版权保底。美国之所以采取版权保底而非票房保底，是由于在美国票房收益通常只占整部电影版权收益的30%左右，其他则由相关衍生品等收益构成，因此票房的失利并不会对整体版权的收益产生难以控制的影响，保底的风险也就更小。

保底发行是我国电影市场快速发展，业外金融资本跨界进入电影行业的产

---

① 参见李菲菲："小型影视公司保底发行赌局：重金抢片源多成'炮灰'"，载每日经济新闻，www.nbd.com.cn/articles/2016-07-15/1022219.html，最后访问时间：2020年12月21日。

物，如今保底发行逐步发展为发行方抢夺优质电影发行权的一种竞争手段，围绕保底发行产生的法律争议也不断增多。从法律角度来分析，如果要合理控制保底发行的风险，应当注意以下几点：

1. 协议内容约定明确。保底发行的核心在于合同的签订，签订合同并不仅仅是一种形式，更在于其可执行性。一旦合同条款含义不明，便会陷入相互争议的境况，合同应在双方发生纠纷时，作为依据而存在。例如，电影《西游降魔篇》虽然在保底发行上大获成功，但由于协议约定不明确，双方未以书面形式确定票房分红等问题，这一份胜利的果实，于 2015 年引起了周星驰控股的崴盈投资有限公司与华谊兄弟传媒股份有限公司之间的诉讼。双方就票房分红问题是否签署了补充协议各执一词，在合作协议中约定的票房分红基数是全国总票房还是华谊公司实际取得的票房收入也存在争议。[①] 双方未明确签订补充协议，补充协议的可执行性存疑，虽然合同约定的内容不明，可以根据《合同法》（已失效）的相关规定进行解释，但法院究竟会采取何种解释对于各方而言亦是风险。

因此，在保底发行协议中，双方当事人首先应当明确签订书面合同，并对合同的主要条款如保底价格、保底费用的定义、保底费的交付时间、票房的数据来源与截止日期、票房的具体分账方法、是否包括互联网发行、宣发费用的承担等进行明确细致的约定。

2. 理性保底。趋于理性的保底发行金额应该是符合行业一般认知规律的，根据好莱坞的情况，一部小制作的片子，一般票房要达到制作和宣发成本的 3 倍才能盈利，大片则要 4~6 倍才能盈利。保底发行本是一次资源的优化配置，是各方对利益的重新分配实现的风险控制，但在完全无视作品质量、市场预期、宣发水平等因素的情况下，仍然毫无理由地选择了天价保底，则是放弃了对风险的控制，给资本可乘之机。因此，在票房保底上更需理性，而不能仅作炒作之用，而忽略电影本身的质量，让保底发行徒有其表。

3. 引入合作保底方。"鸡蛋不能放在一个篮子里"，引入合作保底方，便是分散风险。以《美人鱼》保底发行为例，参与保底发行的公司并非一家，而是由和和影业作为保底发行合作的主体，负责全部保底资金的筹划支付，光线传媒、龙腾艺都、星美文化等公司亦有参与其中。如此一来，便可将保底金额分摊在其他投资者身上，从而降低保底的风险。除此之外，合作方手握不同的资源，例如

---

① 参见付丹迪："周星驰起诉华谊兄弟，索要《西游降魔篇》票房分红被判败诉"，载澎湃新闻，https://www.thepaper.cn/newsDetail_forward_1321165，最后访问时间：2021 年 1 月 10 日。

线上选座平台、银幕资源等，均可促进宣发工作的进行，实现票房的增长。

第六节　电影放映阶段的法律问题

一、电影放映的基本概念

电影放映，是完成电影行业生产、流通的最终环节，其功能在于实现电影与消费者见面的目的，电影放映能直接体现出电影的社会效益和经济效益。我国电影放映事业日趋发展壮大，票房成绩节节攀升，电影放映网于其中发挥了重大的作用。所谓电影放映网是指在一定区域内由电影院线和放映单位组成的系统化的电影放映分布格局。电影放映网大多是受地理特征、人口密度和经济发达程度影响而在商业放映活动中自然形成的，具有不同的规模。由于电影放映中拷贝的联销性（即多次发行）特征，在一定区域内只有通过必需的拷贝使用合作，方能取得共同的经济利益。因此，电影院线和电影放映单位之间便必然会形成一定的合作关系和共同的利益关系（如分轮次、排映等），这种种关系交织在一起便形成了"网"。[1]

电影放映单位是构成电影放映事业的基层组织。可以说，电影放映单位活动率的高低、映出场次的多少、经营管理水平的好坏，会直接影响到电影的社会效益和经济效益，影响整个电影行业的再生产活动，关系到电影事业的兴衰成败。电影放映单位需要具备电影放映机及其配套设备、附属设备等专业放映设备，同时还需要具备优质、安全的放映场地。[2]大众熟知的电影院构成电影放映单位的骨干力量。除此之外，电影放映队也构成电影放映单位的有益补充。电影放映队是流动性的放映单位。我国的电影放映队主要活跃在农村、工矿、部队、学校，他们随身带着移动式放映机，以巡回形式为基层服务。农村放映队解决了农村和偏远山区看电影难的问题。[3]

一部电影在各影院的放映一般要分多个轮次进行，这是制片方与发行方的一种营销策略。有首轮放映、二轮放映等。首轮放映是在影片首映式结束后，在影片所要上映的各个主要院线开展的规模化、地毯式放映。首轮放映的票房收入是一部影片总票房收入的最主要组成部分。影片首轮放映的场所是首轮院线和首轮影院，制片方或发行方挑选二者所遵循的一般标准是全部院线中市场

---

① 参见许南明、富澜、崔君衍主编：《电影艺术词典》，中国电影出版社 2005 年版，第 480 页。

② 参见于丽：《电影市场营销》，中国电影出版社 2015 年版，第 80 页。

③ 参见许南明、富澜、崔君衍主编：《电影艺术词典》，中国电影出版社 2005 年版，第 480 页。

效益在中等以上的院线，院线内部市场效益在中等以上的影院。与之相对，影片在首轮放映结束一段时间之后再放映称为二轮放映，放映场所就是非首轮院线和院线内部的非首轮影院。二轮放映是对影片市场价值的再次开发，从市场营销学角度而言是市场补缺策略的实际运用。①

二、电影院线制

（一）院线制的概念

"院线"一词由"theater chain"翻译而来，直译为"剧院连锁"，是指包含共同名称、共同产权或统一管理的发行放映联合体，院线是制片方与数家电影院通过一定的经济和契约的联结，在一定时期内形成的经济互利的连锁放映组织，运用院线这种形式发行放映电影的制度就形成了院线制。②

概括而言，院线制指的是由一个发行主体以资金和供片为纽带，与若干影院组合，实行统一品牌、统一排片、统一经营、统一管理的发行放映机制。由于院线制度是电影市场竞争的自然产物，是片商和影院共同利益的保证，所以基本成为国际上的通行惯例。③

（二）我国院线制的建立和发展

1993 年中国电影业全面改革，原有的制、发、放体制阻碍了电影的市场化运作。终于在 2001 年 12 月，原国家广电总局与文化部联合颁布了《实施细则》，明确要改革院线制，"实行以院线为主的发行放映机制，减少发行层次，改变按行政区域计划供片模式，变单一的多层次发行为以院线为主的一级发行，发行公司和制片单位直接向院线公司供片；有条件的地区，要尽快组建 2 条或 2 条以上的院线；鼓励有实力的院线跨省经营"。

原国家广电总局又相继在 2002 年颁布了《关于成立电影院线报批程序的通知》，在 2003 年颁布了《关于进一步推进电影院线公司机制改革的意见》，详细制定了电影院线成立及改革的具体操作规则。从整体政策导向上来看，国家鼓励电影院线公司做强做大，允许电影院线公司以股份制形式强强联合，或从经营实际出发进行机构重组，使若干个电影院线公司以契约形式或资产联结形式进行整合。同时，为了有利于形成统一开放、竞争有序的市场格局，不允许按行政区域整体兼并电影院线公司，鼓励以跨省电影院线公司为基础促进条

---

① 参见许南明、富澜、崔君衍主编：《电影艺术词典》，中国电影出版社 2005 年版，第 479 页。

② 参见于丽：《电影市场营销》，中国电影出版社 2015 年版，第 92 页。

③ 参见许南明、富澜、崔君衍主编：《电影艺术词典》，中国电影出版社 2005 年版，第 478 页。

条整合，形成规模效益，力争达到"统一品牌、统一供片、统一经营、统一管理"的有效经营模式。

根据《电影企业经营资格准入暂行规定》的要求，国家鼓励境内公司、企业和其他经济组织（不包括外商投资企业）以参股或控股形式投资现有院线公司，或者单独组建院线公司。具体要求如下：

1. 以参股形式投资现有院线公司的，参股单位须在 3 年内投资不少于 3000 万元人民币，用于本院线中电影院的新建、改造；以控股形式投资现有院线公司的，控股单位须在 3 年内投资不少于 4000 万元人民币，用于本院线中电影院的新建、改造；单独组建省内或全国电影院线公司的，组建单位须在 3 年内投资不少于 5000 万元人民币用于本院线中电影院的新建、改造；

2. 组建省（区、市）内院线公司的，由所在地省、自治区、直辖市人民政府电影行政管理部门在 20 个工作日内审批，并报广电总局备案；组建跨省院线公司的，由广电总局在 20 个工作日内审批。申报单位持电影行政管理部门出具的批准文件到所在地工商行政管理部门办理相关手续。不批准的，书面回复理由。

我国电影院线制经过十几年的发展，市场化、公司化的步伐逐渐加大，院线和影院之间的并购、整合规模也越来越大。院线制在实践中不断完善和发展，从城市主流院线向二三级城市和农村市场全面推进。我国主流院线主要有以万达、保利万和为代表的地产系院线，以上海联合、北京新影联、浙江时代为代表的国企系院线，以广东大地、时代今电为代表的"乡村"系院线，以中影星美、中影南方新干线、中影数字为代表的中影系院线构成。地产系院线以雄厚的地产资金为依托，能对旗下影院做到统一管理，具有绝对的控制力。国企系院线是在院线制改革之后由各地省市级的电影公司改制而来，这类院线当时一经成立就垄断了当地的电影市场，具有明显的先发优势。"乡村"系院线多建立在三四线城市或者小县城，春节期间这类院线成为票房增长的主力军。中影系院线是指"中影"通过与民营资本合作，与省市电影公司合作，通过自建院线等各种方式参与院线建设，这些院线依托"中影"强大的资源优势跻身院线前列，成为主流院线。①

（三）电影院线的类型

国家鼓励电影院线公司以契约形式或资产联结形式进行整合，因此目前我国电影院线公司基本分为两类——供片加盟型、资产联结型。这两种类型的电

---

① 参见王军、司若主编：《中国影视法律实务与商务宝典》，中国电影出版社 2017 年版，第 294 页。

影院线公司各自具备不同的特点和职能。

1. 供片加盟型。供片加盟型院线公司是以供片为纽带，与旗下影院采取签约加盟的合作方式。供片加盟型院线主要承担了以下职能：①在影院扩张方面，供片加盟型院线需着重帮助加盟商进行影院选址、投资、建设等各个方面的分析，协助其尽早建成影院，增加市场占有率。②在软硬件设备配置方面，加盟影院可以选择自行购买放映设备和电脑售票系统，也可以和院线采取押金与净票房分账的方式，由院线投放设备。③在人力资源支持方面，一般由加盟影院自己进行影院工作人员的招聘，但是如果加盟影院缺乏经验，可以向院线提出，由院线提供运营辅导，以保障加盟影院达到统一标准，实现规范化。④在日常运营管理方面，影院与院线实为合作关系，因此院线对影院日常运营方面涉及较少，最主要就是从发行方处获得影片拷贝及宣传物料，继而向旗下加盟影院履行供片职能。①

2. 资产联结型。资产联结型院线是以资本为纽带，采取直营的方式自身投入资金建设影院。与供片加盟型院线相比，资产联结型院线与影院的联系更为密切，更易实现"统一品牌、统一供片、统一经营、统一管理"的有效经营，更具备市场优势。

资产联结型院线主要承担了以下职能：①在影院扩张方面，资产联结型院线往往需要结合企业自身的发展规划，自主寻找合适的区域进行影院建设。由于是自有资产，因此相较于供片加盟型院线，资产联结型院线的工作更具有主动性。②在软硬件设备配置方面，为统一品牌、统一风格，资产联结型院线要根据以往经验协助影院进行装修设计，通常院线有指定的设计师与施工团队。③在人力资源支持方面，资产联结型院线需要按照统一的人事管理制度及岗位设置对影院进行人员的招聘与配备。④在日常运营管理方面，资产联结型院线与旗下影院的联系十分紧密，除了基础的供片职能外，院线还经常就影院排片、电影营销、阵地宣传、影院促销等方面实施统一的规划。②

总而言之，电影院线制的改革和发展，打破了我国刻板僵化的行政区域垄断，突破了计划经济体制下的以垂直层次实施统购包销的发行模式。同时，院线制减少了发行层次，增加了发行渠道，合理引入了竞争机制，活跃了电影市场，促进电影发行放映收入在制片、发行、放映三个环节上的合理配置，从根

---

① 参见于丽：《电影市场营销》，中国电影出版社 2015 年版，第 94 页。

② 参见于丽：《电影市场营销》，中国电影出版社 2015 年版，第 94 页。

本上解放了电影的生产力，促进了电影市场的发展。[①]

三、我国电影放映的基本情况

（一）放映渠道多元化

相对于普通商品分销渠道，电影的分销渠道具有延展性、时序性及多元化的特点。在大电影产业的概念下，影院放映只是电影放映序列的开始，随着科学技术的不断发展，电视、音像制品、互联网视频、车载影音系统等被拓展成为新型的发行放映渠道。电影放映已逐步形成一条完整的商业链：影片首先在电影院进行首轮放映，之后是互联网视频平台的播放，接下来才是音像制品的投放，影院二轮放映，收费电视频道的播映，公共电视频道的播映等。近年来，伴随移动终端技术的飞跃发展，以爱奇艺、腾讯视频、优酷为代表的互联网视频平台开始崛起，成为大众热衷的新兴播放渠道，在一定程度上也给传统电影院线带来了冲击。

影院放映是最传统的一种放映方式。影院提供的大银幕放映能为观众提供更为精美的画质效果、更为立体的音响效果，尤其随着 3D、IMAX 等新型科技融入放映技术，影院放映的确能为观众带来无与伦比的观影感受，这些都是音像制品、移动放映终端无法比拟的。同时，影院观影本身也是一种社交与娱乐的方式，依托于影院兴建的餐馆、娱乐设施为人们提供了现代新型的生活方式，万达影城作为我国著名的电影放映品牌便是其中典型代表。

随着 VCD/DVD 机的发展普及，音像制品及数码产品的投放逐渐成为电影放映的重要渠道之一。美国电影研究学者 Stephen Fellows 对好莱坞 29 部大体量巨作所做的抽样数据调查显示："在家庭音像发行方面，这 29 部电影平均每部取得了 1.343 亿美元的收入。除掉平均 2190 万美元的营销费用和 3050 万美元的制作成本后，平均净收益为 8190 万美元，居收入首位，利润率相较影院发行要高很多。"[②] 也就是说，DVD 影碟的销售在整个电影发行放映市场的份额大幅增长，并在利润来源中占据头部比例，音像制品的播放甚至一度超越影院放映，成为电影盈利的首要渠道。

电视播映分为付费电视频道与公共电视频道，电视发行播放渠道的直接成本很低，通常只涉及少量的发行费和律师费等，不涉及像影院发行和音像

---

① 参见于丽：《电影市场营销》，中国电影出版社 2015 年版，第 93 页。

② 参见彭侃："电影盈利不用靠票房？揭秘好莱坞电影的成本、收入与利润"，载搜狐网，http://www.sohu.com/a/110165280_355073，最后访问时间：2020 年 12 月 22 日。

制品发行那样的高昂制作费和营销费。① 目前在我国最有影响力的专业电影频道是 CCTV-6，于 1996 年 1 月 1 日正式开播，十几年来不仅让全国观众看到了许多优秀的电影，其开办的一些影讯类节目也让观众了解到了最新的电影动态。2003 年 9 月 1 日，CCTV-6 还开办了"家庭影院"频道，这是我国首家覆盖全国的数字付费电影频道，经过一年试播后，于 2004 年 9 月 1 日正式运营，此举极大地拓展了我国电影在家庭放映方面的业务空间，扩充了电视播映渠道。②

随着互联网技术的快速发展，互联网视频平台逐渐成为重要的电影放映渠道。电影的传统院线发行与网络发行已逐渐走向融合，互联网已经成为电影发行不可忽视的终端平台。对制片方而言，互联网平台不仅是发行播放的渠道，同时也是宣传电影的重要渠道。其不仅可以帮助电影在网络平台上不断获得长尾用户带来的收入，同时还可以利用互联网大数据的技术优势，来帮助投放精准的目标人群，从而发挥出更加高效的宣传作用。③ 互联网视频平台播映在所有的放映方式中，灵活性最强、覆盖面最广，可以运用于 PC 端、手机、便携式电脑等多个移动终端，能够在收视设备处于空间移动状态下在线接受影音信息，但同时也对带宽设置、流量限制、信息耗散等传输技术提出了更高的要求。此外，飞机、轨道交通、汽车等移动交通工具也逐步安装了音视频设施，车载影音系统也成为电影放映渠道的有效补充。

播映渠道多元化使得电影放映逐步形成了一条完整的商业链，然而在这条商业链中其实还是具有明确先后顺序的。因为如果一部影片在影院、音像市场、电视频道、互联网视频平台同时放映，该电影的制片方所能获取的利润实际要少于依先后顺序依次放映所能获得的利润。当多个渠道同时放映同一部电影时，除真正的电影爱好者之外，观众自然会从高价的影院市场转向其他播映市场（也称"转向群体"）。但如果电影按照先后顺序依次播映时，观众别无选择，想

---

① 参见吴峻：《寻找庇护的艺术？——电影融资与扶持法律制度》，社会科学文献出版社 2013 年版，第 226 页。

② 参见黎光容、田义贵："论我国农村电影放映的多元化发展趋势"，载《西南民族大学学报（人文社科版）》2015 年第 7 期。

③ 参见"多元化发行渠道让电影表达回归内容"，转引自微信公众号"麒力文化"，上传时间：2016 年 3 月 27 日。

最早观赏到影片,只能进入电影院观看电影。[①]此外,尽管科学技术的发展使得电影的播映渠道不断多元化和灵活化,但这其中最为传统的影院放映仍然占据了电影放映市场的龙头地位,这一点在我国表现得尤为明显。

(二)电影放映的主体资格要求

1.电影放映单位的设立条件及程序。根据《电影管理条例》第 36 条的规定,设立电影发行单位、电影放映单位,应当具备下列条件:①有电影发行单位、电影放映单位的名称、章程;②有确定的业务范围;③有适应业务范围需要的组织机构和专业人员;④有适应业务范围需要的资金、场所和设备;⑤法律、行政法规规定的其他条件。

同时,《电影企业经营资格准入暂行规定》提出:"鼓励境内公司、企业和其他经济组织及个人投资建设、改造电影院。经营电影放映业务,须报县级以上地方电影行政管理部门批准,到所在地工商行政管理部门办理相关手续。"

《电影产业促进法》对从事电影放映活动,作出更进一步的要求:电影院的设施、设备以及用于流动放映的设备应当符合电影放映技术的国家标准。电影院应当按照国家有关规定安装计算机售票系统。企业、个体工商户具有与所从事的电影放映活动相适应的人员、场所、技术和设备等条件的,经所在地县级人民政府电影主管部门批准,可以从事电影院等固定放映场所电影放映活动。

依照《电影产业促进法》的规定,负责电影发行、放映活动审批的电影主管部门应当自受理申请之日起 30 日内,作出审查决定。对符合条件的,准予公映,颁发电影公映许可证,并予以公布;对不符合条件的,不准予公映,书面通知申请人并说明理由。

2.外资准入限制。根据《外商投资电影院暂行规定》的规定,外商不得设立独资电影院,不得组建电影院线公司。外资只能在经中国政府批准的情况下,同中国境内的公司、企业(以下简称合营中方)设立中外合资、合作企业,新建、改造电影院,从事电影放映业务。

外商投资电影院应当符合以下条件:①符合当地文化设施的布局与规划;②有固定的营业(放映)场所;③中外合资电影院,合营中方在注册资本中的投资比例不得低于 51%;对全国试点城市:北京、上海、广州、成都、西安、武汉、南京市中外合资电影院,合营外方在注册资本中的投资比例最高不得超

---

① 参见吴峻:《寻找庇护的艺术?——电影融资与扶持法律制度》,社会科学文献出版社 2013 年版,第 227 页。

过 75%；④合资、合作期限不超过 30 年；⑤符合中国有关法律、法规及有关规定。

不过，依据《〈外商投资电影院暂行规定〉的补充规定》，自 2005 年 1 月 1 日起，允许符合《内地与香港关于建立更紧密经贸关系的安排》和《内地与澳门关于建立更紧密经贸关系的安排》中关于"服务提供者"定义的香港、澳门服务提供者，在内地以合资、合作或独资的形式建设、改造及经营电影院。

表 2-2 电影放映外资准入限制情况

领域	一般外资	中国香港	中国澳门
组建院线	禁止		
建设、改造及经营电影院	中方控股（部分试点城市外资投资比例不超过75%）	可以合资、合作或独资	可以合资、合作或独资

（三）我国电影票房的分账方式

了解电影票房的分账方式对于了解制片方、发行方、放映方三方的权利义务至关重要，因此必须熟悉我国电影票房的分账模式。

1. 一部电影所有的票房收入都会被计入电子售票系统，数据统一汇总到中国电影事业专项资金办公室（以下简称专资办）。专资办的统计数据将作为各方分账的依据。

2. 所有电影的票房收入都需要先缴纳 3.3% 的增值税，以及 5% 的电影事业专项资金。在扣除相应税点和电影事业专项资金之后，票房总收入的 91.7%（净票房收入）才被认定为一部电影的"可分账票房"。

3. 在上述 91.7% 的"可分账票房"中，目前多数影片是按照 43：57 的比例进行分账，即院线影院方分账比例为 57%，制片发行方分账比例为 43%。需要注意的是，由于需要中影数字来完成影片数字拷贝的制作传输工作，因此中影数字会提留 1%~3% 作为发行代理费，最终扣除上述费用才归电影制片发行方所有（制片发行方大致所得为：91.7% × 40%）。

在实际操作中，具体分账比例并不是一成不变的，它会在基本分账比例基础上浮动，比例的最终确定全看双方签订的协议条款。一般来说，一部影片如果票房潜力高，发行方实力强，发行方在和院线的谈判中就会拿到较高的分账比例；而如果票房潜力低、发行方实力弱，那么在和院线的谈判中拿到的分账比例则相应较低，一切全看发行方和院线的博弈。[①]

4. 大多数情况下，发行方会先行垫付影片的宣传发行费用，因此制片方、发行方二者内部在进行票房分账时，会首先扣除影片的宣传发行费用，剩余所得才是制片方和发行方的可分账数额。制片方和发行方会通过代理发行合同商定发行方收取的发行代理费，代理收入一般为制片方所获票房收入分成的 5%~8%。[②]

由此可以得出，制片方回收票房分账款的计算公式为：$1 \times (1-3.3\%-5\%) \times 40\% \times (1-6.5\%) \approx 0.34$，为一般情况下的制片方分账款（注：发行代理费按平均值 6.5% 计算）。也就是说如果一部电影的最终票房为 1 亿元，制片方可回收的票房回款为 3400 万元左右。换言之，制片方如果要保证其拍摄一部电影不亏损，票房成绩至少应达到其制作成本的 3 倍。

5. 院线及影院共同分账 57% 左右，二者内部具体的分账比例也会通过合同来商定。通常情况下，院线公司分得其中的 1%~2%，其余的 55%~56% 为影院收入。当然，当多家院线都在争取某家优质影院加入自己的院线时，院线往往会向影院让利，征收较低的分账比例以吸引影院。[③]

四、票房相关法律问题分析

近年来，伴随着我国电影产业的快速发展，电影票房持续攀升，然而与此同时，票房造假的情况也不断增多，市场上也浮现出愈来愈多的控制票房的新手段。票房造假的危害已触及方方面面，有些票房造假的目的在于直接吸引从业人员、媒体、观众的关注，制造舆论，引导消费者买票观影；有些票房造假的行为是为完成年度国产影片票房考核指标，例如有的影院为超额完成国产影片票房考核比例指标，常虚报国产影片票房以期得到奖励；有的院线好大喜功，以票房数据争夺所谓的全国排名；等等。此外，随着文化产业的繁荣发展，票房造假还与金融资本操作相关，许多票房造假的行为是借电影之名行金融之实，与资本市场挂钩，通过虚假票房与二级市场联动，推高背后相关上市公司股价，进而再通过二级市场减持以获得不正当利益。制造虚假交易、虚报瞒报电影销售收入等不正当行为，严重影响了票房统计的真实性，干扰了正常的电影市场秩序，如不大力地加以治理整顿，将严重损害电影行业的健康、可

---

① 参见于丽：《电影市场营销》，中国电影出版社 2015 年版，第 57 页。
② 参见于丽：《电影市场营销》，中国电影出版社 2015 年版，第 57 页。
③ 参见于丽：《电影市场营销》，中国电影出版社 2015 年版，第 58 页。

持续发展。

《电影产业促进法》第34条对如实统计电影销售收入作出规定："电影发行企业、电影院等应当如实统计电影销售收入，提供真实准确的统计数据，不得采取制造虚假交易、虚报瞒报销售收入等不正当手段，欺骗、误导观众，扰乱电影市场秩序。"同时，第51条第1款还对票房造假的违法行为作出罚则规定："电影发行企业、电影院等有制造虚假交易、虚报瞒报销售收入等行为，扰乱电影市场秩序的，由县级以上人民政府电影主管部门责令改正，没收违法所得，处5万元以上50万元以下的罚款；违法所得50万元以上的，处违法所得1倍以上5倍以下的罚款。情节严重的，责令停业整顿；情节特别严重的，由原发证机关吊销许可证。"具体而言，票房相关的不正当行为主要分为以下几类：

（一）制造虚假交易

"虚假交易"，顾名思义，是指不存在的、不真实的买卖行为。在电影产业中，制造虚假交易的典型方式就是制片方或发行方自购票房，即制片方或发行方自掏腰包做高票房，既没有合规的购票过程，也没有对应的真实观众，这种行为在业内称为"过数"。

社会上俗称的"幽灵场"（又称虚假排场）就是制造虚假交易的典型写照，制片方或发行方与院线私下达成协议，在影院的非营业时间段（通常在午夜到凌晨时间段内）安排场次，数据显示场场爆满，实际却并无观众，而制片方或发行方实际只需支付影院播放成本，就可以刷高票房；还有一种相对隐蔽的方式，即社会上俗称的"花样包场"，就是在影院营业时间段内，制片方或发行方提前买下影院的部分位置，而实际上并无观众前去观影，这种票房注水手法更不易查出。

制片方或发行方自购票房可以制造高票房的数据，但往往成本较低，一般通过与院线的私下合作，购票资金在扣税、分账后可以再次回到自己手中。制片方或发行方自购票房的目的多样，有的是为制造高票房舆论，误导市场、引导消费；有的是以此提高影院对影片的信心，进而增加影片的排片机会，即"票房锁定排片"；更有甚者是借电影之名行金融之实，与资本市场挂钩以获取利益。

（二）虚报瞒报销售收入

"虚报瞒报销售收入"是掩盖真实的票房数据，其报告（或反映、公示，下同）的数据与真实情况不符，通常将报告但数据不真实为"虚报"、隐匿不报为"瞒报"。主要方式有：

1. 电影院故意报低票房，悄然占有票房剩余部分，是虚报瞒报销售收入的主要形式，这种行为对片方来说极不公平，电影投资方、制片方、发行方花费巨大人力、物力、财力拍摄、宣传电影，期待最终通过票房分账收回成本、取得合理收益，然而影院通过虚报瞒报等行为，将本属于片方的收入截留，会严重挫伤电影从业者的积极性，损害行业秩序的健康发展。

2. 偷挪票房。就是观众买的是 A 电影的票，票面上却写着 B 电影的片名，或者，观众在柜台买的是电子票，得到的却是手写票。这种虚报瞒报销售收入的情况在早年较为常见，有的是影院管理者为收取回扣而与发行方勾结；有的是影院自己暗中将约定分账少的电影票房，转移到高分账的电影上，从而获得高收益。但随着电影票务系统（软件）的普及，以及 2014 年《国家新闻出版广电总局关于加强电影市场管理规范电影票务系统使用的通知》和《电影院票务系统（软件）管理实施细则》的实施，这种票面片名与实际观看不符的违规行为虽并未彻底根除，但已有所减少。

第七节　电影融资的法律问题

通常而言，融资方式主要分为内源性融资和外源性融资。内源性融资包括企业本身财产、留存盈利、企业成员集资等方式；外源性融资可以分为间接融资、直接融资和政策性融资三个方面，其中间接融资主要来源于商业银行，直接融资来源于证券市场、风险投资基金、产权交易市场等，而政策性融资则主要来源于政策性银行及财税扶持。[①] 我国电影融资保持了上述通常融资方式的基本特点，然而电影行业毕竟不同于传统行业，其具备文化创意产业的独特性，因此电影又具有诸如版权质押、广告衍生品等别具一格的融资方式。此外，随着互联网科技与金融行业的快速发展，互联网金融与电影融资结合地愈加紧密，互联网众筹、私募股权投资基金、信托、版权证券化等成为我国电影行业的新兴融资方式。作为全球电影产业最为发达的国家，美国具备完善的融资体系与独特的中介机构，值得我国学习借鉴。下文将对电影融资方式及相应法律问题进行详细介绍。

---

① 参见王东、王爽："我国电影产业融资方式发展研究"，载《北京电影学院学报》2009 年第 1 期。

一、我国电影融资的基本模式

（一）直接投资

直接投资是指投资方直接将资金款项投入影视公司的特定电影项目，投资方享有电影收益的分配权。投资方所覆盖的社会范围较广，国有企业、民营企业乃至具备丰厚资本的个人均可成为电影投资方。直接投资是电影投融资市场中比例最大、最为常见、范围最为广泛的融资方式。这是由于直接投入资金的投资方，对电影的未来收益具有绝对的分配权，投资模式成熟、清晰，成效较为迅速。[①]

2011 年我国最大的票房黑马——《失恋 33 天》便是直接投资的成功典范，东阳新经典影业有限公司、北京国泰兴安咨询中心等 5 家机构是该片的直接投资方，摄制成本为 900 万元，宣传发行成本为 600 万元，投资成本总额为 1500万元。但该片最终票房高达 3.65 亿元，此外还有音像制品、网络放映等多渠道回收成本，该片最终投资回报比已超过 1:20，投资方名利双收。[②] 但是直接投资亦不乏失败案例，总体而言，电影直接投资成败各半。票房具备市场波动性，受多重因素影响，在电影上映前片方很难对票房作出精准的预估，因此投资方在选投电影时必须独具慧眼，选出最具盈利潜力的电影，这便要求投资方既需要了解电影行业的特性及运作规律，同时也需要具备卓越的市场分析能力。

在直接投资的模式下，投资方作为出资人，共享收益、共担风险。在具备多个投资方的情况下，这些投资方会互相签订《联合出品协议》或《联合摄制协议》。在此情况之下，各方应当提前对合同内容作出详细约定，避免产生法律纠纷，尤其对于合同标的、各方权利义务、违约责任、免责条款等问题的约定应当越详尽越好。涉及合同标的的问题，应当将合作项目本身的内容界定清楚。电影行业内容为王，选择一个优秀的剧本至关重要，在这部分应当明确约定所选择的具体剧本、如何选择剧本以及剧本著作权的归属问题。本部分还可以对项目的经费预算、拍摄进度等作出约定。此外还应规定项目管理事项，如何组成决策管理机构，由哪方完成送审、报批等行政审批事项。涉及双方权利义务的问题，应当详细约定各方的出资额、出资方式、缴纳的时间及方式等。同时，本部分还应对利润、损失的分配方式及分配比例作出详细约定。对于影视作品的版权归属问题，影视作品的发行权，所获荣誉、奖励归属问题，衍生产品的权利等问题均应在此部分作出尽可能详尽的约定。

[①]　参见曹芳、孔祥妍："我国电影产业融资方式及问题研究"，载《传媒与教育》2014 年第 1 期。

[②]　参见曹芳、孔祥妍："我国电影产业融资方式及问题研究"，载《传媒与教育》2014 年第 1 期。

涉及违约责任的问题，应当明确、具体、全面，合同文本中的所有权利、义务都应当有相应的责任作支撑，否则权利将无法得到保障、义务将无从得到履行。涉及免责条款的问题，除自然灾害等不可抗力导致的法定免责事由外，合同当事人还可以约定免责事由。由于我国电影存在标准不甚明确的审查制度，从而导致电影项目的完成具备不确定性。对此，当事人可以在合同中约定："由于政府指令导致合同不能履行或不能完全履行的，皆不视为违反合同约定，不可要求赔偿，由此产生的责任、风险及损失由双方按投资比例共同承担。"①

（二）贷款融资

贷款融资是电影市场上较为常见的一种融资方式，按照资金来源可分为银行贷款与民间贷款两类。

1. 银行贷款。银行贷款是摄制电影较为传统并且常用的一种融资方式。我国《电影产业促进法》第 40 条第 1 款也对此作出规定："国家鼓励金融机构为从事电影活动以及改善电影基础设施提供融资服务，依法开展与电影有关的知识产权质押融资业务，并通过信贷等方式支持电影产业发展。"此处的"信贷"指的就是在电影产业融资中银行提供的贷款。近年来，随着中国电影产业的繁荣发展及国际合作的日益频繁，银行贷款开始向中国电影行业敞开大门，并且得到政府的大力支持，银行贷款融资呈现逐年递增之势。②具体而言，银行贷款融资可分为三种类型：抵押贷款融资、质押贷款融资以及信用担保贷款融资。

（1）抵押贷款融资。抵押贷款是指债务人在贷款时不转移对财产的占有，将该财产作为债权的担保。当债务人不履行债务之时，债权人有权依法以该财产折价或者以拍卖、变卖该财产的价款优先受偿。债务人为抵押人，通常为影视公司；债权人为抵押权人，通常为银行；提供担保的财产为抵押物。③影视公司在向银行贷款时，若以房屋等不动产设定抵押，应当为银行办理抵押登记，抵押权自登记时设立；若以车辆等动产设定抵押，则必须与银行订立抵押合同，

---

① 参见魏永征、李丹林主编：《影视法导论——电影电视节目制作人须知》，复旦大学出版社 2005 年版，第 156 页。

② 参见王伟、吴东兴、徐华："中国电影业银行贷款难的成因与启示"，载《武汉金融》2013 年第 6 期。

③ 参见《民法典》物权编第 394 条规定，为担保债务的履行，债务人或者第三人不转移财产的占有，将该财产抵押给债权人的，债务人不履行到期债务或者发生当事人约定的实现抵押权的情形，债权人有权就该财产优先受偿。前款规定的债务人或者第三人为抵押人，债权人为抵押权人，提供担保的财产为抵押物。

抵押权自抵押合同生效时设立。[1] 由于房产经济价值高、不易贬值，便于转手变现，因此银行在为影视公司办理抵押贷款业务时，大多要求用房屋作抵押。例如：2010 年著名导演张艺谋在筹拍电影《金陵十三钗》时，北京新画面影业公司董事长张伟平作为该片制片人以个人房产作抵押，[2] 从民生银行贷款 1.5 亿元，[3] 为影片的顺利拍摄提供了充足的资金后盾。

（2）质押贷款融资。质押贷款是指债务人在贷款时将其动产或权利移交给债权人占有，将该动产或权利作为债权的担保。当债务人不履行到期债务时，债权人有权依法以该动产或权利折价或者以拍卖、变卖该动产或权利的价款优先受偿。债务人为出质人，通常为影视公司；债权人为质权人，通常为银行。[4] 质押财产既可以是动产也可以是权利。[5] 由于电影是特殊的文化创意产业，其核心价值在于电影作品的内容，从法律层面而言，即指作品的版权及伴随放映产生的票房收益权。因此，银行在为影视公司办理质押贷款业务时，逐步衍生出独具特色的版权质押贷款、票房收益权质押贷款。2006 年华谊兄弟传媒股份有限公司以电影《集结号》的票房收益权作质押，成功从招商银行融得 5000 万元贷款，这是我国票房收益权质押贷款的首例。伴随我国电影市场的繁荣发展、电影版权含金量的不断提高，通过电影版权质押获得的贷款融资规模不断攀高，新兴的版权质押贷款逐渐成为电影融资的主要渠道之一。后文将对版权质押融资进行专门详述。

（3）信用担保贷款融资。我国《电影产业促进法》第 40 条第 3 款规定："国家鼓励融资担保机构依法向电影产业提供融资担保……"此处的"融资担保"指的是由专业机构提供的"信用担保贷款"。信用担保贷款是指影视公司在向银行融通资金的过程中，根据合同约定，由依法设立的融资担保机构为影视公司提供保证，在影视公司不能依约履行债务时，由担保机构承担合同约定的偿还责任，从而保障银行债权的实现。

---

① 参见曹士兵：《中国担保制度与担保方法》，中国法制出版社 2015 年版，第 197 页。

② 参见王文："十三钗无缘奥斯卡 传张伟平为其抵押全部房产"，载中国新闻网，http://www.chinanews.com/yl/2012/01-20/36/8800.shtml，最后访问时间：2021 年 1 月 10 日。

③ 参见胡蓉萍，李丽："民生 1.5 亿贷款'十三钗'"，载经济观察网，http://www.eeo.com.cn/2011/1202/217086.shtml，最后访问时间：2021 年 1 月 10 日。

④ 参见《民法典》物权编第 425 条规定：为担保债务的履行，债务人或者第三人将其动产出质给债权人占有的，债务人不履行到期债务或者发生当事人约定的实现质权的情形，债权人有权就该动产优先受偿。前款规定的债务人或者第三人为出质人，债权人为质权人，移交的动产为质物。

⑤ 参见《民法典》物权编第 440 条规定：债务人或者第三人有权处分的下列权利可以出质：……⑤可以转让的注册商标专用权、专利权、著作权等知识产权中的财产权。

经过银行业与电影业几年来的密切合作，部分银行开始逐步探索信用担保贷款。信用担保贷款相较于抵押贷款而言，是更为高级的形式。抵押贷款需要影视公司向银行提供房屋等财产作抵押，以防影视公司无法偿还贷款时，银行能通过资产处置的方式来降低风险，这是银行业初入电影行业的尝试。信用担保贷款则无需影视公司提供抵押财产，银行更加注重考察影视公司的综合能力，包括剧本、导演、演员、档期等因素。由此，一方面反映出银行对影视市场的逐步了解和信任，银行相信可以依托贷款企业的影视项目盈利来控制信贷风险；另一方面，也反映出银行相关部门在影视专业方面判断能力的提升。例如，2008 年华谊兄弟为电影《功夫之王》贷款融资时采用的便是信用担保贷款模式，由中国出口信用保险公司作为第三方机构提供担保，成功从深圳发展银行融得 6500 万元贷款。[①]

（4）银行贷款融资的基本特点。

第一，银行贷款融资发展情况不均，行业及地域间均存在较大水平差异。从行业而言，银行业倾向于贷款给具备市场号召力的大型影视公司，中小电影企业很少能获得银行青睐。由于电影行业本身具备高度风险性，为规避风险，银行通常会选择财务状况好、透明度高的大型影视公司或具有市场号召力的著名导演。从地域而言，各地发展情况存在较大差异。目前，我国只有文化产业发达地区的少数几家银行介入了电影业，如北京银行、工行北京分行、深圳发展银行和广东发展银行等，而文化产业欠发达地区则缺乏金融资本与文化创意产业对接的通道。[②]

第二，为减少风险，银行不断开发完善新型模式。在大多数情况下，即便影视公司已经提供了票房收益权等权利质押，银行依然会要求影视公司提供复合担保，一旦银行贷款无法收回，银行将依法享有优先受偿权。除复合担保模式之外，银行还新增打包贷款模式，将一笔贷款同时用于几部影片，当其中一部影片无法完成或市场效益不好时，还可通过其他影片的盈利来弥补损失收回贷款，从而有效防范和分散单片贷款带来的项目风险。

第三，银行贷款融资起步时间早、发展速度快，但整体而言较为传统稳妥。银行贷款作为我国电影行业起步较早的一种融资方式，发展速度快、贷款融资

---

① 参见："服务贸易借助信用保险获得加快发展"，载《经济参考报》http://www.jjckb.cn/sq/2008-01/28/content_83512.htm，最后访问时间：2021 年 1 月 11 日。

② 参见王伟、吴东兴、徐华："中国电影业银行贷款难的成因与启示"，载《武汉金融》2013 年第 6 期。

方式不断更新，除早期以动产、不动产作抵押贷款之外，又逐步发展出质押贷款融资和信用担保贷款融资。尽管贷款融资在不断完善发展，但从整体而言，其仍属较为传统稳妥的一种融资模式，因此亟待探索新兴的融资方式。

2. 民间借贷。民间借贷是影视公司向自然人或民间企业的借款行为。影视公司与自然人之间的借贷，只要双方当事人意思表示真实即可认定为有效。但是影视公司在借贷过程中，若以非法占有为目的，虚构集资用途，使用诈骗的方法进行非法集资，扰乱国家正常金融秩序，侵犯公私财产所有权且数额较大，则构成集资诈骗罪。此外，影视公司若未经中国人民银行批准，向社会不特定对象吸收资金，出具凭证，承诺在一定期限内还本付息，扰乱国家正常金融秩序，则构成非法吸收公众存款罪。影视公司若在借贷过程中存在上述两种情形，不仅借贷行为会被认定为无效，同时影视公司及其负责人还面临刑事处罚。自然人或民间企业在向影视公司出借款项时，应当谨慎审查影视公司的真实借款目的，防止资金落入不法用途。

早期的电影人因融资渠道少、难度大，会尝试使用多种方法来融资，其中一些融资方式面临着违法风险，企业间借贷便是其中典型。企业间借贷也称为企业拆借，即企业之间通过短期融资合同，明确约定短期借款并按一定的利息归还，这是民间借贷方式的一种。在实践中，不乏影视公司通过企业间借贷的方式来完成电影融资，例如，某企业向某影视公司提供"投资"，双方约定，若日后盈利，则投资者收回投资并分享一定比例的利润；若日后亏损，则投资者依然有权收回投资。这种行为名为"投资"实为借贷，因为投资的基本要求是共享收益、共担风险，不应保证还本付息。① 贷款作为一项金融业务，依法只能由国家指定的具有金融信贷权的银行和其他金融机构专营，并接受中国人民银行的监督和管理，非金融机构的企业之间不得相互借贷。根据我国《贷款通则》第 21 条规定："贷款人必须经中国人民银行批准经营贷款业务，持有中国人民银行颁发的《金融机构法人许可证》或《金融机构营业许可证》，并经工商行政管理部门核准登记。"《贷款通则》第 61 条规定："各级行政部门和企事业单位、供销合作社等合作经济组织、农村合作基金会和其他基金会，不得经营存贷款等金融业务。企业之间不得违反国家规定办理借贷或者变相借贷融资业务。"根据最高人民法院《关于对企业借贷合同借款方逾期不归还借款的应如何处理的批复》规定："企业借贷合同违反有关金融法规，属无效合同。"因此，企业若不具

---

① 参见魏永征、李丹林主编：《影视法导论——电影电视节目制作人须知》，复旦大学出版社 2005 年版，第 168 页。

备贷款资质而从事了贷款业务，不仅借贷合同无效，贷款人还将面临违法处罚的风险。根据《非法金融机构和非法金融业务活动取缔办法》第22条规定："设立非法金融机构或者从事非法金融业务活动，构成犯罪的，依法追究刑事责任；尚不构成犯罪的，由中国人民银行没收非法所得，并处非法所得1倍以上5倍以下的罚款；没有非法所得的，处10万元以上50万元以下的罚款。"

企业或其他组织若想向影视公司贷款，就必须通过委托贷款这一合法途径来进行。若某企业同意向影视公司借款，则应以商业银行为中介。该企业作为委托人，银行作为受托人，双方签订委托贷款协议，并将出借资金存入银行，银行根据委托人确定的贷款用途、贷款期限、贷款利率，向委托人指定的影视公司发放贷款，此外银行还可以根据委托人的要求，让影视公司提供担保。在委托贷款中，银行是纯粹的中介组织，只收取手续费，不承担贷款风险，贷款风险由委托人自己承担。①

（三）版权融资

随着我国版权意识的增强以及电影版权含金量的提高，电影版权在融资方面也开始发挥出重要作用，成为帮助融资的有力手段。其中，版权质押贷款和版权证券化已经成为电影版权融资的新兴手段，值得探究。以下将对这两种版权相关的融资方式进行详细介绍。

1. 版权质押贷款。电影版权质押是基于电影产业自有资源的融资方式。《电影产业促进法》第40条第1款规定，国家鼓励金融机构为从事电影活动以及改善电影基础设施提供融资服务，依法开展与电影有关的知识产权质押融资业务，并通过信贷等方式支持电影产业发展。

此处着重提及应探索开展"知识产权质押融资"。知识产权质押融资主要指电影版权质押贷款融资，即影视公司在电影拍摄完成前，先行将电影的版权质押给商业银行，银行通过估计电影版权未来可取得的商业价值，进而为影视公司提供一定量的贷款融资。如果影视公司到期无法还本付息，银行可以将质押的电影版权折价或者拍卖、变卖，银行作为质权人对所得价款享有优先受偿的权利。版权包括人身权和财产权，② 根据我国《民法典》物权编的相关规定，

① 参见魏永征、李丹林主编：《影视法导论——电影电视节目制作人须知》，复旦大学出版社2005年版，第168页。

② 参见《著作权法》第10条规定，著作权包括人身权和财产权。其中人身权包含发表权、署名权、修改权、保护作品完整权，财产权包含复制权、发行权、出租权、展览权、表演权、放映权、广播权、信息网络传播权、摄制权、改编权、翻译权、汇编权及应当由著作权人享有的其他权利。

人身权不能用于权利质押，只有财产权可设定质权。① 较之于传统的电影融资方式而言，电影版权质押融资是以电影本身的价值进行担保的一种融资方式，对只能依靠电影之外的资产担保融资的传统融资方式来说，是一个较大的进步，是盘活电影资产的新兴做法。

（1）我国版权质押贷款的现状。2004 年由冯小刚导演，章子怡、葛优等演员出演的电影《夜宴》成为我国电影版权质押贷款成功的首例案例。随着我国电影市场的繁荣发展，电影版权的含金量不断提高，版权质押贷款逐渐成为电影融资的重要渠道之一。

表 2-3 国内电影版权质押贷款融资情况 ②

电影企业	贷款银行	贷款额度（贷款时间）	担保方式	贷款用途
华谊兄弟	深圳发展银行	5000 万元（2004 年）	版权质押 + 中国出口信用保险公司担保 + 董事长王中军个人无限连带责任保证	《夜宴》
华谊兄弟	招商银行	5000 万元（2006 年）	版权质押、票房受益权质押 + 董事长王中军和执行总裁王中磊的个人无限连带责任保证 + 阿里巴巴董事局主席马云的个人名义担保	《集结号》
	工商银行北京分行	1.2 亿元（2009 年）	版权质押 + 董事长王中军的个人无限连带责任保证	《风声》《追影》《唐山大地震》《狄仁杰之通天帝国》
保利博纳	工商银行北京分行	5500 万元（2009 年）	版权质押 + 总裁于冬的个人无限连带责任保证	《十月围城》《大兵小将》《一路有你》
	北京银行	1 亿元（2010 年）	版权质押 + 总裁于冬的个人无限连带责任保证	《龙门飞甲》《抓猴》《美丽人生》《大话射雕英雄》
		5 亿元意向性综合授信（2012 年）	版权质押 + 总裁于冬的个人无限连带责任保证	3D《林海雪原》3D《白发魔女传》等 10 部电影

---

① 《民法典》物权编第 440 条规定，债务人或者第三人有权处分的下列权利可以出质：……⑤可以转让的注册商标专用权、专利权、著作权等知识产权中的财产权；由此可见，著作权中仅财产权可以质押，人身权不可质押。

② 参见王伟、吴东兴、徐华："中国电影业银行贷款难的成因与启示"，载《武汉金融》2013 年第 6 期；邱瑶溪："我国电影产业融资模式的优化研究"，景德镇陶瓷学院 2014 年硕士学位论文。

续表

电影企业	贷款银行	贷款额度（贷款时间）	担保方式	贷款用途
北京世纪佳映	北京银行	1000 万元（2008 年）	版权质押 + 总经理肖凯的个人无限连带责任保证	《画皮》
光线传媒		2 亿元意向性综合授信（2009 年）	版权质押 + 总裁王长田的个人无限连带责任保证 + 北京首创投保有限责任公司部分担保	未来三年 40 部电影的制作和发行
北京新画面影业	民生银行	1.5 亿元（2010 年）	版权质押 + 总裁张伟平的个人房产抵押	《金陵十三钗》

从表 1 可以看出随着我国电影市场的繁荣发展，电影版权的含金量不断提升，通过电影版权质押获得的贷款融资规模不断攀高，从最初的几千万一路攀升至数亿元。同时银行为分散风险，也创造出许多复合担保模式，除要求影视企业提供版权质押外，还会要求影视企业提供房产等财物抵押或第三方机构提供保证。

（2）版权质押贷款面临的法律风险。

第一，完片风险。电影完片的不确定性加大了银行版权质押贷款的风险，集中表现为审查风险与完工风险。

审查风险：与西方电影审查机制不同，我国电影项目需经过广电部门的行政审查。尽管《电影产业促进法》一定程度上简政放权，确立了一般题材电影剧本梗概备案制，但对于重大题材及特殊题材电影，国家并未放松管制，仍需将相关剧本送交电影主管部门审查。[①] 所有影片还需经过电影主管部门审查，获得《电影片公映许可证》才能上映。然而我国的成片审查标准模糊宽泛，仅

---

① 参见《电影产业促进法》第 13 条第 1 款规定：拟摄制电影的法人、其他组织应当将电影剧本梗概向国务院电影主管部门或者省、自治区、直辖市人民政府电影主管部门备案；其中，涉及重大题材或者国家安全、外交、民族、宗教、军事等方面题材的，应当按照国家有关规定将电影剧本报送审查。

具有导向性，对于具体的电影而言，该标准可操作性并不强。[①]这就使得电影在拍摄前后面临许多难以预测的风险，若成片无法通过广电部门的审查，那便意味着前期所有投资都面临付诸东流的危险。

完工风险：由于电影拍摄时间长、涉及人员众多、过程繁琐，经常面临资金链断裂、主创人员发生变化等重大意外事故而中止拍摄。[②]如果电影无法按时完工则意味着还款期限的延长和市场机会的错过，必然会给银行资金回收带来风险。

第二，权属风险。电影版权的归属争议将影响版权质押的有效性。在实际操作中，我国各地版权登记中心并没有普遍实现数据库联网、信息共享，可能被投机者利用这一机制漏洞，用同一电影版权向多家银行机构申请版权质押融资，作品版权被"一女多嫁"。[③]此外，电影版权本身就是权利束的集合，含有复制权、发行权、放映权、信息网络传播权等多项财产权利，在版权登记尚未公示的情况下，权利边界不明晰，极有可能发生电影制片方将电影版权的不同权属分别质押、转让给多方的情况。

第三，评估风险。版权价值评估缺乏统一标准，削弱银行风险控制能力。我国现阶段尚无权威的版权评估机构，现有版权评估机构出示的评估结果的客观性与公正性还有待商榷。[④]再加之我国电影市场的盗版问题，使得版权价值评估更为困难。银行贷款给制片方之时，电影尚未投放市场，银行无法准确评估出电影版权的未来市场价值，直接导致银行无法为每一个电影项目提供符合该版权价值的贷款金额。若银行提供的贷款金额大于电影的版权价值可能导致

---

① 参见《电影产业促进法》第 16 条规定：电影不得含有下列内容：①违反宪法确定的基本原则，煽动抗拒或者破坏宪法、法律、行政法规实施；②危害国家统一、主权和领土完整，泄露国家秘密，危害国家安全，损害国家尊严、荣誉和利益，宣扬恐怖主义、极端主义；③诋毁民族优秀文化传统，煽动民族仇恨、民族歧视，侵害民族风俗习惯，歪曲民族历史或者民族历史人物，伤害民族感情，破坏民族团结；④煽动破坏国家宗教政策，宣扬邪教、迷信；⑤危害社会公德，扰乱社会秩序，破坏社会稳定，宣扬淫秽、赌博、吸毒，渲染暴力、恐怖，教唆犯罪或者传授犯罪方法；⑥侵害未成年人合法权益或者损害未成年人身心健康；⑦侮辱、诽谤他人或者散布他人隐私，侵害他人合法权益；⑧法律、行政法规禁止的其他内容。由此可见，我国成片审查标准模糊宽泛、仅具有导向性规定，对于每一部有具体类型和剧情的电影而言，标准难以捉摸、可操作性并不强。

② 参见万幸："中国电影版权担保融资的现实处境与风险研究"，载《东南传播》2012 年第 8 期。

③ 参见邱瑶溪：《我国电影产业融资模式的优化研究》，景德镇陶瓷学院 2014 年硕士学位论文。

④ 参见陈焱：《好莱坞模式：美国电影产业研究》，北京联合出版公司 2014 年版，第 38 页。

银行提供的资金面临难以回收的风险。[①]

第四，变现风险。版权变现困难导致版权质押绑定多重担保，造成质权虚置。在银行通常的贷款业务中，若借款人到期无法还本付息，银行可将抵押物、质押物进行折价、拍卖、变卖，且可就所得价款行使优先受偿权。但对于版权质押贷款，由于我国尚未形成系统化、标准化的版权评估体系与版权交易市场，这造成银行在版权变现时遇到诸多障碍。[②]因此银行在向影视公司贷款时往往要求提供多重担保，造成质权虚置，对影视公司而言过于严苛。

（3）完善版权质押贷款的对策。

第一，建立健全完善的担保体系。我国现有的版权质押贷款体系过于依赖影视企业负责人以个人资产提供担保，我国应针对电影市场建立健全专业的第三方担保服务体系，对此可借鉴法国的做法，建立政府信用担保体系。所谓政府信用担保体系，是指由政府为影视公司提供担保的信用体系，以政府信用为影视公司的贷款做担保，有利于增强银行贷款的信心，同时这也是电影行业国际通行的做法。例如：法国成立了电影与文化工业融资局（简称 IFCIC），专门负责为法国电影提供政府信用担保，仅 2010 年 IFCIC 的对外担保额就达到 2 亿欧元，共有 100 多部电影从中受益，为法国电影的复兴与繁荣立下了汗马功劳。[③]

我国可借鉴此种做法，政府可以每年的电影专项资金或财政部拨款的专项信用担保资金为担保资格，为电影公司的版权质押贷款提供信用担保。[④]也可利用上述专项资金成立具备国有信用的担保公司，为影视企业与商业银行提供专业的第三方担保服务和跟踪监理服务。有了国有信用作担保，银行可放心将资金贷给影视企业，促进影视项目融资，当电影版权难以变现，影视企业无力偿还贷款时，由国有信用担保公司在约定的担保金额范围内代替其向银行偿还资金。

第二，建立版权质押预告登记制度。我国现有质押登记针对的是既定版权，[⑤]而电影版权质押贷款基本采用的是期待版权，版权尚未形成，难以进行

---

① 参见王立武："影视作品著作权担保融资的法律问题研究"，载《山东社会科学》2010 年第 8 期。

② 参见万幸："中国电影版权担保融资的现实处境与风险研究"，载《东南传播》2012 年第 8 期。

③ 参见汪勤："法国电影融资局忙起来了"，载《中国文化报》2010 年 11 月 13 日，第 3 版。

④ 参见向晶："新媒介语境下的电影营销——以电影《小时代 1》为例"，载《电影评介》2014 年第 C1 期。

⑤ 参见《民法典》第 444 条第 1 款规定：以注册商标专用权、专利权、著作权等知识产权中的财产权出质的，质权自办理出质登记时设立。此处的版权"出质登记"针对的是既定版权而非期待版权。

登记注册。为制止投机者将同一电影版权同时质押给多方的投机行为，应当建立一套完善的版权质押预告登记制度。所谓版权质押预告登记制度是指为了保障银行作为债权人将来取得电影版权的质权，制片方将电影期待版权预告质押给银行，并在著作权质押登记部门进行预告质押登记，待电影作品形成后再进行正式质押登记的一种制度。其目的在于阻止制片方在电影版权形成后对版权的不当处分行为，进而保证银行在版权形成后得以支配版权的交换价值。①

办理电影版权质押预告登记手续之后，将在出质人制片方与预告质押权人银行之间产生如下法律效果：其一，制片方应当按照既定拍摄计划按时完成电影作品，确保电影期待版权能够最终转化为既定版权，实现版权价值。其二，为保护在先的预告质押权人，一份电影作品的期待版权只能设定一次预告质押，制片方不能与第三人就同一电影版权重复设立质押预告登记。其三，版权质押预告登记设立之后，未经预告质押权人同意，制片方擅自处分版权的行为不发生版权变动的效力。其四，电影完工后，版权质押预告登记效力存续期间制片方不得擅自与第三人设定版权质押或发生权利转让，只能与预告质押权人进行正式质押登记或解除预告质押登记。②

通过版权质押预告登记制度以国家机关的名义赋予公证的效力，告知相关利害关系人版权已被质押，参与交易需要谨慎，从而达到控制银行放贷风险的目的。

第三，建立版权评估体系。版权评估体系主要是评估电影版权在市场上的经济价值。在中国电影产业的既有体制之内，电影版权的经济价值主要围绕票房收入展开，并且只有当影片能够通过审核并最终得以公映，电影版权的经济价值才能实现。③

电影版权经济价值的评估应当围绕现金流进行，即预测与收益相关的指标，目前大体可以分为三个方面：基础指标、市场化调整指标和安全性指标。基础指标是电影版权最核心的评测指标，包含导演、主演、剧本、档期、院线排片、投资水平六大指标。市场化调整指标主要从宣传发行及同期竞争等市场因素考量，包含营销发行能力、同档期竞争影片、发行窗口多样化程度、衍生产品的可行性四大指标。安全性指标主要涉及投资安全性，从版权持有人自身可靠性的角度切入，包含影片社会资源、制片公司财务状况、发行公司财务状

---

① 参见郑万青、熊斌斌："电影期待版权预告质押制度研究"，载《知识产权》2013 年第 9 期。

② 参见郑万青、熊斌斌："电影期待版权预告质押制度研究"，载《知识产权》2013 年第 9 期。

③ 参见张辉锋、宋颖颖："电影版权评估指标体系新探"，载《青年记者》2011 年第 5 期。

况三大指标。①

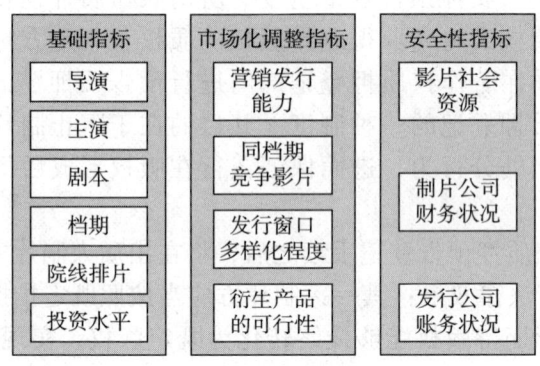

图 2-1　电影版权价值评估体系示意图②

通过综合考量上述三大方面、13 个指标，可以初步建立我国电影版权的价值评估体系。但在考量上述指标时，应当注意分清主次，不能完全平均分配，基础指标作为核心指标，在价值考量时占比应当更重。

第四，健全版权交易市场。健全版权交易市场除依靠民间社会团体力量之外，还需要政府主管部门的通力合作，共同打造具备官方认可性的电影版权交易平台。应当由政府牵头，相关行业专家积极参与，共同制定版权交易的法律法规及行业标准，建立电影版权交易数据库，完善版权交易公示制度。他山之石，可以攻玉。英美等国版权交易市场发展多年，已形成较为完善系统的制度，我国应与国外先进的版权交易平台进行对接，学习借鉴其完善的版权评估制度与交易制度。此外还应充分利用各大电影节的国际交流功能，将电影节开发为海外版权交易的新平台。

第五，建立第三方监理体系。通常情况下，贷款资金使用流向的监督者为银行，但电影行业具备高度专业性，行业外人士难以对电影项目的资金流向进行准确监督，因此引入第三方监理机构具备必要性。第三方监理机构应当对电影行业高度了解，具备电影项目监理经验。监理的范围包括剧组资金流向、使用进度、风险管理等。第三方监理机构应当派人进入剧组，对资金使用情况进行监督，同时接受银行风控部门的指示，定期向银行报备。目前行业内已有影视公司开始第三方监管账户的有益探索，例如，在《集结号》电影项目中，招

---

① 参见张辉锋、宋颖颖："电影版权评估指标体系新探"，载《青年记者》2011 年第 5 期。
② 参见张辉锋、宋颖颖："电影版权评估指标体系新探"，载《青年记者》2011 年第 5 期。

商银行开立了资金监管账户，以循环报账的方式，要求片方每月给出预算，并以发票的形式报销，结清了上月的账目后，再发放下月的贷款。[①] 域外的完片担保制度与第三方监理机构都立足于降低银行风险、帮助片方融资，二者职能具备重叠之处，第三方监理机构属起步阶段的良好过渡选择，完片担保则是更为高级完善的电影保险融资方式，下文将进行具体分析探讨。

2. 版权证券化。电影版权证券化是指发起人将缺乏流动性但能产生可预期现金流收入的电影版权的未来收益权或其他基于该版权的商业化收益权，转移给一个特殊目的载体（Special Purpose Vehicle，以下简称 SPV），该特殊目的载体通过一定的结构安排，对资产中的风险和收益要素进行分离与重组，而后由该载体发行一种基于该基础资产预期收益流的权利凭证，再出售该凭证以融资的过程。[②] 电影版权证券化的实质是一种基于版权的结构性融资，是传统的资产证券化融资中证券化对象从有形资产延伸到无形资产领域的结果。[③]

（1）版权证券化的模式选择。

第一，信托型 SPV。信托型版权证券化的操作方式目前有两种：第一种操作方式是影视企业作为版权持有人将电影期待版权（由于此时尚处于电影融资阶段，电影还未开拍，尚不存在电影版权，目前的资产乃是一种期待权，称之为电影期待版权则更为贴切）转让给 SPV，形成信托关系。再由 SPV 发行代表对基础资产享有按份权利的信托产品，向投资者出售，从而募集资金。在这种操作方式中，影视企业是委托人，SPV 是受托人，当投资者购买信托产品后成为受益人，电影版权为信托财产。按照信托关系的基本原理，委托人在设立信托的同时将信托财产转移给受托人，受托人按照信托目的负有为受益人的利益管理和处分信托财产的义务，受益人对受托人享有债权。[④] 第二种操作方式是直接由信托投资公司担任 SPV，由其发行信托产品，募集社会闲置资金，再以该募集的资金购买电影版权持有人的资产，从而形成信托关系。[⑤]2009 年，北京国际版权交易中心旗下的版权产业融资平台正式开通，电影《赤壁》《奋斗》通过版权信托的模式顺利融得资金。[⑥]

第二，公司型 SPV。公司型版权证券化的操作方式主要是影视企业将其合

① 参见苏龙飞：“《集结号》5000 万融资路线图”，载《经理人》2008 年第 3 期。

② 参见王锦慧、晏思雨：“电影版权证券化的融资模式选择”，载《重庆社会科学》2014 年第 6 期。

③ 参见张辉锋、刘庆楠：“影视剧产业版权证券化融资模式分析”，载《国际新闻界》2015 年第 2 期。

④ 参见张军建：《信托法基础理论研究》，中国财政经济出版社 2009 年版，第 26 页。

⑤ 参见黄韵：“论信托在资产证券化中的运用”，载《经济问题探索》2004 年第 6 期。

⑥ 参见王锦慧、晏思雨：“电影版权证券化的融资模式选择”，载《重庆社会科学》2014 年第 6 期。

法拥有的电影版权打包,将版权收益权以真实销售的方式转让给一个远离破产风险的特殊目的公司,然后发行资产支持证券进行融资。由于在资金出现问题时,SPV 对出售的资产有全权处置权,因此达到了风险隔离的目的。① 公司型 SPV 在美国应用较多,在我国尚处于起步阶段。

国际通行的资产证券化模式是债券化而非股票化,电影行业的版权证券化也具备该基本特点,因此 SPV 发售的资产支持证券主要体现为债券。相对于股票化融资,债券化具有诸多优点。首先,影视企业不必担心债券融资会像股票融资那样稀释自己对企业或电影项目的控制权和经营管理权。其次,由于债券是一种债权债务关系证明而非所有权证明,债券的发行者只需向债券的购买者按期还本付息即可,而不必与外部投资者分享所有利润。再次,由于融资成本具备固定性和有限性,当企业或具体项目投资回报率大于借款利率时,债券发行者会获得额外收益。体现在电影行业中,即若电影票房大卖,制片方在完成票房分账及向投资者还本付息之后,还可获得额外分账收益。最后,由于公司所得税是在偿付利息之后计算的,因此债券化还具备抵税的重要作用。②

(2)版权证券化的运作流程。电影版权证券化的运作流程如下:

第一,确定标的:电影版权证券化融资首先要确定证券化标的,即选定电影版权,为之后组建资产池做准备。为分散单一电影带来的风险,通常会将多个电影版权组成资产组合。

第二,真实销售:电影的版权所有者作为发起方,将电影版权的未来收益权真实销售给特殊目的载体 SPV。

第三,建资产池:SPV 将多个电影版权(多为电影期待版权)组成资产组合,建立资产池。

第四,信用评级、增级、发行评级:SPV 会对资产池进行一系列操作,诸如聘请信用评级机构对版权资产进行信用评级,再通过破产隔离、融资担保等手段对版权资产进行信用增级。破产隔离是指即便发起方破产,也对版权资产没有任何影响,这样有利于版权资产的信用增级,增加对投资人的吸引力。此后,SPV 再聘请信用机构进行发行评级。③

第五,证券发行:SPV 选择证券公司安排证券发行等,最终将版权资产设

---

① 参见王锦慧、晏思雨:"电影版权证券化的融资模式选择",载《重庆社会科学》2014 年第 6 期。

② 参见黄树青:"'电影股票'辨析:如何实现真正的电影证券化融资",载《当代电影》2011 年第 10 期。

③ 参见张辉锋、刘庆楠:"影视剧产业版权证券化融资模式分析",载《国际新闻界》2015 年第 2 期。

计成一定期限、利率的证券向投资人出售。

第六，支付价款：SPV 获取证券发行收入后，将向聘用的服务机构支付服务费用，如此前未向发起方支付版权购买费用则此时支付。此时发起方即电影版权所有方已完成融资，其开始利用融得的资金开展影片拍摄。

第七，资产管理：电影项目完工进入市场后，通过票房收入等渠道实现版权的市场收益。电影版权所有者将版权的相关收益款项存入 SPV 的收款账户中，由托管人负责管理。

第八，支付费用：托管人从 SPV 收款账户中提取资金，按约定的期限、利率，到期向购买证券的投资人还本付息。

（3）版权证券化的优化路径。版权证券化与版权质押贷款相似，面临诸多风险，主要表现为前期版权的估值风险，中期完片风险与审查风险，以及后期的收益风险。估值风险、完片风险、审查风险及其相应对策在前文版权质押贷款中已作详尽介绍，在此不再赘述。在版权证券化构建资产池的过程中，应注意构建多元化的资产池来对冲风险。根据"大数法则"，影视剧版权资产的多元化可以降低因估值不准确而导致的风险，这样单一或少数版权资产的估值偏差不会影响整个资产池现金流的表现。构建资产池的多元化，应避免"群组化"，所谓"群组化"，是指虽含有多个资产组合，但多个影视版权都体现为同一类型的影片或影片主创人员极为相似而使影片风格类似，或影片档期接近。[1] 在构建资产池时，应尽量保证影片类型多元化、主创风格多元化、错开多部影片的档期。目前，国际上通行的电影资产证券化项目无一不是对若干部电影的组合进行证券化。比如，2002 年，梦工厂对包括《角斗士》《美国丽人》《世界之战》《拯救大兵瑞恩》和《有本事抓住我》等 59 部影片进行打包证券化融资；2006 年，派拉蒙以证券化方式向私人股权投资者出售梦工厂的电影资料馆，以及索尼影视 11 部电影打包证券化、环球电影公司 7 部电影打包证券化等。[2]

此外，由于版权证券化的标的是无形资产，相较于传统有形资产的证券化融资面临更大的后期收益风险。传统有形资产证券化，预期收益现金流较为可靠，投资人的收益通常在协议中已作出固定规定。然而在版权证券化融资中，投资人的收益取决于版权最终在市场上实现的收益，而我国电影版权获取市场收益的渠道单一，主要依靠票房收入，但票房受市场因素波动较大，难以准

---

① 参见张辉锋、刘庆楠："影视剧产业版权证券化融资模式分析"，载《国际新闻界》2015 年第 2 期。

② 参见黄树青："'电影股票'辨析：如何实现真正的电影证券化融资"，载《当代电影》2011 年第 10 期。

确预测。因此，版权证券化面临后期收益风险，投资人的收益情况存在不确定性。针对电影版权证券化面临的后期收益风险，应当开发电影的完整产业链，增加衍生品收入，以实现版权收益最大化。具体而言，应当充分开发利用电影的多元化放映渠道，使版权在多种媒介平台上销售，获取更大收益。同时还可以开发电影相关的玩具、服装、图书等周边衍生产品，将影片中人物打造成知名形象品牌。更进一步，还可将版权延伸到主题公园等旅游观光以及餐饮服务等行业，实现版权价值的深度开发。[①]2013 年，由美国照明娱乐公司制作并由环球影片公司发行的《卑鄙的我 2》仅投资 7600 万美元，却获得了近 10 亿美元的票房，但影片的主要营收渠道并不依靠票房而是衍生品的开发收入，影片主角"小黄人"古灵精怪的形象深入人心，"小黄人"相关衍生产品得到大力开发，目前已多达数百种，包括玩具公仔、手机壳、服装箱包等。我国电影行业应当效仿借鉴如此成熟完整的产业链，自然能有效控制版权证券化的后期收益风险。[②]

（四）公开融资

随着影视公司不断成长，利用公开融资的方式来扩充企业资金、壮大企业规模成为大多数影视公司的选择。公开发行股票上市能为影视公司带来丰厚的社会资金，但同时也意味着更多的义务，需对投资者负责，再加之我国 IPO（Initial Public Offerings，即首次公开募股）上市监管严格、困难重重。由此，除 IPO 之外，新三板和间接上市也成为许多影视公司公开融资的新渠道。

1. 上市融资。

（1）我国上市融资的现状。上市融资是指影视公司通过公开发行股票的形式，用发行所得款项来补充企业所需资金的融资行为。上市融资的公司须是股份有限公司，其所发行的股票须经国务院或国务院授权证券管理部门的批准。通过公开发行股票的形式进行上市融资，影视公司与股东之间存在股权关系，公司无需承担还本付息的义务，只是向股东分配股利。股东是否能够实现股利，事实上取决于公司经营是否产生利润，公司如无盈利，则不能分配。即使是公司有盈利，根据《公司法》的规定，也必须首先弥补公司亏损、依法提取公积金之后才能依照出资比例或者持股比例向股东分配股利。[③]因此，上市融资比起银行贷款等债权融资方式，减小了影视公司到期偿还资金的压力，同时上市

① 参见张辉锋、刘庆楠："影视剧产业版权证券化融资模式分析"，载《国际新闻界》2015 年第 2 期。

② 参见张辉锋、刘庆楠："影视剧产业版权证券化融资模式分析"，载《国际新闻界》2015 年第 2 期。

③ 参见施天涛：《公司法论》，法律出版社 2014 年版，第 261 页。

更易帮助公司提升知名度、扩展公司规模。

相较于国有电影制片厂，我国民营影视公司机制更为灵活，对资本的需求更为迫切，因此很早就开始相关资本运作。2009年9月27日，我国著名的民营电影制作公司——华谊兄弟首发申请通过证监会发审委的审核，获准发行股票并于深交所创业板上市，成为国内首家在A股上市融资的电影公司。[1] 华谊兄弟上市首发时的发行市盈率高达69.71%，实募资金达到12亿元，远远超过公司高管的预期。光线传媒也于2011年在深交所创业板A股上市。此外，2016年8月，中国电影股份有限公司与上海电影股份有限公司先后于上交所上市，这标志着国有电影企业也在不断加速文化体制改革，逐步探索迈向市场化、集团化、股份化。

影视公司上市之后为增加资本需要公开发行新股。向原来的股东配售股票或向社会公众增发股票，是上市公司再融资的重要方式。目前我国影视上市公司在证券市场股票再融资的基本方式是配股，但配股方式是股票发行额度制度的产物，对上市公司的市场约束力较弱，对不同投资主体难以公平对待。向社会公众增发新股是国际通行的市场化发行方式，但一般而言只有经济效益好、具备发展潜力并且股价未被过分高估的影视上市公司，增发新股才能成功。[2] 2014年中国传媒影视通过配股方式筹资2300万元，不仅增加了企业的营运资金，同时一度助力公司股价上升15%。

（2）上市融资的风险。影视企业上市具有诸多优势。首先，上市为公司的持续发展储备了稳定长期的融资渠道，并借此形成良性的资金循环。其次，上市有利于促进影视公司不断提升企业实力。由于企业上市后成了"公众公司"，所以就必须告别过去"作坊式"的管理方式，由更加科学和规范的现代管理机制取而代之，这也有利于企业管理模式的革新和广泛吸纳人才。再次，上市有利于影视企业梳理和优化盈利模式，调整业务板块，合理预置市场需求，减少交易成本，提高企业的持续盈利能力。最后，上市促进影视企业更为直接地面对市场、面对大众，有利于企业增加知名度和影响力，打造品牌效应。[3] 然而客观而言，上市融资是一把双刃剑，为影视企业带来资金的同时，必然也伴随一定的风险。

---

① 参见吴峻：《寻找庇护的艺术？——电影融资与扶持法律制度》，社会科学文献出版社2013年版，第52页。

② 参见魏永征、李丹林主编：《影视法导论——电影电视节目制作人须知》，复旦大学出版社2005年版，第174页。

③ 参见司若："浅议企业上市对我国影视产业的影响和意义"，载《当代电影》2010年第2期。

第一，上市融资具备固有特点，可能对影视企业产生负面影响。我国《证券法》规定上市公司必须履行信息披露的义务，这可能在一定程度上导致影视企业及相关电影项目商业机密的泄露。同时发行股票使得公司股权分散，众多股东拥有表决权，股权稀释效应可能削弱影视企业的控制能力。此外，影视企业上市后直面市场和大众，公司经营决策或管理中的微小表现都可能直接影响企业在资本市场上的表现。尤其影视公司相比其他企业更易获得媒体的关注，任何一点风吹草动都可能直接反映在公司的股价波动上。

第二，上市门槛过高，诸多影视企业望而却步。我国 A 股上市具有较高门槛，对影视企业的净资产、营收状况、盈利情况等指标都有严格要求。证监会发布的《首次公开发行股票并上市管理办法》对主板和中小板的上市主要条件作出规定：①最近 3 个会计年度净利润均为正数且累计超过人民币 3000 万元，净利润以扣除非经常性损益前后较低者为计算依据；②最近 3 个会计年度经营活动产生的现金流量净额累计超过人民币 5000 万元；或者最近 3 个会计年度营业收入累计超过人民币 3 亿元；③发行前股本总额不少于人民币 3000 万元；④最近一期末无形资产（扣除土地使用权、水面养殖权和采矿权等后）占净资产的比例不高于 20%；⑤最近一期末不存在未弥补亏损。

相较于主板、中小板的严格规定，创业板的要求则相对较低，因此诸多影视企业在上市时会选择创业板。《创业板首次公开发行股票注册管理办法（试行）》对创业板上市的主要条件作出规定：①发行人是依法设立且持续经营三年以上的股份有限公司。有限责任公司按原账面净资产值折股整体变更为股份有限公司的，持续经营时间可以从有限责任公司成立之日起计算；②最近两年连续盈利，最近两年净利润累计不少于 1000 万元；或者最近一年盈利，最近一年营业收入不少于 5000 万元。净利润以扣除非经常性损益前后孰低者为计算依据；③最近一期末净资产不少于 2000 万元，且不存在未弥补亏损；④发行后股本总额不少于 3000 万元。由此可以看出，尽管创业板相对主板、中小板而言降低了一定门槛，但整体还是有很高的要求，要通过创业板 IPO 也并非易事。再加之影视市场难以捉摸、轻资产比例较大、可能遭遇不可抗力的政策限制，因此我国真正通过 IPO 上市的影视公司少之又少，诸多影视公司对于上市融资只能望而却步。

第三，上市手续繁琐，增加影视企业上市的不确定性。我国 IPO 上市过程漫长，手续繁琐，需要消耗影视企业过多的人力、物力。影视企业上市发行股票，需要向相关中介机构支付不菲费用，包括承销保荐费、法律咨询费、审计费等，需要投入大量资金成本。此外，证监会审批程序繁琐，过关速度较慢，排队等待过程漫长。即便审批过关进入排队等待程序，仍有可能出现审批后新股发行的不确定性。

（3）完善上市融资的对策。面对 IPO 上市的曲折之路，不少影视企业尝试采用新的方式来实现资本转型，买壳上市及新三板便是其中典型代表。相比 IPO，买壳上市及新三板成本较低且成功率更高。

买壳上市，是指非上市影视公司通过收购某上市壳公司一定比例的股份而控制该公司后，再将本公司的优质资产注入上市公司，或与上市公司的资产进行置换从而实现非上市公司间接上市的目的。相比直接上市，买壳上市能巧妙规避政策限制，简化繁琐程序，是一种切实可行的间接上市融资手段。

除买壳上市外，全国股份转让系统挂牌（新三板）也为影视公司指出一条新的出路。相较于主板、中小板、创业板上市而言，新三板的门槛较低，并无具体的财务指标要求，即使公司尚未盈利，只要股权结构清晰、经营合法规范、公司治理健全、业务明确并履行信息披露义务即可。同时，新三板上市取消了"公司注册地址在试点国家高新园区"和"地方政府出具挂牌试点资格确认函"的要求，因此为中小规模的影视企业提供了更多的机会。

2. 间接上市。

（1）间接上市的基本情况。间接上市，是指非上市公司通过对上市公司壳资源进行资本运作，从而实现上市目的。间接上市通常分为两种类型，借壳上市和买壳上市，二者都是通过将资产注入壳公司从而实现本公司资产上市的目的。壳公司是指证券市场上拥有和保持上市资格，但业绩较差，公司的总股本和流通股规模较小、股价较低的上市公司。

所谓借壳上市，是指上市公司的母公司（控股方）通过将主要资产注入上市的子公司中，从而实现母公司上市的目的。与借壳上市略有不同的是，买壳上市分为"买壳、借壳"两步，即拟上市公司预先收购并控股一家上市公司，将其作为壳公司，之后将拟上市公司的相关资产通过资产整体出售、配股、新增股份吸收合并等方式注入进壳公司中。① 买壳上市和借壳上市的共同之处在于，二者都是通过对上市公司"壳"资源进行重新配置从而实现间接上市的目的；二者不同之处在于，买壳上市的企业首先需要获得对一家上市公司的控制权，而借壳上市的企业已经拥有对一家上市公司的控制权。

相较于 IPO 的高门槛，间接上市成本低且成功率较高，因此诸多影视公司热衷于采取买壳上市、借壳上市的方式来实现资本转型。

---

① 参见郑先弘、张维宾："借壳上市及其会计处理"，载《财务与会计》2008 年第 9 期。

（2）间接上市的可行性分析。

第一，买壳的模式选择。完成对上市公司的收购即买壳，是影视企业借壳上市的前提。买壳有两种模式：其一，影视企业可以通过证券交易所集中交易的方式向某一上市公司不特定多数的股票持有者购买一定数量的股票；其二，影视企业可以通过协议的方式受让上市公司部分股东一定比例的股份，以取得该上市公司的控制权。前者称为要约收购，后者称为协议收购。

买壳的第一步体现为对壳公司的选择。一般而言，壳公司应当具备如下特征：所在行业进入衰退期，主营业务增长缓慢，盈利水平微薄甚至亏损；此外，壳公司的股权结构应较为单一，以利于对其进行收购控股。

确定好壳公司之后进入收购环节，具体分为要约收购与协议收购两种模式。在要约收购中，当影视企业持有一个上市公司已发行股份的 30% 时，若要继续进行收购，应当依法向该上市公司的所有股东发出收购要约。收购要约的期限不得少于 30 日，并不得超过 60 日。在收购要约的有效期限内，影视企业不得撤回其收购要约，若上市公司股东愿按要约条件出售其股份，影视企业应当购买。影视企业在收购要约期限内，不得采取要约规定以外的形式和超出要约的条件买卖被收购公司的股票。协议收购主要是影视企业直接与壳公司的股东相协商，影视企业直接通过协议的方式来受让股东所持有的壳公司股权。由于我国上市公司的大部分股票是非流通股，且要约收购易导致上市公司股价攀升，从而加大收购成本，因此我国影视企业主要是通过协议收购的方式来完成买壳。[1]

第二，间接上市的实现路径。在确定壳公司及收购模式之后，进入具体收购环节，通常而言收购壳公司的路径有四种：现金收购、资产置换、股权置换、发行股份购买资产。现金收购有利于帮助影视企业快速上市，但所需资金成本过高，可能导致资金链断裂等流动风险。资产置换、股权置换、发行股份购买资产能够有效减少影视企业的融资成本，同时有利于对壳公司的清理和重组，因此成为影视企业的主要选择。

完成买壳收购后，进入"洗壳""借壳"环节。影视企业取得壳公司的控股权之后，一般会通过反向收购的手段，向壳公司注入优质资产，置换掉目标企业的不良资产，从而使得壳公司的资产质量发生质变，经营内容也会变更为影视方向。在此过程中，影视企业必须制定较为完整的整合策略以及企业的经

---

[1] 参见魏永征、李丹林主编：《影视法导论——电影电视节目制作人须知》，复旦大学出版社 2005 年版，第 179 页。

营策略，包括壳公司人员的安置、原有资产的处置及经营政策的调整等。

相较于 IPO 上市，间接上市手续简便，门槛较低，花费时间成本较低。同时，通过股权置换、资产置换等方式完成买壳上市，有利于降低融资成本，所需中介费用相较于 IPO 也更低，因此成为影视企业完成上市曲线救国的新方式。2013 年长城影视在 IPO 上市失利后，果断进行借壳上市，成为国内首例影视类公司借壳上市的成功案例。

（3）间接上市面临的风险。2020 年——《上市公司重大资产重组管理办法（2020 修正）》第 13 条对"借壳上市"业务作出了新规定。该文件规定：借壳上市标准由"趋同"提升到"等同"首次公开发行股票的上市标准。证监会如此规定主要是为了遏制市场对绩差股的投机炒作，从根本上减少内幕交易的动机，从而形成有效的退市制度，同时防止部分企业通过借壳上市规避 IPO 审查，防止市场监管套利。

随着证监会监管措施的加强，借壳上市、买壳上市等间接上市方式也面临着诸多风险。2014 年，印记传媒、欢瑞世纪、华海时代、笛女影视、金英马影视等近十家影视公司选择了借壳上市，但最终也仅有海润影视一家成功获批。①

3. 新三板。

（1）新三板的基本情况。影视企业如果无法满足上市融资的条件，可以考虑通过新三板的方式来募资，即利用非上市公众公司的形式来公开发行股份。非上市公众公司是基于我国《证券法》对公开发行的界定而划分出的新公司类型。根据 2013 年证监会发布的《关于修改〈非上市公众公司监督管理办法〉的决定》对非上市公众公司的定义如下："非上市公众公司是指有下列情形之一且其股票未在证券交易所上市交易的股份有限公司：①股票向特定对象发行或者转让导致股东累计超过 200 人；②股票公开转让。"如果影视企业要通过非上市公众公司公开发行股票，必须通过全国中小企业股份转让系统（简称全国股份转让系统）才能挂牌操作，也就是通常所说的新三板。新三板准入门槛较低、程序简便，因此受到中小规模影视企业的青睐，再加之影视企业本就自带宣传属性和明星效应，能够帮助挂牌企业备受公众关注，从而吸引更多资本注入。

（2）新三板的优势。

第一，程序简便。IPO 审核程序繁琐，需要排队等待证监会的审核，而非上市公开发行的程序则要简便许多。根据 2013 年发布的《全国中小企业股份

---

① 参见刘芃："法律的限制，影视公司上市前的准备"，载知乎网，https://zhuanlan.zhihu.com/p/20007451，最后访问时间：2020 年 12 月 22 日。

转让系统业务规则（试行）》规定："股东人数未超过 200 人的股份有限公司，直接向全国股份转让系统公司申请挂牌。股东人数超过 200 人的股份有限公司，公开转让申请经中国证监会核准后，可以按照本业务规则的规定向全国股份转让系统公司申请挂牌。"也就是说证监会对股东人数未超过 200 人的公司予以豁免核准。即便需要证监会依法核准的行政事项，也明确核准期限不超过 20 天，并不再要求提供交易场所的审查意见。因此对影视企业而言，通过新三板来公开发行股份程序更为简便、操作效率更高，能有效帮助企业节省时间成本与资金成本。

第二，准入条件放宽。就准入门槛而言，IPO 对公司的盈利情况、资产规模都有强制性要求，即便是上市条件相对宽松的创业板也对拟上市公司作出诸多强制性的底线要求，而影视企业大多具有轻资产性，难以达到 IPO 的条件。新三板相比创业板而言，门槛更低，并无具体的财务指标要求。即使影视公司尚未盈利，只要股权结构清晰、经营合法规范、公司治理健全、业务明确并履行信息披露义务即可。此外，2013 年发布的《全国中小企业股份转让系统业务规则（试行）》，进一步放宽新三板的准入条件，取消了"公司注册地址在试点国家高新园区"和"地方政府出具挂牌试点资格确认函"的要求，这无疑为影视公司提供了更多的机会。再加上国家大力支持文化产业发展的利好政策，新三板为中小微影视公司融资开辟了一条新的道路。①

（五）广告融资

1.电影广告融资的基本情况。

（1）电影广告的分类。电影广告一般分为两大类：贴片广告与植入广告，贴片广告又可细分为映前广告与一般贴片广告。

映前广告是指由影院、影院管理公司自主招商，或由其与映前广告媒体供应商签订合作协议后，以影院为媒体进行招商并在电影上映前播放的视频广告。该类广告的主要收益方为院线及影院，电影制片方无法从中获得收入。目前国内主营影院映前广告的公司有分众晶视、上海晶茂传媒和北京华夏时报传媒公司。映前广告具有诸多优势，受到广告主的青睐。首先，映前广告具有较强视听冲击力。电影银幕尺寸大，画面真实清晰，影院音响效果也较为震撼。其次，映前广告具有更高的到达率，在电影放映前，影院内环境相对安静、封闭，映前广告是观众唯一的视觉目标，观看受众率达到 90%。

---

① 刘苁："法律的限制，影视公司上市前的准备"，载知乎网，https://zhuanlan.zhihu.com/p/20007451，最后访问时间：2020 年 12 月 22 日。

一般贴片广告与映前广告具有相似性，都是在电影内容正式放映前播出的广告。二者最大的区别在于受益方不同，映前广告是广告商与院线或电影院直接展开合作，受益方是院线或电影院。而一般贴片广告是广告商与电影制片方或影视企业直接展开合作，受益方是电影片方。

植入广告是指在不影响电影剧情及质量的前提下，植入电影情节或画面的广告。该类广告的受益方为电影公司，发行方及放映方无法从植入广告中获得广告收益。[①] 广告主通过电影植入广告可以将企业的品牌要素及代表性视觉符号巧妙地与电影剧情融为一体，从而给观影者留下品牌印象，达到市场推广的目的。

值得注意的是，我国《电影产业促进法》明令禁止在播放电影过程中插播广告的行为，其中第 32 条第 2 款规定"电影院在向观众明示的电影开始放映时间之后至电影放映结束前，不得放映广告。"由于植入广告已融入电影情节、台词之中，难以与电影内容分离，因此上述插播广告主要针对的是贴片类广告。

（2）我国电影广告融资的现状。我国目前电影广告以贴片广告及植入广告为主。贴片广告能带来短时间集中性强的广告价值，因此选择贴片广告的多为服装行业、家电行业、手机行业等具备较强时令性的行业。而植入广告具备较强长尾效应，有利于企业品牌在消费群中长期宣传推广，且植入广告相较贴片广告而言通常花费更为巨大，因此选择植入广告的多为极其注重品牌价值的大型企业。相较于传统媒体的广告投入，植入广告能带来更高广告价值，因此愈来愈多广告主倾向于选择植入广告，从而更好地打造品牌效应。

2. 电影广告融资面临的风险。

（1）生硬植入影响电影广告效果。植入广告能带来更高的广告价值，因此极度受到广告主的青睐，但由于起步时间晚、发展不健全，植入广告本身也面临一系列问题，首当其冲的便是植入生硬的问题。成功的电影植入应该符合剧情需要，不能破坏电影本身的内容。广告植入一般分为以下几种类型：

第一，场景植入。场景植入是指将广告产品的品牌特征标识、企业 LOGO 和产品本身等视觉符号以背景或者道具的形式出现在影视画面之中，比如公交站牌给广告产品镜头特写，剧中人物所喝饮料都是某品牌。这是最浅层的植入方式，在所有植入方式中运用最为广泛。场景植入通常不与电影情节融合，很多时候只是在观众面前混个脸熟，因此极易出现植入生硬、无法强化品牌在观众脑海中的记忆深度等问题。

第二，对白植入。对白植入是指通过电影中角色人物独白或对白的方式来传达产品名称、产品广告语或针对产品所讲的话语。这种植入手法需要通过剧中角色进行呈现，是植入广告与影视情节最初级的融合。如果在电影对白中过度植入广告，可能引起观众反感。例如电影《变形金刚5》就因台词内植入过多广告，成了观众的众矢之的。①

第三，情节植入。情节植入是指产品不仅仅出现在影视场景及对白之中，该产品更是贯穿于电影情节之中，成为推动故事情节发展的组成部分。情节植入是较深层次的广告植入，植入的品牌或产品已策略性地融入影视创作之中。若情节植入合理，广告将十分出彩，给观众留下深刻印象。如电影《我愿意》中的1号店广告与电影情节巧妙融合，影片通过网购奇遇引出1号店的品牌，这是一次很好的植入。

第四，形象植入。形象植入是指根据品牌所具有的符号意义，将某一品牌的产品或服务，植入电影、电视或其他媒体之中，成为故事主人公个性和内涵的外在表现形式，同时通过故事情节或生活细节，不断演绎品牌原有的意义，丰富品牌内涵，增强品牌的个性，进一步提升品牌形象。②

形象植入在所有广告植入方式中与电影情节贴合度最高，电影情节直接围绕品牌展开，该品牌成为电影情节中不可或缺的一部分。在电影《非诚勿扰2》中，男女主人公试婚选择的地点为三亚，电影中不断出现的三亚景观抢足了观众眼球，三亚美丽的自然风光与电影情节巧妙地融为一体，电影播出之后，给三亚亚龙湾带来了可观的旅游收益。但形象植入由于创作难度较高，在我国电影中不如前三种植入方式普遍。

（2）广告效果评估与定价体系不完善。我国电影存在广告植入生硬、过度植入等问题，可能导致观众反感，广告主无法从植入广告中获取相应的广告价值。如果影视公司一直无法建立一套完整的植入广告效果评估体系，势必导致广告价值大打折扣。具体而言，植入广告在效果评估方面存在如下不足：

第一，植入广告传播效果难以量化，国内缺乏专业权威的广告效果评估机构。植入广告被置入电影情节之中，如果电影未能放映，植入广告便无法与观众见面。因此电影能否公映、排片量高低、观影人次多少是衡量植入广告传播效果的重要因素。此外，我国还存在针对电影成片的行政审查，电影作为高风

---

① 参见宁午："你可能会同意：广告植入毁了《变形金刚5》沸腾"，载搜狐网，https://m.sohu.com/a/152153973-164917/?.f=zhdex_soutynews_5&pvid=000115_3w_a，最后访问时间：2021年1月18日。
② 参见刘根："浅析植入式营销"，载《企业技术开发》2006年第2期。

险行业，本身也存在完片风险，这便为植入广告能否面世增加了风险。目前我国影视公司对广告效果评估的重视度不够，一部电影通常会植入多个广告，许多广告只是一闪而过，难以给观众留下深刻印象。我国影视行业，不论是官方还是民间都尚未成立专业的广告效果评估机构，植入广告的市场推广效果难以具体衡量，广告主投入产出的衡量标准模糊不清，高效公正的植入广告定价体系还未形成。

第二，行业内尚未形成标准的广告定价体系。行业内广告定价体系建立于广告效果评估基础之上，由于目前行业内缺乏广告效果评估标准，因此未能形成广告定价标准。当前广告定价标准多是采取制片方与广告商的酌情约定，并没有严格的定价体系作参考。此种方式具有诸多弊端，对制片方而言，如果遇到强势的广告主，片方无法从广告主处争取到更多资金；对广告主而言，可能耗费了高昂的广告费用，却未能达到预期的广告价值。

第三，缺乏专业的植入广告策划公司。植入广告过于生硬源于未能作好广告策划，无法将品牌价值与电影情节巧妙地融为一体。植入广告策划公司正是解决这类问题的专业公司，负责为广告主和影视项目提供对接服务，将广告主急需市场推广的产品或服务与电影项目合适的情节进行对接，制定出适宜的植入广告方案。植入广告策划公司需要具备高度的专业能力，既需要了解电影项目的运作，具备高超的电影编剧能力，同时也必须精通广告策划，能将品牌与电影情节巧妙地结合起来。尽管我国有部分广告公司开始涉足植入广告业务，但培养电影植入广告专业人才需要一定周期，我国目前尚缺乏专业的植入广告策划公司。

3. 完善电影广告融资的对策。

（1）优化广告植入方式，尝试改编植入。植入广告是电影广告中最为重要的一种广告形式，优化完善植入方式、避免生硬植入势在必行。

第一，优化植入方式，避免生硬植入。电影植入广告应当讲求"润物细无声"，让观众在无形之中接受并认可产品或服务。美国好莱坞作为全球电影最发达地区，很早便开始探索植入广告，将广告植入技能运用得炉火纯青。我国应当借鉴效仿好莱坞优秀的植入方式，应当综合运用场景植入、对白植入、情节植入、形象植入等多种植入方式，尤其应当注重听觉与视觉相互搭配。

例如，在电影《变形金刚3》中伊利舒化奶的情节植入就十分巧妙，影片中在传递情报这一紧迫情节中植入伊利舒化奶的特写镜头，辅以台词"May I finish my ShuHua milk?"再加上吮吸声突出了伊利舒化奶温暖舒心的品牌形象，使得"喝伊利舒化奶"与传递情报的情节紧紧相扣。电影《速度与激情》系列中各种车型的道具植入也十分出彩，电影情节本就围绕车展开，此时植入汽车广告再适宜不过。在《速度与激情》系列电影中，不同于以往只植入汽车的品牌 LOGO，还将车的车型、发动机、轮胎、车身等各种新潮设计元素一一展示，加深了观众对汽车品牌的独特印象，提升了影片的专业层次与艺术价值。

第二，思维创新，尝试改编植入。由于植入的品牌都是现代化的产品或服务，古代题材、动画题材及奇幻题材影片在植入广告时容易受到限制。好莱坞通过改编植入的方式打破了此类限制。

例如，迪士尼动画片《疯狂动物城》的官方合作伙伴有 Target、Uber、Google 等品牌，在电影中北极鼩小姐拎着 Targoat 的袋子逛街；在北极熊押着狐狸 Nick 和兔子 Judy 去见黑道大佬 Mr.Big 的时候，用的是 Google Photo 的动物城版产品 Zoogle Photo；Uber 在电影中也化身成了 Zuber。

尽管这些品牌在电影中改了名，但商标的图案和颜色依然十分具有辨识度，观众一眼便能辨认出来。这种改编看似与品牌的产品和服务不太匹配，实则使得受众因此兴趣盎然，对植入广告的排斥感也大大降低，电影受众对品牌的记忆程度反而被进一步强化。我国古装电影众多，大可借鉴这种改编植入的方式，但应注意适量适度问题，避免频繁植入现代广告对电影流畅性的破坏。

（2）完善植入广告效果评估体系。植入广告效果评估主要是指事后效果评估，即电影电视播映后广告效果的评估，可以借鉴传统广告效果评估体系来建立植入广告效果的评估体系。

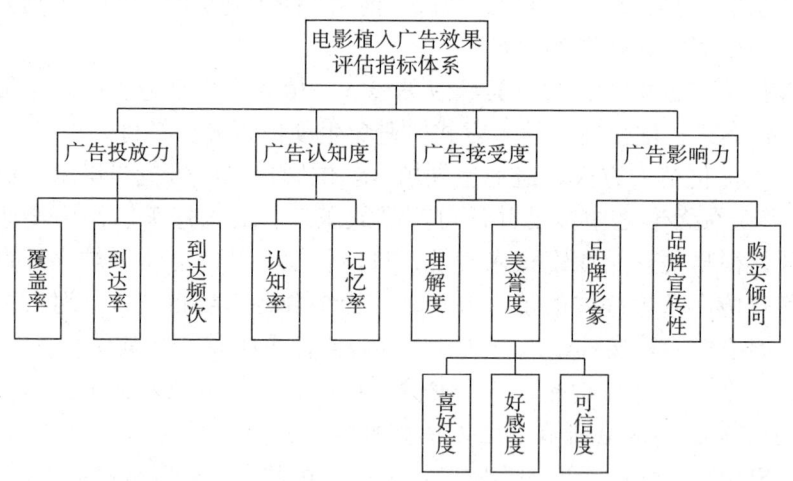

图 2-2　电影植入广告效果评估指标体系图

植入广告效果评估可从四个方面进行综合考量：

第一，广告投放力。涵盖覆盖率、到达率、到达频次三个考核指标，具体可从院线的观影人次、网络点击率，广告在电影中植入范围等方面进行考量。根据艺恩数据统计分析，只要场均上座率达到71.5%，广告主就能获得预期的广告价值。

第二，广告认知度。认知度主要指的是观众对植入广告的认知率与记忆率，包括观影观剧后对广告情节的记忆度以及对品牌的记忆度。

第三，广告接受度。主要指观众在观影前后对植入品牌的好感提升度，包括理解度与美誉度，美誉度又可细分为喜好度、好感度、可信度三个指标。植入广告与电影电视情节融合得越为巧妙，广告接受度越高。

第四，广告影响力。主要指经过电影植入收获的市场转化率及市场价值，具体包括品牌形象、品牌宣传性及观众购买倾向。广告主可根据电影电视广告投入前与投入后的实际销量对比，来判断广告影响力的大小。

（3）完善植入广告定价体系，采用保底价格机制。植入广告的定价直接关系电影融资金额的多少，因此必须制定出完善的植入广告定价体系。

植入广告效果的评估可分为映前评估和映后评估。在映前阶段，广告商可与影视制片方平等协商，双方确定一个基础的植入广告保底价格。在电影电视播映后，根据电影的市场口碑由广告商向制片方追加对增量效果的付费，影视植入广告定价即为保底价格与追加价格之总和。这样能为广告商减少一定风险，避免影片市场反响平平给植入广告带来的负面影响。但双方应当在事前就追加价格的计算标准达成一致意见，并形成书面协议，防止双方日后就价格计算问题产生纷争。

（4）成立专业的植入广告策划公司，培养专业团队。电影植入广告属于电影行业与广告行业的交叉领域，而两个行业之间存在信息不对称、领域不兼容等问题，因此植入广告策划公司作为二者对接的中介，必不可少。要满足现有植入广告融资规模的需求，必须大力发展专业的植入广告策划公司。要成立技术领先的广告策划公司，应当明确公司的主要职能、成员构成以及人才培养模式。

第一，植入广告策划公司的职能包括剧本审核与分析、品牌内容策划与传播、植入广告方案策划、植入广告拍摄与监制。

第二，植入广告策划公司的成员构成包括剧本编剧、广告策划人员、内容监制人员、导演及摄像。

第三，在人才培养模式方面，由于植入广告策划人才稀缺的现实处境，应当广泛吸纳影视制作公司与广告公司的创意人才，逐步培养专业的BC（Branded Content）策划团队来负责品牌内容的营销，进行植入广告的策划。BC策划团队主要负责剧本分析、品牌传播策划、植入构思、植入监理、广告验收评估等。BC 团队既要具备专业的影视素养，了解电影编剧，同时需要兼具广告与品牌营销的专业能力。

（六）政府资助

1. 财政直接投资。政府财政直接投资一般多见于主旋律电影，但是近年来地方政府也开始尝试运用财政资金对商业电影进行投资。2009 年，冯小刚导演的电影《唐山大地震》，获得口碑票房双丰收。影片在拍摄期间，唐山市政府给予了极大的帮助，除直接投资 6000 万元人民币之外，唐山市政府还行政划拨了 200 亩的土地以供剧组拍摄之用。[①] 最终电影《唐山大地震》的热映也为唐山市起到了推广旅游、城市宣传的积极作用，成功带动了当地旅游业的发展。

值得注意的是，政府财政直接投资也具有一定弊端。一方面，政府并不熟悉电影行业的市场运作情况，而电影行业本身具有高风险性，可能导致政府投资失利；另一方面，部分政府财政直接投资带有浓厚的行政色彩，所投资的电影只是为宣传地方特色之用，难以获得市场共鸣，政府对所投电影的票房状况并不关心，电影可能只是建立地方政绩的工具。因此，在处理政府财政直接投资电影的问题上，应当实行政企分开，虽然由政府出资，但是在资金的具体运行方面，可以委托专业的市场化主体或地方广电系统进行操作。市场化主体或广电系统本来就是专业的传媒从业者，在电影投资、宣传、发行等方面拥有丰富的经验与广泛的渠道，能够有效帮助地方政府挑选优质的电影项目，提升电影的知名度，从而真正帮助地方政府实现城市宣传、旅游推广的目的。

2. 政府资助体系。近年来，国家不断颁布对电影产业的促进措施，出台各类专项扶持资金，以期不断增加电影市场的活力。因此，电影制片方在融资过程中，除借助传统民资力量外，还应多多了解并运用国家的各项资金扶持政策。

（1）国家电影事业发展专项资金。

第一，基本含义。国家电影事业发展专项资金（以下简称电影专项资金）是指从电影票房收入中提取 5% 形成专项基金，主要用于资助影院建设和设备更新改造，奖励优秀国产影片制作、发行和放映，全国电影票务综合信息管理系统建设和维护等。

电影专项资金最早出现于 2006 年由财政部与原国家广电总局联合发布的《国家电影事业发展专项资金管理办法》（已失效）中。经过数十年的发展，电影专项资金逐步完善，2015 年财政部与原国家新闻出版广电总局联合发布了《国

---

① 参见高樱娟："政府渠道融资与城市电影"，载《戏剧之家》2013 年第 3 期。

家电影事业发展专项资金征收使用管理办法》(以下简称《征收使用管理办法》)。

第二，中央地方两级规定。《征收使用管理办法》规定，办理工商注册登记的经营性电影放映单位，应当按其电影票房收入的 5% 缴纳电影专项资金。电影专项资金属于政府性基金，全额上缴中央和地方国库，纳入中央和地方政府性基金预算管理。中央和省级分别设立国家和省级电影专项资金管理委员会(以下简称国家管委会和省级管委会)。

国家管委会由原国家新闻出版广电总局、财政部组成，负责研究提出电影专项资金管理政策和制度，提出电影专项资金使用方向、支持重点和对特殊贫困地区电影事业发展的扶持政策，审核中央分成的电影专项资金预决算，指导省级管委会相关工作，监督电影专项资金的征缴和使用。省级管委会由省级电影行政主管部门、财政部门组成，负责电影专项资金的征缴管理，研究提出本地区电影专项资金管理政策和制度，提出本地区电影专项资金支持重点，审核省级分成的电影专项资金预决算。电影专项资金由省级管委会办公室负责按月征收。电影专项资金按照 4:6 的比例分别缴入中央和省级国库。

第三，资金用途。就电影专项资金的用途而言，主要包括：资助影院建设和设备更新改造；资助少数民族语电影译制；资助重点制片基地建设发展；奖励优秀国产影片制作、发行和放映；资助文化特色、艺术创新影片发行和放映；全国电影票务综合信息管理系统建设和维护；经财政部或省级财政部门批准用于电影事业发展的其他支出。

第四，电影专项资金扶持政策。国家电影事业发展专项资金管理委员会曾发布多项通知，通过返还部分上缴的专项资金，重点扶持国产高新技术格式影片的制作，对新建影院实行"先征后返"等措施，来促进我国国产电影技术的革新、影院设备的完善、支持电影产业的发展。

表 2-4　国家电影事业发展专项资金管理委员会发布的扶持通知

时间	法规名称	相关说明	颁布机构
2004.10.12	《国家电影专项资金资助城市影院改造办法》	为鼓励城市影院多厅化改造，对于符合条件的城市影院改造，给予一次性资助。资助对象和范围：①用贷款或自筹资金等进行改造的省会及地级市的城市影院。②东中部地区的电影院或影剧院，改造前年电影票房收入在 200 万元以上，且已加入电影院线公司。③西部地区的电影院或影剧院，改造前年电影票房收入在 100 万元以上或列本省前 3 位。	国家电影事业发展专项资金管理委员会

时间	法规名称	相关说明	颁布机构
2004.10.12	《关于对新建影院实行先征后返国家电影专项资金的通知》	为鼓励投资新建影院的积极性，对新建影院，在一定期间内给予先征后返国家电影专项资金的优惠政策。2004 年 1 月 1 日起正式营业的影院，经批准可享受 3 年（36 个月）先征后返国家电影专项资金。	国家电影事业发展专项资金管理委员会
2012.11.19	《关于"对新建影院实行先征后返政策"的补充通知》	"先征后返 3 年期"满后，对东中部地区县级城市及乡镇、西部地区省会以外城市的新建影院，当年（自然年度）放映国产影片票房收入达到总票房收入 45%（含）以上的，从下一年度起可继续享受电影专项资金先征后返政策。	国家电影事业发展专项资金管理委员会
2012.11.19	《关于返还放映国产影片上缴电影专项资金的通知》	该项政策主要针对电影院，根据电影院票房收入中的国产片占比情况，按照 100%、80%、50% 这三个阶梯，向电影院返还上交的电影专项资金。	国家电影事业发展专项资金管理委员会
2012.11.19	《关于对国产高新技术格式影片创作生产进行补贴的通知》	高新技术格式包括 3D 格式（即 3D 摄像机拍摄或后期转制成 3D）及巨幕格式的影片，按照票房不同级别分别给予 100 万元 ~1000 万元的奖励。	国家电影事业发展专项资金管理委员会
2013.11.29	《关于对国产高新技术格式影片补贴的补充通知》	对国产高新技术格式影片包括 3D 影片 + 巨幕格式、巨幕格式的影片，按照票房不同级别分别给予补贴资金。	国家电影事业发展专项资金管理委员会

（2）电影精品专项资金。电影精品专项资金是从电视台的广告收入中提取部分资金而形成的，其实质上是一种影视互助的融资模式，又被称为"影视互济资金"。

电影精品专项资金又称"九五五○"工程，最早是由原广播电影电视部和财政部发布的《关于设立支持电影精品"九五五○"工程专项资金有关规定的通知》（已失效）予以设立。

2000 年 12 月，国务院发布《国务院关于支持文化事业发展若干经济政策的通知》（以下简称《通知》），其中第 4 条明确总结了发展电影事业的五项经济政策：①对经国务院批准成立的电影制片厂销售的电影拷贝收入，免征增值税；对电影发行单位向放映单位收取的发行收入，免征营业税。②从电影放映收入中提取 5% 建立"国家电影事业发展专项资金"，用于电影行业的宏观调控。

③从电视广告纯收入中提取 3% 建立"电影精品专项资金",用于支持电影精品摄制。④从进口影片收入中提取部分资金用于电影制片、译制。⑤特别重点影片的创作生产,可个案报批财政补贴。

2000 年发布的《通知》再次重申了电影精品专项资金制度,反映出通过电视运营商补贴电影制作商进而扶持电影行业发展的政策理念。电影精品专项资金主要用于支持电影精品拍摄,以及对"童牛奖"影片和"夏衍电影文学奖"等获奖剧本的资助。

(3)农村电影资助项目。农村电影资助项目主要指农村电影放映工程,即 2131 工程,它是由中央财政和地方财政共同拨款,并根据农村电影放映单位提供的公益性电影放映服务的规模和质量来确定财政拨款水平。

看电影是农民的基本文化权益之一,国家一直致力于对中西部等欠发达地区进一步倾斜,加大农村数字电影放映补贴的力度。根据 2007 年原国家广电总局出台的《农村数字电影发行放映实施细则》相关规定,广电总局每年选定不低于 60 部专供农村放映的故事片和不低于 30 部的科教片,由政府出资,委托中影新农村数字电影发行有限公司购买农村公益版权后,向全国各农村数字电影院线公司发行。

值得一提的是,《电影产业促进法》再次强调国家将不断加大对农村电影放映的扶持力度,从而保障农村地区群众观看电影的需求。政府将出资建立完善农村电影公益放映服务网络,并且县级以上人民政府应当将农村电影公益放映纳入农村公共文化服务体系建设,对农村电影公益放映活动给予补贴。

目前我国已基本实现了农村电影数字化放映的普及,成功实现了"每村每月放映一场电影"的目标,一定程度上保障了农村群众的基本文化权益。

(七)专项电影基金

1. 政府设立的专项基金。我国政府设立的专项基金包括:国家电影事业发展专项资金、中国电影基金会、影视共济基金等。我国每年通过电影专项资金、影视互济基金、进口片发行收入提成、重大题材影片专项补助等各种形式,直接或间接投入电影制作的资金已经超过亿元。①

电影专项资金上文已作过详尽论述,此处不再赘述。中国电影基金会(CFF),创立于 1989 年 10 月 27 日,是在中华人民共和国民政部注册登记的全国性公募基金会,业务主管单位是原国家新闻出版广电总局,原始基金数额为人民币 800 万元,来源于社会捐赠。自创立以来,中国电影基金会致力于服务

---

① 参见曹芳、孔祥妍:"我国电影产业融资方式及问题研究",载《传媒与教育》2014 年第 1 期。

中国电影事业，通过组织各种不同的文化活动和为中国电影事业提供资助，促进中国电影业的繁荣。中国电影基金会下设吴天明青年电影专项基金，专门用于支持帮助青年电影人实现电影梦。

2. 民营基金。民营基金主要来自于民间个人和集体出资设立。目前，中国已经设立了专项资助基金，如中影青年导演计划、曲江助推金、亚洲新星导等，但一般金额不多。①

近年来，私募股权投资基金逐步进入电影业，成为金融行业与电影行业融合发展出的新型融资方式。例如，IDG 资本管理的 IDG 新媒体基金，募集到 5000 万美元资金，参与投资了《雪花秘扇》《山楂树之恋》《未来警察》等电影作品。所谓私募股权投资基金，是指通过非公开的形式向少数机构投资人或个人筹集资金，然后将所得资金投资于非上市电影企业或电影项目，投资者可获得资本收益权、参与管理权等股权，最后通过被投资企业上市、并购等方式退出从而获利的一种基金投资方式。在后文新兴融资方式中将对电影私募股权投资基金作出详细介绍。

（八）新兴融资方式

1. 互联网众筹。

（1）互联网众筹的基本情况。

第一，众筹的基本含义。众筹（crowdfunding）是指将众多人的金融资本汇集在一起，共同把创意转化为现实的一个项目或商品。互联网众筹是一种依托互联网技术及平台而产生的新型互联网金融模式。互联网众筹具备诸多优势，逐渐成为电影人尤其是独立制片人的新型融资渠道。

第二，互联网众筹的优势。

第一点，将电影内容的选择权交给大众网友而非少数大型影视公司，有效帮助电影人融得资金。在传统融资模式中，资源集中在小部分圈子，大型影视公司通常都青睐于高投资额、全明星阵容、具备市场号召力的大制作电影，通常对独立制片电影或小众文艺片不屑一顾。而互联网众筹平台的出现，有效连接起大众网友与电影人，电影人通过众筹平台可向网友完整展示其创意构思、拍摄计划等，有兴趣支持、参与及购买的网友，可通过"赞助"的方式，帮助电影人的电影梦想实现。

第二点，众筹模式所展现出来的分散化的大众投资特点，在扩大融资规模的同时也能减少融资风险。众筹非中介化的融资流程，可以减少交易成本，有

---

① 参见曹芳、孔祥妍："我国电影产业融资方式及问题研究"，载《传媒与教育》2014 年第 1 期。

利于投融资各方的直接对接，尤其是民间闲置资本与企业的对接。通过互联网众筹平台 kickstarter，原本被停播的美剧《美眉校探》重回大银幕，一时间成为众星捧月的对象，同时也让人看到互联网时代观众和粉丝的力量。

第三点，互联网众筹有利于电影内容多元化，促进电影市场繁荣发展。通过互联网众筹平台，独立制片人可顺利融资，为小成本电影带来福音，鼓励年轻电影人不断拍摄出具备思想性、艺术性的电影。

第四点，互联网众筹本身就是一种推广力极强的宣传渠道。一方面，互联网众筹本身就具备一定话题性，在影片拍摄之前就能增加一定话题热度；另一方面，众筹的网友因其兴趣才选投了电影，因此这部分网友后期必定走入影院，为电影提供了一部分观众保障，同时这部分网友因参与了众筹过程，自身会有一定"责任使命感"，会向身边亲友不断宣传推广电影，提升电影话题度与知名度。

第三，互联网众筹的类型。按照出资和获得回报方式的不同，电影众筹可以分为股权众筹、债权众筹、回报众筹和捐赠众筹。

第一点，债权众筹。债权众筹是指电影公司向网民出售部分电影项目的债权，待债务到期后，电影公司需向网民履行还本付息的义务。

第二点，捐赠众筹。捐赠众筹是指网民向某个电影项目提供无偿捐赠，不要求回报，以慈善性质为主。由于债权众筹采用极少，捐赠众筹基本属慈善性质，也未得到广泛采用，因此对于这两种众筹方式仅作简要介绍。

第三点，股权众筹。股权众筹是指影视公司向网民出售电影项目的部分股权，网民通过众筹平台购买电影项目的股权。股权众筹是一种高风险、高收益的投融资模式，其与电影项目的多方合投类似，网民通过众筹出资获得电影项目的部分股权，当电影投入市场获得盈利后，出资网民可分享收益，但如果电影项目市场效益不佳，出资网民则可能面临无法收回成本之风险。

电影《大圣归来》是股权众筹的成功案例，《大圣归来》累计票房超过 8 亿元，被称为 2015 年中国电影市场的现象级票房奇迹。该电影共有 89 位众筹出品人，众筹平台为微信朋友圈，众筹时间为 2014 年 11 月，众筹金额共计 780 万元，众筹模式为股权众筹。由于《大圣归来》票房大捷，预计 89 位出品人可获得 3000 万元的投资回报，回报率高达 285%。[①]

第四点，回报众筹。回报众筹是当前最常用的互联网众筹模式，回报众筹

---

① 参见刘勇、张志强："中国电影产业投融资的现状、问题及对策"，载《淮阴师范学院学报（哲学社会科学版）》2012 年第 6 期。

主要面向粉丝网民募集，影视公司向网民承诺给予一定比例的回报，回报以电影相关产品（如电影票、海报、道具等周边产品）为主。

电影《十万个冷笑话》是采用回报众筹模式的成功代表，《十万个冷笑话》最初是在"有妖气"平台上连载的国产漫画，由于深受粉丝喜爱，便尝试改编拍摄为电影，最终该项目成功吸引了5000余位支持者，募集到超过137万元的投资，电影上映后票房成功破亿，同时制片方一直对众筹支持者心存感激，兑现了相应影片周边产品。

第四，我国互联网众筹的发展现状。由于互联网众筹模式风险低、流程少，每位网民只需投入少量资金便可参与到电影融资环节，因此网民参与的积极性非常高，再加之我国不断发展的互联网科学技术，利用大数据、云计算等技术，实现5亿网民的精准经销和定向投资，开创了全民投资的新时代。

目前，我国已有多家专注于互联网众筹的专业平台网站，例如：大家投、点名时间是国内著名的专业从事影视娱乐项目投资的众筹平台；摩点网是我国首个游戏动漫众筹平台；追梦网是专注于回报众筹的移动端众筹平台。值得一提的是，百度、阿里集团等互联网巨头也瞄准众筹的无限发展潜力，依托自身发展优势，搭建互联网众筹平台。娱乐宝是阿里巴巴旗下推出的一款涉足娱乐产业的保险理财产品，网民通过娱乐宝平台购买保险理财产品，资金将采取合法合规的方式投向文化产业，获取投资收益。百发有戏则是"百度金融"面向电影文化产业推出的新型消费金融产品。

总体而言，因涉及法律规制及行政监管等问题，现阶段我国的互联网众筹平台以采用回报众筹模式为主，采用股权众筹、债权众筹模式的较少。

表2-5　我国部分众筹电影融资情况统计表

众筹项目	众筹平台	众筹资金	众筹模式
快乐男声电影版	大家投	507余万元	回报众筹
十万个冷笑话	点名时间	137余万元	回报众筹
大鱼海棠	点名时间	158余万元	回报众筹
落水红颜	淘宝众筹	1000万元	回报众筹
男神时代	众筹网	120万元	回报众筹
香巴拉	众筹网	200万元	捐赠众筹
大圣归来	微信朋友圈众筹	780万元	股权众筹

（2）互联网众筹面临的风险。我国互联网众筹模式目前尚处于初创摸索

阶段，在法律法规约束方面仍有诸多不完善之处，由于众筹涉及来源于多方的资金筹集，因此极易与非法吸收公众存款、非法集资等不法行为相提并论。目前国际上就互联网众筹模式提供完善法律支持的只有美国的 JOBS 法案，其认可了互联网股权众筹及债权众筹模式，而我国目前尚未就这两种互联网众筹模式作出相关法律规定。因此互联网众筹在我国仍处于灰色模糊地带，面临众多风险：

第一，法律风险较大。

第一点，未经审批设立互联网众筹平台违反《证券法》相关规定。

我国《证券法》新法第 118 条规定："未经国务院证券监督管理机构批准，任何单位和个人不得经营证券业务。"股权众筹及债权众筹的业务性质属证券业务，因此新开设的互联网众筹平台若需开展此部分业务必须向证监会提出证券业务经营申请，否则涉嫌违反《证券法》相关规定。

第二点，互联网众筹易与非法集资等不法行为相混淆。部分新成立的互联网众筹平台在开设之初未向有关部门申请批准，直接进行在线融资，涉嫌非法吸收公众存款。部分众筹平台未采用正规渠道而是通过非正规媒体渠道向社会公开宣传集资信息，集资后平台负责人跑路，涉嫌集资诈骗。上述行为都是由于互联网众筹属新型融资平台，法律监管不甚严密，因而导致部分投机分子钻了法律空子。

第二，众筹平台风险控制能力较弱。由于我国绝大多数互联网众筹平台尚处于起步摸索阶段，经验技术有限，部分众筹平台对电影众筹项目的风险控制能力较差。

第一点，部分众筹平台人员有限，无法派驻工作人员到电影项目现场勘察监督。

部分众筹平台只能依靠电影项目筹资者向平台提供的资料进行初步筛选。难免出现部分筹资者为获得资金故意夸大其词，众筹平台并未实践考察，难以辨别项目真伪。

第二点，可能出现"刷单"等骗取消费者信任的行为。部分筹资者的项目登陆众筹平台后，为骗取更多投资者信任，其可能故意雇佣"水军"进行虚假买卖，也就是俗称的"刷单"现象，投资者对电影行业不甚了解，大多具有从众心理，只能从投资人数多少判断项目好坏，难免出现跟风投资的风险。

第三，众筹平台信息披露制度不健全。目前我国部分互联网众筹平台只是对电影项目前期融资状况进行披露，然而在电影项目获得融资后，对于其拍摄进度、资金使用明细等信息披露较少。

部分互联网众筹平台没有建立完善的监督机制，帮助投资者监督资金使用情况，也没有聘请第三方监督机构代为监督。[①] 即便部分互联网众筹平台对于项目资金进行了跟踪披露，但其披露信息来源于电影制片方，是否真实可信不得而知。并且跟踪披露也只是以月或季度为单位进行，并非真正实时跟踪披露，信息具备滞后性，不利于网民投资者作出投资决策。

（3）完善互联网众筹的对策。互联网众筹属于新兴的融资方式，必然需要一个逐步发展完善的过程，不断建立健全配套机制，或许可以考虑从以下方面着手：

第一，对互联网众筹平台实行准入制度，规范平台业务。首先，证监会应当加强对互联网众筹平台的监管力度，实行核准制的行业准入制度，要求平台发起人具备一定资本条件，必要时需要担保公司提供保证。证监会综合审查众筹平台的资金水平、风险控制能力等条件，审核通过者，方可准入。其次，规范互联网众筹平台的业务流程。证监会应当为互联网众筹平台建立一套透明完整的业务流程。众筹平台应当严格执行该业务流程，将每个电影项目的业务进度公布于平台中，便于投资者知悉跟进。最后，建立第三方资金托管制度。如果由互联网众筹平台自身管理资金，可能出现"监守自盗"等安全隐患，难以保证资金得到有效利用。因此，应当由第三方托管机构代为管理平台募集到的资金，第三方托管机构通常应由商业银行担任，因为它具备公信力。电影项目所需的每一笔资金，需众筹平台同意，从第三方托管机构中划出，保证每一笔资金都得到合理使用。

第二，强化互联网众筹平台的尽职调查职责。互联网众筹平台应当组建专业的项目审核小组，对申请众筹的电影项目作好尽职调查。首先，由项目审查者提交书面申请材料，包括电影项目剧本简介、拍摄计划、主创班底、预算状况等，众筹平台审核小组依据申请材料进行初步审核，筛选出风险系数相对较低的电影项目。其次，众筹平台审核小组需要吸纳深入了解电影行业的专业人士，通过实地考察电影项目，制定出详尽的项目风险报告及可行性报告。只有通过实地考察环节的电影项目才可进行互联网众筹平台进行项目众筹。最后，当电影项目正式登陆众筹平台后，应当在该项目醒目位置显示众筹平台审核小组对其作出的审核报告，便于投资者认清项目风险，谨慎作出投资决定。

---

① 参见虞海侠："国外电影产业投融资问题研究综述"，载《现代传播（中国传媒大学学报）》2011年第9期。

第三，完善互联网众筹平台信息披露制度。除前面所说的应当在电影项目醒目位置显示众筹平台审核小组作出的风险评估审核报告之外，还应当对项目发起方的重要信息予以披露，包括但不限于：项目负责人的基本信息、项目所在公司的基本经营状况、以往拍摄成果以及电影项目的基本情况（包括剧本简介、拍摄计划、主创班底、预算状况、已募集资金额度等）。

此外，互联网众筹平台还应当对项目实施进度信息予以实时披露。当电影项目在平台完成筹资，项目方应当在平台发布项目实施进度计划表，严格按照计划表中的时间节点向投资者披露电影项目拍摄进度、资金使用状况及其明细并上传相应单据，同时还应披露未来一段时间的项目进度计划。如果基于商业机密不便于披露，项目负责方应当及时在平台上对投资者作出解释，并通过私下沟通等方式给出详尽理由。总而言之，互联网众筹平台应尽力协助项目筹资方完成信息披露，便于投资者实时跟进项目进展情况。

2. 电影私募股权投资基金。

（1）电影私募的基本情况。电影私募股权投资基金是指通过非公开的形式向少数机构投资人或个人筹集资金，然后将所得资金投资于非上市电影企业或电影项目，投资者可获得资本收益权、股权等权利，最后通过被投资企业上市、并购等方式退出从而获利的一种基金投资方式。

近年来，私募股权投资基金逐步进入我国电影业，成为金融行业与电影行业交织发展出的新型融资方式。例如，IDG 资本管理的 IDG 新媒体基金，募集到 5000 万美元资金，参与投资了《雪花秘扇》《山楂树之恋》《未来警察》等电影作品。相较于来源于楼市、煤矿等其他行业的游资，电影私募股权投资基金有着诸多优势。游资不了解电影产业市场的运作规律，缺乏对优质电影项目的辨别能力与市场开发能力，投资在一定程度上具有盲目性。而私募基金管理人具有高度专业性，不仅充分了解电影市场，同时也具有极强的资本运作能力，以其专业的智慧、经验及人脉，能为所投影视公司或电影项目带来更多价值资源，更为有效地降低投资风险，维护投资者的利益。[1] 我国电影私募基金数量呈现不断上升态势。

---

① 参见邱瑶溪："我国电影产业融资模式的优化研究"，景德镇陶瓷学院 2014 年硕士学位论文。

表 2-6　我国近年来电影私募基金投资情况 [①]

基金名称	管理机构	成立年度	声称资金募集状态	涉及电影的相关投资
IDG 新媒体基金	IDG 资本	2007	总规模 5000 万美元	《雪花秘扇》《山楂树之恋》《红河》《胡同里的阳光》《高考1977》《未来警察》等电影制作
华人文化产业投资基金	华人文化(天津)投资管理有限公司	2009	计划总规模 50 亿元人民币,首期 20 亿元	与好莱坞梦工厂合作建立"东方梦工厂"
星空大地文化传媒基金	星空大地(北京)影视文化发展有限公司	2010	计划总规模 15~20 亿元人民币,首期 10 亿元	与华夏电影和美国相对论传媒公司达成战略合作,并投拍了电影《大武生》
中国影视出版产业投资基金	建银国际财富管理有限公司	2010	计划总规模 50 亿元人民币,首期 20 亿元	2011 年,在小马奔腾集团 7.5 亿元人民币的融资项目中领投
汇力星影投资基金	汇力投资基金管理公司	2010	3 亿元人民币	参与电影项目《武当》《巨额交易》《秘史:不告人》
腾讯影视基金	腾讯公司	2011	总规模 5 亿元人民币	4.45 亿元投资华谊兄弟
大摩华莱坞基金	亚太基金和擎辉资本	2011	10 亿元人民币加 1 亿美元	重点投资无锡(国家)数字电影产业园建设
嘉实七星媒体基金	嘉实七星媒体私募股权集团有限公司	2012	目标筹资额 8 亿美元	计划通过与世界一流影视产业机构及人员的合作,开发中英双语作品
乐视星云影视文化基金	乐视投资管理(北京)有限公司	2012	首期 10 亿元人民币	计划参与投资新技术电影以及中国电影人与好莱坞专业制片人团队联合创办的全球化电影制作公司

　　2014 年 8 月 21 日证监会发布《私募投资基金监督管理暂行办法》(以下简称《暂行办法》),将私募投资基金分为契约型、合伙型及公司型三种组织形式。私募股权投资基金通常涉及三方主体:投资者、基金管理人、基金托管人。

　　《暂行办法》对投资者的主体资格作出限定,要求必须为合格投资者。合格投资者是指具备相应风险识别能力和风险承担能力,投资于单只私募基金的金额不低于 100 万元且符合下列相关标准的单位和个人:①净资产不低于 1000

　　① 参见邱瑶溪:"我国电影产业融资模式的优化研究",景德镇陶瓷学院 2014 年硕士学位论文。

万元的单位；②金融资产不低于 300 万元或者最近 3 年个人年均收入不低于 50 万元的个人。

金融资产包括银行存款、股票、债券、基金份额、资产管理计划、银行理财产品、信托计划、保险产品、期货权益等。

以合伙企业、契约等非法人形式，通过汇集多数投资者的资金直接或者间接投资于私募基金的，私募基金管理人或者私募基金销售机构应当穿透核查最终投资者是否为合格投资者，并合并计算投资者人数。

相较于公募基金，我国对私募投资基金的基金管理人资格并无严格限制，由依法设立的公司或者合伙企业担任即可。

（2）电影私募的模式选择。根据中国基金业协会发布的私募投资基金合同指引 1 号、2 号、3 号，可将私募投资基金划分为公司型、契约型及合伙型三种组织形式。

第一，公司型私募。公司型私募是指由基金管理人与基金投资者共同出资，以公司形式作为法律载体运作基金。有限责任公司和股份有限公司都可以成为私募选择的公司组织形式。采取有限责任公司形式的，投资者人数不得超过 50 人；采取股份有限公司形式的，投资者人数不得超过 200 人。基金管理人的存在可有两种形式：一种是自我管理，即以公司常设的董事身份作为公司高级管理人员直接参与公司投资管理；另一种是受托管理，即以外部管理公司的身份接受基金委托进行投资管理。基金管理人取得报酬的行为包括收取基金管理费或者按比例获取投资收益分红。

公司型私募的优势在于：①具有资合性，股权转让及人员变动不会给基金带来直接的影响，稳定性高；②法律制度完善、组织架构完备，能有效保护投资者的利益。[1]

公司型私募的劣势在于：①个人投资者双重征税，增加投资负担。公司型私募税收制度遵循"先税后分"原则。首先，公司需要就其取得的投资收益缴纳 25% 的企业所得税，其次，当投资者是个人时，还需按"股息、红利"缴纳 20% 的个人所得税。这无疑会加重个人投资者的负担，影响其投资积极性。②股东会享有决策权，对基金管理人决策造成影响。外部基金管理人可以受托投资顾问的方式对公司进行专业化管理，然而公司的最高权力机构为股东会，作为基金份额持有人的股东仍能够左右决策，可能对基金管理人的专业决

---

[1] 程东、王芳："私募基金三种组织形式及其管理类型的分析比较"，载投行法律智识分享平台微信公众号"梧桐树下 V"，上传时间：2020 年 12 月 22 日。

策造成影响，不利于基金实行有效的投资决策。③遵循《公司法》相关规定，减少公司灵活性。公司型私募的运营管理应遵循《公司法》，而《公司法》对于公司的约束更为明确、具体，从而减少了公司自行管理的灵活性。[①]

第二，契约型私募。契约型私募也称信托型私募，是根据契约建立起来的集合投资形式。契约型私募的当事人为基金投资人（基金份额持有人）、基金管理人、基金托管人。契约型股权投资基金的投资者人数不得超过 200 人。具体运作流程为：基金管理人通过发行受益凭证来募集资金，基金管理人与基金投资人订立合同，合同约定基金投资人将基金资产委托给基金管理人管理运行，基金投资人享有财产收益权。同时为保障基金财产的独立安全，基金财产由第三方商业银行进行托管。在契约型私募中，基金投资人既是委托人也是受益人，由其出资设立信托，获得信托收益。基金管理人依照基金信托合同作为受托人，以自己的名义为基金投资人的利益行使基金财产权，并承担相应的受托人责任。

契约型私募的优势在于：①契约型私募不是法律实体，仅仅是财产流动的通道，可以免除繁琐的工商注册登记手续。同时在基金运营层面没有税负压力，直接由基金投资人根据其收益所得缴纳税收，从而有效避免双重税负。②信托财产具有相对独立性，基金的投资管理和运行不受委托人和受益人的干预，由受托人独立进行专业管理。[②]

契约型私募的劣势在于：①流通性差。信托合同不属于标准化契约，转让手续复杂，在二级市场上流通性差，并且契约关系不够稳定，容易滋生法律纠纷。②资金闲置问题。信托制要求信托公司募集到的资金人的资金全部到位后，受托人才可以管理和运作信托财产，容易造成资金闲置。③IPO 退出障碍。证监会要求在 IPO 过程中须清理拟上市公司的信托股东，可能会导致股权不明晰。[③]

第三，合伙型私募。合伙型私募的合伙指的是有限合伙。合伙型私募是通过订立合伙协议，由至少一名有限合伙人（LP）和至少一名普通合伙人（GP）共同出资设立的有限合伙组织形式。有限合伙型私募中，LP 作为真正的投资

---

① 程东、王芳："私募基金三种组织形式及其管理类型的分析比较"，载投行法律智识分享平台微信公众号"梧桐树下 V"，上传时间：2020 年 12 月 22 日。

② 程东、王芳："私募基金三种组织形式及其管理类型的分析比较"，载投行法律智识分享平台微信公众号"梧桐树下 V"，上传时间：2020 年 12 月 22 日。

③ 程东、王芳："私募基金三种组织形式及其管理类型的分析比较"，载投行法律智识分享平台微信公众号"梧桐树下 V"，上传时间：2020 年 12 月 22 日。

者，需履行投入资金的义务，但通常不参与基金的运作和管理，只需要以出资额为限对可能发生的合伙债务承担有限责任；GP作为真正的管理人，负责经营和管理运作基金，并对合伙基金的债务承担无限责任，但无需投入大量资金。合伙型股权投资基金的投资者人数不得超过50人（含普通合伙人）。

合伙型私募的优势在于：①所有权和管理权相互分离。LP具有资金优势但可能缺乏专业知识及经验等，但能保证基金的规模，掌握财产权；GP欠缺资金但是具有专业能力，掌握管理权。二者相互配合，既能积攒资金，同时也能充分发挥专业知识经验，使资金得到合理利用。②避免双重税赋。合伙型私募税收制度遵循"先分后税"原则。相对于公司制实体而言，合伙企业的所得税一般只在合伙人层面征收，而企业本身并不是所得税的纳税主体。③具有有效的激励机制和约束机制。GP只有利用其专业知识赚取超额预期利润才可以提取管理分红，但同时GP也对基金进行了少量的出资，需要对投资的失败承担无限连带责任，如此能够避免GP为追求高额利润从而冒险激进投资。④融资结构灵活。通过合伙协议约定，合伙人在基金选好投资项目需要投资时才把资金交给基金管理人，可以最大限度发挥基金的时间效益；此外，LP能够较为自由地转让其持有的基金份额，其他合伙人不享有优先受让权。①

综合而言，有限合伙型私募具有诸多优势，设立简单同时能避免双重征税，现已逐渐成为我国私募股权投资基金最主要的组织形式。我国影视企业或电影项目在选择私募股权投资基金进行融资时，可采用有限合伙型的组织形式。由投资人担任LP，保证充分积攒资金，为影视企业及电影项目提供资本来源；由了解电影行业运作方式的管理人担任GP，充分发挥其电影方面的专业知识及经验，甄别挑选优秀的电影项目，充分创造电影项目的市场价值，为投资人获得收益。

二、美国电影融资的基本模式

我国电影融资在很大程度上借鉴了美国的电影融资模式，因此二者具有一定相似之处。美国作为全世界电影工业体系最为发达的国家，其电影产业起步早、发展快、不断改革创新。尤其随着独立制片公司的不断兴起，其电影产业

---

① 程东、王芳："私募基金三种组织形式及其管理类型的分析比较"，载投行法律智识分享平台微信公众号"梧桐树下V"，上传时间：2020年12月22日。

不再只局限于以六大电影公司 [1] 为代表的大制片公司生产的影片，愈发多元化和国际化。美国大制片公司在规模体量上远远高于独立制片公司，因此必然决定了二者在融资模式上的巨大差异。大制片公司具有深厚的历史积淀与雄厚的资金实力，电影从筹备、拍摄、宣传、发行到放映阶段，均可由大制片公司自行出资、独立完成。而独立制片公司一般规模较小，未必具有为影片独立融资的经济实力，因此在寻求融资时往往需要开辟多种模式，例如：底片收购融资、海外预售融资、完片担保、银行贷款、税收优惠政策等。值得一提的是，伴随大制片公司影片开发项目的不断增加，大制片公司也在逐步更新其融资手段，开始采用多种融资方式。

（一）大制片公司的融资模式

1. 内部项目开发（Studio-Financing）。内部项目开发是大制片公司最为传统的一种融资方式，大制片公司凭借其雄厚的资金实力与丰富的人才资源，自行完成剧本开发、预算制定、内部融资，同时招兵买马，搭建导演、制片与演员的主创班底。无论是电影拍摄前的准备工作，还是电影的拍摄工作乃至电影的宣传与发行工作，全部由大制片公司自行独立完成。[2]

在内部项目开发的模式下，电影制作的全部过程均由大制片公司统筹规划、统一管理，所有工作人员都从属于大制片公司，听从公司统一调度安排。即便在工作中产生冲突矛盾，公司内部也可以及时协调，工作也更为高效。然而，内部项目开发这种融资模式也有一定弊端。在内部项目开发的模式下，各个环节均需由大制片公司自行出资，如果一个项目占用的资金量过大，公司便无法同时开发多个电影项目，难以分散项目风险，可能导致公司现金链断裂等财政危机。因此，在这样的背景下，大制片公司也逐步开始尝试外部融资手段，以降低财政风险。

2. 摄制—融资—发行模式（Production-Financing-Distribution Deal）。摄制—融资—发行模式与上述内部项目开发模式具有相似之处，都是由大制片公司出资来负责影片全程的摄制、宣传和发行。不同之处在于在摄制—融资—发行模式中，电影剧本并非由大制片公司自行开发。通常制片人已经有一个非常好的剧本创意并已确定主创班底，只是缺少项目资金，此时制片人可以向实力雄厚的大制片公司兜售这个已初具雏形的"打包项目"（turnkey project）。大制片公司如果对

---

① 六大电影公司是指：华特迪士尼电影公司、索尼影视娱乐公司、派拉蒙电影公司、二十世纪福克斯电影公司、华纳兄弟电影公司、环球电影公司。

② 参见宋海燕：《娱乐法》，商务印书馆 2014 年版，第 217 页。

该影片剧本感兴趣，双方便会签署摄制—融资—发行协议。依据摄制—融资—发行协议，大制片公司首先同意出资完成电影剧本的全部创作；其次，在批准影片预算、摄制时间表及其他与创作有关的任何事项后，大制片公司就开始出资摄制影片。通常大制片公司作为出资人享有极高的话语权，大制片公司可以根据自己的安排决定在任何时候放弃拍摄计划，并且在影片的发行和营销等方面都拥有十足的控制决定权。① 大制片公司通过出资将获得影片在全球的所有权利，成为电影作品的权利人；而制片人则可获得拍摄电影的机会，收取权利转让费用以及享受净利润分红。②

（二）独立制片公司的融资模式

1. 底片收购融资。底片收购融资是指制片方和国内发行方在影片制作完成之前签订底片收购协议，约定国内发行方在约定日期支付约定金额，以购买影片底片的融资方式。在底片收购融资的模式下，发行方在底片摄制完成前并不会付给制片方预付款，只有在底片摄制完成并交付给发行方之后，才会获得相应款项。此外，尽管发行方不为影片摄制提供预付资金，但发行方却会深度涉入电影的摄制阶段。通常情况下，在底片收购协议中会涉及以下问题：发行方的创作审批权，这些审批权包括对演职人员、拍摄地点、剧本及剧本改动的审批权；发行方的商业审批权，这些审批权通常包括对预算、预算变动、资金运用计划、同核心演职人员签订合同的主要条款、对影片交付后所承担义务等诸多商业事项的审批权。③

制片方与发行方在订立底片收购协议的过程中，双方谈判的过程实则也是力量博弈的过程。制片方通常倾向于影片的艺术创作性，而发行方则多从市场角度考量，更注重影片的商业性。在订立底片收购协议时，应当尽量将条款具体细致化，例如对发行方可以对影片的摄制参与到何种程度，影片的最晚交付日期等作出尽量详细的约定，避免日后双方产生纠纷。

2. 海外预售融资。海外预售融资是指在影片摄制完成之前，制片公司通过海外发行代理公司或国际电影节等渠道，向海外电影发行公司预先销售该影片在海外的发行权。

制片公司在向海外发行公司预售时，需要提供影片的剧本、演员、导演等

① 参见吴峻：《寻找庇护的艺术？——电影融资与扶持法律制度》，社会科学文献出版社2013年版，第14页。

② 参见宋海燕：《娱乐法》，商务印书馆2014年版，第218页。

③ 参见吴峻：《寻找庇护的艺术？——电影融资与扶持法律制度》，社会科学文献出版社2013年版，第26页。

基本信息。海外发行公司通过市场评估，若决定购买该影片在其本国的发行权，则会与制片公司签订海外发行与融资协议（Movie Distribution and Financing Agreement）。由于主创班底是海外发行方衡量影片市场卖座率的主要因素，因此海外发行方在协议中通常会加上一条"若原定参与演出的演员或导演无法从事该影片的拍摄工作，且制片公司未能找到具有同等影响力的演员或导演进行替补时，发行方有权取消合同"，以保护自身利益。① 在协议签订后，海外发行方将向电影制片方预付部分费用，大致为购买影片发行权款项的 20%，余下80% 的费用将在影片摄制完成并送交海外发行方后一并支付。

通常情况下，只有国际知名的电影制片公司能直接联系到海外发行公司并与其签订海外发行协议，一般规模的制片公司需要通过海外发行销售代理公司才能与海外发行公司取得联系。制片公司会与海外发行销售代理公司订立销售代理协议，根据协议，海外发行销售代理公司将承诺销售该影片，并规定了影片完成后该发行销售代理公司的预计销售量。此外，国际电影节也是海外预售融资的重要渠道，每年在戛纳电影节、柏林电影节等大型电影节中都会展出多部海外影片，有兴趣的海外发行方会直接购买，获奖影片则尤为抢手。

3. 完片担保。电影完片担保制度（Completion Guarantee, Completion Bond, 也称为完片保险、完片保证）是一种专门针对电影行业的担保制度，能够有效帮助中小规模的制片公司完成融资。完片担保公司向银行保证一部电影能够按照预定时限及预算范围拍摄完成，并送交发行商，任何拖延或财务超支将由完片担保公司承担责任，从而使银行能够放心贷款给制片方。

如果影片超支或超期完成，超支部分由完片担保公司支付，银行无需再投入新的资金；如果制片方中途无法完成影片拍摄，完片担保公司需要接手制片环节，重新完成影片拍摄制作；如果电影项目最终夭折，完片担保公司则需对银行进行全额退款。此外，电影制片方还会与电影发行公司签订预售发行协议，只要制片方按照双方商定的技术规格制作影片，并按时完成交付给发行方，发行方便必定会发行这部电影，届时向制片方支付发行款项。有了预售发行协议的资金后盾，加上完片担保公司担保影片将在预算内如期完成，好比给贷出的资金上了"双保险"，银行便可放心将款项贷给制片方，帮助电影拍摄顺利融资。② 经过半个多世纪的发展，"完片担保模式"在英美等影视发达国家已逐步成熟。目前国际著名的完片担保公司有 Film FinancesInc., Cinefinance

---

① 参见宋海燕：《娱乐法》，商务印书馆 2014 年版，第 220 页。

② 参见郭晓芳："'金融时代'背景下的中国完片担保体制"，载《青年文学家》2013 年第 4 期。

Insurance Services，LLC.，The Motion Picture Bond Company 等。[①]

完片担保公司在为电影承担担保责任之前，会结合剧本、制作班底既往拍摄成果等因素对该电影项目进行综合评估，成功立项后，由完片担保公司法务部门起草相关法律文件，双方签约，收取相应保费（费率大约在影片总预算的 5%~6%）。完片担保公司具备高度专业性，在影片摄制过程中，会深入参与决策程序之中。拍摄制作前期，完片担保公司参与制定拍摄计划、确定拍摄人员。拍摄过程中，完片担保公司会派驻代表在拍摄现场，监管整个拍摄制作过程，以防突发状况发生，此外还要监督每日资金使用状况，进行财务监督。甚至个别情况下，完片担保公司可对导演、副导演、制片人、摄影师、制片会计等进行人员更换。完片担保公司为影片按时按预算完成、版权顺利实现提供了有力保障，有利于赢得银行的信任，进而获得贷款，帮助影片顺利融资。完片担保已成为美国好莱坞中小独立制片公司获得银行贷款、政府补贴等融资的前提条件。

4. 银行贷款。与我国电影融资相类似，银行贷款也是美国电影融资的重要方式之一。在美国，许多银行设置了专门的娱乐产业信贷部门，为影视产业提供贷款支持，并且已经形成一套较为完善成熟的风险评估机制。银行在项目评估时，除审查制片公司所需获得的所有相关权利之外，还需审查制片公司提交的详尽的制片预算。[②] 若电影项目最终通过银行的风险评估审核，银行将与制片公司订立贷款协议。通常而言，贷款协议包含以下条款：贷款总额、到期日、差额、贷款准备、电影摄制的具体要求、银行批准权、银行接管权、银行对电影的担保权益。[③]

银行贷款申请一般耗时较长而且审核的标准较高。由于独立制片公司资金少、规模小、市场风险较大，因此通常难以获得银行贷款。即便银行愿意贷款给独立制片公司，也会要求其提供底片收购协议、海外发行与融资协议作为贷款的质押物，同时还要求独立制片公司必须提供完片担保公司出具的完片担保协议以最大限度地降低银行的贷款风险。

5. 私募融资。私募融资是指通过发行私募股权投资基金来为制片公司或电影项目募集资金，即通过非公开的形式向少数机构投资人或个人筹集资金，然后

---

① 参见吴晓武："为什么完片担保在中国举步维艰？"，载《电影艺术》2011 年第 1 期。

② 参见宋海燕：《娱乐法》，商务印书馆 2014 年版，第 221 页。

③ 参见吴峻：《寻找庇护的艺术？——电影融资与扶持法律制度》，社会科学文献出版社 2013 年版，第 29 页。

将所得资金投资于非上市电影企业或电影项目，投资者可获得资本收益权、参与管理权等股权，最后通过被投资企业上市、并购等方式退出从而获利的一种基金投资方式。

　　私募融资通常只针对少数特定投资人，且风险相较于银行贷款更大，获益也更为可观。私募融资必须遵守美国证券法中的相关规定，切实履行信息披露义务：首先，募股章程必须对项目公司的份额数目及价格作出说明；其次，募股章程必须对净利润的分配作出说明；再次，募股章程要对所拍摄影片及电影行业的一般状况作出介绍；最后，募股章程应该对风险因素进行介绍，以便投资者对所投项目的风险具备充分足够的认识，避免被认为是证券欺诈而陷入诉讼中。[①]

　　私募融资方式属于美国证券交易委员会（SEC）规定的豁免登记注册的范围。近来美国不断放宽对私募融资的标准要求。根据美国证券交易委员会的规定，只要发行方披露所有关键性事实、无欺诈行为、未推销宣传，并向委员会提交相应表格，低于 100 万美金的私募发行就无需登记注册。2013 年 9 月生效的 *JOBS* 法案也进一步放松对私募发行宣传的限制。[②]

　　6. 广告、税收等赞助。广告商赞助是美国电影融资的渠道之一。与我国的电影广告融资类似，美国广告融资也分为贴片广告和植入广告。由于植入广告将商品与剧情巧妙地融为一体，因此愈发受到美国广告商的青睐。植入广告已在前文进行了详尽论述，此处不再赘述。

　　税收优惠政策在电影融资中也起到一定作用，多体现为地方政府为吸引电影剧组到当地拍戏，给予电影制片方一定额度的税收减免政策，从而期望带动当地旅游业及服务行业的发展。除美国之外，英国、加拿大、墨西哥等政府为吸引影视制片公司到本土拍摄电影，不断推出影片拍摄的优惠税收政策，再加之美国本土的电影制作成本较高，越来越多的电影剧组选择"外逃制作"（The Runaway Production），即在其他国家拍摄制作完成电影之后再送回美国进行宣传发行放映。好莱坞的大本营加州因此也面临了巨大挑战，在过去 15 年中，在加州本地拍摄的影片数量下降了一半。为此，加州颁布了一部制定法来应对加州本土拍摄不断减少的困境，通过降低设备租用资金、增加政府补贴等措施来吸引更多剧组前往加州拍摄电影。其他州也逐步效仿加

---

① 参见吴峻：《寻找庇护的艺术？——电影融资与扶持法律制度》，社会科学文献出版社 2013 年版，第 30 页。

② 参见宋海燕：《娱乐法》，商务印书馆 2014 年版，第 226 页。

州制定相应政策，以鼓励更多剧组前往当地拍摄制作，带动当地旅游业发展，提供更多就业岗位。[①]

第八节　演艺经纪合同的性质、内容与解除 [②]

娱乐法有人、财、物三要素。人是从业人员，财是资本，物是知识产权。[③]其中，人是娱乐法的第一要素，是娱乐产业最宝贵的资源和最突出的特色。美国《加州劳动法典》对娱乐法中的人——"艺人"下定义：是指在舞台剧和电影作品中提供服务的人，包括影视演员、电台歌手、音乐家、音乐团队、影视音乐等各类作品的导演、编剧、电影摄影师、作曲家、诗人、编曲家、模特，以及为影视、戏剧、广播、电视和其他娱乐企业工作的其他人员。[④]在娱乐产业中，艺人即是财富和生产力。法学家庞德说，社会的财富是由一个又一个合同积累起来的。通常来说，人只是这些合同交易的主体，但在娱乐产业中，艺人既具有人身属性，又具有商品属性，人既是合同主体，也可以成为合同的标的或交易的对象。可以说，人是娱乐产业相对于其他产业最大的特色。抓住艺人尤其是知名艺人（Celebrity）这一关键要素，是娱乐产业得以快速、健康发展的重要一环。

演艺经纪合同是娱乐法中将从业人员与娱乐产业连接在一起的纽带。一条演艺经纪合同的"法锁"拴住的是艺人和经纪公司两端，他们在实践中既有可能合作共赢，也有可能纷争不断。此时，基于演艺经纪合同的纠纷就成为双方关注的焦点。从司法实践的情况来看，演艺经纪合同纠纷大多与合同的解除有关（参见下图），[⑤]是实践的热点和法律的难点之所在。

---

① Jeffrey A. Helewitz, Leah K. Edwards, *Entertainment Law*, Thomson Delmar Learning, 2004.

② 本节内容取自刘承韪："论演艺经纪合同的解除"，载《清华法学》2019 年第 4 期。

③ 娱乐法的人财物三要素观点，笔者首倡于 2016 年，后为业界普遍接受和广泛运用。参见刘承韪："中国影视娱乐法论纲"，载《法学杂志》2016 年第 12 期。

④ Cal. Lab. Code § 1700. 4 (2003), Talent Agency, "Artist".

⑤ 该信息来自于云端大数据对 2014 年 ~2018 年的 104 件演艺经纪合同纠纷所做的分析。在 104 份判决书中，请求解除合同的有 68 份，占比 65%，其中法院判决支持或者部分支持原告诉讼请求的有 57 份，原告胜诉率为 84%；请求继续履行的有 23 份，占比 22%；请求确认合同无效的有 7 份，占比 7%；其他请求的有 6 份，占比 6%。

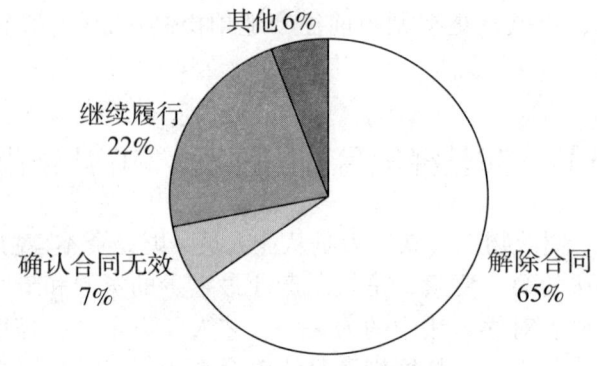

图 2-3　演艺经纪合同纠纷占比图

实践中主要存在以下疑问：演艺经纪合同到底是什么性质的合同？演艺经纪合同当事人享有哪些解除权？能否适用委托合同的任意解除权规则？当艺人并无《民法典》第 562 条规定的约定解除权和第 563 条规定的法定解除权情形时，法院应否支持其解约请求？

一、演艺经纪合同的性质：从委托合同到混合合同

（一）演艺经纪之内涵

众所周知，演艺经纪合同的订立、效力、履行、解除和救济都需以演艺经纪合同的性质为前提，其中尤以演艺经纪合同的解除体现得最为明显。对演艺经纪合同的性质作不同的认定，则合同当事人便会享有不同的解除权。因此，性质认定是演艺经纪合同解除问题的基本前提和重中之重。其实，单从名称上来看，演艺经纪合同似乎不难理解，无非就是对艺人演艺工作进行经纪的合同，"演艺工作"和"经纪"是其中的两个关键词。首先，实践中的演艺经纪合同都会首先对"演艺工作"进行界定，一般表述是：本合同所称演艺工作包括但不限于，电影演出；广播电视演出；音乐作品的制作发行，包括但不限于演唱、词曲创作、编曲、宣传；公开现场演出；包括但不限于舞台表演、演唱或演奏；网络表演；电视、电影及广告歌曲配唱；其他文艺文学创作；剪彩及公益或商场公开活动的参与；广告形象代言；商业赞助；数字发行；相关艺人姓名及形象和商业开发等活动。其次，演艺经纪合同的核心是对演艺工作进行"经纪"的合同。"经纪"一词在我国现行法律、法规中虽无单独明确的定义，但在对房地产、保险、期货、营业性演出等特定行业、特定主体进行规制的具体行政法规或部门规章中均使用了"某某经

纪""某某经纪机构"这样的词汇①。《经纪人管理办法》（已失效）第 2 条则规定了经纪人的概念：经纪人是指在经济活动中，以收取佣金为目的，为促成他人交易而从事居间、行纪或者代理等经纪业务的自然人、法人和其他经济组织。因此，通过类似的立法用语我们可以大致推导出"经纪"的定义为：在房地产、保险、期货、证券、文化、艺术、体育等国民经济各个领域中广泛存在的，为市场上的供需双方提供促成交易的中介服务并收取相应报酬的经营行为。

（二）演艺经纪合同的内容

当然，我们应当清楚的是，合同的标题、名称和关键词语并非合同性质判断的决定因素，合同性质的判断应当主要取决于合同的内容，合同内容承载着当事人的权利义务关系，并以其主合同义务来决定合同的性质与类型归属。②从内容上来看，大多数演艺经纪合同都包含如下几点：

1. 代理签约的经纪服务（agent）内容。对艺人来说，演艺经纪的合同目的首先是获得演艺工作的机会，为了保证对艺人的工作有全面的掌握及安排，合同中通常都会首先约定演艺经纪机构具备全权（独家）代表艺人进行签约的权利，这种情形下，演艺经纪机构在为艺人提供促成交易的中介服务的同时，还获得了授权代理人的法律地位，有权以艺人或者自身的名义与艺人表演或演出服务的购买主体进行谈判、代理签约。这是较为典型的委托代理的相关内容，包括演艺事务的委托代理权、与演艺事务相关的全部或部分事宜的代理权、对外洽谈以及签署合同的代理权等。

---

① 例如：①《房地产经纪管理办法》（住房和城乡建设部、国家发展和改革委员会、人力资源和社会保障部令第 8 号）第 3 条规定："本办法所称房地产经纪，是指房地产经纪机构和房地产经纪人员为促成房地产交易，向委托人提供房地产居间、代理等服务并收取佣金的行为。"②《保险经纪机构监管规定》（2015 修订已失效）（中国保险监督管理委员会令 2009 年第 6 号）第 2 条规定："本规定所称保险经纪机构是指基于投保人的利益，为投保人与保险公司订立保险合同提供中介服务，并按约定收取佣金的机构，包括保险经纪公司及其分支机构。"③《期货交易管理条例》（2017 修订）（中华人民共和国国务院令 2007 年第 489 号）第 18 条规定："期货公司从事经纪业务，接受客户委托，以自己的名义为客户进行期货交易，交易结果由客户承担。"④《演出经纪人员管理办法》（文市发〔2012〕48 号）第 3 条规定："本办法所称演出经纪人员，包括在演出经纪机构中从事演出组织、制作、营销，演出居间、代理、行纪，演员签约、推广、代理等活动的从业人员；在县级文化主管部门备案的个体演出经纪人。"

② 最高人民法院《关于经济合同的名称与内容不一致时如何确定管辖权问题的批复》（法复〔1996〕16 号）曾经指出，当事人签订的经济合同虽具有明确、规范的名称，但合同约定的权利义务内容与名称不一致的，应当以该合同约定的权利义务内容确定合同的性质。

2. 经理人服务（manager）内容。依照美国加州法律及行业工会的规定，经纪人与经理人可以说是有着泾渭分明的权利划分——演艺经纪合同的经纪人可以为艺人取得工作（procure emloyment），他们的工作就是尽可能多地为艺人达成取得工作的交易；经理人的职责则是设计、规划艺人的职业生涯，打造艺人的职业路径，他们的工作就是为他们的客户提供职业方面的咨询，并为经纪人给他们提供的职业选择提供意见和建议。中国目前并无经纪人和经理人的区分，实践中的很多演艺经纪合同也都包括公司对艺人的规划、培养、培训、包装、形象设计、营销、宣传、推广、维权、咨询建议等经理人服务内容。

3. 权利许可与权利归属内容。经纪公司经常会出于为艺人发展演艺事务或者自己经济利益的目的考虑，在合同中约定免费使用和开发艺人姓名、肖像、录音录像、照片、知识产权的权利，甚至约定永久拥有艺人基于合同而产生的知识产权、姓名权、肖像权等一系列权利。

4. 公司管理与公司纪律内容。演艺经纪机构通常会在合同中约定艺人有义务服从公司安排的工作、遵守公司纪律、接受公司管理等相关内容。具体包括艺人应当接受公司安排进行工作、保持与公司的沟通、不与第三方进行演艺事务合作义务等，甚至包括对艺人进行整容的权利进行限制，或者在合同中约束艺人人身自由和业余时间的支配等。比如约定"甲方加入乙方，成为乙方签约艺员""在合同期内，甲方应随时与乙方保持联络，乙方有权知道甲方行踪，以便随时联络甲方，甲方如出境旅游，应征得乙方同意，否则视为严重违约"，类似约定并不鲜见。

由上可知，演艺经纪合同是一种以经纪公司提供代理签约经纪服务为核心内容的服务类合同，与我国《合同法》中的委托合同、居间合同、行纪合同在性质上最为接近。但实践中的演艺经纪合同并非以代理签约经纪服务为其唯一内容，多数合同会同时兼及规划培养等经理人服务、权利许可归属、公司管理等服务内容，非合同法某类典型合同所能囊括，是多种类型合同的混合体，构成理论上的混合合同。混合合同大都是由人们在这样的商业实践中创造出来的，在一定程度上属于新老结合的产物。从概念上来说，所谓混合合同，是为了实现某种特别的活动，由多项传统合同结合在一起的合同，[①]或者说合同是由两个以上的有名合同条款或有名合同条款与无名合同条款的

---

① 也称综合性合同、复合性合同，参见［法］弗朗索瓦·泰雷等：《法国债法：契约篇》，罗结珍译，中国法制出版社 2018 年版，第 694 页。

结合所成立的合同，性质上是不可分割的单一合同。比如，某甲和乙律师约定，甲将其房屋出租给乙，乙不需交租金，但是乙需要代理甲处理各种法律事务，双方约定互相免除任何给付费用的义务。从合同的总体内容来看，该合同既不属于租赁合同也不属于委托合同，而是两者的给付义务相互结合而构成的混合合同，两者不能分离。①

（三）从委托合同到混合合同

实际上，对于演艺经纪合同性质的认识，我国法律界一直以来都存在委托合同和混合合同（综合性合同）两种截然不同的观点。前者观点存在于杨洋案、②林更新一审案等，③后者观点存在于熊天平案、张杰案、窦骁案、蒋劲夫案、贾乙案、郭威案、孙祖君案、李素萍案、马嘉琳案等。

2009年的熊天平案似乎是演艺经纪合同性质判断上的一个分水岭。最高人民法院在熊威、杨洋（即熊天平与其妻子）与北京正合世纪文化传播有限公司合同纠纷案中明确认定，演艺经纪合同是一种综合性合同，其中关于演出安排的条款既非代理性质也非行纪性质，而是综合性合同中的一部分。④熊天平案让法律界形成了演艺经纪合同性质的通说：即演艺经纪合同不是简单的委托合同关系，而是涵盖委托合同、行纪合同、居间合同、劳动合同、雇佣合同、著作权合同、职业生涯规划合同、培养培训合同、包装推广合同等综合性内容的混合合同。⑤委托合同的观点此后便少有见到。该案还作为典型案例被纳入《最

①　［法］弗朗索瓦·泰雷等：《法国债法：契约篇》，罗结珍译，中国法制出版社2018年版，第159页。

②　北京仲裁委员会（2014）京仲裁字第0830号裁决书；北京市第三中级人民法院（2015）三中民（商）特字第06227号判决书。

③　2010年3月28日，林更新与唐人影视签订《经理人合同》。2012年12月14日，林更新委托律师发函解约，理由为：唐人影视未能依合同约定完全履行有关义务，实现曾经的保证承诺，无法尽职辅助林某推进演艺事业；公司存在演艺收入结算不清问题；根据双方之间所涉合同性质问题，可以行使自主解约权利等原因。2013年2月26日，林更新委托律师向上海闵行区法院起诉：确认合同于2012年12月17日解除；唐人影视支付演艺收入1 500 400元（判决前公司已支付）。但是诉讼中，唐人影视提出反诉，要求林更新继续履约；赔偿200万元。而闵行法院一审判决合同解除，驳回唐人影视的反诉，唐人影视上诉。上海一中院二审改判：①合同于2013年10月起解除；②林更新赔偿唐人影视195万元。参见北京市朝阳区人民法院（2015）朝民（商）初字第43905号判决书。

④　最高人民法院（2009）民申字第1203号民事裁定书。

⑤　当然，也有观点建议将演艺经纪合同当事人之间的关系视为合伙合同关系来看待，从而有助于平衡演艺经纪合同双方当事人的利益，实现更为有效的利益分配。引自周俊武在2016年"第三届中美娱乐法高峰论坛"上的发言。

高人民法院知识产权案件年度报告（2009）》。

另一个事关演艺经纪合同性质的标志性案例是被选入"2013年中国法院50件典型知识产权案例"的"窦骁与北京新画面影业有限公司演出经纪合同纠纷上诉案"。北京高院同样也认为演艺经纪合同"具有居间、代理、行纪的综合属性"，故对窦骁以委托合同中的随时解除权主张解除涉案合同的诉讼请求不予支持。法院还从实践效果的角度进一步分析说，"若允许艺人行使单方解除权，将使经纪公司在此类合同的履行中处于不对等的合同地位，而且也违背诚实信用的基本原则，同时会鼓励成名艺人为了追求高额收入而恶意解除合同，不利于演艺行业的整体运营秩序的建立，因此在演艺合同中单方解除权应当予以合理限制"。①

继北京之后，上海法院也在"上海唐人电影制作有限公司诉林更新委托合同纠纷案"中确认了演艺经纪合同的混合合同性质。虽然一审法院认为双方当事人间的《经理人合约》是委托合同，林更新作为委托人有单方解除权，但是二审法院认为系争合同"同时具有委托合同、劳动合同、行纪合同和居间合同等多个特征"，故一审判决中"将本案系争合同定性为单一的委托合同欠当"。因此二审法院对林更新关于"双方签订的合约符合委托合同性质，其享有任意解除权"的意见不予采纳，撤销了一审判决。② 可见，演艺经纪合同并非委托合同，不能适用任意解除权规则，这一点已经成为法学界共识。当然，如果实践中艺人和经纪公司在合同中的确仅就某些事务约定委托代理权，不涉及其他合同内容，那么也不排除存在委托合同和任意解除权规则的适用可能性。

二、演艺经纪合同的"任意解除"与混合合同的适法规则

（一）演艺经纪合同的解除权依据

现代合同法普遍以严守契约（pacta sunt servanda）③和鼓励交易④为宗旨，而合同解除是使得当事人终止合同权利义务、摆脱合同关系的例外行为，因此法律必然要对当事人解除合同的权利和合同解除制度的范围加以明定，以维护现代社会合同自由与交易安全的基本价值。我国《民法典》在第562条第1款、第562条第2款和第563条分别规定了合同的三种解除方式：协商

---

① 北京市高级人民法院（2013）高民终字第1164号。
② 上海一中院（2013）沪一中民一终字第2086号。
③ 韩世远：《合同法总论》，法律出版社2018年版，第58页。
④ 王利明："合同法的目标与鼓励交易"，载《法学研究》1996年第3期。

解除、约定解除和法定解除，这也当然适用于演艺经纪合同。[①]协商解除是合同自由的应有之义，其并不会赋予当事人以合同解除权，实践中也少有争议，在此不赘述。与此不同，第 562 条第 2 款的约定解除规定和第 563 条的法定解除规定则是赋予演艺经纪合同当事人约定解除权和法定解除权的法律根据。

演艺经纪合同的约定解除，有时也被称作约定解除权的解除。《民法典》第 562 条第 2 款的表述是："当事人可以约定一方解除合同的事由。解除合同的事由发生时，解除权人可以解除合同。"实践中又可以分为两种情形：

1. 约定艺人有单方解除权的情形。比如在薛之谦解约案中，双方当事人在合同中约定：坤宏传媒公司为薛之谦在 5 年合约期内投资三张唱片专辑，每张唱片专辑的投资金额不低于 150 万元；其中第一张唱片的制作及发布须在双方签约第一年内完成，其余两张的制作及发布则由双方共同协商确定；在合约期内，坤宏传媒公司每年须提供两部影视作品的主要角色参演机会给薛之谦。合同还约定，在坤宏传媒公司严重违反本合同的规定，包括坤宏传媒公司在合约中对薛之谦的承诺未能实现以及原告破产或被取消营业资格时，薛之谦可以提前终止本合约。[②]法院也正是基于薛之谦的约定解除权而判决解除了合同。

2. 约定经纪公司有单方解除权的情形。在经纪公司处于强势地位时，约定经纪公司享有单方解除权也是常见的情形。比如某《演艺人员独家代理合同书》就在第 8-4 条规定：乙方因负面新闻或因受刑事或行政处分而影响其形象的，甲方有权解除本合同而无须承担任何责任。第 10-3-2 条又规定：本合同生效之日起一年内，如乙方在表演、艺德等方面未能使甲方（及第三方）满意，甲方有权在第一年期限届满之日解除本合约，甲方无须向乙方承担违约责任。乙方在该期间如有违约行为，甲方保留追究乙方违约责任的权利。这里的"满意"是典型的主观标准，不满意是否等同于艺人有违约行为，艺人没有根本违约是否也可约定单方解除合同，合同是否要经过诚信原则的检验，是否要考虑双方交易能力不对等而可能归于显失公平的合同，都有结合具体个案进行进一步研究的必要，在此不赘述。

演艺经纪合同的法定解除是理论和实践中最为重要的合同解除权依据，其

---

① 崔建远：《合同法》，法律出版社 2003 年版，第 192 页。

② （2014）静民一（民）初字第 1163 号民事判决书。

见诸《民法典》第 563 条。[①] 该条主要针对合同当事人一方根本违约而赋予非违约方法定解除权。其中特别值得关注的是第 5 项具有指示援引作用的准用性规范：法律规定的其他情形。与本文演艺经纪合同相关的"法律规定的解除权情形"主要是《民法典》第 933 条委托合同的任意解除权条款。

总之，在演艺经纪合同解除权的法律根据方面，司法实践对于基于约定单方解除权的解除、基于根本违约的法定解除总体上没有太多争议。但对于演艺经纪合同是否属于委托合同，可否适用委托合同的任意解除权规则，法院可否根据案情"酌定解除"合同，在实践中存在重大的分歧，下面依次详细分析之。

（二）演艺经纪合同的"任意解除"

如上所述，《民法典》第 563 条的法定解除权规定主要针对合同当事人一方根本违约而赋予非违约方一种法定解除权。其中特别值得关注的是第 5 项具有指示援引作用的准用性规范：法律规定的其他情形。此处所谓的"法律规定的其他情形"还存在于《担保法》第 27 条，《民法典》第 730 条不定期租赁合同、《民法典》第 787 条的承揽合同、《民法典》第 829 条的运输合同、《民法典》第 857 条的技术合同、《民法典》第 899 条的保管合同、《中华人民共和国劳动法》（以下简称《劳动法》）第 32 条的劳动合同和《保险法》第 15 条的保险合同等规则之中。与本文演艺经纪合同相关的"法律规定的解除权情形"主要是《合同法》（已失效）第 410 条的委托合同的任意解除权条款：委托人或者受托人可以随时解除委托合同。因解除合同给对方造成损失的，除不可归责于该当事人的事由以外，应当赔偿损失。

当事人是否可以适用《民法典》第 933 条的任意解除权规则来解除演艺经纪合同，是本文重点讨论的问题。该问题的回答取决于演艺经纪合同的性质是否可以被认定为委托合同这一基本前提。如果演艺经纪合同是委托合同，则艺人可依委托方任意解除权规则解除合同，反之则不可。由于上文已经明确指出，演艺经纪合同是一种融委托合同、行纪合同、居间合同、规划培养合同、权利许可归属合同、公司管理合同、劳动合同等多种合同于一体的混合合同，而非单纯的委托合同，因此《民法典》第 933 条所规定的委托合同

---

① 该条规定：有下列情形之一的，当事人可以解除合同：①因不可抗力致使不能实现合同目的；②在履行期限届满之前，当事人一方明确表示或者以自己的行为表明不履行主要债务；③当事人一方迟延履行主要债务，经催告后在合理期限内仍未履行；④当事人一方迟延履行债务或者有其他违约行为致使不能实现合同目的；⑤法律规定的其他情形。

的任意解除权规则就无法适用。

值得注意的是，即便某些演艺经纪合同被归类为委托合同，适用《民法典》第 933 条的任意解除权规则是否合适，也是值得思考的一个问题。因为从立法论的角度来看，《合同法》（已失效）第 410 条的任意解除权规则也存在一定的缺陷。学界普遍认为，委托合同任意解除权应当根据委托合同是民事无偿合同还是商事有偿合同的区别而加以区分。民事无偿合同以信赖关系为基础，当事人双方可以享有任意解除权；商事有偿合同的对价关系更重于信赖关系，利益越发重于信赖，当事人不应享有任意解除权。无偿委托合同是建立在当事人完全相互信赖的基础上，在双方之间的信赖受到影响的情况下，合同任何一方均可随时解除合同。但是任意解除权的行使应当遵循诚实信用和公平平等原则，不得滥用委托合同的任意解除权。[①] 但商事委托合同常常是有偿、要式合同，当事人之间的信任是指受托人的商业信誉以及经营方向、经营领域和经营能力，为完成商事委托需要投入巨大的人力、物力以及财力，有时受托人还要承担一定的商业风险，所以委托人任意解除权的行使，容易给受托人带来巨大的损失。[②] 因而对商事委托合同的任意解除权应当加以限制。至少民事无偿合同与商事有偿合同二者应当有所区分。正是基于这样的原因，《民法典》合同编第 933 条虽然仍然延续了委托合同的任意解除权规则，但也同时规定：无偿委托合同的解除方应当赔偿因解除时间不当造成的直接损失，有偿委托合同的解除方应当赔偿对方的直接损失和可以获得的利益。即对于任意解除权行使之后的损害赔偿作出了无偿和有偿的区分，这体现出认识上的重大进步。

（三）作为混合合同的演艺经纪合同的适法规则

既然演艺经纪合同并非简单的委托合同，也不能适用《民法典》第 933 条的任意解除权规则，那么就必须对演艺经纪合同的混合合同适用规则进行探讨。很明显，混合合同的适用规则有其特殊之处，因为它并非各单项合同的简单相加，每个单项合同不能适用各自特有的制度，只有当组成这一整体的各个单项合同所适用的规则与混合合同在本质上一致时，才能适用各个单项合同的规则。也就是说，混合合同的整体要大于各单项合同部分之和。以法国法院对于融资租赁合同的处理为例。法国判例对融资租赁合同排除适用作为其组成部分的每个单项合同的特有规则，因为分别适用单项合同的规则，就无法与融资租赁这种活动的整体一致。融资租赁合同是一项混合合同，从经济上看，它并不等于

---

① 吕巧珍："委托合同中任意解除权的限制"，载《法学》2006 年第 9 期。

② 崔建远："合同解除的疑问与释答"，载《法学杂志》2005 年第 9 期。

是买卖合同、租赁合同与单方的买卖预约的简单相加。① 因此，学界对于混合合同有"主次吸收说""同值结合说"和"类推适用说"等不同学说，② 并根据不同情况适用不同学说。对于演艺经纪合同这样一种混合合同，由于其包含的法律关系或各类合同关系没有绝对的主要部分和次要部分的区分，所以关于其法律适用规则本书倾向于主张分立结合说。

所谓分立规则实际上就是"类推适用说"的体现，它是指：应当在与现行法律体系相一致的情况下分析其性质，适宜将其看作委托合同、行纪合同、居间合同、劳动合同的复合型合同，在具体的演艺经纪合同当中，符合委托合同的条款由委托合同调整，符合行纪合同的条款由行纪合同调整，符合居间合同的条款由居间合同调整，如果相关条款的规定符合劳动合同的要求，则由劳动合同调整，若属于演艺经纪合同本身特有的条款，不符合任何有名合同的相关规定的，则在合同法公平平等的原则下，依据其基础合同，即委托合同处理，这样既有利于发挥演艺经纪合同的特殊性，又有利于在现有法律框架内解决演艺经纪合同的性质及纠纷处理问题。③

所谓结合规则就是"同值结合说"的体现，它是指：由于合同各部分不能分离，所以不能主张只适用《民法典》第 933 条任意解除权规则解除委托合同权利义务关系。因为演艺经纪合同是一个整体，相互依存，不能分割。正如最高人民法院在熊天平案中所强调的那样：关于演出安排的条款既非代理性质也非行纪性质，而是综合性合同中的一部分，不能依据《民法典》关于代理合同或行纪合同的规定孤立地对演出安排条款适用"单方解除"规则。这也是混合合同与联立合同的重要区别。也就是说，演艺经纪合同的法律适用既需要类推适用每一部分的有名合同规则，又需要根据整个合同的性质和目的将各个不同的法律关系部分结合在一起作为一个整体加以考虑，不能孤立地对待。

三、演艺经纪合同的"酌定解除"

（一）酌定解除的司法创设与考量要素

一般说来，合同解除必须以当事人具有解除权为前提，但我国法院在司法实践中创设了一种新型的演艺经纪合同的解除方式——"酌定解除"。其具体内涵是，演艺经纪合同当事人虽然没有任意解除权，也不达到约定解除或

---

① 参见［法］弗朗索瓦·泰雷等：《法国债法：契约篇》，罗结珍译，中国法制出版社 2018 年版，第 159 页。

② 王泽鉴：《债法原理》，中国政法大学 2001 年版，第 112 页。

③ 梅璐：《演艺经纪合同的性质及司法纠纷处理》，中国政法大学 2011 年硕士学位论文。

法定解除的条件，但法院会认为，演艺经纪合同是以当事人间的信赖关系为基础，具有一定的人身依附属性，故当艺人一方提出解除合同时，当事人间的信赖关系便已破裂，法院通常会予以解除。此种经由司法创设的"酌定解除"是相比／相对有法律明确依据的协商解除、约定解除、法定解除（含任意解除）的概念而言的，是法院自由裁量权的重要体现。法院在酌定解除演艺经纪合同时，通常会考虑如下四个要素：

1. 以无《民法典》第 562 条和第 563 条的解除权为前提；

2. 演艺经纪合同具有较强的人身属性，演艺经纪合同的存续以双方的信赖关系为前提；

表 2-7　要素 2. 演艺经纪合同具有较强的人身属性，演艺经纪合同的存续以双方的信赖关系为前提

案件名称	案号	法院	裁判要旨
阿来·阿依达尔汗等合同纠纷	（2015）二中民（商）终字第 04890 号	北京二中院	本案所涉合同内容具有很强的人身性，该合同的成立以及履行均以当事人之间的特殊信赖为基础。
叶婧怡诉上海英恰文化传媒有限公司演出合同纠纷	（2017）沪 01 民终 5638 号	上海一中院	该合同具有较强的人身属性，亦是基于双方的信赖关系所订立。
杨某与何某等合同纠纷	（2018）京 01 民终 4897 号	北京一中院	案涉《合作协议》属于人身依附性极强的继续性合同，当事人之间的信赖关系是此类合同的实质性要素。
北京颁德文化经纪有限公司与刘虎合同纠纷	（2016）京 03 民终 5196 号	北京三中院	艺人经纪约更多地受合作双方主观意志因素影响，需要艺人与经纪公司相互配合才能更好地履行合同。
古筝与北京爱笑文化传媒股份有限公司演出合同纠纷	（2016）京 0106 民初 11152 号	北京丰台区法院	该合同具有很强的人身性，需要双方在相互信任的基础上共同履行合同。
郭威与北京唐德凤凰演艺经纪有限公司委托合同纠纷	（2016）京 0108 民初 33654 号	北京海淀区法院	《演艺经纪合同》系建立在双方互相信任基础上的人身依附性极强的特殊合同。
北京新画面影业有限公司与窦骁表演合同纠纷	（2013）高民终字第 1164 号	北京高院	涉案《合约》的履行需要双方当事人在相互信任的基础上实现合同的根本目的。
上海灿星文化传播有限公司与李素萍其他合同纠纷	（2014）长民一（民）初字第 6875 号	上海长宁区法院	合同的履行依赖于合同双方当事人的相互信赖。

3. 艺人一方提出解约，表明不再继续履行演艺经纪合同；

表 2-8 要素 3. 艺人一方提出解约，表明不再继续履行演艺经纪合同

案件名称	案号	法院	裁判要旨
阿来·阿依达尔汗等合同纠纷	（2015）二中民（商）终字第 04890 号	北京二中院	阿来明确陈述双方之间的合同已无继续履行的可能。
叶婧怡诉上海英恰文化传媒有限公司演出合同纠纷	（2017）沪 01 民终 5638 号	上海一中院	叶婧怡坚持解除合同的意思表示。
杨某与何某等合同纠纷	（2018）京 01 民终 4897 号	北京一中院	杨某签收了《合作解除事宜》函，孙某某解除合同的意思表示于该日到达杨某。
北京颁德文化经纪有限公司与刘虎合同纠纷	（2016）京 03 民终 5196 号	北京三中院	颁德公司已经两年未为刘虎争取到足够的影视剧出演机会，已经构成根本性违约。
甲公司与贾乙合同纠纷	（2013）沪一中民一（民）终字第 532 号	上海一中院	贾乙已通过与他人签订演员聘用合同等行为表明其不愿再履行本案系争合同。
郭威与北京唐德凤凰演艺经纪有限公司委托合同纠纷	（2016）京 0108 民初 33654 号	北京海淀区法院	郭威已明确表示不再履行《演艺经纪合同》，而唐德公司亦对解除合同存在意向。
北京新画面影业有限公司与窦骁表演合同纠纷	（2013）高民终字第 1164 号	北京高院	窦骁已经明确表示不再履行合同主要义务，而新画面公司对于合同解除亦存在意向。

4. 演艺经纪合同的信赖关系破裂或信赖基础丧失。

表 2-9 要素 4. 演艺经纪合同的信赖关系破裂或信赖基础丧失

案件名称	案号	法院	裁判要旨
阿来·阿依达尔汗等合同纠纷	（2015）二中民（商）终字第 04890 号	北京二中院	阿来既已失去对中视公司的信任，合同目的已无法实现。
叶婧怡诉上海英恰文化传媒有限公司演出合同纠纷	（2017）沪 01 民终 5638 号	上海一中院	双方已明显缺乏继续合作的信赖基础，合同亦难以继续履行，合同目的难以实现。
杨某与何某等合同纠纷	（2018）京 01 民终 4897 号	北京一中院	双方矛盾尖锐，继续履行合同的基础已经丧失。

案件名称	案号	法院	裁判要旨
北京颁德文化经纪有限公司与刘虎合同纠纷	（2016）京03民终5196号	北京三中院	颁德公司目前无法找到合适的方法消除刘虎的顾虑，重新建立彼此的信任。
甲公司与贾乙合同纠纷	（2013）沪一中民一（民）终字第532号	上海一中院	现履行过程中双方矛盾较深。
上海灿星文化传播有限公司与李素萍其他合同纠纷	（2014）长民一（民）初字第6875号	上海长宁区法院	双方已经缺失信任基础。

（二）酌定解除的本质：合同僵局与违约解除

如上所述，法院支持艺人诉讼请求并酌定解除演艺经纪合同的前提就是艺人并无约定解除权或法定解除权，因此艺人的此种解除从性质上来说就是一种"违约解除"，本质上是一种违约行为。法院之所以用酌定解除的方式承认艺人的此种违约解除的后果，除了考虑到上文所提及的演艺经纪合同的诸多要素之外，也意在应对现实交易中的"合同僵局"。所谓合同僵局，通常是指非违约方本身有权依据合同法规定解除合同，但坚持不解除合同而要求违约方继续履行合同，而违约方却不愿意继续履行合同而主张解除合同，那么此时合同当事人双方就陷入了"合同僵局"。由于非违约方选择解除合同并要求损害赔偿，或者选择不解除合同而要求违约方继续履行，本身就是非违约方的自由权利，因此"破局"的关键便是违约方是否享有"违约解除权"。

我国之前《合同法》对于违约解除未明文规定，只是在《合同法》第110条规定了非金钱债务的违约方可以拒绝非违约方继续履行请求的三种法定事由：①法律上或者事实上不能履行；②债务的标的不适于强制履行或者履行费用过高；③债权人在合理期限内未要求履行。但该条通常只被理解为针对非违约方的一种抗辩权，而非赋予非违约方以解约权。因此，当非违约方主张继续履行合同时，违约方只能以《合同法》第110条进行抗辩，不能主动提出解除合同，合同关系仍在延续，但当事人却无法正常合作。①

或许正是基于对《合同法》第110条规定的消极性和应对合同僵局不力的

---

① 当然，有日本学说认为，对对方的履行请求之诉提出抗辩，也可构成解除合同的意思表示。参见我妻荣：《债法各论》第184页、三宅正男：《契约法》第219页。转引自韩世远：《合同法总论》，法律出版社2018年版，第666页.

不满，新通过的《民法典》在第 580 条第 2 款做出突破性规定：有前款规定的除外情形之一，致使不能实现合同目的的，人民法院或者仲裁机构可以根据当事人的请求终止合同权利义务关系，但是不影响违约责任的承担。该款被视为关于违约方解除权的规定，实际上是对于《合同法》第 110 条的补充和扩张，① 也是对我国司法实践有益经验的总结和借鉴。因为早在 2006 年，《最高人民法院公报》刊登的冯玉梅商铺案就明确支持了违约方的解除权，认为"当违约方继续履约不能实现合同目的时，可以允许违约方解除合同，用赔偿损失来代替继续履行"。② 以冯案为开端，司法实践中也出现了越来越多肯定违约方可以解除合同的案例，其裁判理由主要包括：不具备履行条件；合同目的不能实现；避免社会资源浪费；平衡双方当事人利益；损失能够得到填补；公平原则；履行费用过高；维护经济秩序、法律关系稳定；平等、自愿原则，合作基础丧失；发挥整体功能，维护社会利益等等。这些鲜活的案件，为违约方解除权的正当性提供了最好的例证和司法的支持。③

同样地，在演艺经纪合同纠纷之中，当经纪公司主张继续履行合同，艺人不愿继续履行而主张解除合同时，就需要法院以承认违约方解除权的方式酌定解除演艺经纪合同，从而破解演艺经纪合同的交易僵局。例如，在贾乙与上海东锦文化传播有限公司其他合同纠纷再审案中，虽然艺人贾某不享有单方解除权，法院还是以"继续履行合同显然对双方均无益处"为由判决合

---

① 值得注意的是，尽管民法典合同编草案第 353 条第 3 款关于违约方解除权的规定在未来民法典中因争议被删除，《合同法》第 110 条仍然有可能成为违约方解除权的法律依据。因为如果不赋予违约方主动提出解除合同的权利，《合同法》第 110 条的规定就变得毫无意义。在非违约方因对方违约而无法履行合同时，如果非违约方不诉至法院，则争议合同的履行将遥遥无期，双方的法律关系也将处于长期的不确定状态。对于双方当事人来说，这样的"合同僵局"都将是一种毫无意义的损耗。因此，在合同出现《合同法》第 110 条的情形时，违约方提出解除合同应予支持，但违约方必须承担违约的法律后果。

② 该案法院认为，根据《合同法》第 110 条的规定，有违约行为的一方当事人请求解除合同，没有违约行为的另一方当事人要求继续履行合同，当违约方继续履约所需的财力、物力超过合同双方基于合同履行所能获得的利益，合同已不具备继续履行的条件时，为衡平双方当事人利益，可以允许违约方解除合同，但必须由违约方向对方承担赔偿责任，以保证对方当事人的现实既得利益不因合同解除而减少。该案是对《合同法》第 110 条规定的目的性扩张，实际上赋予了违约方该条几种情况下的解除权。南京新宇房产开发有限公司诉冯玉梅商铺买卖合同案，参见南京市中级人民法院（2004）宁民四终字第 470 号判决书，载《最高人民法院公报》2006 年第 6 期。

③ 郭超："违约方合同解除权的法理辨析与裁判规则——对赵某诉何某房屋买卖合同纠纷案件的评析"，载《天津法学》2017 年第 2 期。

同解除。[①]

　　当然，酌定解除以当事人的诉讼或仲裁方式为必要，因此也称为法院酌定解除。如果仅仅是违约艺人一方发出单方解约通知（比如张杰案、窦骁案），并不发生解除合同的后果。实践中当事人和法院容易产生对《民法典》第565条的误读，认为只要向非违约方发出解除通知，对方未在3个月的合理期限内以诉讼或仲裁方式提出异议，就发生通知解除合同的效果。此种认识有误，因为《民法典》第565条的通知解除必须要以当事人有562条的约定解除权或563条的法定解除权为前提，[②]否则就是非法解除，应承担违约责任。

　　总之，法院酌定解除演艺经纪合同可以找到法律依据，但酌定解除有如下严格的限制条件：①当事人无法协商解除；②艺人无约定解除权；③艺人无法定解除权；④作为违约方的艺人主张解除合同；⑤作为非违约方的经纪公司主张继续履行；⑥合同标的不适于强制履行；⑦不解除演艺经纪合同不公平或不能实现合同目的；⑧艺人以诉讼或仲裁的方式主张解除合同。

　　（三）酌定解除的生效时点

　　当事人以诉讼请求法院解除合同，其生效时点到底是起诉之日、应诉通知之日还是法院判决生效之日，这关系到合同效力何时归于消灭的问题。对于这一点，我们通过无讼网站的检索发现，司法实践中对此有着完全不同的多种做法。无讼网站可检索到2018年的所有关于合同解除生效时点的案件共47件，基层法院最多，中院次之，高院最少。法院在判决书中认为合同于判决生效之日解除的共15件，认为合同于当事人起诉之日解除的共28件，认为合同于应诉通知之日解除的只有4件。（详情见表2-10）

表2-10　合同于应诉通知之日解除的案件

法院判决合同解除的生效时点	数量
判决生效之日	15
起诉之日	28
应诉通知之日	4

[①] （2014）沪高民一（民）再提字第8号民事判决书。

[②] 这一点也得到司法裁判的认可。参见最高人民法院（2013）民一终字第18号民事判决书；另参见广州市润力房地产开发有限公司与广州气体厂有限公司、广州广昊房地产开发有限公司等房屋买卖合同纠纷案，最高人民法院(2016)最高法民申3375号民事裁定书。

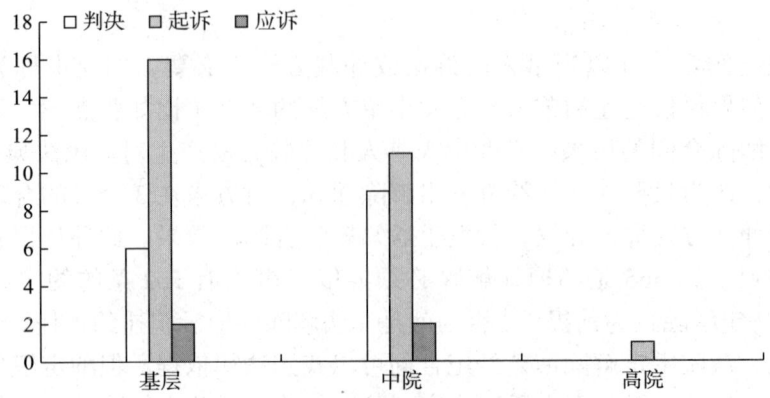

图 2-4　2018 年各级别法院判决倾向

　　与一般合同解除案件形成鲜明对照的是，实践中多数法院会以"判决生效之日"为演艺经纪合同酌定解除的生效时点，前文已有所提及的林更新案、[①] 贾乙案、[②] 叶婧怡案 [③] 等重要案件均是如此。但实际上，我国司法实践对于演艺经纪合同解除时点的认识（判决生效之日）和对于一般合同解除时点的认识（起诉之日最多，判决生效之日次之，应诉通知之日最少），都存在严重的错误。因为根据《民法典》第 565 条的规定，解除权的性质是一种形成权。解除权的行使，不需要征得对方当事人的同意，只需向对方发出通知，也不以请求法院作出解除判决为必要。法院或仲裁机构认为解除的意思表示有效的，所作出的应是确认之诉的确认判决或裁决，解除的效力，仍于此项意思表示到达对方时即已发生，而非自判决确定时始行发生。[④] 因此，如果解除权人在通知相对人解除合同后又另行提起诉讼或者仲裁请求确认合同解除的效力，合同解除之时间也应理解为通知到达相对人之时；如果解除权人直接提起诉讼或者仲裁以行使解除权，那么我们也要看到，解除通知也可以通过诉讼的方式行使，提起诉讼是解除权人作出通知的意思表示的另一种表达方式，只不过并非解除权人直接通知对方解除合同，而是通过法院以向对方送达法律文书（特别是起诉状）的方式通知对方解除合同而已。在诉前未经通知程序而径直诉讼解除合同的场

---

① 二审据此改判林更新与经纪公司之间的合约于判决生效之日解除。

② 但需予以明确的是系争合同的解除日期为本判决生效之日。上海市高级人民法院（2014）沪高民一（民）再提字第 8 号民事判决书。

③ 故法院认定，双方之间的《演艺事业经纪合同》可于判决生效之日解除。

④ 黄立:《民法债编总论》，中国政法大学出版社 2002 年版，第 526 页。韩世远:《合同法总论》，法律出版社 2018 年版，第 668 页。

合，如果合同解除最终被认定有效，则载有解除请求的起诉状副本送达被告时，即应诉通知之日才是发生合同解除法律效力的时点。因此，起诉状也是解除权行使的通知。无论直接通知还是间接通知，都是解除权人行使解除权这一意思表示的不同表现形式，且均已到达了对方，符合解除通知的条件，均应产生合同解除的法律效果。正是基于此种法理基础，《民法典》合同编第 565 条第 2 款才对合同解除时点规定如下："当事人一方未通知对方，直接以提起诉讼或者申请仲裁的方式依法主张解除合同，人民法院或者仲裁机构确认该主张的，合同自起诉状副本或者仲裁申请书副本送达对方时解除。"

第九节　好莱坞特殊电影机制

一、行业工会制度

美国好莱坞是全球电影工业最发达的地区，其完善的电影机制很大程度上依赖于系统的行业工会制度。制片人、编剧、导演、演员都有代表各自利益的行业工会，这些工会通过与资方行业协会展开谈判，订立《基础协议》，以最大限度地保障其成员的法律利益和社会福利。

（一）美国编剧工会（WGA）

美国编剧工会 WGA（Writers Guild of America）是美国影视行业历史悠久的工会组织，它不仅包括电影和电视界的职业编剧，还包括广播行业以及各种新娱乐媒介形式的编剧。美国编剧工会发展历史悠久，最早在 1912 年，一群主攻书本、短故事及戏剧写作的编剧写手们为改善自身行业处境，联合起来共同成立了美国作家联盟（Authors League of America）。经过数十年的发展，从事剧本写作的成员们认为其成员已足够多，需要一个独立的系统，于是在 1921 年成立了美国作家联盟的一个分支——美国剧作家协会 (Dramatists Guild)。随着电影这种新的艺术形式的出现，电影编剧协会（Screen Writers Guild）也在 1921 年成立。众多纷繁复杂的协会组织导致行业关系变得混乱，编剧们决定对行业协会组织进行整合，最终于 1954 年达成一致意见：以密西西比河为界，把所有的编剧们分成两个独立的新组织：美国东部编剧工会 (The Writers Guild of America，East）和美国西部编剧工会（The Writers Guild of America，West），包括了全美国的电视、电影和广播编剧。东部的总部在纽约，而西部则是在洛杉矶。[1]

---

[1]　Adam Epstein, *Entertainment Law*, Person Prentice Hall, 2004.

美国编剧工会的资金全部来源于编剧稿酬，在工会中所有享有投票权的成员都是一线工作的编剧，这两点决定了工会必然代表编剧的自身利益，将不遗余力为成员提供法律、福利和工作支持。

美国编剧工会最重要的工作是代表影视编剧与资方行业协会电影电视制作人联盟 AMPTP（Allainence of Motion Picture and Television Producers）谈判《基础协议》（*Basic Agreement*）。此基础协议受劳动法保护，美国影视行业两方组织的所有成员必须遵守。《基础协议》通常每 3 年通过谈判更新一次，其中内容非常详尽，包括最低工资标准、署名约定、分离权（Separation of Rights）、纠纷仲裁程序、影视剧重播及其他收入分成、养老与福利等各个方面。此外，美国编剧工会实行绩点核算制（unit system），加入工会的成员要依据过去 3 年内的写作工作核算绩点，超过 24 点的可以申请加入工会成为现会员，不足 24 点的可以申请成为准会员。如果现会员在一定时间内没有写作合同，则自动成为荣誉退休会员。[①]

（二）美国导演工会（DGA）

美国导演工会 DGA（Directors Guild of America），是涵盖美国电影、电视、舞台剧、戏剧、广播等艺术领域的导演行业工会，该工会旗下包含了电影、电视、舞台剧等多个领域的导演、导演助理、制片人经理及助理、幕后工作人员等从业人员。[②] 1938 年美国导演工会的前身银幕导演工会（Screen Directors Guild）成立，1947 年美国广播电视导演工会成立，1960 年银幕导演工会与美国广播电视导演工会合并，"美国导演工会"登上影史舞台，其导演会员的涉及面也因此拓展到了好莱坞所有传媒领域。

目前，美国导演工会拥有万余名会员。导演工会的构成与存在，不仅代表着整个行业的发展水平和未来趋势，同时也在维护导演权益方面作出了积极努力。导演工会通过代表导演群体谈判《基础协议》，最大限度地保障导演的利益，堪称美国传媒行业规范的最大保证。值得一提的是，由于在美国电影艺术与科学学院的会员中，有将近四成的奥斯卡投票者来自导演工会，因此导演工会对年度最佳导演的选择，成了奥斯卡的最佳风向标。[③]

---

① "美国编剧协会历史背景"，载新浪娱乐，http://ent.sina.com.cn/v/u/p/2007-11-03/23111776603.shtml，最后访问时间：2020 年 12 月 22 日。

② Adam Epstein, *Entertainment Law*, Person Prentice Hall, 2004.

③ 奄子："美国导演工会详细简介"，载搜狐娱乐，http://yule.sohu.com/20080612/n257451707.shtml，最后访问时间：2020 年 12 月 22 日。

（三）美国影视演员协会（SAG）

美国影视演员协会 SAG（Screen Actors Guild）成立于 1933 年，现在有 12 万成员，是代表美国影视演员利益的劳工组织。该协会对外代表影视演员进行谈判，保证协会会员每日最低工资额度，确保制片方对协会会员工资的支付。影视演员协会对其会员有一系列行为规范的要求，例如：协会会员不得接拍不属于协会的（nonunion）制片方的电影，除非该制片方已取得协会豁免权或该电影属于电影学院学生作品。

美国演员工会奖 (Screen Actors Guild Awards，简称 SAG Awards)，是由美国影视演员协会颁发的年度奖项，专门针对在电影与电视领域有杰出表现的演员而设置。演员工会奖是金球奖之后奥斯卡奖之前最重磅的一个大奖，涵盖了电影、电视两个领域，对于奥斯卡表演类奖项起着风向标的作用。

（四）美国制片人工会（PGA）

美国制片人工会 PGA（Producer's Guild of America）最早成立于 1950 年，该组织由美国电影和电视领域的制片人组成，旨在保护制片人的各种权益。2001 年，美国制片人工会 PGA（Producer's Guild of America）与美国制片人协会 AAP（American Association of Producers）合并，这对美国制片人群体而言是一次重大调整，此后美国制片人工会 PGA 代表了美国整个制片人群体。制片人工会会员涵盖范围广泛，包括制片人、监制人、后期制作监制、协调制片等。①

制片人工会的会员共有 4000 余人，虽然规模不及编剧工会、导演工会和演员协会，但制片人工会每年都会组织颁发美国制片人工会奖，该奖项至关重要，将综合考察电影在艺术和商业领域两条线上所呈现的业绩，审美判断与观众好感度一致，是学院评选奥斯卡最佳影片奖项的重要参考。

（五）美国电影协会（MPAA）

美国电影协会 MPAA（Motion Picture Association of America）成立于 1922 年，最初是作为电影工业的一个交易组织出现，总部设在加利福尼亚州，在洛杉矶与华盛顿均有办公室。美国电影协会涉足范围广泛，不仅包括在影院上映的电影，还包括家庭影音（home video）、电视播放渠道（television industries）以及未来有可能出现的其他传送系统领域。

美国电影协会的主要成员由美国的七家（big seven）影视业传媒巨头的主席和总裁共同担任，包括：华特迪士尼公司、索尼影视娱乐公司、派拉蒙、20

---

① Adam Epstein, *Entertainment Law*, Person Prentice Hall, 2004.

世纪福克斯公司、环球电影公司、华纳兄弟、米高梅（2005 年被索尼收购失败后退出 MPAA）。①美国电影协会希望通过政治游说来修改美国版权法和刑法，达到保护会员商业利益的目的。此外其还强烈支持改进数字版权管理技术，以达到保护电影版权的目的。

二、保护作者作品权利的相关制度

（一）《视觉艺术家权利法案》

在保护作者作品权利方面，欧洲国家尤为重视。作者作品的权利保护起源于法国，最早称之为作者权利（droit d'auteur）或道德权利，道德权利赋予作者对艺术作品内容的控制权，保留作者对艺术作品的展示权。道德权利的理论根基在于欧洲国家对于艺术的传统尊重，坚信艺术作品是创作人员人格的延伸，因此作品在未经作者允许的情况下，不得被任何人以任何理由篡改损害。相较于欧洲，美国并不十分重视作者作品权利的保护，最初并无相关保护制度。直到 1990 年，美国颁布《视觉艺术家权利法案》（Visual Artists Rights Act of 1990，简称 VARA），标志着美国第一部保护作者作品权利的法案诞生。《视觉艺术家权利法案》调整对象范围十分有限，法案以列举的形式予以了阐释，受法案保护的视觉艺术包括：绘画、雕塑、摄影作品。

《视觉艺术家权利法案》主要涉及艺术创作人员作品的权利归属问题以及如何保护作品的完整性问题，包括创作人员对作品的署名权，防止他人作品冒用自己署名；以及防止制片方在未经允许的情况下，擅自修改、破坏、曲解作品完整性，导致创作人员声誉受损。②

（二）四项权利保护方式

尽管《视觉艺术家权利法案》确立了美国作者作品权利保护的相关机制，但其调整范围十分有限，通常情况下作者还可以尝试运用四种特殊的权利保护方式，来保护其作品完整不受损害。这四种权利保护方式分别为：合同权利保护、侵权法下权利保护、宪法下隐私权保护、《兰哈姆法案》（Lanham Act）下权利保护。

1. 合同权利保护。随着作者法律意识不断增强，越来越多的作者在与制片方、影视公司谈判签署协议时，会要求将其相关作品权利嵌入合同条款之中。例如在授权合同书中，作者要求明确规定衍生作品的权利归属问题，作者对于

---

① Adam Epstein, *Entertainment Law*, Person Prentice Hall, 2004.

② Adam Epstein, *Entertainment Law*, Person Prentice Hall, 2004.

作品的表述方式享有最终表决权等。通过合同形式将作者的权利予以固定，能有效减少双方争议，很好地保护作者的作品权利，但这种方式也有一定局限性，只有少数极具市场号召力与知名度的作者才享有与影视公司的谈判权，通常情况下作者处于弱势地位，并不具备与影视公司讨价还价商讨合同条款的能力。①

2.侵权法下权利保护。所谓侵权法下权利保护，是指创作人员可宣称制片方未经允许对电影作品的修改侵犯了其合法著作权，降低了作品价值。但这种权利保护方式在通常情况下成功概率并不高，因为在侵权法下的权利保护，作者负有举证责任，必须证明片方私自更改其作品的行为导致了损害后果，即在他人眼中作者创作的作品价值严重降低。但该要件证明起来极具难度，因此创作人员通常难以完成举证责任，难以通过侵权法来寻求权利保护。②

3.宪法下隐私权保护。尽管部分创作人员曾寻求通过宪法下隐私权条款来保护其作品不受侵犯，但这种权利保护方式通常也难以取得成功。由于作者先前已经授权片方通过电影放映的方式将其作品公之于众，因此不再存在隐私权的问题，作者不能再通过宪法隐私权条款来获得作品权利保护。③

4.《兰哈姆法案》下权利保护。《兰哈姆法案》是一部禁止欺诈性贸易活动的联邦制定法。《兰哈姆法案》规定禁止未经授权私自挪用他人享有著作权的作品的行为，禁止歪曲创作人员对文学或艺术作品贡献的行为。这部法案保护范围广泛，除保护编剧、演员等主创人员的权利之外，还将保护范围扩展至制片环节的全体工作人员。目前，大多数在诉讼中援引《兰哈姆法案》都是由于在将电影投入电视播放渠道的过程中，为满足通信网络时间限制，第三方私自将电影内容进行了剪切，由此侵犯了电影创作人员的版权。④

（三）期权协议（Option Agreement）

期权协议（Option Agreement）是保护编剧作者权利的一项制度，是指影视公司在与编剧作者签约时并不直接购买剧本的影视版权，而是通过期权协议获得其在未来一段时间内独家开发该剧本的"选择权"，确保其在一定期限内享有同作者签订版权授权协议的优先权，待到资金到位、电影确定开拍时再向作者全额支付版权费用，获得剧本版权。

期权协议如同购买股票、期权，看中的是编剧作品在一定期限内的优先权

---

① Jeffrey A. Helewitz, Leah K. Edwards, *Entertainment Law*, Thomson Delmar Learning, 2004:157.

② Jeffrey A. Helewitz, Leah K. Edwards, *Entertainment Law*, Thomson Delmar Learning, 2004:157.

③ Jeffrey A. Helewitz, Leah K. Edwards, *Entertainment Law*, Thomson Delmar Learning, 2004:157.

④ Jeffrey A. Helewitz, Leah K. Edwards, *Entertainment Law*, Thomson Delmar Learning, 2004:157.

利和增值空间。① 签订期权协议后，好莱坞的影视公司在电影正式开拍前不必支付巨额的版权授权费用给作者，可以先行进行拍摄筹备工作。若资金到位、主创合适，一切就绪只等开拍，此时再找编剧作者全额购买影视版权。若筹备不顺，拍摄计划中途夭折，影视公司也不会损失太多费用。同时，签订这样的期权协议也并不影响版权的实质归属，在全额购买影视版权前，编剧作者仍享有作品版权，从而为作者的实质性权利保留了一定的自由，避免影视公司违背作者意愿行使作品权利。这样的做法可谓是四两拨千斤，电影制作方以很低的资金完成了项目初期筹备、宣传工作，在吸引到实力雄厚的资方注资后，便全额买下影视版权，降低了制作方筹备失败的风险和前期的资金压力。期权协议通常会对期权费用、期权期限、购买价格、编剧署名、授权范围、第一谈判权与最终否决权、声明与保证条款等内容作出约定。

三、酬劳条款

在创作人员与影视制片公司签订的合同条款中，酬劳条款极为重要。在好莱坞，制片方与编剧、制片人、导演等创作人员签订的酬劳条款包含多重标准，如何正确理解适用这些标准直接关涉创作人员可获得的利益大小。

（一）编剧相关酬劳条款

1. 合约价（exercise price）。合约价（exercise price）即是在合约中明确规定编剧可获得的酬金，合约价是固定价格，并不因电影票房高低、收益多少而改变，对编剧而言旱涝保收，但也缺乏奖励激励。合约价可以在签订合约时由制片方一次性支付给编剧，也可以在合约中约定分期付款，通常采取分期付款的方式居多。②

2. 预算基础之上之奖金（bonus based on budget）。预算基础之上之奖金（bonus based on budget）是指编剧可获得的收益按电影制作预算经费的一定百分比计算，若电影预算经费充足则编剧可获得的酬金相应提高，若电影预算经费不足则编剧可获得的酬金相应降低，通常情况下此种计算标准会给编剧一定保底收益。由于电影制作预算通常都高于最初预估价格，因此相较于合约价（exercise price），这种计算标准编剧可获得更高的收益。③

3. 功劳基础之上之奖金（bonus based on credit）。功劳基础之上之奖金

---

① 参见宋海燕：《娱乐法》，商务印书馆 2014 年版，第 184 页。

② Jeffrey A. Helewitz, Leah K. Edwards, *Entertainment Law*, Thomson Delmar Learning, 2004:151.

③ Jeffrey A. Helewitz, Leah K. Edwards, *Entertainment Law*, Thomson Delmar Learning, 2004:151.

（bonus based on credit）是指编剧可获得的收益取决于其为电影最终成品所作的贡献，编剧所写剧本被电影采用得越多意味着编剧贡献越大，所获收益也更多。例如：如果一个编剧负责将原始取材（如小说、舞台剧等）改编为电影剧本，那么他对电影作品的贡献显然多于原始取材的作者（小说、舞台剧本的原作者）。编剧对电影作品的贡献大小直接关涉到其可获得的收益多少，而对于"贡献多少"每个人的判断标准不一，因此编剧在与制片方签订合同时，通常会将贡献对应奖金额度的标准以合同条款的形式固定下来，避免日后双方产生争议。①

4. 或有偿付款（contingent payment）。或有偿付款（contingent payment）是指编剧可获得的收益按电影所获净利润（net profit）或毛利润（gross profit）的一定百分比计算。净利润是指扣除花销所获得利润留成，毛利润则是未扣除花销的所有利润总和。编剧若采用此种计算标准，应当在合同中明确约定是以毛利润还是净利润为标准计算百分比，二者差异较大，直接影响到编剧可获利益的多少。此外，在或有偿付款（contingent payment）计算标准中，制片方通常会要求附加一条"双加回"（double add-back）条款来限制编剧所获的收益。"双加回"（double add-back）条款是指当制作费用超出预算时，超出部分将作为花销被双倍计算，从利润中扣除。由此当制作费用超标时，利润减少，编剧所获收益也相应减少。

上述制片方与编剧的酬劳条款同样也适用于其他电影创作人员，如导演、演员等。但由于好莱坞实行"制片人中心主义"，制片人的地位举足轻重，因此针对制片人，好莱坞具有一系列特殊的酬劳条款。②

（二）制片人相关酬劳条款

1. 跨作品分配收入（cross-collaterlization charge）。跨作品分配收入（cross-collaterlization charge）适用于制片人从属于影视公司或制片人与影视公司有多个影视项目合作的情形。在这种情形之下，制片方可跨越该制片人的多部作品，进行花费的计算、收益的分配。采用此种计算标准能有效帮助制片方和制片人分散交易风险，即便制片人的一部电影作品票房不佳也可用其他电影作品的票房佳绩予以弥补，获得收益。与编剧酬劳条款相似，制片人也可采用或有偿付款（contingent payment）计算方式，即制片人可获得的收益按电影所获净利润

---

① Jeffrey A. Helewitz, Leah K. Edwards, *Entertainment Law*, Thomson Delmar Learning, 2004:151.

② Jeffrey A. Helewitz, Leah K. Edwards, *Entertainment Law*, Thomson Delmar Learning, 2004:151.

（net profit) 或毛利润 (gross profit) 的一定百分比进行计算。①

2. 转身条款（turnaround provision）。转身条款（turnaround provision）是指当影视公司一再拖延而不推动影视项目拍摄时，制片人可携带该影视项目到下一家影视公司寻求继续拍摄的机会，若下一家影视公司表示愿意投拍，则制片人可从第一家影视公司转身（turnaround），前往第二家影视公司开展拍摄工作。通常而言，与影片相关的所有权利从属于制片方即影视公司，但制片人通常有权利在一年内重新获得电影相关的所有权利，转身条款设置的目的就是保护制片人的合法利益，当原有影视公司不想再推动拍摄项目时，给予制片人一个带着该影视项目去另外一家影视公司继续拍摄的权利，只要对原有影视公司已支出的项目花费予以补偿即可。②

---

① Jeffrey A. Helewitz, Leah K. Edwards, *Entertainment Law*, Thomson Delmar Learning, 2004:152.

② 参见吴峻：《寻找庇护的艺术？——电影融资与扶持法律制度》，社会科学文献出版社 2013 年版，第 14 页。

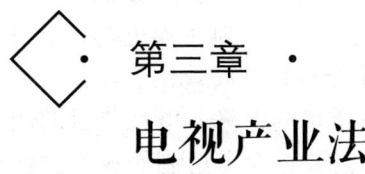

· 第三章 ·

电视产业法

第一节　电视产业中的主体

电视节目制作是一项集合各类创意、技能、技术的集体性创作。不论是三两记者出镜的电视采访，还是数十人表演的综艺类节目，甚至数百人参演的电视剧，最终有机会与电视观众见面的仅是电视节目制作团队成员的一小部分。一个优秀的电视节目作品需要出品人的融资、出资，制片人的统筹规划，导演对节目内容的编排，主持人、嘉宾、演员出色的演出，以及灯光、摄像、导播、化妆、舞美等众多角色的共同参与。随着 3D 技术、全息动画技术等新兴科技的融入，电视节目的后期制作团队对于电视节目的贡献愈发功不可没。

一、制片人

制片人（producer）是电视节目的统筹者和指挥官，负责规划节目全流程的筹备、制作，是整个节目的灵魂。过去，电视节目的制片人深居幕后，较少受到关注。近年来，随着《舌尖上的中国》《歌手》等一大批优质电视节目的火爆，许多一线制片人也成了行业的金字招牌。

随着电视节目产业的发展及电视行业竞争的日益激烈，制片人的投融资能力、洞察力、决断力、执行力直接影响着节目的成败。具体而言，制片人主要具备如下职能：

1. 制定节目规划。当今的电视节目市场，题材花样百出、平台风格各异、人员流动性大、受众差异明显。制片人如何选择针对市场需求、平台特点以及根据自身所长精准定位节目主题、受众群体、内容方向对节目的成败有着至关重要的作用。

2. 融资及制定预算。电视节目电影化制作正成为电视节目竞争的秘密武器之一。资金的融集和利用直接影响着电视节目的效果。能否为电视节目争取到充足的资金，并通过合理的规划将资金的利用最优化是电视节目制片人的基本功。一方面，制片人要说服潜在的投资人为项目投资，另一方面，制片人也要在节目制作周期内实时把控预算的执行情况，确保剧组资金合理化、高效化运行。

3. 组建节目班底。优秀的制作团队是电视节目质量的保障。电视节目的制作团队少则数十人，多则上百人甚至更多。制片人需要综合考虑制作成本、作业分工、制作周期、各岗位需求和候选后自身情况等诸多因素，最终为节目组选择最优人员组合。除此之外，能否组织制作团队齐心协作、高效运转也是对制片人的巨大考验。

4. 监督节目制作。与节目导演不同，制片人在考虑节目的艺术效果的同时，还需要考虑制作周期和市场因素。制片人需要确保节目制作进度和质量。从前期选题、选角、选址、选景，到制作中舞美、灯光、化妆、剧务，再到后期剪辑、配音、拷贝、发行，都需制片人进行监督管理。在整个制作周期内发生的各种问题、矛盾都需要制片人出面协调、解决。

5. 完成行政审批。依据我国现行法律、法规，广播电视节目制作、电视剧节目制作依据具体节目类别和情况不同可能需要办理《广播电视节目制作经营许可证》《电视剧制作许可证（甲种）》以及相关的备案手续。制片人需要确保节目具备其依法应当具备的资质，并保证节目内容符合法规规定。

6. 后期宣传、发行。节目的宣传工作对于节目的收视率、网络播放量都起着关键作用。制片人往往在制作初期就开始规划节目的整体宣传策略，并随着节目制作的推进、播出日期的临近与主持人、演员等主创人员制定周密的宣传计划。优质的电视节目制片人，还会争取与网络平台、付费电视、航空公司等投放渠道取得合作，扩大节目的影响和收益。

二、编剧

编剧指的是电视节目剧本和电视剧的创作者。电视剧编剧与电影编剧类似，本书电影法编有详细介绍，在此不作重复介绍。而广播电视节目编剧是近年新兴的广播电视制作方式。近年热播的许多真人秀节目都依照事先写好的剧本制作综艺节目内容。电视节目编剧主要为综艺节目内容编写剧本、设计主题、设置情境，为节目嘉宾安排任务和游戏规则，并设计节目冲突和进展。近年火爆的游戏类真人秀、挑战类真人秀、探案类真人秀、旅游类真人秀等剧情化的综艺，多由节目编剧设计剧情。与电视剧编剧不同的是，电视节目编剧的创作过程未必都限于拍摄，有时会根据拍摄中的具体情况，临时编写剧情或者修改原有剧情。此外，一些电视节目为了提高收视率，还会根据节目需要和嘉宾的特点设置嘉宾间的冲突与火花，让节目更具有可看性和话题性。

三、导演

导演是电视节目艺术创作的领导者，对节目的前中后期创作起到整体把控的作用。在前期策划阶段，导演与编剧一起拟订剧本大纲，确定常驻嘉宾、每期节目的嘉宾，对节目组工作成员制定工作任务，与制片人一起选景、勘景等。在拍摄阶段，导演要掌控整个节目的拍摄节奏，协调不同副导演的拍摄风格。在后期制作阶段，导演负责整理节目素材、剪辑节目内容并进行后期制作，保证节目整体风格统一、衔接流畅、叙事完整。

四、演员

根据电视节目类型的不同，参加演出的人员可能是演员、主持人、嘉宾、受访专家、素人嘉宾甚至普通观众。

电视剧节目的演员是指在电视剧中运用肢体、语言、表情、声音及上述各种元素的组合塑造角色的人。演员根据剧本的描述，创造性地展现戏剧人物的语言、动作、神态等，并随着剧情的发展向观众展示戏剧人物命运的走向。演员一般接受过专业表演训练，也有部分演员未经过系统训练而是通过天分和生活经验的积累完成表演。

电视节目主持人一般相对固定，其作为节目现场的带动者，承担着推动节目进程、把控节目内容和节奏的任务。我国对广播电视节目主持人的要求较高，其一般具有采访、编辑、播报等多种业务能力。根据国务院第412号令的决定，国家广电总局发布了《广播电视编辑记者、播音员主持人资格管理暂行规定》，第3条第1款规定，国家对广播电视编辑记者、播音员主持人实行资格认定制度。在依法设立的广播电视节目制作，广播电视播出机构连续从事广播电视采访编辑、播音主持工作满一年的人员，应当依照本规定通过考试和注册取得执业资格并持有执业证书。

广播电视节目的嘉宾是节目的主要参与者、创作者。除少数常驻嘉宾外，多数节目嘉宾往往依据节目内容需要变更，其职能是配合主持人推动节目进展。例如，新闻类节目经常邀请专家、学者在节目中回答观众关注的专业问题。而综艺节目的嘉宾往往负责在节目中表演各类才艺。一些节目根据节目需要，也会邀请现场观众上台进行短暂互动，或者邀请场外观众通过电话或者网络进行互动。有时候这些内容同样依剧本进行，但也不乏一些纯即兴互动内容。

五、其他从业人员

除制片人、编剧、导演、演员等主要创作人员之外，还需要摄像师、剪辑师、配乐师、调光师、美术师、服装师、妆发师等多部门工作人员的相互配合。

电视节目通常安排数个甚至数十个摄像师。他们根据节目需要，依据导演的要求，或采固定机位，或跟随特定嘉宾拍摄，通过镜头语言完成节目叙事。

随着电视节目后期制作技术的更新，节目后期剪辑工作对节目最终效果的呈现愈发重要。剪辑工作不是简单的素材拼接，一些大制作的电视节目，同一情节有多个机位素材备选，对于素材的筛选、镜头的切换都体现着剪辑师的制作水平，不同的剪辑带给观众的感受也是完全不同的。

配乐对于电视节目气氛的带动和把控正愈发受到重视。优秀的配乐能轻松地将观众带入导演预设的节目氛围之中，给节目内容的情绪渲染增光添彩。一些配乐师对节目内容和节奏把握精准，适当的配乐不仅能辅助节目顺利进行，有时甚至能化解节目现场的失误、尴尬等情况。

调光师通过灯光的运用塑造明暗对比，为舞台、演播室设置恰当的环境陈设，烘托节目导演需要的气氛。美术师是为电视节目提供舞台设计，并同灯光师一起借助 3D 动画、全息影像等舞美技术构建舞台视觉效果。以中央电视台春节联欢晚会为例，在总导演的构思下，灯光、舞美、摄像共同创作的逼真、震撼的舞台效果每年都成为网络热议话题。

服装师、妆发师是为节目人物提供服装、化妆、发型等视觉造型处理的专业人员。以新闻节目播音员为例，定位精准的服装、妆发设计能加强播音员的权威感，增加播报内容的可信度。而在真人秀节目中，出色的服装、妆容和发型经常受到观众的热捧。随着同款服装、同款发型的流行，服装、造型产品推广收益也成为电视节目收入的组成部分。

广播电视节目创作涉及众多从业主体，只有整个制作团队通力合作，协调配合，才能制作出受观众认可的节目作品。任何一个广播电视节目的成功当然得益于出品人、制片人、编剧、导演、主持人、演员等主创人员的智慧，但同时也离不开摄像师、剪辑师、配乐师、舞美、灯光、服装、化妆、道具组等多部门的积极配合。

第二节　电视作品及其制作流程与形式

一、从"思想"到"表达"：电视作品概述

（一）我国电视节目的发展历程

一提到电视，公众普遍联想到的多是电视节目。自 20 世纪 20 年代英国广播公司开始长期播放电视节目以来，电视作为一种媒介和信息传播形式开始进入到社会公众生活中来，之后，无论是电视作品的形成，还是电视产业的繁荣，其基础都在于通过电视路径制作、播放的电视节目。

中华人民共和国成立后，一开始人们主要是通过纸媒和广播来接收信息。1958 年，第一家电视台北京电视台（中央电视台前身）成立，而电视进入千家万户成为老百姓茶余饭后消遣的方式，则是要到改革开放以后。1983 年 3 月 31 日召开的第 11 次全国广播电视工作会议上提出了"四级办广播电视"方针，除了中央和省级办广播电台、电视台以外，凡是具备条件的省辖市、县（旗）都可以根据当地的需要和可能开办广播电台、电视台。这一方针构建了我国电视事业体制的基本框架，也为当时电视行业的快速发展提供了宝贵良机。

在此之后，伴随我国市场经济的发展和人民生活水平的不断提高，电视行业逐渐由"以事业为主"向"事业与产业并重"发展过渡，电视台及从业人员的定位、功能及经营模式都发生了重要变化，并带动了电视节目制作模式的重大变革。进入到 20 世纪 90 年代，我国广电领域开始推进"制播分离"改革，即将原广播电视中的节目制作业务从广播电台、电视台剥离出去成立专门公司进行经营。

实行"制播分离"后，电视台也逐步转入"事业单位，企业经营"[①]的新运营模式，依靠社会资本力量形成的电视节目制作经营机构快速涌现，同时也加快了电视节目的市场化、类型化、差异化生产，节目主题也逐渐转向多元化、娱乐化、生活化、服务化，促进了电视节目市场的形成与发展，一大批优秀电视节目被不断生产出来。

进入到 21 世纪后，伴随着媒介技术的进步，互联网对传统电视台的经营尤其是广告业务产生了挤压效应，但同时也为电视行业带来了新的经营理念和商业模式。尤其是在 2014 年以后，无论是在终端硬件还是播放软件上，网络

---

① 肖晓琳："一个飞跃性、浓缩性的历程——中国电视产业发展简述"，载《电视研究》2002 年第 8 期。

电视、智能电视都渐成主流，电视机已经从一件重要的家用电器产品变成图像清晰、功能强大的智能化信息终端显示产品，电视节目制作也从传统的线性编辑工艺进入低成本、高效率、高质量、效果变换无穷的数字处理时代，这些都为电视节目本身的发展奠定了坚实基础。

电视节目是表现方式最为丰富的艺术形式，它可以分为很多类型。比如，根据主题内容的不同，电视节目可分为新闻类节目、财经类节目、音乐类节目、文娱类节目、社教类节目、体育类节目、民生类节目、法制类节目、军事类节目、农科类节目等①；根据受众对象的不同，电视节目可分为一般性节目、对象性节目（包括少儿节目、青年节目、老年节目、女性节目等）、综合性节目、专题性节目等；根据节目的形式不同，电视节目可分为报道式节目、参与式节目、表演式节目、竞技式节目等；根据播出方式的不同，电视节目还可以分为直播节目与录播节目。

（二）电视作品的概念

电视节目一旦制作完成，往往自身也成为一部作品，也受到著作权法保护。但电视节目并不等同于电视作品，或者说并非所有在电视上播出的电视节目都可以称之为"作品"。从法律角度而言，作品是著作权保护的客体，具有独创性、复制性以及文学艺术性等特征。自 1710 年的英国《安娜女王法》始，著作权制度保护的客体就是作品，它也是著作权法实践的核心基础。关于"作品"的定义，目前并没有统一的说法。在国际法层面。只有《伯尔尼公约》，曾对"文学艺术作品"进行了定义，即"文学、科学和艺术领域内的一切成果，不论其表现形式如何，诸如书籍、小册子及其他著作"②。而《世界版权公约》《世界知识产权组织版权条约》等都只对作品种类进行了分类，并未对作品概念进行定义。

在国内法层面，《日本著作权法》将作品定义为"文学、科学、艺术、音乐领域内,思想或者感情的独创性表现形式。"③《韩国著作权法》将作品定义为"对人的思想或情感的独创性表达。"④我国《著作权法实施条例》对于作品的定义采取了概括式与列举式相结合的方法，即"文学、艺术和科学领域内具有独

---

① 联合国教科文组织对电视节目采用"五分法"，包括新闻类节目、文化类节目、教育类节目、宗教类节目和娱乐类节目。

② 参见《伯尔尼公约》第 2 条。

③ 《十二国著作权法》翻译组：《十二国著作权法》，清华大学出版社 2011 年版，第 361 页。

④ 《十二国著作权法》翻译组：《十二国著作权法》，清华大学出版社 2011 年版，第 509 页。

创性并能以某种有形形式复制的智力成果"[1]，这也与《著作权法》[2] 的规定基本保持一致。

　　具体到电视作品，由于其并非严格意义上我国现行《著作权法》的作品类型，目前法律上还没有明确的定义。立法中与它比较接近的是"电影作品和以类似摄制电影的方法创作的作品"，一般也简称为"类电作品"，是指摄制在一定介质上，由一系列有伴音或者无伴音的画面组成，并且借助适当装置放映或者以其他方式传播的作品。2020 年 4 月，第十三届全国人大常委会第十七次会议对《中华人民共和国著作权法（修正案草案）》（以下简称新著作权法草案）进行了审议并面向社会征求意见。在新著作权法草案中，"类电作品"已经为"视听作品"所代替，旨在加强对网络空间著作权的保护，解决了实践中短视频等新业态作品如何归类的难题，也是与国际公约接轨。

　　当然，电视作品并不等同于视听作品，其涵盖范围非常丰富。应当说，电视作品的创作是一个非常复杂的过程，创作过程中会经常使用到各种已有作品，比如文字作品，如一部电视剧可能将原著小说改编为剧本；音乐作品，如一档电视节目的片头音乐、背景音乐等；摄影作品，如一档节目可能会使用图片说明某些问题或烘托舞台效果等；视听作品，如有的节目会使用一些影像资料或视频；曲艺作品，如一档综艺节目中播放的相声、评书等；戏剧作品，如一台综艺晚会可能会使用话剧、歌剧、音乐剧、地方戏等；口述作品，如讲课类节目《百家讲坛》中使用的老师讲课内容属于口述作品；舞蹈作品，如一台综艺晚会中的舞蹈节目等。此外，在电视活动中还会形成一些比较特殊的节目或成果，比如电视节目预告表、体育赛事直播、文艺晚会等，根据其性质和内容的不同，也可以被归纳到不同的作品类型中来。

　　同时，电视作品创作完成后也可能会纳入不同的作品类型，比如电视剧、纪录片、电视电影等独创性很强的电视节目，就属于典型的视听作品。至于其他电视节目，包括通过电视播放的新闻、广告、体育赛事、综艺晚会等，其是否构成著作权法意义上的具有独创性、可复制性并属于文学、艺术和科学领域内智力成果的作品，则需要视具体情况进行判断。实践中，有些电视节目是对别的节目进行汇编和编辑，比如歌曲联唱、文艺晚会、相声小品等曲艺作品集锦等，也具有一定的独创性，目前司法实践中多倾向于将它们认定为汇编作品。魔术集锦、相声集锦、歌曲连唱等，法院会倾向认定为是汇编作品；还有些电

---

[1]　参见《著作权法实施条例》第 2 条。
[2]　参见《著作权法》第 3 条。

视节目独创性很弱，例如，电视台录了一场音乐会或演唱会在电视上播放，根据目前的实践，这种节目法院会倾向认定为"录像制品"。

（三）电视作品的构成要件

前文已经说过，电视作品并非严格意义上著作权法规定的作品类型，其涵盖的内容非常丰富。一般而言，电视节目能否构成真正的电视作品，完成从"思想"到"表达"的转换，则需要从其是否具备作品的三项构成要件来进行判断。

1. 独创性。分为"独"与"创"两部分。所谓"独"，即作品由作者独立完成，不是抄袭而来。著作权法并不保护纯粹的事实或者基于事实所形成的素材，因为它们应为公众所知晓和掌握，属于社会共同财产，绝不是由某人或某些人独立创造。同时这一"独"还要求作品必须能够独立表达，如果必须和其他表达一同才能体现出某种情感或思想，那么只能说明它只是独立表达的一部分，不能单独构成一件作品，比如许多电视剧的剧名，虽然很独特，但一般情况下并不能单独构成著作权法意义上的作品。所谓"创"，即"创作"，是指直接产生文学、艺术和科学作品的智力活动[1]。作品的本质，是思想和情感的创作性表达，但不是思想、情感本身，比如关于电视节目模式的创意，就不能构成作品[2]。《世界知识产权组织版权条约》第 2 条就规定：版权保护延及表达，而不延及思想、过程、操作方法或数学概念本身。而如何区分这些作品所承载的思想和情感，如何保护其上承载作品的独创性，才是著作权制度的核心，也是认定侵权是否成立的关键。

2. 复制性。学理上也称之为"固定性"，因为作品必须能够以某种有形形式被复制，其逻辑前提就是能够以有形形式固定于某种载体之上。这里的复制性解释为"能够被客观感知的外在表达"较为合理[3]，如果只是存在于人们的脑海中，没有被固定在载体上而表达出来，不被外人所感知，那就不能称之为作

---

① 参见《著作权法实施条例》第 3 条。

② 在北京世熙公司诉北京搜狐公司"面罩节目"侵犯著作权案中，北京世熙公司策划了一档名为《面罩》的电视节目，设计了 40 多个漂亮的面罩供节目嘉宾佩戴。搜狐公司此后在其搜狐网上也推出了一档名为《面罩》的情感类谈话节目。世熙公司为此诉至法院，要求搜狐公司停止播放该节目并赔偿经济损失。但法院经审理认为，世熙公司的《面罩》节目构思、创意本身并不属于我国《著作权法》规定的作品保护范围，因此驳回了世熙公司的诉讼请求。详情参见国家版权局官方网站，http://www.gapp.gov.cn/chinacopyright/contents/4509/230194.html，最后访问时间：2020 年 3 月 11 日。

③ 王迁：《知识产权法教程》，中国人民大学出版社 2014 年版，第 26 页。

品，也不会得到著作权法的保护。作品固定性很好理解，但是否必须要依照法律所要求的以"有形"形式被复制或者固定，则存在疑问。虽然早期的很多电视剧等电视作品都是固定在胶片、录像带等有形介质上，但伴随技术的发展，它无法解释数字作品以"无形"形式被复制或者固定的情况。而且从本质上说，作品的"固定性"实质上要求的是"固定可能性"，并不要求"固定"的实然性[①]。而在《著作权法》（2020 年修正）中关于作品的定义已经被修改为"文学、艺术和科学领域内具有独创性并能以一定形式表现的智力成果"，而这里的"一定形式"表明，在新技术条件下立法者已不再要求作品必须是以"有形形式"固定下来。

3. 属于文学、艺术和科学领域内的智力成果。将知识产权的客体界定为智力成果，已经成为世界各国的共识。但是区别于工业产权，著作权法保护的智力成果仅限于文学、艺术和科学领域范畴。这与作品的功能有关，主要是为了满足人们沟通交流、获取信息或者审美等需求，因此需要表达出来而为他人所感知。而工业产权领域的发明创造等，其功能价值是在实际生产生活中实施，并不排斥著作权法所关注的作品的表达或者说传播等情况。

（四）电视作品的分类

根据表达形式和权利内容的不同，"作品"可以细分成多种类型，几乎在电视作品领域都会涉及，其中主要类型包括：

1. 文字作品，是指小说、诗词、散文、论文等以文字形式表现的作品。文字是人类文明的重要标志，文字作品则是文学艺术创作的基本载体。小说联播、电视散文等电视节目制作过程中会使用到大量的文字作品，包括《朗读者》节目中嘉宾所读的"信件"，该信件也属于文字作品范畴。

2. 口述作品，是指即兴的演说、授课、法庭辩论等以口头语言形式表现的作品。口述作品"虽未固定于某种有体物上，除众人皆知的以外，也须符合能以某种有体物将其固定下来的条件"，[②]《我是演说家》《百家讲坛》等讲课教育类、谈话类电视节目中经常会播出他人的演说、讲课内容，就属于口述作品。

3. 音乐作品，是指歌曲、交响乐等能够演唱或者演奏的带词或者不带词的作品。音乐作品一般包括歌词、歌曲和曲谱，在电视节目制作过程中，音乐作品被大量使用。在我国，许多电视台是通过与中国音乐著作权协会等著作权集体管理组织签订付酬协议的方式，一揽子解决使用音乐作品的作品许可及费用

---

① 戴哲："论著作权法上的作品概念"，载《编辑之友》2016 年第 5 期。

② 邵国松：《网络传播法导论》，中国人民大学出版社 2017 年版，第 223 页。

支付问题。

4. 戏剧、曲艺、舞蹈、杂技艺术作品。戏剧作品，是指话剧、歌剧、地方戏等供舞台演出的作品；曲艺作品，是指相声、快书、大鼓、评书等以说唱为主要表演形式的作品；舞蹈作品，是指通过连续的动作、姿势、表情等表现思想情感的作品；杂技艺术作品，是指杂技、魔术、马戏等通过形体动作和技巧表现的作品。戏剧、曲艺、舞蹈、杂技艺术等都是在电视荧屏上尤其是文艺晚会类节目中经常出现的节目内容。电视台在使用上述作品创作节目时，应当取得著作权人的许可，有时还会形成新的作品类型，比如"春晚"等汇编作品。

5. 美术、摄影作品。美术作品，是指绘画、书法、雕塑等以线条、色彩或者其他方式构成的有审美意义的平面或者立体的造型艺术作品。一般来说，电视台播放的动画片中的人物形象，比如大头儿子、葫芦娃、圣斗士星矢等，也都属于美术作品范畴。摄影作品是指借助器械在感光材料或者其他介质上记录客观物体形象的艺术作品。摄影虽然是一种技术，但是摄影师可以依据图像中的人物位置、色彩光线、构图背景等独特性设计来表达相应的思想或情感。在电视节目制作中会经常使用到摄影作品，许多电视台都是通过向视觉中国、东方 IC 等图片经营公司直接大规模采购的方式解决相关版权问题。

6. 视听作品。这是《著作权法》（2020 年修正）新界定的概念，[①]之前版本的《著作权法》则称之为电影作品和以类似摄制电影的方法创作的作品，是指摄制在一定介质上，由一系列有伴音或者无伴音的画面组成，并且借助适当装置放映或者以其他方式传播的作品。电视台播放的电视剧、MTV、纪录片、电视电影等都属于典型的视听作品。一方面，电视节目制作过程中会涉及视听作品的使用，与此同时，制作完成的许多电视节目也会形成新的视听作品，成为电视制作机构的重要版权资源。在著作权法上，与视听作品比较接近的还有一个"录像制品"概念，即通过一定设备、技术将已有作品重新进行翻录，或是机械地将表演者的表演或景物录制下来的成果。我国和德国一样，认为录像制品缺乏独创性，将其与视听作品区别开来，只采用邻接权来进行保护。

---

① 用"视听作品"替换之前的"电影作品和以类似摄制电影的方法创作的作品"是适应了新技术新环境需要，但概念内涵并未在《著作权法》（2020 年修正）中明确，需要通过对《著作权法实施条例》进行进一步修订加以明确。

二、电视作品的创作流程

电视作品丰富多元，不同电视作品的创作流程也是不同的，且整体流程十分复杂，即使是一档很普通的栏目，也至少包括主题立项、节目策划、脚本起草、方案编写、拍摄计划、人员配置、具体录制和播出等多个环节。总体来说，电视节目的基本创作流程包括先期筹备、前期拍摄、后期制作与播出三个主要阶段。

（一）先期筹备

电视节目创作的先期筹备阶段主要围绕选题、策划、定本、择人、布台等内容。

1. 选题。即确定电视节目的主题思想或者话题焦点。不同类型节目的选题思路区别很大，比如新闻类节目就要强调选题的时效性和新鲜度，谈话类节目就要强调选题的深度和广度，文娱类节目则更加强调话题的热度和流行性等问题。一些植入性广告和企业赞助问题往往也在这一阶段开始筹划。

2. 策划。即围绕节目选题具体构思节目的整体框架和内容结构，拟定好制作计划、制作时间及参与制作的人员、道具等要素，拟定好剧本分镜、分场。实践中，电视节目策划要综合考量舆论导向与观众需求、社会价值与经济价值等诸多要素，至为关键。

3. 定本。即根据作品创作过程中对相关作品的需要提前进行准备，最常见的就是节目脚本或者影视剧本的准备。如果是对他人小说等已有作品的使用，则需要提前解决好著作权许可、改编等问题，如果是委托他人重新创作，则也要签订好相关的委托合同。

4. 择人。即将参与制作电视作品的编导、演员、主持人、嘉宾、摄影、灯光、场务、服装、化妆、剪辑等各类人员组织起来，做好拍摄录制前的准备。如果相关参与人员并非节目制作单位的雇员，还要提前签订好相关聘用合同，就节目内容、费用支付、人身安全责任及版权问题约定清楚。

5. 布台。即为电视节目创作准备好各项用具，布置好录制需要的各项舞台背景要素。比如选器材、找场地、找车辆、布背景、备道具、定服妆等。

（二）前期拍摄

前期拍摄是电视作品创作的具体实施阶段，它直接关系到电视作品的成片质量，也提供了电视作品之所以构成作品的基本要素：一方面，拍摄本身即是创作电视作品的过程和手段；另一方面，拍摄中形成的各种电视节目素材本身也是作品，并为后期制作创造了空间。

电视拍摄涉及先期筹备过程中各项人力、物力、财力等资源要素的集中与整合，势必会产生各种法律关系，也是各种法律纠纷频发的阶段。一是因"人"产生的法律纠纷，例如与导演、嘉宾以及群众演员的劳动纠纷、拍摄过程中的人身安全责任纠纷，比如 2019 年演员高某某在录制浙江卫视某档节目时发生意外死亡，就给节目制作方造成了较大的负面影响；二是物的纠纷，比如使用剧本、背景音乐的著作权纠纷，使用场地、车辆、道具的合同纠纷等；三是财的纠纷，比如拍摄阶段植入广告问题、赞助商的赞助费用问题等。

（三）后期制作与播出

后期制作是对拍摄素材的二次创作，良好的后期制作能够为节目带来意想不到的效果，否则即使节目选题为人喜爱，观众的观看体验也会下降[1]。这一点在电视真人秀等综艺节目中尤其突出。

电视后期制作主要包括素材输入、素材剪辑、拷贝发行等内容。其中剪辑是核心部分，即通过对电视拍摄素材采取选择编排、画面渲染、音效修饰、特效加入等方式，以确保最后的成品质量。剪辑的对象也非常丰富，包括剪节奏、剪对话、剪动作、剪场景等，不同类型、不同形式、不同主题的电视节目应采用不同的剪辑方式，它集中体现了剪辑师对电视作品创作主题和整体结构的理解与把握，最终目的还是为最终节目成品服务。后期制作阶段因为剪辑等技术方面出现的法律纠纷较少，主要涉及费用支付问题。比如"电视剧《北平往事》制作费纠纷案"[2]。

三、电视作品的形式

（一）电视剧

1. 电视剧概述。电视剧是指一种融合舞台剧和电影表现方法，运用电子技术制作、在电视屏幕上播出的戏剧[3]。电视剧的主要播出平台是电视台，近年来

---

[1] 李清伟主编：《娱乐法》，上海财经大学出版社 2020 年版，第 113 页。

[2] 电视剧《北平往事》制作费纠纷一案。著名演员刘威因担任制片人拍摄电视连续剧《北平往事》（原名《北平小姐》）与投资方上海乐动文化传播有限公司发生纠纷，双方诉至法院。合同约定：该剧集数为 32 集，长度需按照国家广播电影电视总局"关于电视剧长度的规定"执行，每集实际长度为 46 分钟；该剧投资总额为 1800 万元；如因制作方控制预算不力造成拍摄预算超支，投资方没有义务负责解决资金问题，其他超支的资金应由制作方负责解决并确保该剧的顺利完成。因制作方未控制支出导致投资方的出资超出投资总额，故投资方提起诉讼要求制作方支付超出部分的费用。本案在法官的主持下，双方当事人达成调解协议，由刘威分两次给付上海乐动文化传播有限公司共计 60 万元制作费而最终双方握手言和。

[3] 涂昌波：《广播电视法律制度概论》，中国传媒大学出版社 2018 年版，第 143 页。

伴随 IPTV 和互联网电视（OTT）的发展，各大电视台、网络运营商纷纷进入网播剧领域，但各电视频道尤其是卫视频道仍然是电视剧播出的主要阵地。相较于播出，电视剧的制作主体更为多元，有电视台或者其他电视剧制作机构投资的"自制剧"，也有电视台和其他电视剧制作机构共同出资，或者一方出资，其他单位提供重要物质条件、便利条件或拍摄对象而形成的"联合制作剧"。

我国是电视剧生产和播出大国，在各类电视节目中，电视剧属于市场化程度较高的一种。自 20 世纪 90 年代以来，得益于广电行业实施制播分离模式及相关扶持政策，电视剧制作机构数量逐年增长，电视剧市场持续扩容，并逐渐形成了包括投融资、制作、交易、播出、广告及衍生品经营在内的完整产业链。近些年来，伴随国家监管力度的加强以及对电视娱乐内容的限制，电视剧产量有所下降，但电视剧作为一种群众喜闻乐见的电视节目形式，仍然具有重要的社会与经济影响力。

与电影一样，电视剧的创作往往需要通过导演、编剧、演员、摄影、灯光、配音、剪辑、道具等各方面共同智力创作才能完成，在内容表达上包含了情节、角色、场景、叙述方式等不同要素，具有比较明显的独创性与复制性，同时属于文学、艺术和科学领域内的智力成果，一般被纳入视听作品范畴。与电视剧类似的还有音乐 MV（在电视中播出的多称其为 MTV）。

2. 电视剧作品涉及的法律问题。电视剧作品是集体智慧的结晶，往往需要整合各项人、财、物要素才能完成创作，其涉及的各项法律关系也是比较复杂的。从涉及的法律问题性质来看，主要包括以下几个领域：

（1）电视剧内容违法问题。我国对于电视节目内容有着一套严格的监管标准，尤其是电视剧，其制作、发行都需要申请行政许可，并通过内容审查。电视剧内容一旦出现违法现象，就会面临停拍停播的严重局面。比如"电视剧《吕布与貂蝉》被停播案。"[①]

（2）电视剧著作权侵权问题。电视剧作为一种视听作品，其经济价值主要就体现在著作权上，相关侵权问题主要体现在两个方面：一是电视剧创作过程中侵犯其他作品著作权，最典型的就是剧本抄袭问题，在"琼瑶诉于正著作权

---

① 2002 年，由陈凯歌导演兼职的电视剧《吕布与貂蝉》在开播后收视率高涨，但也因为其中的暴力等镜头遭到批评。之后，国家广电总局根据观众反应针对该剧下达了紧急停播的命令。该剧之后经过多轮修改后更名为《蝶舞天涯》才于次年正式通过审查。据了解，此次停播造成了近千万的损失。

侵权案"①中,法院就认定被告制作的电视剧侵犯了相关剧本和原著小说的著作权益;二是电视剧作品著作权被他人侵权,比如盗播或者未经许可制作成影碟等情况。

（3）电视剧合同问题。电视剧制作过程中参与主体众多,各主体间会发生各种法律关系,都需要通过合同固定下来。电视剧主要涉及的合同有:剧本委托创作合同,剧本著作权许可合同,音乐委托制作或著作权许可合同,导演、演员及其他主创人员的聘用合同,群众演员等临时用工合同,器材、服装、道具、场地、车辆等的租赁或购买合同,广告赞助合同,人身财产保险合同等。具体合同事项在下一节会有涉及,在此不再赘述。

（4）电视剧人格权侵权问题。这种现象在一些纪录片或"根据真人真事改编"的影视剧中比较常见。在改编过程中,如果没有把握好剧情尺度,或者没有对真实人物的隐私细节做好处理,就很容易对"原型人物"的名誉权、隐私权、肖像权等人格权造成侵害。

除此之外,电视剧创作过程中还会面临很多其他法律纠纷,比如演员罢演等引起的劳动关系纠纷,剧组人员受伤引起人身权侵权问题,剧组对拍摄场地的自然环境破坏引起的环境侵权问题,剧中植入广告造成的产品侵权责任问题等。

（二）电视真人秀节目

1. 电视真人秀节目的定义、特点与发展历程。真人秀,也称为"真人实境秀（Reality Show）"或者"真实电视（TV Reality）",一般是指以电视等视觉动态类媒体为介质,在特定的竞技类或者游戏类场景中,由普通人或者公众人物以真实身份参与,基于特定目的和规则而采取行动并进行即时记录创作而成的电视节目。

电视真人秀节目具有三个主要特点:一是"真",即纪实性。通过纪实方式传播非虚构性的普通人的生活或者工作画面,以增强受众黏性和体验感,这也是平民时代传媒行业竞争的必然结果。二是"人",即冲突性。旨在通过人之间的戏剧性冲突将参与人的人格、人性、人物特点淋漓尽致地展现出来,并向观众传达出节目的价值理念或者创作目的。三是"秀",即游戏性。"如果说

---

① 原告琼瑶认为被告于正的《宫锁连城》剧本、电视剧与自己创作的小说集剧本《梅花烙》存在实质性相似,构成抄袭,遂提起诉讼。一审法院经审理认为:《宫锁连城》剧本侵害了原告就《梅花烙》剧本和小说享有的改编权,《宫锁连城》电视剧侵害了原告的摄制权。判令被告承担停止侵权;公开赔礼道歉、消除影响;赔偿原告经济损失及诉讼合理支出共计 500 万元。各被告提出上诉,二审法院判决维持原判。

'人'是它的核心，'真'是它的特色，'秀'就是它的手段，所有的真实必须通过虚拟的规则来完成。如果规则没有掌握好，前面的人性、人格出不来，它的真实空间就得不到展现。这三个环节是环环相扣的。"①

电视真人秀节目模式兴起于西方，最早可以追溯到 20 世纪 40 年代美国的偷拍节目《坦诚的相机》（*Candid Camera*）。在我国，最早出现荧屏真人秀节目是在 2000 年，当年中央电视台引进的美国 CBS 的《幸存者》以及广东电视台打造的《生存大挑战》节目都属于比较典型的电视真人秀节目。伴随着中国媒体行业逐渐进入平民时代，突出真实性、平民化的真人秀模式开始在国内迅速得到发展。从早期的《开心辞典》《超级女声》《非诚勿扰》《爸爸去哪儿》，到后来的《中国好声音》《奔跑吧兄弟》《中国达人秀》《这就是生活》等，电视真人秀节目已经成为各大电视台增强受众黏性、扩大传播力和提高品牌度的重要平台。

尤其是在新媒体技术和制播分离模式催动下，真人秀节目样态也越来越多元化、大众化，发展出表演选秀类真人秀、旅游户外类真人秀、职场类真人秀、谈话类真人秀、科普类真人秀、体育类真人秀、约会恋爱类真人秀、角色互换类真人秀、经营体验类真人秀、亲子类真人秀等各种节目模式。

同时也应当看到，国内真人秀节目的自我复制和同质化现象也日趋严重，强调短期内的眼球效应和快餐文化消费，内容生产方式的创新乏善可陈，过于依赖对国外节目模式的引进甚至抄袭，引起了较广泛的舆论质疑和批评声，甚至因为各种诉讼纠纷导致节目改名、改版乃至走向终结。究其原因，除了本身制作人才、资源不足以及新媒体对传统广电业态空间的挤压外，还与创作或者出品团队的法律意识淡薄，对节目版权保护力度不够有关，这就指向了一个核心问题，即电视真人秀节目模式的著作权保护问题。

2. 从"模板"到"作品"：电视真人秀节目模式的法律保护研究。

（1）电视真人秀节目模式能否受到著作权保护。电视真人秀节目的特点决定了节目的创意性、思想性和趣味性是该类型节目的核心竞争力，也是其商业价值的主要载体。而在具体节目制作过程中，有些思想创意元素及其组合是连续的、固定的且有规律可循的，并被提炼成为标准化模板，而将这些模板综合总结并具体呈现和应用出来，就是电视节目模式。在美国，人们通常将"节目模式"简单定义为"一种书面的表达形式"。

当权利人基于书面描述、电视制作等形成电视真人秀节目模式时，又会面

---

① 何倩："电视真人秀节目的发展与创新"，载《中国广播电视学刊》2019 年第 11 期。

临该节目模式权益保护的法律基础问题，或者说，当权利人的权益受到侵害时，该以何种法律依据来积极进行维权呢？这就涉及电视真人秀节目模式的法律保护模式问题。

实践中来看，由于各国法律都未对电视节目模式进行专门的法律定位，再加上其本身在著作权等领域也存在争议，这就导致在司法实践中针对电视节目模式形成了不同的法律保护模式，大体可以归结为以下四种：

第一，商业秘密保护模式。真人秀电视节目在创作过程中往往会涉及一些诀窍性的创意元素、技术信息和编排方式，能够显著提升节目魅力及其商业价值。因此在很多国家，对于这些技术性、方法性的"诀窍"或"配方"，也会采用商业秘密形式进行保护。比如在与员工签署劳动合同或者进行节目交易时，在相关协议中加入保密条款，要求对相关模式信息进行保密。但是这种模式对于那些已经公开的或者难以隐秘存在的电视节目模式很难起到保护作用，同时也不具有排他性和绝对性。

第二，合同保护模式。双方通过签订合同并设置一定的保护条款来对电视节目模式进行保护，即通过合同来保护创意。这种模式基于平等民事主体之间意思自治的相互约束来实现保护目的，实施起来方便快捷，并可以任意约定合同的有效期。但其劣势在于其只能约束签订合同的双方主体，对于合同外的第三人无实质性作用。

第三，反不正当竞争模式。当利益相关方在拥有或者使用电视节目模式上发生争议时，权利人可以根据抄袭、恶意模仿等不正当竞争手段或其他专业上的失当行为提起诉讼。在很多国家司法实践中，这种保护模式多是对于著作权保护模式无济于事后的一种兜底性措施。但该模式有时也会出现"误伤"，变成阻碍他人继续创新的手段，不利于电视行业的良性竞争和整体发展。

第四，著作权保护模式。节目模式的可版权性问题是包括真人秀节目在内的电视节目著作权问题的核心问题之一，也是电视节目模式交易市场形成的法律的基础。尤其是在涉及电视真人秀节目相关版权纠纷案件中，关于节目模式的模仿与抄袭问题占据了绝对比例，同时在学界和业界都引起了长期的关注乃至争议。那么这就涉及一个根本性问题，即电视节目模式本身能否得到著作权的保护？

答案是肯定的。当然，并非所有的电视节目模式都能够得到著作权保护，关键在于其是否能够构成著作权法意义上的作品。电视节目模式虽然源于创意这一思想范畴的概念，但其内涵和外延却远远超过思想本身。它就像一个框架，通过节目策划、制作等人员的智力劳动，围绕创意主题，将节目的名称、规则、情节、舞台、设计、台词、嘉宾、受众等各项要素均囊括进来，并通过特定文字、图形等方式精确、独特地表达出来。这就使得电视节目模式对节目整体的框架性安排被更清晰、准确地呈现出来，并成为个性化的表达，它既有别于节目设想等抽象性更强的思想，也与技术性较强的拍摄计划和制作安排区别开来。从法律角度来看，尽管相对于节目成品还略显抽象，但符合条件的电视节目模式"是由制作者将其构思通过舞台布景、光感氛围、主持风格、活动运行程序等诸多环节和要素的选择和编排的独特设定向观众表达出来，它是作者独创的劳动成果，并以自己独有的方式加以表达"①，同时又具备作品构成所要求的固定性及处于文学、艺术等领域的表达等基本要素，也并未被我国《著作权法》所根本性排斥。

目前来看，将电视节目模式视为著作权法意义上的作品进行保护，也的确是目前比较常见的一种保护模式。不过相较于一般的文字、美术作品，电视节目模式作为作品往往展现出复杂性一面，它有别于一般的文学作品，不能为人们直接阅读和欣赏，也远没有电影、电视剧拍摄中的剧本那样具象化和情节化。一般来说，电视节目模式是文字、美术等各种作品要素的集合，同时再通过有机结合形成新的作品。

我国《著作权法》并没有对电视节目模式进行规定。北京市高级人民法院《关于审理涉及综艺节目著作权纠纷案例若干问题的解答》规定：综艺节目模式是综艺节目创意、流程、规则、技术规定、主持风格等多种元素的综合体。综艺节目模式属于思想的，不受《著作权法》的保护。综艺节目中的节目文字脚本、舞美设计、音乐等构成作品的，可以受《著作权法》的保护。在国外法层面，英国、荷兰等国已经明确支持对电视节目模式进行保护，这也与其作为电视节目模式出口大国的国情有关。其他绝大部分国家的著作权法都未对电视节目模式进行专门定位，但在相关司法判例中多肯定了电视节目模式的作品性质并给予著作权保护，只不过在具体的保护方式和程度上有所差异。比如加拿大法院认为电视节目模式可视为戏剧作品而得到著作权保护，而在澳大利亚一些判决则将电视节目模式视为文字作品进行保护②。

（2）电视真人秀节目模式如何进行著作权保护。著作权法保护的只是表达而非思想和创意，实现电视真人秀节目模式的著作权保护，关键是要将节目创作过程中的创意表达出来，具体需要经过两个步骤：一是将创意通过文字、图

---

① 刘承韪、吕冰心："论电视节目模式的著作权法保护"，载《法学论坛》2018年第2期。
② 申耘宇、向萌朦："论电视节目模式的著作权保护"，载《中国出版》2012年第15期。

形等描述出来，形成书面模板；二是将描述出来的创意应用于节目制作过程中来，形成电视模板。

第一，是要将节目的原始创意通过文字、图形等描述出来。电视节目模式的内容包罗万象，围绕创意需要形成各种可描述性的表达，包括详细描述节目设想和规划的纸质模式、完整细致的节目制作手册、展示模式视听效果的节目样带以及帮助模式本土化改造的说明书等，即一个节目从初步策划到正式播出再到对外销售所需要的全部信息和技术操作[1]。这也是电视真人秀节目交易过程中的核心标的。

第二，将上述描述应用于电视节目的创作中来。书面描述一般都比较简短，在商业运营中主要用于节目推销与招商，一旦最终确定制作，制作方才会根据电视模式的书面描述，开始电视节目的制作、摄制以及播出，并形成"电视模板"。"电视模板"的作用之一在于该节目模式可被实际运用，这也是美国等判例法国家认可节目模式可版权性的条件之一。电视模板通常会包括模板说明与详细的制作流程、节目的脚本、对节目环节设置的详细介绍、节目的布景与详细构造、音乐、视觉图形、符号、名称、节目样带、收视率数据和节目编排建议等内容，业内称之为"节目模式宝典"。

总体来说，节目模式的商业价值是毋庸置疑的，该模式的国际许可也很常见[2]，法律保护模式的多元性体现了电视节目模式保护上的复杂性一面。一旦发生纠纷，除了著作权问题外，它还会牵涉商业秘密、合同许可、商标权属等问题。以浙江卫视《中国好声音》节目为例，涉及相关节目模式的权利人与前任被许可人之间的权属纠纷，而诉讼标的也涉及著作权法、商标法、反不正当竞争法等多个领域。目前来看，著作权保护模式鼓励作品创新的立法目的与电视节目创作的价值逻辑基本一致，渐成电视节目保护模式的主流。这也对我国今后《著作权法》的调整和完善提出了新的需求。

（三）电视谈话类节目

严格来说，谈话类节目也属于真人秀节目，是以面对面人际传播的方式，通过电视媒介再现或还原日常谈话状态的一种类型。它通常由主持人、嘉宾、现场观众在演播现场围绕话题或个案展开即兴、双向、平等的交流，也被称为"访谈类节目"或者"对话类节目"。比较典型的有《鲁豫有约》《超级访问》

---

① Albert Moran, Justin Malbon, "Understanding the Global TV Format", *Intellect Books*, UK, 2006.

② 宋海燕:《娱乐法》，商务印书馆 2018 年版，第 269 页。

《铿锵三人行》等。

目前火爆荧屏的谈话类节目当属脱口秀。作为国外 Talk Show 的舶来品，脱口秀节目近年来在我国风生水起，比如通过电视端播出的《今晚 80 后脱口秀》《金星秀》，通过网络播出的《吐槽大会》《脱口秀大会》等。从表现形式来说，这些脱口秀可分为讨论式、聊天式、追问式和叙述式等[①]类型。当然，为了避免谈话类节目过分围绕"语言"作秀的单调，国内脱口秀节目也进行了一些本土化改造，融入了一些本土受众更为喜爱的音乐、喜剧、舞蹈等艺术形式，使得节目更具有整体性和多元性。

俗话说"祸从口出"，相较于其他电视节目，许多谈话类节目以"讽刺"或者"窥私"为话题，在广泛吸引受众的同时，谈话的尺度不断放大，"因言侵权"的法律风险比较突出，尤其是人格权侵权问题。比如"林智秀诉江西电视台公共频道和刘冬秀侵犯名誉权案"[②]，一档情感对话类栏目因为在节目中屡屡出现传播突破伦理底线、践踏他人尊严和隐私的情况。无论被告所播节目是否真实，评论是否公正，在未经本人允许情况下将没有必要为世人所知的"家丑"予以"外扬"，在为大众提供情感宣泄途径的同时，也须承担相应的侵权法律责任。

（四）体育赛事直播节目

体育赛事是指由国内外体育竞赛组织或其他组织举办的体育竞赛活动，对体育赛事进行转播已经成为一项重要的电视节目。从电视播出机构角度来看，体育赛事直播节目主要涉及两个方面的问题：一是体育赛事的电视转播权问题；

---

① 陈可雄："脱口秀节目中国本土化的表现特点分析"，载《新闻潮》2019 年第 4 期。
② 被告刘冬秀（化名）与其丈夫长期感情不和，又因其丈夫常年在外不归，遂怀疑其夫与本案原告林智秀（化名）有染。2006 年 8 月 10 日，刘冬秀猜测其夫在林智秀家，便要求江西电视台公共频道派人与其去林智秀家跟踪采访。当日上午 10 时许，刘冬秀同该频道的记者来到林智秀家后，与林智秀发生吵打，记者未经原告的同意对吵打现场进行拍摄。后该频道将刘冬秀与其丈夫的婚姻破裂情况制作成了《百万富翁的情变》录像片，该片中采用了刘、林二人发生吵打的镜头。2006 年 8 月 29 日晚，该频道又将此录像片在该台《有理你就说》栏目中播出。经统计，该片中出现林智秀肖像画面共 9 次，仅有一次进行了马赛克处理，片中画外音中还伴有林智秀的名字，出现过"非法同居"字幕等。节目播出后，林智秀的亲朋纷纷询问她是否与刘冬秀之夫有不正当男女关系，给她造成极大的困扰，遂以名誉权遭到侵害为由将江西电视台公共频道和刘冬秀告上法庭。此案由江西省吉水县人民法院开庭审理，根据已查明的事实，法院认为：江西电视台公共频道在制作刘冬秀夫妇婚姻变化的录像片中，将林智秀作为主要人物之一摄入录像片中，并对多次出现林智秀肖像的画面和"不正当关系""非法同居"的字幕未作适当处理，足以让他人误认林智秀就是刘冬秀夫妇第三者。该频道在没有证实林智秀与刘冬秀之夫有不正当关系的情况下，擅自播放录像，内容严重失实，极大地损害了林智秀名誉，刘冬秀给江西电视台公共频道提供新闻线索，其与江西电视台公共频道构成了共同侵权，遂判决两被告向原告公开赔礼道歉，并赔偿精神抚慰金 2 万元。

二是体育赛事直播画面的著作权问题。

1. 体育赛事的电视转播权问题。1958 年，国际奥委会在修改《奥林匹克宪章》时首次提出电视转播权问题，并明确规定国际奥委会是奥运会转播权的唯一拥有者，由承办国组委会负责销售，所得收入按有关规定进行分配①。根据我国《著作权法》第 39 条的规定，表演者有权许可他人从现场直播和公开传送其现场表演，并获得报酬；有权许可他人录音录像，并获得报酬。在体育赛事中，运动员作为表演者也享有上述权利，一般是通过合同方式授权赛事主办方来行使具体权利。实践中，电视台等电视播出机构要转播体育赛事时，也主要是与赛事主办方签订赛事转播合同。

在签订赛事转播合同时，需要特别关注的条款是：转播权利的内容，包括新闻报道权、赛事画面集锦使用权、赛事转播权等；转播的时间（同步转播还是延时转播），转播画面上放置何种标志，是否可以轮播、重播、回看，许可播出的次数、期限，其他播出限制，是否可以将视频放在网络上供网友点播，转播的地域范围（全球还是大陆地区、是否包括台港澳），转播的方式（如无线广播、有线电视、互联网以及手机、移动电视等终端设备），转播的费用及其计算方式和支付方式，独家还是非独家转播，是否可以就转播内容对中国境内其他电视台进行转授权、分授权，转播地域范围若出现盗版，谁有权利或义务进行维权行动，违约责任、争议解决方式、适用法律等②。

2. 体育赛事直播画面的著作权问题。根据《著作权法》的规定，电视台对其直播体育赛事的节目信号拥有广播组织权，具体包括转播权、录制权与信息网络传播权等权利，这是一项典型的邻接权。目前存在较大争议的主要是体育赛事直播画面本身能否构成作品的问题。

《著作权法》上的视听作品指的是拍摄完成的，通过屏幕可显示的一系列活动画面，而不是其中的阶段性成果③，这也就与体育赛事直播等边摄制边固定的生成影像区别开来。一些学者主张，虽然在赛事直播中也含有镜头切换、机位变化以及解说员的解说等创造性劳动，但是这些劳动投入必须遵守行业的基本规则与原理，不具有独创性，因而不能构成作品。也有学者从作品的复制性角度进行考量，认为体育赛事直播画面具有随机性和不可复制性，即不符合影视作品"摄制在一定介质上"的固定要件。

---

① 涂昌波：《广播电视法律制度概论》，中国传媒大学出版社 2018 年版，第 154 页。

② 中央电视台总编室：《电视版权 88 问》，新时代出版社 2013 年版。

③ 张今：《著作权法》，北京大学出版社 2018 年版，第 27 页。

当然，这并不意味着体育赛事直播画面就无法得到著作权保护，事实上，司法判例对于体育赛事直播画面的著作权定位也存在较大分歧。比如"新浪诉天盈九州侵犯著作权和不正当竞争纠纷一案"①，一审法院认为涉案体育赛事直播节目构成类电影作品，但是二审法院却持有相反的观点。2020 年 8 月 5 日，最高人民法院就《关于加强著作权和与著作权有关的权利保护的意见（征求意见稿）》向社会公开征求意见，其中就提到要"依法妥善审理体育赛事网络直播、网络游戏直播等相关的新类型案件，促进新兴业态规范发展"。

（五）文艺晚会节目

文艺晚会是由导演、演员（包括主持人）及各种幕后的技术、服务人员参与，围绕一定主题将音乐、舞蹈、戏曲、杂技、魔术、相声、小品等各类节目有机串联在一起而整体呈现给受众的一种电视节目形式。在我国，文艺晚会类节目中影响力最大的当属中央广播电视总台每年除夕之夜开办的"春晚"，自 1983 年开办以来已经陪伴中国观众和全球华人、华侨三十余年，成为很多人每年春节必备的一道"年夜饭"。

作为电视节目的重要组成部分，"春晚"等文艺晚会类节目覆盖广，要求高，强度大，导演、演员及其他工作人员在舞台设计、节目编排、主题策划上付出了许多创造性的智力劳动，理应得到著作权保护。但法律究竟以何种方式保护"春晚"等文艺晚会类节目，目前争议还比较大，主要有视听作品、汇编作品和录像制品三种观点，且在司法判例中都有所反映。

1. 主张"春晚"属于视听作品。"春晚"录制是个大工程，涉及拍摄、灯光、音响、舞美、道具等多重环节，仅摄像就要多个机位、多个工种密切配合才能完成。而整台晚会的主题策划、节目编排、结构层次都需要导演组进行统筹安排，

---

① 北京新浪互联信息服务有限公司（以下简称新浪公司）经合法授权，获得在授权期限内在门户网站领域独家播放中超联赛视频的权利。新浪公司认为，中超联赛赛事节目构成以类似摄制电影的方法创作的作品，天盈九州公司未经其许可，在其网站设置中超频道，非法转播 2012 年至 2014 年两个赛季的中超联赛直播视频，严重侵害了新浪公司享有的著作权，故起诉至法院，请求判令天盈九州公司停止侵权，赔偿经济损失并赔礼道歉。北京市朝阳区人民法院经审理认为，涉案体育赛事节目构成以类似摄制电影的方法创作的作品，乐视公司、天盈九州公司以合作方式转播的行为侵害了新浪公司的著作权。因被诉行为已通过我国《著作权法》进行了调整，无需再以《中华人民共和国反不正当竞争法》（以下简称《反不正当竞争法》）进行规制。据此，判决天盈九州公司承担停止侵权、赔偿损失和消除影响的民事责任。天盈九州公司不服一审判决，提起上诉。北京知识产权法院于 2018 年 3 月 30 日作出二审判决，认为涉案体育赛事节目未构成电影作品，遂撤销一审判决并驳回新浪公司全部诉讼请求。详情参见北京知识产权法院（2015）京知民终字第 1818 号民事判决书。

付出了大量的智力劳动，体现了一定的独创性，晚会录制过程就是创作作品的过程，应当视为视听作品。比如，在"陈某某等诉中国国际电视总公司侵犯著作权纠纷案"①等案件中，法院判决倾向于认为"春晚"在整体上属于一种视听作品。

2. 主张"春晚"属于汇编作品。我国《著作权法》在著作权归属上明确了"汇编作品"这一概念，即汇编若干作品、作品的片段或者不构成作品的数据或者其他材料，对其内容的选择或者编排体现独创性的作品②。"春晚"等文艺晚会往往涵盖小品、歌曲、歌舞、杂技、魔术、戏曲、相声等多种艺术形式，一些学者认为这实际上就是对各类作品的一种汇编，并构成汇编作品。在"央视网公司诉百度公司侵犯著作权纠纷案"③中，法院就认为涉案 2012 年"春晚"属于

---

① 在该案中，原告陈佩斯、朱时茂认为被告中国国际电视总公司未经两人许可，就在其出版发行的 VCD 光盘中使用了二人表演的 8 个小品，遂以侵犯他们的著作权和表演者权为由提起诉讼。被告中国国际电视总公司辩称本案所涉小品虽由两原告创作、表演，但均在中央电视台的组织、导演下出现在电视台大型文艺节目中，成为中央电视台摄制的电视节目的组成部分。中央电视台对这些电视节目拥有全部著作权。被告出版上述节目的 VCD 光盘制品，是经中央电视台许可授权后依法进行的，绝无任何侵犯他人著作权之嫌，请求驳回原告的诉讼请求。法院经审理后认为，虽然中央电视台准许被告使用其节目制作音像制品，但是由于电视作品形式的多样化，导致被告在使用中央电视台的节目时并不仅仅涉及中央电视台的著作权，还有可能涉及在节目中包含的他人作品的著作权或表演者权。就本案而言，春节联欢晚会实际上包括了对他人作品的使用，根据《著作权法》有关规定，中央电视台组织、制作的春节联欢晚会从整体上应认定属于电视作品，但是中央电视台对春节联欢晚会这一综艺节目整体享有的权利，并不能得出原告在该节目中丧失其对所涉小品享有的著作权和表演者权的结论，除非双方对此有明确约定。详情参见北京市第一中级人民法院（1999）一中知初字第 108 号民事判决书与北京市高级人民法院 (2001) 高知终字第 31 号民事裁定书。

② 参见《著作权法》第 15 条。

③ 在 2012 年"春晚"直播期间，原告央视网公司发现本案被告百度公司的网站（www.baidu.com）页面下，可以直接观看 2012 年"春晚"的直播。央视网公司认为百度公司的这一行为系对涉案"春晚"的实时转播行为，该行为构成对其著作权的侵犯，据此，要求百度公司赔偿 100 万元经济损失。被告百度公司对央视网公司的指控不予认可，其主要的抗辩理由为其所提供的仅是链接行为，网络用户虽然在百度网站页面下可以直接观看涉案视频，但由涉案搜索结果图示中搜狐视频的标示，以及该视频播放页面中"来自搜狐视频"的显示，均可以看出涉案视频来源于搜狐网站。至于用户为何可以在百度网站页面下观看搜狐网站中的涉案视频，百度公司的解释是因为其使用了 i-frame 技术，这一技术使得用户在搜索结果页面上可直接展示被链接网站的视频，而无需进入被链接网站的页面。北京市海淀区人民法院（以下简称一审法院）认为，涉案 2012 年"春晚"属于汇编作品，中央电视台作为"春晚"的汇编者，对其汇编的作品"春晚"享有著作权。对于百度公司的行为，一审法院认为，因公证书中显示涉案"春晚"视频播放图标旁边显示"来自搜狐视频"，且"春晚"播放的画面顶部显示"搜狐视频"，画面右上角显示"搜狐视频实时转播"，故被控侵权视频"春晚"系由第三人搜狐公（下转 251 页）

汇编作品，原中央电视台作为"春晚"的汇编者，对该汇编作品享有著作权。

3. 主张"春晚"属于录像制品。"春晚"等文艺晚会以传播现场文艺表演为主，无论是节目导演组还是摄制者，对节目内容、舞台表演等方面的掌控有限，独创性程度较低，其摄制行为与电视剧等视听作品的创作存在较大区别，在我国《著作权法》区分"视听作品"与"录像制品"的情况下，将"春晚"纳入录像制品范畴更为妥当。在"央视国际公司诉某视频网站著作权侵权案"①中，法院就认为"2009 年春晚"所具有的独创性尚未达到电影作品所要求的高度，应当作为凝聚了一定智力创造的录像制品予以保护。

（六）电视新闻节目

新闻报道是电视节目的重要组成部分，比如《新闻联播》。2020 年修正之前的《著作权法》第 5 条还规定了不受《著作权法》保护的作品，其中就包括"时事新闻"，但并未就时事新闻概念的内涵与外延界定清楚，导致现实生活中

（上接 250 页 ③）司提供，百度公司仅提供了链接服务，并未侵犯央视网公司对涉案"春晚"享有的广播权。据此，一审法院判决驳回央视网公司的全部诉讼请求。央视网公司不服，向北京市第一中级人民法院（以下简称二审法院）提起上诉。二审法院经审理认为，央视网公司对于 2012 年"春晚"不仅享有广播权，亦享有信息网络传播权以及《著作权法》第 10 条第 17 项规定的兜底权利。被告百度公司现有证据无法证明其仅提供了链接服务，故应认定被告网站直接提供了对涉案 2012 年"春晚"的实时转播行为。在未经著作权人许可的情况下，被告百度公司实施的上述实时转播行为构成对原告央视网公司所享有的广播权的侵犯。据此，二审法院判令百度公司赔偿央视网公司经济损失人民币 6 万元。本案例来源于芮松艳："网络实时转播行为的法律属性以及深层链接行为的举证要求——评央视网诉百度公司案"，载《中国版权》2014 年第 2 期。详情可参见北京市海淀区人民法院（2012）海民初字第 20573 号民事判决书与北京市第一中级人民法院（2013）一中民终字第 3142 号民事判决书。

① 《2009 年"春晚"》由中央电视台制作完成，原告央视国际网络有限公司经中央电视台授权独占享有《2009 年"春晚"》的信息网络传播权。某视频网站未经许可，通过网络向用户提供《2009 年"春晚"》的下载和播放服务。原告认为该视频网站的行为侵犯了其对《2009 年"春晚"》所享有的著作权，故将其诉至法院。北京市海淀区人民法院审理后认定，原告所主张的《2009 年"春晚"》是广大观众在荧屏前所看到的经摄制而成的电视节目，其与舞台现场表演的"春晚"有所不同，更不同于其中所涉及的音乐、舞蹈、戏剧等具体作品。因此，中央电视台作为涉案《2009 年"春晚"》的摄制者，其独创性主要体现在对现场表演的拍摄上。《2009 年"春晚"》所具有的独创性尚未达到电影作品所要求的高度，应当作为凝聚了一定智力创造的录像制品予以保护。中央电视台对《2009 年"春晚"》享有录像制作者权，原告经授权获得了该节目的独家信息网络传播权。涉案视频网站未经许可，向用户提供《2009 年"春晚"》的下载服务，构成侵权，应当承担赔偿经济损失及合理支出的责任。宣判后，被告不服，提起上诉。北京市第一中级人民法院于 2011 年 5 月 30 日判决驳回上诉，维持原判。该案例来源于《人民法院报》2012 年 2 月 23 日，第 7 版。

新闻被任意转载、篡改等现象普遍存在，再加上新闻从业者对新闻报道传播属性的感性认识以及互联网免费传统的深入人心①，社会上一度形成了一种"新闻无版权"的错觉，这也给许多新闻媒体机构的经营造成了困扰。

事实上，根据《伯尔尼公约》的内容②，本公约所提供的保护不得适用于日常新闻或纯属报刊消息性质的社会新闻。而《著作权法》（2020 年修正）用"单纯事实消息"代指"时事新闻"概念，则有助于消弭争端。单纯事实消息是指"以概括的叙述方式、简明扼要的文字，迅速及时地说明在何时何地，因何人，以何种方式，发生了何事的客观情况"③。因为其几乎不存在个性化的思想或情感表达，因此不能称之为作品，当然也不可能得到保护，它与新闻作品完全是两回事。

理论上说，新闻作品尤其是电视新闻作品，往往是以单纯事实消息为素材，并在此基础上加入了记者、编辑们的采访、分析、总结、评论，再搭配以独特的图片、版面、音效、影像等设计要素，已经达到构成作品所需要的标准。可以说，新闻作品尤其是优质新闻作品的创作需要专业媒体投入大量的资源和智力成本，尤其是在媒体融合的语境下，受众对新闻的时效、呈现方式等方面的要求越来越高，成本越来越大，加强对新闻作品的著作权保护，是维护新闻媒体合法权益的重要工作。

（七）电视购物节目

目前风靡互联网的"直播带货"模式，事实上在传统媒体时代就早已存在，那就是电视购物节目。电视购物是指"消费者通过电视以及互联网、商品目录等相关媒体，接触、了解商品信息，使用电话、网络订货，由专业物流公司在约定时间内配送商品的无门店的虚拟销售模式。"④它一般分为两种形式：一是以有一定情节的故事形式将商品推销的信息传播出去；二是以现场直播的方式直接售卖。

电视购物起源于美国，但很快便风靡全球，20 世纪 90 年代被引入我国电视行业，一时间有上百家电视台都创办了电视购物节目。2003 年，广东电视台成立"现代家庭购物频道"，这是我国第一个电视购物频道，之后中央和地方各级广电媒体又成立了多家电视购物频道。相较于网络购物，电视购物在权威性、品牌性和信息通达性等方面具有一定优势。近些年，在技术驱动和消费需求升级引领下，电视购物节目在媒体融合、节目内容、营销规范、品牌经营等

---

① 周冲："欧盟新版权法争议条款的启示"，载《青年记者》2019 年第 16 期。
② 参见《伯尔尼公约》第 2 条第 8 项。
③ 张今：《著作权法》，北京大学出版社 2018 年版，第 37 页。
④ 陈劲楠："电视购物频道时期我国电视购物的法律诉求"，载《湖北广播电视大学学报》2011 年第 12 期。

方面也在不断寻求突破。

根据《广电总局关于加强电视购物短片广告和居家购物节目管理的通知》第2条的规定，在电视购物频道播出的居家购物节目作为广播电视节目管理，广播电视播出机构须严格遵守《广播电视管理条例》等行政法规和规章，加强对节目内容策划和审查把关。这实际上就把电视购物节目纳入到电视节目范畴中来。与此同时，根据《广告法》第2条的规定，电视购物节目无疑也是一种"商品经营者或者服务提供者通过一定媒介和形式直接或者间接地介绍自己所推销的商品或者服务的商业广告活动"，在性质上又属于商业广告。

正是由于电视购物兼有电视节目和商品广告的双重属性，除了一般电视节目所遭遇的各项法律问题外，电视购物节目还会涉及营销商品因为虚假宣传等原因侵犯消费者权益而产生的产品责任问题。比如在"马树根诉青海广播电视台等电视购物合同纠纷案"①中，法院在判决中就认为青海广播电视台发布的广告明显含有预防、治疗等表述，属于发布虚假广告，构成商业欺诈，使消费者马树根的合法权益受到损害，并认定青海广播电视台作为广告发布者应与产品生产商一同承担连带赔偿责任。

---

① 原告马树根2015年5月通过被告所属青海卫视缤纷好生活节目——九九团购帮电视购物，花费人民币9950元购买了1000盒由威海生物公司生产的高纯盐藻，食用后发现其与电视广告中所宣称的对多种疾病具有预防和治疗作用严重不符，造成身体严重过敏，对原告身体、精神、财产造成了巨大损害，遂提起诉讼，要求被告支付10倍赔偿金99 500元，并承担诉讼费用。一审法院经审理认为，青海广播电视台所属的青海卫视发布的广告属于要约邀请，经马树根通过电话作出要约而与经营者之间形成买卖合同关系。该买卖合同不违反法律、行政法规的强制性规定，为有效合同。保健食品属于食品，不同于药品，不以治疗疾病为目的。《食品安全法》亦规定，食品广告的内容不得涉及疾病预防、治疗功能。但青海卫视发布的广告中，明显含有预防、治疗等表述，属于发布虚假广告，按照《消费者权益保护法》的规定，构成商业欺诈，使马树根不能按合同约定实现合同目的，其合法权益受到损害。结合青海卫视发布的广告及 β - 胡萝卜素软胶囊（高纯盐藻）包装显示的基本信息，应认定该产品由威海紫光公司生产，按照最高人民法院《关于审理食品药品纠纷案件适用法律若干问题的规定》第5条第1款"消费者举证证明所购买食品、药品的事实以及所购食品、药品不符合合同的约定，主张食品、药品生产者、销售者承担违约责任的，人民法院应予支持"及第11条第1款"消费者因虚假广告推荐的食品、药品存在质量问题遭受损害，依据消费者权益保护法等法律相关规定请求广告经营者、广告发布者承担连带责任的，人民法院应予支持"的规定，威海紫光公司应承担违约赔偿责任，青海广播电视台应承担连带责任。但现有证据不能证明涉案产品不符合食品安全标准，马树根亦未提供证据证明人身受到损害，故其依据《食品安全法》第148条等请求10倍赔偿不能获得支持。本案为合同纠纷案件，因存在商业欺诈而生，应按《消费者权益保护法》第55条规定以产品价款的3倍确定赔偿金额。最终法院判决被告威海紫光生物科技开发有限公司返还原告马树根购货款9950元并赔偿购货3倍价款29850元，被告青海广播电视台承担连带责任。

第三节　电视作品合同

一、电视作品合同概述

（一）电视作品合同的定义

不同于《民法典》合同编规定的 19 种有名合同和没有规定的无名合同，本节所要讨论的电视作品合同是一个在法律意义上更为宽泛的概念，是电视作品涉及的有关合同的集合。更准确地说，所谓电视作品合同是指在电视作品的筹划、制作、发行等相关过程中有关主体为明确各方权利义务关系而制定的合同的总称，诸如电视作品为了筹集资金或者获取赞助而签署的合作融资类合同，用于聘用导演、制片人、演员、剧组工作人员的聘用类合同，拍摄过程中租借拍摄场地的物品使用类合同，就网络和电视台播放许可等事宜而签署的发行放映类合同，这些都属于本节所指的电视作品合同的范畴。

（二）电视作品合同的特征

1. 从合同主体看，在电视作品合同中，至少有一方当事人应当是参与电视作品筹划、制作、发行放映等相关环节的主体。在电视作品的筹划、制作、发行等过程中，涉及制片单位、投资方、发行方、制片人、编剧、导演、演员、音乐创作者等不同主体。电视作品合同的当事人至少应当有一方属于上述主体的范围，否则，该合同就不是本节所指的电视作品合同。

2. 从合同内容看，电视作品合同的内容应该与电视作品的筹划、制作、发行等环节有关。当事人签署电视作品合同的目的在于明确电视作品筹划、制作等过程中各方当事人权利义务的具体内容，因此，电视作品合同的内容不能完全脱离电视作品筹划、制作、发行等阶段的相关事项，否则就不属于电视作品合同。

3. 电视作品合同的范围广泛。电视作品的筹划、制作、发行等过程涉及剧本创作、资金筹备、人员聘用、拍摄场地租用、剧本与音乐作品的创作或授权、发行放映等诸多具体事项，这些都需要签署相应的合同。电视作品合同的广泛性是由影视行业活动和人员构成的复杂性决定的。[①]

（三）签署电视作品合同的意义

1. 内容完备的电视作品合同能在一定程度上弥补我国影视娱乐法律规范体系的不足。我国目前影视娱乐法律规范体系的建构尚不够完善，无论是制定法

---

① 刘宁：《影视音像合同：应用与示范》，法律出版社 2010 年版，第 13 页。

规范体系还是业内商业惯例、司法判例等都远非成熟，通过签署内容完备的电视作品合同，明确约定各方的权利义务关系，能够在一定程度上弥补这种法律规范体系的不足。例如，演员、剧组工作人员等在拍摄危险镜头时经常有身体遭受意外伤害之虞，他们虽然与影视制作机构签有劳动合同，但影视制作机构通常很少会依据《劳动合同法》的规定为演员、剧组工作人员办理社会保险，这使得演员、剧组工作人员的正当利益得不到保障；然而，如果演员、剧组工作人员在聘用合同中明确约定影视制作机构应当为他们办理商业保险，那么他们遭受意外伤害的风险就会被商业保险所承担，演员、剧组工作人员的合法权益便可以通过这种合同的方式得到保障。

2. 签署内容完备的电视作品合同能够规避不必要的法律纠纷。近年来，影视娱乐行业中的纠纷层出不穷，如演艺经纪纠纷、主创人员与制片单位间的劳资纠纷等。所谓防患于未然，规避这些法律纠纷的最好方式就是签署一份内容完备的书面合同，使易于产生纠纷的事项得以提前化解。在我国影视娱乐行业发展早期，基于传统的人际信任或者法治观念淡薄等原因而不签署书面合同或者签署不完备的书面合同的现象屡见不鲜，其中有很多都以矛盾爆发、合作破裂而收场。可见，内容完备的书面合同的缺失会埋下法律纠纷的种子，造成很大的法律隐患，这非常不利于我国影视娱乐行业的健康有序发展。但令人欣慰的是，随着近年来我国影视娱乐业的规范发展和法治观念在业内的普遍提升，业内人士越来越重视签订一份完备的影视合同，这一趋势是非常值得肯定并应当坚持发扬的。①

二、电视作品合同的主要类型

电视作品的种类很多，一般包括电视连续剧、电视真人秀、脱口秀、电视新闻、游戏及智力竞技游戏等，②但其中以电视连续剧最为典型。因此，为了最大限度地增强论述内容的典型性并兼顾行文便利，我们将选取电视剧合同作为本节论述的主要对象。虽然本节论述内容主要集中于电视剧合同，但其对于其他电视作品合同的制定和理解也具有借鉴意义。

我们将电视剧在筹划、制作、发行放映等阶段涉及的重要合同分为五个大类，分别是合作融资类合同、人员聘用类合同、版权类合同、场地服务和使用类合同以及发行放映类合同。以下，我们将从合同主体、涉及阶段与应用场景、

---

① 刘宁：《影视音像合同：应用与示范》，法律出版社 2010 年版，第 14 页。

② ［美］谢丽·伯尔：《娱乐法》，李清伟等译，上海财经大学出版社 2018 年版，第 34 页。

合同风险审查与合同内容要点等几个方面逐一介绍每类合同以及该类合同包含的重要具体合同。

（一）合作融资类合同

本部分所指的合作融资类合同由两类合同构成，一类是投融资合同，另一类是广告赞助合同。从广义上讲，不管是投融资合同还是广告赞助合同，它们都属于电视剧融资阶段所涉及的合同类型（有关电视作品融资的内容可详见本章第五节）。这里将主要介绍投融资合同中的电视剧联合投资摄制合同，以及广告赞助合同中的电视剧品牌植入合同和影视作品赞助合同。

1. 电视剧联合投资摄制合同。

（1）合同主体：

甲方：已经取得电视剧拍摄许可的影视制作方

乙方：联合投资方

（2）涉及阶段与应用场景：

本合同涉及的阶段是电视剧筹划阶段中的募集资金阶段。

本合同的应用场景是，合同的一方已经取得某一电视剧的拍摄许可，有权自行对该剧进行投资制作，但是希望通过引入其他投资方，共同对该剧进行投资，共担风险、共享收益，以降低该电视剧的投资风险。

（3）合同风险防范与合同内容要点：

甲方（影视制作方）应当拥有电视剧的拍摄许可，此条件是确定能否对该剧进行联合投资的关键，乙方（联合投资方）应当严格审查甲方对该电视剧享有投资摄制权的权利凭证，以避免投资风险。乙方可根据投资情况确定是否对该电视剧享有版权，若约定乙方对该剧不享有版权，原则上应当约定乙方的投资保底收益。

本合同应当包含的核心条款有：甲方应保证无投资拍摄权方面的权利瑕疵；乙方是否对联合投资项目享有版权以及不享有版权时的投资保底收益；投资预算明细、投资款的支付、投资款的使用支出、投资款的追加、投资款的结算等情况；明确电视剧的发行方、发行费用比例、发行收入范围和发行收入分配方式、分配周期等情况，并保证非发行方对发行收入的知情权和监督检查权等。①

---

① 合同范本可参阅王钺翰等编著：《中国合同库：影视娱乐》，法律出版社 2018 年版，第 30~56 页；刘宁：《影视音像合同：应用与示范》，法律出版社 2010 年版，第 51~60 页。

2.电视剧品牌植入合同。

（1）合同主体：

甲方：电视剧投资摄制方

乙方：商品／服务的生产商和销售商以及品牌持有方

（2）涉及阶段与应用场景：

本合同涉及的阶段是电视剧的筹划阶段和制作阶段的早期。

本合同的应用场景是，商品／服务的生产商和销售商以及品牌持有方，希望在拍摄制作的电视剧中植入其商品、服务或品牌，并向电视剧的投资摄制方支付一定的服务费用，电视剧的投资摄制方同意按照双方约定的植入内容、方式为其植入相关商品、服务或品牌。

(3)合同风险防范与合同内容要点：

本合同应当包含的核心条款有：乙方（商品／服务的生产者和销售者以及品牌持有者）对电视剧播出时间和渠道的具体要求，以及未能如约播出的法律责任；乙方应保障植入商品／服务的质量，以及不侵犯第三人合法权利，对于因植入商品／服务的质量和侵权问题而导致的法律纠纷，双方应明确哪一方承担该法律责任（一般约定由乙方承担）；商品／服务或品牌植入电视剧的具体方式，包括特写镜头的角度、持续时间、频率、位置等。[①]

3.影视作品赞助合同。

（1）合同主体：

甲方：影视制作单位／出品人

乙方：赞助商

（2）涉及阶段与应用场景：

本合同涉及阶段可发生在电视剧制作的全过程中。不论是电视剧筹划阶段还是在电视剧的制作、发行放映阶段，影视制作单位／出品人均可以接受外界赞助。

本合同赞助商为影视作品赞助一定的物资或资金，由影视作品的出品人给予该赞助商一定的赞助回报，如给予赞助商鸣谢单位的署名地位。

（3）合同风险防范与合同内容要点：

本合同应当包含的核心条款有：乙方赞助的具体内容（物资还是资金）；乙方赞助物资或者资金的具体交付时间、交付地点、交付方式、风险转移等；乙方未按时交付的法律责任等；甲方回报赞助的具体方式和途径；甲方未如约

---

① 合同范本可参阅王钺翰等编著：《中国合同库：影视娱乐》，法律出版社2018年版，第57~70页。

回报赞助的法律责任等。[①]

（二）人员聘用类合同（劳动合同）

人员聘用类合同即劳动合同，在我国影视娱乐行业内，为了表示对演职人员的尊重，劳动合同通常会被称为聘用合同。在影视娱乐行业内，我们不仅会接触大量劳动合同（人员聘用类合同），还会遇到很多劳务合同，比如我们稍后将介绍的版权类合同中的剧本委托创作合同、剧本委托改变合同、音乐委托创作合同、音效制作合同等委托合同，场地服务和使用类合同中的场地服务合同等承揽合同，它们都属于劳务合同。劳动合同和劳务合同容易使人混淆，那么，劳动合同与劳务合同有哪些区别呢？我们认为，它们两者之间的区别主要体现在以下几个方面：

1. 定义内涵不同。劳务合同是一种以一定劳务为标的的合同，包括加工合同、承揽合同、委托合同、代理合同等。在影视剧制作中，制片单位通常会根据需要，将部分可以由其他机构或者人员独立完成的工作通过订立委托合同的方式交给该机构或者个人完成，其中较常见的有委托剧本创作、委托音乐创作、委托制景、委托配音等。而劳动合同是劳动者与用人单位之间确立劳动关系、明确双方权利义务的协议。劳动合同不仅可以用来规范劳动关系主体的行为，也是用以处理劳动争议的重要依据。

2. 合同的标的和风险承担不同。根据劳务合同，劳务提供方最终要向接受方提供实现约定的劳务行为的物化或者物化成果（如加工好的物品、完成的受托事项等），而且主要是利用自己的生产材料和条件组织劳务活动和承担风险，即受托人可以独立完成受托的工作，主要利用的是自己的生产资料和工作条件，而不必依赖委托单位的工作条件；而在劳动合同中，劳动者只需要根据口头或书面合同中的约定为用人单位提供一定的劳动行为，工作的具体性质、数量和质量要求均由雇主指示，他们在雇主的组织和指挥下从事劳动，使用雇主的生产资料，雇主须承担该工作的费用和风险。

3. 当事人的法律关系不同。在劳务合同中，当事人之间是平等的民事关系，只要按照合同约定完成工作并交付工作成果，在工作过程中基本上不受委托方的控制和管理。同时，劳务提供者不是劳务接受者的成员，与劳务接受者在人格和组织上没有从属关系。但在劳动合同中，劳动者作为用人单位的一员，与用人单位有组织关系，员工须接受用人单位的管理、指挥和监督。工作条件、时间、地点、方法和步骤都由用人单位控制。劳动者提供的劳动是用人单位业

---

① 合同范本可参阅王钺翰等编著：《中国合同库：影视娱乐》，法律出版社 2018 年版，第 95~108 页。

务的重要组成部分。这种从属特征是劳动关系与劳务关系的显著区别。

4.劳务的提供方不同。在劳务合同中，劳务提供方既可以是自然人，也可以是法人或其他组织。而在劳动合同中，劳动者只能是自然人。

5.法律适用不同。劳务合同关系由民法予以调整，具体适用《民法典》总则编、合同编等相关规定，双方的权利义务主要通过意思自治协商确定。而劳动合同关系由劳动法调整，具体适用《劳动法》的相关规定，《劳动法》偏重于保护劳动者的利益，对双方的权利义务设定了法定的最低标准，即对当事人的意思自治空间划定了界限，实施了一定程度的国家强制干预（主要是加重了用人单位的法定责任）。

实践中也存在影视制作单位与演员所在单位签订劳务派遣合同的情况。演员所在单位根据与影视制作单位签订的协议，派遣演员到影视制作单位工作。影视制作单位会向演员所在单位支付全部报酬，演员所在单位再按照与演员订立合同或者本单位的内部规定向演员支付工资，并承担用人单位的义务。在这种情况下，由于演员与影视制作单位没有隶属关系，所以他们之间的关系不是劳动合同关系，而是劳务派遣关系。目前，这种方法常用于影视剧中聘用群众演员的情况。劳务派遣合同实际上是一种劳务合同，因此，劳动者只能向被派遣单位主张工资、劳动保护、医疗等权利，不能向影视制作单位主张。

因此，影视制作单位应规范使用劳动合同和劳务合同（包括劳务派遣合同）的名称，并在合同标题的使用上就对两者作严格区分，以便于正确适用法律，明确合同双方具体的权利义务内容，从而避免纠纷产生或有助于纠纷的化解。[①]

接下来，我们将重点介绍几种具体的人员聘用类合同。

1.电视剧导演聘用合同（总导演）。

（1）合同主体：

甲方：影视制作单位或者剧组

乙方：总导演

甲方签约主体为制片方（出品方）或剧组。严格而言，制片方（出品方）为本合同的甲方，但在影视娱乐行业惯例中，也存在大量以剧组（摄制组）名义作为甲方签署合同的情形。剧组（摄制组）是制片方（出品方）为摄制影视作品而设立的由不同岗位人员组成的只存在于某特定时间段的临时组织，剧组（摄制组）本身并不具备法人地位。然而，这并不意味剧组（摄制组）签署的

① 魏永征等主编：《影视法导论——电影电视节目制作人须知》，复旦大学出版社 2005 年版，第 249~251 页。

合同即为无效合同。实践中，剧组（摄制组）往往代表制片方（出品方）开展对外合作、执行具体摄制任务，只是最终承担法律责任的主体是制片方（出品方）而已。

在目前的实践中，导演大多会选择通过工作室（通常为个人独资企业）或某公司的名义与影视制作单位签署合同，从财务规范化及依法纳税的角度来看，由导演的工作室或其所属公司与影视制作单位签署合同的做法是更值得提倡的。

（2）涉及阶段与应用场景：

本合同涉及阶段是电视剧的筹划阶段，须在电视剧制作阶段启动前完成本合同的签署。

本合同的应用场景是，制片方或者剧组在电视剧筹划阶段聘请执行摄制任务的导演。

（3）合同风险防范与合同内容要点：本合同的核心条款应当包括导演的工作期限、工作内容、工作职责及其权限大小，特别是导演是否有最终的剪辑权、导演对本片艺术质量的要求与出品方商业考量相冲突时的最终决策权，导演报酬金额与支付方式、是否参加宣传活动、档期冲突协调、交通／食宿／保险等福利待遇、肖像权与署名权、著作权与奖项参评、伤病等意外情况、主创人员劣迹行为防范、违约责任等内容。[①]

2. 电视剧制片人聘用合同。

（1）合同主体：

甲方：制片方（出品人）

乙方：制片人

甲方签约主体为制片方（出品方）。有的影视作品由制作单位自己负责制片的具体事务，因此出品人有可能就是制片人，此种情况则无须再聘用制片人。

理论上，乙方签约主体可以是自然人、个人独资企业（工作室），也可以是影视制片公司。相较于美国好莱坞的众多独立制片公司，中国大陆目前成熟的独立制片公司并不多见，因此基本上还是出品人直接与自然人签署制片人聘用合同。

（2）涉及阶段与应用场景：

本合同涉及的阶段是电视剧的筹划阶段。

本合同应用场景是，制片方（出品方）聘请制片人负责影视作品的筹划、

---

① 合同范本可参阅王钺翰等编著：《中国合同库：影视娱乐》，法律出版社 2018 年版，第 333~361 页；刘宁：《影视音像合同：应用与示范》，法律出版社 2010 年版，第 146~162 页。

融资、制作、宣传、发行等相关事务。

（3）合同风险防范与合同内容要点：本合同的核心条款应当包括制片人的工作期限、工作内容、工作职责及其权限大小等内容，特别是制片人在重大事项上的独立决策权大小（如融资谈判时的决策权、预算超支时的追加投入权、主创人员选任权等）、制片人报酬的金额与支付方式、本片摄制中断或终止时的处理等内容。①

3. 电视剧演员聘用合同（主演）。

（1）合同主体：

甲方：制片方（出品方）或者剧组

乙方：主要演员

甲方签约主体为制片方（出品方）或剧组。严格而言，制片方（出品方）为本合同的甲方，但按照影视娱乐行业的惯例，也存在大量以剧组（摄制组）名义作为甲方签署合同的情形。剧组（摄制组）是制片方（出品方）为摄制影视作品而设立的由不同岗位人员组成的只存在于某特定时间段的临时组织，剧组（摄制组）本身并不具备法人地位。然而，这并不意味剧组（摄制组）签署的合同即为无效合同。实践中，剧组（摄制组）往往代表制片方（出品方）开展对外合作、执行具体摄制任务，只是最终承担法律责任的主体是制片方（出品方）而已。

本合同的乙方签约主体是影视剧的主要演员。在目前的实践中，多数演员是通过其经纪公司、工作室（通常为个人独资企业）与影视制作方签署聘用合同的，也存在少部分演员直接以其个人名义与制作方签约。

（2）涉及阶段与应用场景：

本合同涉及的阶段是电视剧的筹划阶段。

本合同的应用场景是，制片方（出品方）或者剧组聘请演员扮演一部影视剧作品中的主要角色。

（3）合同风险防范与合同内容要点：本合同的核心条款应当包括主演的工作期限、工作内容、工作职责及其权限大小（特别是演员是否有权改剧情）、报酬金额与报酬支付方式、是否参加宣传活动、档期冲突协调、交通/食宿/保险等福利待遇、肖像权与署名权、著作权与奖项参评、伤病等意外情况、主

---

① 合同范本可参阅王钺翰等编著：《中国合同库：影视娱乐》，法律出版社 2018 年版，第 378~399 页；刘宁：《影视音像合同：应用与示范》，法律出版社 2010 年版，第 219~226 页。

创人员劣迹行为防范、违约责任等内容。①

（三）版权类合同

版权是英美法中的概念，在大陆法系以及我国实证法中的对应概念是著作权。电视剧的制作过程涉及大量的著作权保护问题。从著作权保护客体的角度看，电视剧剧本等文字作品、电视剧的配乐和主题曲等音乐作品以及电视剧录像等视听作品，这些属于我国著作权保护的客体范畴。从著作权分类的角度看，著作人身权中的署名权、保护作品完整权，著作财产权中的复制权、演绎权、传播权、信息网络传播权，以及邻接权中的广播组织权，这些著作权种类在电视剧制作过程中均有涉及。为了充分保证著作权人的正当利益以及尽量避免著作权法律纠纷的产生，著作权合同或者说版权合同在电视剧产业中被大量应用。以下我们将介绍电视剧制作涉及的几种比较重要且典型的版权（著作权）合同：

1. 剧本委托创作合同。

（1）合同主体：

甲方：影视制作方

乙方：编剧／编剧工作室

（2）涉及阶段与应用场景：

本合同涉及的阶段是电视剧的筹划阶段。

本合同的应用场景是，影视公司直接委托编剧或编剧工作室进行影视剧剧本的创作工作。

（3）合同风险防范和合同内容要点：在委托创作合同中需要明确约定剧本的著作权归属问题，实践中一般会约定剧本的全部著作权均属于委托方，但编剧享有相应的编剧署名权。

在委托创作合同中，最常见的纠纷是双方对于作品认定标准不明，因此，为了杜绝纠纷的产生，对于上述问题，双方在合同中应明确约定。例如，对于作品的质量判断标准，双方可以约定以委托方的最终意见为准，若编剧认为前种判断方法不公平，也可以经双方同意后约定以第三方的鉴定意见为准。在没有约定或约定不明的情况下，纠纷裁断者也可以通过验收程序和行业惯例来判断作品质量是否符合合同约定。例如，若委托方收到剧本后在合理期限内没有提出异议，该作品的质量则视为合格。

关于委托创作合同，一般为分阶段提交剧本和分阶段支付报酬，在合同

---

① 合同范本可参阅王钺翰等编著：《中国合同库：影视娱乐》，法律出版社 2018 年版，第 421~450 页；刘宁：《影视音像合同：应用与示范》，法律出版社 2010 年版，第 177~191 页。

履行过程中，可能会出现双方无法继续履行的情况，比如因剧本质量问题双方产生纠纷，对于上述情况，实践中一般会约定，如果合同解除，则受托方已经交付剧本的著作权归属于委托方，而委托方已经支付给受托方的稿酬也不再退还。

另外需要明确约定知识产权保证条款，即受托方须保证其创作的剧本不会侵犯任何第三方的知识产权，否则，受托方须承担对第三方的侵权责任以及因本合同保证条款而产生的违约责任。①

2. 剧本委托改编合同。

（1）合同主体：

甲方：影视制作方

乙方：编剧／编剧工作室

（2）涉及阶段与应用场景：

本合同涉及的阶段是电视剧的筹划阶段。

本合同的应用场景是，影视制作单位在取得原著小说等文学作品的改编权或其他权利后，委托原著作者或第三方编剧将原著改编成影视剧剧本。

（3）合同风险防范和合同内容要点：委托方并不享有委托改编作品的全部著作权，其只能对自行改编或委托第三方改编后的剧本享有著作权。委托方对于改编权的行使不得侵犯原著作者的保护作品完整权。

本合同的核心条款应当包括剧本创作的要求和标准、编剧薪酬数额以及薪酬支付方式、委托方权利条款〔一般会约定委托方拥有改编作品（剧本）及影视作品的全部著作权和衍生制品的所有权利，以及在剧本创作过程中的审查权〕、编剧权利条款（一般会约定编剧拥有该作品的编剧署名权以及取得劳务报酬的权利）等内容。②

3. 文字作品（影视改编与摄制）许可使用合同。

（1）合同主体：

甲方：影视制作方（出品方）

乙方：文字作品的著作权人

（2）涉及阶段与应用场景：

本合同涉及的阶段是电视剧的筹划阶段。

本合同的应用场景是，影视制片方（出品方）向文字作品的著作权人（通

---

① 合同范本可参阅王钺翰等编著：《中国合同库：影视娱乐》，法律出版社 2018 年版，第 111~122 页。

② 合同范本可参阅王钺翰等编著：《中国合同库：影视娱乐》，法律出版社 2018 年版，第 123~134 页。

常是作者）支付酬金，以获得对文字作品进行改编（通常是改编为剧本）并摄制成影视作品的权利。

（3）合同风险防范和合同内容要点：我国《著作权法》赋予著作权人的权利有十余种，其中，许多权利可以拆分开单独许可他人使用，有些权利在许可他人后还会形成新的权利（如出版者权、表演者权等邻接权）。因此，明确著作权人所享有的权利种类（即有些权利是否已转让给他人），以及许可给制片方的权利的属性、时间和地域范围，是本合同的核心。

本合同应当包含的核心条款有：作者对其许可的文字作品本身权利归属的证明、制片方使用文字作品的权利限制（如不得将文字作品的核心内容改编得面目全非、最迟应在何时开始拍摄等）、影视作品拍摄续集是否可继续使用文字作品的相关角色及情节、作者是否需要参加宣传活动、许可费金额与支付方式等。[①]

4. 音效制作合同（配音 / 拟音 / 同期声）。

（1）合同主体：

甲方：影视制作方（定作人）

乙方：音效制作公司（承揽人）

目前实践中大部分影视作品的后期音效处理是交由专业的音效制作公司来完成，音效制作公司的声音剪辑师、拟音师、配音员，根据影视制作方的要求来完成具体工作。因此，合同的乙方签约主体通常是音效制作公司，而非具体的自然人。

（2）涉及阶段与应用场景：

本合同涉及的阶段是电视剧的制作阶段。

本合同的应用场景是，制片方（出品人）将拍摄完成的画面、现场录制的同期声交给音效制作公司，由音效制作公司将现场录制的同期声与现场拍摄的画面进行合成处理，对演员现场表演的声音无法满足制片要求的部分安排配音演员进行配音，对拍摄画面中应呈现出的声音效果进行拟音，并将相关声音效果进行混音处理、与拍摄画面进行合成处理。

（3）合同风险防范和合同内容要点：本合同在性质上属于承揽合同，甲方是定作人，乙方是承揽人。依据我国《民法典》有关承揽合同的规定，承揽合同中的定作人拥有单方解除权，双方也可以通过合同排除定作人的单方解除权。

本合同应当包含的核心条款有：甲方应提供哪些素材和信息、乙方的工作

---

① 合同范本可参阅王钺翰等编著：《中国合同库：影视娱乐》，法律出版社 2018 年版，第 168~183 页。

内容及职责、乙方最终交付成果的合格标准为何、甲方是否享有单方解除权、甲方是否指定具体工作人员、报酬金额与支付方式、保密规则、署名权、违约责任等。①

5. 音乐委托创作合同。

（1）合同主体：

甲方：制片方（出品方）

乙方：音乐创作公司 / 个人

当前很多音乐创作者通过工作室（通常为个人独资企业）或某公司的名义与影视制作方签署合同，从财务规范化的角度来说，这种做法是值得提倡的。当然，制片方（出品方）也可以直接与词曲作者（自然人）签署合同。

（2）涉及阶段与应用场景：

本合同涉及的阶段是电视剧的筹划阶段和制作阶段。

本合同的应用场景是，制片方（出品方）委托公司、工作室、自然人创作影视作品中的主题曲、片头曲、片尾曲、标题音乐、情绪音乐、场景音乐、背景音乐、时空过渡音乐等。

（3）合同风险防范和合同内容要点：本合同在性质上属于承揽合同，甲方是定作人，乙方是承揽人。依据我国《民法典》有关承揽合同的规定，承揽合同中的定作人拥有单方解除权，双方也可以通过合同排除定作人的单方解除权。

本合同应当包含的核心条款有：乙方的具体工作内容和权限、乙方最终交付成果的合格标准为何、工作成果交付期限、甲方是否享有单方解除权、工作成果的著作权归属、乙方的报酬金额与其支付方式、保密规则、署名权和荣誉权、违约责任等。②

6. 音乐使用许可合同。

（1）合同主体：

甲方：影视制片方

乙方：音乐著作权人

音乐著作权属于个人的情况下，著作权人既可以通过音乐著作权管理机构（如中国音乐著作权协会）、经纪公司、工作室（通常为个人独资企业）来管理

---

① 合同范本可参阅王钺翰等编著：《中国合同库：影视娱乐》，法律出版社 2018 年版，第 184~197 页。

② 合同范本可参阅王钺翰等编著：《中国合同库：影视娱乐》，法律出版社 2018 年版，第 198~218 页。

其音乐作品，也可以自行管理其音乐作品的授权及使用事务。因此，本合同的乙方缔约主体为何应视具体情况而定。

（2）涉及阶段与应用场景：

本合同涉及的阶段是电视剧的筹划和制作阶段。

本合同的应用场景是，制片方（出品方）向音乐著作权人支付酬金，以取得在影视作品中使用相关音乐的权利。

（3）合同风险防范和合同内容要点：本合同应当包含的核心条款有：明确甲方所使用音乐的具体信息及音乐著作权的归属、甲方使用音乐的时间和地域范围、甲方使用音乐的方式、报酬金额与报酬支付方式、音乐交付方式、保密规则、作者及表演者的署名权、违约责任等。[①]

7. 素材使用许可合同。

（1）合同主体：

甲方：影视制作方（出品方）

乙方：素材拥有者

（2）涉及阶段与应用场景：

本合同涉及的阶段是电视剧的筹划和制作阶段。

本合同的应用场景是，制片方（出品方）向素材拥有者支付报酬，将相关素材（不包括声音类）用于影视作品的摄制中。素材类型主要包括：真人真事的相关故事情节素材、已有作品（电影或电视剧中的画面、录像制品中的画面、雕塑作品、书法作品、绘画作品等）、其他用于影视作品拍摄的素材。

（3）合同风险防范和合同内容要点：本合同应当包含的核心条款有：素材的具体信息及其权利归属、甲方使用素材的方式和期限、报酬金额与报酬支付方式、素材交付方式、保密规则、违约责任等。[②]

（四）场地服务和使用类合同

电视剧拍摄过程涉及大量场地服务和使用类合同，合同内容包括对场地及设备的租用、设备的运输和安装、布景搭建等服务。

1. 场地服务合同。

（1）合同主体：

甲方：影视制片方（出品方）

乙方：场地服务方

---

① 合同范本可参阅王铖翰等编著：《中国合同库：影视娱乐》，法律出版社 2018 年版，第 219~231 页。

② 合同范本可参阅王铖翰等编著：《中国合同库：影视娱乐》，法律出版社 2018 年版，第 264~275 页。

（2）涉及阶段与应用场景：

本合同涉及的阶段是电视剧的制作阶段。

本合同的应用场景是制片方（出品方）聘请固定的置景团队为影视作品中的相关场址制作布景及道具。

（3）合同风险防范和合同内容要点：在我国影视行业，具备影视剧布景技能的专业人才非常少，大多数置景人员是各类工程行业的普通工人，如木工、油漆工、泥瓦工等，因此他们提供的大多是"家族作坊式""包工头带队式"的置景服务，随着我国影视娱乐行业的逐步成熟，越来越多的影视基地、拍摄场地已经有能力为影视制作方提供专业化的置景服务。

本合同性质属于承揽合同，根据《民法典》有关承揽合同的规定，出品方作为定作人依法享有单方解除权，置景团队若希望维护合同的稳定性，可以在合同中约定排除定作人的单方解除权。

本合同应当包含的核心条款有：置景服务是长期固定的还是单次服务、布景设计由哪一方负责、原材料采购及其费用由哪一方承担、置景合格的认定标准、报酬支付等内容。[①]

2. 场地租用合同。

（1）合同主体：

甲方：影视制片方（出品方）

乙方：场地提供方

（2）涉及阶段与应用场景：

本合同涉及的阶段是电视剧的制作阶段。

本合同的应用场景是制片方（出品方）为拍摄相关场景租用场地，并在场地内置景。

（3）合同风险防范和合同内容要点：本合同的性质属于租赁合同。若场地提供方还提供置景、住宿等服务，则同时会涉及其他类型的法律关系。需留意是否需要设置定金条款、押金或保证金条款，特别是应明确约定租用场地的使用规则（包括是否有需要重点保护的历史建筑或自然景观或动植物、甲方置景的规模、水电网的使用、拍摄现场的安保义务等）。另外，双方还可以约定通过场地广告的植入来冲抵部分租金，这也是实务中常见的情况。

本合同应当包含的核心条款有：租赁物的名称和数量、租赁期限、租金金额与支付方式、保密规则、场地或乙方信息的宣传或在影视作品画面中的植入、

---

① 合同范本可参阅王钺翰等编著：《中国合同库：影视娱乐》，法律出版社 2018 年版，第 276~289 页。

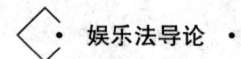

违约责任等。[1]

（五）发行放映类合同

电视剧发行放映类合同也属于版权（著作权）合同的范畴，传统上，电视剧权利方会将电视剧播映权出售给各级电视台等传统媒体，电视剧权利方可以将播映权按照顺序和期限进行拆分，分别出售给不同电视台，电视剧权利方和电视台签订的合同是电视剧播映权许可使用合同；随着互联网的兴起和新媒体设备的普及，电视剧权利方也会将网络信息传播权出售给网络视频平台，他们之间签订的合同则是电视剧信息网络传播权许可使用合同。

1. 电视剧信息网络传播权许可使用合同。

（1）合同主体：

甲方：影视权利方

乙方：视频播放网站

（2）涉及阶段与应用场景：

本合同涉及的阶段是电视剧的发行放映阶段。

本合同的应用场景是，影视剧权利方将电视剧的信息网络传播权授予视频网站。

（3）合同风险防范和合同内容要点：本合同应当包含的核心条款有：甲方应保证无权利瑕疵，因甲方版权问题造成的纠纷由甲方承担责任；甲方的授权范围（是独占许可，还是排他许可，或者普通许可）、授权区域、授权期限；授权费用金额和支付方式；违约责任；等等。[2]

2. 电视剧播映权许可使用合同。

（1）合同主体：

甲方：影视权利方

乙方：电视台

（2）涉及阶段与应用场合：

本合同涉的及阶段是电视剧的发行放映阶段。

本合同的应用场景是，影视剧权利方将影视剧播映权出售给电视台。

（3）合同风险防范和合同内容要点：甲乙双方应随时关注我国有关电视剧播映的相关政策及其变化（如"一剧两星"政策）。

---

① 合同范本可参阅王钺翰等编著：《中国合同库：影视娱乐》，法律出版社 2018 年版，第 290~301 页；宋蕾：《影视剧制片管理》，中国国际广播出版社 2018 年版，第 115 页。

② 合同范本可参阅王钺翰等编著：《中国合同库：影视娱乐》，法律出版社 2018 年版，第 705~717 页。

本合同应当包含的核心条款有：甲方应保证无权利瑕疵，因甲方版权问题造成的纠纷由甲方承担责任；甲方的授权范围（是独占许可，还是排他许可，或者普通许可）、授权播映区域、授权播映期限；授权费用金额和支付方式；违约责任；等等。①

第四节　电视作品著作权保护

与电视节目不同，电视作品本身就是一个著作权制度上的概念。所谓著作权，又常被称作"版权"，其在英语国家最初的含义是"copyright"，也就是传统印刷出版的复制权。伴随着社会经济的进步和媒介技术的发展，著作权的内涵和外延也在不断丰富和扩展。从这一定义来看，在文学、艺术和科学技术领域内创作的作品是著作权产生的前提，也是著作权人取得和行使相关权利的基础。

著作权与电视活动及其所形成的电视作品关系密切，《广播电视管理条例》第46条明确规定，对享有著作权的广播电视节目的播放和使用，依照《著作权法》的规定办理。一方面，著作权是电视作品在法律上的重要权利载体，尤其是对于电视台等大众传播组织而言，电视作品是其节目制作和经营过程中的主要成果和赖以生存发展的重要资源（这些成果和资源，在市场经济条件下主要是以著作权的形式出现）也是其参与行业竞争的重要立足点；另一方面，在组织作品创作、储备内容资产、开发版权资源、开展版权交易等过程中，著作权与电视作品的归属、转让、保护以及权利受到侵害后的救济密不可分。

一、电视作品著作权的类型

从作品的权利属性来看，著作权可分为作者的人身权和财产权两大类，电视作品也不例外。其中著作权中的人身权，是指"作者基于作品依法享有的以人身利益为内容的权利"。②我国《著作权法》规定了发表权③、署名权④、

---

① 合同范本可参阅王钺翰等编著：《中国合同库：影视娱乐》，法律出版社2018年版，第718~733页。

② 刘春田主编：《知识产权法》，中国人民大学出版社2014年版，第43页。

③ 发表权是指决定作品是否公之于众的权利，也被称为披露权。作品是思想和情感的表达，而表达的对象就是公众，这一公之于众的传播活动就是发表。

④ 署名权是指表明作者身份，在作品上署名的权利。

修改权^①、保护作品完整权^②四项人身权。其中，除发表权存在 50 年的保护期^③外，其余人身权利都没有保护期限制。而财产权是指著作权人基于对作品的利用而获得的财产收益权。版权是电视台等电视机构的重要经营资源，包括对电视作品的开发利用及从中获得财产收益两个方面。我国《著作权法》对财产权的划分更为细致，包括复制、传播、演绎三大类型权利下的 12 种具体财产权。

（一）复制类权利

1. 复制权。复制权是指以印刷、复印、拓印、录音、录像、翻录、翻拍等方式将作品制作一份或者多份的权利。在电视活动中，录音、录像、翻录、翻拍等都可以被视为复制行为。在传统媒体时代，复制行为须具备有形载体及相对稳定地固定两个要件，但是伴随着数字技术发展，电视节目制作中对作品的复制逐渐向"无形"发展，比如通过网络服务器磁盘等介质直接播放数字化的视听作品，甚至直接使用云计算技术将作品存储于云端，在使用时无需下载或复制到本地硬盘，这些对数字作品的无复制目的的"临时复制"行为或者"非复制行为"已经明显区别于传统著作权理论的复制行为，在欧美及我国相关司法实践中均存在较大争议。

在电视活动中还有一种与复制权联系比较紧密的影音同步权，指"将音乐作品与视觉内容按照一定时间关系进行同步使用的权利"。^④ 该权利源于美国，是基于相关产业交易习惯而提炼出并被美国司法判例认可的一种新型权利。影音同步行为在电视节目制作中比较常见，比如给固定或连续画面通过技术手段配上背景音乐等，它实际上属于一种复制行为。我国立法上虽然没有规定影音同步权，但相关司法判例上也有所体现，比如"贝瓦儿歌"侵犯音著协会员复

---

① 修改权是指修改或者授权他人修改作品的权利。

② 保护作品完整权是指保护作品不受歪曲、篡改的权利。

③ 根据《著作权法》第 21、23 条与《著作权法实施条例》第 17 条的规定，自然人的作品，其发表权保护期为作者终生及其死亡后 50 年，截止于作者死亡后第 50 年的 12 月 31 日；如果是合作作品，截止于最后死亡的作者死亡后第 50 年的 12 月 31 日。作者生前未发表的作品，如果作者未明确表示不发表，作者死亡后 50 年内，其发表权可由继承人或者受遗赠人行使；没有继承人又无人受遗赠的，由作品原件的所有人行使。而法人或者非法人组织的作品、著作权（署名权除外）由法人或者非法人组织享有的职务作品，其发表权的 50 年保护期则截止于作品首次发表后第 50 年的 12 月 31 日，但作品自创作完成后 50 年内未发表的，则不再受到保护。

④ 赵一洲："影音同步权探析"，载《山东科技大学学报（社会科学版）》2019 年第 1 期。

制权案[①]。

2. 发行权。发行权是指以出售或者赠与方式向公众提供作品的原件或者复制件的权利。发行权可以简单理解为将作品投入流通的权利，流通的对象则是公众。电视台将其制作、播放的电视剧、文艺晚会等制作成音像制品，就是一种发行行为。在传统媒体时代，向公众发行的一般都是有形载体，这也使得发行权必然要奉行一次用尽原则，即作品发行后的受让人再次将其受让的作品载体转让给他人的，无需取得作者的许可。与复制权一样，到了数字时代，不依赖有形载体的"数字发行"行为是否属于发行权范畴，是否符合一次用尽原则，也是一个长期争议的问题。

（二）传播类权利

1. 表演权。表演权是指公开表演作品，以及用各种手段公开播送作品的表演的权利。历史上，表演是最早以无形方式将作品内容公开传播给受众的一种方式，在电视节目制作过程中，歌手唱歌、主持人朗诵、钢琴家演奏、演员表演小品等都属于表演行为。此外，还有一种机械表演行为，是指利用技术设备将对作品的表演进行再现，也被称为间接表演。根据我国《著作权法》的规定，表演是用"各种手段"公开播送作品的行为，自然也应当包括机械表演。

2. 广播权。广播权是指以有线或者无线方式公开播放或者转播作品，以及通过扩音器或者其他传送符号、声音、图像的类似工具向公众传播广播的作品的权利。[②] 广播权是伴随广播电视等媒介技术发展而产生的一项权利，主要指向单向传播作品的行为。它起源于《伯尔尼公约》，设立该权利的初衷就是基于无线广播行为。只是伴随技术的发展，有线电视已经代替无线广播成为广播电视收听收看的主流。而相较于之前《著作权法》将广播限于无线广播[③]、有线

---

① "贝瓦儿歌"是一种将儿歌制作成 Flash 动画后再进行网络传播的产品品牌，知名度较高。音著协以该产品所有者芝兰玉树（北京）科技股份有限公司未经授权就擅自使用会员作品为由提起了诉讼。法院经审理认为被告使用涉案歌曲与相应画面进行合成、制作，这一制作过程当然包含将涉案歌曲以数字化形式固定在数字化设备上的行为，也即复制行为，故应当认定实施了对涉案作品的复制行为，侵犯了著作权人的复制权。

② 参见《著作权法》（2020 年修正）第 10 条第 11 项规定。

③ 无线广播，是指通过技术装置以无线点播的方式将作品传播出去的行为，比如我们通过收音机直接收听广播节目中的作品内容，就是一种无线广播行为的结果。

传播或者转播[1]、公开播放广播[2]等三种方式,《著作权法》(2020 年修正) 中的"广播权"则更为适应新技术发展,通过"有线公开播放"等条款将非交互式的网络直播等行为也纳入到新概念中来。

电视回放行为的权利争议。伴随新媒体技术的发展,尤其是在"三网融合"的当下,传统电视逐渐与互联网相结合,衍生出 IPTV、OTT 等新兴业态,并提供点播、时移、回看等服务,在便捷用户的同时,也导致广播权在学理讨论和法律适用上出现了一些争议。比如"电视回放"究竟属于单向传播还是交互式传播行为,目前争议就比较大,有些学者认为 IPTV 直播属于广播范畴,但其中的电视回放使得公众可以在任一时间点收看电视内容,已经突破了广播权下的单向传播范畴;也有学者认为电视回放模式有时间、地点上的严格限制,并不符合严格意义上的信息网络传播的"选定"特点,也不会对网络端受众产生分流作用,仍应归为广播范畴。这种理论上的争议在司法判例中也得到了反映,比如在 2018 年的"乐视网诉中国电信侵犯《芈月传》信息网络传播权案"[3]中,法院认为"IPTV 回看"模式实质上是利用电信网络以专网方式定向传输有线电视节目,并没有对著作权人作品的信息网络传播方式、传播范围和传播条件等进行破坏或改变。而在之后 2019 年的"爱奇艺公司诉爱上公司等 IPTV 电视回放侵犯《琅琊榜》著作权案"[4]中,法院则又将电视回放定性为

---

① 有线传播或者转播,是指在接收到无线信号后,通过有线装置将作品传播或转播出去的行为。进行有线传播或者转播的,一定是区别于发出无线广播信号的原发组织之外的另一组织。

② 公开播放广播,是指接收到以有线传播或者转播来的信号后,通过扩音器或者其他传送符号、声音、图像的类似工具向公众传播广播的作品的行为,比如学校、火车站或者农村的大喇叭系统,在接收到无线广播节目后,再将节目中的作品通过大喇叭系统公开播放。

③ 乐视网拥有《芈月传》的独家信息网络传播权,其认为中国电信旗下杭州 IPTV 在其"电视回看"板块中,通过信息网络向公众提供了《芈月传》在线播放服务,侵犯了其信息网络传播权,遂提起诉讼。法院经审理认为,"IPTV 回看"模式实质上是利用电信网络以专网方式定向传输有线电视节目,本质上仍然是电视业务结合回看技术后的全新业务形态,该模式既有时间限制,又有地点选择限定,并不符合严格意义上的信息网络传播的"选定"特点。其仅限于 IPTV 专网的用户,播放的信号仅限于相应电视台限定时间内播放的信号,特定用户仅能在限定回放时间内,在特定环境下通过特定入口按需求观看电视节目。因此,"IPTV 回看"模式不会改变广播组织提供广播的单向性和观众的被动性,在来源、传播途径、受众、获得方式上均区别于典型意义上的信息网络传播行为。法院最终驳回了原告的诉讼请求。

④ 爱奇艺公司享有《琅琊榜》的独家信息网络传播权,2018 年,该公司认为爱上公司、联通公司二被告未经许可,共同通过河北联通 IPTV 回放专区提供涉案作品部分剧集的在线播放服务,使公众可以在其个人选定的时间和地点获得涉案作品,侵犯了爱奇艺公司就涉案作品享有的信息网络传播权,遂提起诉讼。最终两审法院均支持了原告的诉讼请求,认定相关电视回放服务侵犯了涉案作品的信息网络传播权。

侵犯相关作品信息网络传播权行为。

3. 信息网络传播权。信息网络传播权是指以有线或者无线方式向公众提供、使公众可以在选定的时间和地点获得作品的权利。我国于 2001 年修改《著作权法》，首次设立了"信息网络传播权"，并于 2006 年制定了《信息网络传播权保护条例》，规定了权利主体、合理使用、法定许可、责任承担等一系列内容。而在《著作权法》（2020 年修正）中，广播权与信息网络传播权基本覆盖了电视作品在大众传播模式下的主要传播行为。信息网络传播权的形成得益于数字网络技术的发展，也进一步丰富了电视作品的传播方式。很多电视台也都开办了相应的视听网站，比如央视网、芒果 TV 等，其中提供的网络电视点播、视频下载等服务，都属于信息网络传播范畴。在我国，除了作品的著作权人外，表演者与录音录像制作者也享有信息网络传播权。

我国法律关于"信息网络传播权"的界定参照了《世界知识产权组织版权条约》的相关规定，①强调受众在其个人选定的时间和地点获得作品。这也是理解"信息网络传播"行为的关键，具体包括两个方面：一是"向公众提供"，即在信息网络条件下以有线或无线方式向公众提供作品。信息网络下提供作品的行为是一种数字传播行为，这里的"提供"，其本质上是一种"传播"。②但是关于"提供"的具体内涵，由于涉及国际条约的解释，司法实践与学界理论产生了较大的争议，并相继出现了服务器标准③、用户感知标准④等多个标准。我国 2013 年 1 月实施的《最高人民法院关于审理侵害信息网络传播权民事纠纷案件适用法律若干问题的规定》，曾经从侵权角度列举了一些"提供"行为，

① 《世界知识产权组织版权条约》第 8 条第 1 款规定：在不损害《伯尔尼公约》第 11 条第（1）款第（Ⅱ）目、第 11 条之二第（1）款第（Ⅰ）和（Ⅱ）目、第 11 条之三第（1）款第（Ⅱ）目、第 14 条第（1）款第（Ⅱ）目和第 14 条之二第（1）款的规定的情况下，文学和艺术作品的作者应享有专有权，以授权将其作品以有线或无线方式向公众传播，包括将其作品向公众提供，使公众中的成员在其个人选定的地点和时间可获得这些作品。

② 张今：《著作权法》，北京大学出版社 2018 年版，第 105 页。

③ 服务器标准，简单而言是指将作品置于服务器的初始提供行为就意味着向公众提供作品。服务器标准在我国司法实践中被接受程度较高，同时也得到了美国、德国、澳大利亚等世界多数国家的认可。参见王迁：《网络环境中的著作权保护研究》，法律出版社 2011 年版，第 349~355 页；参见张金平："信息网络传播权中'向公众提供'的内涵"，载《清华法学》2018 年第 2 期。

④ 用户感知标准多为著作权人所主张，指的是信息网络传播权直接侵权的认定应当从用户的主观体验出发，如果用户认为作品是来源于设链网站，那么该网站的服务提供者就实施了作品提供行为，应当承担直接侵权责任，至于设链行为是不是初始提供则无关紧要。参见张金平："信息网络传播权中'向公众提供'的内涵"，载《清华法学》2018 年第 2 期。

包括"上传到网络服务器、设置共享文件或者利用文件分享软件等方式，将作品、表演、录音录像制品置于信息网络中"①与"以提供网页快照、缩略图等方式实质替代其他网络服务提供者向公众提供相关作品"②等。二是"使公众获取"，即提供的作品应该处于公众可以在其个人选定的时间和地点获得的状态。这种公众获取作品的方式使得信息网络传播行为明显区别于广播权中的单向传播行为，是一种交互式的传播行为。

（三）演绎类权利

1. 改编权。改编权是指改变原作品，创作出具有独创性的新作品的权利。这里的"改编"实质是一种具有独创性的改变行为，包括两个构成要件：一是对"已有作品"的改变，即改变的基础在于存在已有作品，而改变之后形成的新作品并未脱离已有作品在审美、表达、含义等方面的基本主旨，比如音乐选秀类节目经常将原有音乐进行重新编曲等；二是对已有作品的"改变"，③比如将小说改成用于电视剧拍摄的剧本。改编行为本身须具有独创性，否则就是抄袭或部分抄袭。值得注意的是，改编权不同于改编者权。比如电视台将一段钢琴曲改成某档栏目的开场曲，改编权是钢琴曲作曲人对其作品进行再创作的权利，而改编者权是电视台对其再创作后而形成的开场曲享有的新权利。

2. 摄制权。摄制权是指以摄制视听作品的方法将作品固定在载体上的权利。所谓"摄制"，也称拍摄，是指"通过新的创作和相应的技术加工，将原作品演绎表现为视听作品的行为"。④从该定义也可以看出，摄制实质上也是一种改编行为。摄制权的设立得益于影视行业的形成和发展，许多电视剧的制作均涉及对原创文字（主要是剧本）、音乐、美术等作品的再创作，这就需要制片人等事先获得这些作品著作权人的授权，其中著作权人授予的权利就是摄制权。

3. 翻译权。翻译权是指将作品从一种语言文字转换成另一种语言文字的权利。在境外电视剧引进时就经常涉及电视作品的翻译问题，或者将外国小说翻译为中文，再改编成电视剧剧本。一般来说，翻译行为既包括不同国家、民族语言文字之间的互相转换，也包括同一国家、民族古代与现代语言文字的转换。

---

① 参见该司法解释第 3 条第 2 款。

② 参见该司法解释第 5 条第 1 款。

③ 梁志文："论演绎权的保护范围"，载《中国法学》2015 年第 5 期。

④ 刘春田主编：《知识产权法》，中国人民大学出版社 2014 年版，第 82 页。

根据《伯尔尼公约》第 8 条的规定 ①，翻译包括作者自己翻译和授权他人翻译两种。但无论是自己翻译还是授权他人翻译，翻译本身都是一种基于原作的再创作行为，本身就具有独创性，结果会形成一件新的作品（译作）。

4. 汇编权。汇编权，即将作品或者作品的片段通过选择或者编排，汇集成新作品的权利。与改编、摄制、翻译等其他演绎行为不同，汇编本身并没有改变原作的形式或内容，而只是将原作的全部或部分内容汇编在一起。汇编权要与汇编作品的著作权相区别，比如"春晚"，如果被视为一种汇编作品，中央广播电视总台则享有对"春晚"这一汇编作品的著作权，而在组织"春晚"演出前应取得相关音乐、视听、曲艺作品著作权人的"汇编权"授权 ②。

与著作人身权不同，著作财产权都有保护期限的限制。根据《著作权法》③的规定，如果是自然人的作品，其著作财产权的保护期为作者终生及其死亡后 50 年，截止于作者死亡后第 50 年的 12 月 31 日；如果是合作作品，截止于最后死亡的作者死亡后第 50 年的 12 月 31 日。如果是法人或者非法人组织的作品、著作权（署名权除外）由法人或者非法人组织享有的职务作品，其著作财产权的保护期为 50 年，截止于作品首次发表后第 50 年的 12 月 31 日，但作品自创作完成后 50 年内未发表的，《著作权法》不再保护。但是如果是视听作品，其著作财产权的保护期为 50 年，截止于作品首次发表后第 50 年的 12 月 31 日，但作品自创作完成后 50 年内未发表的，《著作权法》不再保护。

（四）娱乐产业中的其他"权利"类型

著作权是可以分割的权利，旨在方便交易和作品使用。但是在版权交易谈判、合同约定等实践中，对作品著作权的划分并不完全依据前述法定的各项人身权或者财产权类型，而是更多地基于市场需求和交易习惯来进行确认。比如一部电视剧，根据播放时间和范围的不同，在版权许可中就会经常出现独播权、首播权 ④、网播权等概念；根据用户使用方式的不同，可以分为直播权、点播权和下载权；而根据其之后开发领域的不同，又可以分为电视翻拍权、电影改编权、剧中人物形象衍生产品权等。

---

① 《伯尔尼公约》第 8 条规定，受本公约保护的文学艺术作品的作者，在对原著享有权利的整个保护期内，享有翻译和授权翻译其作品的专有权。

② 许多学者认为这里原作品著作权人授予的并不是"汇编权"，实践中也鲜有类似操作，并以此主张"汇编权"是多余的，其权利对象可以为复制权、发行权等所覆盖。

③ 参见《著作权法》第 23 条。

④ "首播权"在实务中又可以细分为黄金时段首播权、一轮首播权、二轮首播权、上星卫视首播权、中国大陆地区电视首播权、网络首播权等。

作品著作权的灵活分类实际上反映了版权市场的繁荣。伴随文化产业的发展，作品的社会价值和经济价值不断提升，也促成了商业模式的进一步演进和丰富。大量电视作品的"重播""翻拍"以及"续集"的制作，大量电视节目模式的创作、改编及引进，使得对作品著作权的划分越来越细，也越来越灵活。交易双方不再囿于《著作权法》的规定，只要能够达成合意，并在法理上不存在根本性的法律争议，即可创设新的著作权类型，其根本目的在于无法有效获取作品"全版权"的前提下，通过有限资源实现对已有作品版权价值的最大化使用。

同时，技术进步也加速了这一细分过程。得益于媒介技术的发展，电视作品的传播范围已经不再仅仅限于广播、电视等传统媒体，同时传播模式和用户获取作品的方式也更为复杂。相较于稳定性更强的法律，市场规则或主动或被动地创设并接受着新的权利"类型"。当然，新型权利仍然需要得到既有法律体系的承认，至少能够通过解释得到认定，比如本书前文中所提到的影音同步权等概念，正是人们在新技术条件下对传统复制权的一种解释成果。

当然，著作权制度本身也在发展，我国《著作权法》设立了"应当由著作权人享有的其他权利"这一兜底性条款，放在第 10 条所列举的 16 项著作权利之后。设立该兜底性权利主要有两项功能：一是将较少适用的一些权利纳入其中。之前列举的 12 项著作财产权对应的均是较多出现的作品利用和传播方式，不可能穷尽。二是解决因技术环境变化导致现有法律无法直接适用的问题，尤其是发生于数字技术条件下对作品利用和传播所形成的一些前沿问题。

二、电视作品著作权的归属与转让

（一）一般电视作品著作权的归属与转让

1. 电视作品著作权归属与转让的一般原则。电视作品的归属实际上涉及的是电视作品著作权的主体，即著作权人的问题。根据我国《著作权法》的规定，著作权人包括作者及依法享有著作权的自然人、法人或者非法人组织。具体包括：

（1）作者。即在文学、艺术和科学技术领域内创作作品的自然人。著作权作为知识产权的组成部分，保护的是智力成果，即自然人依靠脑力创作的作品。作为自然人的作者也是著作权最主要的权利主体。而在德国等欧洲国家，甚至规定作品的创作者只能是自然人。

（2）视为作者的法人或其他非法人组织。除了自然人外，法人或非法人组织也可以成为著作权的主体。《著作权法》第 11 条第 3 款规定：由法人或者非法人组织主持，代表法人或者非法人组织意志创作，并由法人或者非法人组织承担责任的作品，法人或者非法人组织视为作者。这种情况在电视活动中经常出现，比如电视台或者电视剧的制片方。

（3）继受著作权人。包括自然人、法人或非法人组织，即使并非作者，基于继承、赠与或者依据合同约定等情况获得相关作品著作权后，也可以成为相关作品的继受著作权人。但其一般只能享有著作权中的财产权，而不能享有著作权的人身权。值得一提的是，与继受的著作权人一样，国家在特定情况下，比如接受作品的转让或者赠与后，也可以成为该作品著作权的主体。

著作权人依法有权将其作品的著作权（主要是财产权）转让出去，转让方式包括买卖、互易、赠与或遗赠等，电视作品亦不例外。著作权是可分割的权利，故著作权中的财产权可以分别转让，比如某制片方将某部热门电视剧的广播权与信息网络传播权分别卖给电视台和视频网站。但是财产权一旦转让出去，该财产权利的占有、使用、处分、收益等权能也一并转让。如果受让人只能使用作品，而不能自由处分并因此得到收益，那就只是一种作品的著作权许可而非转让。

2.通过著作权集体管理组织行使著作权。著作权一般是由著作权人直接行使，但在很多情况下著作权人无法直接行使权利，乃至发生其作品被反复使用而著作权人并不知情的情况。这时候，著作权集体管理组织便应运而生，其旨在通过对相关领域作品进行统一、集中而专业的管理，来实现对著作权人权益的保护，同时促进作品的传播与利用。

我国目前与电视行业联系比较密切的著作权集体管理组织有中国音乐著作权协会、中国音像著作权集体管理协会、中国文字著作权协会、中国摄影著作权协会、中国电影著作权协会，其主要职能包括：①接受著作权人的授权；②监督、检查作品被使用的情况；③代表著作权人同使用者谈判、订立许可使用合同并发放许可证；④向使用者收取使用费；⑤向权利人转付使用费；⑥代表权利人进行维权诉讼等。著作权集体管理组织一般只管理著作权人自己无法行使的权利，著作权人能够自己行使的权利一般由著作权人自己行使。

总体上说，著作权集体管理组织管理着庞大的版权资源，而电视作品的制作、播出和开发本身均需要使用大量版权资源，著作权集体管理组织在寻找权利人、确认权利人、协调授权关系、转付使用费、长期稳定提供海量版权资源等方面具有较大优势。例如，中广协会电视版权委员会的会员电视台通过和中国音著协签订使用音乐的集体一揽子协议，为节目制作和节目播出使用音乐提供了合法、便捷的途径，解决了版权的后顾之忧，降低了使用音乐作品的经济成本和获得单个音乐作品权利人授权的谈判成本①。

（二）特殊电视作品著作权的归属与转让

在电视作品制作、播出过程中，往往涉及多个著作权人同时存在的特殊情况，我国《著作权法》（2020 年修正）对此也有专门规定，包括：①演绎作品著作权的归属（第 13 条）；②合作作品著作权的归属（第 14 条）；③汇编作品著作权的归属（第 15 条）；④视听作品著作权的归属（第 17 条）；⑤职务作品著作权的归属（第 18 条）；⑥委托作品著作权的归属（第 19 条）。

1. 演绎作品著作权的归属与转让。演绎作品一般包括两项著作权：一是被演绎的原作品著作权；二是演绎后生成新作品的著作权。我国《著作权法》第 13 条规定："改编、翻译、注释、整理已有作品而产生的作品，其著作权由改编、翻译、注释、整理人享有，但行使著作权时不得侵犯原作品的著作权。"而《著作权法》（2020 年修正）第 16 条则在该条基础上进一步明确：使用改编、翻译、注释、整理、汇编已有作品而产生的作品进行出版、演出和制作录音录像制品，应当取得该作品的著作权人和原作品的著作权人许可。比如依据刘慈欣同名小说改编的电影《流浪地球》上映后大火，如果有人想将该电影改编成电视剧，除了要获得《流浪地球》电影制片方的授权外，仍然还要取得刘慈欣的授权。在"杭州大头儿子公司与央视动画公司著作权纠纷案"②中，被告方就是因为未能证明其演绎作品获得过相关美术作品著作权人的许可而导致败诉结果。

2. 合作作品著作权的归属与转让。两人以上合作创作的作品，著作权由合作作者共同享有③。在大 IP 时代，伴随受众欣赏水平的提高，电视节目的制作越来越精良，成本也越来越高，这就需要多方共同制作、共担风险并共同收益，

---

① 中央电视台总编室：《电视版权 88 问》，新时代出版社 2013 年版，第 14 页。
② 中央电视台和东方电视台联合摄制的动画片《大头儿子小头爸爸》中"大头儿子""小头爸爸""围裙妈妈"三个人物的原始形象由制片方委托刘泽岱创作，但双方未签订协议，之后动画片美术创作团队又在刘泽岱原图的基础上进行了再创作，并在动画片中使用。之后，刘泽岱创作的三人物美术作品经过多次转让到了杭州大头儿子公司手中。2013 年，央视动画公司摄制了《新大头儿子小头爸爸》动画片并公开播放。杭州大头儿子公司认为央视动画公司未经许可，利用其拥有著作权的美术作品形象进行改编并制成动画片，侵犯了其著作权，遂提起诉讼。此案经审理，法院最终认定被告制作《新大头儿子小头爸爸》动画片以及相关的展览、宣传中以改编的方式使用相关作品并据此获利的行为，侵犯了原告的著作权，宜以提高赔偿额的方式作为停止侵权行为的责任替代方式，最终判决被告就每个人物形象赔偿 40 万元。
③ 参见《著作权法》第 14 条第 1 款。

比如两家电视台连线直播节目、联合举办某场文艺晚会或者联合制作某档综艺节目。合作作品的转让则比较复杂。根据《著作权法》第 13 条的规定，著作权应通过协商一致行使；不能协商一致，又无正当理由的，任何一方不得阻止他方行使除转让、许可他人专有使用、出质以外的其他权利，但是所得收益应当合理分配给所有合作作者。

3. 汇编作品著作权的归属与转让。根据《著作权法》第 15 条的规定，汇编若干作品、作品的片段或者不构成作品的数据或者其他材料，对其内容的选择或者编排体现独创性的作品，为汇编作品，其著作权由汇编人享有，但行使著作权时，不得侵犯原作品的著作权。比如"春晚"，如果被视为一种汇编作品，中央广播电视总台则享有对"春晚"这一汇编作品的著作权，而在组织"春晚"演出前应取得相关音乐、视听、曲艺作品著作权人的"汇编权"授权①。

4. 视听作品著作权的归属与转让。作为以突出视觉效果为主的电视作品，视听作品是一种重要的作品类型。根据《著作权法》第 17 条的规定，视听作品的著作权由组织制作并承担责任的视听作品制作者②享有。除了制作者外，视听作品的创造还离不开两类人：一是从事视听作品创作性劳动的自然人，比如导演，编剧等；二是创作视听作品中单独利用的已有作品的著作权人，比如影视剧音乐的词曲作者等。对于前者，《著作权法》规定编剧、导演、摄影、作词、作曲等作者享有署名权，并有权按照与制片者签订的合同获得报酬。这体现了法律对于编剧、导演等自然人创作作者地位的认可，赋予他们对视听作品的署名权和获酬权。对于后者，《著作权法》规定视听作品中的剧本、音乐等可以单独使用的作品的作者有权单独行使其著作权。

5. 职务作品著作权的归属与转让。职务作品是指雇员为完成单位工作任务所创作的作品，包括两项要件：一是创作作品的作者应是单位的雇员，包括固定工作人员、临时招聘的工作人员、实习生或试用人员等。二是作品必须是出于履行职务行为的需要而创作。职务作品的著作权原则上由作者享有，单位有权在其业务范围内优先使用，且在作品完成 2 年内，未经单位允许作者不得许可第三人以相同方式使用该作品③。但也有两项例外：一是主要利用法人或非法

---

① 许多学者认为这里原作品著作权人授的并不是"汇编权"，实践中也鲜有类似操作，并以此主张"汇编权"是多余的，其权利对象可以为复制权、发行权等所覆盖。

② 我国现行《著作权法》第 17 条规定类电影作品的著作权由制片者享有，新著作权法草案用了"组织制作并承担责任的视听作品制作者"概念代替。

③ 参见《著作权法》第 18 条。

人组织物质技术条件创作，并由法人或非法人组织承担责任的工程设计图、产品设计图、地图、示意图计算机软件等职务作品；二是法律、行政法规规定或者合同约定著作权由法人或非法人组织享有的职务作品。在这种情况下，相关作品的著作权应归单位所有，作者仅享有署名权。

《著作权法》（2020年修正）在此基础上又新增了一项例外情形，即报社、期刊社、通讯社、广播电台、电视台的工作人员创作的职务作品。这一点对电视行业影响显著，尤其是电视台。如果该条款最终得以施行，那么电视台的编辑、记者、导演、主持人等日常工作创作的电视节目等职务作品，以及创作节目过程中形成的策划案、脚本、解说词，拍摄的照片、视频素材等，其著作权原则上就归属于电视台。事实上，电视台等电视作品制作机构也往往会通过签订劳动合同等法律文件的方式，与作者事先约定职务作品的版权归属。

6. 委托作品著作权的归属与转让。委托作品在电视行业比较常见，尤其是在制播分离模式下，许多电视节目都是由电视台委托相关制作机构来进行创作的，这就牵涉委托作品著作权的归属问题。根据我国《著作权法》第19条的规定，受委托创作的作品，著作权的归属由委托人和受托人通过合同约定。合同未作明确约定或者没有订立合同的，著作权属于受托人。

（三）关于人工智能生成物著作权归属的讨论

近年来，伴随人工智能技术的不断发展，电视领域中对人工智能技术的应用也逐渐增多，从数据新闻到VR电视，从智能采访设备到机器人主播，应当说，伴随着人工智能技术的快速进步，一些人工智能"创造"的所谓"作品"，已经能够媲美人类依靠智力劳动创造的真正作品。但即便如此，人工智能就真的能像人类一样，成为创作作品的著作权人吗？这实际上牵涉两个层面的问题：一是人工智能生成物本身的可版权性问题；二是人工智能生成物著作权的归属问题。

1. 人工智能生成物的可版权性问题。目前有很多学者主张否认人工智能生成物的可版权性，他们认为人工智能的生成物不过是一种算法结果，并未有人类聪明才智的参与，无论外在形式如何都不可能具有个性。这事实上是一种以主观标准进行独创性判断的思路。根据思想与表达二分法的要求，著作权制度的美妙之处在于客观评价作品的独创性价值，本就不应也不能主观探寻作者的创作意图。

人工智能同样如此，"应用算法、规则和模板等程序只是创作方式和创作过程，而不是创作的结果，决定作品成立与否应该看创作的结果，而不是创作的过程。"① 判断人工智能生成物能否成为著作权法上的作品，关键标准是生成内容本身是否达到作品的"独创性"② 要求，而不在于创作渠道、呈现过程和投入资源（尤其是人的智力劳动）的程度。从这一客观角度来看，目前人工智能生成物确实具备符合作品"独创性"条件的可能。

比如在被称为我国人工智能领域版权保护第一案的"腾讯公司诉网贷之家网站著作权侵权纠纷案"中，深圳南山区法院就认为腾讯的人工智能程序 Dreamwriter 所创作的报道，其外在表现符合文字作品的形式要求，其表现的内容体现出 Dreamwriter 对当日上午相关股市信息、数据的选择、分析、判断，文章结构合理、表达逻辑清晰，具有一定的独创性，事实上通过司法判决的形式认定了人工智能生成物的作品地位。

2. 人工智能生成物著作权的归属问题。既然人工智能能够创作作品，那么能否反推该作品的版权就归属于人工智能了呢？目前学界就该问题普遍存在两种观点。反对者认为，人工智能只是一种形象化比喻，至少目前阶段来看，人工智能还未达到"人"的智能，即使在创作过程中没有人的参与，但在其设计和学习阶段都必然要由人来主导，因此也不能否定人的智力劳动所发挥的重要作用。支持者则主张人工智能有时候就像个成长的孩子，必然要从学习和接受教育开始，但这并不能否定其成年后的完全民事主体资格，而且从实践来看，人工智能的水平已经超过了人类，比如我们熟知的"阿尔法狗"。

这两种说法貌似都有道理，但答案只有一个。人与机器的根本区别，不在于谁算得更快、记得更牢，而是能否独立思考。至少目前业界和学界共同认为，人工智能还只是服务于人类的创作工具，而非创作主体，并不具有自主意识性，也不可能被赋予民事法律主体地位。在 2019 年"菲林律师事务所诉百度公司侵害著作权案"中，法院判决就认为"虽然随着科学技术的发展，计算机软件智能生成的此类'作品'在内容、形态，甚至表达方式上日趋接近自然人，但根据现实的科技及产业发展水平，若在现行法律的权利保护体系内可以对此类软件的治理、经济投入予以充分保护，则不宜对民法主体的基本规范予以突破。故本院认定，自然人创作完成仍是《著作权法》上作品的必要条件"，由此否定了人工智能的主体资格。

从算法角度也可以反推出这一结论。算法是人工智能的核心，也是决定算

① 丛立先："人工智能生成内容的可版权性与版权归属"，载《中国出版》2019 年第 1 期。
② 构成作品除了"独创性"要求外，还有"可复制性""智力成果"等条件，但是在数字时代，"可复制性"条件基本不再成为问题。

法结果的基础规则。作为企业的商业秘密,人们很难真正窥探到算法的设计、运行的程序与原理,但可以确定的是,作为机器计算的规则,算法绝非由机器自己创设,而是人对机器的授权和规范。从这一点来说,算法当然是由人说了算,因此机器基于算法所生成的各种结果及形成的各种权利,包括版权在内,自然也应当属于人。而人们一直诟病的"算法偏见"或者"算法操控"问题,也是算法背后"人"的偏见和操控。

总而言之,在法理层面,人与人工智能存在人与物的本质性区别[①]。人工智能为人类所创造,人工智能所生成的"作品",目前来看只能是一种"生成物",即使未来有一天成为作品,实质上还是人类智慧的创作产物[②]。无论人工智能发展到什么阶段,它都是由人类发明的物,不存在脱离了人的智能的人工智能,至少到目前为止,"人工智能给著作权保护增加了一些复杂性,但尚不足以对著作权制度形成真正的挑战"[③]。

三、电视作品中著作权的限制

我国的电视作品有双重属性:一方面,它被认为是一种公共文化服务产品,具有事业属性,《中华人民共和国公共文化服务保障法》(以下简称《公共文化服务保障法》)[④]《广播电视管理条例》[⑤]等法律法规对此都有所规定;另一方面,电视行业也在蓬勃发展,电视作品具有重要的商品属性,在生产、流通和交易过程中必然需要社会规则的参与和协调,尤其是在著作权领域。

在我国,著作权制度一方面从鼓励作品的创作和传播,促进文化、艺术与科学发展的角度出发,赋予了著作权人在作品利用和传播过程中的各项权益;另一方面,又从保障公众知情权、促进社会进步方面考虑,设立了合理使用、法定许可等制度,并赋予传播者一些"传播权利",以对著作权人的上述权益进行限制和平衡,电视领域亦是如此,体现了立法者试图在私人著作权益与社会公共利益之间寻求平衡的价值取向。

---

① 参见史永竞:"人工智能的著作权主体性探析",载《吉林大学社会科学学报》2019 年第 4 期。

② 参见李扬:《著作权法基本原理》,知识产权出版社 2019 年版,第 90 页。

③ 参加王迁:"论人工智能生成的内容在著作权法中的定性",载《法律科学(西北政法大学学报)》2017 年第 5 期。

④ 《公共文化服务保障法》第 35 条第 1 款规定,国家重点增加农村地区图书、报刊、戏曲、电影、广播电视节目、网络信息内容、节庆活动、体育健身活动等公共文化产品供给,促进城乡公共文化服务均等化。

⑤ 《广播电视管理条例》第 1 条规定,为了加强广播电视管理,发展广播电视事业,促进社会主义精神文明和物质文明建设,制定本条例。

（一）合理使用

合理使用，就是依照法律规定，无须征得著作权人同意，也不必支付报酬就可以使用他人作品的情形，实质上就是一种"许可机制之外的非侵权性作品使用"[①] 规则。根据我国《著作权法》第 24 条的规定，合理使用就是使用人可以不经著作权人许可，不向其支付报酬，但应当指明作者姓名或者名称、作品名称，并且不得影响该作品的正常使用，也不得不合理地损害著作权人的合法权益。电视行业领域涉及合理使用的情况主要有以下几种：

1. 个人使用。即为个人学习、研究或者欣赏，使用他人已经发表的作品，主要包括以下三个方面：一是个人范围内的使用，即使用作品的范围仅局限于个人或者家庭等较小范围内，一般不包括网络[②]，比如网吧局域网、微信朋友圈等，在该范围传播一般也认定为是直接面向公众了。二是必须是基于非商业目的，只是出于个人学习、研究或者欣赏目的。如果是基于商业目的，势必打破著作权人与使用者之间的利益平衡，为法律所不许。三是使用的均是已发表的作品。许多综艺节目在录制阶段就要求参与观众签订保密协议，就是防止在节目未播出前就被泄露出去，否则势必会侵犯著作权人的权益。

2. 适当引用。即为介绍、评论某一作品或者说明某一问题，在作品中（包括互联网上向公众提供的作品）适当引用他人已经发表的作品。在电视活动中，诗歌鉴赏等文艺评论类节目经常会涉及合理使用他人作品的问题，而判断适当引用是否符合合理使用的关键是如何理解其中的"适当"，这主要体现在引用的数量和比例上，即尽可能少量引用，且必须保持合理、适度的比例。目前网络上流行的"×分钟带你看完某部影视剧""图解电影"等对视听作品的引用，显然不属于合理使用范围。

3. 新闻媒体使用。在现代社会，给予报纸、期刊、广播电台、电视台等新闻媒体报道一定空间的合理使用范围，有利于保障社会公众的知情权和监督权。从这点来看，这一合理使用规定既是对电视作品著作权的限制，也赋予了电视台等电视媒体日常业务工作的特殊保障。新闻媒体合理使用的情形包括：一是为报道新闻，在报纸、期刊、广播电台、电视台等媒体中，以及通过信息网络向公众提供的作品中，不可避免地再现或者引用已经发表的作品。比如电视台

---

① 参见孙阳："演进中的合理使用规则及其启示"，载《知识产权》2018 年第 10 期。

② 《信息网络传播权保护条例》规定的"合理使用"范围之所以没有《著作权法》中的"个人学习、研究或者欣赏，使用他人已经发表的作品"这一条，就是因为一旦在信息网络上使用，使用人就很难再控制作品的传播范围，会极大损害著作权人的利益。

对刚刚公开演出的某台话剧进行报道，尽管会对话剧中的部分内容进行再现，但由于是"不可避免"，再现话剧部分的内容较少，且为报道公众有权知晓的新闻，再现或引用的也都是已经发表的作品，因此应当对相关著作权进行限制。二是报纸、期刊、广播电台、电视台等媒体刊登、播放提供在公众集会上发表的讲话，或者其他报纸、期刊、广播电台、电视台等媒体已经发表的关于政治、经济、宗教问题的时事性文章，但作者声明不许刊登、播放的除外。这实际上是一种转载行为，其中转载的主体是报纸、期刊、广播电台、电视台等媒体，转载的对象是在公众集会上发表的讲话，或者其他报纸、期刊、广播电台、电视台等媒体已经发表的关于政治、经济、宗教问题的时事性文章。但无论是谁转载或者转载什么，作者已经声明不许转载的除外。三是通过网络向公众提供在公众集会上发表的讲话，或者在网络上已经发表的关于政治、经济问题的时事性文章。这都属于《信息网络传播权保护条例》的规定，实际上是将《著作权法》中的转载规定引入到网络领域。

4. 科研教学使用。即为学校课堂教学或者科学研究，翻译、改编、汇编、播放或者少量复制已经发表的作品，供教学或者科研人员使用，或者通过网络向少数教学、科研人员提供少量已经发表的作品，但均不得出版发行。主要包括四项构成要件：一是基于学校课堂教学或科学研究目的；二是合理使用的受益对象仅限于特定、少数的教学或科学人员，即使是通过网络，也只能指向特定的少数人，不允许向不特定多数人公开传播；三是合理使用的行为仅限于翻译、改编、汇编、播放、少量复制或者通过信息网络提供这6种行为；四是合理使用的作品均是已经发表的作品，如果对原作通过翻译后有了新的成果，也不能出版发行。

5. 公共使用。基于维护公共利益等目的而合理使用作品的情形包括：一是执行公务使用。比如在某电视作品著作权纠纷诉讼中，当庭播放作为证据的某电视作品。二是特定群体使用。比如将普通话版的某电视剧翻译成少数民族语言文字作品在国内出版发行，或者通过网络向中国境内少数民族提供。三是馆藏使用。图书馆、档案馆、纪念馆、博物馆、美术馆等为陈列或者保存版本的需要，复制本馆收藏的作品，视为合理使用行为。四是陈列使用。比如对设置或者陈列在公共场所的艺术作品进行拍摄、录像，属于合理使用行为。

6. 免费表演。根据《著作权法》的规定，免费表演已经发表的作品，如果该表演未向公众收取费用，也未向表演者支付报酬，属于合理使用行为。比如军队文工团组织慰问表演。该情形主要强调表演必须"免费"，既未向公众收取费用，也未向表演者支付报酬。一些基于公益目的的"义演"，虽然其出于公益目的，演员也未收费，但是如果涉及募捐行为，也不能视为"免费"表演。

（二）法定许可

法定许可制度是指"根据法律的直接规定，以某些方式使用他人已经发表的作品可以不经著作权人的许可，但应当向著作权人支付使用费，并尊重著作权人的其他各项人身权利和财产权利的制度"。[①] 设立法定许可制度的目的在于简化著作权手续，促进作品迅速而广泛地传播，便于社会共享智力成果，[②] 因此法定许可制度的受益者多是出版者、录音录像制作者、广播组织等传播者，同时又规定其仍需向著作权人支付报酬来进行平衡。我国《著作权法》《信息网络传播权保护条例》共规定了6种"法定许可"情形。其中与电视活动联系比较紧密的包括"制作录音制品"与"广播电视播放"两大类。

1. 制作录音制品。录音制作者使用他人已经合法录制为录音制品的音乐作品制作录音制品，可以不经著作权人许可，但应当按照规定支付报酬；著作权人声明不许使用的不得使用[③]。我国《录音法定许可付酬标准暂行规定》规定了录制发行录音制品付酬标准。[④] 值得注意的是，录像制品的制作并不在法定许可的范围内。

2. 广播电视播放。为了促进作品通过广播电视在更大范围内传播，根据我国《著作权法》第46条的规定，广播电台、电视台播放他人已发表的作品，可以不经著作权人许可，但应当按照规定支付报酬。该种法定许可为我国特有，使用作品的主体仅限广播电台、电视台，法定许可使用的客体为他人已发表的作品。除此之外，《著作权法》第45条还赋予了录音制品权利人的广播获酬权，将录音制品用于无线或者有线公开传播，或者通过传送声音的技术设备向公众公开传播的，应当向录音制作者支付报酬。这里向录音制作者支付报酬的义务主体，就包括播放录音制品的广播电台、电视台。值得注意的是，电视台播放他人视听作品、录像制品并不在法定许可范围之内，法律规定应当取得视听作品著作权人或者录像制作者许可，并支付报酬，其中播放他人录像制品时还应当取得著作权人许可，并支付报酬[⑤]。

---

① 参见刘春田主编：《知识产权法》，中国人民大学出版社2014年版，第122页。

② 参见魏永征、周丽娜：《新闻传播法教程》，中国人民大学出版社2019年版，第216页。

③ 参见《著作权法》第42条第2款。

④ 参见《录音法定许可付酬标准暂行规定》第3条。

⑤ 参见《著作权法》第48条。

（三）邻接权

促进传播是著作权法的立法目的之一。一件作品问世后，往往会通过出版、表演、录制、广播等方式进行传播，相应的传播者也在作品传播过程中付出了智力劳动而形成了传播者权。该权利与著作权紧密相连，故而被称为"邻接权（neighboring right）"。作为与著作权有关的权益，邻接权与著作权在权利设定上并不存在冲突，但从实践来看，两种平行权利体系势必会互相影响，这就涉及对著作权人利益的限制与平衡。我国的邻接权主要包括出版者权、表演者权、录音录像制作者权和广播组织权[①]，其中与电视活动关系密切的是后面三种。

1. 表演者权。"表演者"是指"演员、歌唱家、音乐家、舞蹈家和表演、歌唱、演说、朗诵、演奏或以别的方式表演文学或艺术作品的其他人员"[②]。在我国，表演者享有多种权利，包括：①表明表演者身份；②保护表演形象不受歪曲；③许可他人从现场直播和公开传送其现场表演，并获得报酬；④许可他人录音录像，并获得报酬；⑤许可他人复制、发行、出租录有其表演的录音录像制品，并获得报酬；⑥许可他人通过信息网络向公众传播其表演，并获得报酬。其中，前两项权利类似于著作权中的署名权和保护作品完整权，因此保护期限不受限制。剩余四项权利实际上是表演者通过不同媒介或者基于不同利用方式获取财产利益的权利，其保护期为 50 年，截止于该表演发生后第 50 年的 12 月 31 日。[③] 此外，《著作权法》第 40 条还对职务表演的情形进行了规定，演员为完成本演出单位的演出任务进行的表演为职务表演，演员享有表明身份和保护表演形象不受歪曲的权利，其他权利归属由当事人约定。当事人没有约定或者约定不明的，职务表演的权利由演出单位享有。职务表演的权利由演员享有的，演出单位可以在其业务范围内免费使用该表演。

2. 录音录像制作者权。也被称为"录制者权"，其主体为录音录像制品的制作者，即"首次将表演者的或者其他声音或声音与影像制作为录音制品或录像制品的人"[④]。根据《著作权法》第 44 条的规定，录音录像制作者对其制作的录音录像制品，享有许可他人复制、发行、出租、通过信息网络向公众传播并获得报酬的权利；权利的保护期为 50 年，截止于该制品首次制作完成后第

---

① 参见《著作权法实施条例》第 26 条。

② 参见《罗马公约》第 3 条。

③ 参见《著作权法》第 41 条。

④ 张今：《著作权法》，北京大学出版社 2018 年版，第 148 页。

50 年的 12 月 31 日。此外，被许可人复制、发行、通过信息网络向公众传播录音录像制品，还应当取得著作权人、表演者许可，并支付报酬。

3. 广播组织权。我国《著作权法》并未采用《罗马公约》中的"广播组织"概念，而是以广播电台、电视台作为替代。根据《著作权法》第 47 条的规定，广播电台、电视台主要享有三项权利：一是转播权，即许可他人转播其播放的载有节目的信号的权利；二是录制权，即许可他人录制及复制其播放的载有节目的信号的权利；三是信息网络传播权，即许可他人通过信息网络向公众传播其播放的载有节目的信号的权利。这三项权利的保护期为 50 年，截止于该信号首次播放后第 50 年的 12 月 31 日。当然，电视台不仅播放电视节目，还同时生产和制作大量的电视节目。在后一种情况下，电视台不仅是广播组织，而且还是节目作品的制片者和创作者，因此不仅享有邻接权，同时还享有著作权。

四、电视作品著作权的侵权及救济

电视行业影响面广，覆盖的版权资源数量庞大，涉及侵害著作权的行为也比较多，既有在电视作品创作过程中侵害他人著作权的情况，比如剧本抄袭，音乐作品未经许可被使用等；也有电视节目未经许可被他人使用的情况，比如文艺晚会、体育赛事直播节目、电视剧被盗播、放到网上或者被录制成盗版光盘。近年来，伴随新媒体技术的不断进步及商业模式的日趋丰富，新的侵权现象也层出不穷，例如，侵权者利用云计算技术不经复制直接将作品提供给网络用户；依托 P2P 技术直接转播体育赛事直播节目；IPTV 运营商未经许可直接转播电视台直播节目信号，这些都给电视作品著作权人维权工作带来了新的难度和压力。我国现行《著作权法》第 51 条、第 52 条列举了各种侵害著作权（包括邻接权）的具体情形，总体来说可以分为侵害著作权中的人身权与财产权两大类，现将与电视活动关联较为密切的情形列举如下。

（一）侵害著作人身权的情形

1. 侵害署名权。署名权是指表明作者身份，在作品上署名的权利，其实质是对作者享有相关作品著作权利的一种身份确认，旨在对不同作品与不同作者进行区别。侵害署名权的行为包括应该署名但未署名（包括未经作者同意篡改作者署名，或者未经合作作者许可将与他人合作创作的作品当作自己单独创作的作品发表）与不应署名却署上名（比如没有参加创作，为牟取个人名利在他人作品上署名）两种情况。

侵害署名权的现象在电视领域比较常见，比如在拍摄电视剧或制作其他电视剧时使用了他人的文字、美术、摄影、音乐等作品，但是在节目成品中没有署上作者的名字；或者是对采购节目进行了少量改编后，但是片尾却用节目组名字替换了原节目的主创人员名单，尤其是涉及合作作品、职务作品、汇编作品等情形时。

2. 侵害发表权。发表权是指决定作品是否公之于众的权利，也被称为披露权。作品是思想和情感的表达，而表达的对象就是不特定多数人——公众，这一公之于众的传播活动就是发表，而未经著作权人许可就将其作品公之于众，无论是否以著作权人的名义，都属于侵害发表权的行为。

3. 侵害修改权和保护作品完整权。修改权与保护作品完整权是"一体两面"，对作品完整性的破坏实质上就是一种修改，而背离作者原意的修改在客观上也侵犯了作品的保护作品完整权，它们都具有保护作品完整使其不背离作者意图的权利内涵，在《伯尔尼公约》中就未规定"修改权"，而是将其纳入"保护作品完整权"范畴中。歪曲篡改他人作品，未经作者同意擅自删改作品内容、增添材料，损害作品真实含义和表现形式的行为[①]，都是对修改权与保护作品完整权的侵害。

创作电视作品过程中经常会涉及对修改权和保护作品完整权的侵害。比如某电视剧制作机构翻拍《红楼梦》《巴黎圣母院》等中外古典名著，虽然上述作品已经过了保护期，进入公有领域，但是保护作品完整权等人身权利并没有保护期限制，如果制作方任意篡改小说内容，歪曲作者意图，仍然会面临侵犯其修改权与保护作品完整权的风险。

（二）侵害著作财产权的情形

1. 未经许可擅自使用。在不存在合理使用、法定许可等豁免情形下，未经著作权人许可使用他人作品，包括复制、传播、演绎、录音录像等行为，都构成擅自使用的情形。擅自使用也是包括电视作品在内著作权侵权情形中最为常见的一类。

电视节目制作过程中会经常使用到大量的作品素材，包括文字、图片、音乐、影像等，许多素材在之前已经构成或者在制作过程中形成作品，如果未经著作权人的许可，稍有不慎就会发生节目制作方擅自使用他人作品的情形。比如在连线采访时，受邀嘉宾的谈话可能会构成口述作品；去某地拍摄一档旅游节目，当地提供的一些影像视频可能会构成视听作品或者录像制品；在制作体育节目时，可能会引用相关运动员之前的赛场镜头。实践中要规避这些风险，关键还是要通过合同等方式取得著作权人的许可。

---

① 张今：《著作权法》，北京大学出版社 2018 年版，第 230 页。

还有一些擅自使用的情形是虽然事先获得授权，但是对作品的使用超过了授权权限，包括授权的时间、地域、类型、次数、媒介、使用方式以及是否专有使用等。比如现在很多电视台对图片素材的使用大多通过统一采购来保障，但是在采购合同中仅明确了相关摄影作品的广播权，而漏掉了信息网络传播权。这样同样是该电视台的编辑人员，在制作电视节目中使用相关摄影作品就相安无事，但若是在微博、微信、客户端上使用则构成了擅自使用行为。

　　2. 抄袭、剽窃。抄袭、剽窃是指直接或间接将他人作品或者作品的一部分占为己有。一般来说，抄袭是较大幅度的照搬，甚至对作品没有改动；而剽窃则主要是窃取他人作品中的核心内容，比如具有独创性的情节和画面或者主体思想。在电视领域，从剧本、音乐等节目组成部分到整体的电视节目模式，对作品的抄袭、剽窃现象时有发生，也引起了很多法律纠纷。

　　对抄袭、剽窃行为的认定还要与借鉴、模仿等行为区别开来。在电视作品创作过程中，难免会对一些经典作品或者经典事件中的内容进行借鉴、模仿，甚至一些作者会在新作中主动引用相关内容，称之为"致敬经典"。司法实践中，同样有很多被质疑抄袭者会以借鉴、模仿进行抗辩，认为相关使用作品的行为属于适当引用等合理使用范畴，不构成"实质性相似"。那么实践中，该如何区别这两类行为呢，或者说如何界定《著作权法》中"实质性相似"标准呢？

　　这实际上可以用"思想与表达二分法"进行解答。《著作权法》保护的是表达而非思想，就像电视真人秀节目中只保护节目模式而非节目创意一样，"对于抽象的主题思想、故事梗概、构思创意等，法律并不保护。只有当这些思想、创意以文字、音乐、美术等有形方式被具体表达出来时，才能够成为法律保护的对象"①。在"庄羽诉郭敬明抄袭案"②中，尽管郭敬明并没有照搬原告作品的内容，但是法院经审理认为，《梦里花落知多少》中剽窃了《圈里圈外》中具

①　周俊武主编：《周公观娱：娱乐法江湖》，法律出版社 2018 年版，第 147 页。

②　原告庄羽称被告郭敬明所著《梦里花落知多少》一书，以改头换面、人物错位、颠倒顺序等方法，剽窃了原告《圈里圈外》一书的构思、故事线索等，甚至照搬了其中的片段以及部分语句，遂提起诉讼，要求被告赔偿经济损失 50 万元，并停止侵权。一审法院经审理认为，《梦里花落知多少》中剽窃了《圈里圈外》中具有独创性的人物关系，而且在 12 个主要情节上均与《圈里圈外》相同或者相似，判决郭敬明赔偿庄羽经济损失 20 万元，同时，春风文艺出版社、北京图书大厦也被判决停止出版、销售《梦里花落知多少》一书。双方不服判决，提起上诉。二审法院在基本维持一审判决的基础上，加了郭敬明、春风文艺出版社共同赔偿庄羽精神损害抚慰金 1 万元的内容。

有独创性的人物关系，而且在 12 个主要情节上均与《圈里圈外》相同或者相似，已经超出了可以用"巧合"解释的程度，构成了抄袭行为。

在司法实践中，还有一些争议焦点在于"抄袭"对象本身不受著作权保护的情况。一般来说，历史事件、个人经历、科学原理、新闻消息等客观事实都属于公有领域的内容，它们要么不构成作品，要么不受《著作权法》保护，在电视作品创作中都可以借鉴和引用。比如，在"周某某诉深圳某影视公司、重庆广电集团侵犯著作权纠纷案"[①]中，原告认为被告摄制的电视剧《佳人当道》中"律师给民工维权"的情节，抄袭了原告小说《我的前半生》相关内容，但法院认为"律师为民工维权"的人物原型和故事素材属于社会公众知悉的新闻事实，其并非原告小说所独创，任何人都可以利用相关素材创作作品，电视剧《佳人当道》对原告个人经历虽有部分取材，但个人经历本身并非《著作权法》的保护对象，最终判决驳回了原告全部诉讼请求。

3. 应付酬而未付酬。使用他人作品原则上应当取得他人许可并支付报酬，但是在一些法定情形下，也存在无需取得许可但应支付报酬的情况。本节"法定许可"部分已经列举了"制作录音制品"与"广播电视播放"两种"可以不经著作权人许可但应当按照规定支付报酬"的"法定许可"情形。

《著作权法》设定法定许可制度的目的在于平衡著作权人与传播者之间的利益，以促进作品被更好地传播和利用。在相关情形下，《著作权法》只是剥夺了著作权人对作品的专有许可权，但并未剥夺其作品获酬权。如果使用人未能支付报酬，则也构成了侵权行为。

4. 侵害邻接权。侵害邻接权行为的对象包括表演者、录音录像制作者、广播组织三类。以表演者为例，其对自己的表演享有控制、利用和支配的权利。

---

① 律师周某某根据其个人经历创作了自传体小说《我的前半生》。该作品以纪实的手法，采用第一人称陈述周立太的个人经历，文中还引用了大量他本人经历的司法裁判文书、访谈文章及媒体对他的相关新闻报道。周某某认为，被告深圳某影视公司在 2007 年摄制完成的电视连续剧《佳人当道》，吸收了《我的前半生》中"农民工律师告农民工"的题材，构成侵权，遂提起诉讼，要求制作方深圳某影视公司、播出方重庆广电集团连带赔偿经济损失 50 万元。法院经审理认为，原告《我的前半生》作品中引用的裁判文书和新闻报道、评论等内容属于客观事实，不具有独创性，原告对其不享有著作权。与此同时。在原告创作完成《我的前半生》之前，为民工维权的人物原型和故事素材已在全国范围内，通过网络、新闻、司法裁决等公开披露，成为社会公众知悉的公知事实，对于公知的新闻事实，任何人都可以利用其作为素材创作作品。电视剧《佳人当道》人物原型和故事元素部分取材于周立太的个人经历，但个人经历本身不是《著作权法》保护的对象。该剧在艺术形式、表现手法等方面与周立太的小说有实质差异，具有独创性，并未对小说进行抄袭或复制，也不是对小说的改编。

电视台如果对其表演进行现场直播，比如某档正在直播的音乐类栏目聘请乐队进行现场演奏，或者将现场表演先录制下来，如果未经乐队的事先许可，都会构成对其表演者权的侵害。

第五节　电视产业融资

电视作品制作的资金从何而来，这是一个极其重要而又复杂的问题。随着我国影视娱乐产业的高速发展，影视行业内的投融资模式也在持续创新与完善，不但传统的电视产业投融资模式日臻成熟，新兴的投融资模式也如雨后春笋般不断涌现，彰显出影视娱乐产业自身蓬勃的发展活力。促进电视产业投融资机制的进一步完善，鼓励、引导社会资本支持电视作品创作，这既是影视产业发展的内在要求，也是国家政策促进影视行业发展的目标导向。[①] 以下，我们将以电视剧作品为核心，依次介绍并分析电视产业内一些传统的投融资模式以及几种新兴的投融资模式。

一、直接投资

直接投资可分为投资于影视制作公司（包括公开上市融资）和投资于单部影视作品两种类型，前者指通过设立公司的方式或者公开发行股票的方式进行投资，投资者拥有股东的身份和权利；后者主要是指拥有影视拍摄许可的影视制作公司将自有资金投资于单部影视作品的方式，也包括联合摄制的方式，即拥有影视拍摄许可的影视制作公司与其他投资者以合作的方式联合摄制电视作品，共筹资金、共享收益、共担风险。

（一）投资于影视制作公司

如果投资者想自己成立独立的影视制作机构，根据现行法律法规的要求，影视制作机构的设立只能采用成立公司的形式。根据 2004 年出台的《广播电视节目制作经营管理规定》（2015 年修订）第 6 条的规定，申请《广播电视节目制作经营许可证》的机构必须是法人，其他形式的企业，如个人独资企业、合伙企业等，由于不具备法人地位，因此也就没有申请许可证的资格，进而它

---

① 2017 年 6 月 26 日，国家新闻出版广电总局、发展改革委、财政部、商务部、人力资源和社会保障部等五部委联合下发《关于支持电视剧繁荣发展若干政策的通知》，要求建立和完善科学合理的电视剧投入、分配机制，引导规范社会资本支持电视剧繁荣发展。该通知第 13 条规定："引导规范社会资本支持电视剧繁荣发展。创新投入方式，引导和规范企业、社会组织参与电视剧创作生产。"

们也就无法独立进行影视作品的投资与制作了。

依法成立的影视制作公司主要分为两种形式，一是有限责任公司，二是股份有限公司。设立影视制作公司需要依据的法律有《公司法》（2018 年修正），法规和规章有《广播电视管理条例》（2020 年修正）、《广播电视节目制作经营管理规定》（2015 年修订）。

对于规模较大的影视制作公司来说，它们也可以选择上市融资等公开融资的手段来筹集资金，进而将资金投入到电视作品的制作中去。上市融资方式具有自身独特的优势：其一，影视公司与股东之间的关系是股权关系，影视制作公司通常只在盈利的情况下才进行分红，因而不必像借贷关系中借款人那样承担还本付息的压力；其二，上市融资有利于提升影视制作公司自身乃至旗下电视作品项目的知名度，增强公司的盈利能力。

影视制作公司上市融资是影视娱乐行业近年才出现的新趋势，其中比较具有代表性的是北京华谊兄弟传媒集团和浙江华策影视股份有限公司上市融资的案例。2009 年 10 月 14 日，被誉为 "A 股市场影视娱乐第一股" 的华谊兄弟公布了 28.58 元 / 股的发行价，对应市盈率为 69.71 倍。华谊兄弟此次创业板发行募集资金 12 亿元，为当年该公司总资产的近 2 倍，其中 6.2 亿元资金用于影视剧的拍摄制作。2010 年 10 月，华策影视获证监会批准登陆资本市场。华策影视向社会公开发行股票 1412 万 A 股，共募集资金 3.2 亿元用于影视剧项目的制作运营。通过此次公开上市融资，华策影视不仅获得企业发展所需的资金，建立连接资本市场的融资渠道，公司自身的品牌影响力也得到了大幅提升，资源整合能力进一步增强。①

（二）投资于单部影视作品

投资于单部影视作品包含两种情形，一种是影视制作公司独立投资摄制，另一种是联合投资摄制。

只要影视制作机构具备了法人资格，并依法取得了《广播电视节目制作经营许可证》《电视剧制作许可证》，那么它就具备了制作电视节目的资质。在自有资金充足的情况下，已经取得许可证的影视制作机构固然可以选择独立筹资、制作节目，然而在自有资金远非充足的情况下，该机构还可以通过 "联合摄制" 的方式，与其他投资方共筹资金，以顺利完成电视节目的融资与制作。

联合摄制是指个人、经济组织，甚至机关、事业单位、社会团体等以货币、实物、工业产权、非专利技术、剧本著作权、劳务、土地使用权等资本作为合

---

① 洪皓轶："新时期中国电视剧融资方式发展新趋势探究"，载《电视研究》2012 年第 5 期。

作条件，与有许可证的单位联合投资制作影视节目，并约定损失分担、利润分成、版权归属等事项的影视投资制作方式。这种投资方式注重短期利益，投资各方的法律关系仅限于一部影视作品的合作中，投资各方无须设立新的法人组织，因此该种方式具有灵活多样的特点和优势。①

联合摄制的融资方式主要具有两种功能：①在联合摄制出现的早期，这种机制能够使不具备法人资格或者没有影视节目制作许可的机构或者个人，参与到影视作品的投资和制作中来；②如今，即使合作各方均为具有独立投资和制作资格的影视制作公司，它们往往也会借助联合摄制的投资机制来寻求达成扩大融资、分散风险的目的。

联合摄制的形式受到了法规、部门规章等规范性文件的鼓励与支持。例如，原《电视剧管理规定》（2000 年制定，2008 年废止）第 19 条曾明确规定："国家鼓励社会各界以投资、资助的方式参与制作电视剧"。2004 年《广播电视节目制作经营管理规定》（2015 年修订）第 5 条亦明确规定："国家鼓励境内社会组织、企事业机构（不含在境内设立的外商独资企业或中外合资、合作企业）……从事广播电视节目制作经营活动。"

除了遵守相关法律法规外，联合制作各方还需签署联合摄制合同来明确合作各方的权利义务关系。联合摄制合同应当包含的具体内容，可详见本章电视作品合同一节（本章第二节）的相关介绍。这里需要特别说明的是，在"联合摄制"的这种合作机制中，合作者至少有一方应当具备影视节目制作经营资质，拥有法人资格，持有相关许可证，如果一方或多方均不具备相应的资质和许可，那么它们签署的联合摄制合同也会因为违反法律、行政法规的强制性规定而归于无效（《民法典》第 143 条）。

二、贷款

贷款是影视制作公司获取资金的重要途径。按照资金来源划分，贷款可分为银行贷款、民间借贷和委托贷款。按照有无担保划分，可分为信用贷款与担保贷款。信用贷款是银行等金融机构仅依据影视制作机构信用状况而评估是否发放贷款的贷款方式；而担保贷款指银行等金融机构在影视制作机构或第三方依法提供担保后进行放贷的贷款方式，又可再分为担保贷款（由保证人保证债

---

① 魏永征等主编：《影视法导论——电影电视节目制作人须知》，复旦大学出版社 2005 年版，第153 页。

务履行责任和赔偿责任）、抵押贷款和质押贷款。[①]

在通常情况下，我国影视制作公司获得贷款的难度很大。一方面，我国企业信用制度建设还不够完善，银行等金融机构在给影视制作公司发放贷款时一般只会选择担保贷款的方式；另一方面，影视项目本身具有高投资、高风险的特征，影视制作公司的影视作品不易估价，而固定资产的价值又少，办公地点和拍摄基地又多是租用，这都增加了银行发放担保贷款的难度。[②]

然而，近年来影视娱乐行业涌现的一批新兴的贷款融资方式一定程度上扭转了上述"贷款难"的局面，其中贡献最大的当属版权抵押融资和导演信用融资这两种贷款融资模式。

（一）版权抵押融资

电视剧产业的特点是拍摄投资巨大、资金周转周期较长，依靠电视剧制作公司的自有资金很难完成电视剧项目的顺利融资和制作。版权是影视娱乐业的核心资产，电视剧制作公司持有大量这种无形资产（如电视剧版权和播放权等），它们完全可以借助版权抵押的方式向银行申请贷款，以缓解"融资难"的问题。[③]

虽然电视剧的版权抵押融资模式在娱乐业发达的欧美、日韩等国早已是运作成熟的影视融资模式，然而该模式在我国则起步较晚。2007年，交通银行北京分行与北京天星影视文化传播公司就电视剧《宝莲灯前传》签订了一份版权抵押贷款合同，"打响"了中国电视剧产业版权抵押贷款融资模式的"第一枪"。在这一初始阶段，商业银行对电视剧产业的版权抵押贷款是在国家政策号召下进行的一种具有尝试和扶植性质的商业模式探索，只针对单个电视剧项目提供贷款服务，而且贷款金额和覆盖面都不大。

2008年5月14日，北京银行与华谊兄弟传媒有限公司签署了以1亿元版权抵押贷款为核心的综合金融服务战略合作协议，这是商业银行首次以电视剧作品版权增信拓展的担保方式为电视剧制作公司提供的多个电视剧项目进行打包贷款，被电视剧产业界称为"版权打包抵押第一单"。[④]

2010年6月6日，上影英皇文化发展有限公司用热播电视剧《神话》的播放权做抵押，为新剧《金枝玉叶》进行银行贷款融资，向中国银行上海市分行、

---

① 宋蕾：《影视剧制片管理》，中国国际广播出版社2018年版，第54页。

② 魏永征等主编：《影视法导论——电影电视节目制作人须知》，复旦大学出版社2005年版，第158页。

③ 洪皓轶："新时期电视剧产业版权融资方式研究"，载《新闻界》2011年第8期。

④ 洪皓轶："新时期中国电视剧融资方式发展新趋势探究"，载《电视研究》2012年第5期。

中国投资担保有限公司上海分公司、徐汇区财政局申请了450万元的贷款。播放权是电视剧版权的重要组成部分，此次融资成为全国第一例播放权质押融资贷款，为中小电视剧制作公司通过版权抵押从商业银行获得资金支持开创了良好的先例。

以往，商业银行给电视剧制作公司发放贷款时一般都会严格要求以有形资产做抵押担保，这极大地增加了电视剧制作公司自身的财务负担，使电视剧制作公司特别是中小型公司的贷款难度长期居高不下，而电视剧版权抵押贷款融资模式在我国的出现与发展，一定程度上缓解了长期困扰我国电视剧制作公司的"贷款难"问题，也促进了整个行业的快速健康发展。①

（二）导演信用融资

如果一个电视剧制作公司或者电视剧项目拥有优秀、知名的制作团队，比如著名的制片人、编剧、导演、演员等，那么它相较于其他普通公司和普通项目而言，就更容易吸引到外部资金的投入。影视行业内杰出人才的声誉、市场号召力和影响力在一定程度上可以有效带动电视剧制作的融资、摄制、发行等各环节的顺利运行。在2009年，中国导演工作委员会就与中国民生银行共同创造了"电视剧导演融资新模式"，这标志着在我国以电视剧导演融资为代表的信用融资模式时代已经来临。

2009年12月18日，中国民生银行与中国电视剧导演工作委员会在北京联合举办了"中国电视剧导演集体授信签约暨新闻发布会"。在签约仪式上，张国立、李少红、杨亚洲等国内23名优秀电视剧导演获得了每人500万元的授信额度，共计1亿多元人民币。此次对导演的批量授信为无抵押信用贷款，引入专业投资公司进行封闭式资金管理，专款专用，保证资金用于导演本人或者其所属影视制作公司电视剧的投资与制作。

电视剧导演信用贷款融资模式对电视剧产业的发展特别是对电视剧融资模式的创新具有重要意义。尽管以往也不乏商业银行等金融机构为电视剧制作公司提供融资服务，但它往往局限于传统的有形资产抵押担保贷款模式，贷款资金运作方式也多是针对某一电视剧项目或某一影视制作公司提供资金支持，而中国民生银行面向优秀导演群体的批量授信从行业跨界合作的宏观高度着眼，用个人信用加专业公司封闭式资金管理模式取代了商业银行多年以来固守的传统贷款融资方式，开创了金融产业与电视剧产业资本对接的新渠道。②

---

① 洪皓轶："当前中国电视剧产业无形资产融资主要发展模式探析"，载《电影文学》2012年第6期。
② 洪皓轶："当前中国电视剧产业无形资产融资主要发展模式探析"，载《电影文学》2012年第6期。

既然优秀电视剧导演可以依靠自身的声誉和市场影响力获得信用融资，那么优秀的编剧、制片人或者演员，乃至有着良好市场业绩的创作团队是否也能凭借其影响力进行电视剧信用融资呢？以发展的眼光看此问题，答案当然是肯定的。随着影视娱乐行业市场化、规范化的程度不断加深，电视剧主创人员的信用融资模式必将得到逐步推广、发展壮大，除了当前已经出现的导演融资模式外，编剧融资模式、制片人融资模式、团队融资模式等新型信用融资模式也会逐渐走进我们的视野，为电视剧产业融资模式不断注入新的活力。①

三、赞助

影视行业内的赞助是指个人或单位自愿地为影视项目提供资金或实物形式的资助，以资金赞助形式为主。广告是影视制作公司回报外界赞助的主要形式，因此，广告赞助融资方式就成了影视制作公司募集资金的重要途径。在 1990年的《渴望》、1991 年的《编辑部的故事》等电视剧作品的拍摄过程中，广告赞助融资就开始发挥起重要作用，并成为 20 世纪 90 年代前期我国电视剧资金的主要来源。时至今日，广告赞助融资仍然是影视制作公司补充电视剧制作资金的重要渠道，并且日益呈现出广告赞助融资方式多样化的新趋势。②

广告有很多不同形式，如植入广告、贴片广告、片尾鸣谢以及宣传推广活动中呈现赞助商的产品、标识等形式，但其中与电视剧融资最密切的形式还是植入广告。以下，我们将着重介绍该广告形式并尝试分析其市场优势。

（一）植入广告融资模式概述

在电视剧中植入广告不仅是影视制作公司获取赞助、进行融资的重要途径，也是制片公司与其他企业进行合作的主流方式之一，植入式广告更易于整体性地利用电视剧的热播效应，提升赞助企业及其商品知名度，收效明显，因而植入广告被很多赞助商所热衷。

电视剧作品中的植入式广告是全世界范围内电视剧行业的一种通行的融资手段。在我国，电视剧植入广告融资模式虽近年来才出现，但如今也日趋成熟。

在 2008 年，电视剧行业开始大量采用植入广告融资模式。比如，蒙牛乳业 (集团) 股份有限公司在电视剧《乡村爱情 2》中进行了大面积的广告植入。联合利华公司对电视剧《丑女无敌》的植入广告投资高达 1.3 亿元，成为迄今为止中国电视剧产业中最大的一笔植入广告融资。安徽卫视投拍的电视剧《幸

---

① 洪皓轶："新时期中国电视剧融资方式发展新趋势探究"，载《电视研究》2012 年第 5 期。
② 宋蕾：《影视剧制片管理》，中国国际广播出版社 2018 年版，第 55 页。

福一定强》凭借明星的收视号召力，在正式开拍之前就依靠植入广告收回了一半的投资成本。

在2010年，联合利华公司"清扬"洗发水独家冠名的电视剧《无懈可击之美女如云》成功开启了植入广告融资独家定制剧的先河。所谓独家，就是指植入广告的品牌垄断，绝不允许其他公司品牌的加入，相当于一个品牌广告商垄断承担了以往须由多家广告商共同支付的广告费用，此举将电视剧植入广告融资的规模和运作方式都推向了一个前所未有的新高度。[①]

（二）植入广告融资模式的市场优势分析

1. 植入广告的成本效益优势吸引了广告商投资。广告赞助商热衷于在电视剧中植入广告，其主要原因在于植入广告的价格远低于直接购买电视台时段广告的价格。从市场营销的角度来看，电视剧植入广告相对于其他形式的广告具有更高的性价比优势。植入广告的成本囊括了广告制作、演员工资和购买播出时段的所有成本，这相当于一笔投资可以获得永久性的广告收益，无论电视剧重播多少次，广告赞助商都不需要增加任何投入和费用。

依据电视剧的发行销售范围，植入广告不仅可以迅速覆盖中国的受众市场，而且还有可能进入海外市场，拓展更广阔的广告增值空间。

此外，植入广告与电视剧的特定场景、人物达到完美融合的效果，其在观剧过程中是难以忽视的，从而植入广告可以有效保证广告信息传达至目标受众。[②]

2. 植入广告的观看效果推动了广告商投资。近年来电视剧植入广告融资模式的蓬勃发展实际上有着非常深刻的媒体环境背景。在电视播出平台（不管是电视台还是视频播放网站）长期传统广告的信息轰炸下，观众表现出越来越强的反感倾向，对大众传媒中大量的营销信息变得愈发冷漠。这导致了传统媒介广告对目标人群的吸引力和信息传达有效性逐渐丧失，进而造成了传统广告资金投入的大量浪费。

植入广告是一种媒体资源整合的传播方式，是广告营销的创新技术。如果植入巧妙，观看效果要比单纯的广告好得多。电视剧的特定场景和人物塑造非常易于展示良好的品牌形象和具体产品的功能特性，而电视剧的人物关系和艺术定位也能够准确地面向一个产品的主流用户群体。例如，高端房地产项目的客户定位和奢侈品商品的产品特征都适合通过电视剧的叙事艺术和场景描写来

---

① 洪皓轶："当前中国电视剧产业无形资产融资主要发展模式探析"，载《电影文学》2012年第6期。

② 洪皓轶："当前中国电视剧产业无形资产融资主要发展模式探析"，载《电影文学》2012年第6期。

加以表达和诠释。因此，不难理解，与传统平面媒体广告和电视台时段广告相比，电视剧植入广告对受众的影响力、吸引力自然大幅增加。

无论是常见的多赞助商联合广告植入还是大客户的独家定制，这类电视剧植入广告融资模式都显示出广阔的市场前景。对于电视剧制作公司来说，这是一个引入社会资本进行电视剧融资的好方法；对于广告赞助商而言，植入广告比普通广告更具性价比。因此，只要把握好艺术尺度和营销技巧之间的平衡，电视剧植入广告融资模式将会成为一种跨产业的双赢互利的电视剧融资模式。[①]

四、政府拨款

一部艺术性、思想性俱佳的电视剧作品，对社会产生的积极效益是无法用金钱来衡量的。在我国，各级政府肩负着正确引导社会舆论和价值导向的责任，各级政府资助电视剧制作时，其实更看重文化效益和社会效益的获得；而电视剧制作公司则可以通过政府财政投入机制获得电视剧制作所需要的宝贵资金，以取得更大的经济效益。[②]因此，我们不难发现，对于政府和电视剧制作机构而言，政府财政拨款资助电视剧制作的模式是一种能够实现社会效益与经济效益双赢的方式。

政府拨款资助电视剧制作的实例并不鲜见。例如，在 2011 年，重庆市忠县政府就拨款投资了电视连续剧《半城山水满城橘》。该剧的女主角橘红由忠县籍著名演员陶红担任。忠县政府借助了陶红的艺术影响力，在当地创建了陶红影视学院，用以培养应用型影视演艺人才。2013 年，忠县还建成了占地 4 平方公里的军事题材影视剧拍摄制作基地，除了提供拍摄场景，影视基地还能够配套生产相关服装、道具以及其他制作设备，初步发展出一套完整的影视剧制作的产业链。对于其他同样具备较强地域文化特色的地方县市来说，忠县政府的影视文化发展模式是具有很强的参考借鉴意义的。政府拨款为当地影视产业的发展提供了强大的基础性支持，极大地促进了区域内经济、文化事业的发展，实现了政府与影视公司互利共赢的良好局面。[③]

2017 年 6 月 26 日，国家新闻出版广电总局、发展改革委、财政部、商务部、人力资源和社会保障部等五部委联合下发《关于支持电视剧繁荣发展若干政策的通知》，要求建立和完善科学合理的电视剧投入、分配机制，引导规范

---

① 洪皓轶："当前中国电视剧产业无形资产融资主要发展模式探析"，载《电影文学》2012 年第 6 期。

② 聂闽湘："浅议电视剧的融资手段"，载《媒体时代》2011 年第 4 期。

③ 洪皓轶："新时期中国电视剧融资方式发展新趋势探究"，载《电视研究》2012 年第 5 期。

社会资本支持电视剧繁荣发展。该通知第 12 条规定："完善支持电视剧发展的财政投入机制。在明晰政府和市场关系的基础上，通过现有资金渠道，完善投入机制，大力支持电视剧繁荣发展。"因此我们有理由相信，政府拨款支持电视剧制作的财政投入机制在未来一定会更加完善，政府拨款模式对于电视剧融资的重要性也会日益增加。

五、制播合作融资

近年来，电视剧产业内的"制播合作"现象越来越火热，电视剧制作机构和电视台合作催生了媒体预购融资模式、独播买断融资模式和定制剧融资模式这三种新兴的电视剧产业融资模式。三种新兴的融资模式大幅度降低了影视制作机构的融资风险，也发挥了电视台在影视产业中的平台与资金优势，实现了影视产业各要素的合理配置。[①]

（一）媒体预购融资模式

媒体预购融资模式是早期电视剧制作机构与电视台进行合作的典型的融资模式。提前出售电视剧的播放权或版权是媒体预购的常见方式之一。它是指电视制作单位在电视剧拍摄或制作完成前向电视台出售电视剧的发行播放权。电视剧制作机构在制定好剧本策划后（剧本策划包括拟拍摄电视剧的内容介绍，编剧、导演、演员等主创人员，市场前景评估分析等材料），直接与电视台采购部门进行洽谈，一旦电视台同意购买该片版权或播放权，就将该电视剧采购资金直接投入到电视剧制作当中。

以电视剧《我的团长我的团》为例，该片的拍摄成本高达 4100 万元。省级卫视联合购买了这部电视剧的播放权，其预售模式采用"4+4+1"模式，即由东方卫视、江苏卫视、北京卫视和云南卫视等四家卫视进行首轮播出。50 天后，由浙江卫视、山东卫视、河南卫视、四川卫视等四个卫视进行第二轮播出，第三轮由广东卫视在一个半月后播出。前四家省级卫视以每集 100 万元的高价购买了该片的集体首播权。在电视剧《我的团长我的团》正式拍摄开始前，认购资金就已经如期顺利到位，成为媒体预购融资模式的一个范例。

电视剧制作机构与电视台的制播合作是电视剧市场的产业化程度日益加深的必然结果。通过这种深入合作，供需双方的需求都能得到满足，市场竞争格局也得到整合和优化。对于电视剧制作公司来说，首先，电视剧预售给电视剧制作公司提供了一个额外的机会，即在项目开始前测试市场反应，从

---

①　洪皓轶、任燕："新时期电视剧产业内制播合作融资模式研究"，载《现代物业》2011 年第 8 期。

而避免盲目投资、降低投资风险；其次，电视台愿意提前购买，这意味着电视剧可以在拍摄前解决发行和播出问题，也可以获得相当数量的启动资金，使电视剧制作公司的资金周转期大大缩短，使投资回报更加稳定。对于电视台来说，通过这种合作也可以先行抢占优质的电视剧资源，从而提升自身的市场收益和影响力。

目前，电视剧媒体预购在电视产业内已经越来越普遍。不仅大型电视剧制作公司倾向于与电视台建立这种合作关系，许多中小型公司一旦掌握了优质的电视剧项目，也会积极与电视台进行预售谈判。可以预见的是，未来这种媒体预购融资模式将会更加普遍。①

（二）电视台独播买断融资模式

所谓电视台独播买断，是指电视台以竞争性价格从电视剧制作公司手中独家购买其电视剧的播放权，并且只允许在该电视台进行播放。这种电视剧购买模式是电视剧在版权销售和播出方式上的一个有力突破。

电视台独播买断融资模式在电视产业成熟的国家和地区，如欧美日韩，有着较长的发展历史。在 2005 年，中国中央电视台首次在大陆地区提出并实施了独播买断的运营模式。央视不断收购诸如《京华烟云》《宝莲灯》《汉武大帝》《大宋提刑官》等高质量国产电视剧的"独家播放权"，尽管投入巨大，但回报也甚是可观，央视电视剧节目时段的收视率由此得到了提升。

省级卫视自然不甘在激烈的收视竞争中落后。以浙江卫视为例，在 2006 年，浙江卫视节目购销中心以独播买断的形式购买了电视剧《争霸传奇》，其单集价格为 80 万元，40 集电视剧的总成本为 3200 万元。《争霸传奇》播出后，调查数据表明，浙江卫视在北京、上海、南京、武汉等城市的收视份额均有较大提升。

电视台对电视剧的独播买断模式大大缩短了电视剧产业的投资回报期，那些有实力出售电视剧的电视剧制作公司自然也从这种资源争夺中受益匪浅。近年来，随着独家播放权买断模式的流行，热门电视剧的收购价格也随之上涨，为电视制作行业注入了大量资金。这种简单灵活的融资模式，一步解决了融资问题，直接刺激了许多电视剧制作公司的跨越式发展。②

（三）定制剧融资模式

所谓定制剧，是指专门为电视剧播出机构（电视台或者视频网站）定制

---

① 洪皓轶、任燕："新时期电视剧产业内制播合作融资模式研究"，载《现代物业》2011 年第 8 期。

② 洪皓轶："新时期电视剧产业版权融资方式研究"，载《新闻界》2011 年第 8 期。

的电视剧，它既可以由电视剧制作机构率先提出创意、得到电视剧播出机构认可并委托其进行制作，也可以由电视剧播出机构创作构想，然后委托电视剧制作公司根据其要求定制生产。[1]因为定制电视剧是由电视播出机构委托制作的，它拥有普通电视剧难以获取的垄断性优势。由于电视剧播出机构拥有或部分拥有定制剧的版权，电视剧播出机构可以通过无限制地播放和发行该定制剧持续获得利润，其收益是非常可观的。

与其他产业的投资相比，电视产业的投资是高风险投资。在定制电视剧版权的预售中，电视剧制作机构可以通过定制的方式销售版权（或部分版权）来有效分散市场风险，并获得足够多的制作资金。这样的交易模式不仅满足了电视剧播出机构对高质量电视剧资源的需求，也降低了电视剧行业巨大的融资风险。通过定制电视剧融资方式，制作方和播出方形成了双赢互补的可持续发展模式。

在我国，"定制剧"融资模式是"独播买断"融资模式发展到相当激烈的程度后必然出现的结果。由于市场需求强劲，独播买断电视剧的价格一直在大幅上涨。电视剧播出机构逐渐发现，购买电视剧的资金足以投资电视剧的制作，也可以获得电视剧的版权，从而建立自己独有的剧目库。定制电视剧的出现，标志着电视剧制作机构和电视剧播出机构正在进入一个稳定的"联盟"时代，这也是电视剧市场和电视行业走向成熟的标志。

近年来，我国定制电视剧的数目逐渐增多，例如，东方卫视的《网球王子》、天津卫视的《杨光的快乐生活》、湖南卫视的《丑女无敌》等剧都是当年热播的定制剧，它们都取得了良好的收视率，为电视剧制作机构和播出机构创造了可观的收益。[2]

六、版权信托融资

2009 年 5 月，北京国际版权交易中心的版权产业融资平台正式开通。北京版权产业融资平台由国家开发银行、中信信托、北京银行和北京东方文化资产经营公司共同投资创立。版权所有者可以通过交易系统转让版权，也可以通过版权信托的方式在融资平台上筹集资金。借助版权信托的融资创新模式，该平台为文化创意企业和影视版权企业提供了新的融资渠道。该平台第一期共准备了 12 亿元的授信额度，首批挂牌交易的项目总价值近 1 亿元，包括电视剧、

---

[1] 何为："定制剧：电视剧产业整合与融资新方向"，载《现代视听》2009 年第 6 期。
[2] 洪皓轶："新时期电视剧产业版权融资方式研究"，载《新闻界》2011 年第 8 期。

电影、动画、音乐等 30 个文化创意版权项目。

在版权信托融资模式下，电视剧制作公司将电视剧作品的版权委托给信托公司，电视剧版权成为信托财产，信托公司成为受托人，对电视剧版权（即信托财产）享有管理和处分的权利。信托公司借助国际通用的专业技术手段对版权项目的市场商业价值进行评估，然后将其抵押给银行用以协助电视剧制作公司向银行申请贷款。信托公司的专业化运作增强了商业银行对电视剧制作公司的融资监管，从而也降低了商业银行的放贷风险，对电视剧制作公司而言，这也就意味着其贷款难度也随之降低，电视剧制作公司自身的融资能力得以提升。[1]

版权信托的出现为信托公司拓展了新的业务空间，同时也对信托公司的专业运营提出了更高的要求。信托公司需要有专业的人才，他们对电视剧版权等无形资产乃至整个电视行业拥有深入的了解，能够依靠复杂的技术评估方法完成准确的版权项目评估。在我国现行知识产权评估制度不完善的背景下，这无疑是众多信托公司面临的一大挑战。[2]

七、众筹融资

众筹融资模式作为互联网大发展时代的新型融资模式，是互联网给传统行业带来的一种全新的融资渠道。与传统的电视剧融资模式不同，"众筹电视剧"是电视剧项目发起人通过众筹平台向互联网用户筹集资金，并根据资金数额给予一定形式回报的一种融资方式。"众筹电视剧"将电视剧项目所需的制作资金、目标受众和市场营销有机地结合起来，整合了观众需求监测、营销推广、社交互动等因素，成为电视剧项目的新型"孵化器"。

电视剧众筹融资模式的出现为电视行业带来了一股新鲜活力，具有多重意义。在融资方面，对于有些众筹项目来说，用户可以用很少的钱成为电视剧投资者，显示出众筹模式的低门槛投资特征；在市场营销方面，由于观众积极参与电视剧的融资，他们因而具有了积极投资者和忠诚消费者的双重身份，这就意味着电视剧也预先绑定了这部分观众所能带来的收视效应；在影视娱乐文化发展方面，众筹电视剧模式有利于提升民众对电视行业的参与度，增强电视剧文化的大众性特征。

淘宝众筹、京东众筹、众筹网、云筹网等平台都是国内具有较高知名度与

---

① 洪皓轶："当前中国电视剧产业无形资产融资主要发展模式探析"，载《电影文学》2012 年第 6 期。
② 洪皓轶："新时期电视剧产业版权融资方式研究"，载《新闻界》2011 年第 8 期。

融资能力的众筹平台，它们提供了一个集众筹、营销和发行于一体的服务平台，用以满足筹集资金、招募演员、寻找场地、征集剧本等需求。《待嫁老爸》是第一部登上众筹平台的电视剧。它通过"众筹网"平台发起众筹项目，把探班电视剧拍摄现场、与明星互动等作为众筹回报形式，在募集资金和宣传项目方面取得了良好的效果。

尽管众筹模式在法律环境、盈利模式和平台建设等方面仍有待完善，但作为互联网时代的一种新兴影视融资模式，其未来发展不容小觑。①

第六节　新技术与电视的发展和规制

一、有线电视与卫星电视

（一）有线电视法律规制

1990 年 11 月 2 日，国务院颁布《有线电视管理暂行办法》，即广播电影电视部令第 2 号，这开启了我国有线电视事业有法可依的新篇章。其后，当时的广播电影电视部还先后出台了几个部门规章，《〈有线电视管理暂行办法〉实施细则》（1991 年，已失效）《有线电视系统技术维护运行管理暂行规定》（1992 年，已失效）《有线电视管理规定》(1994 年，已失效)。我国在 20 世纪 90 年代中期初步形成了有线电视法律管理体系。2009 年 1 月 20 日，国家广播电影电视总局颁布《关于废止部分广播影视规章和规范性文件的决定》，将一批"不适应当前广播影视发展要求予以废止的规章和规范性文件"予以废止，其中包括曾在我国有线电视管理工作中起到重要作用的《有线电视管理规定》。对这些已经废止的法规，本书不再赘述。

1. 有线电视现行治理体系。《有线电视管理暂行办法》第 2 条将有线电视界定为三种利用电缆或者光缆传送电视节目的公共电视传输系统，它们分别是：①接收、传送无线电视节目，播放自制电视节目和录像片的有线电视台；②接收、传送无线电视节目，播放录像片的有线电视站；③接收、传送无线电视节目的共用天线系统。目前，我国有线电视管理的法律依据主要有《有线电视管理暂行办法》（2018 年修订）、《广播电视有线数字付费频道业务管理暂行办法》(试行) 等。其内容大致分为以下几个方面：

（1）国家对有线电视管理遵照统一领导、分级管理的原则。广播电视行

_____

① 　刘祥平、肖叶飞："'互联网＋'时代电视剧产业链的重构"，载《新闻知识》2016 年第 11 期。

政管理部门负责有线电视管理工作和有线电视事业发展规划。上级广播电视行政管理部门有权对下级广播电视行政管理部门管理有线电视的工作进行监督、检查。

（2）《有线电视管理暂行办法》第4条规定，个人不得申请开办有线电视台、有线电视站。机关、部队、团体、企业事业单位可以申请开办有线电视台，但需符合下列条件：①符合当地电视覆盖网络的整体规划要求；②有专门的管理机构，专职的采访、编辑、制作、摄像、播音、传输以及技术维修人员；③有可靠的经费来源；④有省级以上广播电视行政管理部门根据国家有关技术标准认定合格的摄像、编辑、播音设备；⑤有固定的节目制作场所；⑥有省级以上广播电视行政管理部门根据国家有关技术标准认定合格的传输设备；⑦有固定的播映场所。具备前述第①、第③、第⑥项和第⑦项规定条件的，可以申请开办有线电视站，但禁止利用有线电视播放自制电视节目。

（3）有线电视台分为行政区域性有线电视台和非行政区域性有线电视台。我国限制播放自制节目的主体范围。除有线电视站不许播放自制电视节目外，《有线电视管理暂行办法》第5条第2款明确禁止利用共用天线系统播放自制电视节目和录像片。此外，有线电视台、有线电视站必须确保能够完整地直接接收、传送中央电视台和地方电视台的新闻和其他重要节目。

《有线电视管理暂行办法》要求有线电视台、有线电视站对所播出的内容进行审核、备案。其第11条规定，开办有线电视台、有线电视站的单位应当建立健全设备、片目、播映等管理制度，必须按月编制播映的节目单，经开办单位主管领导审核后，报县级广播电视行政管理部门备案。

2. 有线电视许可证制度。有线电视许可证制度与其是否占用稀缺的无线电频谱资源无关，而是因为我国对于广播电视管控政策的一致性要求。目前，有关有线电视的许可证主要有《有线电视台许可证》《有线电视台设计（安装）许可证》《有线电视站、共用天线系统设计（安装）许可证》。

为避免同一行政区域内重复建设有线电视台、有线电视站，进而导致市场竞争混乱、重复建设等问题，《有线电视管理暂行办法》规定，行政区域性有线电视台、有线电视站事前向相应级别的广播电视行政管理部门提交申请，经初步审查同意后，由广播电视行政管理部门发给《有线电视台许可证》后，方可开办有线电视台、有线电视站。

出于对国家安全等因素的考虑，我国要求有线电视台、有线电视站的工程设计、安装单位也要取得相应资质。《有线电视管理暂行办法》第7条规定，工程设计、安装单位承担有线电视台的工程设计、安装任务的，必须经省级广播电视行政管理部门批准，由省级广播电视行政管理部门发给《有线电视台设计（安装）许可证》。工程设计、安装单位承担有线电视站、共用天线系统的设计、安装任务的，必须经县级广播电视行政管理部门批准，由县级广播电视行政管理部门发给《有线电视站、共用天线系统设计（安装）许可证》。

《广播电视管理条例》第 50 条列举了未经批准擅自变更台名、台标、节目设置范围或者节目套数等 8 类禁止性行为，但出租、转让《有线电视台许可证》并未列入其中，其他法律文件也未对上述问题作出回应。有学者认为，只要不影响行政管理目标的实现，允许有线电视经营主体自主选择出租、转让相应许可证可以提高稀缺资源的利用率，符合经营者的成本投入和收益期待。[①]我们认为，即便赋予经营主体这样的自主权，也应当在明确、具体的法律法规指导下进行，否则很容易给有线电视行政管理制造不必要的障碍。

（二）卫星电视管理制度

我国关于卫星电视的法律监管主要集中在地面接收设置管理上。1993 年 10 月 5 日，国务院出台了《卫星电视广播地面接收设施管理规定》。随后，当时的广播电影电视部于次年 2 月 3 日出台了《〈卫星电视广播地面接收设施管理规定〉实施细则》。

受卫星电视相关技术制约，我国卫星电视普及较晚。在相当长一段时间内，接受卫星电视信号都以民间自发形式进行。1990 年 4 月 7 日，我国西昌卫星发射中心成功发射"亚洲一号"卫星，标志着亚洲卫星通信广播迈入新的发展阶段。此后，大众的"收星"需求日益高涨。民间的各种卫星电视接收设备遍地开花，大量违法、违规电视内容流入千家万户。1993 年，《卫星电视广播地面接收设施管理规定》应运而生。

《卫星电视广播地面接收设施管理规定》只有 13 条内容，主要明确了卫星电视广播地面接收设施的概念，我国卫星电视广播地面接收设施的生产、进口、销售、安装和使用实行的许可证制度，卫星地面接收设施的生产、进口、质量认证制度，违反相关规定的处罚办法等宏观内容。该管理规定于 2018 年进行修订，修改后的主要内容如下：

1. 卫星电视广播地面接收设施是指接收卫星传送的电视节目的天线、高频头、接收机及编码、解码器等设施。其生产、进口、销售、安装和使用单位由国家指定，其他任何单位不得擅自从事相关业务。

---

① 许若群："有线电视系统的法律规范"，载《河北法学》2002 年第 4 期。

2. 我国卫星接收设施实行许可证制度，原则上个人不得安装和使用。相关单位设置卫星地面接收设施的，必须向当地县、市人民政府广播电视行政部门提出申请，报省、自治区、直辖市人民政府广播电视行政部门审批，凭审批机关开具的证明购买卫星地面接收设施。卫星地面接收设施安装完毕，由审批机关发给《接收卫星传送的电视节目许可证》。

3. 违反卫星接收设施管理规定生产、销售卫星地面接收设施的，由相关行政部门责令停止生产、销售。擅自安装和使用卫星地面接收设施的，由广播电视行政部门没收其安装和使用的卫星地面接收设施，对个人可以并处 5000 元以下的罚款，对单位可以并处 5 万元以下的罚款。

2013 年的修订和 2018 年的第二次修订只是对少部分条文作了些许调整，并未对相关内容进行实质性修改。例如，该管理规定依然保留擅自安装和使用卫星地面接收设施行为的罚款幅度。

1994 年出台的《〈卫星电视广播地面接收设施管理规定〉实施细则》(以下简称《细则》) 很大程度上弥补了《卫星电视广播地面接收设施管理规定》留下的空白。根据该《细则》，中央广播电影电视部及地方各级广播电视行政部门负责管理卫星电视广播地面接收设施。同时，中央及地方公安部门、国家安全部门也负责全国卫星地面接收设施管理工作。广播电视行政部门负责对卫星地面接收设施实行归口管理，审批卫星地面接收设施的设置，组织对卫星地面接收设施的生产、销售、使用情况进行检查；公安部门的职责是查处抗拒、阻碍管理部门依法执行公务的违法行为，协助管理部门对卫星地面接收设施进行技术检查；国家安全部门的职责是检验审核卫星地面接收设施的技术性能，进行技术安全检查，并视需要采取必要的技术防范措施。

《细则》对于接收境内、外节目的申请主体作了区别规定。原则上讲，任何单位均可申请设置卫星地面接收设施接收卫星传送的境内电视节目。而对于境外节目，只有三类单位可以申请接收卫星信号：级别较高、规模较大的教育、科研、新闻、金融、经贸等确因业务工作需要的单位；三星级或国家标准二级以上的涉外宾馆；专供外国人和港、澳、台人士办公或居住的公寓等。除此之外，《细则》还对《接收卫星传送的境内电视节目许可证》的申请流程作了详细规定。

对于"个人不得安装和使用卫星地面接收设施"，《细则》规定了特例，即"在收不到当地电视台、电视转播台、电视差转台、有线电视台 (站) 的电视节目的地区，个人可申请安装卫星地面接收设施接收境内电视节目"。

我国的有线电视业务起步较晚，但这丝毫没有影响它们的发展规模和速度。

随着高清、超清、虚拟现实等技术的推进，传统的广播电视业务正向着多元化发展。2009 年 7 月，广电总局关于印发《关于加快广播电视有线网络发展的若干意见》的通知，提出"广播电视有线网络的管理体制、运行机制、技术水平和服务方式还不适应数字化、信息化、规模化和产业化发展的要求，还不能满足人民群众多样化、多层次、多方面的精神文化需求，在国家信息化建设中还没有充分发挥作用"，应"通过推动有线网络的体制创新、技术创新和服务创新，加大有线网络整合和数字化、双向化改造的力度，加快广播电视有线网络发展"。该通知要求各省级广播电视行政部门加快制定有线电视数字化整体转换的规划及时间表。要求"到 2010 年，直辖市和东、中部地区地市以上城市要实现有线电视数字化，东、中部地区县级城市和西部地区大部分县级以上城市要基本完成有线电视数字化；到 2015 年，所有县级以上城市要基本完成有线电视数字化"。①

2017 年 11 月，原国家新闻出版广电总局发布了《关于规范和促进 4K 超高清电视发展的通知》《关于加快推进高清电视发展的通知》，2018 年，国家广播电视总局编制并由住建部批准发布《有线电视网络工程设计标准》和《有线电视网络工程施工与验收标准》两项国家标准，从节目制、播、传、收、运营、服务、监管等多个环节作出详细工作部署，确保高清电视的发展。

互联网对有线电视、卫星电视的冲击近年来愈发明显。不仅我国传统电视行业面临用户流失的窘境，各国均是如此。近年来，我国有线电视用户规模呈负增长趋势。数据显示：2018 年，我国有线电视用户总量为 2.23 亿户，较上年度净减 2139.6 万户，同比降幅达到 8.7%。②直播卫星用户净增 847.5 万户，同比增长 6.5%，总量达到 1.38 亿户。新增用户放缓，但新一代户户通直播卫星机顶盒的测试和升级正在稳步推进。IPTV 用户净增 3315.9 万户，同比增长 27.1%，总量达到 1.55 亿户。电信运营商继续深挖家庭市场、发力融合业务，推动 IPTV 用户持续增长。

二、点播互动条件下的电视发展与法律规制

（一）视频点播服务法律规制

2004 年 7 月 6 日，原国家广播电影电视总局发布《广播电视视频点播业务

---

① 《关于加快广播电视有线网络发展的若干意见》。
② "产业热点 | 2018 年第四季度中国有线电视发展公报"，载搜狐网，https://www.sohu.com/a/301293999_120060689，最后访问时间：2019 年 3 月 14 日。

管理办法》。在此之前，有线电视点播业务主要通过《有线电视视频点播管理暂行办法》（广电总局令第 4 号）和《宾馆饭店视频点播管理暂行办法》（广电总局令第 6 号）规范管理，《广播电视视频点播业务管理办法》于 2004 年 8 月 10 日起实施，这两部法规同时废止。

《广播电视视频点播业务管理办法》将广播电视视频点播（以下简称视频点播）定义为"通过广播电视技术系统以实时点播、准视频点播（轮播）、下载播放等点播形式供用户自主选择收看广播电视节目的业务活动"。由此可见，交互式传播被排除在外，即用户在自己选定的时间、选定的地点收看相关节目的行为不在其规范范围之内。

我国对于视频点播服务的管理主要有以下几个方面：

1. 我国对视频点播实行许可制度。《广播电视视频点播业务许可证》分为甲、乙两种。《广播电视视频点播业务许可证（甲种）》针对经批准设立的地（市）级以上广播电台、电视台以及经批准设立的广播影视集团（总台），而《广播电视视频点播业务许可证（乙种）》针对三星级以上或相当于三星级以上的宾馆饭店及具有同时为 10 家以上三星级或相当于三星级以上的宾馆饭店提供视频点播业务能力的机构。

在审核流程上，甲种许可证的审核要求明显高于乙种许可证。例如，申请甲种许可证须向当地广播电视行政部门提出申请，并提交符合第 10 条规定的申报材料。经逐级审核后，报广电总局审批。而申请乙种许可证只需要向当地县级以上广播电视行政部门提出申请，并提交符合第 10 条规定的申报材料。经逐级审核后，报省级广播电视行政部门审批。只不过，符合条件的申请机构在取得《广播电视视频点播业务许可证（乙种）》后应在 90 日内报广电总局备案。

《广播电视视频点播业务管理办法》将节目内容管理作为规范重点。首先，其将有符合该办法规定的节目资源，有健全的节目内容审查制度、播出管理制度及有与广播电视行政部门监控系统实现联网的方案作为许可证申请前提条件。要求点播业务开办机构配备节目审查员，实行节目总编负责制。

2. 视频点播节目禁止载有下列内容：反对宪法确定的基本原则的；危害国家统一、主权和领土完整的；泄露国家秘密、危害国家安全或者损害国家荣誉和利益的；煽动民族仇恨、民族歧视，破坏民族团结，或者侵害民族风俗、习惯的；宣扬邪教、迷信的；扰乱社会秩序，破坏社会稳定的；宣扬淫秽、赌博、暴力或者教唆犯罪的；侮辱或者诽谤他人，侵害他人合法权益的；危害社会公德或者民族优秀文化传统的；有法律、行政法规和国家规定禁止的其他内容。

3.用于点播业务的节目原则上以国产节目为主，引进用于视频点播的境外影视剧须按有关规定报广电总局审查。用于视频点播的节目仅限取得《电视剧发行许可证》《电影片公映许可证》的影视剧，依法设立的广播电视播出机构制作、播出的节目，依法设立的广播电视节目制作经营机构制作的节目，经省级以上广播电视行政部门审查批准的境外广播电视节目，从合法途径取得的天气预报、股票行情等信息类节目五类。

此外，《广播电视视频点播业务许可证》载明开办主体、开办范围、节目类别、传送方式等内容，开办机构必须按照许可证载明的事项从事视频点播业务。相关机构未经批准擅自开办视频点播业务或者超范围从事视频点播业务，可能面临取缔、罚款等行政处罚，构成犯罪的，依法追究刑事责任。

（二）IPTV集成播控平台建设相关政策

20世纪末，伴随电视机顶盒的发明，电视连接互联网成为现实。这使得在电视端收看网络内容成为可能。这样广阔的市场给电视行业带来了新的活力。2012年前后，各种大大小小、名目百出的电视机顶盒瞬间抢占市场，在给用户带来方便的同时，各种不符合内容管理相关规定的内容通过IPTV送入千家万户，给广播电视行业的内容管理带来不小压力。

在此背景下，2012年6月，国家广播电影电视总局下发《关于IPTV集成播控平台建设有关问题的通知》，提出建设全国统一、中央与省分级运营的IPTV集成播控平台体系，并实行严格的准入审批管理。通知规定，"IPTV集成播控总平台和分平台、全国性IPTV内容服务平台和省级内容服务平台、IPTV传输服务企业，均应分别取得广电总局颁发的具有相应许可项目的《信息网络传播视听节目许可证》。上述各方均取得相应许可后，方可对接并开展业务。"此后，IPTV管理逐步走上规范道路。同时，在平台建设过程中，也遇到类似计费标准、用户认证、工作部门业务对接等种种问题。2015年，国家新闻出版广电总局发布《关于当前阶段IPTV集成播控平台建设管理有关问题的通知》，针对IPTV集成播控平台建设的具体问题提出要求，特别强调IPTV播控监管的统一管理。例如：全国IPTV平台系统软件的统一开发、统一提供；统一执行国家新闻出版广电总局制定的IPTV编码、传输及技术接口标准；全国IPTV EPG的统一设计、统一管理；全国IPTV BOSS系统、用户管理系统、计费系统、版权管理系统一律统一管理。此后，IPTV集成播控平台建设有了统一标准。

经过近十年的建设、发展，目前我国IPTV产业链已经初步形成。数据显示，"截至2019年3月底，三家基础电信企业发展IPTV（网络电视）用户达

2.72亿户,相比于2018年整年净增加约1.17亿户"①。尽管IPTV产业发展潜力巨大,其在当前传播行业异常激烈的竞争之下也面临优质版权内容稀缺、用户资源竞争激烈等问题。

三、媒体融合背景下的电视发展与法律规制

互联网使得信息消费行为不再局限于特定的时间、地点。大众的媒体消费习惯已经呈现出碎片化、社交化、分众化、娱乐化等特点。这不仅改变了传统媒体行业的竞争格局,更使得报刊、电台、电视台等传统的单一媒体逐渐被边缘化;不仅受众大幅度流失,甚至成为互联网媒体的免费素材提供者。在此背景下,"融合"成为包括电视媒体在内的传统媒体成功突围的必然选择。

我国三网融合的实践经历了由企业自发合作到政府主导推进的发展过程。在政府明确的政策助力之下,我国三网融合在资金支持、人才引进、技术发展、行业标准建设和法律完善方面都有了飞速的发展。

我国自2010年起加快三网融合推进工作,明确将在全国范围内推动广电、电信业务双向进入,加快宽带网络建设改造和统筹规划,强化网络信息安全和文化安全监管以及推动移动多媒体广播电视、IPTV、手机电视、有线电视宽带服务等相关业务的发展作为三网融合推进政策的首要目标。

尽管融合之路已经开始十年之久,何为"三网融合"仍没有一个严格、统一的定义。目前学界与业界谈论的三网融合一般指电信业、传媒业与信息业的融合。这是一种把原本分散的技术、服务、资源整合后通过综合的平台传递给大众的模式。"一般认为,三网融合是指在数字技术革命的推动下,电信网、广播电视网、计算机互联网的相关技术和业务相互渗透融合,使得同样的应用和内容可通过不同的网络和不同的终端加以实现和传输的现象和过程。"②

媒介融合是一个复杂的系统化工程,不仅涉及观念创新、技术更新,更牵扯多个主管部门管理、监管工作的对接、衔接。在这一过程中,国家始终坚持通过政策引导和法律建设推动媒体融合快速、有序发展。

为了更好地落实三网融合的总部表和建设时间表,十年来,广电管理部门先后发布了数十个规范、行业标准、通知、办法等文件。其中,内容监管始终是融合媒体管理工作的重中之重。2013年,国家广播电影电视总局在《关于促

---

① "2019一季度中国IPTV用户数达2.72亿人,IPTV用户规模尚有较大提升空间",中国产业信息网,http://www.chyxx.com/industry/201909/778195.html,最后访问时间:2019年9月2日。

② 胡丹:"浅析三网融合的法律规制",载《北京邮电大学学报(社会科学版)》2009年第2期。

进主流媒体发展网络广播电视台的意见》中提出，"网络广播电视台是以宽带互联网、移动通信网等新兴信息网络为节目传播载体的电台电视台，是新形态的广播电视播出机构，是网上视听节目服务的重要平台，是网上舆论引导的重要阵地"。该意见要求各省、自治区、直辖市广播影视局加强、改进网络视听节目内容建设，推动广电媒体同互联网等新兴传播媒介的融合发展，不断提升网络广播电视台的辐射力和影响力，通过网上视听节目传播主旋律。

2014 年 8 月，中央全面深化改革领导小组第四次会议审议通过了《关于推动传统媒体和新兴媒体融合发展的指导意见》，强调媒体融合发展应遵循新闻传播规律以及新兴媒体发展规律，坚持正确舆论导向，借助先进互联网技术打造新型主流媒体。

2016 年 7 月，原国家新闻出版广电总局公布的《关于进一步加快广播电视媒体与新兴媒体融合发展的意见》明确"以习近平总书记系列重要讲话为指导，认真履行党的新闻舆论工作的职责和使命，始终坚持以人民为中心的发展思想，通过持续创新加快推动广播电视媒体与新兴媒体深度融合，不断巩固壮大主流宣传思想文化阵地，为协调推进'四个全面'战略布局、落实五大发展理念、决胜全面建成小康社会、实现中华民族伟大复兴的中国梦提供坚实的思想舆论支撑"。

在一系列指导意见的指挥下，相关政策、法规的落实亦逐步提上日程。2015 年 3 月，国家新闻出版广电总局联合财政部印发的《关于推动传统出版和新兴出版融合发展的指导意见》提出加强相关法律法规修制工作、优化出版行政管理、实施项目带动战略和强化人才队伍建设等措施，同时重点提出要加大财政政策支持力度等。同年，广电总局"广电+"行动和"宽带广电"战略提出加快推进有线电视网络双向化、宽带化发展，实现"全国一网"的目标。

三网融合进程不断深入，各种新兴视听业务蓬勃发展，发布于 2004 年的《互联网等信息网络传播视听节目管理办法》（第 39 号令）的部分内容已经不能适应新的发展、管理需求。2016 年国家新闻出版广电总局发布的，并于 2021 年修订的《专网及定向传播视听节目服务管理规定》（以下简称 8 号令）是对前者的修订。

8 号令将专网及定向传播视听节目服务定义为，"指以电视机、各类手持电子设备等为接收终端，通过局域网络及利用互联网架设虚拟专网或者以互联网等信息网络为定向传输通道，向公众定向提供广播电视节目等视听节目服务活动，包括以交互式网络电视（IPTV）、专网手机电视、互联网电视等形式从事内容提供、集成播控、传输分发等活动"。根据该定义，其相关规定内容主要针对交互式网络电视（IPTV）、专网手机电视和互联网电视。

根据 8 号令第 5 条，从事内容提供、集成播控、传输分发等专网及定向传播视听节目服务，应当依照本规定取得《信息网络传播视听节目许可证》，由广电总局根据专网及定向传播视听节目服务的业务类别、服务内容、传输网络、覆盖范围等事项分类核发。申请主体限国有独资或国有控股单位，外商独资、中外合资、中外合作机构，不得从事专网及定向传播视听节目服务。除此之外，申请单位应具备：健全的节目内容编审、安全传播管理制度和安全保护措施，与其业务相适应的技术能力、经营场所和相关资源，与其业务相适应的专业人员，符合国家有关标准和技术规范的技术方案，符合国务院广播电视总局确定的专网及定向传播视听节目服务总体规划、布局和业务指导目录。

8 号令从多个角度对内容服务提供主体提出了明确、具体的要求。例如：第 7 条规定，申请从事内容提供服务的，应当是经国家广播电视总局批准设立的地（市）级以上广播电视播出机构或者中央新闻单位等机构，还应当具备 2000 小时以上的节目内容储备和 30 人以上的专业节目编审人员。关于禁载内容，8 号令在《广播电视管理条例》的基础上提出了更为详细的规定。例如：不得含违反宪法确定的基本原则，煽动抗拒或者破坏宪法、法律、行政法规实施；诋毁民族优秀文化传统，煽动民族仇恨、民族歧视，侵害民族风俗习惯，歪曲民族历史和民族历史人物，伤害民族感情，破坏民族团结；宣扬宗教狂热，危害宗教和睦，伤害信教公民宗教感情，破坏信教公民和不信教公民团结，宣扬邪教、迷信；侵害未成年人合法权益或者损害未成年人身心健康等内容。在此基础上，内容提供服务单位须建立健全的内容管理制度，配备专业内容审查员，对本平台内容进行播前审查，并配合广播电影电视主管部门依法查询。

再如，8 号令第 18 条规定，只有地（市）级以上广播电视播出机构制作、播出的新闻节目可以通过专网及定向传播视听节目服务单位传播。专网及定向传播视听节目服务单位不得转播、链接、聚合、集成非法广播电视频道节目、非法视听节目网站的节目和未取得内容提供服务许可的单位开办的节目。

8 号令列举了专网及定向传播视听节目服务相关约 20 类违法行为，处罚方式主要有警告、罚款等。例如：

第 29 条，违反本规定，有下列行为之一的，由县级以上人民政府广播电视行政部门予以警告、责令改正，可并处 3 万元以下罚款；情节严重的，根据《广播电视管理条例》第 51 条的规定予以处罚：①专网及定向传播视听节目服务单位转播、链接、聚合、集成非法广播电视频道节目、非法视听节目网站的节目和未取得内容提供服务许可的单位开办的节目的；②集成播控服务单位擅自插播、截留、变更内容提供服务单位播出的节目信号的；③传输分发服务单位擅自插播、截留、变更集成播控平台发出的节目信号和电子节目指南（EPG）、用户端、计费、版权等控制信号的。

第30条　违反本规定，有下列行为之一的，由县级以上人民政府广播电视行政部门予以警告、责令改正，可并处3万元以下罚款；同时，可对其主要出资者和经营者予以警告，可并处2万元以下罚款：①变更股东、股权结构等重大事项，未事先办理审批手续的；②专网及定向传播视听节目服务单位的单位名称、办公场所、法定代表人依法变更后未及时向原发证机关备案的；③未按本规定要求，将拟增加的新产品或者开展的新业务报国家广播电视总局进行安全评估的；④采用合资、合作模式开展节目生产购销、广告投放、市场推广、商业合作、收付结算、技术服务等经营性业务未及时向原发证机关备案的；⑤集成播控服务单位和传输分发服务单位在提供服务时未履行许可证查验义务的；⑥未按本规定要求建立健全与国家网络信息安全相适应的安全播控、节目内容、安全传输等管理制度、保障体系的；⑦集成播控服务单位和内容提供服务单位未在播出界面显著位置标注播出标识、名称的；⑧内容提供服务单位未采取版权保护措施，未保留节目播出信息或者未配合广播电视行政部门查询，以及发现含有违反本规定的节目时未及时删除并保存记录或者未报告广播电视行政部门的；⑨集成播控服务单位发现接入集成播控平台的节目含有违反本规定的内容时未及时切断节目源或者未报告广播电视行政部门的；⑩用于专网及定向传播视听节目服务的技术系统和终端产品不符合国家有关标准和技术规范的；⑪向未取得专网及定向传播视听节目服务许可的单位提供与专网及定向传播视听节目服务有关的服务器托管、网络传输、软硬件技术支持、代收费等服务的；⑫未向广播电视行政部门设立的节目监控系统提供必要的信号接入条件的；⑬专网及定向传播视听节目服务单位在同一年度内3次出现违规行为的；⑭拒绝、阻挠、拖延广播电视行政部门依法进行监督检查或者在监督检查过程中弄虚作假的；⑮以虚假证明、文件等手段骗取《信息网络传播视听节目许可证》的。有此项行为的，发证机关应撤销其《信息网络传播视听节目许可证》。

第七节　电视监管制度

在我国，电视属于文化产业，具有公共文化服务的职能，这就使得政府对电视行业的监管相较于其他行业更为严格，并给出不同的制度安排。

一、电视主体监管制度

在我国，电视活动的参与主体主要包括电视台（站）、电视传送业务经营机构、电视节目制作经营机构等，而对上述主体的监管，主要体现在主体设立、业务准入等方面。

（一）电视台（站）的监管

1.设立电视台的条件与程序。国有制在我国广播电视领域占主导地位。中央、省（自治区、直辖市）、市（地）、县（区）四级政府对所属的电视台代行所有权职责。根据我国《广播电视管理条例》的规定，电视台由县、不设区的市以上人民政府广播电视行政部门设立，其中教育电视台可以由设区的市、自治州以上人民政府教育行政部门设立。除此之外，任何单位和个人不得设立电视台，同时国家也禁止设立外商投资的电视台①。设立电视台的条件包括：①有符合国家规定的广播电视专业人员；②有符合国家规定的广播电视技术设备；③有必要的基本建设资金和稳定的资金保障；④有必要的场所②。

其中，对于有线电视③台的设立，《有线电视管理暂行办法》规定了更具体的条件，包括：①符合当地电视覆盖网络的整体规划要求；②有专门的管理机构，专职的采访、编辑、制作、摄像、播音、传输以及技术维修人员；③有可靠的经费来源；④有省级以上广播电视行政管理部门根据国家有关技术标准认定合格的摄像、编辑、播音设备；⑤有固定的节目制作场所；⑥有省级以上广播电视行政管理部门根据国家有关技术标准认定合格的传输设备；⑦有固定的播映场所。具备前款第①项、第③项、第⑥项和第⑦项规定条件的，可以申请开办有线电视站④。

电视台变更台名、节目设置范围或者节目套数，省级以上人民政府广播电视行政部门设立的电视台或者省级以上人民政府教育行政部门设立的电视台变更台标的，应当经国务院广播电视行政部门批准。同时，电视台不得出租、转让播出时段⑤。

2.设立广播电视站的条件与程序。根据《广播电视站审批管理暂行规定》

---

① 参见《广播电视管理条例》第10条。

② 参见《广播电视管理条例》第9条第1款。

③ 传统的电视传输网络主要指的就是有线电视，是指下列利用电缆或者光缆传送电视节目的公共电视传输系统：①接收、传送无线电视节目，播放自制电视节目和录像片的有线电视台；②接收、传送无线电视节目，播放录像片的有线电视站；③接收、传送无线电视节目的共用天线系统。

④ 参见《有线电视管理暂行办法》第4条第1、2款。

⑤ 参见《广播电视管理条例》第13条。

的规定，设立广播电视站应当具备的条件包括：①符合国家和本辖区广播电视事业和产业建设发展规划；②有符合国家规定的广播电视专业人员；③有符合国家规定的广播电视技术设备；④有必要的基本建设资金和稳定的资金保障；⑤有必要的场所；⑥符合省级广播电视行政部门规定的其他条件[①]。

申请设立广播电视站，须由申请单位向当地县级以上广播电视行政部门提出申请，逐级审核同意后，报省级广播电视行政部门审批[②]。设立广播电视站旨在转播好中央、省级和当地的广播电视节目。条件具备的，应与当地区域性有线广播电视传输覆盖网联网。广播电视站不得称广播电台、电视台，不得接收、传送境外电视节目，不得在转播节目中插播自办节目和广告，不得将广播电视站出租、转让、承包给其他单位或个人。

（二）电视传送业务经营机构的监管

电视传送业务经营机构是负责电视节目传送业务的主体，也是我国广播电视传输覆盖网的重要组成部分。我国针对不同类型电视传送业务的准入分别设立了不同的行政许可制度。

如果是利用有线方式从事广播电视节目传送业务，应取得《广播电视节目传送业务经营许可证》[③]，并具备以下条件：①符合国家广播电视节目传送业务总体规划和业务要求；②具有确保广播电视节目安全传送所需的设备、资金、技术、人员及相关管理制度；③资费标准符合国家有关规定；④有从事经营活动的场所及相应网络资源；⑤有长期提供传送服务的信誉和能力；⑥有合法的广播电视节目信号来源；⑦其他法律、行政法规规定的条件[④]。

如果是利用无线、微波、卫星等其他方式从事广播电视节目传送业务，应申请《广播电视节目传送业务经营许可证（无线）》，并具备以下条件：①具有独立的法人资格；②符合广播电视无线传输覆盖网的总体规划和业务要求；③具有必要的设计文件或技术评估报告和基本建设资金、稳定的经费保障；④有必要的工作场所，工作环境安全可靠；⑤如申请地面无线广播电视传输覆盖业务，还应符合地面广播电视覆盖网的技术规划要求；⑥传输的广播电视节目信号来源合法[⑤]。

如果是通过以互联网协议（IP）作为主要技术形态提供视听节目传输等服

---

① 参见《广播电视站审批管理暂行规定》第 4 条。

② 参见《广播电视站审批管理暂行规定》第 5 条第 1 款。

③ 参见《广播电视节目传送业务管理办法》第 5 条第 1 款。

④ 参见《广播电视节目传送业务管理办法》第 8 条。

⑤ 涂昌波：《广播电视法律制度概论》，中国传媒大学出版社 2018 年版，第 103 页。

务的，应申请《信息网络传播视听节目许可证》，并具备下列条件：①符合广电总局确定的信息网络传播视听节目的总体规划和布局；②符合国家规定的行业规范和技术标准；③有与业务规模相适应的自有资金、设备、场所及必要的专业人员；④拥有与业务规模相适应并符合国家规定的视听节目资源；⑤拥有与业务规模相适应的服务信誉、技术能力和网络资源；⑥有健全的节目内容审查制度、播出管理制度；⑦有可行的节目监控方案；⑧其他法律、行政法规规定的条件[①]。

（三）电视节目制作经营机构的监管

《广播电视管理条例》明确规定广播电视节目制作经营需要特许，这是制作机构申请工商执照的前置条件。根据《广播电视节目制作经营管理规定》的规定，除电视台（站）外，设立广播电视节目制作经营机构或从事专题、专栏、综艺、动画片、广播剧、电视剧等广播电视节目的制作和节目版权的交易、代理交易等活动的行为，应当取得《广播电视节目制作经营许可证》[②]。

申请《广播电视节目制作经营许可证》应当符合国家有关广播电视节目制作产业发展规划、布局和结构，并具备下列条件：①具有独立法人资格，有符合国家法律、法规规定的机构名称、组织机构和章程；②有适应业务范围需要的广播电视及相关专业人员、资金和工作场所，其中企业注册资金不少于300万元人民币；③在申请之日前3年，其法定代表人无违法违规记录或机构无被吊销过《广播电视节目制作经营许可证》的记录；④法律、行政法规规定的其他条件[③]。

广播电视节目制作经营许可有效期为2年，这意味着超过2年需要办理续展时，仍然需要经过审批或者再次获得许可。2011年，国家广电总局办公厅以通知方式决定自2011年11月至2012年3月，对全国广播电视节目制作经营机构和《电视剧制作许可证（甲种）》机构进行2011年度业绩审核工作。此后这一审核工作年年展开，审核的内容、标准、程序逐步明确并细化。

广播电视节目制作经营许可制度对于推进电视节目市场发展具有重要意义。截至2017年4月11日，全国有14 389家机构获得了《广播电视节目制作经营许可证》，1835家机构的《广播电视节目制作经营许可证》审核不合格，另有196家机构主动申请注销。[④] 审核不合格和申请注销的占总量约14%。通

---

① 参见《互联网等信息网络传播视听节目管理办法》第8条。

② 参见《广播电视节目制作经营管理规定》第2、4条。

③ 参见《广播电视节目制作经营管理规定》第6条

④ 参见《关于2016年度全国〈电视剧制作许可证（甲种）〉、〈广播电视节目制作经营许可证〉机构情况的通告》（通告 [2016] 3 号）。

告显示，2017 年我国持有《广播电视节目制作经营许可证》的机构共有 14 389 家，较上一年度增加 4157 家。[①] 许可证是一道门槛。政府通过对许可证的年度审查，逐步淘汰劣质产品的生产者，优化制作机构的整体结构，有利于广播电视节目制作行业的健康发展。

二、电视节目监管制度

电视节目是实现《宪法》所规定的 "广播电视为社会主义服务，为人民服务" 总目标的重要载体。对电视节目的监管，是国务院广播电视行政主管部门的重要职责，也是我国电视监管制度的重要组成部分，并集中体现在节目标准上。在我国，电视节目的标准主要集中在行政法规、规章以及各种规范性文件中。总结起来，主要体现在以下几个方面：

（一）许可证制度

目前我国有 14 项审批规定与电视节目（含电视剧）的表演、制作、播出、交易有关（详见以下表格）。主要集中在四大领域，分别是：节目制作者管理；节目制作机构管理；节目内容管理；节目交易管理。

表 3-1　14 项审批规定

事项	法律依据	对相对人的处罚方式
新闻记者证核发	《国务院对确需保留的行政审批项目设定行政许可的决定》	通报批评；责令公开检讨；责令改正；中止新闻记者证使用；责成主管单位、主办部门监督整改；警告、罚款、吊销新闻记者证。（《新闻记者证管理办法》第 34~38 条）
国产电视剧片审查	《广播电视管理条例》第 35 条、《国务院对确需保留的行政审批项目设定行政许可的决定》（2004）、《国务院关于第五批取消和下放管理层级行政审批项目的决定》（2010）、《国务院关于取消和下放 50 项行政审批项目等事项的决定》	对擅自制作、发行、播出电视剧或者变更主要事项未重新报审的，依法予以取缔，没收其从事违法活动的专用工具、设备和节目载体，并处以罚款；对制作、发行、播出含有禁止内容的，收缴其节目载体，并处以罚款，情节严重的，由原批准机关吊销许可证；违反治安管理规定的，由公安机关依法给予治安管理处罚；构成犯罪的，依法追究刑事责任；对以欺骗等不正当手段取得发行许可证的，由原发证机关撤销电视剧发行许可证。（《电视剧内容管理规定》第 35~37 条）

---

① 载中华人民共和国中央人民政府官方网站，http://www.gov.cn/zwgk/2011-12/02/content_2009281.htm 最后访问时间：2020 年 4 月 3 日。

续表

事项	法律依据	对相对人的处罚方式
引进用于广播电视播放的境外电影、电视剧审批	《广播电视管理条例》	违反《境外电视节目引进、播出管理规定》的，依据《广播电视管理条例》予以处罚。构成犯罪的，依法追究刑事责任。
引进用于广播电视播放的境外其他广播电视节目审批	《广播电视管理条例》	违反《境外电视节目引进、播出管理规定》的，依据《广播电视管理条例》予以处罚。构成犯罪的，依法追究刑事责任。
广播电台、电视台以卫星传输方式进口、转播境外广播电视节目审批	《广播电视管理条例》	未找到资料
影视节目制作机构与外方合作制作电视剧审批	《国务院对确需保留的行政审批项目设定行政许可的决定》	违反规定的给予行政处罚，构成犯罪的，依法追究刑事责任。（《中外合作制作电视剧管理规定》第20条）
境外广播电视机构在华设立办事机构审批	《国务院对确需保留的行政审批项目设定行政许可的决定》《外国企业常驻代表机构登记管理条例》	驻华办事机构违反中国法律、法规等规定的，有关部门依法给予警告、责令暂停业务、撤销办事机构等处罚。（《境外机构设立驻华广播电视办事机构管理规定》第18条）
境外卫星电视频道落地审批	《国务院对确需保留的行政审批项目设定行政许可的决定》《境外卫星电视频道落地管理办法》	经批准落地的境外卫星电视频道违反本办法规定，情节轻微的，予以警告，要求陈述情况并纠正；情节严重的，暂停其特定内容传送、暂停或取消有关频道落地资格；经批准落地的境外卫星电视频道造成不良影响的，除接受相应处理外，应按照广电总局的要求在相同的传播范围内消除不良影响。（《境外卫星电视频道落地管理办法》第16、17条）
举办国际性广播电视节目交流、交易活动审批	《广播电视管理条例》《国务院关于修改部分行政法规的决定》	违反《广播影视节（展）及节目交流互动管理规定》的，依照《广播电视管理条例》《电影管理条例》进行处罚。（《广播影视节（展）及节目交流互动管理规定》第19条）
广播电视节目播音员、主持人资格认定	《国务院对确需保留的行政审批项目设定行政许可的决定》《国务院关于第六批取消和调整行政审批项目的决定》	行政许可申请人隐瞒有关情况或者提供虚假材料申请行政许可的，行政机关不予受理或者不予行政许可，并给予警告。

续表

事项	法律依据	对相对人的处罚方式
广播电视节目制作经营单位设立审批	《广播电视管理条例》	违反《广播电视节目制作经营管理规定》的，依照《广播电视管理条例》进行处罚。构成犯罪的，依法追究刑事责任。
设立电视剧制作单位审批	《广播电视管理条例》	未找到资料
广播电视视频点播业务审批	《国务院对确需保留的行政审批项目设定行政许可的决定》	未找到资料
境外人员及机构参加广播影视节目制作审批	《国务院办公厅关于保留部分非行政许可项目审批的通知》《电影管理条例》	未找到资料

其中，涉及表演者或节目制作者管理的规定有 3 项，包括：新闻记者证核发，广播电视节目播音员、主持人资格认定，境外人员参加广播影视节目制作审批；涉及节目制作机构管理的规定有 3 项，包括：境外广播电视机构在华设立办事机构审批，广播电视节目制作经营单位设立审批，设立电视剧制作单位审批；涉及节目内容管理的规定有 6 项，包括：国产电视剧片审查，境外电影、电视剧及其他广播电视节目审批（分为两个子项），广播电视以卫星传输方式进口、转播境外广播电视节目审批，影视节目制作机构与外方合作制作电视剧审批，境外卫星电视频道落地审批，广播电视视频点播业务审批；涉及节目交易管理的规定有 1 项，即举办国际性广播电视节目交流、交易活动审批。

（二）内容审查制度

电视节目内容审查制度是电视节目监管制度最重要的组成部分，包括审查的主体、审查的时间、审查的标准等。《广播电视管理条例》对此有原则性的规定，其第 33 条规定"广播电台、电视台对其播放的广播电视节目内容，应当依照本条例第 32 条的规定进行播前审查，重播重审"。就此明确，审查主体是播出机构，审查时间是播出之前，审查标准是《广播电视管理条例》第 32 条规定的 7 项禁载条款。

1. 内容审查的底线标准：禁载条款。"禁载条款"，或者称之为"禁载制度"，就是以法律规范的形式限制刊载、传播内容，达到风险防控的强制性目的。相关规定主要以对"禁止"性内容的描述为主，^①旨在明晰法律底线，禁止传播给国家、社会和个人利益造成威胁和损害的内容。以《广播电视管理条例》为例，其第 32 条规定了禁载条款有：①危害国家的统一、主权和领土完整的；②危害国家的安全、荣誉和利益的；③煽动民族分裂，破坏民族团结的；④泄露国家秘密的；⑤诽谤、侮辱他人的；⑥宣扬淫秽、迷信或者渲染暴力的；⑦法律、行政法规规定禁止的其他内容。

从规制的具体内容来看，禁载条款大致可以分为三类：①危害国家主权、泄露国家秘密、破坏民族团结等对国家安全、荣誉和利益造成损害的内容；②宣扬或渲染淫秽、赌博、吸毒、暴力、恐怖、迷信、邪教以及教唆犯罪或者传授犯罪方法等对社会公共秩序和利益造成损害的内容；③对尊严、隐私等个人合法权益尤其是人格权益造成损害的内容。当然，针对特殊对象或者事项的传播内容，比如针对未成年人接触传播信息，法律往往也有一些特殊规定或者设置兜底性条款。

2.其他法定标准。除了禁载条款外，《广播电视管理条例》在"广播电视节目"一章中关于节目审查的标准还包括如下内容：第 34 条（新闻真实公正）、第 36 条（规范语言文字）、第 37 条（地方台依规制转播）、第 38 条（依预告播出）、第 46 条（遵守《著作权法》）等。上述领域的电视节目标准管理都有丰富的实践，条例的规定只不过是最简单的原则。

以"规范使用语言文字"为例，多年来这一领域的实践包括：坚持普通话的法律地位，坚持规范使用语言文字，避免在普通话中夹杂外国语和外语缩略语，避免网络语言的泛滥，对电视字幕错别字进行指标管理等。国家于 2000 年颁布了《中华人民共和国语言文字法》（以下简称《语言文字法》），广播电视系统依法建立了播音员、主持人普通话标准考核制度，规定普通话未达标者不能上岗，此举对在全国推广普通话产生积极影响。近年来相关部门又通过加强电视业的文字管理，进一步落实《语言文字法》。

（三）节目调控制度

对电视节目实施管理，是行政主管部门的重要职能，除许可证制度外，还涉及大量的政策制定、综合平衡与调整，监管范畴早已远远超出条例规定的"两特"情形，而是针对各种可控因素（包括节目的播出范围、总量、比例、时机、时段等），对各类节目（覆盖中外、广告等）实施综合调控。

1.播出范围调控。这里的播出范围主要是节目播出平台。例如，自 2015

---

① 童兵、陈绚主编：《新闻传播学大辞典》，中国大百科全书出版社 2014 年版，第 239 页。

年1月1日开始，国家广电总局对卫视综合频道黄金时段电视剧播出方式进行调整。具体内容包括：同一部电视剧每晚黄金时段联播的综合频道不得超过2家，同一部电视剧在卫视综合频道每晚黄金时段播出不得超过2集①。

2. 播出时长调控。 如国家广电总局规定： 除国家法定节假日外， 电视剧每天播出时间总量不得超过每天播出电视时间总量的45%； 除国家法定节假日和双休日外， 同一部电视剧每天播出总集数不得超过6集； 同一部电视剧在19:00至24:00之间， 播出总集数不得超过3集。 ② 再如作为对相亲交友类节目的调控措施， 总局要求 "各电视台相亲节目必须采取季播形式， 每年播出的相亲交友节目时间不能超过3个月， 每周不得超过1期；不得在晚间黄金时段 （8:00至10:30） 播出"。 ③

3. 播出方式调控。比如，国家广电总局发出文件要求 "所有交友类节目均不得现场直播"④；"群众参与的各类广播电视直播节目（包括新闻、体育、文艺等），一律延时播出。没有延时设备的电台、电视台，不得播出群众参与的广播电视直播节目。所有群众参与的电视直播节目一律延时20秒以上播出。群众参与的广播直播节目，如果与当地电视台直播同一活动，需与电视台同步延时20秒以上；如果单独直播，需延时6秒以上"。⑤

4. 播出时段调控。如作为对涉案剧的综合调控措施之一，广电总局在2005年发文规定：涉案剧、反腐剧一律退出黄金时段，并在晚上11点前不要播出此类电视剧。⑥这在相当长的时间里成为业内的铁律。再比如《广播电视广告播出管理办法》第23条明确规定："播出商业广告应当尊重公众生活习惯。在6:30至7:30、11:30至12:30以及18:30至20:00的公众用餐时间，不得播出治疗皮肤病、痔疮、脚气、妇科、生殖泌尿系统等疾病的药品、医疗器械、医疗和妇女卫生用品广告。"

---

① "'一剧两星'丰富电视剧荧屏"，载cctv节目官网，http://dianshiju.cntv.cn/special/yjlx/，最后访问时间：2020年4月16日。

② "广电总局电视剧司关于进一步规范卫视综合频道电视剧编播管理的通知"，中华人民共和国中央人民政府网站，http://www.gov.cn/zwgk/2010-03/22/content_1561979.htm，最后访问时间：2020年4月16日。

③ 《广电总局下达书面通知 禁止直播婚恋交友节目》。

④ 广电总局〔2010〕16号文件《关于进一步规范婚恋交友类电视节目的管理通知》。

⑤ 广电总局 "关于群众参与的广播电视直播节目必须延时播出的通知"，载新华网，http://news.xinhuanet.com/zhengfu/2004-04/01/content_1396049.htm，最后访问时间：2020年4月16日。

⑥ "广电总局：黄金时段禁放涉案剧 严查违禁电视台"，载人民网，http://ent.people.com.cn/GB/42075/3304835.html，最后访问时间：2020年4月16日。

5 播出时机调控。每到重大政治活动（如党代会）或纪念日（如抗日战争胜利纪念日等）、节日（国庆节等）前夕，政府均提前作出宣传计划，对宣传活动的预热到高潮，一一作出安排，对重点活动给予特别保障。

6. 播出比例调控。国家广电总局 2012 年出台的《关于加快纪录片产业发展的若干意见》要求"对引进境外纪录片实行总量控制，现阶段各级电视播出机构每天播出国产纪录片与引进纪录片比例不低于 7:3，以后随着产量质量的不断提高，逐步加大国产纪录片的播出比例和播出时间"。又如《广播电视广告播出管理办法》第 16 条规定："播出机构每套节目每日公益广告播出时长不得少于商业广告时长的 3%。其中广播电台在 11:00 至 13:00 之间、电视台在 19:00 至 21:00 之间，公益广告播出数量不得少于 4 条（次）。"

三、电视剧监管制度

鉴于电视剧在社会、经济领域的重要价值，我国针对电视剧领域监管给予了单独的制度安排，主要有许可制度、备案公示制度、内容审查制度与播出调控制度。

（一）许可制度

我国针对电视剧制作与发行分别设立了许可证制度。根据《广播电视节目制作经营管理规定》的规定，制作电视剧除持有《广播电视节目制作经营许可证》外，还需事先另行取得电视剧制作许可[①]。该制作许可证分为甲种（类似于长期证，有效期 2 年）、乙种（类似于临时证，有效期不超过 180 天）[②]，仅限于该证所表明的剧目使用。同时，根据《电视剧内容管理规定》规定，国产剧、合拍剧、引进剧实行发行许可制度。未取得发行许可的电视剧，不得发行、播出和评奖[③]。

（二）备案公示制度

在获得制作许可证后，相关拍摄制作还需进行备案公示。根据 2013 年发布的《电视剧拍摄制作备案公示管理办法》规定，境内电视台播出或者境内外发行的国产电视剧（不含电视动画片）的拍摄制作备案实行分级管理[④]。其中提交备案公示要完整填写由总局统一规定的电视剧拍摄制作备案公示表格，加盖对应公章，并提交 1500~2000 字的涵盖主题思想、时代背景、主要人物和故事

---

① 参见《广播电视节目制作经营管理规定》第 12 条。
② 参见《广播电视节目制作经营管理规定》第 13 条。
③ 参见《电视剧内容管理规定》第 15 条。
④ 参见《电视剧拍摄制作备案公示管理办法》第 3 条。

情节的剧情梗概^①等材料。

（三）内容审查制度

我国对电视剧实施内容审查制度。国务院广播影视行政部门设立电视剧审查委员会和电视剧复审委员会。省、自治区、直辖市人民政府广播影视行政部门设立电视剧审查机构②。根据《电视剧内容管理规定》的规定，通过内容审查才可以取得电视剧发行许可证。如果存在变更剧名、主要人物、主要情节和剧集长度等事项的，原送审机构应当依照本规定向原发证机关重新送审③。

（四）播出调控制度

除了发行前的内容审查外，国家广电总局还可以对全国电视台播出电视剧的总量、范围、比例、时机、时段等进行宏观调控④。除此之外，电视剧题材也是重要的调控因素，最著名的题材调控领域是涉案剧。曾经有一段时间，电视剧制作机构扎堆制作涉及刑事案件题材的电视剧，品质良莠不齐，部分电视剧渲染色情、凶杀与暴力，由此甚至导致未成年人模仿电视剧剧情，走上犯罪道路的恶果。作为2004年"净化荧屏"的具体措施，国家广电总局对涉案剧"紧急刹车"，采取了综合调控措施，其中一项措施是题材的立项控制。

---

① 参见《电视剧拍摄制作备案公示管理办法》第8条。
② 参见《电视剧内容管理规定》第16条。
③ 参见《电视剧内容管理规定》第28条。
④ 参见《电视剧内容管理规定》第32条。

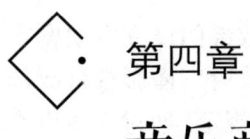

第四章

音乐产业法

　　哲学家尼采曾言，"如果没有音乐，生活就是一个错误"。音乐作为一种最为古老的娱乐及艺术形式，在漫长的人类社会发展进程中始终扮演着极为重要的角色，忠实地记录着人类的喜怒哀乐，回响着社会的兴衰与变迁。而印刷、录音及录像技术的产生与发展，使得人们对音乐的欣赏得以直接突破时空限制，从此，贩售承载有曲谱、音乐录音、音乐视听画面等表达形式的物质载体变得有利可图，音乐创作与传播开始走向商业化、大众化，流行音乐文化由此逐渐形成并兴盛，现代音乐产业也应运而生。在此背景下，以美国为代表，包括欧洲、日本、韩国在内的音乐产业发展较为迅速的国家与地区，逐渐建立了旨在专门调整音乐产业内各主体间社会关系、推动产业内利益合理分配的一系列法律制度、行业规范与交易准则，并将之不断体系化，由此，"音乐法"这一概念诞生，并被越来越多的从业者与理论研究人员所使用。

　　音乐法，亦可称"音乐产业法"，与"娱乐法"相似，"音乐法"并非一个独立的部门法概念，而是在突出音乐产业自身运作逻辑的基础上，对音乐产业所涉各类法律规范乃至商业交易习惯的体系化代称。广义上，音乐法可指一切与音乐产业运行相关的民法、商法、知识产权法、劳动法、税法、行政法乃至刑法、宪法等各类部门法的集合。狭义上，音乐法更多指与音乐版权、音乐现场演出及音乐艺人经纪相关的法律、行业规则及交易习惯等各类规范的总和。时至今日，音乐法已成为娱乐法领域中的一个重要分支。

　　众所周知，音乐产业参与主体众多，其内容的传播依赖技术，而音乐的应用场景又极为广泛，因此，音乐产业相关法律制度设计与具体行业交易规则极为繁复琐碎，以至于音乐法常被业内人士戏称为娱乐法领域中的"航天科学"。但再复杂的事物仍有其自身发展规律与特点，在适当的方法论与思维框架的引领下，准确、清晰地掌握音乐产业的法律知识要点并非难事。本章将以音乐版权许可、音乐现场演出、音乐艺人经纪三大话题为主线，以国内法律制度与产业实践为基础，兼顾域外热点国家与地区的法律制度与产业实践，向读者全面展现音乐产业所涉法律问题的宏观构造与重点细节。内容上，本章以"搭建知识结构，夯实知识基础"为目标，侧重介绍基本概念与核心知识点，兼顾国内法与域外法，重视实践问题的解决与澄清，并对实践中的重点疑难问题予以适当解析，提供可操作的解决方案。体例上，本章不倚仗传统法学教材的编排体例，避免过多介绍艰深晦涩的理论背景，亦不赘述程序法知识或司法案例，而是立足本土实际，以我国的音乐产业价值链构造与音乐产品生命周期为顺序，在理论性与实务性间找到平衡。本章力求既可为志在了解、研习音乐产业法律问题的法学专业学生、学术研究人员及法律实务人士提供详略得当、逻辑严谨、准确可靠的入门资料，亦可为音乐行业的一线创作者和其他各类从业人员提供深入浅出、通俗易懂的音乐法基础知识。

第一节　音乐产业的发展历史

音乐产业的发展史，是一部技术发展史、流行文化发展史与全球化史。印刷与录音技术的产生与发展实现了音乐创作与传播的规模化与商业化，此前服务于娱乐、劳动、宗教、教育、政治等社会活动的音乐具备了独立的经济价值，成为一门"生意"，从社群走向公众，走入市场，更由此促成了以美国为代表的流行音乐文化的产生与壮大。音乐成为一种唾手可得的大众文化消费形式，融合艺术创作与市场需求由此成为音乐产业的核心目标，明星文化登上历史舞台。此后，广播电视及互联网技术的发展更是为音乐产业注入全新动力，而且在国际贸易的帮助下，"音乐无国界"从理想变为现实，西方流行音乐的创作技法、商业模式与文化生态走出欧美，走向世界，开启了音乐产业的全球化时代。进入 21 世纪，网络流媒体技术的成熟运用给音乐产业的生产与消费模式再次带来革命性影响，音乐产业全球范围内的互通互融更为密切，音乐产业与社交媒体及其他各类产业的多元化互动成为趋势。可见，历史上，传媒技术的每一次革新，都对音乐产业的利益格局、价值链构造乃至配套法律制度的塑造与变革起着关键的推动作用。现有的错综复杂的音乐产业法律制度，正是数百年来无数次技术创新、资本积累与利益妥协的产物。因此，把握了音乐产业的技术变迁史，即掌握了解读音乐产业价值规律、产业运行与制度规范演化的密码。以传媒技术特征为视角，可将音乐产业的发展大致分为前产业化时代、印刷曲谱时代、唱片音乐时代、数字音乐时代与网络音乐时代五个阶段。

一、前产业化时代

当前虽有多种不同的理论用以解释音乐的产生，但可以确信的是，从人类文明诞生伊始，音乐就已经成为人类情感交流与社会沟通的一种重要方式。目前发现的人类最早使用的乐器，距今也已有数万年之久。而从史前文明直至公元 14 世纪，无论在东方还是西方，音乐或作为普罗大众的娱乐方式散落于城市乡间，占据着家庭与社群的闲暇时光，或在宗教、政治及教育中承担重要的仪式与教化功能。在传媒技术尚未有任何实质性突破的背景下，传承音乐的方式主要依靠"口授手教"及曲谱抄刻，而欣赏音乐的方式也仅局限于聆听音乐的现场表演。音乐的创作、表演与欣赏一直难以直接突破时空的限制，音乐商业化的物质技术条件与社会基础均不具备，除零星的现场表演艺人可以依靠音乐、戏剧或歌剧表演赚取一定收入外，围绕音乐产生的社会关系，仍主要依附于政治、宗教、教育等各类非商业因素。这种状态在人类社会历史发展进程中，持续了相当长的时间。

二、印刷曲谱时代

14 世纪中期至 16 世纪，欧洲地区的文艺复兴运动促成了社会思想的革命与文学艺术的繁荣与发展。文艺复兴时期，音乐作曲技巧、歌词创作形式与乐器发明及改进等方面取得长足进步。而 15 世纪后期诞生的铅活字印刷术，更是给包括音乐作品在内的各类文学艺术作品的传播带来了革命性巨变。更为高效、准确的印刷技术使音乐曲谱的商业化规模复制成为可能，音乐曲谱开始得以广泛传播，随即，部分作曲者尝试通过贩售曲谱出版物获得相应利润。进入 16 世纪，印刷技术进一步改进，曲谱印本逐渐扩展了公众接触音乐作品的途径，由此造就了更多的音乐表演者和音乐欣赏者，一定程度上推动了音乐的大众化。

17 世纪直至 18 世纪中期，音乐曲谱的印刷技术取得不少突破性进展，音乐曲谱的出版规模、效率及品质得到显著提升。由此，在曲谱印刷水准大幅提升、乐器类型增多等因素的共同推动下，音乐创作的职业化及现场演出的公开化成为可能。17 世纪后，以意大利为代表的欧洲歌剧艺术开始兴盛并走向公众文化生活，经营性质的歌剧院与商业演出团队不断涌现，服务于歌剧创作与演出的职业作曲家及表演者登上历史舞台。

18 世纪中期至 19 世纪初，欧洲音乐迈入古典主义时代，期间先后诞生了如海顿、莫扎特及贝多芬等一批举世无双的杰出音乐家，其大多虽是依附于贵族阶层赞助制度（patronage）的音乐创作者，但根据考证，曲谱印刷出版及现场音乐会演奏亦是其重要的收入来源。由此，以创作音乐、公开表演音乐换取商业报酬的职业群体出现，音乐创作与现场演出开始迈向商业化。1777 年，"印制曲谱"作为一种作品类型被纳入英国版权法《安妮法令》，音乐作品正式成为可受版权保护的权利客体；1791 年，法国在其成文法规范中开创性地为作曲者设置了公开表演权，自此，音乐创作与表演所产生的利益得以由法律制度予以保障。

　　进入 19 世纪，工业革命进一步推动了产业与社会变革，国际贸易逐渐繁荣，印刷出版行业日趋成熟。与此同时，浪漫主义音乐与民族乐派蓬勃发展，音乐体裁更加多样，音乐的表现力显著增强，地方交响乐团涌现，公共音乐会演出受到大众欢迎，歌剧艺术持续繁荣，改进后的钢琴开始走进普通家庭，公众对音乐的需求空前，由此也带动了音乐评论、音乐出版与音乐教育事业的发展。19 世纪 80 年代左右，音乐出版行业兴盛，以美国"叮砰巷"（Tin Pan Valley）[①] 为代表，大量的出版公司开始根据群众口味聘请专业词曲作者为其创作歌曲，将之规模化印制成活页曲谱（Sheet Music），并雇佣专人以各种形式进行推销，同时与现场演出行业形成联动，力图打造各类热门曲目，由此，一件曲谱被售卖百万份从幻想变为现实。音乐行业内的词曲创作、作品推广、歌手与乐队包装、现场演出各方面的分工与专业化程度进一步加强。音乐成为一种商业性特征鲜明的文化产品。在音乐出版业的引领下，音乐行业开始全面迈向产业化，并推动了流行音乐文化的形成。

三、唱片音乐时代

　　1877 年 12 月 6 日，美国发明家托马斯·爱迪生（Thomas Edison）在助手约翰·克鲁西（John Kruesi）的帮助下，通过其发明的留声机（Phonograph）录制并播放了"玛丽有只小羊羔"这一句不朽的声音，人类由此进入录音时代。1887 年，美国发明家埃米尔·贝林纳（Emile Berliner）对爱迪生的留声机进行了大幅改进，发明了唱盘式留声机（Gramophone），现代唱片机的雏形

---

① "叮砰巷"位于美国纽约百老汇大街与第五大道交汇处附近的第 28 街。该地聚集了大量的音乐词曲出版公司（现在通常称为词曲"版权代理公司"），而各公司为了推销自己出版的音乐作品，会聘请表演者在店铺门厅现场弹奏，吸引采购者。因此当人们经过这条街时，总能听到"叮叮砰砰"的嘈杂钢琴声，于是该街被人们称为"叮砰巷"，而"叮砰巷"日后几乎成为美国流行音乐文化与现代音乐产业发源地的代名词。

就此诞生。此后，埃尔德里奇·约翰逊（Eldridge Johnson）于 1900 年对贝林纳留声机所使用的唱片制作工艺进行了大幅改进，唱片得以被规模化的高质量复制，由此为唱片的工业化生产奠定了技术基础。1901 年，胜利留声机公司（Victor Talking Machine Company）成立，其生产的小型家用唱片机在商业上取得巨大成功，唱片机开始走入美国的千家万户，走向世界。至此，录音技术与唱片机的发明与不断改进彻底改变了音乐产业的命运，公众从此可以突破时空限制欣赏音乐，唱片工业（Recorded Music Industry）取代了曲谱印刷成为音乐产业的核心动能，其将音乐创作、曲谱出版与现场表演等通过唱片制作与发行更为紧密地协调与串联起来，音乐所具备的流行文化特征愈发明显。到 20 世纪 20 年代初期，无线电广播开始普及，唱片与无线广播得以联合，音乐唱片的销量虽因无线广播的普及在短期内有所下降，但二者的结合进一步扩大了流行音乐的传播范围与消费市场。此后，电视技术的出现使得音乐现场演出的欣赏彻底突破了时空限制，为广大听众带来了更加全面而多元的视听体验，进一步扩充了音乐流行文化的内涵。在上述媒体技术革命的影响下，音乐产业的分工得以进一步细化，形成了以唱片工业为核心，词曲创作与出版、艺人歌手发掘与培养、音乐现场演出、音乐广电播放与节目制作彼此协调、贯通融合的价值链构造。

第二次世界大战后，无线广播技术进一步发展，彩色电视、磁带等新型媒介出现。1958 年，RCA 公司率先开展了录音磁带小型化的尝试，原本只能录制在黑胶唱片上的音乐开始得以通过磁带这一新的小型化媒介更为便利地被录制、传播；1963 年，飞利浦公司成功研发了后来被全球用户广泛使用的口袋大小的"盒式磁带"（Compact Cassette），就此开启了录制音乐的"磁带时代"；1979 年，索尼公司推出了具有高度便携性与稳定性的盒式磁带播放器"随身听"（Sony Walkman），一时轰动全球，"随身听"一度成为流行音乐文化的代名词。除了技术的推动外，社会环境的变化也有利于音乐产业的发展。战后世界局势相对稳定，经济发展迅速，人们的生活水平普遍提高，对音乐的需求更为旺盛。在技术、经济与社会格局等多重利好因素的共同作用下，流行音乐拥有了前所未有的发展空间，诞生了如"猫王""甲壳虫乐队"等风靡世界的现象级音乐艺人及乐队。同时，随着国际贸易与金融的发展，音乐产业的资本化运作日趋成熟，产业内的商业交易习惯与行业规范得以逐步建立，产业总体规模得以不断扩大，各参与主体间的利益斗争也更加激烈。

唱片工业的大发展也推动了中国现代音乐产业的诞生与起步。早在 1897 年，即爱迪生发明留声机 10 年后，蜡筒留声机和圆柱形蜡筒唱片就被引进到上海，"留声机"与"唱片"这些新创的中文词汇逐渐出现在人们的视野中。1904 年，前文提及的胜利留声机公司开始将京剧录制成为唱片，标志着中国唱片工业的正式起步。1915 年，法国百代唱片公司在上海成立了其在中国的唱片公司，并在此后的 30 多年内独霸中国唱片市场，造就了周璇、胡蝶、阮玲玉等中国第一批"歌星"。1927 年，在孙中山先生的支持下，中日合资设立的大中华留声唱片公司改为中方自主经营，成为第一家真正的中国自有唱片公司。20 世纪初至 20 世纪 40 年代末的中国音乐产业主要依靠国外资本与技术，受国外控制与影响较为明显，但中国现代民族音乐产业仍在复杂的环境中不断探索、逐渐成长，形成了自己的分工体系与行业文化。1949 年中华人民共和国成立后，唱片工业乃至整个音乐事业成为服务于国家意识形态的公共事业，其商业属性被抑制，民国时期的唱片公司陆续被整合成为中国唱片社（后改为中国唱片总公司），中国唱片总公司成为国内唯一的音乐出版机构。改革开放后，国内唱片公司重新走向市场化，盒式磁带与华语流行音乐一同高调地走入中国大陆地区音乐市场，并席卷全国，录音机成为中国家庭的新宠。中国的音乐产业也由国有经营走向全面市场化，音乐内容创作与音像出版发行逐渐与国际接轨，中国国内市场出版发行音像制品的收益连年上升，音乐产业为丰富人民群众的文化生活作出了巨大贡献。但经历百年沧桑而又略显稚嫩的中国音乐产业未及再次站稳脚跟，就又迎来了数字与互联网技术的挑战。录音制品盗版猖獗、网络音乐市场管理混乱、法律制度不够健全等问题给国内的唱片工业乃至整个音乐产业带来了巨大挑战与冲击，中国音乐产业在繁荣与艰苦并存的背景下迎来了21 世纪，并在之后到来的网络流媒体时代再次迎来机遇与变革。

四、数字音乐时代

20 世纪 80 年代后，随着计算机技术的发展，以数字化方式取代模拟信号录制、存储、播放音乐成为可能。1980 年，飞利浦与索尼公司在对詹姆斯·罗素（James Russell）发明的小型镭射光盘（Compact Disk，简称 CD）进行优化后，共同制定发布了 CD 数字音频存储轨道标准，即"红皮书"（Red Books）标准，由此开启了 CD 作为规模化商用媒体存储介质的时代。1982 年，索尼率先推出了首个商用 CD 音乐播放机 CDP-101。存储质量较高且体积较小的音乐CD 进一步提升了音乐欣赏的便利性，促进了音乐媒体市场与唱片工业的新繁荣。1988 年，音乐 CD 的市场销量超过黑胶密纹唱片，至 1991 年，其销量超过盒式磁带。

而到了 1995 年，经过数年的研究与改进，德国工程师卡尔海因茨·勃兰登堡（Karlheinz Brandenburg）及其所属的研究团队正式发布了MP3（Moving Picture Experts Group Audio Layer Ⅲ）数字文件格式标准，数字音乐文件体积被极大压缩，为通过网络在计算机设备间快速传递高质量的音乐文件提供了至关重要的技术基础。而在此后到来的互联网时代，MP3文件格式利用自身的天然优势，改变了传统的音乐消费模式，彻底重塑了音乐产业格局。

五、网络音乐时代

20世纪末，随着因特网（Internet）的建立与发展，互联网技术开始走向普通公众，人类社会进入网络时代，计算机用户利用互联网不受时空限制地彼此快速分享内容逐渐成为一种流行趋势，而具备多重优势的MP3格式音乐文件毫无悬念地成为网络音乐内容分享格式的主力。1996年后，提供MP3正版及盗版音乐内容的网站在互联网上涌现。1998年，韩国世韩集团开始生产世界上第一款MP3播放器。通过网络传播的MP3音乐开始占据音乐消费市场。

1999年，对网络音乐市场发展产生深刻影响的标志性事件发生，Shawn Peering、John Fanning与Sean Parker三人建立了完全免费的大型点对点（Peer to Peer，通常简称为P2P）音乐文件传输网站Napster，其提供的音乐内容范围之广，参与分享的用户之多前所未有。不到两年，Napster即积累了2500万的注册用户。Napster的诞生颠覆了传统的音乐消费模式，用户通过互联网获取免费的高质量数字音乐文件变得轻而易举，购买正版实体唱片专辑或磁带似乎不再必要。美国唱片行业由此受到巨大冲击，包括CD、黑胶唱片、磁带等在内的实体录音制品销量骤降，唱片公司与歌手的版税收入大幅缩水。因此，众多唱片公司与音乐人以传播盗版内容为由对Napster提起围剿式诉讼，即刻，Napster便于2002年宣布破产，网站关闭。[①]但即便如此，在世界范围内，以Napster为代表的P2P免费分享模式仍持续活跃，网络音乐多数情况下仍旧为法外之地，给传统音乐产业的生存与发展带来不小压力。在通过一系列法律手段对网络音乐市场的版权问题进行整肃后，美国音乐产业开始顺应技术潮流，探索网络音乐的正版消费商业模式，在Napster正式停止服务的2001年，苹果公司推出了关联有高品质正版数字音乐单曲及专辑下载与管理服务的大容量便

---

① Napster破产后，其品牌名称及商标被拍卖，随后几易其主。2016年，其商标所有者Rhapsody公司恢复了Napster的品牌运营，新Napster作为正版化运营的网络音乐服务商重回公众视野。2020年8月25日，Napster又被转卖给了从事虚拟现实音乐会服务的MelodyVR公司。

携式音乐播放器 iPod，广受用户欢迎，其音乐下载服务平台 iTunes 也一度成为美国最大的音乐发行商。此前盗版横行、处于无序竞争状态的网络音乐市场逐步建立了具备自身特色的经营模式，数字音乐发行也开始被音乐艺人与传统唱片公司所重视，随着产业内各方主体在数字音乐上的投入逐渐增多，数字音乐的销量逐渐超越实体唱片。音乐产业较为发达的欧洲、日本、韩国等国家的音乐产业从业者从网络音乐中看到了商机，在积极游说政府完善版权法律制度的同时，亦各自尝试开展各类网络数字音乐业务。

21 世纪初期，高速互联网技术发展迅速，众多国家与地区开始大力投资布局宽带互联网与移动互联网技术，网络资费逐渐趋于合理，流媒体技术日趋成熟，用户逐渐能够通过电脑与各类便携式终端在线观看视频或收听音频内容而无需下载文件。2005 年，美国流媒体音乐电台软件"潘多拉"（Pandora）上线，其在线收听音乐、歌单个性化推荐及付费订阅的会员模式令公众耳目一新，用户不必再为收听某一个歌曲而购买整张数字专辑，亦无需花过多心思寻找想听的歌曲，"潘多拉"由此引来了流媒体音乐消费的浪潮。2008 年，流媒体音乐点播软件 Spotify 上线，用户无需下载即可任意交互式点播海量的正版音乐资源，按个人需求精准定位、收听海量的歌曲资源成为现实。而音乐版税的计算方式亦从按下载次数计算调整为按点播串流次数计算。此后，移动互联网技术进一步发展，智能手机出现，随时随地轻松点播高品质的音乐成为趋势，用户对音乐文件的下载需求明显下降，由此，效仿 Spotify 模式的交互式点播流媒体服务在世界各地不断推出，苹果、谷歌、亚马逊等全球互联网巨头皆推出了其音乐及视频流媒体服务。流媒体音乐的播放次数超越数字单曲与专辑下载和实体唱片售卖，成为最主要的音乐消费形式。根据国际唱片业协会（IFPI）2019 年发布的《全球音乐报告》，全球音乐流媒体播放的收入于 2017 年超过实体唱片销售，至 2018 年，全球流媒体音乐播放的收入为实体唱片收入的 1.89 倍。在世界三大唱片公司环球、索尼及华纳的收入构成中，流媒体播放均占其营收的一半以上。流媒体播放成为全球音乐市场的增长引擎与最主要收入来源，至此，全球音乐产业进入流媒体时代。

互联网技术的普及与网络音乐的兴盛给中国音乐产业同样带来了巨变。1999 年，以九天音乐网为代表的免费音乐网站在国内陆续出现。2001 年，百度推出了音乐 MP3 搜索服务，提供免费的数字音乐搜索、试听与下载服务，并在此后几年内长期占据国内网络音乐市场的主导地位。2003 年，MP3 下载与播放软件"千千静听"发布，酷我、酷狗、QQ 音乐等音乐网站上线，中国移动推出手机彩铃业务。2005 年后，国内网络歌手不断涌现，诸多网络歌曲火遍大江南北。此后数年内，豆瓣 FM、天天动听、多米音乐、虾米音乐、网易云音乐等数字流媒体音乐服务新军相继登场，中国数字音乐产业得到大发展。但与此同时，中国的实体唱片工业受到巨大冲击，实体唱片销售一度濒于冰点，在国内数字音乐尚未实现正版化的情况下，中国数字音乐消费一直处在野蛮生长的"免费时代"，国内各唱片公司事实上几乎难以从数字音乐下载与播放中获得任何收入，经营几乎难以为继，内容资源的正版化成为中国数字音乐市场的最大难题，直至 2015 年，国内网络音乐市场的盗版问题一直未得到有效解决。2015 年 7 月，国家版权局发布《关于责令网络音乐服务商停止未经授权传播音乐作品的通知》，这一被国内音乐产业称为"史上最严版权令"的行政规范性文件直接触发了中国网络音乐市场的格局重塑，在行政监管的强势压力下，国内各大数字音乐平台旋即开始正版化工作，掷重金抢夺版权资源。此后，经过数轮兼并、重组及淘汰，中国网络音乐市场基本形成腾讯音乐、网易云音乐、虾米音乐三家鼎立的格局，而围绕音乐版权资源的竞争与商业模式创新的斗争至今仍在持续。截至 2017 年，数字音乐收益在国内录制音乐产业收益中的占比达到 96%，冠居全球。[①] 而近年来，中国各大主流网络音乐服务商及社交媒体公司也开始将目光投向海外，积极拓展国际市场，中国音乐产业的世界影响力正在逐渐扩大。

从 19 世纪末的曲谱印刷到如今的流媒体播放，现代音乐产业在技术的推动下，走过了 200 多年的风云岁月。期间，音乐产业的参与主体、利益格局、消费模式因技术的变化与发展而不断被调整、重塑，音乐产业亦形成了特色鲜明的行业文化、交易习惯、商业准则与法律制度，并不断因时而变。时至今日，以付费订阅模式为主的流媒体音乐服务取代了实体录音制品复制件销售，颠覆了传统的音乐消费模式，网络音乐平台不断与社交媒体积极融合，音乐创作的去中心化与大众化趋势也更加明显，以上种种变化都在重塑着音乐产业的价值链结构。虽然我们对音乐产业的未来发展之路无法进行准确预测，但可以预见的是，技术创新、商业模式、法律制度间的结合与互动对音乐产业未来的发展必将愈发重要。

---

① 中国传媒大学音乐与录音艺术学院："中国数字音乐产业发展报告（2017 年）"，载搜狐网，https://www.sohu.com/a/190713244_152615，最后访问时间：2019 年 12 月 16 日。

第二节　音乐产业的参与主体

　　参与主体众多、彼此相对独立分散是音乐产业不同于其他内容产业的两大特点，因此也造就了音乐产业中纷繁复杂的法律制度设计与权利构造。从音乐产品生命周期的角度，按照生产、流通、销售与服务几大关键环节，可将音乐产业的参与主体（main players）划分为词曲作者、音乐表演者、录音制作人员、唱片公司、音乐版权代理公司、网络音乐平台、音乐经纪人、版权集体管理组织等。音乐产业各参与主体间彼此相对独立，但却密不可分，彼此存在利益对立，但更存在利益共识，因此，上述各类不同主体亦是连接音乐产业中各类不同法律关系的节点。准确掌握各类参与主体的基本情况和特点，对于我们清晰梳理音乐产业中的复杂法律关系具有重要作用。以下对各参与主体的概念、特点及其在音乐产业中所处的地位作简要介绍。

一、词、曲作者

　　词、曲作者，即创作歌词的人及作曲的人，是音乐作品产生的核心推动力。"词"，指歌词、唱词，即依据一定旋律、曲调在歌曲中进行唱诵的语言文字。"曲"，指乐曲，狭义层面，其可特指与带唱词的"歌"相对的概念，即不带词的音乐表现形式，但广义层面，"曲"等同于一般意义上的音乐、音乐作品。

　　客观而言，按照所谓"词"与"曲"的二元结构去解构、划分音乐作品的内部构成并非是最佳的逻辑安排，其不符合音乐专业理论视角下将"音乐作品"作为一个整体进行综合性理解的惯常思维。"词—曲"二元形式的划分方法更多受我国法律对音乐作品的定义方式和现代音乐产业实践习惯的影响。[①]而事实上，音乐作品完全可以脱离"词"而独立存在，即音乐作品中仅包含"曲"亦可。而仅在"词"这种以文字形式表达的信息被按照一定规律演唱出来时，其才具备了音乐的特征而融合其中。因此，众所周知，音乐既有词和曲相结合而成的"歌曲"，亦有不包含词的纯"乐曲"（器乐），于后者而言，曲作者单独得以成为作品创作的核心。此外，需要注意的是，所谓"曲"，绝非仅指音乐作品中的"主旋律"或"旋律线"。此处的"曲"应当作广义理解，指同时包含了旋律（曲调）、节奏、和声、力度、速度、调式、音色及曲式、织体搭

---

　　① 我国《著作权法实施条例》第 4 条第 3 项规定，"音乐作品，是指歌曲、交响乐等能够演唱或者演奏的带词或者不带词的作品"。而现代流行音乐产业通常将"词"与"曲"作为不同的可组合资源进行开发与利用，"词"与"曲"的创作可能并不同时进行，以"曲"配"词"，为"词"谱"曲"的现象较为常见，由此逐渐形成了按照"词"与"曲"理解音乐作品的思维逻辑。

配而综合呈现的表达。但国内实践中往往将"作曲者"限为创作音乐作品主（单）旋律的人，而并未将进行富有创造性的配器、编曲工作的人员纳入"作曲者"的范畴理解。此种认识会导致在分析音乐作品的构成、独创性以及编曲行为的法律性质等具体法律问题时产生一定的冲突与矛盾，本章会在后续部分作详细论述。

词、曲作者并非天然从音乐创造过程中分化出来的独立职业群体。在音乐仍未商业化的早期发展过程中，音乐创作与劳动生产、宗教活动、部族文化联系密切，音乐创作带有较强的即兴与偶然性，音乐的作词、作曲乃至表演行为彼此交融混同，甚至同步进行，因而音乐的词曲创作通常不进行刻意分工。此外，专业的音乐教育与训练也尚未得到较为充分的发展。因此，在较长的历史时期内，尚未出现以谋生为目的而专门从事作曲、作词的职业创作人员。而随着现代音乐产业的诞生，音乐作为一种内容产品的市场价值逐渐凸显，在产业层面，开始出现专门从事作曲、作词以获取经济回报的职业作曲人与作词人。而流行音乐的快速发展更进一步加强了音乐的商品属性，推动了词曲创作过程的分工与细化，词曲创作的流程性与专业性得到进一步增强，将市场需求作为导向，精耕专攻某一音乐类型的专业作词人、专业作曲人以及编曲人逐渐出现，且彼此相对独立，词曲作者作为音乐创作基础群体的内涵不断得到扩充与发展。当下，词、曲作者二者的身份并不完全彼此分隔，特别是在流行音乐领域，既有专于歌词创作的作词人，也有专于作曲的作曲人，更有词、曲创作能力兼具的词曲创作人，以及同时具备词曲创作及表演与演奏能力于一身的唱作型歌手或器乐演奏家。英语世界国家的流行音乐产业多将创作歌曲主旋律部分的词曲创作者统称为 songwriter，将歌曲创作称为 songwriting，从广义范畴理解，songwriter 既包括曲（musical composition）的创作者，也包括歌词（lyrics）的创作者。而创作器乐演奏部分的创作者可特别称为 composer，器乐或伴奏的创作行为有时被称为 instrumentation。

除通常意义上人们理解的所谓作曲者与作词者外，有必要对音乐作品创作领域，特别是流行音乐创作领域的重要参与者——"编曲者"予以特别说明。"编曲者"，即专门从事"编曲"的人，但"编曲"这一概念在我国音乐行业中具有多重含义，业内尚未就其内涵与外延达成共识，而我国法律界更是对"编曲"的法律性质存有一定分歧乃至误解，在此有必要予以澄清。"编曲"一词既有本土含义，亦受外语的极大影响，其含义目前主要作三种理解：①编曲可理解为音乐的"编配"，基本等同于英文语境下的 music arrangement，属于作曲学范畴内的一种作曲技术，指在创作出的单旋律作品的基础上，通过配器、编写和弦、组织和声、搭配织体、编写副旋律等方式，将单一的主旋律变为具有多层次的音乐作品的过程。②指流行音乐产业中的"伴奏"创作，即创作用于衬托歌曲中人声演唱部分的器乐演奏部分，其往往具有较高的独创性，可以构成音乐作品，对"编曲"的该种理解主要受日本音乐产业中"编曲"概念的影响。③指代对我国民间音乐发掘、整理后的改编创作，此种意义上的"编曲"源于本土，在20世纪五六十年代使用得最为广泛。因此，在国内音乐行业，即便某主体称自己为"编曲者"，其在音乐创作过程中实际承担之角色可能差别巨大，所以应结合具体语境进行分析。而多数情况下，"编曲"实则完全可以纳入广义的"作曲"范畴进行理解，因为"编曲"过程本身可能也会包含独立于主旋律的音乐创作行为，而非仅仅是基于原有旋律的简单"配器"（orchestration）或"搭配"工作。因此，国内不少法律从业者认为编曲者对其"编曲"不享有任何版权的认知存在较大偏误。而编曲者在我国音乐产业的法律地位，亦亟待澄清和明确，以切实保障其合法权益，提高其行业地位和收入水平。

二、音乐表演者

音乐表演者，即表演音乐的人，具体指演唱音乐以及演奏音乐的人。如流行音乐歌手、乐队演奏者、歌唱家、演奏家等。英美音乐产业多将其统一纳入"艺人（艺术家）"（Artist，或称为Performing Artist）的范畴。

音乐究其根本是一门听觉艺术和表演艺术，仅停留在曲谱、歌词文本等物理载体的"音乐"是没有生命的。作为听觉艺术的音乐，必须通过表演，即演唱与演奏，将抽象的音乐符号所负载的发声规律及其所蕴含的情感内容表达出来，最终被听众所感知与理解。生活中，鲜有人可仅通过"阅读"曲谱或歌词的方式理解、欣赏音乐。音乐表演者是传播音乐、沟通音乐作品创作者与听众的最重要媒介。因此，如果说词、曲是音乐的基本存在形式，则音乐表演是音乐的主要表现方式；如果说词、曲是音乐产业价值创造的源头与根本，则表演是音乐产业价值创造的主干与支撑。无论是欣赏现场演出还是音乐录音，公众在消费音乐产品时，实际消费的是音乐的表演。而现代音乐产业中的表演者，更加注重将音乐表演行为本身与表演者个人魅力进行商业化的培育与结合，明星、偶像艺人的塑造，使得音乐表演者自身具备了一定的符号价值与文化影响力。由此，音乐作品本身的价值往往因表演者的价值得到加强与提升，音乐表演、音乐表演者也因此处于音乐产业价值创造的前沿地位。而从产业结构看，音乐表演者往往与唱片公司具有一定的合作乃至隶属关系，对于初出茅庐，进入音乐行业不久的歌手或演奏者尤为如此。歌手或乐手将不得不依仗唱片公司提供的资金、设备、市场推广，乃至演唱会组织、票务销售等丰富资源完成自己的录制与表演活动。因此，唱片公司通常会与艺人签署各类独家性质的长期协议，将艺人在一定时间内所有表演、录制的录音版权以独占许可或转让的方式直接交由唱片公司所有，艺人不再对负载有其表演的录音拥有权利，而由唱片公司统一对外进行授权，作为回报，唱片公司则支付艺人相应的预付款和版税报酬。

需要注意的是，音乐产业内一般从业者常提及的"表演"之含义要比版权法范畴下所谓"表演"的含义更为宽泛。前者指一般意义下一切对音乐词曲进行唱诵、演奏的行为，而后者一般指"公开表演"，即公开表演作品，以及用各种手段公开播送作品的表演的行为。因此，从法律术语的角度理解，歌手在非公开环境下的录音棚中表演音乐进行录制的行为，实则是对音乐作品的"复制"，而非"表演"。可见，版权法中对所谓"表演"作出了场景上的限定，必须以"公开"为前提。上述区别在实践中常被混淆，应当结合具体情形予以分析。

三、录音制作人员

录音制作人员即通过录音技术将表演者演唱、演奏的音乐作品录制于实体介质（录音制品）的人。通常包括录音师（sound engineer）、混音师（mixer）及制作人（producer），此外，如前文介绍，编曲者在流行音乐录音制品的制作过程中亦发挥着不可替代的关键作用。

录音师，是录入声音信号、制作录音制品的专业人员。其为唱片制作环节的主要参与者，负责通过技术设备对演唱、演奏的乐声进行录入及编排。唱片制作中的"录音"，绝非仅是将表演者的现场声音信号原封不动录入存储介质，录音师往往需要依据表演者、制作人的需求，根据自己对作品的把握与理解，通过技术手段对表演者产生的声音信号进行调整、优化和编排，获得最佳的听觉效果，从而实现、完善音乐创作者与表演者的创作意图。一定意义上，录音也是对音乐作品及表演在有限范围内的再次演绎与创造。

混音师，是指录制音乐（Recorded Music）制作过程中将多个来源的声音信号进行整合、编排的专业人员。录制音乐制作过程中，演唱者、演奏者的录制极有可能并非现场同时进行，歌曲中的主旋律人声、乐器伴奏、和声、其他背景音等可能分别来源于不同的声音信号源。混音师的工作是将上述不同来源的原始声音信号的频率、音质、定位、声场等要素进行单独调整，最后叠加合成到一个音轨上，从而变为最终的"成品"。因此，概括来讲，混音师的职责主要是将录音环节输出的声音打磨成具备极佳层次和质量的录音成品。实践中，混音师与录音师的工作角色往往存在重叠与交叉，很多时候录音师一人饰二角，同时承担混音师的角色。

制作人，即音乐制作人，或可称唱片制作人、唱片监制、专辑制作人等。尽管不同国家与地区对音乐制作人的理解可能存有一定差异，但从规范的角度讲，音乐制作人一般指统筹整个唱片录制工作的专业人员。音乐制作人的具体工作通常包括寻找、协调音乐录制工作的各项资源，进行录制前各项准备工作，安排录制日程，监督、指导艺人录制，把控整体的曲目风格及艺术质量，以及筹措、调度经费等。音乐制作人与影视行业中的制片人（producer）或执行制片人（executive producer，简称 EP）的角色较为类似。唱片工业发展早期，音乐制作人往往直接受雇于唱片公司以制作唱片公司所需的整张专辑。但由于艺人在一张专辑中与多位制作人合作的现象更加普遍，艺人逐渐开始绕过唱片公司，与音乐制作人直接签约。因此，艺人与音乐制作人通常在合约中约定具体的报酬条款，而具有谈判优势地位的知名制作人也会要求从唱片的版税收入中分成。

综上，录音师、混音师及制作人是直接参与录音（制品）制作的核心人员，是一首层次分明、质量上乘的单曲或一张唱片专辑不可或缺的缔造者，其在录音制作过程中付出了极为专业、复杂的劳动，也因此，美国的音乐产业将录音师、混音师、制作人均视为对录音作出创造性贡献的创意人员。相较而言，我国《著作权法》中规定的"录音制作者"更多是一个法律概念，整体性地指代对录音制品享有相应权利的人。因录音制品的整体权利往往直接由唱片公司享有，因此唱片公司通常为"录音制品制作者"。国内囿于行业交易惯例与认知，对录音师、混音师与制作人的法律地位及相应权益的问题关注较少，应当予以重视。

四、唱片公司

唱片公司（record company），一般指以营利为目的，组织从事制作、发行、推广音乐录音制品的经营实体。实务中，音乐产业从业者有时所称的"唱片公司"，实则指代规模更大的、旗下设有诸多公司或业务实体的"音乐集团"（music group），通常兼具唱片制作、唱片发行、词曲出版、艺人培养与经纪多种业务。因此，对于唱片公司这一概念的理解，亦可从上述狭义与广义层面进行一定区分。此外，美国等音乐产业较为发达的西方国家与地区通常将唱片公司称作"record labels"，即国内部分从业者所称的"音乐厂牌""唱片厂牌"或"厂牌"。所谓 record company（唱片公司）与 record labels（厂牌）现今在实务中其实是可互换使用的同义语，并无实质区别。事实上，唱片公司之所以有 record labels 这一称谓，是因早期各唱片公司，特别是具体负责唱片制作的公司，为便于消费者在购买唱片时快速辨别出自家所产唱片，以起到品牌宣传作用，而在制作黑胶唱片（vinyl record）时，将唱片公司的名称连同其他关键信息印制成类似起商标作用的"标签"（label），贴于圆形黑胶唱片的圆心位置。这种在唱片上贴附品牌名称（多为唱片公司名称）的行为久而久之使得 record labels（厂牌）与 record company（唱片公司）具有了同义语的效果，由此 record labels 成为消费者与业内人士指称 record companies 或 record manufacturers，即唱片公司或唱片制造商的代名词。尽管唱片行业随着历史的发展聚集度越来越高，各个"厂牌"不断被实力雄厚的大唱片公司收购，成为其旗下的一个子唱片品牌，但从语义上理解，record label 等同于 record company 的认识基本没有变化。国内有部分从业者认为"厂牌"与"唱片公司"二者概念存在显著差别，"厂牌"是"唱片公司"的下位概念，仅指录制、制作录音的独立唱片公司，且通常需依附于规模较大的唱片公司，而一个唱片公司可以拥有多家"厂牌"，或认为"厂牌"仅是一个商标（trademark）或标识（label），而不是一个公司。上述理解无论从历史还是实践的角度看，均未能客观反映历史与现实，应予纠正。

唱片公司是现代音乐产业的活动中心。录音技术的出现与发展使音乐内容的生产与消费在空间与时间上得以分离，听众可以不受时间与空间的限制欣赏音乐，从而为音乐商品化提供了基础条件。而唱片公司作为生产、销售录音制品的主导力量，通过商业化运作，将词曲创作、出版，音乐表演等各类资源协调汇聚，使得音乐的商品化得以真正成为现实。购买、欣赏录制音乐，成为当代公众消费音乐的最主要方式。因此，唱片公司对于现代音乐产业结构的塑造和商业化运作起着关键作用，其也是音乐产业的最大受益者之一。

从历史上看，录音技术与最早的唱片公司均诞生于美国，美国的唱片产业也最为健全、发达，其对世界唱片产业乃至整个音乐产业的影响亦最为深远。经过多年实践，美国音乐产业将唱片公司大致分成了两大类，即"大型唱片公司"（major labels）和"独立唱片公司"（independent labels）。大型唱片公司通常指代占据较大市场份额，集音乐词曲作品版权代理与许可、唱片制作、艺人挖掘与培养等能力于一身，且拥有自己的发行网络渠道的唱片公司或音乐集团。目前业界公认可称作大型唱片公司的，仅有环球音乐集团（Universal Music Group）、索尼音乐娱乐集团（Sony Music Entertainment）及华纳音乐集团（Warner Music Group）三家公司，也即业内常称的"三大唱片公司"（Three

Majors)。① 上述三家唱片公司占据了全球唱片市场的主要份额。② 与大型唱片公司相对，独立唱片公司指独立于三大唱片公司的资本运作，专注于唱片制作与生产环节的唱片公司，但独立唱片公司有时会依靠三大唱片公司的发行渠道发行唱片。独立唱片公司往往专注于某类特定音乐风格唱片的制作。美国、英国较为知名的独立唱片公司有 Big Machine，Hollywood Records，Curb Records，Glassnote，Concord Records，4AD，Domino 等。大型唱片公司与独立唱片公司各有其优劣，大型唱片公司往往可为艺人提供更高质量的录制服务，拥有更广泛的发行渠道，也有能力为艺人提供从培训、举办演唱会到乐队宣传乃至 IP 衍生品开发的全方位服务，但唱片公司通常会买断艺人对歌曲的相关权利，其在收益分成方面也更为强势；而独立唱片公司通常更加重视艺人的具体个性化诉求，更善于为艺人打造粉丝经济，艺人能够从唱片公司那里争取到更多的话语权与收入分成，但独立唱片公司往往限于财力和规模，无法直接为艺人提供较强的发行渠道，也不具备全面打通产业链的能力。因此，词曲作者与音乐表演者往往依据其职业发展所处的阶段、知名度与个人谈判能力来选择是与大型唱片公司还是独立唱片公司合作。

我国唱片工业于 20 世纪初起步，彼时主要依靠国外资本与技术发展，受国外资本控制与影响较为明显。中华人民共和国成立后，唱片工业乃至整个音乐行业成为国家意识形态层面的公共事业，商业属性被抑制，民国时期的数家唱片公司被整合成为中国唱片社（后改为中国唱片总公司），由此，中国唱片总公司成为国内唯一的唱片出版机构。改革开放后，国内的唱片公司重新走向市场化，全国各地陆续诞生了 300 多家音像出版社。此后，随着大陆地区流行音乐的快速普及与繁荣以及广播电视事业的迅速发展，国内唱片工业日趋成熟，行业内分工更为明确，唱片公司在业务范围与价值功能定位上与西方发达国家也逐渐接近，逐渐由单纯的录音制品制作向内容综合发行、艺人培养、影视合作等方向发展。但总体而言，国内唱片公司的行业规模、专业化程度和业务范围与英美乃至日韩等亚洲同行相比仍有一定差距，而随着互联网音乐产业的勃兴，传统唱片公司更是面临着来自互联网音乐服务商及社交媒体公司的挑战。

---

① 早期，全球音乐市场范围内，共有环球音乐集团、华纳音乐集团、贝塔斯曼音乐集团（BMG）、百代唱片（EMI）、宝丽金（Polygram）及索尼音乐 6 大唱片公司（业内常称作 "Big Six"），后来通过不断收购、兼并与重组，现如今集中为环球、索尼、华纳三家大型唱片集团。

② Paul Resnikoff, "Two-Thirds of All Music Sold Comes from Just 3 Companies", *Digital Music News*, August 3, 2016. https://www.digitalmusicnews.com/2016/08/03/two-thirds-music-sales-come-three-major-labels/

目前，国内较为知名的唱片公司有中国唱片总公司、华谊兄弟音乐公司、太合音乐、天浩盛世、摩登天空、飞行者唱片、十三月唱片、风华秋实文化传媒、时代峰峻、相信音乐、麦爱文化、少城时代等。

五、音乐版权代理公司

音乐版权代理公司（music publisher），国内时常亦译为"音乐出版商""音乐出版公司"，即为音乐（词曲）作品作者或版权所有者推广作品、管理音乐作品版权授权许可与版税收取的商业机构。早期，music publisher 多被国内从业者及学术研究人员称为"音乐出版商"，即采用了 music publisher 一词的直译。这一译法实际上并不存在明显错误。早期的音乐出版公司主要是对音乐作品的纸质载体即乐谱和词进行出版、印刷与贩售的公司，但随着音乐产业的发展，现今所谓的"音乐出版"，泛指一切基于音乐词曲进行的版权授权与管理活动，故一线从业者更愿采用音乐版权代理公司这一称谓。[①] 但无论如何，音乐版权代理公司的核心作用即代表词曲作者向唱片公司、表演者及其他使用者推广其歌曲，负责进行作品版权等相关权利许可，并收取相应许可费。

"音乐出版"（如今意义上的"音乐版权代理"）是现代意义上音乐产业活动的"鼻祖"，是音乐真正走向市场化、商业化和产业化的发端。印刷术的出现与发展使得"贩卖"音乐作品成为可能，贩卖曲谱开始变得有利可图。16 世纪至 18 世纪末，欧洲各地区陆续交替出现专门印刷曲谱的从业者，音乐印刷出版业雏形显现。而到 19 世纪初，随着资本主义的进一步发展、流行音乐的出现及公众对音乐消费需求的大幅增加，市场上开始出现专门大量印刷、贩售音乐曲谱的经营实体，第一批现代意义上的音乐出版商出现。音乐版权代理公司成为连接职业词曲作者与表演、消费市场的主要中介，是词曲作者走向音乐市场的主要推手。依靠专业的出版、印刷、贩售词曲作品等活动，版权代理商降低了词曲作者寻获市场交易机会的成本，丰富了音乐消费市场的供应需求。版权代理商在唱片出现前是传播音乐作品的担纲，而此后录音技术的出现与唱片的诞生虽在一定程度上降低了其重要性，但其作为沟通词曲作者与音乐消费市场，整合、调配音乐作品资源的重要主体的地位没有改变。同时，音乐版权代理商与词曲作者的合作关系更加紧密，承担着管理音乐作品录制与表演授权

---

① 实践中，"音乐出版"一词在含义上可能会引起一定误会，让人误以为"音乐出版商"是将音乐词曲作品的纸质载体即乐谱和词进行出版、印刷的公司，或等同于国内的所谓制作、发行录音制品的音响出版社。

以及版税收取的重要角色。而随着音乐产业进一步规模化与集约化发展，集体管理组织应运而生，音乐版权代理商开始通过与集体管理组织签署一系列协议，重新塑造着音乐产业的版权授权结构。

按照美国音乐产业的实践，市场上的音乐版权代理公司或实体目前可大致分为四种类型，即国际三大音乐版权代理公司（Major Publishers）、三大音乐版权代理公司旗下代理商（Major Affiliates）、独立音乐版权代理公司（Independent Publishers）以及作者自行经营版权（Writer-Publishers）。国际三大音乐版权代理公司是三大唱片公司环球、索尼与华纳唱片的姊妹公司，与唱片公司专门分开设立，以专职管理、经营音乐词曲作品的开发与授权许可业务。[①]三大音乐版权代理公司旗下代理商主要指日常为独立运作，负责处理词曲创作与管理中创意方面的事务（如为词曲作者寻找合适的艺人和唱片公司，帮助词曲作者打磨其专业技能），但依附、受控于三大音乐版权代理公司的独立音乐版权代理商。独立音乐版权代理公司则指完全独立运行，拥有自己的词曲版权库，不隶属于任何市场主流音乐版权代理公司的音乐版权代理商。而作者自行经营版权，指词曲作者、创作型歌手自己掌握音乐作品版权，不委托他人将其歌曲推广给艺人或唱片公司。自行进行音乐作品版权许可的词曲作者往往通过雇佣个人而非公司来管理其音乐作品的版权事务。

我国音乐产业至今尚未建立成熟的音乐词曲版权许可与管理体系，国内音乐版权代理市场鱼龙混杂，一些唱片公司在音乐版权代理市场反而更为主动。词曲作者往往直接与唱片公司或其旗下的版权代理公司进行音乐作品的授权谈判；也有作者将权利交由集体管理组织（中国音乐著作权协会为我国唯一的音乐作品著作权集体管理机构）、音像出版公司或小型商业公司等代为管理；更有不少作者往往一次性卖断其版权，无心进行长期打理。复杂的市场环境也使音乐词曲作品权属管理不清、"一曲二卖"等现象较为严重。近年来，国内陆续出现专门从事音乐作品版权管理的企业，原本仅集中从事唱片业务的一些规模较大的唱片公司也开始积极拓展词曲版权业务，国内词曲版权管理的规范与专业程度相较之前大幅提升。例如，太合音乐（其整合了太合麦田、海蝶音乐及大石音乐版权等众多资源）、源泉知识产权代理公司等是目前国内运作相对

---

① 根据 2018 年数据，三大音乐版权代理公司收入合计约占美国音乐版权代理市场总收入的53.2%，其中 Sony/ATV 音乐版权代理公司占 25.5%，环球音乐出版集团占 22.4%，华纳音乐版权占 5.3%。See Congress Research Service, "Money for Something: Music Licensing in the 21st Century", June 7, 2018, p.6.

成熟，业务较为活跃的从事音乐作品版权代理业务的企业。

六、网络音乐平台

在本章第一节已介绍，网络音乐是互联网普及化及流媒体技术发展而催生的产物，其给音乐内容的传播与消费形式带来了革命性变化。而作为数字音乐下载与流媒体播放服务的提供者，网络音乐平台取代了实体唱片商店的角色，从唱片公司及音乐艺人那里获取了海量的音乐版权资源，组建了规模庞大的曲库（catalogue），为用户提供可随时获取的高品质音乐内容。广义的网络音乐平台，既包括专注于提供音乐服务的数字音乐下载与流媒体播放平台（如Spotify），也包括提供音乐播放及音乐视听服务的综合性网络视频流媒体平台（如 YouTube）。世界范围内，较为知名的网络音乐平台有专注于音乐流媒体服务的 Spotify、Apple Music、Pandora、Soundcloud、Tidal、iHeartRadio、Shazam、Deezer、Gaana、Anghami、Qobuz 等，以及依附于综合网络内容平台下的 YouTube 音乐订阅服务、Amazon Music Unlimited 及 Google Play Music。而国内知名的网络音乐平台主要包括腾讯音乐娱乐集团（TME）下属的 QQ 音乐、酷我音乐及酷狗音乐三家网络音乐平台，以及网易云音乐、虾米音乐①、咪咕音乐、百度千千音乐、豆瓣 FM、索尼精选 Hi-Res 等。

值得注意的是，近年来，随着流媒体播放成为音乐消费的最主要方式，各网络音乐平台的经营规模不断扩大，其市场占有率逐渐超越实体唱片经营者、广播电台电视台等传统媒体，在市场中逐渐占据压倒式优势地位。由此，不少网络音乐平台的经营范围开始由单一的音乐内容播放业务向艺人经纪、内容制作、现场演出及票务、在线 KTV 乃至硬件设备研发等其他业务扩展，打通了音乐产业链的各个环节，从承上启下的内容销售者变为了集内容生产、艺人培植、内容消费、版权许可等业务于一身的专业综合音乐服务商，给传统的音乐版权代理公司、唱片公司及演艺经纪公司等带来了不小冲击，这一趋势在我国尤为明显。例如，国内一线网络音乐平台先后推出了各类音乐人支持项目，为音乐人提供资金及创作支持，以此抢占、绑定相应的艺人与版权资源，典型代表有腾讯音乐娱乐集团先后推出的"原创音乐人扶植计划""原力计划""校园音乐基地项目"（酷狗推出）以及网易云音乐推出的"石头计划"，虾米音乐推出的"寻光计划"等。又如，腾讯音乐娱乐集团还联合腾讯视频等腾讯系企

---

① 2020 年 1 月 5 日，虾米音乐发布官方声明表示，由于业务调整，其播放器业务于 2021 年 2 月 5 日正式停止服务。

业推出了《创造 101》等艺人选秀节目，获得了较大成功。而网易云音乐则在国内建立了第一家专业电音制作学院"网易放刺电音制作学院"（Point Blank China），并推出了以音乐才艺直播为主的"Look 直播"平台。

七、音乐经纪人

对音乐经纪人这一概念的理解，有广义与狭义之分。广义上，音乐经纪人可泛指服务于词曲作者及表演者，代表、协助其处理唱片录制发行、演唱会筹备、市场推广、形象塑造及财税管理的中介人员。据此，音乐艺人的业务经理人（business manager）、演出经纪人（agent）、经纪人（personal manager）均可纳入音乐经纪人的范畴。而狭义上的音乐经纪人，依美国音乐产业的惯常理解，仅指演出经纪人，即在法律规定下有资格为音乐艺人寻求商演机会，并从中收取佣金的经纪人员。[①] 与美国不同，"经纪人"这一概念在国内被大幅泛化，公众通常理解的"经纪人"更多是承担艺人事业顾问及贴身助理角色的经理人，而非指依法有资格进行经纪活动的特定从业者。在实际业务中，上述差异应当被给予足够重视。

音乐经纪人一般从音乐艺人收入中进行分成或收取一定比例佣金作为收入。音乐经纪人制度在美国音乐产业中最为成熟、规范，以美国为例，艺人个人的经纪人（个人经理）通常与艺人签订管理合同（management contract），为艺人提供职业规划指导、团队组建等各类服务，而薪资一般约定为艺人毛收入的 15% 至 20%。为艺人提供专业财务管理与演唱会支持服务的业务经理人则通常按照艺人取得的相关收入的 5% 左右的比例直接抽成，或按照小时计费。而职业从事经纪活动的演出经纪人（agent）则依照法律规定，与艺人签署经纪合同，按演唱会毛收入的 10% 比例抽取佣金。

总体而言，在美国等音乐产业极为发达与成熟的国家与地区，经纪人的角色定位已十分清晰，且经纪人从业资格管理也较为规范。国内目前对演艺经纪从业人员的管理仍处于摸索阶段，仍有较大提升空间，迫切需要制度设计的完善与从业者自觉意识的提高。

八、版权集体管理组织

版权集体管理组织（Copyright Collective Management Organization，常简

---

① 在美国，众多州对从事经纪活动进行了严格的法律限制，以加利福尼亚州为例，其相关法律规定，经纪人必须具有专门的经纪资格，依法在相应的经纪公司工作。艺人的个人经理无权从事经纪活动，非法的经纪活动会被认定为无效的民事行为。

称为 CMO），又称著作权集体管理组织，是指经著作权人（以我国《著作权法》为例，包括著作权人和邻接权人）授权，将众多不同权利人的版权集中起来进行管理，而对外以组织自身的名义与其他使用者订立许可合同，向使用者收取许可使用费，向权利人转付相应使用费并代其进行维权等活动的组织。

版权集体管理这一模式最初在音乐与文学作品领域产生，这主要是因为音乐与文字作品使用量大、范围广泛、场景多样，但该类作品的权利人却较为分散，且多数都是自然人个体，故而仅凭一己之力难以对作品版权进行有效的管理与维护。由此，将分散的作品集中起来进行版权管理将大大提升作者权利的可保障性，同时也能降低相应的版权授权交易成本，有利于使用者的正常使用。法国早在 1777 年即创立了法国戏剧作者和作曲者协会（SACD），开启了作品创作者通过较为统一的行业组织共同参与行业治理、维护自身权利的先河。此后，法国音乐作者、作曲者与出版者协会（SACEM）建立，成为世界上第一个音乐版权集体管理组织。之后德国、意大利、奥地利、英国等欧洲国家也相继成立了类似的版权集体管理组织。经过百年的发展，版权集体管理组织也由起初的音乐领域拓展至摄影、美术、电影等领域。

世界范围内，美国、英国、澳大利亚、法国、日本等国的音乐版权集体管理制度运作较为成熟。美国的音乐版权集体管理组织同时包含有营利性与非营利性机构，主要包括三大音乐表演权集体管理组织（Public Performance Organizations，PROs），即 ASCAP、BMI 及 SESAC；[①] 新近成立的音乐表演权集体管理组织 Global Music Rights，简称 GMR；音乐词曲版权集体管理机构 Harry Fox Agency；非交互式数字录音表演权集体管理机构 SoundExchange；以及新近成立的专门管理流媒体音乐机械复制权法定许可的集体管理机构 Mechanical License Collective，MLC。英国的音乐版权集体管理组织主要有机械复制版权保护协会（the Mechanical-Copyright Protection Society，MCPS）、音乐表演权协会（the Performing Right Society for Music）、录音表演权授权公司（the Phonographic Performance Limited，PPL）以及 PPL 的姊妹公司音乐电视授权公司（the Video Performance Licensing Limited，VPL）。澳大利亚的音乐版权集体管理组织主要有澳大利亚表演权协会（the Australasian Performing Right Association Limited，APRA）、澳大利亚机械复制权协会（the Australasian

---

① ASCAP、BMI 及 SESAC 全称分别为 The American Society of Composers, Authors and Publishers、Broadcast Music, Inc. 及 Society of European Stage Authors and Composers。

Mechanical Copyright Owners Society Limited，AMCOS）、澳大利亚录音著作权协会（the Phonographic Performance Company of Australia，PPCA）。德国的音乐版权集体管理组织主要是德国词曲作者及音乐出版者协会（Gesellschaft für musikalische Aufführungs–und mechanische Vervielfältigungsrechte，GEMA）。法国的音乐版权集体管理组织主要有法国音乐作者、作曲者与出版者协会（Société des auteurs, compositeurs et éditeurs de musique，SACEM）以及该机构负责管理的集体管理组织作者、作曲者、出版者及字幕作者机械复制权协会（la Société pour l'administration du droit de reproduction mécanique des auteurs，compositeurs, éditeurs, réalisateurs et doubleurs sous-titreurs，SDRM）等。日本的音乐版权集体管理组织主要是日本音乐著作权协会（Japanese Society for Rights of Authors, Composers and Publishers，JASRAC）。韩国的音乐版权集体管理组织主要是韩国音乐著作权协会（Korea Music Copyright Association，KOMCA）。

就世界范围而言，我国的著作权集体管理制度十分年轻，且仍保留了一定的行政色彩。目前，我国仅有中国音乐著作权协会（简称音著协）、中国音像著作权集体管理协会（简称音集协）、中国文字著作权协会（简称文著协）、中国摄影著作权协会（简称摄著协）及中国电影著作权协会（简称影著协）共计5家官方批准设立的著作权集体管理组织。其中与音乐产业直接相关的集体管理组织为中国音乐著作权协会与中国音像著作权集体管理协会。中国音乐著作权协会成立于1992年，主要管理音乐作品词作者、曲作者及其他音乐著作权人的复制权、表演权、广播权及信息网络传播权。中国音像著作权集体管理协会成立于2008年，主要负责管理音像节目的著作权以及与著作权有关的权利（该组织虽然在其协会章程中明确了内容较为宽泛的可管理权利，但目前实践中仅主要管理国内线上与线下KTV播放MV的版权授权许可）。以上两家集体管理组织均采用自愿加入的会员制，对非会员权利人的作品或制品无权进行延伸性集体管理。音著协目前的会员总数在9500人左右（包含个人及公司等组织机构），音集协的会员总数在200人左右（以国内各大唱片公司为主）。从会员数量即可看出，目前我国的两大著作权集体管理组织在国内的代表性仍较为有限，因此实务中，较多音乐词曲或音像节目的版权授权无法从上述两机构处获得，而仍需直接与对应作品或制品的权利人进行谈判。有关中国法下著作权集体管

---

① 澳大利亚表演权协会（APRA）与澳大利亚机械复制权协会（AMCOS）于1997年合并为一家联合组织，对外称"APRA AMCOS"。

理组织的法律性质、运作方式、管理权利类型及其他相关实务要点，可参见本章第五节的介绍。

第三节　音乐版权法

音乐产业本质上是一个内容产业，音乐产业内的一切活动均以存在"音乐内容"为前提。据此，版权也成为保障音乐产业创造与核心价值的主要手段。因此，可以不夸张地讲，音乐产业所有的法律问题，究其根本，多少均与版权法有着直接或间接的联系。旨在调整基于"作品"所产生的一系列法律关系的版权法也就成为音乐法的核心。然而，众所周知，音乐产业的参与主体多，表现形式多，且我国《著作权法》中所设置的权利名目种类多，而与音乐作品关系密切的著作权法制度设计或过于繁复晦涩，或过于稚嫩粗糙，法律制度自身尚有诸多问题亟待解决，以上因素使得音乐版权法变得十分复杂、艰涩，与国际水平仍存在不小差距，更使得多数音乐产业从业者乃至不少法律专业人士在音乐版权法前望而却步。但清晰理解音乐版权法律问题并非无规律可循，关键在于将音乐产业的价值链构造、版权法框架结构及音乐产业交易实践相结合，并进行体系化的归纳与整理。

广义层面理解，音乐版权法既是"权利法"，也是"合约法"，更是"习惯法"。曰之为"权利法"，是因音乐版权法的本质与核心是"权利"，一切围绕音乐（包括音乐作品、制品及表演）的使用均是围绕音乐版权的授权、转让、收益、维护而展开。曰之为"合约法"，是因上述围绕音乐版权的法律关系建立及开展的相应活动多依靠订立"合约"的方式实现。音乐版权的授权许可活动本质上是通过合同而产生的商业交易行为，音乐版权许可人与被许可人通过签订各类授权协议，对音乐版权的权利归属、授权类型、授权范围、授权期限、授权费用、违约责任、维权方式等各类具体事项作出约定，以确保音乐版权授权与使用过程的明确、顺畅。曰之为"习惯法"，是因为除与相应法域的成文法规定保持一致外，音乐产业的版权交易还深受音乐产业自身运行特点的影响，拥有自己的话语体系与思维习惯，存在较多基于行业交易习惯、商业与技术模式而产生的特有术语、惯用称谓、格式条款等，在某些情况下，其被尊重、承认的效力可能在事实上要高于成文法所给出的要求。因此，如何在音乐版权授权交易，特别是在跨境音乐版权授权交易中，协调好成文法规定与实际行业习惯之间的冲突与差异至关重要。综上，可以看出，要掌握音乐版权法的精髓，就是要理解音乐版权法的这种"权利法""合约法"和"习惯法"特性，并将之灵活运用于许可协议的签订、交易及维权活动中。

就音乐版权的具体结构而言，依照我国《著作权法》的框架，可概括为"三大权利主体、两个核心对象、两类基本合同"。三大权利主体，指音乐作品版权利人、录音制品制作者及音乐作品表演者三个权利主体；两个核心对象，指音乐作品及录音制品；两类基本合同，指音乐作品合同及录音制品合同。理论上，常见的各类音乐使用场景均无法脱离上述结构。

此外，音乐版权法主要涉及的法律渊源可分为国内法律、行政法规、司法解释、部门规章及其他规范性法律文件以及我国参加的国际条约几大类型，而欲了解音乐版权交易的法律问题，亦应对我国的宪法、民法、行政法、刑法等法律及与之配套的各位阶法律规范有充分了解。与音乐版权直接相关的，现行有效的各位阶法律规范可参见表 4-1。

表 4-1　音乐版权相关法律、法规、规范性文件一览表

序号	名称	法律位阶 / 性质	颁布 / 管理机关
1	著作权法	法律	全国人大常委会
2	著作权法实施条例	行政法规	国务院
3	信息网络传播权保护条例	行政法规	国务院
4	著作权集体管理条例	行政法规	国务院
5	音像制品管理条例	行政法规	国务院
6	出版管理条例	行政法规	国务院
7	印刷业管理条例	行政法规	国务院
8	录音法定许可付酬标准暂行规定	部门规章	国家版权局
9	关于《录音法定许可付酬标准暂行规定》的补充通知	部门规范性文件	国家版权局
10	广播电台电视台播放录音制品支付报酬暂行办法（以下简称《暂行办法》）	行政法规	国务院
11	著作权行政处罚实施办法	部门规章	国家版权局
12	著作权质权登记办法	部门规章	国家版权局
13	互联网著作权行政保护办法	部门规章	国家版权局、信息产业部（已撤销）

序号	名称	法律位阶/性质	颁布/管理机关
14	出版物市场管理规定	部门规章	国家新闻出版广电总局（已撤销）、商务部
15	网络出版服务管理规定	部门规章	工业和信息化部、国家新闻出版广电总局（已撤销）
16	最高人民法院关于审理著作权民事纠纷案件适用法律若干问题的解释	司法解释	最高人民法院
17	最高人民法院关于审理侵害信息网络传播权民事纠纷案件适用法律若干问题的规定	司法解释	最高人民法院
18	国家版权局公告 2011 年第 3 号—关于使用音乐作品进行表演的著作权许可使用费标准的公告	部门规范性文件	国家版权局
19	国家版权局关于对境外著作权集体管理组织诉讼主体资格问题的复函	部门规范性文件	国家版权局
20	国家版权局关于复制发行境外录音制品向著作权人付酬有关问题的通知	部门规范性文件	国家版权局
21	国家版权局关于出版境外音像制品著作权合同登记工作有关问题的通知	部门规范性文件	国家版权局
22	国家版权局关于对著作权经营许可问题的意见	部门规范性文件	国家版权局
23	国家版权局公告——中国音乐著作权协会和中国音像集体管理协会（筹）上报的卡拉 OK 使用费标准	部门规范性文件	国家版权局
24	伯尔尼公约（Berne Convention for the Protection of Literary and Artistic Works）	国际条约	世界知识产权组织（WIPO）
25	世界版权公约（Universal Copyright Convention）	国际条约	联合国教科文组织
26	世界知识产权组织版权条约（World Intellectual Property Organization Copyright Treaty, WCT）	国际条约	世界知识产权组织（WIPO）
27	与贸易有关的知识产权协定（Agreement on Trade-Related Aspects of Intellectual Property Rights, TRIPs）	国际条约	世界贸易组织（WTO）

续表

序号	名称	法律位阶 / 性质	颁布 / 管理机关
28	保护录音制品制作者防止未经许可复制其录音制品公约（Convention for the Protection of Producers of Phonograms Against Unauthorized Duplication of Their Phonograms）	国际条约	世界知识产权组织（WIPO）
29	世界知识产权组织表演和录音制品条约（WIPO Performances and Phonograms Treaty, WPPT）	国际条约	世界知识产权组织（WIPO）
30	视听表演北京条约（Beijing Treaty on Audiovisual Performances）	国际条约	世界知识产权组织（WIPO）

一、基本概念

（一）版权、著作权与邻接权

研习音乐版权法的首要前提，即了解、掌握"版权"这一核心基本概念的内涵。而事实上，不少音乐产业从业者在这一问题上仍时常存在疑问与困惑，无法清晰理解版权、著作权与邻接权之间的联系与区别，甚至认为"版权"与"著作权"为两种不同权利。因此，有必要先对"版权""著作权""邻接权"这些核心基本概念进行全面说明。

（二）版权与著作权

版权（copyright），指作者或权利人对作品依法享有的排他性权利。"版权"这一概念源于 16 世纪出版行业中的特许权制度，而现代意义上的版权法诞生于英国。公元 1710 年，① 英国在世界范围内首次通过法律，正式赋予作品作者基于作品复制出版等行为以相关权利，且规定作者可将权利进行转让。版权最初被作为一项法定权利时，限于当时的技术条件，其权利内容仅限于对作品印刷、出版行为的控制，即赋予作者或权利人对作品的印刷出版行为以许可、禁止及获得报酬的法定权利，版权的英文由"copy"与"right"两单词组合而成即是生动的说明。而随着技术的进步，版权权利人拥有的权利内容不断得到扩充与细化，早已不再局限于传统的印刷、出版下的复制行为，而扩展到了表演、广

---

① 有较多文献将该法令的颁布时间记为 1709 年，但按照公历计算，应为公元 1710 年。See John Feather, *The Book Trade in Politics: The Making of the Copyright Act of 1710*, "Publishing History", 19 (8), 1980, p. 39 (note 3); Lionel Bently, *Statute of Anne-1709 or 1710?*, https://www.law.berkeley.edu/files/Bentley.pdf.

播、信息网络传播等语境，但版权的称谓却被保留至今。但无论如何，版权的本质是对文学艺术领域独创性表达或者说符号形式所产生的价值与利益的法律规制，从此种意义上讲，无论版权的权利内容如何变化，根本上仍是对具备独创性的形式"复制"与"再现"进行控制的权利。[①]因此，与其他传统意义上的有体物的财产权利不同，版权具有权利内容多样性、权利期限法定等特性。

著作权，从历史渊源角度讲，其应被认定为版权的同义语。有观点认为，"著作权"与"版权"称谓之主要差别在于：前者更加突出作者的权利与地位，代表了欧洲大陆法系国家的理念，而后者则代表了将版权认定为纯粹财产权的英美法系国家理念，此种观点不甚准确。上述所谓英美法国家与欧洲大陆国家在版权法制度上的差异，准确应称为"版权体系"与"作者权体系"的分野，而非"版权体系"与"著作权体系"。据目前可考之资料，"著作权"一词最先由日本学者水野炼太郎在翻译"copyright"一词时创造，其之所以采用"著作权"这一译法，盖为突出作者享有之"copyright"并非仅指"出版之权"，而是包含作品、著作而产生的各类相关权利，通过此种表述方式增强使用者对"copyright"一词内涵的理解。19世纪末，清政府在修订《大清著作权律》时，基于上述原因，选择了"著作权"这一表述，且该称谓此后一直被民国政府和中华人民共和国沿用至今。但有趣的是，出于表述上的便利等诸多原因，我国相关从业者在实践中多采用"版权"这一"copyright"的中文直译。由此可见，实际上所谓"版权"与"著作权"在中文意义上的差异，实为翻译而产生的历史分野，而非价值判断或本质内涵上存有差别。即便我国现今的《著作权法》选择了与欧洲国家价值立场和制度设计相类似的作者权体系，但中文语境下，"著作权"在含义上实际与"版权"并无实质差异。因此，我国《著作权法》第62条也明确规定，"本法所称的著作权即版权"。故现实语境下，"版权"与"著作权"完全可以同义互换。出于表达上的简洁性，并且考虑到国内音乐产业从业者在实务领域的表述习惯，本章以下内容，除非必要，则将全部采用"版权"而非"著作权"这一称谓。

（三）邻接权

邻接权（neighboring right），亦可称"相关权"（related right），或"与版权（著作权）相关的权利"。邻接权具体是指作品传播者对其传播作品的行为

---

① 版权的对象"作品"本质上作为一种有价值的通过人类智力创造产生的"信息"，其集无体性、非对抗的共享性、物质载体依附性、无限复制性等多种特性于一身，无法通过物理意义上的"控制"或"占有"对其进行实际的控制，因此必须依靠法律的强制力对他人利用作品的行为予以规制和调整。

产生的成果或行为的排他性支配权。主流观点认为，邻接权必须建立在作品存在的基础上，其旨在为作品的展现与传播过程（如表演、录制、广播等行为）中所产生的相应成果与经济利益提供一种法定的排他权保护。但亦有观点认为，邻接权可不依附于作品，而作为一种传播权利单独存在。

上述所谓与著作权明确进行区分的"邻接权"设置，是采用以作品作者权利为中心的"作者权体系"思想的产物，而以版权市场化及利用为重的"版权法体系"国家则并不设置所谓的"邻接权"。依照作者权体系学说，表演、录音录像、广播等行为本身都是建立在作品基础上的对作品的传播，相关人员虽在此过程中付出了劳动、技术等，但此过程却不产生新的独创性表达，因此未产生新的作品，表演者、录制者及广播者从而无法对其传播作品过程中形成的成果享有狭义上的版权权利，但为了保护上述相关成果，规范作品传播秩序，法律专设"邻接权"，对相应主体进行保护。与此相反，版权体系认为表演者、录音录像者在制作或传播作品过程中体现了创造性，因此上述行为产生的相应成果同样应视为"作品"，只不过此类作品必须依附于某个作品产生。所以，版权法体系国家并未单独设置邻接权，而是将类似主体视为作者。设置邻接权且与著作权区分，某种意义上而言，并非逻辑的产物，而主要是历史的因素。时至今日，有关刻意区分著作权与邻接权是否仍具有意义的探讨也从未停止。

我国在立法形式上选择采用作者权体系框架，并为表演者、录音录像制作者、广播电台电视台、图书版式的设计者设立相应的法定邻接权利。而表演与录音恰是音乐作品得以被欣赏与展现的重要方式，音乐的价值主要体现于表演与传播环节。因此，依据我国著作权法，许多时候，音乐邻接权授权许可要比音乐词曲作品版权授权更为常见，由此也必然成为音乐版权法理论与实务的重点。

二、音乐版权的权利客体

在理解了"版权""著作权""邻接权"的基本含义与联系后，则需准确理解此种权利保护的权利对象（亦可称权利客体）究竟为何。前文已述，依据我国《著作权法》，广义层面的版权法保护对象包括作品以及为传播作品而产生的表演、录音录像制品、广播节目等有关成果。而具体到音乐产业，音乐的基本表达形式为音乐的"曲"和"词"，而音乐的实际展现方式一般则是对曲和词的"表演"及对"表演"的录制与播放。因此一般而言，音乐词曲与音乐录制是音乐版权构造的两大核心，无论国内还是海外，音乐版权价值的创造均主要围绕词曲版权与录音版权展开。词曲版权与录音版权处于音乐版权价值天平两端，这种二分权利结构，也成为音乐版权的核心特质。而在我国《著作权法》语境下，我国同时对表演作品的人专门设置了"表演者权"，因此，音乐的版权权利构造呈现出"音乐作品—录音制品—表演"并立的三元结构。

（一）音乐作品（词、曲及编曲）

根据我国《著作权法实施条例》的定义，"音乐作品"是指"歌曲、交响乐等能够演唱或者演奏的带词或者不带词的作品"。该定义较为务实，但并未从抽象意义层面对音乐作品进行一个相对准确的概括。版权法意义上的"音乐作品"与音乐理论上的"音乐作品"可能略有差异。于乐理角度而言会更加注重"音乐作品"的综合性特征，即泛指由自然人创作的，将具有不同特征的音按照一定规律排列组合，形成具有协调、连贯性，能够引起、反映人类思想与情感的表现形式，包含旋律、节奏、和声、调式、音色、织体等多种元素，而对音乐作品的表演与录制所最终呈现的表现形式亦包括于其中；而版权法语境下的"音乐作品"具有特定性，更加强调其外观上具有的"词—曲"二元结构，主要指由音乐的"乐曲"部分与"歌词"部分构成的，可被演唱、演奏的创造性表达。版权法意义上的"音乐作品"，不包括对音乐的表演（如歌手的演唱、演奏者的演奏）、音乐表演的录音及承载录音的物质载体（如唱片、磁带、数字音乐文件等）。因此，版权法上的"音乐作品"亦常被称为 sheet music，即"曲谱音乐"。具体而言，可对"曲—词"二分法下的音乐作品做如下理解：

曲，指乐曲，即由不包含歌词的，按照特定的音高、音程、音强、音色组合，以一定音旋律、节奏、和声、力度、速度、调式、音色及曲式、织体搭配而综合呈现的声音表达形式。因此，"曲"本质上是一个由各类声音表达元素组成的综合体。音乐作品中的"曲"并非仅指其中特征最为鲜明、最具有一般识别性的"旋律线"或所谓"主旋律""单旋律"，而是指上述各类基本音乐要素共同构成的、多层次的独创性表达。虽然人们通常意义上理解的"曲"或"曲调"，更多指代某首歌曲或乐曲的"主旋律"，但是听众在倾听音乐时，往往亦是通过被演奏出的音乐曲调与旋律的组合与变化来识别、欣赏音乐。因此，不可否认，除旋律之外的对声音信号发出规律进行控制的其他各类要素同样是构成音乐表达不可或缺的元素。而创作、安排、组合上述各类音乐元素以构成"曲"的行为，即是"谱曲"，将各类通过可被人理解的符号体系（即音符）记录下来的书面的曲的表现形式，即为"曲谱""乐谱"。此处应当注意的是，从法律层面讲，在流行音乐领域，所谓音乐作品中的"曲"，是指一切具有独创性的曲的表达，既包括演唱部分的主旋律，亦包括非演唱部分的伴奏部分。

此外，如前文所述，关于音乐作品中"曲"的创作，应当特别注意"编曲"问题。编曲在我国音乐产业中具有多重含义，各方尚未就其内涵与外延达成共识，编曲可理解为音乐的"编配"（基本等同于英文语境下的 music arrangement）、流行音乐产业中的"伴奏"创作（创作用于衬托歌曲中人声演唱部分的器乐演奏部分）及对民间音乐发掘、整理后的改编创作。因此，在国内音乐行业，某些主体如称自己为"编曲者"，则其在音乐创作过程中实际承担之角色可能差别巨大，应结合具体语境进行分析。具体而言，"作曲"（composition），实则是指音乐（曲）作品创作的全部过程，从音乐专业的角度讲，"作曲"是指词曲作者自己完成音乐创作所有工作的过程。但事实上，高度商业化的音乐产业实践并非如此，音乐作曲被划分为若干环节，国内版权法领域中所指的"作曲者"，多数情况下可能仅负责音乐主旋律结构的创作，而最终呈现出的器乐和弦、伴奏等可能由其他的"编曲者"协调实现。因此，某些"编曲"行为可能是围绕音乐作品中的"曲"而进行的和弦、和声、伴奏创作、综合编排等独立于音乐主旋律表达的创作行为，也可能构成音乐（曲）作品的创作。例如，在流行音乐领域，特别是说唱音乐（rap music）领域，其最终呈现的歌曲作品中通常均配有"beats"（至今仍未有权威的中文翻译，本书暂译为"伴奏"），也即专门用于搭配主旋律的节奏伴奏，以增强歌曲的听觉体验及综合表现力。此种伴奏并非不具有独创性的简单乐句重复，而通常由具有独创性的乐句表达构成，通过不同的乐器组合录制而成，以独立的录音制品方式呈现，供相应的歌曲主旋律创作者直接使用。因此，类似的具备独创性的编曲、beats 伴奏创作本质上亦可视为一种音乐作品的创作行为，[①]实务中应当特别注意，应根据具体情形对编曲者的版权法地位进行区分。据此，多数情况下，"编曲"实则完全可以纳入广义的"作曲"范畴进行理解，因为"编曲"过程本身可能也会包含独立于主旋律的音乐创作行为，而非仅仅是基于原有旋律的简单配器或编排工作。然而国内不少法律专业人士认为音乐作品创作中的"编曲"仅是指从乐器、和弦、声部、音色搭配的角度将已创作完成的曲谱进行细

---

① 流行音乐领域，特别是用于嘻哈（说唱）音乐中的"伴奏"（beats）的创作者，通常并不会先草拟出乐谱，然后进行演奏并将之录制，而通常是将 beats 的旋律与曲式构思、乐句编写、录制与音频输出几个过程同时在计算机上合成，最终直接产生可供工业化使用的 beats 成品。因此，beats 的创作者既是 beats 中所包含的具有独创性的音乐作品的创作者，又是对应录音制品的制作者，此种竞合难以被拆分。相应地，beats 的词曲和录音的分别授权更难以实现。此时，如果机械地按照我国《著作权法》下"著作权—邻接权"的二元结构对 beats 进行法律评价，可能会对日后的授权、维权带来极大不便。

化编配的行为，所以编曲本身不是创作作品的行为，"编曲"本身也不构成作品，编曲者不享有任何相应的版权。该观点存在误区。

词，一般指歌词，即按照旋律、曲调的指示规则配合进行唱诵的语言文字。而歌词本质上也是一种语言文字形式，其本身可具有文学意义上的独创性，因而，若符合相应条件，其可独立成为版权法意义上的"文字作品"。仅当歌词按照音乐的发声规则被"演唱"时，此种纳入声乐范畴的"歌词"才在音乐作品中具备了专门评判的价值。而众所周知，音乐既有词和曲相结合的歌曲，亦有不包含词的纯乐曲。对于不含有填词的音乐，曲单独成为音乐作品的核心，因此，并非所有的音乐创作均需同时依仗词与曲作者。

音乐作为一种抽象的艺术形式，曲和词所承载的内容必须通过某种形式及载体予以外化，并通过一定的物质载体固定，从而供音乐表演者依照相应符号系统的记录与指示准确地对声音进行输出。现实中，词和曲通常分别通过"文字"与"曲谱"这两种符号系统表达，因而曲谱也成为音乐作品中最常见的物质承载形式之一。但绝不能据此认为版权法所保护的"音乐作品"，仅是"曲谱"和"歌词文本"，版权法保护的是作为一种表达形式的音乐作品，而非负载音乐表达的物质载体类型。以任何形式表现音乐作品的行为，都可以是对音乐词曲的复制与使用，这也就不难理解，为何对音乐作品进行演唱、演奏及录制，以及后续看似与词曲本身并无直接关联的对录音制品的播放，均须取得音乐作品权利人的许可。

（二）录音制品

依我国《著作权法实施条例》之定义，录音制品是指任何对表演的声音和其他声音的录制品。据此，音乐录音制品一般指对音乐表演所产生声音的录制品。音乐录音制品的物理载体形式较为多样，如黑胶唱片、磁带、CD（激光唱片）及存储于计算机设备的各类格式的数字音乐文件等。因此实务中，音乐录音制品通常又被称为 recording music，即"录制音乐"，与前述的"曲谱音乐"（sheet music）相对。此外，从业者一般也会用"唱片""录音""专辑""音乐录音"等指代法律意义上的音乐录音制品。欲准确理解音乐录音制品的含义，既要注意将法律定义与实务惯用语的共性与差别结合起来考量，也应特别注意"音乐录音"在不同法域下的法律性质差异。

法律层面，在我国及其他采用作者权体系国家的版权法框架内，法律通常将录音制品与作品进行严格区分。音乐的录音制品，在法律意义上被视为一种基于音乐作品及随音乐作品之表演而产生的衍生"制品"，其无法脱离音乐作品单独存在，录制人员在录制音乐的过程中付出的是一种技术性劳动，非具有创造性的智力成果之塑造，因此，其录制过程并非版权法意义上的作品创作行为，故音乐录音制品被视为一种邻接权的对象予以保护，而非享有与"作品"相同的版权法地位。暂且不论上述认知与划分在现今的音乐录音工业生产与创作语境下是否仍旧能客观反映实际，在区分版权（著作权）与邻接权的法域下，将音乐录音视为一种"录音制品"的法律规范选择，确实给音乐词曲版权与录音版权的授权带来诸多显著差异。总体而言，音乐词曲作品的权利人享有的权利内容丰富程度及对作品的控制能力略大于录音制品的邻接权人，二者的具体差异，将在下文的音乐版权的权利内容与结构一节作详细介绍。我国《著作权法》明确赋予录音制品制作者对其制作的录音制品以相关排他性权利，具体包括许可他人复制、发行、出租、通过信息网络向公众传播，并针对上述行为获得相应报酬，需要注意的是，《著作权法》（2020年修正）在第45条专门为录音制品制作者增设了广播与机械表演的获酬权。今后，使用者将录音制品用于广播与机械表演时，虽无需提前取得录音制品权利人的同意，但需要向其支付报酬。

在实务中，国内多数从业者虽可基本区分音乐"词曲版权"与"录音版权"二者间的差异与联系，但对"录音"在我国著作权法语境下的性质的理解通常并不明确，有不少从业者将"录音"也当然视为音乐作品。之所以产生上述认知上的偏差，主要因我国音乐产业实践中的交易习惯及行业规则多直接舶来于美国，而美国领衔的众多版权法体系法域对"录制音乐"性质的理解与采用邻接权制度的我国存有较大差异。美国版权法直接将"录音"（sound recording）视为法律意义上的一种"作品"，而非"制品"，因此，参与音乐录制的录音艺人及唱片公司在法律上可视为"录音作品"的共同作者（但实践中，唱片公司通常会通过协议约定唱片公司享有录音的全部或大部分版权，录制艺人通常仅保留署名权，仅通过协议约定获得相依的版税收益分成，而不对录音作品享有其他直接的权利），相应地，录音作品作者或权利人亦享有与其他类型作品权利人同样的大部分权利（除"交互式的数字表演权"）。因此，在进行跨法域的国际音乐版权交易时，上述法律上的分野可能使录音制品权利人在不同法域享有的权利存在显著差异，时常给交易双方带来困惑。从业人员应当对"录音"在不同法域中对应的法律概念及权利内容上的差异有充分理解，尽可能求同存异，根据业务需求，约定适当的准据法，并尽可能明确约定双方均可接受的协议条款表述形式。

（三）表演

此处的"表演"，是一个版权法概念，特指演唱者或演奏者对音乐作品的演唱及演奏，也即"表演者"对作品的"表演"。因我国《著作权法》为作品的表演者专门设置了邻接权，作品的"表演"构成一种邻接权客体，具有独立的保护价值。因此，国内著作权法下，一首歌曲的音乐版权通常呈现"词曲—录音—表演"的三元构造，这一点与以美国为代表的众多法域的版权法的规定不同。如前所述，美国版权法并未独立设置所谓相关权或邻接权，而是将音乐表演本身或对音乐表演进行录制的行为同样视为创作行为。实践中，表演者对录音制品版权的拥有与利用事宜，通常在录制前就与处于强势地位的唱片公司以协议形式进行详尽约定。通常情况下，协议会约定一般由唱片公司"买断"表演者对录音制品的一切权利，或采用独占许可授权的方式，由唱片公司代表表演者对外统一行使对录音的各项版权权利，按照约定的比例进行分成。我国《著作权法》明确对表演者"表演"作品的相关行为赋予了较为独立的权利，规定了表演者享有的一系列人身权与财产权，具体包括：①表明表演者身份；②保护表演形象不受歪曲；③许可他人从现场直播和公开传送其现场表演，并获得报酬；④许可他人录音录像，并获得报酬；⑤许可他人复制、发行、出租录有其表演的录音录像制品，并获得报酬；⑥许可他人通过信息网络向公众传播其表演，并获得报酬。需要注意的是，表演者在对作品进行表演前，需要取得作品权利人的"表演权"授权，但若表演行为可以构成合理使用则另当别论。

三、音乐版权的权利主体

如前所述，依据我国《著作权法》规定，音乐作品、录音制品及作品表演三部分权利客体共同搭建了音乐版权的一般构造。而通常情况下，上述三类权利客体分别对应着音乐作品权利人、录音制品权利人与作品表演者三类权利主体。依据版权法关于作品或制品权利归属的基本原理，作品的权利取得可分为原始取得和继受取得。原始取得状态下，音乐词曲作品的权利人是作者，即创作歌词和乐曲的人；录音制品的权利人即录音制品的制作者；音乐表演的表演者权权利人即表演音乐的人，但上述主体可通过转让的方式将其拥有的相应权利让渡给其他主体。因此，实践中，音乐作品、录音制品或表演的权利人不一定就是相应的原始创作者、制作者或表演者，只有明确权利主体，才能确保使用者在使用音乐时明确应该向谁寻得相应授权。下面将对音乐版权涉及的权利主体作简要介绍。

（一）音乐作品作者及权利人

音乐作品权利人，即音乐词曲版权的所有者。通常情况下，音乐作品的权利人即为音乐的词作者与曲作者。而实践中，为充分实现音乐作品的商业化及规模化利用，降低授权交易成本，较多词曲作者通常会将其拥有的音乐作品版权以转让或许可的方式交由专门的词曲版权代理公司进行管理，共享版权收益。因此，实践中，唱片公司、影视制品方、节目制作者、演出方等作品使用者在使用音乐作品时，除直接通过词曲作者获得授权外，更多是通过版权代理公司寻获相应授权。

此外，基于降低交易成本、提高授权效率的考量，世界众多国家与地区亦设立有专门管理音乐作品的版权（著作权）集体管理组织，各类不同的音乐作品的权利人（无论是作者个体还是唱片公司等企业或组织）以会员身份加入集体管理组织，将自己的作品权利信托于集体管理组织代其管理与行使，集体管理组织代其实施版权授权许可、费用结算、收益分配等相应工作。集体管理组织拥有海量曲库，使用者无需再逐一追踪、锁定相应作品权利人寻获授权，而直接向集体管理组织寻求许可即可。我国亦对"音乐作品"专门设立了唯一的权利集体管理组织，即"中国音乐著作权协会"，但目前该协会在会员数量与管理作品数量上仍较为有限（特别是流行音乐领域），远远无法满足实践中的实际使用需求。多数情况下，国内的使用者仍主要通过词曲版权代理公司及作者本人获得相应授权。

（二）录音制品制作者及权利人

录音制品的权利人通常是录音制品的制作者，版权法上的"录音制作者"并非指参与到录音制品制作过程中，具体承担相应工作的"录音制作人员"（如录音师、混音师、制作人等）个体，而是指对录音制品享有法定权利的主体。实践中，录音制品制作者多为唱片公司，在我国亦不例外。唱片公司作为"录音制品制作者"，通常会承担寻找歌曲表演者、演奏者，组织录音技术团队，寻获音乐词曲版权授权，录音制作流程管控等工作，最终的录音制品成品的版权则由唱片公司作为权利人独立行使，录音师、混音师、制作人或作为唱片公司的雇员，或临时接受唱片公司的委托进行创作，而不对录音制品享有版权法上的权利。随着录音技术日益发展与便利化，更多表演者可无需唱片公司的协助而自行录音唱片，某些网络音乐平台亦会自行组织单曲或专辑录制，上述情形下，录音制品版权则分别属于表演者本人或相应的网络音乐平台。录音制品的版权多以许可方式在市场流通，唱片公司、网络音乐平台之间"转让"录音制品权利的情况并不多见，但被许可人在实务中仍应重视录音制品版权链条的追踪与确认工作。

（三）音乐作品表演者及表演者权

音乐作品表演者，即表演音乐作品的人，其对音乐作品的表演享有表演者权。前文已述，依据我国《著作权法》的规定，表演者享有表明表演身份，保护表演形象不受歪曲，许可他人现场直播，许可他人录音录像，复制、发行及出租录音录像制品，通过信息网络传播其表演的权利。除前两项表演者权中的人身性权利不可转让外，剩余的财产性权利均可许可、转让给其他主体。因此，实践中多数唱片公司会在录制唱片时与表演者签署协议约定，要求表演者将其在录音制品中包含的一系列表演者权转让或独占许可给唱片公司。此外，版权法中表演者的"表演"所指的并非是某表演者对其所有表演行为的持续垄断，表演者每次作品的"表演"均应视作彼此相互独立的行为，从而表演者对其每次发生的"表演"享有相互独立的表演者权。因此，在未通过合同另外规定的情形下，无论是表演者本人还是表演者权的受让人及被许可人，均仅对表演者当次的表演享有相应表演者权。在双方未达成合意的情形下，表演者权的受让人或被许可人等无法以表演者权的转让或授权关系为由，约束该表演者后续对相同作品或不同作品的其他表演行为。

四、音乐版权的权利内容——法律规定与行业实践

（一）我国《著作权法》规定的权利内容

前文已述，我国《著作权法》采用了"著作权—邻接权"区分设置的权利体系。因此，作品的权利人对其作品享有著作权（版权），而表演者、录音录像制作者、广播电台电视台、图书出版者对其传播作品过程中分别产生的表演、制品、节目播放、图书版式设计享有各项法定的邻接权。下面，将分别对我国《著作权法》规定的著作权及邻接权的各项权利内容进行逐一介绍。

1. 著作权。此处之"著作权"，是于狭义角度而言，仅指相应权利主体基于"作品"而产生、拥有的各类排他性权利。我国现行《著作权法》通过详细列举加兜底条款的方式，规定著作权权利人可享有共计 17 项权利，分别为发表权、署名权、修改权、保护作品完整权、复制权、发行权、出租权、展览权、表演权、放映权、广播权、信息网络传播权、摄制权、改编权、翻译权、汇编权，以及"应当由著作权人享有的其他权利"。其中，发表权、署名权、修改权以及保护作品完整权四项权利因保护的是作者基于作品产生的人格与身份利益，故通常被称为"著作人身权"，或"著作权的精神权利"。除发表权外，法律针对上述著作人身权没有设定保护期限，因此理论上可受到无限期保护，且不可转让、不可放弃。而复制权等其他 13 项权利则称为"著作财产权"，其设立目的和内容旨在保护基于作品使用而产生的财产性利益，故又被称为"著作权的经济权利"。上述各项权利的性质、名称与基本含义可用表 4-2 概括：

表 4-2　中国《著作权法》规定的权利内容一览表

权利性质	权利名称	基本含义
著作人身权	发表权	决定作品是否公之于众的权利
	署名权	表明作者身份，在作品上署名的权利
	修改权	修改或者授权他人修改作品的权利
	保护作品完整权	保护作品不受歪曲、篡改的权利
著作财产权	复制权	以印刷、复印、拓印、录音、录像、翻录、翻拍、数字化等方式将作品制作一份或者多份的权利
	发行权	以出售或者赠与方式向公众提供作品的原件或者复制件的权利
	出租权	即有偿许可他人临时使用视听作品、计算机软件的原件或者复制件的权利，计算机软件不是出租的主要标的的除外
	展览权	公开陈列美术作品、摄影作品的原件或者复制件的权利
	表演权	公开表演作品，以及用各种手段公开播送作品的表演的权利
	放映权	即通过放映机、幻灯机等技术设备公开再现美术、摄影、视听作品等的权利；
	广播权	以有线或者无线方式公开传播或者转播作品，以及通过扩音器或者其他传送符号、声音、图像的类似工具向公众传播广播的作品的权利，但不包括本款第 12 项规定的权利
	信息网络传播权	以有线或者无线方式向公众提供，使公众可以在其选定的时间和地点获得作品的权利
	摄制权	以摄制视听作品的方法将作品固定在载体上的权利
	改编权	改变作品，创作出具有独创性的新作品的权利
	翻译权	将作品从一种语言文字转换成另一种语言文字的权利
	汇编权	将作品或者作品的片段通过选择或者编排，汇集成新作品的权利
著作财产权	应当由著作权人享有的其他权利	用以涵盖上述列举所无法涉及的情形。主要为弥补列举式表述预见力上的不足，主要用于保护新技术手段下对权利人作品的再现所带来的利益分配问题

尽管我国《著作权法》已通过详尽列举加定义的方式概括说明了各项权利的基本含义，但上述定义并非完美无缺，需要结合实践予以进一步说明。下面，将结合音乐产业的特点，对上述各项权利表述背后所隐含的核心要义与可能存在的问题进行详细阐释。

（1）发表权、署名权、修改权及保护作品完整权。这四项权利可统归为我国《著作权法》规定的著作人身权。相对于著作财产权而言，关于著作人身权的规定相对容易理解，且实践中面临的争议比财产权相对要少，故置于一组进行统一说明。

发表权，指决定作品是否公之于众的权利，具体是指作者决定作品是否公之于众、何时何地以何种方式公之于众的权利。发表权是只能行使一次的权利，一旦作品创作完成，只要公开、被公众所知，即视作发表，其发表权用尽。此外，发表权在一定情形下，可由作品原件的所有人、继承人或受遗赠人、影片制片方等行使。需要注意的是，与署名权、修改权及保护作品完整权可得到永久保护不同，根据作品类型的不同，发表权的法律保护期限为作者终生及死亡后 50 年或作品完成后 50 年，详细规定可参见表 6。

署名权，指表明作者身份，在作品上署名的权利。署名权具体包括作者有权要求他人确认作者的身份，作者有权决定在作品上署名的方式，如署真名、假名或者不署名等。需要注意的是，署假名或不署名并不意味着作者没有或者放弃了署名权，另外，署名权要求他人在使用作者作品时，应署作者姓名。但如果使用作品的方式使得表明作者姓名极为困难，则不强制要求使用者指明作者。国内音乐作品的使用者在使用音乐作品时，标注音乐作品作者、录音制品制作者及权利人的署名或相关信息的意识仍较为薄弱，实践中的形式也是五花八门，不甚规范。近几年，国内众多电视与网络音乐综艺节目在歌曲表演前或表演结束后标注了较为详细的作者与权利人信息，包括作词、作曲、编曲、配器、后期、制作人、唱片公司等，此种积极尝试值得鼓励与推广，音乐产业界应尽快通过行业自治或在行政机关的协助下，规范音乐作品或制品使用时的署名和信息标注。

修改权，指作者自己修改或者授权他人修改作品的权利。此处的"修改"仅指对作品局部或细节上的修正，而非对作品的"改编"，对作品的修改，应限于作品所包含的表达形式没有发生实质性变化的范畴。国内主流观点认为，设置修改权的目的主要是赋予作者日后对其已发表、授权的作品内容进行一定修正的余地，并使得作者能够有效禁止他人随意修改其作品的具体表达，从而保证作者对其作品的意志实现，同时维持作品表达在外观上的稳定性与历史一致性，避免因受让人或被许可人对作品内容的变动而对作品的表达效果产生不利影响。严格意义上讲，修改权仅能由作者个人按照自己的意愿行使。

保护作品完整权，即保护作品不受歪曲、篡改的权利。具体而言，保护作品完整权意在避免对作品的内容本身进行恶意篡改，或将作品置于有损于作品或作者形象的语境中进行使用。值得注意的是，基于出版者、影视制片方、演出组织者等因出版发行行政监管、因作品加工制作或演出实际需要等对作品作出的微小文字性删改，不会被视为破坏作品完整性的行为，因此亦不会被轻易认定为侵犯保护作品完整权。但如何把握具体的"必要删改尺度"，如何在被许可人获得改编权授权后，处理保护作品完整权与改编权之间可能的冲突，目前在实务中所面临的争议较大。此外，应当注意，作者的名誉或声誉受到影响并非是侵犯保护作品完整权的前提条件或构成要件，其仅可作为判定某行为是否构成侵犯保护作品完整权的参考要素之一。

（2）复制权。复制行为是作品得以传播的最基本、最常见的形式，因此，复制权是版权中的核心权利。我国《著作权法》规定，印刷、复印、拓印、录音、录像、翻录、翻拍、数字化等将作品从一件复制为多件的行为均属复制权的规制范畴。但需要注意的是，通过信息网络（包括互联网、局域网等）使公众可以在其选定的时间和地点获得作品的过程中进行的数字化"复制""存储"与"发行"行为，在技术本质上虽也是一种"复制"，但相应行为是实现"信息网络传播"的必然前提，因此，上述过程中相应的作品数字文件的复制、发行、存储行为均被"信息网络传播权"吸收，而不再纳入《著作权法》的复制权范畴内规制。此外，将音乐同步入视听作品中的行为，在本质上虽也是一种"复制"，但我国《著作权法》专门规定了"摄制权"，该种同步行为多数情况下符合"摄制权"所规制的范畴，因此，该行为应由"摄制权"规制。上述对于复制权的理解与美国等国的版权法制度有较大差异，依据美国《版权法》，音乐词曲作品与录音作品的各类"复制"行为一般均由单一的复制权予以规制，无论是通过传统实体物理载体的复制，通过互联网的数字化复制与传播，还是将音乐同步入视听作品的行为，只要其本质上是对作品的"复制"，则均统一纳入"复制权"（reproduction right）的范畴进行规制，而未特别对互联网语境的复制或音乐的同步使用单独设定相应的权利名目。因此，国内从业者在进行跨境版权交易时应当特别注意这一区别，注意合同条款中关于"复制权"内容的解释与转换。

（3）发行权。发行权是以出售或者赠与方式向公众提供作品的原件或者复制件的权利。发行权和上述的复制权是两个紧密不可分的权利，复制通常为了作品的发行，而我国内容行业常称的"出版"行为，实则包含了复制与发行两个行为，这一点也被国内法律实践所认可。关于发行权，需要注意发行权的"权利用尽"问题，发行权的"权利用尽"，又称发行权"权利穷竭"或"首次销售"原则，是指权利人将作品的原件或复制件提供给公众后，即失去对该原件或复制品的控制权，他人对原件或复制件的再行赠予、销售、转让等处分行为不构成对作品版权的侵权。需要注意，主流观点认为，我国《著作权法》设定的"信息网络传播权"已将数字网络渠道的发行行为吸收入信息网络传播权规制，因此我国法律规定的"发行权"一般只适用于非网络渠道的有物理载体的发行行为。版权交易实践中，应对这一问题予以特别重视，仔细核对、甄别相应合同条款的内容与措辞。此外，录音录像制品制作者对其录音录像制品同样享有发行权及信息网络传播权，所涉发行权亦同样适用权利用尽原则，而对其发行权与信息网络传播权间关系的理解，亦与上述作品发行权类似。

（4）出租权。出租权，根据我国《著作权法》规定，指有偿许可他人临时使用视听作品、计算机软件的原件或者复制件的权利，计算机软件不是出租的主要标的的除外。因此就作品而言，出租权的对象仅包含电影作品、视听作品、计算机软件，对于其他对象，权利人不享有出租权，然而，《著作权法》却规定了录音录像制品制作者拥有出租权。上述规定在逻辑上存在漏洞，可能带来作品权利人与制品邻接权人利益平衡的问题。依据法律规定，针对录音制品的复制行为，可以同时被其上负载的作品权利人享有的复制权与录音制品制作者享有的复制权规制。而作品的录音录像制品的制作者对于制品的出租行为享有控制权，并从中可获得相应收益，但该行为却与录音录像制品所包含作品的权利人无关，这将会造成非法复制唱片、非法出租唱片，邻接权人独自维权而作品权利人却望尘莫及的局面。进入互联网时代，作品的传播媒介载体形式发生革命性变化，出租权的实际应用情形不断缩限，但应当注意到，互联网语境下，内容服务商不断以"许可"的方式替代作品复制件的"销售"行为，向互联网用户推出各种"订阅""借阅""限时 VIP 下载"等服务，用户对其下载的复制件并不享有绝对的处分权利，这种行为本质上与版权法中"出租权"的联系与区别在哪里？是否会对消费者的权益造成一定损害，变相扩张了权利人的权利？这些问题目前仅被实务界人士所关注，而相关学术理论研究甚少，理论界对此问题应予以重视。

（5）展览权。展览权是指公开陈列美术作品、摄影作品的原件或者复制件的权利。我国《著作权法》规定的展览权对象仅包括美术作品与摄影作品，因此音乐领域通常不涉及此权利，在此不予赘述。

（6）表演权。表演权是指公开表演作品以及用各种手段公开播送作品表演的权利。主流观点认为，我国法律规定的"表演权"可拆分为两部分，即"公开表演"与"机械表演"。公开表演，也被称为活表演、现场表演，是指表演者直接或者借助技术设备以声音、动作等公开再现作品，如演唱、演奏音乐，表演戏剧、戏曲、歌剧、话剧等。机械表演，是指借助技术设备将表演进行公开传播，典型的行为如商场等公共商业场所放置音响设备播放背景音乐，餐厅通过电视机播放除视听作品外的各类作品的非广播信号的表演。我国《著作权法》中的"表演权"在措辞与逻辑上严格遵循了国际条约的字面表述，因此其实际可规制行为的范围十分狭窄，且技术意味浓重。依据《著作权法》的规定，通过广播电台、电视台对作品的播放、对视听作品的放映都不属于所谓作品的"机械表演"，而分别由广播权和放映权予以规制。

音乐版权实务中，较多从业者存在误解，认为美国等法域之版权法中的"表演权"概念同我国《著作权法》中的表演权相同，但二者其实存在显著差别，具体比较可参见后文。因此，实际交易与合同订立过程中，应当特别注意对涉及"表演权"合同条款的解释与本土化转换。

（7）放映权。放映权，指通过放映机、幻灯机等技术设备公开再现美术、摄影、视听作品等的权利。为区别对作品表演的播放与对表演与作品高度融合、与表演行为本身即构成作品的电影艺术放映的不同，我国《著作权法》单独设置了放映权。但有关放映权的具体内涵及与其他各项权利之间的界限仍存诸多争议，特别是进入互联网时代，作品的利用形式已发生巨大变化，当前法律所规定的放映权的内涵显然已无法适应实践需求。对"放映权"内涵的理解，有待日后立法层面的阐释与修正。

放映权在音乐版权领域的适用空间极为有限，一般而言，仅构成视听作品的 MV 在 KTV 等实体经营场所播放时可能会涉及放映权问题。但鉴于理论界与实务界对于音乐作品同步入 MV 使用的法律性质及所涉权利类型问题上仍存有较大争议，实际撰写合同时，建议对于类似场景下播放音乐 MV 行为所涉及的权利名目进行描述化的详细定义，避免仅列举"放映权""复制权""（影音）同步权"的权利类型名称。

（8）广播权。根据我国《著作权法》中的规定，"广播权是指以有线或者无线方式公开传播或者转播作品，以及通过扩音器或者其他传送符号、声音、图像的类似工具向公众传播广播的作品的权利，但不包括本款第 12 项规定的权利"。

我国著作权法中"广播权"的具体含义历来是学界与实务界广泛争论的焦点。在《著作权法》第三次修改之前，对广播权旧有的定义是"以无线方式公开广播或者传播作品，以有线传播或者转播的方式向公众传播广播的作品，以及通过扩音器或者其他传送符号、声音、图像的类似工具向公众传播广播的作品的权利"。与表演权相同，旧法中对广播权的规定几乎照搬了国际条约的措辞，致使其内部逻辑极为技术化，所涵盖的行为也具有很大的局限性。主流观点认为，旧法中的"广播权"定义可划分为三个层次理解：第一层为"以无线方式公开广播或者传播作品"，指通过电台、电视台的无线广播信号进行传播；第二层为"以有线传播或者转播的方式向公众传播广播的作品"，即将第一层广播的作品通过有线的方式传播或转播；第三层为"通过扩音器或者其他传送符号、声音、图像的类似工具向公众传播广播的作品"，即通过扩音器、电视等终端设备将上述各类渠道的广播信号进行终端播放的行为。可以发现，如严格按照文义予以解释，旧法中所谓"广播权"并不包含起始传播为以有线方式进行的行为，亦无法涵盖网络同步转播、网络直播等通过互联网进行的非交互式传输，同时，也容易出现广播权和信息网络传播权内容交叉重叠的可能，这不仅明显滞后于技术的发展，更给实践中的授权交易带来不小困惑。对此，《著作权法》的第三次修改适时更新了"广播权"的定义，对上述问题予以回应。新法一方面扩大了广播权的调整范围，将"以无线方式公开广播或者传播作品，以有线传播或者转播的方式向公众传播广播的作品"改为"以有线或者无线方式公开传播或者转播作品"，不再对起始传播的技术特点作出限定；另一方面，维持了我国著作权法中广播权和信息网络传播权的二分构造，明确广播权和信息网络传播权调整范围不应交叉。由此，新法的"广播权"可以恰当地容纳各类通过互联网进行的非交互式传输行为，如网络直播、同步转播、IPTV回播等，但在"三网融合"的背景下，有关传统广播行为、网络直播行为、信息网络传播行为的定性争议可能仍会存在，相关的理论研究仍有很大的进步空间。

（9）信息网络传播权。信息网络传播权是指以有线或者无线方式向公众提供作品，使公众可以在其选定的时间和地点获得作品的权利。具体而言，信息网络传播权可从"信息网络"的范围、信息网络"传播"的内涵两个方面解读。首先，信息网络传播权中的"信息网络"包括以计算机、电视机、固定电话机、移动电话机等电子设备为终端的计算机互联网、广播电视网、固定通信网、移动通信网等信息网络，以及向公众开放的局域网络，因此，除我们通常认为的互联网外，包括移动通信网、云计算网络、IPTV电视网络等在内的网络类型均可纳入此处的"信息网络"范畴。其次，信息网络传播中的"传播"主要指将作品"提供"于向公共开放的互联网或局域网中，并且使公众可以在"个人选定的时间和地点"获得。因此，构成信息网络"传播"的条件有二，其一，是某作品以"交互式"的方式传播，即作品可以按照用户个人的需求和选择被用户感知，且用户可启动和控制作品的展现过程，这与用户只能在由作品传播者选择的时间或地点被动接受作品传播的"非交互式"形式形成鲜明对比；其二，作品被通过网络空间"提供"给用户，此处的"提供"包括将作品上传至服务器、在线流媒体播放、在线页面浏览、下载等手段。据此，可以看出，信息网络传播权真正规制的重点是通过网络以交互方式"提供"作品给用户的行为，而非单纯是字面上所谓的"传播"。理解这一点亦将有助于我们从法律规范技术层面区分信息网络传播行为与提供链接等单纯的网络服务行为。最后，《著作权法》中规定的录音录像制品制作者享有的信息网络传播邻接权的含义基本与上述信息网络传播的著作财产权等同。另外，需要注意的是，信息网络传播权中的"公众"主要指超出一般家庭成员范围及日常小范围社交圈层（如班级、工作团队等）的广泛的、不特定的主体。

信息网络传播权是我国《著作权法》设置的颇具特殊性的一项著作财产权利，该权利的设置主要是为应对网络时代数字形式作品的传播问题。但我国著作权法的"信息网络传播权"定义照搬国际条约措辞的色彩明显，未充分做好本土化设计，导致与著作权法中规定的复制权、发行权、广播权、出租权、放映权等权利在内涵与外延上存在一定交集乃至冲突。如前文所述，虽然《著作权法》第三次修改时意识到了上述问题，对广播权的定义进行了完善，明确了广播权规制的行为不包括信息网络传播权中涉及的行为，但信息网络传播权与复制权、发行权、出租权、放映权的协调问题，仍需通过实践与理论研究予以进一步规范。

（10）摄制权。摄制权是指以摄制视听作品的方法将作品固定在载体上的权利，简言之，即是将作品摄制成为视听作品的权利。按照文义解释，摄制权理论上适用于一切类型的作品，包括文字作品、音乐作品、舞蹈作品等都可以适用"摄制权"。摄制权虽然在规制行为的本质上与复制权无异，但其从复制权中独立出来单独用于规制摄制视听作品过程中使用作品的行为，对于便捷影视行业的素材交易具有一定积极意义，赋予素材作品创作者与影视作品权利人对作品以更大控制余地。需要注意的是，根据《著作权法》的规定，视听作品中电影作品、电视剧作品的编剧、导演、摄影、作词、作曲等作者对影片享有署名权，并有权按照与制片者签订的合同获得报酬，而作品中的剧本、音乐等可以单独使用的作品，作者则有权单独行使其著作权。

音乐领域，摄制权与行业内经常使用的所谓"影音同步权"有着密切的联系。在英美等法域，将音乐作品同步入视听作品的行为，通常被称为"影音同步权"或"同步权"，而这一行为依据我国《著作权法》，其实际是对音乐作品的"摄制"行为，应由摄制权规制（亦有观点认为，应归于复制权范畴，以与域外法律的规定尽可能在性质上保持一致）。鉴于国内音乐产业从业者仍习惯使用"影音同步权"等类似概念，实践中，应当注意在合同中对"影音同步权"的概念进行详细说明与限定，或尽可能转化为摄制权等国内法概念，以减小相应法律风险。

（11）改编权。改编权，主要指改变作品，创作出具有独创性新作品的权利。不同于修改行为，改编行为一定是在原作基础上创造出新的具有独创性的表达形式，也即改编必须存在于不脱离原作旨趣的基础上，产生与原作相区别的新意，这主要通过改变作品类型或改变作品内容两种方式予以实现。典型的改编行为如小说改编为剧本、电影、话剧，小说改写，小说续写，撰写同人小说，等等。需要注意，改编权授权许可具有"传递效应"，即当原作 A 被改编成为改编作品 B，而使用者想将改编作品 B 再改为改编作品 C 时，需要同时经过原作 A 之权利人及改编作品 B 之权利人的许可。相应地，使用通过改编已有作品而产生的新作品进行出版、演出和制作录音录像制品的行为，也应当同时取得该作品的著作权人和原作品的著作权人许可，并支付报酬。对此，《著作权法》第 16 条已作出规定。此外，利用某作品中不受版权保护的元素创作新作品的行为，不属于对作品的改编。

音乐领域，常见的音乐作品改编行为包括对音乐原作中词的改编、曲的改编，以及根据某音乐作品词曲内容将之改编为电影、电视剧、短片等视听作品。对词的改编可能基于对原作的戏谑或模仿，或因作品表演场合及政治审查的需要将词进行幅度较大的改编。对曲的改编则更为常见，典型的即是为对某作品进行不同风格的演绎翻唱而进行的改编，这种情形往往改编了原作曲的旋律、节奏和整体上的曲风，如人们常说的"经典翻唱""热歌翻唱""老歌新唱"等。而根据音乐作品内容改编为视听作品，是近年来出现的一种新的音乐作品演绎方式，往往根据歌曲的歌名、意境和歌词体现的情节将其改编为影视作品，如《栀子花开 2015》《同桌的你》《爱之初体验》等。

（12）翻译权。翻译权，即将一种语言文字转换成另一种语言文字的权利。可见，翻译权不适用于不以语言文字表达的作品。从行为本质上讲，"翻译"实则亦是对原作表达的一种演绎行为，译文与原文不可能成为完全相同的两个表达，翻译过程中，译者需通过自己对原作内容的理解、加工与编排对原作内容按照目标语言的表达习惯进行重新调整与组合。因此，在翻译时，应当注意对原作作者署名权、修改权、保护作品完整权的尊重。

音乐版权领域，翻译权最常见的适用场景即是将外文歌曲中的歌词翻译为中文。除构成我国《著作权法》第24条所规定的合理使用情形外，对歌词的翻译应当请求歌词作品权利人的许可。实践中，目前较多网络音乐平台在线滚动显示的外文歌词译本均为具备一定翻译能力的用户爱好者自行翻译上传，而这类用户往往未得到歌词权利人的翻译权授权许可，因此，严格来讲可能存在法律风险。鉴于在线歌词显示是网络音乐软件基本功能的重要组成部分，无论从知情还是管理流程的角度讲，网络音乐平台也难以援用"避风港"原则减轻或豁免自己的相应义务，实务中对以上问题应当予以重视。

（13）汇编权。汇编权，即将作品或者作品的片段通过选择或者编排，汇集成新作品的权利。汇编若干作品、作品的片段或者不构成作品的数据或者其他材料，对其内容的选择或者编排体现独创性的作品，为汇编作品，其著作权由汇编人享有，但行使著作权时，不得侵犯原作品的著作权。"汇编"本质上也是一种创作作品的方式，可以是将不受版权保护的作品或不构成作品的表达汇编成为一个作品整体，也可以是将作品或者作品的片段进行选择和编排，汇编成为一个作品，但无论如何，"汇编"行为本身必须具有独创性，能够体现汇编者的个性取舍与安排。因此，简单将数个作品汇总在一起出版，将作品的基本信息或作品内容未做任何取舍录入数据库等行为均难以称为汇编。

音乐领域，常见的汇编作品如印刷出版的曲谱选集、歌曲大全，以及将散落的单曲汇编为一个音乐唱片选集等。值得注意的是，近年来由用户自行组合、编辑并上传到网络音乐平台社区的歌名目录清单，即"个性歌单"也成为一种颇具商业价值的"数据资产"，而歌单是否构成著作权法意义上的汇编作品，亦成为一个有趣的话题，理论与实务界应对类似问题开展相应研究。

（14）应当由著作权人享有的其他权利。我国《著作权法》在第10条第1款第17项为著作财产权设置了"兜底条款"，即著作财产权应包括"应当由著作权人享有的其他权利"。对著作财产权设置兜底规定的做法，在世界范围内属于罕见。有观点认为，该条款的设置一方面是为了配合《著作权法》第49、51条中有关作品的"技术保护措施""权利管理电子信息"规定的严谨性与规范性，强调上述内容亦是作品权利人享有的权利；但主流观点认为，兜底条款的设置主要是为了填补现有列举的各著作财产权类型间可能出现的真空与漏洞，避免因技术进步而产生的新的利用、传播作品的行为因现有法律条款未予规制或规定不明而无法得到著作权法的保护。兜底条款的适用虽然有利于新技术条件下作品传播与使用的保护，但其在一定程度上有悖于"权利法定"原则，给予了司法者通过司法裁判创设新型著作权的空间，使著作权内容的稳定性与统一性难以得到保证。

2. 邻接权。"邻接权"①，也可称作"相关权"，英文分别为 neighboring rights 或 related rights，该种权利专门规制基于作品传播所产生的相应活动，如表演作品、录制作品及广播作品。②邻接权的设置意在保护传播作品相应主体的资源投入与经济利益。我国《著作权法》分别详细列举了表演者、录音录像制作者、广播电台电视台、图书出版者享有的各项邻接权利。其中，表演者享有表明身份、保护表演形象不受歪曲、现场直播及公开传送其表演、许可他人录音录像、复制及发行以及出租录有其表演的录音录像制品、信息网络传播权共计 6 类权利。主流观点认为，以上邻接权的产生均应当以存在作品为前提与基础。上述各项权利的性质、名目与基本含义可用表 4-3 概括：

表 4-3　中国《著作权法》邻接权权利内容一览表

权利主体	权利内容	备注
表演者	表明表演者身份	人身性权利
	保护表演形象不受歪曲	
	许可他人从现场直播和公开传送其现场表演，并获得报酬	表演者的现场表演及播放的权利
	许可他人录音录像，并获得报酬	本质上是将"表演"制品化、数字化的权利
	许可他人复制、发行、出租录有其表演的录音录像制品，并获得报酬	
	许可他人通过信息网络向公众传播其表演，并获得报酬	

---

① 需要注意的是，在表述上，我国《著作权法》将通常意义上的邻接权内容统一称作为"与著作权有关的权益"，即"相关权"（related rights），以指代出版者对其出版的图书和期刊的版式设计、表演者对其表演、录音录像制作者对其制作的录音录像制品及广播电台、电视台对其播放的广播、电视节目享有的权利。但大体上，"相关权"与"邻接权"这两种不同称谓所指内容基本一致，二者间的实际差别较小。考虑到当前理论界与实务界的使用习惯，此处统一沿用"邻接权"的称谓。

② 亦有观点认为，邻接权是基于作品的传播而产生的说法并不严谨，因为如录制自然界的客观声音、图像，广播不具有独创性的内容等行为也同样受到领接权保护，该权利的设置主要是为了保护相应信息传播主体的投入与商业利益。

续表

权利主体	权利内容	备注
录音录像制作者	录音录像制作者对其制作的录音录像制品，享有许可他人复制、发行、出租、通过信息网络向公众传播并获得报酬的权利	封闭式列举的 4 项财产权利
	将录音制品用于有线或者无线公开传播，或者通过传送声音的技术设备向公众公开播送的，应当向录音制作者支付报酬	广播及机械表演的获酬权
广播电台、电视台	将其播放的广播、电视转播	该权利时常被称为"广播组织权"，本质上是广播组织对其"发送信号及其上所载对应节目"拥有的控制、垄断权利。注意其与著作权人享有的"广播权"的联系与区别
	将其播放的广播、电视录制在音像载体上以及复制音像载体	
	将其播放的广播、电视通过信息网络向公众传播	
图书出版者	图书出版者对著作权人交付出版的作品，按照合同约定享有的专有出版权受法律保护，他人不得出版该作品	
	出版者有权许可或者禁止他人使用其出版的图书、期刊的版式设计	

（二）交易实践中的惯用权利称谓

囿于多种原因，当代国内音乐产业的不少商业交易习惯与实践规则多以欧、美、日、韩等地的音乐产业为蓝本建立，且由于我国《著作权法》的制定较晚，其更新速度亦难以满足音乐产业不断变化的需求，由此，从业者在交易实践中所引用的行业术语、法律术语和合同条款多舶来于上述国家与地区，其中以来自于美国、日本等地者尤甚，一时间难以改变。因此，尽管我国《著作权法》详尽规定了各类作品及制品享有的权利名目，但当前国内音乐产业从业者所习惯使用的权利内容称谓与我国《著作权法》的规定差异较大，甚至可能存在冲突，从而对版权授权许可协议的拟定及法律纠纷的解决均会造成一定影响。因此，有必要将国内交易实践中惯用的权利称谓与现行《著作权法》之规定进行比较，并对其中的联系与区别进行介绍与澄清。

1.音乐作品权利的实践称谓。

（1）机械复制权。机械复制权（Mechanical Right）主要指音乐作品版权所有人享有的许可他人将音乐作品用于复制、发行录音制品的排他性权利，而因机械复制许可产生的版税收益则称为机械复制版税（Mechanical Royalties）。

"机械复制权"这一称谓起源于美国，起初特指将音乐作品复制、发行为通过"机械复制"（Mechanical Reproduction）的方式制造播放音乐作品的自动钢琴纸卷（Piano Roll）的权利。录音技术诞生后，该权利的内涵相应延伸为将音乐作品用于复制及发行唱片的权利。此后，虽然承载录音的媒介不断随技术进步而革新，从黑胶唱片演进为盒式磁带、激光唱片直至如今各类格式的数字音乐文件，但"机械复制权"这一权利称谓，以及其所特指的将音乐作品用于复制、发行录音制品的核心含义始终未发生变化。因而，"机械复制权"在美国仍作为音乐版权领域的核心专业术语，且常出现于行政部门规章、法院裁判文书等各类法律文本中。而机械复制权这一名称，也被众多国家与地区的音乐产业所效仿、搬用，频繁出现于版权交易中。

但是，"机械复制权"毕竟为基于行业交易习惯形成的术语，并非严谨的版权法概念。从版权法角度讲，其本质上是复制权、发行权的权利组合（而根据美国法，在网络语境下，亦包括交互式的点播、下载等亦属于复制权的规制范畴[①]）。依据我国《著作权法》，互联网语境下的音乐作品复制与发行实则对应我国《著作权法》中的信息网络传播权，而非复制权与发行权，这一点与美国法的规定有所差异。而实践中，受美国等域外法实践的影响，国内不少从业者认为将音乐作品用于网络下载及在线流媒体点播中的行为也可称作为"机械复制权"，故授权方式及版税结算与实体语境下的机械复制权本质相同，这一认识与国内法可能产生冲突。如果单纯从机械复制权的基本内涵理解，在中国法语境下，其恐怕仅能对应复制权与发行权，因此，实务中应当注意，在签署授权许可协议时，应当对机械复制权的定义予以本土化对接与完善，而不可直接照搬域外法的逻辑。实际交易中应注意上述关于机械复制权的解读和调节。

（2）影音同步权。影音同步权，亦称"同步权"，英文为 synchronization right，通常简称 Synch Right。影音同步权，概括而言，指将音乐与视觉内容按照一定时间关系进行使用的权利，[②]国内亦有人将之称为"影音合成授权"。[③]

---

① 根据目前美国版权法的规定与实践，交互式流媒体点播同时包含复制与公开表演两种行为，同时受到复制权与公开表演权的规制。

② 参见赵一洲："影音同步权探析"，载《山东科技大学学报（社会科学版）》2019 年第 1 期。

③ 参见中国音乐著作权协会官方网站说明："卡拉 OK 伴唱设备复制生产商应履行的法律义务"，载 http://www.mcsc.com.cn/imC-35-1703.html，最后访问时间：2019 年 12 月 19 日。

"影音同步权"这一概念亦起源于美国音乐及影视行业。最初专指音乐词曲作品权利人授权影片制作方将音乐作品与电影画面同步播放的权利，后随着技术进步与产业发展，权利内涵拓展至各类将音乐作品与视觉内容同步播放的行为。依主流观点，影音同步权起初应仅控制将音乐词曲作品与视觉内容进行同步的行为，而不涵盖音乐录音，但目前在美国较多从业者将授权录音制品与视觉内容同步的行为也称作（录音作品）"影音同步权"授权，且应用于实际的授权许可协议或其他法律文件的撰写中。因此，实际授权时，协议签署双方应明确"影音同步权"的具体含义与范围。典型的影音同步权授权场景如歌曲MV制作、影视插曲制作、广告片背景音乐、网络短视频配乐、KTV经营场所播放等。

从法律性质上讲，英、美等国版权法基本均认为影音同步权在本质上仍为复制权，或可视为复制权与发行权的组合（有时将作品的演绎权或改编权亦纳入其中），但并不包含如表演权等权利内容。至于影音同步权这一权利在我国《著作权法》中究竟对应哪一权利，理论界研究甚少，而实务界对此则存有争议。主流观点认为，国内音乐行业所谓的影音同步权的法律性质与美国基本一致，为复制权、发行权的组合；也有观点认为，影音同步权本质是将音乐作品固定在视听作品载体上，因此应归入摄制权的范畴。

应当注意，影音同步权一般仅针对音乐词曲作品制作同步入视听作品的行为，该权利并不自然覆盖视听作品中所用音乐的后续公开传播行为。美国法下，如果同步后的音乐视听内容涉及在公开场所或互联网播放，或需在制作视听内容时对音乐进行改编，则需另外取得表演权、改编权等相关授权。在我国，因《著作权法》针对网络环境下的交互式传播专门设置了信息网络传播权，因此，在音乐视听作品的交互式网络传播语境下，同步入视听作品的音乐后续传播，应在取得影音同步权后，再取得音乐作品及录音制品（如有）的信息网络传播权授权。

（3）表演权。表演权，通常又称为公开表演权，英文为 performance right，或 public performance right。音乐版权法语境下，按照通常的理解，表演权即是公开表演音乐作品以及用各种手段公开播送作品的表演权利，这并无太大争议。但实践中，表演权在我国的版权法范畴内又是一个极为复杂乃至混乱的概念，这主要因我国《著作权法》所设置的表演权脱胎于国际条约的文本直译而未进行本土化加工，且我国以传播技术手段为标准，单另针对互联网的传播设定了信息网络传播权，导致实践中作品表演与信息网络传播在逻辑上存在较多交叉与矛盾。另外，我国《著作权法》中的表演权与美国等法域的"表演权"

概念亦存在较大差异。但即便如此,国内音乐行业的从业人员仍常常遵循美国法下的交易习惯、行业概念,乃至合同文本条款设计,更使得"表演权"的含义常常难以统一。因此,有必要对音乐的"表演权"问题予以特别说明。欲清晰理解"表演权"问题,须把握以下三点:①正确理解我国版权法中表演权的含义;②明确中美法律语境下表演权的异同;③了解各主要法域对音乐作品与录音制品表演权问题的立场。

我国《著作权法》将表演权定义为"公开表演作品,以及用各种手段公开播送作品的表演的权利。"前文已说明,我国版权法中的表演权主要规制公开的现场表演及通过技术手段播放作品的表演两种行为,理论与实务界通常将上述两种行为分别称为"现场表演"与"机械表演"。因此,表演权可理解为包含"现场表演权"与"机械表演权"两种类型。具体到音乐领域,现场表演即是现场演唱、演奏音乐作品,而典型的机械表演如在营业场所播放背景音乐,KTV 点播歌曲等。而依据我国《著作权法》,并非所有作品的"表演"一定就由"表演权"进行规制。"表演"与"表演权"并非完全对应关系。例如,我国著作权法中设定的"信息网络传播权"在定义上实则可以涵盖在线交互式点播作品"表演"行为,这使得"表演权"中的"机械表演权"部分可能与信息网络传播权在权利内容上发生重叠。但目前通说认为,通过互联网以交互式方式播送音乐作品的"表演"行为应由信息网络传播权规制即可。因此,音乐录音或视频的交互式流媒体播放等取得信息网络传播权即可,而无需再取得表演权授权。类似的逻辑适用于"广播"音乐作品表演的情形。此外,"作品的表演"与"表演者自身的表演"虽同时发生,在逻辑上难以分离,但我国《著作权法》规定两者分属于著作权人的权利及邻接权人的权利,因此,一首被公开表演的歌曲,需要分别由表演权与表演者权予以规制。这就造成了播放一个音乐作品的表演时可能产生十分复杂的授权局面,实践中应当予以注意。

实务中,不少从业者习惯于将美国版权法中的"公开表演权"(public performance right)同我国《著作权法》中的"表演权"相等同,但二者其实存在显著差别。美国《版权法》所设置的版权权利内容较为简洁,仅规定了复制权、发行权、展示权、公开表演权、演绎权、录音作品(sound recording)数字传输的公开表演权 6 种权利(因最后一项权利主要因行业游说而设置,是专门为录音在限定条件下增设的有限表演权,故通常业内亦有"五个半权利"的称法),① 而未依据技术手段为标准划分权利类型,设置所谓"信息网络传播

---

① *See* 17 U.S.C. § 106. Exclusive rights in copyrighted works.

权""广播权"等权利。因此，美国法下，音乐作品无论通过何种技术手段公开播送，只要符合"公开表演"的要求，即可纳入"表演权"之范畴。因而，实践中，音乐作品的公开播送行为的授权处理较为简单，主要把握公开表演权与复制权两项权利即可。[①] 比较之下，我国《著作权法》单独设置了广播权、信息网络传播权，因此，表演权的适用范围比美国版权法要小很多，通过互联网交互式公开播送音乐作品、广播音乐作品的行为，分别由信息网络传播权和广播权予以规制，而不纳入表演权的范畴。因此，在跨国音乐版权贸易中，交易双方各自所谓之"表演权"，其内涵外延实则不同，因此，实践中应当细化"表演权"的具体定义，尊重准据法国家的法律规定，以避免这一差异带来的误解与风险。

此外，应特别注意"表演权"与"表演者权"的联系与区别。在我国《著作权法》下，这两个权利只有一字之差，但却有本质区别，实践中容易被混淆。具体而言，二者的主要区别如下：表演权是"著作权人"（作者或作品权利人）享有的著作财产权，是作品的权利人"有权控制他人对作品的公开表演行为"，即作品的权利人有权确定是否授权他人对其拥有的作品进行现场或机械表演。而表演者权是表演作品的人，即"表演者"拥有的邻接权，是表演者基于对作品的表演而产生的排他性权利。表演者权是获得作者对其作品进行表演的授权、实施表演行为之后才产生的权利，因此，表演者权是表演权派生出来的权利。可见，二者在权利性质、权利主体、权利客体上均存在差别。此外，表演者权同时包含人身性权利与财产性权利，其财产性权利的保护期限为表演发生后 50 年。

最后，与众多法域不同，此前我国《著作权法》仅对音乐作品设置了"表演权"，而录音制品制作者则不针对其录音制品的表演行为享有任何权利。《著作权法》第三次修改特别回应了上述问题。《著作权法》第 45 条规定，"将录音制品用于有线或者无线公开传播，或者通过传送声音的技术设备向公众公开播送的，应当向录音制作者支付报酬"，赋予了录音制品制作者广播与机械表演的获酬权。这意味着，通过广播电台、电视台播放录音制品，以及在实体经营场所播放录音制品作为背景音乐、在 KTV 经营场所点播录音制品（仅指录音制品，不包括 MV 音像节目）的行为虽无需录音制品制作者授权，但应向其支付报酬，录音制品制作者从上述行为中获得相应版税收益。

（4）信息网络传播权。我国《著作权法》中所规定的信息网络传播权的具

---

① 主流观点认为，根据美国《版权法》的规定，交互式流媒体点播多数条件下需要同时取得复制权及公开表演权授权。

体含义与要点，本节前述第一部分已详细论述，于此不再赘述。具体到音乐领域，音乐作品在适用信息网络传播权时，本质上与其他各类型作品没有差异，只要满足该权利的定义要求即可。需要注意的是，对于通过互联网流媒体技术在线播送音乐的场景，业内常有"交互式"播放（又称"网络点播"，英文通常为 interactive streaming 或 on-demand streaming）与"非交互式"播放（又称"网络广播""网络直播"，英文通常为 non-interactive streaming，online radio 或 webcasting）的分类方法。常见的交互式音乐作品播放即为在线歌曲点播，而非交互式的音乐作品播放则如网络音乐电台、网络直播、网络直播间背景音乐播放等。结合我国《著作权法》中的规定，上述各类交互式的音乐作品播放可对应纳入信息网络传播权的范畴予以规制，而对于非交互式播放，因并非"定时定点供他人选择播送"，从而无法纳入信息网络传播权的范畴。在《著作权法》第三次修改前，主流观点认为应纳入"由著作权人享有的其他权利"的兜底条款予以规制；新修法后，因"广播权"的定义修改，故亦有观点认为非交互式的网络播放从此可纳入广播权范畴，还有观点认为，如在网络直播间现场表演音乐作品的行为应纳入"表演权"进行规制。综上，依我国法律之规定，涉及音乐作品信息网络传播权授权的场景主要应包括音乐作品的下载、在线点播以及歌词与曲谱文本的在线展示与下载三类情形。

（5）歌词、曲谱的复制及发行权。实务中，音乐作品亦常以实体印刷的歌词文本及曲谱形式进行出版发行，如出版各类乐器练习乐谱、曲谱选集、歌曲选集等。上述内容的展现方式或为曲谱、歌词同时编排展示，或曲谱单独展示。以上行为主要由复制权、发行权予以规制。而通过互联网展示歌词文本与曲谱的行为，则纳入信息网络传播权规制。

2. 录音制品权利的实践称谓。如前述章节介绍，我国采用了"著作权—邻接权"的法律制度设计，将"录音"视为一种制品而非版权法意义上的作品，因此，依据我国《著作权法》，录音制品的制作者单独享有法律规定的不同于作品著作权人的特定邻接权利。但囿于较多从业者仍沿用了域外法律术语与行业习惯性用语，因此实践中容易产生概念认识上的偏误，应当引起注意。以下结合行业实践，对录音制品的对应权利作简要介绍与澄清。

（1）录音复制、发行权；录音母带权。录音的复制与发行权，实务中需从广义与狭义两方面理解。广义层面，其是指通过各类形式复制与发行录音作品[①]或录音制品的权利，包括复制发行实体物理载体复制件，通过互联网下载

---

① 依据美国《版权法》的规定，"录音"（sound recording）被视为一种作品，而非"制品"。

数字格式的复制件，以及交互式在线流媒体播放等。狭义层面，其则特指我国《著作权法》规定的录音制品制作者（邻接权人）拥有的复制、发行"录音制品"的权利。而狭义层面的录音制品复制、发行权，仅适用于非互联网条件下的实体复制与发行，互联网渠道的复制与发行行为，依据我国法律规定，则由录音制品的信息网络传播权单独予以规制。但无论从广义抑或狭义层面理解，一般而言，录音的复制发行权仅对应复制与发行行为，而绝不包含对录音的公开表演行为。

不少从业者常将录音复制与发行权称作"录音母带权""母带权"（英文表述为 master recording right 或 master right；相应地，"录音母带权授权"称作 master license）。"母带权"这一权利称谓的起源与含义和音乐词曲作品中所谓的"机械复制权"旨趣相同，其脱胎于音乐录音工业技术革新与交易模式的发展。一般而言，任何在市场上流通的录音制品拷贝件的复制、翻录均来源于同一个源头，即最初固定表演声音的原始高质量唱片（或其他形式的可读取物理介质）。而这个首次固定有原始录音，用于复制、生产制作录音制品的基准唱片（或其他类型物理介质），通常即称作"母盘"或"母带"（master recording）。不难看出，绝大部分对录音制品实体件的复制、发行行为及将复制录音制品用于其他场景的行为在本质上均可理解为是对母带的一种复制，所以有了将对录音制品的复制与发行权称作"母带权"的说法。日后，尽管录音制品的复制与发行形式更为多样，但这一称谓仍得以保留。据此，若对应我国著作权法的规定，所谓"母带权"，实为录音制品复制权、发行权的权利组合。

在我国《著作权法》语境下，针对录音制品的复制与发行行为，录音制品邻接权人享有针对实体环境的复制权、发行权，及针对信息网络语境的信息网络传播权。因此，严格来说，所谓"母带权"应仅对应我国《著作权法》下录音制品邻接权人的复制权、发行权；但若扩展对应至信息网络传播权，如许可协议中相应的定义完善明确，亦未尝不可。在实践交易中，应特别注意"母带权"具体的定义究竟为何。

（2）信息网络传播权。与作品的权利设置模式相同，我国《著作权法》也专门为录音制品邻接权人设定了信息网络传播权。因此，通过信息网络提供录音制品的行为，包括下载、交互式流媒体播送，依据我国法律，受录音制品信息网络传播权规制。而我国《著作权法》未在录音制品邻接权部分设置起到兜底作用的所谓"其他权利"条款。因此，主流观点认为，目前通过网络以非交互式方式播送音乐时，录音制品邻接权人不享有任何权利，因而此种场景下，使用者仅需取得音乐作品权利人许可即可，而无需取得录音权利人的许可。但可以预见，这将把大量的音乐 FM 或音乐电台直播节目中对录音制品的使用行为排除在著作权法规制的范畴之外，对唱片公司而言十分不利。因此，唱片公司通常会在"非交互式"的定义问题上做足功夫，在授权许可协议中对类似行为进行排除或约定，实践中应当予以重视。《著作权法》第三次修改虽然为录音制品制作者增设了机械表演的获酬权，但第 45 条规定的"将录音制品用于有线或者无线公开传播，或者通过传送声音的技术设备向公众公开播送"中的"广播"行为是否可以涵盖录音制品非交互式信息网络的播放行为，目前仍不明确。

（3）出租权。我国《著作权法》虽有规定录音制品的出租权，但与作品的"出租权"相同，目前多以实体复制件的出租行为为主，与当下音乐产品的交易模式已经不大相符，因此适用频率较低。但目前新兴的流媒体付费订阅模式下，在会员期内限期下载与使用音乐的方式是否本质上可视为一种"出租"行为，而由此应当由"出租权"规制，这一问题仍未为法律理论与实务界所足够重视，有待进一步研究与探讨。另外，仍需强调，我国《著作权法》未对录音制品邻接权人设定"表演权"和"广播权"，因此，任何公开播送录音制品的行为均不受《著作权法》的规制。因此，广播、实体场所播放、非交互式互联网播放录音制品目前均无需获得录音制品权利人的授权。

（4）广播与机械表演获酬权。《著作权法》第三次修改的一个重要变化是为录音制品制作者增设了广播与机械表演获酬权。《著作权法》第 45 条规定，"将录音制品用于有线或者无线公开传播，或者通过传送声音的技术设备向公众公开播送的，应当向录音制作者支付报酬"。该条款试图填补我国录音制作者在录音制品"广播"及"机械表演"两类情形下无法享有任何权利的空白，为实现唱片业从业者提高其广电播放及商业公播市场收入的愿望迈出了重要一步。依照第 45 条的规定，广播电台和电视台播放录音制品、在实体经营场所播放录音制品作为背景音乐，以及在 KTV 经营场所点播录音制品（仅指录音制品，不包括 MV 音像）的行为虽无需录音制品制作者授权，但应向其支付报酬。

值得注意的是，虽然学界与实务界均认为新法第 45 条明确为录音制品制作者增设了广播与机械表演获酬权，但若仅从第 45 条的文本上看，该条在措辞细节上有诸多不明确之处，需要立法机关进一步释明。例如，第 45 条在所授权利的性质问题上表述暧昧，未能明示赋予录音制作者的是完整"专有权"还是有限"获酬权"。而在权利内容上，对"广播"与"机械表演"的定义不够精确，未能与著作权法整体保持统一，未明确所指"将录音制品用于有线或者无线公开传播，或者通过传送声音的技术设备向公众公开播送"究竟为何，未明确其是否与前述的针对作品的"广播权"及"表演权"的内涵与外延完全一致，以及能否规制互联网进行的非交互式播放行为。而在配套措施方面，第45条的实质规范效果明明与"法定许可"类似，但却未归入法定许可范畴，而是作为独立的获酬权条款出现在《著作权法》中，也未针对录音制作者的广播与机械表演权利设置符合产业实情的集体管理与付酬机制，致使该条之立法目的难以实现。因此，如何明确录音制作者广播与机械表演权的规制范围、进一步完善权利内容表述、设置配套法定许可与集体管理机制，均是立法机关及有关部门应予重视的问题。而未来，为直接参与录音制品制作的一线创作人员增设独立获酬权，切实提升我国录音行业从业者法律地位、有效保障其收入，可能亦是不错的制度选择。

（三）音乐表演者权

因我国《著作权法》采用"著作权—邻接权"体系，所以法律将表演者作为独立的一类邻接权人，独立赋予其针对表演行为以数项特定权利。这与美国等法域将表演者作为录音作品创作参与者之一的逻辑较为不同。因此，在我国版权法语境下，表演者相对独立，其权利往往不会与录音制品制作者的权利相混同。因而，具体到音乐表演，对音乐的表演进行的现场直播、录音录像、复制发行、网络传播等行为均绕不开表演者的单独授权。

具体而言，依据我国《著作权法》，表演者享有表明表演者身份、保护表演形象不受歪曲、现场表演传播、录音录像、复制与发行及出租录有其表演的录音录像、信息网络传播表演几组权利。实践中，只要使用者遵守行业规范，及时示明表演者身份，表演者的人身性权利多数情形下可得到保障，争议不大。因此，交易实践中更多主要关注表演者的现场表演权、录音录像制作权、复制与发行权、出租权和信息网络传播权这几组权利。而针对录音授权，则主要关注后四组权利。应当注意的是，虽然在法律逻辑上，音乐作品的表演者对其表演享有较强的独立控制权，但实践中，为了方便唱片制作与后续的版权授权许可的交易和使用，唱片公司在制作唱片前事先通常会与表演者通过协议约定，以"买断"（转让）或独占许可的方式将表演者的表演者权控制在唱片公司手中，由唱片公司自己或由其代表演者向相关的被许可人进行授权许可，之后再就唱片复制发行所产生的收益与表演者按比例进行分成。

以上即为音乐作品、录音制品及作品表演在音乐产业中惯用权利称谓及对应我国《著作权法》权利称谓的说明与介绍，主要内容亦可总结为表4-4，读者可进行参考。

表4-4 《著作权法》权利称谓与行业习惯称谓对照表

音乐利用方式	《著作权法》对应规范名称	行业中的习惯权利称谓
音乐作品复制发行 （用于制作录音制品）	复制权、发行权	机械复制权
音乐作品 经营场所公开播放	表演权	表演权
音乐作品 网络下载、在线点播	信息网络传播权	网络传播权 / 机械复制权和表演权 （美国法习惯称谓）
音乐作品现场表演	表演权	表演权
在各类视听作品中作为配乐使用	复制权 / 信息网络传播权	影音同步权
歌词、曲谱文本实体复制发行	复制权、发行权	复制发行权
歌词、曲谱在线展示	信息网络传播权	网络传播权
实体录音制品复制、发行	录音制作者、表演者的复制、发行权	母带权 / 复制权 （表演者对应的权利通常约定归唱片公司）
录音制品 网络下载、在线点播	录音制作者、表演者的信息网络传播权	网络传播权 / 母带权 （表演者对应的权利通常约定归唱片公司）
艺人现场表演	表演者权	表演者权
艺人录制录音制品	表演者权	表演者权

注：上述各类使用场景亦可能涉及音乐作品的改编权、翻译权、广播权相关的授权许可。此外，作者的著作人身权，即发表权、署名权、修改权与保护作品完整权理应得到尊重与保护。本表格旨在说明日常授权许可交易中涉及的核心权利内容，故对上述其他各类可能涉及的权利不再赘述。

第四节　音乐版权的产生、归属与保护期限

一、音乐版权的产生

任何版权权利的产生前提为存在"作品"，因此，仅有在某音乐（词曲）

构成版权法意义上的"作品"时，探讨版权利用与保护才有意义。下面，对法律意义上"音乐作品"的产生条件及权利取得原则进行简要介绍。

（一）构成"作品"

《著作权法》第 3 条规定，"本法所称的作品，是指文学、艺术和科学领域内具有独创性并能以一定形式表现的智力成果"。上述这一高度抽象的定义基本准确描述了版权法意义上"作品"的实质含义。进一步提炼概括，可将版权法意义上的"作品"的构成要件用如下公式表示，即"作品 = 人类创作的 + 具有独创性的 + 能以某种形式复制的 + 表达"，同时满足公式中各要件，即可成为版权法意义上的"作品"，从而受到法律保护。以下对公式中各要件作简要说明。

1. 版权法要求作品必须为人类创作的产物，客观世界中的自然现象无法成为作品。例如，森林中动听的鸟叫、海浪的声音、无意间组成的具有美感图案的动物足迹等[1]，即使具有一定独特形式，甚至具备较强的欣赏价值，也都无法构成版权法意义上的"作品"而得到法律保护。具体到音乐领域亦是如此，仅对自然中客观声音进行记录难以构成作品，只有人类通过智力活动创造出的词和曲才能成为音乐作品。

2. 作品必须具有独创性，这是判断某对象能否成为作品的核心要素。"独创性"包含两个方面，即独立性和创造性。独立性指作品是由作者独立完成，没有剽窃、抄袭他人的独创性智力成果。需要注意的是，版权法上对作品的独立性并不要求作品"独一无二"。因此，即便两个作者创作出几乎相同的作品，若可证明二者均为独立完成，没有剽窃、抄袭对方的表达，且两作者也无法轻易接触到彼此的作品，则即便两个作品相同，但仍可各自独立得到版权法保护。创造性，通常指作品"能够达到一定水准的创作高度"，但这一表述实属抽象。通俗理解，"创造性"指作品能够体现作者的个性，或反映作者对创作元素的取舍、编排、加工，使得作品"不普通"而"富有欣赏与审美的可能"。创造性并不要求作品"前所未有"，也不对作品的市场艺术价值及内涵的信息价值作任何要求。如，即便一首乐曲非常简短，或并不动听，或从未得到市场认可，均不意味着其没有创造性。

3. 版权法要求作品具有可复制性。主流观点认为，此处的"可复制性"仅指作品"可以"被固定于某种载体从而得以表达的"可能性"，而非一种既成事实。例如，我国版权法专门规定了"口述作品"这一作品类型，作者口头表

---

[1] 近年来，关于人工智能生成物的版权法问题成为热点，亦非常值得讨论思考，本书在此不作评论。

达出来的作品内容虽然未固定在任何载体上，但具备被固定于某载体的可能性，因此也受版权法保护。类似地，被固定于曲谱、歌词文本、录音录像制品的音乐可以构成作品，而即兴演唱、演奏的音乐只要能被固定下来，自然也具备构成作品的可能。

4.作品必须是一种具体的表达，而非仅仅是一种抽象的思想。版权法仅保护思想的表达，而不延及思想本身，这是版权法的一项重要基本原则，通常称作"思想表达二分法"。具体而言，"表达"即各类将人的思想外化的具体内容及其负载该内容的符号形式，如以文字、声音、图形、符号等形式展现的足够详细的体现作者个性的内容。"思想"即指作者的想法、创作思路、思想体系、原理、概念等仅停留于人脑抽象构思层面的内容，以及具体可外化之表现形式极为有限的，处于人类社会思维公共领域的概括性一般表达。版权法之所以设定这一基本原则，旨在明确其可保护内容的"限度"，防止因版权的设立而使权利人可以垄断人类共同思想和一般性概念范畴内的内容，以确保言论与创作自由及社会文化的多样性，确保版权制度可以增进而非阻碍公众福利与社会进步。从具体表现形式上看，思想表达二分原则主要体现在以下几个方面：①创作作品的基本元素不受版权法保护，如创作作品所使用的符号系统、公共领域的素材、文学作品的情节设置等；②创作理念、风格、手法、方式、概念运用等本身不受版权法保护；③作品中体现纯粹"思想"的部分与具体的"表达"混同时，表达不受版权法保护，即如果某一类思想仅能通过极为有限乃至唯一的方式予以表达，如反映客观事物的图形特征、爱情故事的固定套路、表现特定类型情绪的曲式结构等，如果将这些特定表达方式通过法律予以排他性的垄断，则将会导致知识领域的现有形式被穷竭，阻碍思想传播与创作自由。思想表达二分法原则在词曲创作中的典型体现即是乐曲的曲式、旋律模式以及常见的歌词词汇组合、句式结构等并不受版权法的保护，法律仅保护由作者独立创作且足以体现作者个性与取舍的足够具体的乐曲形式与歌词表达。

以上即为满足版权法意义上受版权保护"作品"之定义所需的基本条件。概括而言，对于音乐，只要词、曲符合"为人类创作、具有独创性、可被复制、为具体表达"上述几个条件，即可构成音乐作品。而构成我国版权法意义上的"录音制品"的条件则较为简单，只要某制品是对音乐作品表演的录制，即可成为"录音制品"。主流观点认为，录音制品的产生以音乐等作品的存在为前提。

（二）版权自动取得原则与著作权登记的意义

与《伯尔尼公约》中的规定一致，我国《著作权法》奉行"版权自动取得原则"（亦称"版权自动保护原则"）。[①]即只要符合版权法定义的"作品"创作完成，版权自作品创作完成之日起自动产生，而无需以行政机关的登记、审查或授权为前提条件。

实践中，诸多内容产业的从业者乃至法律专业人士对版权产生的条件存在误解，认为作品只有在进行"著作权（版权）登记"或加注"版权声明"（如在作品上标记版权所有符号"©"，或标记"版权所有，盗版必究"等声明）后，作者或权利人才对作品享有版权。上述认识存有误区。根据我国相关法律法规及司法实践，作品的"版权登记"或"版权声明"仅作为确定某作品权利归属的"初步证据"，而非直接确定权利人享有作品版权的法定形式要件。因此，不进行版权登记，并不意味着作者（权利人）对作品不享有版权。而即便进行了版权登记，如果他人可提出相反证据证明对作品拥有权利，则著作权登记的证明效力归于无效。根据《作品自愿登记试行办法》第6条的规定，作品登记后发现有与事实不相符等相应情形的，作品登记机关应撤销其登记。因此，当著作权人发现他人登记的作品侵犯自身著作权后，可向当地著作权管理部门提出申诉，要求撤销该登记。实务中，进行"版权登记"的主要意义在于通过此种具有一定公示公信作用的方式拥有一个相对明确的作品权利归属凭证，减少日后可能的维权与诉讼过程中的举证成本，同时也能提高作品权属状态的公信度，提升作品权利人的品牌形象，降低作品版权交易风险。因此，在条件允许的情况下，仍建议对作品进行版权登记，并保存好作品创作时的各类草稿、底稿和相关记录。

而对于负载有音乐作品及其表演录音的录音制品而言，与作品相同，录音制品制作者享有的邻接权自录音制品制作完成之日起自动产生，无需进行登记。但实践中，建议录音制品制作者及时为其录音制品申请ISRC（标准录音制品编码），以便可以全面满足国家关于录音制品出版发行的合规要求，同时，此举亦有助于录音制品权属信息的管理和跟踪，对于日后应对可能的法律纠纷，有效维护录音制品权利人的权益颇有帮助。

二、音乐版权的归属

调节、平衡作品创作与交易环节的各方利益，推动作品的商业化利用是版

---

① 《著作权法实施条例》第6条规定："著作权自作品创作完成之日起产生。"同时，《作品自愿登记试行办法》第2条规定："作品实行自愿登记。作品不论是否登记，作者或其他著作权人依法取得的著作权不受影响。"

权法的重要目标之一。因此，为了方便对作品的商业利用，更好地契合作品创作发行的行业规律，各国版权法多对作品的版权归属问题设计了较为详细的规则。简言之，版权法通常会规定，一个作品的版权并不一定属于实际创作作品的自然人，亦可能归属于其他主体。应根据具体情形，结合法律规定作出相应判断。

我国《著作权法》对作品权利归属的规定可分为一般原则与特殊原则两大类情形，一般原则即指创作作品的人即作者拥有作品版权，而特殊原则是将作者的所属工作单位、组织作品创作的法人以及其他组织，或委托作者创作作品的主体视为"作者"的情形。以下作详细说明：

（一）一般原则

多数情况下，作品的作者即为作品的版权权利人。我国《著作权法》规定，"创作作品的自然人是作者"。应当注意，此处的"作者"，指"直接"通过其智力活动创造具有独创性表现形式的人。而为作品创作提供指导意见、咨询服务、物质或设备条件，以及组织创作工作或受雇进行辅助工作的人不能成为作者。

创作作品的作者可以是一人，也可以是多人，因此会产生所谓"合作作品"。按照一般归属原则，合作作品的版权归属于所有创作者，全体作者共同享有作品版权。而根据我国《著作权法》及其实施条例的规定，合作作品可以分割使用的，作者对各自创作的部分可以单独享有著作权，但行使著作权时不得侵犯合作作品整体的著作权。合作作品不可以分割使用的，其著作权由各合作作者共同享有，通过协商一致行使；不能协商一致，又无正当理由的，任何一方不得阻止他方行使除转让以外的其他权利，但是所得收益应当合理分配给所有合作作者。《著作权法》对合作作品的上述处理方式，与我国民法中的"共同共有"与"按份共有"原则基本一致。但值得注意的是，无论是国外还是国内的音乐版权实务中，通常采用的是一种较为特殊的作品"共有方式"，即音乐词曲作品作者通常会与词曲版权代理方及唱片公司按一定比例约定对音乐作品或录音制品的版权进行"共有"，相应收益亦按照"共有比例"进行核算，但作品对外整体上的授权许可事宜，则由词曲版权代理公司或唱片公司对外统一行使。这种按比例对作品的所有权即收益权进行划分的行为，实际上是将本属于合作作品中才会出现的、基于创作者共同创作意志与行为实现的"版权共有"作为一种商业惯例进行了拓展，词曲作者及艺人以此种方式顺利将其作品推向市场，同时也一定程度上使得作者可以保留对作品的有效控制和收益能力。

此外，就演绎、改编类作品的版权归属问题而言，基于已有作品演绎、改编的新作品著作权人对其演绎的作品整体上享有独立的著作权，但其在行使权利时不得侵害原作品权利人的权利。

（二）特殊原则

除最基本的一般归属原则外，我国《著作权法》规定了职务作品、特殊职务作品、法人作品及委托作品四类作品版权归属的特殊情形。

1. 职务作品。根据《著作权法》规定，自然人为完成法人或者非法人组织工作任务所创作的作品是职务作品，著作权由作者享有，但法人或者非法人组织有权在其业务范围内优先使用。作品完成两年内，未经单位同意，作者不得许可第三人以与单位使用的相同方式使用该作品。此类作品在音乐行业可能并不多见，多出现于文化事业单位、演出团体职工为完成单位布置的工作而创作相应作品的情形。而在私人创作领域，创作者为保证自身权益，一般不愿意将其作品纳入职务作品的范畴。

2. 特殊职务作品。在普通职务作品之外，我国《著作权法》还规定了所谓"特殊职务作品"，即如果作品是"主要是利用法人或者非法人组织的物质技术条件创作，并由法人或者非法人组织承担责任的工程设计图、产品设计图、地图、计算机软件等职务作品"，或"报社、期刊社、通讯社、广播电台、电视台的工作人员创作的职务作品"，以及作品为"法律、行政法规规定或者合同约定著作权由法人或者非法人组织享有的职务作品"，则作者仅享有署名权，著作权的其他权利由法人或者非法人组织享有，法人或者非法人组织可以给予作者奖励。特殊职务作品的法律定义看似简单，但实务中认定实则很是繁琐。例如，我国法律规定的第一类特殊职务作品是仅对于"工程设计图、产品设计图、地图、计算机软件"四种作品类型适用，还是可对本条规定中的"等"字进行扩张解释，从而使得所有作品类型均可能落入到特殊职务作品的范畴？对于这一问题，理论与实务界目前仍有较大争议。因此，实务中，建议通过详细的合同条款约定相关事宜。

3. 法人作品。法人作品，顾名思义，是指由法人或者非法人组织主持，代表法人或者非法人组织意志创作，并由法人或者非法人组织承担责任的作品。此时，法人或者非法人组织视为作者，创作作品的自然人不享有著作权。实践中，以国家、团体、组织整体的名义创作的系统性较强的作品，如某航天工程、水利工程、文化项目等规模性政府工程中包含的作品，可能构成法人作品。此类作品在音乐行业极为少见。

4. 委托作品。委托作品，是指受托人根据委托人的委托而创作的作品（此处受托人与委托人不一定必须是自然人，亦可为法人或其他形式的主体）。受委托创作的作品，著作权的归属由委托人和受托人通过合同约定。合同未作明确约定或者没有订立合同的，著作权属于受托人。国内较多观点认为，委托作品本质上是一种承揽合同关系的体现，即受托人按照委托人的要求"定制""定作"相应作品。在合同未有约定的情形下，我国将委托作品的版权归属者默认为"受托人"，此种制度安排与美国等法域将"雇佣作品"（works for hire）权利人默认为委托人的做法不甚相同，与内容产业的交易习惯亦有较大差别。因此，实践中，多数委托人均会通过明确的合同约定将版权归于自己所有，而非轻易将之让给受托人所有。鉴于"委托创作"模式是制作方、出资方或创意组织实施方直接获得创作者作品版权的有效方式之一，因此，音乐行业中通过协议约定某作品为"委托作品"的形式较为常见。更有唱片公司、经纪公司或节目制作方会通过协议将某艺人在约定时间内创作的所有作品视为"委托作品"，对作者予以绑定，或通过合同约定的形式，将作者一定时间内的未来预期所生产的内容权利也全部"买断"。

（三）行业实践中的版权归属约定

上述版权归属的一般原则与特殊原则为基于《著作权法》规定而进行的严格分类。但从实践的角度讲，产业从业者更愿意灵活约定音乐作品和录音制品的版权归属，并在此过程中产生了一些特定的习惯性交易术语，且这些术语常会出现在相关的授权交易许可合同中。以下对音乐作品归属、录音制品归属在实践中的具体表现作简要探讨。

1.实践中常见的版权归属类型。就常见版权归属类型而言，音乐产业实践中作者原创、创作者共有、公司或使用者买断、委托创作、职务行为等版权归属形式较为常见，具体可归纳为"作者自有、版权共有、版权买断、委托创作和职务作品"五类情形，以上各类型作品归属多通过具体的书面协议在细节层面进行更为明确的约定。

（1）作者自有，指音乐作品的权利由词曲创作者自己享有，录音制品的权利由唱片公司享有，音乐表演者的权利归表演者自有（但其参与录制唱片时的表演者权通常独占许可或转让给唱片公司）。此种版权归属结构为业内的常态，亦符合上述作品版权自动取得原则。而在音乐艺人占据强势市场地位或音乐艺人具备自行制作高质量商用录音制品的能力这两种情况下，特定录音制品的制作可能由音乐艺人自行组织完成，相应的词曲版权、录音版权及表演者权利均归属于艺人自有。

（2）版权共有，指音乐作品或录音制品的权利由一个以上的不同主体共同享有。实务中音乐版权共有的形态既有严格依照我国《著作权法》规定产生、约定的共有，亦有结合商业习惯通过合同设计的共有结构。版权共有主要有以下几类情形：其一，音乐作品中的词由多人共同创作并共有，或音乐作品的曲由多人共同创作并共有，或音乐作品的词与曲同时由多个主体基于合意共同创作并共有；其二，某音乐（词曲）作品由创作者与版权代理公司（或唱片公司）按照一定比例共同所有，因作品使用产生的许可费收益依共有比例分成；其三，某录音制品由音乐作品作者、表演者与唱片公司按照一定比例共同所有，因录音制品使用产生的许可费收益依共有比例分成。值得注意的是，音乐作品由创作者与版权代理公司共有、录音制品（此处多指"母带"）由录音艺人与唱片公司共有的情形在美国音乐产业较为常见，其通常会通过协议事无巨细地详细约定共有的比例、分成方式和权利义务事项。国内目前已有越来越多的唱片公司与版权代理商开始模仿采用此种共有模式，但整体尚处于探索阶段。总体而言，国内理论与实务领域对音乐版权共有制度的研究与实践仍远远不够。

（3）版权买断，通常指词曲创作者通过转让或永久独占许可的方式，将其作品交付于词曲版权代理公司、唱片公司或其他各类音乐使用方，而词曲版权代理公司或唱片公司一次性支付费用，或按照日后作品实际使用状况约定分成。需要注意的是，实务中大量出现的所谓"版权买断"在法律意义上可能为"独占许可"而非真正的"权利转让"。相关交易主体应当在合同中就相关事项予以明确，并结合具体行为作出判断。

（4）委托创作，指词曲创作者按照委托人（通常为唱片公司、经纪公司、影视剧制片方、电视节目制作方等）要求进行创作，且委托方通常在协议中明确约定受托人创作完成的作品归委托方所有。对于委托作品，应注意是否有唱片公司等主体通过与艺人签署长期委托合作协议，将某艺人在约定时间内创作的所有作品视为"委托作品"并约定归属于委托方，以达成"买断未来创作"的目的。

（5）职务作品，内涵与《著作权法》中职务作品条款的规定基本一致。多适用于文化事业单位、演出团体的职工为完成单位布置的工作而创作作品的情形。商业音乐领域此种作品归属类型的出现频率极低。

2.交易术语澄清。尽管我国《著作权法》中关于作品版权归属的划分已相对清晰，但其与音乐行业中实际使用的交易术语及背后所含的行业惯例并非完全契合，行内术语与法律语言可能存在差异。音乐版权交易实践中，常会遇到所谓作者原创、委托创作、权利买断、独家绑定、编曲租赁等术语，而该类术语背后往往反映着作品版权归属状态。因此，以下有必要结合我国法律规定对该类交易术语的内涵予以一定说明。

（1）作者原创。该称谓虽多用于交易中，但并非准确的法律术语，也有所谓"原创授权""原创内容"等说法，多指音乐词曲作品版权归属于词、曲作者本人，以及录音制品"版权"（其实为邻接权）直接归属于录音制作方（通常为唱片公司，目前亦有网络音乐平台等承担类似唱片公司的角色）的情形。

（2）委托创作。基本可与《著作权法》中委托作品情形等同。实务中，通常指为艺人经纪公司、唱片公司、节目制作方、影片制片方、出资方等委托者进行创作的行为。我国《著作权法》规定，受委托作品版权归属由委托人和受托人通过合同约定，而合同未作明确约定或者没有订立合同的版权属于受托人。因此，实践中委托方通常会草拟合同直接约定作品的归属问题。

（3）买断。该词汇常被业内人士使用，源自英文"copyright buyout"一词。这一表述实际并非法律用语。实务中一般存在所谓"full buyout"及"limited buyout"的划分方法，前者指完全"买断"，等同于权利人作为转让人将版权"转让"给被转让人，而后者指权利人作为许可人授予被许可人一定期限的或永久的独占许可。因此，所谓的"版权买断"，在法律上根据双方合同的具体约定可能会出现不同的权属变动效果，当事人对此应予以特别注意。在具体撰写合同时，仍建议采用符合我国《著作权法》表述的概念与措辞。

（4）独家版权。该术语近年来成为行业热词，但"独家版权"其实并非一个严谨的法律概念。所谓"独家版权""享有独家版权""独家许可"等表述，多是根据行业交易习惯沿袭使用的非专业性表述。使用这些表述更多是为实现商业宣传目的，且亦可预先威慑潜在竞争对手与可能的盗版侵权者。但从版权法角度讲，所谓"独家版权"的内涵并不唯一，更不意味着某版权就最终归属于宣称其拥有独家版权的人。"独家版权"一词可能存在多种"变体"，对应多种不同的版权授权许可方式。"独家版权"可能指某权利人为该作品的唯一权利人，也可能指某被许可人是某地域范围内唯一得到作品权利人独占许可（依据我国《著作权法》的规定，等同于"专有使用权"）的被许可人。而于后者之情形，又可分为①被许可人作为上一级独占许可人可将其权利转授权给其他符合条件的使用者（此种情形下，所谓"独家版权"，更类似于一种"独家代理权"），以及②独占许可的被许可人不能将其权利转授权给第三人而只得在某地域范围内自行实施许可（典型意义上的独占许可）两种情形。权利人授予某被许可人标准独占许可的效果几乎等同于将其作品版权进行了"转让"。综上，面对所谓"独家版权"的表述，应当仔细甄别，确定其背后蕴含的实际交易架构、协议条款内容等，确定作品的权属状态。

（5）编曲租赁。域外一般称为 beat lease，多用于说唱音乐领域，指歌曲的词曲创作者或音乐表演艺人向"beat"（用于配合主旋律，为其进行伴奏的"编曲"）制作者"租用"或"购买"编曲，编曲人许可音乐作品的创作者在其主旋律的基础上利用 beat 进行创作，合成录音制品。音乐作品作者以独占或非独占的形式使用 beat。本编前述章节已述，中文语境下的"编曲"不一定当然不具有独创性或等同于录音制品，其可能实质上是音乐作品。因此，在很多所谓"编曲租赁"的情形下，其本质上是 beat（"编曲"）作者授予使用者相应版权许可的行为，beat 的创作者仍对 beat 拥有权利，而使用 beat 的创作者并不享有 beat 本身的相应权利。beat 是否构成版权法意义上的所谓音乐作品，应根据其独创性进行判断，不可一概而论，就此问题实务中产生的争议也较多。我国《著作权法》未专门针对"编曲"与"伴奏"的法律地位及相关问题作出任何可以参照的规定，而相对权威的学术研究与司法案例亦甚少。因此，交易实践中，应主要关注编曲使用协议中所谓"租赁"的法律性质，判断编曲是否构成作品，并重点关注编曲及利用编曲合成的最终歌曲成品的版权最终归属等问题。

三、音乐版权的转让

版权转让，是除一般原始取得原则外影响作品版权归属的主要途径，是继受取得权利的重要表现形式（另一主要表现形式是版权财产性权利的"继承"）。普遍意义上，任何作品类型的版权转让均涉及以下几个基本问题：其一，作品上负载的著作人身权不得被转让，权利人仅能转让其著作财产权给他人。因此，当权利人将其作品的财产权部分转让，则著作财产权与著作人身权将会属于不同的权利主体。其二，根据我国《著作权法》的规定，权利人既可将其作品包含的全部著作财产权转让，亦可只将其中的一项或几项转让给他人。[1] 因此，著作财产权在转让时可被"分割化"使用。其三，版权转让并非指作品原件（承载作品的物理载体）的转让，实体物"所有权"的转移不导致版权的转移。[2] 其四，版权转让是一种要式法律行为，版权转让人与被转让人双方应当签订书面合同。其五，应当注意，实务中有时所称的"版权转让"通常为广义

---

① 《著作权法》第 10 条规定，"著作权人可以全部或者部分转让本条第 1 款第 5 项至第 17 项规定的权利，并依照约定或者本法有关规定获得报酬"。

② 涉及美术及摄影作品时存在特殊情况。我国《著作权法》第 20 条规定，"作品原件所有权的转移，不改变作品著作权的归属，但美术、摄影作品原件的展览权由原件所有人享有。作者将未发表的美术、摄影作品的原件所有权转让给他人，受让人展览该原件不构成对作者发表权的侵犯"。

语境下的称法，即既包括典型意义上的"作品"权利的转让，亦可能包括录音、录像制品等邻接权的转让。

就音乐版权的转让而言，除遵循上述一般原则外，应注意以下要点：其一，当音乐的词、曲分别由不同的作者创作且作者各自分别对其拥有版权或词、曲的版权归属于不同的主体时，即便该组词曲作品存在紧密的配合使用关系，只要其整体上并未被视为《著作权法》意义上不可分割的合作作品，词或曲任意一方的权利人对其作品财产权的转让均可单独自由行使，另一方无权干预。其二，实践中会出现某音乐作品或录音制品权利人在作出许可后将权利又转让给他人的情形，相关交易者应当尽可能要求权利人主动披露作品或制品的权属变动记录和当前状态，或自行查询清楚欲交易作品或制品的权属状态及权属移转的时间记录，以避免因版权授权与转让存在冲突或权利人"一物二卖"而令交易具有法律风险，造成不必要损失。其三，实务中存在大量权利人将其作品或制品的权利以永久独占许可的方式授权给经纪公司、版权代理或唱片公司的情形，虽然此种做法在法律上虽仍属于"许可"行为，但其实际效果几乎等同于将其自有版权"转让"给了被许可人。因此，实务中，应特别留意版权转让、版权独占许可间的区别与联系，并注意查明所谓某作品版权已被"转让"或已被"买断"背后实际存在的法律关系，不可仅因字面含义而贸然作出交易决定。

四、音乐版权的保护期限

（一）一般规则

我国《著作权法》规定，作品的著作人身权中的作者署名权、修改权、保护作品完整权的保护期不受时间限制，而发表权则存在保护期限。自然人创作的作品，其发表权保护期为作者终生加死后50年，截止于作者死亡后的第50年的12月31日。作者生前未发表的作品，如果作者未明确表示不发表，作者死亡后50年内，其发表权可由继承人或者受遗赠人行使；没有继承人又无受遗赠人的，由作品原件的合法所有人行使。法人作品、特殊职务作品、视听作品的发表权的保护期为50年，截止于作品首次发表后第50年的12月31日，但作品自创作完成后50年内未发表的，不再保护。

著作财产权方面，自然人创作的作品，其著作财产权的保护期为作者终生及其死后50年，截止于作者死亡后第50年的12月31日。合作作品的保护期截止于最后死亡的作者死亡后第50年的12月31日。法人作品、特殊职务作品的保护期截止于作品首次发表后第50年的12月31日，但作品自创作完成后50年内未发表的，不再保护。视听作品保护期截止于作品首次发表后的第

50 年的 12 月 31 日。作者身份不明的作品，保护期截止于作品首次发表后第 50 年的 12 月 31 日。

邻接权方面，表演者的人身权，即表明表演者身份、保护表演形象不受歪曲的权利，其保护期不受限制，其余各项财产性权利的保护期均为 50 年，截止于该表演发生后第 50 年的 12 月 31 日。录音录像制作者权的权利保护期为 50 年，截止于该制品首次制作完成后第 50 年的 12 月 31 日。广播电台、电视台的广播组织权的保护期为 50 年，截止于该广播、电视首次播放后第 50 年的 12 月 31 日。

表 4-5　中国《著作权法》作品版权保护期限一览表

权利		保护期限		
著作人身权	署名权	永久		
	修改权			
	保护作品完整权			
著作财产权	发表权	自然人作品：作者终生＋死后 50 年截止于作者死亡后第 50 年的 12 月 31 日；如果是合作作品，截止于最后死亡的作者死亡后第 50 年的 12 月 31 日 起算点：创作完成	法人作品、特殊职务作品：50 年截止于作品首次发表后第 50 年的 12 月 31 日，但作品自创作完成后 50 年内未发表的，《著作权法》不再保护 起算点：创作完成	视听作品：50 年截止于作品首次发表后第 50 年的 12 月 31 日，但作品自创作完成后 50 年内未发表的，《著作权法》不再保护 起算点：创作完成
	复制权			
	发行权			
	出租权			
	展览权			
	表演权			
	放映权			
	广播权			
	信息网络传播权			
	摄制权			
	改编权			
	翻译权			
	汇编权			

（二）音乐作品、录音制品及表演的版权保护期限

音乐领域涉及的音乐词曲作品、录音制品及表演的保护期限均无特殊规定，依照上述《著作权法》中的一般规则计算即可。但应当注意的是，我国目前所

设置的作品各类版权保护期限仅达到了《伯尔尼公约》《TRIPS协定》等国际著作权条约所设定的最低标准，而内容产业较为发达的美国、英国、欧盟等法域均设置了更长的版权保护期限，多数在70年以上甚至更长。因此，权利人与版权交易方在进行跨境音乐版权贸易时，应特别注意因此可能产生的版权保护期上的差异，谨慎对待合同条款中的地域范围、适用法律和管辖地的约定。

第五节　音乐版权许可

前述章节所介绍的音乐版权的基本构造、权利主体及主要权利类型，主要是以相对孤立的方式在法律框架下的静态逻辑呈现，而真正打通上述三者间的相互关系，实现动态功能的是围绕音乐场景所进行的音乐版权授权活动。

音乐是传播的艺术、欣赏的艺术，更是高度产业化的艺术。一个音乐作品从创作到被表演、录制、传送，直至被终端消费者所欣赏的整个流程，极少可仅凭音乐作品创作者的一己之力全部完成，而是通常由不同的行业参与主体依据各自的资源优势、技术及专业能力，通过精细的分工与合作共同成就。因此，音乐的创作者如欲将某音乐作品投放市场顺利流通，则一般需将音乐版权进行各类授权许可（包括转让），以使之可供相应的表演者、录制者以及各类渠道与商业模式下的音乐制品贩售者与网络服务商对其进行后续的"加工""利用"与"销售"。音乐版权许可是音乐市场商业活动的核心，也是贯穿音乐产业中创作合同、演出合同乃至经纪合同的"主线任务"，因此可以说是音乐法的核心内容。毫不夸张地说，现代音乐产业至少有一多半活动是围绕音乐版权的授权许可交易展开的。因此，理解、掌握了音乐版权的授权许可结构，即掌握了音乐法的大部分内容。

与众多其他类型的作品不同，音乐版权内部呈"词曲"及"录音"二元分立之构造，而外部则对应着名类繁杂的版权权利种类与多样的应用场景，由此使得音乐版权的权利结构极为复杂，给正确理解音乐版权授权相关问题带来极大难度。音乐作品版权的这种复杂性，既源于音乐作品自身的内在特点，亦是各类立场不同的音乐产业参与主体为争夺音乐作品的控制与利用权限及收益分配而相互竞争、博弈的结果。同时，一国有关音乐版权的实体法往往无法时刻依据音乐产业的需求立刻实现根本性的结构优化，因此，作为行业参与者，最现实的做法即是在尽可能尊重、理解、积极利用相关制度的同时，力求通过熟悉行业自身的交易习惯及特点而最大程度上保证自身利益的顺利兑现。下面，本章将力图以相对清晰、简洁的逻辑，以音乐版权授权的基本原则为指引，以音乐的具体使用场景与对应授权类型为逻辑框架，为读者呈现一个较为体系化、实务中可操作的音乐版权授权许可知识图景。

一、音乐版权许可的原则

理解复杂事物的最佳方式之一即归纳、总结其中的信息碎片，搭建一套具有融通性的逻辑框架，并反馈运用至具体问题的分析与解决中。因此，正确理解、处理我国音乐产业实践中的音乐版权授权许可问题最具效率的方法，是从现有法律规定与行业实践中抽离出一个一以贯之的逻辑脉络，以此贯穿音乐产品从生产、流通到销售中的各个主要环节。总体上，音乐版权许可的核心准则可概括为"两个原则，两个坚持，一个注意"。具体而言，即坚持权利法定原则，坚持合同自由原则，坚持依据使用场景对应许可权利种类，坚持依据具体使用行为详细定义权利内涵，注意域外特定行业及法律术语与国内法律规定的对应与转换。相关从业者不仅可将上述原则贯穿于各类音乐版权授权许可或转让协议中，亦可将之用作演出合同、演艺经纪合同撰写的重要标尺。

（一）权利法定原则

权利法定原则主要指音乐作品权利人、录音制品权利人及表演者等只得在我国《著作权法》及相关法律法规文本中所明定的权利范围内行使相应权利，而不可在法律确定的权利类型之外自行创设新的版权或邻接权种类作为对世权并要求他人予以绝对的尊重。"权利法定"的理念源于一般的财产法理论，其目的在于保证财产权的外观与边界相对明确，以确保财产交易的顺利实现，维护公众期待与秩序稳定。而作品因其可无限复制且具有非对抗性的特征，在其之上设定财产权时，其权利边界更需要稳定而明确，因此该理论在著作权法中同样适用。因而，无论受版权保护音乐之具体使用方式在外观上呈现如何之特点，其根本上仍须涵摄、归入《著作权法》明文规定的权利范畴内进行解释，且某种作品使用方式对应的权利类型应当是唯一的，而不应同时指向多个法律规定的权利类型，也不应出现法律意义上的重叠或冲突。同时，亦可从另一方面理解权利法定的内涵，即权利法定指被许可人只能在权利人明确授权的权利类型范围内对音乐进行使用，而不得超出被授权的范畴。

值得注意的是，我国采用了以作品具体使用方式与传播技术特点为划分标准的方法而逐一罗列了著作财产权的种类，《著作权法》中详细列举了多达 12 种不同类型的著作财产权，并设定了所谓"应当由著作权人享有的其他权利"的"兜底"条款，试图避免因技术与商业模式的发展而导致新出现的版权权利类型无法被已明确的权利类型覆盖的状况。但即便如此，我国《著作权法》所设置的这一用于兜底的著作财产权的解释空间极为有限，且主要通过司法途径借以法官的自由裁量权予以被动认定，而并不具备太多的主动解释效力。因此，我们不应认为《著作权法》无法完全适用权利法定的原则，更不应认为著作权人据此可以随意将对作品的各类使用行为直接解释为一种新的著作财产权类型。至于现行框架下，由法官而非立法者凭借司法自由裁量权对一项权利的范围、名称通过裁判的方式予以类型化确定是否合适，兜底条款究竟是保护了权利人迫切需要救济的权利，还是扰乱了版权市场的交易秩序、增加了社会成本，这些问题有必要予以反思和讨论，但无论如何，对于非诉讼语境下的日常音乐版权授权许可活动而言，仍有必要将权利法定作为一项重要的原则予以尊重，以保证授权交易的有效性，避免日后产生不必要的法律纠纷。而对于在谈判中处于相对弱势地位的音乐创作者，更应当将《著作权法》文本视为重要的依据和参考，避免交易相对方通过协议约定的方式变相创设其对作品的用益方式乃至权利，或任意限缩作品作者的法定权利，以压缩音乐作品创作者的利益空间。

（二）合同自由原则

合同自由原则，亦称合约自由原则，该原则可从两个方面进行理解。一方面，该原则主要指权利人（包括音乐作品著作权人、录音制品邻接权人及表演者），可在遵循权利法定原则、不违反各类强制性法律规范的基础上，自由而不受限制地对音乐授权许可的具体权利种类、授权方式（包括是否为专有使用权、独占许可、能否转授权等）、授权期限、授权地域范围、播放终端类型、版权许可费用结算及分成比例及方式、技术措施设置、争议解决方法等事项进行具体约定。另一方面，该原则也意味着理想状态下，音乐涉及的版权与邻接权授权许可的法律关系应通过订立书面合同的方式予以明确。《著作权法》及相关法律法规对音乐作品、录音制品及表演的权利人提供的仅是规范意义上的底线保护和框架性约束，签署授权许可协议的平等主体可根据各自需求和利益期待在法律认可的范围内对授权的具体方式作出更为细化的约定，法律并不要求行为人必须按照文本的字面含义行使权利。

（三）依据使用场景确定权利种类

"依据音乐的具体使用场景，提炼音乐被使用方式的具体特征，寻找现行法律规范文本中对应的权利类型"是搭建音乐版权授权框架的基本逻辑。无论是权利人主动授权他人相应音乐版权，还是潜在使用方需要寻获某种音乐版权的授权许可，均首先会按照上述方法确定最终需要的授权权利类型。理解何种场景适用何种授权类型，是音乐版权交易的最基础知识，无论是未受过法律专业训练的音乐创作者与商务人员，亦或是在音乐产业领域执业的法律专业人士，均应对其了如指掌。具体操作层面，依据音乐具体使用场景确定对应授权类型本质上是依照"大前提—小前提—结论"的常用法律推理模式进行的：即首先需充分理解我国《著作权法》规定的各类权利的内涵与边界；之后，提炼对应具体场景中音乐作品使用方式的特征；再后，将该特征与法律规定的各权利种类进行对比、等置，最终确定该使用方式应当对应法律规定的哪种权利。

需要注意，针对著作权，我国《著作权法》列举式规定了多达 12 种著作财产权类型，且设置了"其他权利"作为当前述 12 种权利无法涵盖特定作品使用行为时的兜底补充。但囿于立法技术和时代背景的制约，上述 12 种在规范意义上本应彼此独立的权利，实际在范围上存在不少重合、交叉乃至矛盾之处。因此，实务中，权利人或被许可人时常无法准确确定其所使用音乐的方式究竟应匹配《著作权法》中的何种权利类型（录音制品制作者权及表演者权的边界相对清楚，争议不如作品著作权大）。因此，为保险起见，签署授权许可协议时，部分权利人与被许可人常会协商采用将《著作权法》中规定的数种权利类型一并罗列的方式对授权范围予以明确，但上述做法可能无端让渡权利人的著作权利与被许可人使用，实践中，应当结合具体需要，尽可能对授权类型进行准确圈定。

（四）依据使用行为具体定义授权内容

为解决上述《著作权法》文本在定义权利种类时所固有的模糊性与不确定性，同时力求将自身所拥有的音乐作品、录音制品或表演者权利进行更为精细化的分割使用，从而实现作品利用效益最大化，实务中，较多权利人在授权协议中采用对授权类型进行详细描述化定义的方式，以最大限度明确所授权利的内涵与外延。例如，某音乐作品权利人授权某网络音乐平台以在线流媒体交互式播放的方式使用其音乐作品时，依我国法律规定，授权类型当属"信息网络传播权"之范畴。但经验丰富的权利人在授权协议中，通常不会采用"著作权人将 ××× 作品之信息网络传播权授予被许可人使用"的表述，而是对所授"信息网络传播权"进行精确的描述化定义，如表述为："以有线或无线的信息网络以及与信息网络相关的方式通过许可装置提供授权内容的串流、下载、播放、复制、传输、广播、展示、推广或以其他方式利用授权内容进行信息网络的经营活动；将授权内容固定在有形载体上并通过信息网络进行展示、传播或以其他方式予以利用"。

采用描述式定义、解释具体授权类型的方式将十分有助于授权许可协议双方及第三方明确该许可涉及的具体范围，从而保证交易效率和安全，亦可为权利人预留足够的余地，使其拥有更为细分的"剩余未授权利"，保留了其日后将同一音乐作品或录音制品再许可给其他被许可人进行不同技术条件或应用场景下利用的可能，从而有助于实现作品商业化利用的最大化。在我国现行《著作权法》未对松散的著作财产权进行类型化整合，亦未对权利人自行分割式授权作出限制或禁止的情况下，在授权许可协议文本里对授权种类及其内涵进行描述性的定义和详细解释是相对务实的做法，应当成为交易实践中予以坚持的一个重要理念。

（五）域外行业及法律术语与国内法律规定的转换

我国音乐产业的发展速度要远超我国版权法律制度更新与发展的速度，因此，借鉴、照搬美国音乐产业的交易习惯、行业术语与合同条款及格式成为我国音乐产业实务领域的一大特点，且该特点在国内流行音乐及跨境音乐版权贸易中尤为突出。众多音乐创作人员、版权代理商、唱片公司及终端销售与服务商在包括音乐版权授权协议在内的各类合同中经常使用舶来于美国音乐产业的直译行业术语，有时更是直接搬用美国版权法中的相关法律概念。例如，前述章节提到的所谓机械复制权、同步权、重制权、母带权，以及实务人员经常谈及的所谓词曲买断、编曲租赁、定制、重混、采样、分账等。这些法律概念与行业术语在美国本土已应用几十年乃至近百年，其内涵与外延已相对固定，且一定程度上亦被当地司法部门、行政机关乃至立法机关所重视。但囿于中美两国版权法律制度的差异，上述概念很难直接融入我国《著作权法》的逻辑框架与话语体系。因此，在授权许可协议中，应避免贸然直接搬用上述概念，如必须使用，则一定要结合国内法律规范对欲使用的相应术语进行详细定义或解释。最稳妥之做法，是尽可能找到外来术语在国内的等同概念，进行充分的本土化加工与转换，以尽可能符合国内《著作权法》及相关法律法规的表述，由此有效规避可能因概念与术语使用不规范而导致的授权类型不明、法律性质不清或与我国法律直接矛盾等问题，以降低相应法律风险。

二、常见音乐授权许可场景

以本章第一节介绍的基本原则为指引，结合前述各章节对音乐版权的权利主体、权利内容、权利对象类型等基础知识的介绍，可对各类常见音乐应用场景下的版权授权框架作出一个较为清晰的梳理。必须说明的是，本节所罗列的应用场景仅为实践中的常见类型，并未穷尽所有可能，并且，本节撰写目的主要是引导读者理解音乐版权许可的逻辑结构，帮助其建立体系化的思维方式，因此，以下所列各类应用场景对应的授权类型亦完全尊重我国现行《著作权法》的规定，并未进行进一步的个性化限定与解释。但实践中，为顺利实现交易目的，同时维护自身利益，版权许可交易双方基本上不会在合同中仅罗列《著作权法》法律文本中的权利名目而不作任何说明，通常会对授权内容进行严格而详尽的定义，读者应当予以注意。具体而言，需要寻获版权授权的常见音乐应用场景主要包括录音制作与发行、MV 制作与发行、影视配乐、广播电台电视台节目使用、音乐现场演出、实体经营场所与商业活动播放音乐、KTV 播放、网络音乐以及音乐歌词及曲谱出版发行 9 类情形，以下分别做详细介绍。

（一）录音制作、复制及发行

将音乐词曲进行表演，录制成为录音制品并予以复制发行，是音乐商业化利用的最重要形式，也是音乐版权授权的最基本形式。因为通常情况下，无论该音乐录音后续通过何种技术途径或商业模式被传播，一般均需以利用录音制品的复制件载体（无论是实体还是数字）为前提。从此种意义上讲，录音（制品）复制件的制作、复制与发行是"音乐商品资源"供给的核心形式。因此，此处介绍的授权框架，主要指具备物理载体形式的"实体唱片"或可存储于计算机设备的"数字录音文件"的制作、复制与发行[1]，而不包括音乐流媒体、网络直播等新型音乐传播形式。录音制作、复制与发行的应用场景通常会出现音乐版权最常见的三方主体，即词曲作者、录音制品制作者与表演者。

从单纯的逻辑层面而言，录制音乐作品并对录制完成的录音制品进行复制与发行，主要包含以下四类行为：①表演者对音乐作品进行演唱或演奏；②录音制作者录音表演者的演唱或演奏；③制成录音制品；④复制、发行录音制品。因此，依据我国《著作权法》，除去作品改编、翻译等情形外，一般情况下，有三组授权关系需要处理，分别为：表演者须取得音乐作品权利人的复制权授权；录音制品制作者须取得表演者对其表演进行录制、复制的表演者权授权；录音制作者须取得音乐作品权利人的复制权、发行权授权。[2]

---

[1] 国内主流观点认为，我国《著作权法》规定的"发行权"仅指传统的有形物理载体下的作品发行，而不包括信息网络环境下的数字文件传播，后者应归入"信息网络传播权"规制的范畴，与发行无关。但产业实践中，"数字出版发行""数字发行""数字音乐发行"等称谓仍较为常见。故此处照顾产业实践的习惯表述，仍将数字音乐文件的信息网络传播纳入到"发行"的概念予以讨论。

[2] 如词曲为通过录音制品首次发表，则还需取得发表权授权。

然而，实践中，单曲或唱片录制的版权授权关系并非如此繁琐。音乐的录制实际通常以录音制品制作者（一般为唱片公司）为活动中心。因此，唱片公司会先行选定、签约相应歌手或演奏者（或与其经纪公司协商）参与单曲或唱片的录制，并且以合约形式要求歌手、演奏者将其在本次录制中的表演者权以转让或专有许可的形式全部让与唱片公司。之后，唱片公司获得相应的词曲权利人的复制权及发行权授权即可。

表 4-6　音乐录音制品制作、复制与发行所需主要授权一览表

使用场景	所需授权		
	词曲作品	录音制品	表演者
录音制品首次制作	复制权		录制权①、复制权
实体录音制品复制及发行	复制权、发行权	复制权、发行权	复制权、发行权
实体录音制品出租	出租权	出租权	出租权
数字录音制品复制及"网络渠道发行"	信息网络传播权	信息网络传播权	信息网络传播权
"翻唱"歌曲的录音制品制作、复制与发行	满足条件后，制作、复制及发行可适用法定许可②	复制权、发行权/信息网络传播权	录制权、复制权、发行权/信息网络传播权③

　　1. 本表格内的"录制权"，指《著作权法》第 39 条第 4 款所称"许可他人录音录像，并获得报酬的权利"。

　　2. 依据我国《著作权法》第 42 条第 2 款规定及相关司法实践，在著作权人没有声明不得使用的情况下，录音制作者使用他人已经合法录制为录音制品的音乐作品制作、复制、发行新的录音制品，可以不经过音乐作品著作权人的许可，但应当按规定支付报酬。但"翻唱"歌曲的录音制品的信息网络传播是否适用法定许可，目前在国内的争议较大，实践中音乐词曲作品与录音制品版权方通常会禁止其他唱片公司未经许可网上发行"翻唱"版本歌曲的行为。

　　3. 此处需要取得的是新的参与录音制作的表演者的授权，而无需获得"原唱"版本表演者的授权。

（二）MV 制作与发行

　　MV，即 Music Video，中文通常译为音乐短片、电视音乐、电视音乐录像、音乐录像、音乐影片等，其本质上是音乐与动态影像画面的结合，作用主要在于以影视画面配合解读音乐内容，从视觉方面补充、增添作为听觉艺术的音乐的整体表现力。MV 的创制与商业化使用直接带动了 MTV（Music Television）产业的发展，以专门播放音乐短片的专业电视频道或节目曾风靡世界各地。而随着传媒技术的迅速发展，MTV 的产业格局发生较大变化，现

如今的 MV 主要通过网络媒体以及卡拉 OK 经营场所播放，在广播电视端的播放已不再是主流。

值得注意的是，看似并不复杂的 MV 在我国《著作权法》中却是一个复杂的话题。长久以来，我国法律界人士对 MV 的法律性质争论不休，一派观点认为，MV 本质上是以音乐为主题，以带有故事情节或思想创意的画面编排配合音乐进行展现的"微型电影"，同时凝聚着音乐词曲作品作者、表演者、编导、MV 演员、后期制作人员等多方的创造性智力成果，因此符合我国《著作权法》中规定的"视听作品"。另一派观点则认为，MV 的性质应根据 MV 画面内容的独创性大小区别对待，对于仅是由演唱会实况录像或与词曲无关的风景人物画面构成的 MV，应当认定为录像制品，而当画面具备足够的独创性时，则 MV 构成类电作品。有趣的是，处在行业实践一线的音乐工作者对 MV 的创作原理、主要用途、表现手法之特点等问题反而具有一定共识，但我国音著协及众多 KTV 经营者却采取了相对极端的立场。之所以出现上述争论，其中一重要原因在于，我国《著作权法》规定，视听作品制作过程中使用词曲作品的行为可通过"摄制权"规制，而如果将 MV 认定为视听作品，则播放 MV 时，词曲作品将不被视作"独立使用"的行为，而被吸收为 MV 的一部分，因此，使用 MV 所需要的授权及产生的相应收益均限于 MV 的制片者。而事实上，与电影作品不同，MV 在本质效果上实现的几乎仍是播放录音制品的作用，甚至在一定程度上对录音制品具有一定的替代性，如果将 MV 认定为视听作品，倘若 MV 制作方录制 MV 时未与词曲作品权利人约定以后续 MV 的播放次数等合理计算方式进行版税分成的话，那么必将对词曲作品权利人造成较大的损失。所以，上述关于 MV 法律性质及授权结构的争论，背后实际所反映出的词曲作品版权人与 MV 使用者间的利益冲突。而国内 KTV 经营者、司法者在此问题上的立场与认识的不同，更加重了目前实务中的混乱局面。

无论如何，上述分歧直接影响了 MV 制作与发行环节的版权授权结构：一般而言，如 MV 被认为属于视听作品，则 MV 制片者应寻得词曲版权人的摄制权、发行权授权，[①]而 MV 画面中的出演歌手、演奏者及其他演员则均与制片方通过合约方式参与创作，统领于制片者之下，无需再从上述各类演职

---

① 需要注意的是，主流观点认为，我国《著作权法》规定的摄制权可以将摄制过程中对词曲的复制、表演行为覆盖，因此无需额外寻求音乐作品权利人的复制权及表演权许可。其次，如 MV 中需直接嵌入相应的录音制品原声带，则还需寻得该录音制品制作者及表演者的复制权授权。

主体寻获表演者权授权。但若 MV 被认定为将与词曲无关联的画面配以录音的合成录像制品，则 MV 制作方作为录像制作者实际上是将录像画面同步配乐而已，因此该 MV 所包含的画面与音乐的关系其实是相互独立，此时，按照我国《著作权法》相应规定的逻辑，制作此种录像制品风格的 MV 制作者则需要同时寻得词曲权利人、录音制品制作者及表演者的复制权及发行权授权。而若 MV 为演出现场的录像，则该录像制作者须同时获得音乐词曲作品权利人复制权与发行权授权及表演者的录音录像、复制、发行权授权。

由此可见，将制作完成的 MV 进行后续传播的授权许可问题因此也相应变得极为复杂，在 MV 被视为视听作品的情形下，制作完成的 MV 通过电视台、互联网途径播放时，则分别需获得 MV 制片方的广播权、信息网络传播权授权即可。但若 MV 被视为录像制品，因 MV 中包含的录像画面与录音制品包含的声音实际上可被视为两个相互独立的不同权利客体，因此，通过电视台播放录像制品意义上的 MV 的行为，则需获得 MV 录像制作者、词曲作品权利人的广播权授权。而根据新修改《著作权法》第 45 条的规定，录音制品制作者享有广播录音制品行为之获酬权。将录音制品用于有线或者无线公开传播，虽无需获得录音制作者的许可，但应当其支付报酬。而通过互联网途径交互式播放该种 MV 录像制品，则需同时分别获得 MV 制作者、词曲权利人、录音制品制作者及表演者的信息网络传播权授权。

如果严格遵循目前我国《著作权法》的逻辑，刻意区分所谓视听作品及录像制品，对 MV 按照独创性高低予以分类处理，则围绕 MV 形成的复杂版权授权结构实际难以有效促成现实中的 MV 版权授权交易。尽管法律规定上的矛盾与冲突频出，但目前实体 KTV 经营场所使用 MV 的版权授权逻辑仍算相对有据可循，行业内各主体也通过多年的摸索形成了一套相对固定的交易方式。另外，与法律的理想规定仍有一定差距，通过电视台及网络等更为复杂的技术条件下播放 MV（如电视点歌、网络 K 歌软件）的版权授权合规性实则几乎难以得到有效贯彻。MV 过于复杂的版权结构及其中制作者与音乐作品作者间颇不平衡的利益分配问题在《著作权法》第三次修改过程中得到了立法者的关注。《著作权法修正案（草案二次审议稿）》在第 17 条第 2 款规定："前款规定以外的视听作品构成合作作品或者职务作品的，著作权的归属依照本法有关规定确定；不构成合作作品或者职务作品的，著作权的归属由制作者和作者约定，没有约定或者约定不明确的，由制作者享有，但作者享有署名权和获得报酬的权利。制作者使用本款规定的视听作品超出合同约定的范围或者行业惯例的，应当取得作者许可。"虽然立法者在对草案二次审议稿进行说明时未予明示，但可以看出，该条款对于平衡构成视听作品的 MV 中音乐作品词曲作者和 MV 制作者间的利益分配、保证词曲作品作者收益、防止制作者通过不当方式利用 MV 替代录音制品销售具有明显规制意义。然而，概因上述规定过于复杂，该条款在最终正式通过的法律文本中被删减，变为"前款规定以外的视听作品的著作权归属由当事人约定；没有约定或者约定不明确的，由制作者享有，但作者享有署名权和获得报酬的权利"。有关 MV 中音乐作品的定位与收益分配问题，日后仍需理论与实务界予以进一步研究。实践中，简化后的常见 MV 基本授权类型可参加下方表格。

表 4-7 MV 制作与发行所需主要授权一览表

使用场景词曲		所需授权		
		词曲	录音	表演者
MV 制作环节	MV 为视听作品	摄制权或复制权（影音同步权）	如使用现成录音制品，则需复制权	参照电影与视听作品，无表演者权
	MV 为录像制品	复制权（影音同步权）	复制权（影音同步权）	复制权（录音制作者权）
		MV 视听作品 / 录像制品整体 ①		
MV 实体发行、播放		复制权、发行权、放映权 / 表演权 ②		
MV 在线点播		信息网络传播权		

1.理论上，如果 MV 无法构成视听作品而仅是录像制品，则对其进行的复制、发行与信息网络传播行为则分别需要取得音乐词曲作品、录音制品、表演者以及录像制作者的四方授权。但实践中如此完整的授权链条往往无法搭建，而目前实践中 MV 构成视听作品的可能性又要远大于其构成录像制品的可能性。

2.MV 在 KTV 等实体经营场所中的播放究竟由放映权规制还是表演权规制，实践中仍有争议。

（三）广播电台、电视台节目制作与播放

广播电台、电视台使用音乐的主要场景类型可分为以下几类：①在电台、电视台直接播放录音制品；②通过广播或电视现场直播音乐表演；③广播电台、电视台制作音乐节目，组织表演者在电台、电视节目中演唱或演奏音乐并予以广播或以其他形式播出。

针对第一种情形，逻辑上，广播电台、电视台在节目中使用现成的录音制品进行播放，依我国《著作权法》之规定，属于对音乐作品进行广播的行为，应受广播权规制。但《著作权法》第 46 条对广播电台、电视台播放他人已发表的作品设定了法定许可制度，据此，广播电台、电视台播放音乐录音制品，无需向词曲版权人征得许可，但须支付相应报酬。而录音制品制作者依照新修《著作权法》第 45 条的规定，对于将录音制品用于有线或者无线公开传播的行为享有获酬权。因此，广播电视台、电视台虽无需事先征得录音制品权利人的许可，但需要支付报酬。我国于 2009 年出台了《暂行办法》，从具体制度层面确定了广播电台、电视台播放音乐录音制品的报酬收取与转付机制，但由于具体承担这一职能的著作权集体管理组织"中国音乐著作权协会"自身代表性有限（即便《暂行办法》规定了集体管理组织可向非会员权利人转付相应报酬，但音著协目前在费用计算审计和权利人追溯转付机制上仍有较大的提升空间），致使该《暂行办法》在某种意义上仅像是一种"行政督促"下的"体制内行业大妥协"，无法真正保证权利人的相关版税收益。[①] 因此，音乐作品权利人的广播权虽由法律明确赋予，却无法得到有效运用，一定程度上成了"僵尸权利"。通过技术手段加强对广播电台、电视台播放音乐作品的准确跟踪与统计，细化完善现有法定许可制度将有助于上述问题的解决。

第二种情形，广播电台、电视台对音乐表演进行现场直播。常见情形如某广播电台、电视台对交响音乐会、歌手演唱会、歌迷见面会等进行现场直播。在广播电台、电视台仅为作品直播方而非制作方的情况下，其需要取得音乐作品权利人的广播权授权以及表演者的现场直播其表演的邻接权授权。

第三种情形，广播电台、电视台制作节目，组织表演者在电台、电视节目中演唱或演奏音乐后进行播出，也即业内目前常见的"制播合一"模式。此时，作为音乐节目制作方（演出组织者）的广播电台、电视台在节目制作过程中使用音乐，通常需要取得音乐作品权利人的表演权及摄制权授权、表演者权授权，如涉及对音乐作品的改编，则还应取得音乐作品权利人的改编权授权。而针对节目的后续播放行为，则依据节目后续的播出方式与途径，需取得相应音乐作品权利人的广播权或信息网络传播权授权，以及表演者的录音录像授权或信息网络传播权授权。

此外，需要注意的是，广播电台、电视台在寻获音乐作品著作权人相应许可后，其对播出节目享有相应邻接权，即"广播组织者权"。他人未经相应广播电台、电视台许可，盗播其节目，则可能同时侵犯所播出节目的著作

---

① 2012 年 1 月 12 日，中国音乐著作权协会与中国广播电视协会电视版权委员会成员单位音乐付酬集体签约仪式在京举行。本次集体签约是对 2009 年国务院发布的《广播电台电视台播放录音制品支付报酬暂行办法》的具体落实，但截至目前，其实际效果仍较为有限。

权人的著作权以及对应广播组织者的广播组织者权。另外，近年来，在国内"三网融合"趋势推动下，越来越多的广播组织与电信运营商开展合作，发展 IPTV、互联网电视等业务，并提供 IPTV"回播"等具有交互性质的服务，此时，上述广播电视节目中对音乐作品的相应传播行为可能会落入信息网络传播权或其他著作权利的规制范畴（究竟属于哪一种权利，国内目前仍有争议）。

表4-8　广播电台、电视台广播录音制品所需主要授权一览表

使用场景	音乐播出方所需授权 （制作方授权需具体情形具体分析）		
	词曲	录音	表演者
普通电台、电视台广播（无线、有线播放）	广播权（符合条件可适用法定许可）	获酬权（根据《著作权法》第45条）	广播权（电视直播现场表演）
IPTV 回播	信息网络传播权或广播权	信息网络传播权或广播获酬权	信息网络传播权或无需授权
广播转互联网直播	广播权	广播获酬权	无需授权
互联网交互点播	信息网络传播权	信息网络传播权	信息网络传播权

　　关于广播电台、电视台或其他节目制作方制作节目时所需的相应音乐版权授权结构，以音乐综艺节目制作为例，授权结构如下：

表4-9　广播电台、电视台制作、播出节目使用音乐所需主要授权一览表

使用场景	制作方所需授权		
	词曲	录音	表演者
作为背景音乐并广播	复制权、广播权	复制权、广播获酬权（使用了现成录音制品）	复制权
现场（直播）演唱、（包括改编的翻唱）录制并广播	改编权（如涉及）、表演权（如果表演为现场公开）、摄制权/复制权、广播权		录制权（非直播）/直播权
现场（直播）演唱（包括改编的翻唱）录制并通过信息网络交互式点播	改编权（如涉及）、表演权（如果表演为现场公开）、摄制权/复制权、信息网络传播权		录制权/直播权、信息网络传播权

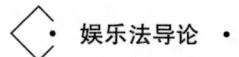

（四）影视配乐

广义上的影视配乐，可指一切在电影、电视剧中使用的音乐作品，包括片头曲、片尾曲、背景音乐、场景音乐、插曲、音乐电影的演员唱段等。从版权授权的角度讲，影视音乐的使用主要可分为两大类情形：一类为制作方专为电影拍摄而委托、雇佣相关人员制作原创音乐；另一类为在电影中使用已公开发表的现有音乐作品，即非原创音乐。

原创影视配乐，一般由制片方或剧组根据电影内容的创作需要，委托或雇佣创意人员创作音乐作品并进行录制。此种情形下，配乐版权授权许可的处理方式通常分为以下几种：其一，配乐作为委托作品，制片方为委托人，音乐作品创作者为受托人，通过合同约定作品版权全部归属于制片方，创作者享有署名权；其二，配乐为委托作品，制片方为委托人，音乐作品创作者为受托人，但作品版权仍由创作者享有，制片方得到创作者允许其在影视作品中使用音乐作品的"摄制权"许可（因配乐摄制入影视作品后，与影视画面融合为一个作品整体，因此，制片若不单独制作电影原声音轨录音制品，无论电影作品此后通过何种方式传播，都无需再获得音乐作品权利人的其他授权）[①]；其三，根据我国《著作权法》视听作品创作者权属分配的特别规则，影视作品创作的配乐与影视作品视为一个整体，依照法律规定，电影作品归制片者所有，作词、作曲等作者享有署名权，并有权按照与制片者签订的合同获得报酬，可以单独使用的音乐作品的权利人有权单独行使其著作权。此外，制片方在录制配乐的过程中，应注意录音制品制作者和表演者的权属约定与授权许可问题。

非原创影视配乐，即制片方直接寻找合适的已经发表的现成音乐作品作为配乐使用。这一做法在影视行业并不少见，例如，好莱坞出品的动画电影《爱宠大机密》（*The Secret Life of Pets*）及国产电影《唐人街探案2》的片头曲均使用了美国著名流行音乐歌手泰勒·斯威夫特（Taylor Swift）的歌曲《纽约欢迎你》（*Welcome to New York*）。针对非原创音乐，如制片方不邀请艺人进行重新录制，而使用现成的录音制品，则依据我国法律规定，一般需同时获得音乐作品权利人的摄制权许可，录音制品制作者许可，以及表演者相应许可。而若制片方自行重新组织录制，则注意音乐作品授权即可（表演者权利通常由制片方通过协议控制）。

---

① 也有不同观点认为，在影视中使用音乐作品，属于对音乐作品的"复制"，因此应属"复制权"规制的范畴。

此外，电影原声（soundtrack）录音制品的制作与发行亦是影视配乐授权许可的重要议题。不少影视作品中的主题曲、配乐乃至背景音乐创作质量上乘，在影视作品播放后成为热门，亦可为影视制片方带来丰厚收益。因此，较多制片方会将原已融入影视作品的音乐抽离出来，单独组合录制成一张歌曲专辑进行发售。此时，按照我国《著作权法》的规定，上述行为已不再是"摄制权"可以规制的范畴，而是单独复制、发行和传播音乐作品及录音制品的行为。因此，制片方可能要单独取得相应音乐作品及表演者的授权许可，如果涉及使用现成的录音制品进行翻录，则需要取得录音制品制作者的相应许可。

需要注意的是，美国音乐及影视行业把音乐作品权利人授权制片方将音乐纳入影视作品与画面同步播放的权利专门称作"同步权"（synchronization right）或"影音同步权"。目前国内有较多从业者在影视配乐、广告片配乐、游戏配乐授权中也经常使用这一权利称谓，但该权利在我国《著作权法》中没有类似的对应概念，因此，规范起见，应尽量避免直接在影视配乐授权协议中使用这一权利称谓，若使用则应按照我国《著作权法》的规范逻辑，明确"影音同步权"的具体含义与范围。关于"影音同步权"，可参见本章前节的相关介绍。

表 4-10　影视配乐制作所需主要授权一览表

使用场景	制作方所需授权		
	词曲	录音	表演者
用于影视配乐	复制权或摄制权（影音同步权）	复制权	复制权
影视作品后续发行、传播时，应依据使用场景确定对影视作品所包含音乐的使用是否需相应词曲权利人、录音制品权利人、表演者复制权以外的其他授权			

（五）广告片配乐

音乐几乎是所有广告片的必要组成元素，因此，实务中广告片配乐的授权问题亦较为常见。在广告中使用配乐的版权归属与授权问题与上述影视配乐基本一致，通常根据所用配乐为原创音乐作品还是非原创音乐作品进行区分对待。实务操作中，比照影视音乐授权的做法即可。

另外，因广告片时长相对较短，所需使用的音乐片段时长多在几秒至几十秒之间，这使得不少从业者认为，既然所使用的背景音乐时间如此之短，音乐作品的完整性难以体现，因此使用配乐的行为可构成版权法上所谓的"合理使用"，从而无需征得音乐作品权利人的许可。此种认识绝大多数情况下难以成立，所使用音乐作品的长短并非判定某使用作品的行为是否构成合理使用的法

娱乐法导论

律标准，而仅能作为一种参考因素。大多数情况下，即便在广告片中所使用的作品很短，但其使用目的和行为性质均无法纳入《著作权法》所规定的任何一项合理使用场景中。因此，无论在广告中以何种时间长度使用受到版权保护的音乐作品，使用者均应向权利人寻得相应的摄制权（复制权）许可。

表 4-11 广告片配乐制作所需主要授权一览表

使用场景	制作方所需授权		
	词曲	录音	表演者
用于广告片配乐	摄制权／复制权（影音同步权）	复制权	复制权
广告片后续发行、传播时，应依据使用场景确定对广告片包含音乐的使用行为是否需相应词曲权利人，录音制品权利人，表演者复制权以外的其他授权			

（六）现场商业演出

现场演出的版权授权问题可从四个方面进行理解。其一，仅就音乐的"现场演出"行为本身而言，只涉及表演权一种权利，根据我国《著作权法》的规定，应由演出组织者向音乐作品权利人寻得表演权授权。其二，对现场商业音乐演出进行录制，并制作成为录音或录像制品，则需要取得音乐作品权利人、表演者授权。其三，通过电台、电视台对现场的表演进行直播或录播，则需要取得音乐作品权利人的广播权许可及表演者的现场直播或公开传送表演的许可。其四，通过互联网对现场演出进行直播或录播，则可能需要分别取得音乐作品权利人的广播权（网络直播）、信息网络传播权（录播的交互式点播）以及表演者的现场直播（网络直播）、信息网络传播（录播的交互式点播）权授权。

需要注意的是，如果是免费表演已经发表的作品，该表演未向公众收取费用，也未向表演者支付报酬，且不以营利为目的，则对作品的表演即落入《著作权法》规定的合理使用范畴，而无需获得音乐作品及录音制品权利人的相应授权。

表 4-12 音乐现场商业演出所需主要授权一览表

使用场景	演出组织者所需授权		
	词曲	录音	表演者
现场演出	表演权		

（七）实体经营场所、现场商业活动播放

在实体经营场所与现场商业活动中播放，主要指在商场、酒店、餐厅、酒

· 404 ·

吧、歌舞厅、电影院、购物中心、超市、家具店、健身房、主题公园、溜冰场、展览厅、商业办公楼、商业写字楼、机场、火车站、汽车站、各类公共交通工具上，以及现场展会、商业推广活动集会中借助音响设备播放音乐作品及其录音制品作为背景音乐的行为。依据我国《著作权法》，此类行为属于典型的机械表演行为，受《著作权法》中的表演权规制，相应的经营主体或活动主办方应向音乐作品权利人寻得表演权许可。依据修改后的《著作权法》第45条的规定，录音制品制作者对"将录音制品通过传送声音的技术设备向公众公开播送的"的行为享有获酬权，因此使用者虽无需征得录音制品制作者同意，但需向其支付报酬。而表演者、广播组织则不享有相应的机械表演权利。

需要注意的是，即便相应的经营主体或活动主办方是以购买正版光碟、从网络下载正版音源或通过公放网络在线音乐等方式获取音源，但只要其行为是借助设备将音乐作品置于经营场所公开播放，则构成机械表演，受到表演权的规制，依《著作权法》规定，应事先取得表演权许可并支付相应费用。另外，实体场所在其公共空间架设电视播放电视节目（如音乐频道）、公放广播电台广播（如音乐广播节目）的行为亦较为常见，但通过此种方式播放音乐作品的行为，究竟应取得广播权许可还是表演权许可，实务中存有争议。一种观点认为，《著作权法》中明确规定广播权的规制范畴包含"通过扩音器或者其他传送符号、声音、图像的类似工具向公众传播广播的作品"，因此上述行为当由广播权规制，另一种观点则认为，其仍属于表演权的规制范畴。[①]

但鉴于实体经营场所架设电视供顾客观看以及通过音响设备实时转播电台节目的行为与其自行主动播放背景音乐的行为存在较大区别，从行为本质上看，在前者场景中，经营场所仅是将播放终端延伸，既未主动选择播放的曲目，也未亲自实施播放行为。若仍将该行为纳入广播权或表演权规制，面对大小商铺海量的播放行为，播放次数的计算、许可费用的公平计算和设定将成为棘手问题，而侵权预防工作更是难以有效实现。关于这一场景下的权利人著作财产权设立与利益分配的正当性和必要性问题，需要加强理论与实务研究。

（八）KTV播放

KTV，即英文Karaoke Television的缩略形式，该词是日语"卡拉OK"

---

① 例如，中国音乐著作权协会在其官方网站的问答页面上有这样的表述："根据我国《著作权法》对表演权的定义，任何公开播放音乐作品的行为都会涉及机械表演权的范畴。不论是播放广播电台的节目还是播放音乐CD，仅在获取音源的途径上存在差异，其行为性质及应获得授权并支付使用费的法律责任并无不同。"载 http://www.mcsc.com.cn/wsxh.html，最后访问时间：2019年12月26日。

（日语含义为"无人伴奏的乐队"）与英语"电视"两词汇的组合，从构词法的角度讲，KTV 这一词汇的创造逻辑略显生硬。一般情况下，KTV 即指提供带有电视音乐（MV）卡拉 OK 功能的场所。该词的创造者已无从考证，但其于我国台湾地区被率先使用。20 世纪 90 年代，KTV 的商业模式传入大陆地区，并在大陆得到广泛认同，KTV 一词也随之流行开来，"KTV""KTV 歌房"几乎成为中国卡拉 OK 商业娱乐场所的代名词。

从其语义即不难看出，KTV 的核心特点在于主要以电视音乐（MV）的形式提供音画同步的音乐伴奏供演唱者跟唱。因此，根据本节前述对 MV 作品性质的探讨可知，KTV 音乐播放场景下，或使用同时包含有"音乐作品"及"录像制品"集合而成的 MV，或使用被整体视为视听作品的 MV。因此，理论上，KTV 营业场所使用音乐时，或应取得音乐作品权利人的表演权许可，[①]并同时取得 MV 中包含的录像制品之复制与发行权许可，或应整体上取得作为视听作品的 MV 的放映权许可。显然，纯粹严格依据现行法规定推导出的授权结构过于繁复，更何况，实务中区分 MV 究竟是"录像制品 + 音乐作品"的组合还是可整体被视为一个"视听作品"实际上十分困难。因此实践中，KTV 使用场景下的音乐版权实然授权结构至今难以泾渭分明。于是，我国针对 KTV 场所使用音乐的问题，采取了特色鲜明的"权利打包 + 集体管理"的模式。在著作权管理行政机关的支持与推动下，我国建立了国内唯一一个管理音像节目版权的集体管理组织"中国音像集体管理协会"（以下称"音集协"），将 MV 中所包含的"受《著作权法》保护的录音、录像制品和视听作品（不包括电影、电视剧等）"统称为"音像节目"，由音集协代表加入协会的音像节目会员权利人管理版权授权与许可费收取，其所管理的权利种类涵盖"音像节目的表演权、放映权、广播权、出租权、信息网络传播权、复制权以及其他适合集体管理的音像节目著作权和与著作权有关的权利"。[②]虽然音集协不实行强制性的延伸集体管理，而采用自愿入会机制，但根据音集协的解释以及其与 KTV 经营者所签

---

① 亦有观点认为，在一些情况下，有些 MV 伴奏中实则无音乐作品的主旋律而仅有伴奏音，音乐"曲"作品的旋律是歌房顾客自行演唱出来的，而非由终端播放出来的，故 MV 播放过程中仅涉及音乐"词"作品的机械表演行为，而不涉及曲作品的机械表演，且演唱者"表演"曲作品的行为也不构成"公开表演"，所以重点应仅是 MV 录像制品的复制、发行行为。以上观点值得商榷。

② 参见音集协官方网站："使用者专区"栏目的"KTV 用户使用说明"，载 https://www.cavca.org/ktv_users；以及《中国音像著作权集体管理协会章程》第 6 条"，载 https://www.cavca.org/about_institute，最后访问时间：2019 年 12 月 29 日。

署的协议，当 KTV 经营者使用了非会员的音像节目，"如果有非会员权利人以侵犯著作权为由起诉 KTV 经营者，由音集协负责协调解决"。① 此外，因较多音像节目并非纯粹的 MV 视听作品，而是录音与录像制品的组合，加入音集协的会员多为制作 MV 的唱片公司，而非音乐词曲版权方，且唱片公司可能未就 MV 中同步音乐词曲作品的后续使用行为与权利人作出过明确约定，因此，使用该类音像节目可能需要单独获得音乐词曲作品权利人的授权。针对这一问题，音集协与音著协达成了合作，如果该权利人为音著协会员，则音集协可代音著协进行一次性的授权许可，使用者无需单独再向音著协寻得授权。由此，在事实上，音集协掌握了国内绝大部分常用 KTV 音像节目的版权资源，国内绝大多数 KTV 经营者基本上均从音集协处获取音乐曲库的版权授权，由音集协收取版权许可使用费。国家版权局亦批准、公布了《卡拉 OK 经营行业版权使用费标准》②，通常按照包房面积作为标准计算许可费用。

综上可见，在我国，看似简单的 KTV 场所音乐版权授权实则极为凌乱繁复，对 MV 在版权法上的性质认定不明，以及集体管理组织授权类型不清、收费计算方式不合理、运作不透明等问题突出，极大程度地加剧了 KTV 经营者、集体管理组织与 MV 内容权利人之间的矛盾。③ 上述问题亟需通过法律制度的修改以及行业交易规范的建立予以解决。此外，近年来，国内网络音乐市场有了长足发展，"在线 K 歌""线上 KTV"的商业模式广受追捧。而在线播放 MV 时究竟应取得 MV 作品或录像制品权利人的何种权利，目前仍有不小争议，需要理论界与实务界共同予以研究。但根据目前的实务经验，音乐作品与录音制品的权利人为保证自身的收益，一般要求提供在线 KTV 服务的网络服务商应取得音乐作品的"影音同步权"（应解释为我国《著作权法》中的信息网络传播权），录音制品的信息网络传播权（提供了"伴奏录音"的播放），如在线 KTV 功能提供了 MV 画面的播放，则还应取得 MV 作品著作权人的信息网络传播权许可（在线 KTV 目前提供的 MV 画面仅构成"录像制品"的情形较少，如果构成录像制品，则需同时获得词曲作品、录音制品、录像制作者、表演者相应的信息网络传播权授权）。

值得注意的是，《著作权法》第三次修改在第 45 条为录音制品制作者增设

---

① 参见谷鑫贺："音集协与 KTV 经营者的版权冲突及解决路径"，载《出版发行研究》2018 年第 11 期。

② 参见国家版权局 2006 年 1 号公告。

③ 参见曹丽萍："KTV 不能'想唱就唱'"，载人民网，http://ip.people.com.cn/n1/2020/0109/c179663-31541349.html，最后访问时间：2020 年 12 月 29 日。

了机械表演的获酬权，而对于无法构成视听作品的 MV，其播放过程中同时包含了相互独立的音乐作品、录音制品和录像制品，因此，此时 KTV 的 MV 播放可能会涉及录音制品的机械表演报酬收取问题，相关从业者应关注国家著作权主管部门、司法机关和集体管理组织对此问题的后续解读。

（九）网络音乐传播

近年来，随着互联网技术的进一步发展及媒体融合趋势的加速，通过网络流媒体在线播放或下载音视频内容已然成为最主要的文娱消费方式之一。因此，网络音乐的版权授权也成为音乐法中最为重要的议题。此处的网络音乐传播，主要指通过互联网以交互或非交互的形式向公众提供音乐作品、音乐录音录像制品及音乐现场表演。如前述章节所述，我国《著作权法》以传播技术特征为划分标准，针对通过信息网络向用户提供作品及制品内容的行为专门单独设置了"信息网络传播权"，但囿于措辞上的局限，该权利仅能覆盖交互式的网络传播行为，而无法完全涵盖网络直播、网络广播、IPTV 等众多新形式的网络传输行为，因此上述其他类型的网络传播行为只能通过《著作权法》第 10 条第 17 项这一兜底条款予以协调，但亦极易产生争议。《著作权法》第三次修改注意到了这一问题，对第 10 条"广播权"的定义作出修改，不再对"广播"行为的起始传播是否为有线作出限制，将一切"通过有线或者无线方式公开传播或者转播作品"的行为均纳入广播权规制，并强调了广播权和信息网络传播权调整范围不应交叉、重叠，由此为将网络直播、网络广播、IPTV 直播与回播解释入广播权留出了可能空间。但在"三网融合"的技术背景下，广播和信息网络传播行为的定性争议或许仍会存在。上述客观情况也使得本就繁冗琐碎的音乐版权授权许可结构变得更为复杂。为应对网络授权所面临的上述问题，目前国内音乐产业实务界主要借鉴国际音乐版权的交易模式，同时以国内法框架为基础标准，依靠不断形成的行业共识与商业习惯来尽量简化网络音乐的授权问题。依据当前实践，网络音乐传播的版权授权许可一般分为基础业务授权与延伸业务授权两大类型。为使论述更为简洁清晰，以下将主要通过表格的形式对国内网络音乐的版权授权结构进行梳理。

1.基础业务授权。基础业务授权，即指数字音乐文件下载、交互式流媒体播放（点播）、非交互式流媒体播放（网络直播及网络广播）、在线歌词显示四类最基本网络音乐使用形式的版权授权。

在讨论信息网络传播权的具体授权场景前，有一个问题需要特别予以澄清。有观点认为，我国《著作权法》中的信息网络传播权仅能控制作品在信息网络中的传播，而基于后续"信息网络传播"目的，在先对音乐作品及录音制品的"复制"行为需要同时再单独获得权利人的"复制权"许可。此种观点是对"信息网络传播权"的一种机械解读。目前主流观点认为，为实现"信息网络传播"目的而在之前进行的必要上传、存储过程中必然发生的"复制"行为不再由复制权单独规制，而是被信息网络传播权吸收，因此，使用者获取相应作品或制品权利人的信息网络传播权许可即可。若使用者出于合规流程完善目的，尽可能降低因对我国《著作权法》的"信息网络传播权"内涵在解释上的不同而带来相应的法律风险，使用者在寻获音乐网络授权许可时，可通过细化授权内容定义条款来降低相应的可能风险。

表 4-13　网络音乐基础业务所需主要授权一览表

音乐使用场景	所需权利		
	词曲	录音	表演者
网络下载	信息网络传播权	信息网络传播权	信息网络传播权
交互式流媒体播放（点播）	信息网络传播权	信息网络传播权	信息网络传播权
非交互式流媒体播放（网络直播、网络"电台"广播）	广播权/表演权[①]	广播获酬权	无权利
在线歌词显示	信息网络传播权	不涉及	不涉及

注：依据我国《著作权法》，非交互式的流媒体播放（如网络直播、网络转播）应纳入广播权还是表演权进行规制，可能仍有争议。

2. 延伸业务授权。延伸网络业务授权，主要指音乐词曲与录音制品网上播放之外的其他延伸业务的版权许可问题，如专辑封面的使用、歌曲歌单创建与使用、歌词在线显示、文字与图片的使用、IP 衍生品开发与贩售、各类 UGC 内容的上传与分享、音乐直播间表演等。具体授权结构参见下表：

表 4-14　网络音乐延伸业务所需主要授权一览表

使用行为	所需授权	所需授权类型	权利来源	备注
唱片专辑封面	图片版权	信息网络传播权、修改权等	唱片公司	
网络音乐平台采购视频内容	视听作品版权（制片者权利）或录像制品版权（录像制作者、作品及表演者三类权利）	信息网络传播权	视听作品版权方	表演者权利通常已由视频制作方等版权方买断取得

使用行为	所需授权	所需授权类型	权利来源	备注
UGC[①]上传音频、视频内容	音乐作品版权 视听作品版权 录音制品版权 录像制品版权 表演者权利	网络平台可以适用"通知—删除"原则		
UGC 歌单	创建歌单的用户拥有版权	\	\	歌单是否构成"作品"（如汇编作品）仍有争议
网络平台自建歌单	\	\	\	
UGC 文字评论	用户文字版权	平台通过用户协议获得用户授权，要求用户保证权利无瑕疵； 网络平台可以适用"通知—删除"原则		
UGC 文字、图片	用户文字、图片版权			
UGC 文章、图片	用户文字、图片版权			
网络平台歌曲榜单推荐	\			
主播直播间在线直播（自弹自唱或使用伴奏）	词曲版权 录音版权（如使用伴奏）	表演权／广播权[②] 录音获酬权（如使用伴奏）	词曲版权方／音著协 录音版权方	用户自行寻找授权或网络平台代为寻找授权
直播间播放背景音乐	词曲版权 录音获酬权	广播权	词曲版权方／音著协	表演者、录音制品制作者无非交互式播放下的版权权利
回放主播直播的视频剪辑（主播使用伴奏）	词曲版权 录音版权 表演者权利	信息网络传播权	词曲版权方／音著协、唱片公司、主播	
主播直播全程回放（主播使用伴奏）	词曲版权 录音版权 表演者权利	信息网络传播权	词曲版权方／音著协、唱片公司、主播	

① 本表所称 UGC 即 User Generated Contents，中文通常译为"用户生成内容"。

② 行为人在网络直播间表演音乐的行为，究竟纳入《著作权法》第三次修改后的"广播权"规制，还是由"表演权"规制，在理论与实践中仍存在争议。

续表

使用行为	所需授权	所需授权类型	权利来源	备注
用户个人存储	\	\	\	如果云盘的定位是提供用户个人的信息存储空间服务，则存储、调取不违反相关版权方的授权协议即可
用户间文件分享	\	\	\	
智能音箱等终端设备在线交互式点播	词曲版权 录音版权 表演者权利	信息网络传播权	音乐词曲版权方/音著协、唱片公司	智能终端设备的音乐播放通常被版权方从一般的信息网络传播权中拆分单另授权
网络平台 上传音乐人音乐作品	词曲版权 录音版权 表演者权利	信息网络传播权	音乐人与网络音乐平台签署协议	
网络平台 组织现场演出并通过网络直播	词曲版权 表演者权利	表演权/广播权 表演者权	词曲版权方、表演者	需确定好演出组织者是谁
将演出录制	词曲版权 表演者权利	复制权、表演者首次固定表演的权利	词曲版权方、表演者	录制品权利人为平台
演出录制品发行、网络播放	词曲版权 表演者权利	复制权、发行权、信息网络传播权	词曲版权方、表演者	录制品权利人为平台
音乐衍生品销售（"IP周边"）	美术作品版权	复制、发行权	自行设计或版权方授权	注意确定好作品的权利归属
第三方图书音像制品销售	文字作品版权、录音制品权利	作品/制品实体件销售，适用权利用尽；同时需遵循出版物管理相关规定		
产品图文展示（线上及线下）	文字、美术作品版权	复制权、发行权、展览权、信息网络传播权等	自行设计或版权方授权	注意确定好作品的权利归属

（十）歌词、曲谱文本复制与发行

此处的歌词、曲谱文本复制、发行，主要指将歌词文本与曲谱进行印刷出版的行为，常见形式如五线谱或简谱形式的乐器弹奏教程、乐器曲谱集、流行歌曲精选集、流行歌曲大全等。出版上述歌词与曲谱选集，应取得音乐作品权利人的复制、发行权授权。如果涉及根据乐器类型的不同而对曲谱进行一定程度的适应性修改或改编，则应依据改编的程度评估是否需要再寻得音乐作品权利人的改编权许可。同时，也应特别注意尊重音乐作品作者的署名权、修改权与保护作品完整权。此外，应当注意，依据我国《著作权法》，通过互联网在音乐播放时同步展示歌词与曲谱文本的行为，由信息网络传播权予以单独规制，而不再由复制权、发行权进行规制。

表 4-15　歌词、曲谱文本复制与发行所需主要授权一览表

使用场景	所需权利（仅歌词和曲谱）
实体印刷发行	复制权、发行权
下载、在线显示	信息网络传播权

三、授权方式与范围

因直接关系到权利人对音乐作品、录音制品及表演的控制能力以及使用者利用音乐的自由程度，版权的授权许可方式与许可范围是除具体授权内容之外最受交易双方关注的话题。一般而言，版权的授权许可方式主要分为独占许可、排他许可、普通许可三大类型，而是否允许转许可亦是许可方式中的重要问题。授权许可范围一般包括地域范围、时间范围及技术范围。以下作简要介绍。

（一）授权方式

我国《著作权法》中并未具体划分著作权授权许可方式的种类，仅在第26条明确了著作权授权可分为"专有使用权"与"非专有使用权"。根据《著作权法实施条例》的规定，"专有使用权的内容由合同约定，合同没有约定或者约定不明的，视为被许可人有权排除包括著作权人在内的任何人以同样的方式使用作品"，即指被许可使用人在合同约定的范围内有权禁止包括著作权人在内的主体使用作品。而目前交易实务中所采用的独占许可、排他许可、普通许可及一揽子许可与转许可的分类方法，是在参考我国《专利法》与《商标法》中的规定，并结合国内与域外实务经验的基础上所形成的概念。

1. 独占许可。独占许可，是指权利人授权他人在一定时间与地域范围内以一定方式使用作品，而包括权利人本人在内的其他任何人均不得以同样方式使

用该作品。此种许可是排他性与绝对性最强的一种许可类型。相应地，"独占许可"基本等同于我国《著作权法》中未通过合同予以限定的"专有使用权"，结合我国《著作权法》的规定和司法实践，交易主体进行独占许可授权时应注意以下几点：其一，独占许可授权必须采用书面合同的方式予以约定；其二，独占许可的被许可人未经许可人的同意，不得对其享有的独占许可进行分许可；其三，与著作权人订立独占许可使用合同，可以向著作权主管部门备案，以作为日后处理法律纠纷或维权时的有利依据；其四，如果权利人将独占许可权授予他人，对于发生在独占许可范围内的侵权行为，被许可人、权利人均可以单独起诉，也可以共同起诉。

此外，应当注意，实务界经常使用的所谓版权"独家许可"并不一定就等同于"独占许可"或我国《著作权法》规定的"专有使用权"。当事人应当根据授权协议的相关条款、协议目的及交易习惯等，综合判断"独家许可"的法律性质。关于这一问题，可参见前述章节的内容。"独占许可"的英文表述通常为 exclusive license。

2. 排他许可。排他许可，是指权利人授权他人在一定时间与地域范围内以一定方式使用作品，权利人可以以相同方式在该期限与地域范围内使用作品，但其他任何不得进行相同方式的使用。针对排他许可的被许可人是否可以再行转许可，目前主流观点认为，应采用与专有使用权转许可问题相同的规定，即排他许可被许可人未经许可人的同意，不得对其享有的排他许可进行分许可。同时，排他许可人对于发生在其被许可范围内的侵权行为，可以单独起诉。权利人已经起诉的，被许可人可以申请参加诉讼。实务中，排他许可在网络音乐版权授权业务实践中最为常见，大部分所谓的版权"独家许可"实际上均属于排他许可，各被许可人的独家效应仅在一定的地域或授权环节中得以体现，而并不具有绝对的独占权利，这一点应当特别注意。"排他许可"的英文表述通常为 sole and exclusive license 或 sole license。

3. 普通许可。普通许可，是指权利人授权他人在一定时间与地域范围内以一定方式使用作品，同时，权利人仍可以以相同的方式在该时间和地域范围内使用作品，也可以许可他人进行同样的使用。普通许可是实践中最为常见的版权许可类型。依据国内目前的主流观点，普通被许可人对于发生在合同约定的被许可范围内的侵权行为，可以单独起诉。"普通许可"的英文表述通常为 non-exclusive license。

4. 一揽子许可。一揽子许可，又称为"概括许可""打包许可"或"打包授权"，英文为"blanket license"，是音乐产业版权许可领域的常见概念，主要指持有众多音乐作品或 / 和录音制品（通常以"曲库"即 catalogue 的方式呈现）的著作权人将全部或部分曲库资源一次性许可给被许可人使用的授权。一揽子许可是针对常见的按照单个作品进行版权许可，即"逐一许可"的对应概念，其旨在尽可能减少以单曲方式逐一进行版权许可而带来的授权程序过于繁琐、许可费用计算过于复杂等弊端，从而降低交易成本，提高交易效率。实践中，最典型的一揽子许可即是音乐作品表演权集体管理组织将其各会员单位或个人的全部曲库资源一次性授权给广播电台、电视台、公共经营场所、网络音乐服务商等使用者的授权许可。在许多法域，进行大规模的一揽子版权许可时可能会产生竞争法上的问题，因此相应的许可人与被许可人在进行一揽子许可交易时应当对许可范围、许可方式、许可对价及使用方式等问题进行关注。

5. 转许可。转许可，又称"分许可"或"再许可"，英文为"sublicense"。主要指版权被许可人将原始许可人授权其使用的版权对象再授权给某个第三人进行使用的许可。此时，被许可人成为"转许可的许可人"（sublicensor），对应接受许可的第三人成为"转许可的被许可人"（sublicensee）。转许可的方式使得版权许可出现了原始许可人—被许可人—转许可被许可人这种多层次的授权结构。实践中，处于中间环节的被许可人是否可以进行转许可，可在多大程度上进行转许可，则成为原始许可人与被许可人均较为关心的问题。不同于我国《专利法》，我国《著作权法》没有对于被许可人在接受许可人授权后，是否可以不经原始权利人同意而自行进行再许可相关事宜进行详细规定。虽然《著作权法》第 29 条规定，"许可使用合同和转让合同中著作权人未明确许可、转让的权利，未经著作权人同意，另一方当事人不得行使"，但该条能否用于解释转授权的问题，仍存有一定争议。因此，实务中原始权利人通常会在协议中明确约定被许可人是否可以将版权另行转许可给第三方，并约定相应的转许可范围、方式与许可费用计算事宜。另外，权利人可将转许可与独占许可、授权地域范围限制进行结合，以此创设"独家代理"或"独家发行"的版权许可模式。例如，近年来，全球三大唱片公司及某些国内知名唱片公司作为录音版权的权利人，将曲库资源以独占许可方式授权给腾讯音乐娱乐集团（TME），并在协议中约定 TME 应该或可以将曲库资源转许可给国内其他各大网络音乐平台（如网易云音乐、百度音乐）。在此授权模式中，TME 则成为所谓的"独家版权代理人"。此种许可方式通常有利于权利人更为高效、简洁地控制授权链条，便于其进行许可费用的审计与收取，降低了交易成本，但同时亦可能产生相应的竞争法问题。

（二）授权范围

版权授权合同中的范围通常主要包括地域范围、时间范围及技术终端范围。以下将逐一进行介绍。

1. 地域范围。就授权的地域范围而言，实践中常见地域范围类型通常可分为"全球范围""目标市场法域""目标市场法域 + 个别区域排除"三种。"全球范围"，即最宽泛的地域范围，该措辞表述理论上可涵盖所有可能涉及的地域空间。"目标市场法域"，即许可人与被许可人一般根据对作品商业化利用与传播的预期，决定相应的国家与地区作为授权区域。"目标市场法域 + 个别区域排除"，即许可人在划定相应的国家与地区作为授权区域后，可根据被许可人的业务范围以及自身利益需要，在协议中明确约定哪些地域被排除在授权范围，以最大限度地保障自身的市场开发权益，也便于其实现价格与服务差别化设定，实现收益的最大化。

2. 时间范围。实务中，音乐版权的授权许可期限一般分为"永久授权"及"固定期限授权"两种类型。所谓"永久授权"，实则并非指真正意义上没有时间限制的"永久"的权利许可，而是指权利人给予被许可人的许可期限覆盖被授权音乐作品（以及录音制品等邻接权对象）的整个版权保护期，直到相应授权对象的保护期限届满，进入公共领域为止。届时，该授权作品或制品可被任何公众不经许可而免费使用。"固定期限授权"，顾名思义，指权利人授权被许可人在一定时间范围内使用音乐作品或录音制品等，许可期限过后，被许可人不再有权使用被授权的作品或制品。需要注意的是，权利人授权被许可人的许可期长度不应超过被授权对象的版权保护期限。实践中对于作品权利人在作品版权保护期限届满后仍欲通过协议等方式延长对作品控制的行为，被许可人应予以警惕与重视。依据行业的不同，版权许可交易双方根据业务需求与谈判地位划定被授权作品的使用期限不等，音乐产业中，一般永久授权较为常见。而针对作品数量庞大的曲库一揽子授权，授权期限则一般为 1~3 年不等。音乐影视配乐、音乐综艺节目的音乐授权，则通常根据影视作品及电视节目自身特点约定相应的音乐作品授权期限。

3. 技术终端范围。技术终端范围，主要是指权利人确定被许可人以通过何种技术途径传输、播放被授权内容。移动互联网技术的迅速发展与"三网融合"的趋势加强在极大程度上丰富了内容的传递方式。同一内容作品，即便统摄在互联网这一大范畴内，仍旧可以按照具体传播技术渠道进一步细分出不同的二级市场。实践中，音乐内容一般通过互联网下载、在线流媒体点播、在线流媒体广播、网络直播、飞机与高铁等交通工具上的播放设备、广播电视模拟信号、KTV联网设备、数字卫星传递（如美国颇受欢迎的数字卫星音乐广播服务Sirius XM）等多种方式传送。而上述各类传播技术渠道下的内容播放服务实际上均由不同的经营实体运作，彼此相对独立，且拥有自身的交易习惯及营利模式特点，因此，内容版权方通常会将所拥有的同一作品的版权按照传输技术方式的不同，分割为数条不同的"权利束"（bundle of rights），将作品版权分别授予不同的内容发行与播送方，权利之间彼此独立，互不干扰，尽可能实现作品商业利用的最大化。同时，权利人亦会通过差别化定价及多种不同的版税计算方式个性化配合不同授权技术渠道的作品利用商业模式，确保实现版权收益的最大化。据此，对授权"技术范围"的分割与缩限成为当下版权授权活动中的重要方面，亦成为版权交易双方时常争论的焦点。如果权利人给被许可人圈定过于宽泛的授权技术范围，则将会给被许可人日后拓展新的作品消费市场提供直接的机会，而在被许可人日后无法对其现有主营业务外技术条件下的作品使用进行有效开发时，则可能浪费了权利人作品的商业化利用机遇（权利人本可将这一交易机会授权给其他有能力的被许可人）。而如果权利人给被许可人圈定过于狭窄的授权技术范围，则可能影响到被许可人对作品的正常利用，极易造成被许可人超出权利范围使用的情形发生，导致因权利人对权利的滥用而产生不必要的法律纠纷，影响作品的正常消费与使用。因此，版权交易双方应当综合考虑双方的利益诉求与欲合作商业模式的整体特点，协商出一个较为公平合理的许可范围。

（三）授权费用的结算

此处的授权费用结算，主要指音乐作品及录音制品的使用者在寻获相应的音乐作品权利人及录音制品权利人授权许可后，向其支付相应许可费用的行为。概括而言，目前国内音乐产业的版权授权费用结算方式计算相对简约，其细致度远不及世界其他音乐产业较为发达的国家与地区，也很少针对授权费用的结算建立相应的行业审计制度。因此，国内的音乐作品及录音制品权利人根据作品的实际使用状况而收到足额的版税收益成为一件难度不小的事情，而我国现有的著作权集体管理制度，囿于其有限的代表性和仍相对滞后的运作逻辑，使得广大音乐作品权利人亦无法通过此渠道有效解决授权费用的结算问题。上述问题的解决，仍需要通过行业内各方主体的共同努力。

需要明确的是，音乐作品的版权授权许可费用的结算方式并无相应的法律制度予以强制性约束，主要依据行业内多年的实践习惯，以合同条款约定的形式呈现。目前国内音乐产业主要采用的版权授权费用结算方式主要包括一次性买断、基于作品与制品的销售量按比例分成、"预付金（保底金）+基于销售量"按比例分成、按被许可人年收入（毛收或净收）计算后按比例分成、按被许可人年利润（毛利或净利）计算后按比例分成几种类型。而近年来因流媒体内容播放服务的快速发展，基于用户点击量计算后按比例分成、基于作品及制品流媒体播放次数计算后按比例分成、基于年广告收入计算后按比例分成的计算方式也逐渐成为主流。

四、版权集体管理

版权集体管理，亦称著作权集体管理（copyright collective management），概括而言，是指众多分散的版权权利人（在我国包括"著作权人"及"邻接权人"）将拥有的部分或全部权利交由一个托管组织，由该组织以自己的名义对外代表权利人进行授权许可、许可费用收取与分配、诉讼维权等活动的权利管理机制。进行上述权利管理的机构通常被称为"集体管理组织"（Collective Management Organization，CMO）。集体管理组织可以是营利性的商业实体，也可以是非营利性的组织机构。版权集体管理是一种历史较为悠久的制度设计，其主要是在传媒技术变革的推动下应运而生。集体管理的主要目的在于将音乐作品、文字作品、摄影作品等使用次数频繁、范围广泛、使用场景多样，但权利人分散且自行维权困难的版权集中起来进行管理，以降低版权利用者与权利人间的搜寻与交易成本，提高授权效率，同时有效保障权利人的版税收入。

有关版权集体管理制度在国内外音乐产业中的基本情况，本章在第一节已有介绍，在此不再赘述。此处主要依据我国《著作权法》的规定，从音乐版权许可的角度，对围绕音乐版权集体管理产生的主要法律问题进行介绍。关于音乐著作权集体管理，有以下几点需要予以注意：

1. 依据法律规定，我国的著作权集体管理组织性质为非营利性的社会团体法人。著作权集体管理组织，应当向国家著作权主管部门提交申请，符合条件的，依批准设立。依据《著作权法》和《著作权集体管理条例》，著作权集体管理组织可以从事的活动范围主要为：①与使用者订立著作权或者与著作权有关的权利许可使用合同；②向使用者收取使用费；③向权利人转付使用费；④进行涉及著作权或者与著作权有关的权利的诉讼、仲裁、调解活动等。

2. 著作权集体管理组织采用自愿加入的会员制。持有版权的个人或企业等法律主体可申请加入对应集体管理组织，成为其会员，由集体管理组织以自己的名义代权利人进行权利许可、许可使用费收取、诉讼与仲裁等活动，并向权利人转付收取到的许可费用。除依法处理法定许可使用费的收转外，著作权集体管理组织无法对非会员享有的版权进行任何管理和处分。著作权集体管理组织与使用者进行授权活动时，没有完全意义上的自由谈判与定价权利。其只能按照事先公示的相应收费与授权标准进行许可，不能脱离其收费标准进行交易，也不能随意拒绝交易。这也是著作权集体管理组织与版权代理商业公司最为显著的区别之一。

3. 著作权集体管理组织与其会员权利人之间在法律上属于信托关系。有关著作权集体管理组织与其会员权利人之间的法律关系究竟为何，理论界有委托代理、权利转让、信托多种说法，而我国司法实践主要将之视为一种"信托"关系。早在 1993 年，最高人民法院就在答复音著协的函件中表示，"音乐著作权协会与音乐著作权人（会员）根据法律规定可就音乐作品的某些权利的管理通过合同方式建立平等主体之间的带有信托性质的民事法律关系，双方的权利与义务由合同约定，音乐著作权协会可以将双方的权利与义务等事项规定在协会章程之中。"该认定较为客观地反映了我国著作权集体管理组织与权利人间关系的本质特征，即作为委托人的权利人将其著作财产权移转给作为受托人的集体管理组织，受托人获得"名义上"对权利的控制权，可对财产进行经营和一定程度的处分，但是受托人必须按照指示将信托的财产权利或利益移转给受益人（权利人），并对其负有相应的"信义义务"，这与财产信托理论较为贴合。目前的司法裁判中，法院大多基本认可著作权集体管理组织与其会员权利人之间在法律上为信托关系。

此外，应当注意我国著作权集体管理组织在民事诉讼程序中的"诉权"问题。依据我国目前的司法实践，法院一般认为，音乐作品的著作权人将相应著作财产权利授权音著协等集体管理组织管理后，其诉讼主体资格是否受到限制，取决于其与集体管理组织订立的著作权集体管理合同是否对诉权的行使作出了明确的约定，如果没有约定，则在著作权人的权利受到侵害，而集体管理组织怠于行使权利时，著作权人亦可单独提起诉讼。

4. 我国《著作权集体管理条例》第 22 条第 1、2 款规定，"外国人、无国籍人可以通过与中国的著作权集体管理组织订立相互代表协议的境外同类组织，授权中国的著作权集体管理组织管理其依法在中国境内享有的著作权或者与著作权有关的权利。前款所称相互代表协议，是指中国的著作权集体管理组织与境外的同类组织相互授权对方在其所在国家或者地区进行集体管理活动的协议"。因此，对于在国内使用外国音乐作品，使用者可尝试向音著协提出许可请求，若音著协与对应外国法域的某个或某几个集体管理组织签署有相互代表协议，且该作品恰被对应的外国集体管理组织管理，则可通过音著协获得相应的授权许可。

5. 著作权集体管理组织是相应作品使用法定许可报酬收转的指定机构。我国现行《著作权法》中规定有"编写出版教科书"（第 25 条），"转载或者作为文摘、资料刊登"（第 35 条第 2 款），"使用他人已经合法录制为录音制品的音乐作品制作录音制品"（第 42 条第 2 款），以及"广播电台、电视台播放"（第 46 条第 2 款）四类著作权法定许可，使用者可以不经著作权人同意直接按照相应方式使用作品，但需要支付报酬。而国务院著作权主管部门针对上述各类法定许可制定了相应的法定许可使用作品支付报酬办法。音乐领域，中国音乐著作权协会依据《著作权集体管理条例》《录音法定许可付酬标准暂行规定》及《暂行办法》负责收取"使用他人作品制作录音制品法定许可"与"广播电台电视台播放法定许可"的报酬并转付给著作权人。但实践中，我国著作权集体管理组织转付法定许可报酬机制的运行效果仍差强人意，在覆盖范围、审计机制、报酬发放、信息公开与透明等方面有待进一步完善。另外，《著作权法》第三次修改为录音制品制作者增加了广播与机械表演的获酬权。修改后的《著作权法》第 45 条规定，"将录音制品用于有线或者无线公开传播，或者通过传送声音的技术设备向公众公开播送的，应当向录音制作者支付报酬"。从该条款的文义上看，似乎表明使用者无需单次、逐一征得录音制作者许可，而仅支付报酬即可，则该条实质上与法定许可条款的旨趣类似，但立法者为了避免出现逻辑上的矛盾，旨在突出录音制品制作者享有的仅是"获酬权"而非完整的"专有权"，因此未效仿法定许可条款的措辞，意在使之与法定许可明确区别。但可以预见的是，实践中录音制品制作者主动实际知晓广大使用者何时何地播放了录音十分困难，因此，第 45 条规定的获酬权将不得不比照法定许可报酬转付机制，通过著作权集体管理的方式予以实现。

6. 著作权集体管理组织能代著作权利人进行集体管理、行使的权利并非权利人所拥有的全部著作权内容，应根据其章程和相关具体规定进行判断。在音乐产业领域，中国音乐著作权协会目前可覆盖的授权范围为音乐作品的复制权、表演权、广播权及信息网络传播权四种权利。中国音像著作权协会可覆盖的授权范围为音像节目的表演权、放映权、广播权、出租权、信息网络传播权、复制权及发行权。

最后，《著作权法》第三次修改对我国著作权集体管理机制进行了较为全面的完善。新法进一步明确了著作权集体管理组织的性质，规定"依法设立的著作权集体管理组织是非营利法人"。另外，根据新法规定，除诉讼、仲裁外，著作权集体管理组织可以作为当事人进行涉及著作权或者与著作权有关的权利的调解活动。值得注意的是，新法在第 8 条第 2 款设定了著作权集体管理许可使用费的协商和异议解决机制，规定"著作权集体管理组织根据授权向使用者收取使用费。使用费的收取标准由著作权集体管理组织和使用者代表协商确定，协商不成的，可以向国家著作权主管部门申请裁决，对裁决不服的，可以向人民法院提起诉讼；当事人也可以直接向人民法院提起诉讼"。同时，新法在第8条第3款强化了著作权集体管理许可使用费管理的透明度，规定"著作权集体管理组织应当将使用费的收取和转付、管理费的提取和使用、使用费的未分配部分等总体情况定期向社会公布，并应当建立权利信息查询系统，供权利人和使用者查询"。此外，新法亦明确表示，要加强"对著作权集体管理组织进行监督、管理"。如果上述新增设的规定能得以有效实现，必将对提升我国著作权集体管理水平产生明显作用。

时至今日，我国的著作权集体管理制度仍未走向彻底的市场化道路，仍保留了一定的行政色彩，在对应产业内的威信较为有限。进入互联网时代，音乐著作权集体管理的重要性不但没有减弱，反而变得愈发重要。在流媒体技术、大众创作与国际版权贸易不断发展的今天，传统的音乐著作权集体管理模式已无法适应时代需求。可以预见，在今后的一段时间内，音乐著作权集体管理组织的革新与重构将成为音乐法乃至整个音乐产业中的重要话题。

五、音乐版权许可合同的类型及撰写注意事项

在掌握上述音乐版权涉及的基本权利主体、权利归属、权利内容与授权结构、授权期限、授权范围、许可费结算方式后，即可结合以上各关键点搭建出一个相对清晰、完整的音乐版权授权许可（或转让）合同框架。本节将在前文介绍的各知识点的基础上，对域内外音乐产业主要涉及的版权合同类型进行归类概括，并对各类合同的基本特点、最新发展趋势及相应注意事项作简要介绍。

（一）音乐词曲合同

音乐词曲合同，是指著作权法下音乐作品的版权授权或转让合同，国内通常亦称为"音乐作品授权（转让）合同"，英语世界国家多从产业运行习惯的角度将之称之为"音乐出版协议"（music publishing agreement），这主要是因为限于技术条件，音乐作品的版权授权活动最初在19世纪时均主要围绕音乐曲谱的印刷与贩售为主。而随着后续传媒技术的不断发展，音乐词曲授权的形式更为多样，但"音乐出版"（music publishing）这一称谓仍旧沿用至今。

就国内实践而言，音乐词曲合同的类型较为简单，通常分为音乐作品版权转让（"买断"）或音乐作品版权授权两种情况。即前者为词曲作者将版权转让给音乐版权代理公司、制作方等主体，受让人一次性付清费用，此后词曲作者

不再享有作品版权（人身性权利除外），后续亦不对因作品使用而产生的收益享有任何获酬权；后者为词曲作者将版权以各类不同的许可方式授权给相应使用者，并约定后续的收益分配问题。不难看出，国内音乐作品（词曲）合同对音乐作品版权归属的约定较为直接，要么版权全部仍归作者所有，被许可人享有独占程度不同的各类型授权许可（如独占许可、排他许可或普通许可）；要么版权转让给相应的受让人，对价为一次性支付的买断费用，作者后续不再对作品享有任何控制权甚至是收益权。这与国外作者与买断方按照百分比灵活约定双方对作品版权的享有"份额"的交易惯例（如作者与词曲代理商可约定对音乐作品共有版权，且各自所有 50% 的份额，相应版权收益亦按照 50% 平分）差异较大。目前，国内运作较为成熟的唱片公司、网络音乐服务商或经纪公司可能会采用更类似于英美音乐产业中广为使用的长期作品独家授权协议或经纪合约，以"绑定"优质的词曲作者与创作型歌手。

　　比较而言，英美等国的音乐产业经过多年商业实践，已形成了较为完备的音乐词曲授权与转让规则，按照词曲作者对其作品享有的控制能力不同，音乐出版合同通常分为独家授权协议（exclusive publishing agreements）、分销授权协议（sub-publishing agreements）、单曲授权协议（single-song agreements）、管理协议（administration agreements）、自行管理（self-administration）五类情形。以下分别作简要介绍：①独家授权协议。独家授权协议多用于全身心投入职业生涯的专业歌手，歌手（或其经纪公司）会与词曲版权代理公司签订一定期限（通常为 10 年 ~15 年）的独家授权协议，约定协议期内歌手需创作一定数量的歌曲，且所创作全部歌曲的版权以独占许可方式授权（或可收回的"转让"）给词曲版权代理公司，版权公司向作者支付相应预付金（advance）及版税收益分成，并承诺尽最大努力推广歌手的音乐作品。②分销授权协议。分销授权协议多用于将相应曲库资源推广至海外市场时，版权代理公司将代表音乐作品作者与国外相应的版权代理公司或使用方签订许可协议，由对应海外版权代理公司或使用方协助许可人在当地进行相应授权许可并收取版税报酬后再支付给许可人。③单曲授权协议。单曲授权协议主要用于处于职业起步阶段的新歌手或词曲创作者，与上述独家授权协议相同，该协议通常由词曲版权代理公司与创作者签订一段期限的独占许可或权利人可收回的版权转让协议，只不过所签署的协议仅对固定的某首或某几首歌曲有效，一般不对作者在合约期内的创作义务和未来所创作的作品权属及授权许可作出约定。④管理协议。管理协议主要针对拥有一定数量优质音乐词曲作品或曲库（catalogue）资源的作者或权利人。与独家授权协议不同，管理协议不要求权利人将作品的权利转让或独占许可给词曲版权代理公司，版权代理公司仅获得作品一定期限的普通或排他版权许可，负责代替权利人进行版权授权并收取相应许可费用，而不为其进行歌曲的商业宣传和推广活动。管理协议不对作者的作品创作设定任何绑定义务，此种协议模式下，版权代理公司也不向作者支付预付金，不与作者对版权收益进行大比例的分成，而仅收取"管理费用"。⑤版权自行管理。版权自行管理主要指词曲作品作者自行管理一切版权事宜，其作品的版权不授权许可或转让给任何版权代理公司。作者通常以"个人会员"的方式加入相应的音乐著作权集体管理组织，由该集体管理组织代作者进行授权许可和版税收取工作，作者自己也会作为授权许可方，单独与使用者签订相应的版权许可协议。在作者版权自行管理模式下，版权交易的中间环节减少，其通常能获得更多的版税收益。

（二）音乐录音合同

音乐录音合同，主要包含音乐录音制作合同与音乐录音授权合同两方面内容。国内通常称为音乐录音制品制作／授权合约，而英语国家音乐产业通常将录音制作合约称为"唱片合约"（recording contract 或 record deal），将录音授权许可合同称为 sound recording license agreement。

录音制作合同（唱片合约），主要约定录音艺人与唱片公司关于录音制品制作的各项事宜，唱片合约也可能不单独签署，而是直接包含在唱片公司与艺人的经纪合约中，其中唱片公司通常与艺人签订一定期限的"独家唱片合约"（exclusive recording contract），规定在协议期内，艺人有义务按照约定的最低数量录制及发行相应歌曲，而录制的录音制品版权归唱片公司所有，同时艺人不得与其他唱片公司签订任何的唱片录制协议。作为回报，唱片公司向艺人支付预付金，用于支持其创作活动与日常生活。同时，唱片公司通常会与艺人约定，将一定比例（通常为 13%~20%）的唱片销售净收入作为唱片版税收益支付给作者。另外，欧美音乐产业中，唱片公司亦可能会与部分艺人先签订所谓"唱片开发合约"（development deal），即唱片公司与艺人签订期限较短的唱片试唱版（demo recordings）制作合约。该协议通常约定，唱片公司不承诺一定会将艺人提交的试唱版录音进行专辑录制或发行，但如果唱片公司认为艺人提供的试唱版录音具有商业价值，则唱片公司会将当前的开发合约转成正式的独家合约，并可能买断艺人后续的唱片版权。而若唱片公司认为艺人提交的试唱版商业价值有限，则艺人可以与其他人签订相应的录制合约，但艺人提交的现有试唱版录音版权仍归唱片公司所有。

录音授权许可合同，主要约定录音制品制作者或权利人（通常为唱片公司）

与录音作品的使用者间的授权事宜。最常见的即是唱片公司与实体唱片发行商、销售商间签订的唱片发行与销售协议，或唱片公司与网络音乐服务商之间签订的数字录音制品的数字分销、信息网络传播协议等。该协议的约定内容与前述音乐词曲作品的授权协议基本类似。

（三）音乐表演者及录音艺人合同

与美国等法域不同，在我国《著作权法》采用"著作权—邻接权"的构造，认为在版权法意义上演奏、演唱音乐作品的演奏者或演唱者所进行的现场表演，或参与的唱片录制并非是一种"创作"行为，而仅是对音乐作品的"表演"。作品的表演具有区别于作品和录音制品的独立法律意义和地位，表演音乐作品的人被视为"表演者"，划入邻接权范畴保护。因此，音乐艺人也不被视为音乐作品的作者或录音制品的制作者。这使得音乐表演者成为与词曲创作者、录音制品制作者具有平行地位的独立权利主体。因此，除法律另行规定外，理论上任何利用音乐表演者表演的行为均应获得其相应许可。但法律上的这种逻辑安排和音乐产业的行业实践有较大差异。基于谈判地位和交易的便利，唱片制作方或音乐演出制作与播出方往往通过协议约定的方式，提前将音乐表演者在录音制品制作或现场节目录制及播出过程中产生的"表演"所包含的各项权利"买断"（以转让或独占许可的方式），从而后续在与第三方使用者签订授权许可协议中，作为表演的权利人或作为表演者的委托人统一对外行使表演者授权，而表演者不再单独行使其表演者权。我国从业者在实务中与美国等没有设置邻接权而将音乐表演者直接视为录音作品作者之一的其他法域进行跨境音乐版权授权交易时，应当特别注意这一差别，应在相应的授权协议中约定合适的准据法，并对相关定义做好调整或转化，约定好著作人身权及版税收益分配等事宜，避免因权利真空或矛盾而带来相应的法律风险。

（四）360°合同

360°合同，英文为"360° deal"或"multiple rights contracts"，中文有时称作"全约"，是唱片公司与艺人签订的独家唱片制作合约的一种变体。顾名思义，360°合同是指唱片公司对艺人参与的实体唱片及数字音乐录音制品的录制、发行、词曲授权、演唱会举办、票务、团队营销与包装、衍生品销售、个人代言等所有可能相关的业务享有360度全方位的控制权，并提供直接的经济支持。作为回报，艺人必须将上述各部分所产生的相应收益（如版税、演唱会门票、衍生品贩售及其他各类商业收入等）按照一定比例与唱片公司分成（通常为10%~50%不等）。360°合同于21世纪初最先由全球三大唱片公司推广，此后被其他各大唱片公司所效仿，包括罗比·威廉姆斯（Robbie

Williams)，科恩乐队（Korn）及麦当娜（Madonna）在内的众多知名歌手与乐队均与其唱片公司签署了该类协议。360°合同极大地增加了唱片公司对艺人的控制权，扩大了唱片公司的收益范围，压缩了艺人对其单曲或专辑的控制能力，但同时也弥补了传统唱片制作合约无法使唱片公司将投资直接覆盖到艺人或乐队的唱片营销、市场推广及现场演出等各类其他重要事项上的不足，为艺人提供了最全面的资源与渠道支持。因此，在条款安排得当的情况下，360°合同有利于确保艺人音乐收益的最大化，从而实现艺人与唱片公司间的双赢。

（五）授权许可合同条款的一般设置及注意事项

上述 4 种合同虽然调整的当事人主体不同，其包含的权利对象也各有差异，但其中涉及的版权或邻接权的授权许可仍是核心问题。因此，尽可能详尽、细致地撰写授权许可合同，充分体现签约主体的意志与利益，降低合同条款中的歧义与不明确性，减少潜在的法律风险，是各类音乐授权许可合同议题中的重中之重。鉴于国内目前多数音乐版权许可协议的订立水平仍有较大提升空间，有关作者核心权益的事项时常在合同中被遗漏，故下面简要介绍音乐授权许可协议核心条款的基本类别与撰写注意事项。

一般而言，音乐版权授权许可合同的主要条款包括：①合同签署主体信息，具体包括签署主体的正式名称（自然人主体需包含身份证号等信息）、通讯地址、邮编、联系人、联系电话、电子邮箱地址等；②授权内容，包括授权作品或制品的名称、介质或载体的形式及格式信息、具体数量、交付方式等；同时明确主要授权标的物（词曲与录音）以外的其他相关知识产权的许可或归属问题，包括唱片专辑封面、衍生品、歌词显示、推广中使用的海报设计、门票设计等；③授权的业务范围，需明确定义被许可人能够在何种业务范围使用被授权作品；④授权的地域范围，需注意不同法域的法律适用问题；⑤授权的技术终端或装置范围，需定义作品可被复制、传播、销售的具体方式和技术实现手段；⑥授权期限，包括授权期限的截止日期、起算方式等；⑦授权的方式，包括独占许可、排他许可或普通许可，并对上述许可方式进行明确定义，应对被许可人是否可以将权利转授权给第三人，以及转授权的方式进行详细约定，同时，也可对被授权主体的关联公司等实体是否可以包含在被授权主体范围内进行约定；⑧授权许可收入，即明确授权许可收入的计算范围、结算公式、支付方式、汇率等问题；⑨维权收入，明确对侵权行为进行追索、维权所获得的收入在合同签订主体间的分配方式；⑩双方具体的权利与义务，可根据合同的目的和对应商业模式进行个性化定制，如约定授权作品的改编或翻唱、授权许可费的审计等；⑪责任与保证，如约定授权方保证其享有作品权利无瑕疵、权利证明的提供、最低业务指标的完成等事项；⑫违约责任，对双方因违反授权许可协议的责任进行约定，如设定违约金及相应赔偿责任等；⑬保密条款，约定双方针对授权许可相关信息应予保密的范围；⑭争议解决条款，约定合同适用的法律、争议解决的方式（仲裁还是诉讼）、诉讼解决争议时协议约定的管辖法院（需选择与合同当事人或履行具有实际联系的，避免选择与当事人或合同履行毫无关联的第三国法院）；⑮协议的生效方式、变更方式、延长方式以及解除与终止条件；⑯与合同履行相关的通知及沟通信息记录的送达方式；⑰其他事项的约定，如合同的修改、补充协议的签订方式、不可抗力的约定、协议的份数；⑱协议签署页的设置，需预留好合同签署主体的签章处及签署人的联系方式和签署日期；⑲合同附件，如有需要，应当将授权作品、制品或表演等的具体名目、规格、识别信息等列为详细清单，作为合同附件列于合同正文之后，如有必要，也可要求授权人再单独签订一份"授权书"，以便后续在各类不便直接透露合同文本信息的商业交易场合中用于对外宣示相关的作品授权情况。

六、音乐作品的合理使用、法定许可、翻唱、采样及重混

按照版权法的要求寻获音乐版权授权许可以使用音乐作品是音乐版权交易中的基本情形。而从法律性质上看，版权是一种绝对的排他权，具有一定的天然垄断性，理论上，作者或权利人对其作品的使用具有较强的控制力。因此，为防止版权权利人滥用其权利，降低市场中作品使用者的交易成本，促进作品的广泛使用与传播，各国版权法均设定了版权的限制与例外制度，规定在特定条件下，使用者可不经权利人的授权许可使用作品，并根据作品被使用的性质与场景决定使用者是否需要支付报酬。上述制度设计同样影响了人们对音乐作品的交易与利用。我国亦不例外，《著作权法》第 24 条规定了"合理使用"制度，在第 25 条、第 35 条第 2 款、第 42 条第 2 款、第 46 条第 2 款设定了"法定许可"制度，并在《信息网络传播权保护条例》中对以上规定进行了细化。著作权的"合理使用"与"法定许可"制度对音乐作品的创作、录音制品的制作以及音乐版权交易具有重要影响。下面，将结合《著作权法》中的基本规定，对音乐版权中的合理使用、法定许可进行介绍，并特别对与之相关的歌曲翻唱及音乐采样等现实疑难问题予以详细说明。

（一）合理使用

我国《著作权法》在第 24 条中以列举加"兜底"的方式详细罗列了可以构成合理使用的 13 种情形，适用于对作品、录音制品、录像制品、作品表演、广播电台与电视台播放的利用。具体包括：①个人学习、研究或欣赏而使用他

人发表作品；②为介绍、评论或说明而适当引用已发表作品；③为报道新闻不可避免地再现或引用已发表作品；④报纸期刊与广电等媒体刊登播放已发表时事性文章；⑤报纸期刊与广电等媒体刊登播放公众集会讲话；⑥因学校课堂教学和科学研究翻译、少量复制作品；⑦为执行公务使用已经发表的作品；⑧为陈列或保存作品而复制本馆收藏的作品；⑨免费表演已发表作品；⑩复制公共场所的艺术作品；⑪汉语作品翻译为少数民族语言；⑫以阅读障碍者能够感知的无障碍方式向其提供已发表的作品；⑬法律、行政法规规定的其他情形。

在《著作权法》第三次修改前，旧《著作权法》的"合理使用"条款采用穷尽式列举的方式列明了有限的合理使用类型，且未设置一般或兜底条款。因此，严格来讲，如果作品的使用方式不在所述 12 种情形范围之内，则无法构成合理使用。这种极为谨慎的合理使用制度设计很难满足现实中丰富多样的作品使用方式，给司法者判断某作品之利用是否构成合理使用带来不小困难。立法机关注意到这一问题，新法在合理使用条款中增加了"法律、行政法规规定的其他情形"作为兜底规定。但与此同时，新法规定的合理使用条款在段首又增加了"并且不得影响该作品的正常使用，也不得不合理地损害著作权人的合法权益"的前置性说明，参照各版权国际公约中广为承认的"三部检验法"作为合理使用的前提条件。上述条款设计是否会在增设兜底规定的同时又一定程度上缩限了合理使用的适用范围，新法的合理使用条款该如何解释最为恰当？相关问题仍需要理论与实务界不断探索。

应当注意，事实上，在高度商业化的音乐作品创作与使用过程中，可直接适用"合理使用"的情形极少。而实务界一度认为的可以判断是否构成合理使用的所谓"篇幅"或"小节长度""歌词长度"标准等其实并不能用于直接判断某行为是否构成合理使用。即便是某些音乐作品中可能仅借鉴使用了他人作品中极为短小的"片段"，未经著作权人许可进行的一般性使用（多数情形下为商业使用）仍然可能构成侵权。例如，实务中所谓依据"8 小节"（亦有所谓 6 小节或 4 小节之说）的相似度来判定两作品是否构成实质性相似的原则实际并无依据，为一常见谬误。

（二）法定许可

法定许可，是指作品或制品的使用者可以不经过权利人同意而直接使用相应作品或制品，但必须按照法律规定的要求支付报酬的制度。因此，法定许可与合理使用最大的区别在于，合理使用既无需支付报酬，亦不用征得权利人的同意，而法定许可则仍需向权利人支付相应许可费用。我国现行《著作权法》中规定了四类"法定许可"，分别为"编写教科书法定许可"（第 25 条），"报刊转载或摘编法定许可"（第 35 条第 2 款），"制作录音制品的法定许可"（第 42 第 2 款），以及"广播电台电视台播放法定许可"（第 46 条第 2 款）。需要特别注意的是，我国《著作权法》针对部分法定许可还特别设置了"权利人排除"制度，即权利人可以通过声明排除对其作品或制品的法定许可适用，因此，这种存在排除适用情形的法定许可又被称为"相对法定许可"。而上述的四类法定许可中，编写教科书法定许可、报刊类法定许可、制作录音制品法定许可均为相对法定许可。事实上，这种所谓的相对法定许可并非真正意义上的法定许可制度，赋予了权利人过大的保留余地，而导致实践中此类法定许可制度运行成本较高，风险过大，几乎无法得以有效利用。未来在对《著作权法》进行修改时应重视这一问题。

法定许可制度中的"制作录音制品法定许可"及"广播电台电视台播放法定许可"对音乐行业的影响较大，以下分别作详细介绍。

1. 制作录音制品法定许可。《著作权法》第 42 条第 2 款规定，"录音制作者使用他人已经合法录制为录音制品的音乐作品制作录音制品，可以不经著作权人许可，但应当按照规定支付报酬；著作权人声明不许使用的不得使用"。该条的行文逻辑与措辞略显晦涩绕口，其真实欲表达之含义为，当某音乐作品已经首次被作品权利人以合法授权的方式录制为录音制品后，其他的录音制作者可以重新组织表演者（歌手、乐队等）对音乐作品进行新的表演并录制成为录音制品，并进行复制与发行。关于录音制品法定许可，有六点需要特别注意：其一，该法定许可仅适用于已经被首次合法录制为录音制品的音乐作品，若某音乐作品此前未被制作为录音制品，则不适用本类法定许可；其二，只有使用音乐作品录制的"录音制品"才可适用本类法定许可，如果该音乐作品仅存在于视听类作品或录像制品中，则无法适用该法定许可；其三，录音制作者必须基于原音乐词曲作品重新组织表演录制，而不能直接对现成的录音制品进行直接复制，即人们所称的唱片"翻录"，其实际上不能与"翻唱"作为相同概念使用；其四，虽然第 42 条第 2 款仅说明了录制者对"制作"录音制品享有法定许可，而未说明是否可以复制、发行所制作的录音制品，但目前主流观点认为，对本条款的理解应当延伸至录音制品的复制、发行行为，否则该法定许可将失去原本的意义。至于录音制品法定许可是否可延展至对录音制品的信息网络传播及广播等行为，目前尚未有统一定论，但其不适用于对音乐作品的表演行为；其五，当音乐作品的权利人在录制音乐作品时作出了禁止适用法定许可翻唱录制其他录音制品的"禁录声明"时，则可排除本类法定许可的适用（但是需要注意，实务中在录音制品实物或数字文件中载有的"版权所有、翻录必究"等类似表述是针对非法复制录音制品的警示,而非对录音制品所载音乐作品的禁录声明);最后,依据本法定许可,制作录音的制作方应向音乐作品的权利人支付报酬。

我国"制作录音制品法定许可"背后所体现的规范价值及旨趣大致与法定许可制度的"鼻祖",即美国《版权法》第115条中的音乐作品法定许可条款相同,主要目标是打破音乐作品权利人(通常为音乐版权代理公司)与录音制品制作者(通常为唱片公司)可能利用独占的版权授权协议对市场进行的垄断与价格控制,为其他表演者与录制方对音乐作品进行不同风格的翻唱与演绎提供合法性基础,从而促进音乐作品风格的多样化与广泛传播,保障普通消费者的利益。但当前的"制作录音制品法定许可"仍旧存在条款表述模糊、尚未明确涵盖网络传播语境、著作权人排除适用法定许可条款设置不甚合理等问题,因此事实上实务中能够适用该法定许可的机会极为有限,相应的报酬支付管理也较为混乱。上述问题亟待通过法律修改与配套制度建设予以解决。

2. 广播电台、电视台播放法定许可。《著作权法》第46条第2款针对广播电台、电视台播放已发表作品设定了法定许可。其中,第43条第2款规定,"广播电台、电视台播放他人已发表的作品,可以不经著作权人许可,但应当按照规定支付报酬。"此外,根据第48条的规定,"电视台播放他人的视听作品、录像制品,应当取得视听作品著作权人或者录像制作者许可,并支付报酬;播放他人的录像制品,还应当取得著作权人许可,并支付报酬。"因此,电视台播放视听作品及录像制品时并不能适用法定许可。

若仅从法条字面含义看,第43条第2款规定的广播电台、电视台播放已发表作品的法定许可似乎很容易理解,而多数广电行业的从业人员乃至不少专业法律人士对此条的理解却多仅停留于该条款的字面含义,即认为广播电台、电视台可以依据该条规定,不经权利人许可直接在节目录制及播出过程中自由使用除视听作品及录像制品外的各类作品。由此,诸如在节目中翻唱歌曲,翻排舞蹈,重演小品、戏剧、话剧及各类"致敬经典"的作品使用行为均无需经权利人同意,仅需支付报酬即可。更有不少广播电视机构将此条规定视为应对作品权利人或集体管理组织维权的"挡箭牌"。但此种理解并不正确。从广播电台、电视台法定许可制度的历史渊源上看,该制度实则是在作品权利人的广播权与广播组织传播作品行为间作出的一种妥协与平衡,主要目的在于保障广播电台与电视台可以低成本、高效率地"播放"已发表作品,降低相应的权利许可交易成本,同时为广播组织机构转播其他广播电视信号(主要为解决偏远地区广电用户收听收看节目的困难)的行为扫清作品权利许可方面的法律障碍。

然而，我国在引进这一法定许可制度时，对相关著作权国际条约的措辞过分依赖，且对该制度的真正价值理念及细节安排的理解不够到位，以致最终在本国法中所呈现的规定出现文义过于简练且存在歧义与模糊的问题，直接影响了该制度的准确、有效运用。实践中，对广播电台、电视台播放作品的法定许可作出如下正确理解：首先，第 43 条第 2 款的法定许可中规定"播放"作品的行为，主要指直接对"作品成品"进行单纯地"广播"，而不包括在节目制作过程中对作品的"复制""表演"（否则将与《著作权法》第 38 条相冲突，也背离了该法定许可的立法本意），更无法涵盖对作品的改编、翻译、汇编等演绎行为。因此，节目制作过程中产生的对作品的表演及改编等利用行为，仍需由节目制作方征得权利人的相应许可（实践中，较多广播电台、电视台并非采用"制播分离"，而是同时承担节目制作方与广播者的双重角色，因此误以为法定许可同时亦能延及节目的制作，此种错误观点实践中较为常见，应当予以注意）。其次，依据目前第 43 条第 2 款的规定，该法定许可仅适用于广播电台、电视台的"广播"行为，而不适用于信息网络传播等行为，因此，广播电台、电视台通过信息网络手段使用作品的行为，不能援用该法定许可。

当下，广播电台、电视台的节目制作形式日趋多样化，传统广电与新媒体不断融合，广播电台、电视台的作品使用方式更为灵活多变。因此，现有的法定许可制度已远不能满足现实需求。更何况，我国的广电播放法定许可制度自身面临规定粗糙、细化配套制度欠缺、报酬收取困难等诸多问题，因此，实务中，广播电台、电视台播放作品的法定许可似乎更像是一个"传说中的权利""纸面的权利"，而未得到相关行业主体的积极响应。在节目制作日趋商业化、市场化的背景下，同时作为制作方与广播方的电台、电视台宁可主动通过购买节目的整体版权，或征得作品权利人与表演者授权许可的方式尽量避免可能的法律风险，以争取节目收视率、收益和口碑，也不愿冒着较大风险主动适用规定尚且模糊的法定许可制度。总体而言，国内的电台、电视台除与音著协等集体管理组织合作获取正版曲库并支付相应报酬外，单独寻获重要内容资源或素材的授权许可是目前更为主流的做法。

（三）翻唱

歌曲翻唱是音乐产业中的一类常见现象，概括来说，"翻唱"是指某表演者将他人已发表并被演唱、录制的音乐作品根据自己的表演风格重新进行演唱的行为。其重在体现对原版经典音乐作品、录音制品与表演的创新、突破与竞争。而翻唱的录音制品则通常称为"翻唱版本"，即英美流行音乐产业中所谓的 cover song 或 cover version（实务中，亦有将器乐演奏者对某经典歌曲录音版本的无歌词纯器乐演绎重新演绎，也称为 cover version，但此类情形一般不纳入所谓歌曲"翻唱"的范畴进行讨论）。

翻唱并非一个法律概念，实践中，翻唱可大致分为两种类型，非演绎性翻唱与演绎性翻唱。非演绎性翻唱，通常包括模仿翻唱（soundalike）与普通翻唱两种。模仿翻唱，即表演者的翻唱旨在尽可能模仿、还原原唱版本的风格与特色，对音乐作品的主旋律、编曲、配乐等不做任何改动，力求与原唱接近，此类翻唱主要出现于各类音乐模仿秀节目中。普通翻唱，即翻唱者在尊重原版音乐作品主旋律、歌词、编曲、器乐演奏及总体风格的基础上，不刻意模仿原作，而保留自己的音色与表演特征。故而从最终效果来看，更多是"原有相同音乐作品由不同表演者进行了另一种风格的表演"，实践中此类翻唱最为普遍，且市场上销售的大多数 cover versions 即属于此类情形。而演绎性翻唱，是指翻唱者对原版音乐作品的主旋律、节奏、编曲及配乐风格等作出较大修改，形成了与原作风格差异巨大或完全不同的歌曲演绎版本。

从版权法的角度讲，上述不同类型的翻唱行为可能具有不同的法律后果。对于非演绎性翻唱而言，翻唱者并未对音乐作品本身作出任何实质性修改，词和曲均与原作相同，仅是基于原作进行了表演层面的风格不同的展现。因此，此类翻唱通常不涉及对原作品在著作权法意义上的"改编"，因而无需获得原音乐作品权利人的改编权授权。对非演绎性翻唱进行商业现场表演，则一般仅需获得音乐作品的表演权授权，若需要传播后续的翻唱，则需要另外取得音乐作品权利人的相应授权。而将非演绎性翻唱录制为录音制品，则在音乐作品权利人未发出禁止声明的前提下，可适用《著作权法》第 42 条第 2 款的"制作录音制品法定许可"，无需经过音乐作品权利人同意，仅向其支付报酬即可。对于演绎性翻唱，该类翻唱为实现与原作风格迥异的效果，对音乐作品中"曲"的主旋律及其他元素（包括音调、音高、节奏等）乃至"词"往往会进行实质性的修改，本质上亦可视作具有新的独创性表达的改编作品。因此，该类翻唱应取得原音乐作品权利人的改编权授权，并及时就改编后最终所呈现的效果与原作权利人及作者积极沟通，充分尊重作者相应的著作权人身权，避免产生相应的法律纠纷。

（四）音乐"采样"与"重混"

流行音乐领域，特别是嘻哈（Hip-Hop）音乐及电子音乐的创作中，作曲者经常会运用到"采样"（sampling）和"重混"（remix）的手法来创作新的伴奏或完整的音乐作品，利用现有的录音制品作为广泛素材进行组合，以求新求变，突破固有的作曲和录制风格。近年来，随着国内流行音乐风格的多样化及创作的国际化，"采样"与"重混"的手法亦被越来越多的国内音乐人所使用，由此也产生了相应的版权问题，而我国司法实践中尚未对类似问题有过裁判或说明，行业内的使用与交易规范也未建立，给相应从业者合理使用素材，有效规避法律风险带来一定困惑。在此，特对采用和重混作一般性说明。

采样，又称音乐采样，英文为 sampling，指从各类不同的录音制品中截取部分声音片段作为素材，用于创作新的音乐作品及其录音制品的行为。如将某热门歌曲伴奏中几秒的乐器伴奏片段或经典乐句、唱段截取，放入到正在创作的另一歌曲作品的录音中使用。从行为特质上看，采样是对"现成"音乐录音素材的快速利用，通过 MIDI 等技术手段，将负载于某录音制品的音乐录音直接截取、编入另一新的正在合成的音乐录音制品中，用较为便捷的方式实现了音乐作品创作、录制的同步融合。采样的形式，给音乐人提供了直观、广泛的素材以增强其创作灵感，丰富其音乐作品的录制效果与表现层次，使得音乐人将难以合成的声音效果或难以用"谱曲—演奏—录制"这种传统方式创作的音乐表现形式融入音乐作品中成为可能。本质上，音乐采样的对象是负载于录音制品的声音信号，既可能是音乐作品中的某个片段（少则几个音，多则一个旋律片段），亦可能为录音制品中的表演者人声，或是来于自然界的声音。而所截取的声音片段，可以不做过多更改，直接融入新的音乐录音中（此时听众或可以识别出其中采样的声音片段）；或也可再次进行修改、加工（如加速播放、减速播放，改变音色等方式）后，重新编入新的音乐录音中（则此时听众往往难以识别所用到的采样）。依据采样对象的独创性不同，可能会产生不同的法律效果。而不同于美国等国家与地区，我国采用了著作权—邻接权分立的体系，因此针对音乐录音制品的版权问题，则应分别考察其上负载的音乐作品及录音制品两部分内容。对于所采声音片段，若其包含了音乐作品的独创性表达，则采样构成对作品的复制，因此，未经授权的采样行为，或构成合理使用，或可能构成侵权。但若所采声音片段不包含独创性表达，则不构成对音乐作品版权的侵犯。而对于录音制品部分，采样行为本质上构成对录音制品的"复制"，但我国《著作权法》规定，领接权客体同样适用权利限制与例外制度，但事实上举证录音制品本身的"盗录""翻录"行为、比对录音制品间的实质性相似也较为困难。据此，在我国法律框架内，多数情况下，对音乐采样法律后果的判断主要在于判定其是否构成合理使用，但国内法律与产业界对这一问题目前仍未有一个明确的答案，有待于各方通过积极合作，探索交易合规的完善，以尽力降低采样使用过程中的法律风险。

音乐"重混"，又称混音版音乐、混音改编音乐，英文为 remix，remix music

或 remix version。顾名思义，remix 通常指通过技术手段，在不变更音乐作品主旋律的基础上，将现有版本的单曲乃至专辑中的录音进行重新混音，分离、合并加入新的音轨，实现与此前原曲风格不同的改编版本，如将某舒缓的民谣、流行歌曲改编为迪斯科舞曲、摇滚等。通过重混，往往能极大程度地丰富原作的表现层次和听觉魅力，其本质上是对原有歌曲的一种再创作、改编、演绎。因此，在版权法意义上，重混多数情形下涉及对作品的"改编"。至于重混过程中，相关行为是否构成对原有作品或制品的直接复制，是否构成合理使用而无需经得原权利人的授权，则需要根据具体情形进行分析，不可一概而论。需要注意，重混过程中，可能会运用前述的音乐"采样"等技术，但重混与采样并不具有必然的联系，实践中常有对二者关系的错误解读，应当注意结合事实进行恰当区分。

七、国际市场下的音乐版权法律制度——以美国为例

长久以来，美国的音乐产业仍在世界范围内处于领军地位，聚集着大量的优质流行音乐资源。美国是现代流行音乐产业技术与商业模式的发源地，更是拥有全球规模最大、商业化程度最高的音乐市场。而美国音乐市场的高质量发展离不开其健全、精密、与时俱进的版权法律制度。从 19 世纪末录音技术及唱片音乐在美国诞生，到 21 世纪网络流媒体音乐在美国的产生与发展，美国在全球流行音乐产业始终处于主导地位。而美国版权法则为其音乐产业提供了符合行业特点与交易习惯的完善制度设计，推动了各类行业习惯与交易模式的形成，为音乐行业各方主体的利益平衡乃至整个音乐产业的发展提供了坚实保障，其中的某些制度设计与交易习惯更是对世界其他国家与地区音乐产业的发展产生了影响。"美国标准"与"美国规则"多少潜移默化地影响着包括版权许可在内的全球音乐商业活动。这种影响于我国音乐产业亦不例外，我国音乐市场化起步较晚，相应制度与规则落后于商业实践，因此，国内音乐产业的行业主体只得奉行"拿来主义"，仿照、借鉴源于美国的诸多商业模式，运用到自身的行业实践中。而近年来，我国国内音乐市场蓬勃发展，特别是互联网产业的革新与创造极大程度地改变了国内音乐产业的生产模式、消费模式和市场格局，我国对美国等域外国家与地区的版权资源需求旺盛，我国优质的音乐内容也伴随着企业海外业务的拓展开始走出国门，走向世界，跨境音乐版权交易在国内音乐产业实务领域的地位日益重要，即便国内音乐产业开始逐渐确立自己的行业交易文化与规则，但了解以美国为代表的重点法域的音乐版权法规则仍尤为重要，因此，本节将简要介绍美国

音乐版权法律制度框架。

（一）基本构造

1. 美国版权法规定的基本权利内容。《美国法典》第 17 卷第 106 条规定，版权权利人共享有 6 项排他性权利，分别为：①将享有版权的作品复制为复制件或录音制品；②根据享有版权的作品创作演绎作品；③以销售或其他转让所有权的方式，或以出租、租借或出借的方式，向公众发行享有版权作品的复制件或录音制品；④公开表演享有版权的文学、音乐、戏剧和舞蹈作品，以及哑剧、电影和其他视听作品；⑤公开展示享有版权的文学、音乐、戏剧和舞蹈作品，以及哑剧、绘画、图形或雕塑作品；⑥通过数字传输的方式公开表演受版权保护的录音 (sound recording) 作品。

据此可归纳，美国版权法下，权利人主要享有复制、演绎、发行、公开表演、公开展示作品这五项排他权利。特别地，针对录音作品而言，其权利人享有上述第①②③项基本权利内容，并特别享有第⑥项规定的数字传输下的公开表演权利，但不享有非数字传输下的普通公开表演权利，也不享有公开展示的权利。美国音乐市场中对音乐版权的利用行为基本均是围绕上述权利展开，只不过由于对音乐行业自身的交易习惯、商业模式与公共政策的考量，上述各项基本权利有着不同的具体表现形式。

2. 美国版权法下音乐版权的具体构造。

（1）权利对象。根据《美国法典》第 17 卷第 106 条的规定可以看出，美国音乐版权采用了"词曲作品—录音作品"的二元版权结构。与众多国家不同，美国版权法中不存在邻接权。针对"音乐"这一作品类型，美国法律赋予了"录音（作品）"（sound recording）与"音乐（词曲）作品"（musical works）同样的版权法地位，音乐（词曲）作品与录音不是从属、邻接或包含关系，即音乐的词曲与录音均构成美国版权法意义上的"作品"，享有版权法赋予作品权利人的排他性权利。因而，与中国著作权法体系中音乐作品的著作权通常只由词曲作者享有，歌手享有对歌曲的表演者权，而制作唱片的唱片公司享有对录音制品的录音制作者权的邻接权的模式不同，美国版权法中的录音（sound recording）作品虽然从表面呈现方式看同中国著作权法下的"录音制品"无异，但录音内容本身实则可独立构成"作品"，权利人对其录制的录音拥有广泛的权利与相应的控制能力。

需要特别注意的是，为了在法律上保持逻辑的连贯和统一，明确版权法保护之对象为作品而非固定作品的物质载体，美国版权法特别对"录音（作品）"（sound recording）与"录音制品"（phonorecord）的含义进行了详细的区分。

《美国法典》第 17 卷第 101 条规定，phonorecord，即"录音制品"，是指固定声音的物理载体（material objects）；而 sound recording，即"录音"，是指固定在诸如唱片、磁带或其他录音制品上而（通过表演、录制）产生的乐声或其他声音所产生的"作品"(works)。可见，phonorecord，即"录音制品"仅是负载声音的物理载体，而被固定在其上的 sound recording，即"录音"，也就是我们实际听到的被演唱或演奏的录制音乐，才是由唱片公司的录音工程师、演唱歌曲的录音艺人等相关各方通过创造性的智力劳动而创作出的版权法意义上的作品。而国内众多文献对美国版权法下的"录音（作品）"（sound recording）与"录音制品"（phonorecord）不加区分，视为等同于国内著作权法的"录音制品"的理解是不准确的。美国版权法下，一个音乐作品的基本权利构造如下图 4-1 所示。

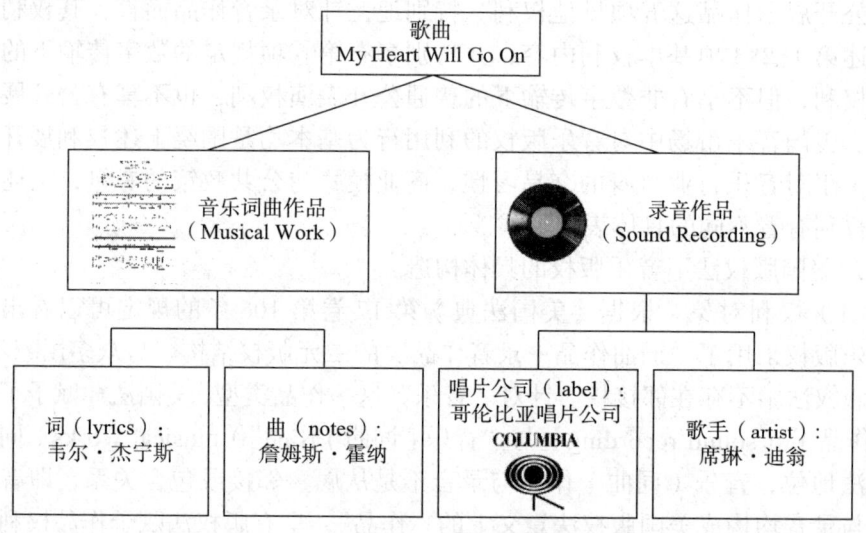

图 4-1　美国版权法下的音乐版权结构

在版权法中直接赋予录音以作品地位的做法，除因美国版权法自身不设置邻接权体系的制度设计理念外，也与美国唱片公司的发展历程与强势地位不无关联。直接赋予录音以作品地位，可以使以唱片公司为代表的权利人对录音（作品）实施较为完全而充分的控制，这种制度虽然超出了邻接权体系下对录音制品的保护水平，却符合美国音乐市场的实际状况。录音成为作品后，不仅保护了唱片公司与录音艺人的创作积极性，而且可减少录音版权结构的复杂度，方便各方主体的利用与市场交易。

（2）权利人与权利内容。前文已介绍，美国版权法下音乐词曲与录音均是受版权法保护的"作品"。因此，词曲的版权人与录音的版权人分别对其所拥有的作品享有《美国法典》第 17 卷第 106 条中规定的相应权利。按照第 106 条的规定，可总结出表 4-16 中权利内容、通常实施的行为与可享有该权利的主体间的对应关系。

表 4-16　美国版权法规定的主要权利内容

权利内容	通常实施的行为	可享有该权利的主体
复制权	复制词曲作品 制作唱片、数字音乐文件	词曲版权人 录音作品版权人
发行权	发表词曲作品 将唱片销售至零售商	词曲版权人 录音作品版权人
权利内容	通常实施的行为	可享有该权利的主体
公开表演权	公开表演词曲作品 通过数字传输方式公开表演录音作品 （其他途径的公开表演，录音作品版权人不享有权利）	词曲版权人 录音作品版权人 （仅在数字传送中）
创作演绎作品权	改编词曲 改编录音作品	词曲版权人 录音作品版权人
公开展示权	音乐不涉及	音乐不涉及

从表 4-16 中可以看到，对于一个完整的同时包含音乐（词曲）作品与录音（作品）的音乐作品而言，对其进行利用的行为可同时涉及作品的词曲和录音，即词曲权利人与录音权利人可以同时对一个完整意义上的音乐作品行使相同类型的权利，但并不互相交叉。为便于理解，以图 4-1 中的歌曲《我心永恒》(My Heart Will Go On) 为例。首先，哥伦比亚唱片公司制作包含有《我心永恒》歌曲的唱片必然涉及对该歌曲词曲的复制，因而唱片公司制作唱片的行为需要得到《我心永恒》词曲权利人 (此处设定为该作品作者本人) 的同意。而在唱片录制好后，该唱片上同时附着了词曲作者的作品、歌手的演唱、唱片工作室制作的包含有歌手演唱的录音，则该唱片同时包含了词曲的版权与录音的版权。因此，如果一个网络服务提供商想要通过互联网在线播放席琳·迪翁的歌曲，则依据美国版权法的规定，不仅是对音乐词曲作品的复制、公开表演，亦是对录音的复制与公开表演，则其需要同时获得《我心永恒》词曲作者与唱片公司的相应授权。

但上述权利结构仅为依据版权法的规定所进行的逻辑推演，并非美国音乐市场的实际现像。美国的音乐市场在长期的商业进化与发展中，为了交易与利益分配的便利，形成了自身特有的授权模式与交易习惯。这主要体现在对音乐版权权利人的整合与权利内容的整合上。

就权利人而言，实践中，多数情况下，词曲作者通常不会单纯依靠自己管理版权，而是会将其版权权利的全部或大部分转让给音乐版权代理公司 (music publisher)，从而加快其词曲作品被演唱、推广与商业利用的可能，免于自我推销的劳苦。同时，音乐版权代理公司或词曲版权人将难以管控的、时刻发生的且范围广大的音乐作品公开表演行为的授权许可交给专门的著作权集体管理组织统一对外行使授权并收取相应费用。而演唱或演奏音乐作品的歌手或演奏家则通常会将其版权权利全部或部分让与唱片公司 (record label)，以获得唱片公司为其制作优质唱片、进行商业推广的资金与其他各类资源的支持。

就权利内容而言，音乐作品的权利内容在实际授权交易中按照使用方式进行了一定的整合。首先，音乐作品最常见的利用方式即是被录制为唱片复制件 (或数字音乐文件) 并进行售卖，而这一过程包含了复制与发行两种行为。而词曲版权人对音乐词曲享有的复制与发行权通常被合称为"机械复制权"（mechanical right），统一对外进行授权。"机械复制"，顾名思义，即通过技术手段将音乐词曲作品固定在唱片上，并生产、复制该物理介质。而在如今的互联网时代，机械复制的概念也自然扩展到对数字音乐文件的复制上。而每复制一份词曲作品 (包括实体唱片销售、数字音乐下载、交互式流媒体播放等形式) 所获得的收益，则被称为"机械版税" (mechanical royalties)。需要注意的是，录音涉及的复制、发行行为并不被纳入"机械复制"的范畴，仅被作为普通的复制与发行行为对待，因而实践中唱片公司自身贩售唱片复制件所获收益并不被视为机械版税，歌手或唱片公司因此也不会针对机械复制行为享有任何收益 (国内很多文献在此问题上存在误区)。另外，机械复制行为在一定条件下可适用法定许可，这对美国音乐版权授权体系的塑造具有较大影响，后文将详细介绍。其次，无论是词曲作品还是录音，其通常会在各类公众场所被公开表演或播放，或在互联网上供公众在线收听，上述行为被纳入"公开表演权"的范畴规制。而词曲的公开表演权绝大部分情况下由集体管理组织代为行使 (后文会详细介绍)，并非由词曲权利人逐一向使用者授权。录音的公开表演权，则基本由唱片公司统一进行管理与授权。最后，除利用词曲作品制作音乐的复制件外，将歌曲作为视听作品的背景音乐或配乐亦是一种常见的音乐利用方式，而在美国，"把音乐嵌入例如电影、电视节目或视频游戏等视听作品中，以使得音乐与视觉内容在时间上得以配合使用"则单独作为一种特殊的复制、发行权行使，通常被称为"同步权"(synchronization right)。此项权利由音乐版权权利人（通常为词曲版权人，但在无须重新录制录音的情形下，也可能包括录音版权人）行使授权。美国版权法中并未明文规定"同步权"这一权利名目，此概念仅是通过交易习惯和司法判例逐步被人们所接受。本质上，"同步权"是词曲以及录音版权人行使复制权、制作演绎作品的权利。

3. 美国版权法针对音乐作品版权的重要制度设计。

（1）使用音乐词曲作品的法定许可制度。美国是世界上第一个针对音乐词曲作品 (musical works) 设立法定许可 (compulsory license) 制度的国家。美国法下的音乐作品的法定许可，主要指针对已经录制并且公开发行过的非戏剧的音乐词曲作品，使用人仅需向权利人或版权局发出符合要求的使用意向通知 (notice of intention，简称 NOI)，即可直接使用词曲作品录制、复制、发行新的录音，而无须权利人授权，但须向权利人支付法定费率的版税报酬。该制度的设立最初是为防止生产自动钢琴纸卷 (piano rolls) 的公司与音乐曲谱出版商或作者利用独家版权授权协议共谋实施垄断，过分抬高音乐作品价格，损害音乐消费者的利益，阻碍音乐作品的广泛传播。为了解决对这种潜在垄断的担忧，美国国会在制定《1909 年版权法》中首次建立了音乐词曲作品的法定许可制度。此后，尽管词曲作品被复制传播的媒介形式不断变化，从自动钢琴纸卷发展为黑胶唱片、磁带、CD 直至今天的数字音乐文件，但音乐词曲作品的法定许可制度则一直保留，始终伴随美国版权法及音乐产业的发展。

（2）音乐作品的集体管理制度。总体上，美国的音乐作品的集体管理制度与本编前述概括性介绍的集体管理制度基本一致。集体管理组织对美国音乐市场的版权授权体系具有极为重要的作用。美国针对音乐版权市场的集体管理具有鲜明特色，其采取"适当竞争，按权设立"的架构。首先，美国的音乐集体管理组织并不具有唯一性、官方性或行政色彩，而是自由设立，经过商业实践、历史发展与利益博弈定形的产物。美国主要针对词曲作品的公开表演权、机械复制权及数字传输下的录音公开表演权分别成立了对应的集体管理组织。其次，美国允许各大集体管理组织在法律规定的范围内进行自由竞争。具体而言，针对音乐词曲作品表演权的集体管理，美国国内成立有 ASCAP、BMI 及 SESAC 几个表演权集体管理组织 (Public Performance Organization，简称 PRO)。针对录音的非交互式在线公开表演（数字音乐广播），由政府指定的集体管理组织 Sound Exchange 专门管理；而针对词曲作品的复制与发行权，则由专门代词曲权利人与音乐出版商行使权利的机械复制权集体管理组织 Harry Fox Agency 管理。上述集体管理组织极大地促进了美国音乐市场版权交易的集约化与商业化。即便市场上的各类使用者利用音乐的方式不尽相同，但均有相应的集体管理组织针对对应的版权权利内容进行许可、管理、收费。这种集中管理、集中授权的方式，使得原本像无数道水流一样细分的音乐作品权利被集中起来，以较为高效与集约的方式运作，从而使版权收益得到及时的管理与分配。

（二）美国音乐版权的授权许可体系

1. 音乐词曲作品与录音作品的授权。根据前文所述的美国版权法下音乐词曲与录音的基本权利构造，结合具体的行业实践，可绘制出如图 4-2 所示的美国音乐版权授权框架体系。

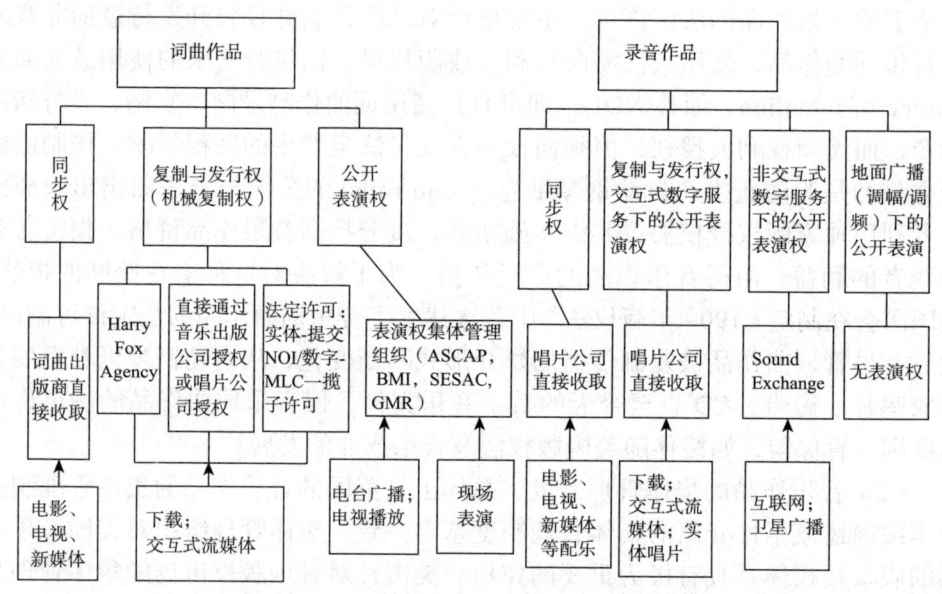

图 4-2　美国版权法下的音乐版权授权框架

如图 4-2 所示，美国音乐版权授权以"词曲—录音"二元版权体系为核心，根据音乐被使用的方式与场景的不同，按照不同的权利类型分别展开。同时，美国音乐市场的音乐词曲与录音具有各自的授权模式，相对独立，互不交叉。但总体上，无论是音乐词曲还是录音作品，授权的基本逻辑仍旧是围绕着公开表演（广播、现场表演、在线流媒体播放）、复制与发行（实体唱片售卖、数字音乐下载、在线交互式流媒体播放）及影音同步三种使用形态。

音乐词曲作品机械复制权的授权与版税收取，通常由音乐版权代理商 (music publisher) 进行，但亦可由唱片公司在录音的发行或播放许可交易中代为行使。

而谈判实力较弱的词曲作者个人或小型出版商则将词曲权利交由机械复制集体管理组织 Harry Fox Agency 等词曲复制权集体管理组织代为行使，在此种情形下则由 Harry Fox Agency 向使用人进行授权。音乐词曲作品的公开表演授权，则绝大部分情况下由前述四大表演权管理组织进行。而利用音乐词曲作品进行影音同步的授权，则需由使用者单独与词曲出版商或权利人洽谈授权许可。

录音作品的版权许可交易则基本不依赖集体管理组织，主要围绕与唱片公司的交易进行。针对实体唱片售卖、数字下载、在线交互式串流播放，使用者需直接向唱片公司寻得授权。针对利用录音进行影音同步的行为，使用者亦需直接向唱片公司寻得授权。而由于录音仅享有部分的（仅数字传输渠道）公开表演权，导致实践中录音公开表演权的授权规则异常复杂。美国版权法仅对录音数字传输下的公开表演行为设定了表演权，而通过地面广播（调频、调幅广播）播放的录音，则无表演权。因此，一个传统的美国广播电台，例如 NPR（美国国家公共电台），通过无线电播放歌曲，只需向相应的词曲表演权集体管理组织支付版权费，而无需向录音版权人支付费用。而美国版权法对数字渠道的录音公开表演，则按照"交互"(interactive) 与"非交互"(non-interactive) 的技术特征与播放呈现效果的不同，设置了不同的授权规则。针对交互式的在线播放，录音使用者需直接向唱片公司寻得表演权授权。针对非交互式的在线公开表演，美国版权法设定了与词曲机械复制类似的法定许可制度。以非交互形式播放录音的使用者（如数字音乐电台服务商 Pandora，数字卫星广播服务商 SiriusXM）播放录音时，无须征得唱片公司的同意，而仅需向政府指定的集体管理组织 Sound Exchange 支付相应的版权使用费即可。

综上，我们可基本感受到美国音乐版权授权体系的特征：美国音乐版权权利内容呈现出权利内容极为细分但授权主体相对集中的特点。虽然各类使用人对作品的使用方式不尽相同，但进行许可、收费的主体，是大量的专业中介机构与公司企业，其将细分的版权权利与资源整合起来，集中管理，集中授权，并与原始作者按照协议约定再进行分成。音乐作品的权利像水流一样，由源头逐渐分散至各个终端用户，但同时又保持着较为高效与集约化的授权与交易过程，基本平衡了音乐创作者、唱片公司与音乐服务商等各行业主体间的利益。

2. 音乐词曲与录音的许可费定价。与众多法域不同，崇尚市场自由交易的美国针对音乐版权市场的许可交易并未采用完全基于市场自由交易的定价规则，而是结合法定许可与集体管理制度设计与行业的具体诉求和力量对比，充分考量行业主体的利益博弈关系，确立了以市场为主导、市场与政府干预相结合的音乐版税定价规则。其中，音乐词曲作品各类授权的版税定价受政府的影响相对较大，词曲的公开表演权、复制与发行权（机械复制权）、同步权采用了不同的授权定价机制，将司法裁决、政府行政干预等因素均积极纳入。而针对录音作品，则除了非交互式数字传播下的公开表演权的版税定价受政府干预外，录音的复制与发行权、交互式数字服务下的公开表演权及同步权授权价格则均由授权人与被授权人自由谈判。

（1）词曲公开表演权许可费用定价。词曲公开表演权授权许可定价主要分为两种情形。前文已经介绍，词曲作品的公开表演权授权主要由四大 PRO 行使，而这四大 PRO 中成立较早的 ASCAP 与 BMI 在市场中逐渐形成绝对优势，为了防止 ASCAP 与 BMI 协同市场上的大型音乐出版商对公开表演权的授权实施垄断、哄抬授权价格，进而损害使用音乐的经营者与消费者的利益，美国司法部对其进行了反垄断调查，并与两个机构分别达成了"和解协议"（consent decree）。达成的和解协议规定，使用者可先与 ASCAP 与 BMI 就版税费率进行谈判。如果双方无法达成共识，则被许可人可以按照与 ASCAP 和 BMI 的和解协议的约定，要求指定的美国联邦地区法院（纽约南区联邦地区法院）以"合理费率"（reasonable rate）的标准裁定授权费率，将表演权授权给被授权人。不受上述和解协议影响的音乐作品，其公开表演权的版税费率由授权人与被授权人通过自由谈判确定。

（2）词曲机械复制权许可费用定价。词曲机械复制权授权定价主要由依据版权法设立的"版税委员会"（Copyright Royalty Board，简称 CRB）确定。CRB 依据《美国法典》第 17 卷第 801（b）（1）规定的各项考量因素，根据不同的词曲作品被机械复制的媒介的不同（如区分实体唱片、流媒体等）分别确定许可费率。并且，CRB 会依据音乐市场与经济形势的变化，定期更新许可费率。

（3）录音公开表演、机械复制权许可费用定价。录音作品的授权定价规则比词曲版权的简单，主要依录音是否为非交互式的数字公开表演而遵循不同的授权定价规则。美国版权法规定，录音的复制、发行及交互式数字公开表演的授权价格，均由授权与被授权人双方自由谈判确定。非交互式的数字卫星广播与"既存订阅服务"（preexisting subscription services）①的公开表演权授权费

---

① "既存订阅服务"（preexisting subscription services），指 1998 年 7 月 31 日前向公众提供非交互式数字音频传输服务的服务商，在这一定义范围内的服务商有 Music Choice 和 Muzak。与此对应的是"新订阅服务"（new subscription services），即在 1998 年 7 月 31 日后提供服务的此类服务商。做出上述细致区分的主要原因是《1995 年录音数字表演权法案》在赋予录音数字传输下的公开表演权时，希望能避免立法上可能的疏漏，确保可以设置相对合理的版税定价机制。具体参见 2015 U.S. Copyright Office Report, Copyright and the Music Marketplace, p.49.

率，由 CRB 依照 801（b）（1）规定的标准确定。同样，非交互式的互联网广播和"新订阅服务"（new subscription services）的公开表演权费率亦由 CRB 确定，但不参照 801（b）（1）标准，而是按照"具有交易意愿的买卖双方"（willing buyer/willing seller）的标准确定。[①]

（4）词曲、录音同步权许可费用定价。美国版权法对音乐词曲与录音的同步权许可费率均未做任何干预，授权人与被授权人双方通过谈判自由设定词曲或录音的同步权许可费率。

（三）美国音乐版权法律制度的最新发展

近年来，互联网技术的革新与互联网商业的快速发展给美国音乐产业带来更为深刻的影响。音乐与互联网社交充分结合，流媒体音乐服务飞速发展，美国现有的音乐产业格局正在经历巨变，甚至影响了全球的音乐产业生态。美国国会已意识到应当及时更新其版权法下有关音乐版权问题的各类相关规定，以适应新的产业需求。2018 年 9 月，美国国会两院正式通过《音乐现代化法案》（Music Modernization Act，简称 MMA），该法案于 2018 年 10 月 11 日由美国总统唐纳德·特朗普签署后正式生效。该法案的最大亮点在于，法案根据网络音乐市场的发展特点，调整、简化了现有美国《版权法》相应制度框架下的机械复制权法定许可的实施规则。该法案对美国《版权法》第 115 条作出了修改，特别创设了适用于数字音乐服务商的一揽子机械复制法定许可，同时设立了专门管理该许可的"机械复制许可集体管理机构"（Mechanical License Collective，简称 MLC）。此后，适用音乐词曲作品机械复制法定许可的数字音乐服务商无须再向权利人单独发送意向通知（Notice of Intent，NOI）并以单曲为单位逐一（song by song）征得许可，只需通过版权局完成相应的申请流程，而直接向拥有透明公开的音乐作品权利信息库的 MLC 寻求相应的更为统一、高效的"一揽子"授权即可。[②] 此外，MMA 还赋予了录音制作者（录音师、制作人及其他唱片制作技术人员）在一定条件下获得录音表演权版税的权利，法案也正式将 1972 年前录制的录音正式纳入联邦版权法的保护范畴。MMA 法案的设立与通过，再次彰显了美国立法机关与时俱进，及时通过立法调整行业主体间利益平衡的价值理念。

---

①　所谓"具有交易意愿的买卖双方"（willing buyer/willing seller）标准，是指版税委员会所确定的费率在效果上应如同具有交易意愿的授权人与被授权人已通过谈判确定了版税费率。参见上注。

②　但音乐作品权利人也可以不通过此种法定许可寻获授权，而是与音乐作品权利人直接进行授权谈判，同时，针对"非数字录音制品传输"（non-DPD）的情形，仍适用法律此前规定的 NOI 流程。

（四）美国音乐版权法律制度设计的特点

通过以上对美国版权法中音乐版权权利构造、授权框架以及许可费用定价机制的解构，可以看出美国音乐版权法律制度设计具有十分鲜明的特点，而这些特点无疑对美国音乐市场的健康运行与各方主体利益的平衡与保障具有重要作用。

1. 以行业为主导的精细化设计。美国版权法对音乐产业的调控，始终以行业为中心，且能充分考虑行业主体的诉求。这一特点直接反映在版权法对音乐版权结构的制度设计与修法策略中。

美国版权法针对音乐版权制定了诸多"个性化设计"，如特别赋予录音以作品的版权法地位，将数字渠道下的音乐流媒体播放进一步细分为交互式与非交互式并据此设定不同的版权权利与定价规则，积极设立针对不同权利类型的集体管理组织。上述事无巨细的规定无一不反映出音乐行业的自身特点，符合音乐行业自身的商业习惯及交易规则，充分考虑了各方不同的市场地位与利益诉求。因此，极为详尽的制度设计避免了诸多情形下一般的版权法规则较难适用的弊端，确保了音乐版权在各个主要交易、授权环节均有法可依，避免了因法律真空而导致的无序竞争，弥补了行业主体自行治理的不足。此外，在美国版权法历次修订的过程中，国会始终重视各方利益主体的最新诉求与力量的变化，将实现利益平衡的版权法基本原则一以贯之，制定相应的修法策略，保持了音乐版权制度与行业发展的总体协调。

2. 融入一定的竞争法价值理念。始终警惕权利滥用与行业垄断，积极引入竞争法的价值理念，实施必要的政府干预，是美国音乐版权法制设计的另一重要特点。美国版权法在音乐词曲与录音的授权与定价环节均积极引入竞争法思路，对版权权利人的权利进行了限制。例如，为防止唱片公司与音乐词曲出版商共谋垄断，美国率先设定了音乐词曲作品的法定许可制度；为防止唱片公司遏制数字广播业务的发展，设定非交互式数字表演的录音法定许可制度；为防止表演权集体管理组织的垄断，要求 ASCAP 与 BMI 基于和解协议约束版税定价机制；根据不同传播媒介下不同音乐服务商主体的实力对比，分别制定不同的政府版税定价程序与标准以平衡各方利益；为防止交互式数字音乐服务商与唱片公司实施垄断，对录音版权人授予音乐服务商相应表演权的独家授权期限进行限制。上述各类制度设计，有效遏制了因技术、行业聚集等因素可能产生的权利滥用与行业垄断，有效促进了音乐的传播。

3. 重视技术变化与发展对产业的实际影响。技术是音乐版权市场的核心推动力，音乐产业的重大形态变革与行业主体的实力变化均离不开媒介技术的创新与发展。美国立法机关与版权行政管理机关亦格外重视技术发展对音乐产业的影响，并根据技术的变化发展不断调整相应的版权法律制度。20 世纪初，留声机等录音技术开始普及，美国国会在 1909 年版权法中特别对音乐作品的机械复制行为设定了相应权利及法定许可制度。20 世纪 60 年代，随着科技变革，利用磁带等媒介迅速对录音进行复制成为可能。美国国会及时在 1971 年的版权法修订案中赋予了录音以作品的版权法地位，设置了录音的复制权。而 20 世纪 90 年代后，利用数字文件复制录音也不再困难。于是国会在 1995 年通过《录首数字表演权法案》(the Digital Performance Right in Sound Recordings Act)，赋予数字传输渠道下的录音以公开表演权，并根据技术特点，结合法定许可制度，为权利人设置了范围与控制程度不同的权利。可见，美国立法机关与版权行政管理部门没有被动等待技术变革对音乐版权制度的冲击，而是不断通过立法及时调整现有版权法律制度，以应对之后因技术变革带来的利益失衡。而事实证明，上述几次立法调整使美国的音乐版权市场得以维持稳定，促进了产业的发展。

本部分所介绍的美国音乐版权法律结构体系仅是美国音乐版权制度的冰山一角，制度对产业真正的影响则藏在无数的日常交易中。但无论如何，美国作为当今音乐产业最发达的国家，其产业的繁荣依仗于高质量的音乐创作与运营，但更离不开其拥有的健全完善、与时俱进、符合行业发展规律的音乐版权法律制度。我们更应看到，这种细致而切合实际的制度设计对美国音乐产业的利益格局与商业模式亦有塑造和优化的积极作用。中国的音乐产业，特别是网络音乐产业，正处于快速发展与积极探索的阶段，我国的立法者、行业行政主管机关、权利人、服务提供者或可从美国音乐版权法律制度的历史与现实变迁中汲取些许经验，探索出一套适合我国国情的音乐版权法律制度，为我国音乐产业的发展与繁荣提供坚实的制度保障。

第六节　音乐版权纠纷的处理

一、侵权认定

著作权侵权行为，是指使用者未经权利人许可而使用作品的行为。音乐版权领域，常见的音乐作品著作权侵权类型有三种：①未经授权的播放、表演，如未经授权在网络、商店等场所播放音乐，未经授权在演唱会上表演歌曲等；②抄袭音乐作品；③盗版，如盗版唱片，盗版磁带等。其中未经授权许可播放、表演作品，以及盗版这两种行为的侵权证明相对较为简单，而对于音乐抄袭的认定则比较复杂。

（一）未经授权许可存储、表演、播放音乐

互联网的发展给音乐作品的传播带来革命性变化，但同时也让侵犯音乐版权的行为形态变得多样。但是无论侵权行为的外在形态如何变化，其特质不变。概而言之，只要是未经权利人授权，对音乐作品、录音制品及表演进行传播，如无法构成合理使用和其他法律规定可不经授权使用之情形的，即为侵权。比如，将数字音乐文件上传至网盘并提供给公众下载，未经授权在综艺节目中演唱歌曲并经互联网传播，未经授权将音乐作为短视频背景音乐使用，网络主播直播使用背景音乐等，都属于典型的侵权行为。以下举例几种当前争议较多的典型侵权情况，举例与分析帮助读者理解音乐版权的侵权问题。

1. 网盘云存储。云盘是网络服务提供商提供的互联网存储空间，具备了存储和向特定或不特定公众分享的功能。目前市场上主流的云盘服务商有百度云盘、360云盘、金山云盘等，而国内各音乐流媒体平台也提供了音乐云盘存储服务，如QQ音乐的微云音乐云盘，网易云音乐云盘等。与纯粹为用户提供存储空间不同的的，音乐平台的云盘有些存在限制性用途，如网易云音乐云盘不支持分享网易云不享有版权的音乐。但一直以来，网盘都是版权侵权的高发区，2015年国家版权局发布《关于规范网盘服务版权秩序的通知》，通知明确了网盘服务商应当承担的责任，要求服务商接受侵权通知后24小时内必须下架等。

对于网盘云存储的侵权边界的确定，主要在于存储服务提供商是否构成法律规定的"明知"或"应知"情形，从而与直接侵权人构成共同侵权。根据《最高人民法院关于审理利用信息网络侵害人身权益民事纠纷案件适用法律若干问题的规定》《最高人民法院关于审理侵害信息网络传播权民事纠纷案件适用法律若干问题的规定》，主要构成明知和应知的情形概括如下：

（1）推荐热播或流行作品。网络服务提供者在提供网络服务时，对热播影视作品流行度较高的文字作品、音乐作品等以放置首页、设置榜单、目录、索引、描述性段落、内容简介等方式进行推荐，这种情况下，网络服务提供者对作品权属有注意义务，并有义务在未获授权的情况下禁止上述作品的播放或复制；如果公众可以在其网站或程序页面上直接以下载、浏览或者其他方式获得的，可以认定其应知网络用户侵害了原作品的信息网络传播权。

（2）对存储内容进行选择、编辑、整理、设置榜单。利用空间存储功能进行侵权是现在网络侵权活动的一个趋势，应防止互联网服务商以"提供存储为名，行侵权之实"。提供存储空间的网络服务提供者对相关作品进行选择、编辑、整理、设置榜单，则其对相关作品具有较高的注意义务。

（3）定向链接"专业侵权"网站。实践中有许多互联网企业为了节约成本、规避风险，另外以他人名义做一个"专业侵权"的网站，再与自己的网站进行定向链接，试图以此方式逃避侵权认定。如果网站目录的提供者在查看一个"盗版"网站时，该网站上含有未经授权的录音、软件、电影或者电子书籍，公众可以进行非法下载、公开表演或者公开展示，但链接网站明确地提供了该网站的地址，那么可以认定该服务提供者已经意识到相关侵权活动是明显的。

（4）反复侵权行为。如侵权内容的链接、上传曾多次被删除，网络服务者有义务对此提高注意，采取必要技术措施，制止再次出现相关链接、上传。

（5）直接获得经济利益。网络服务提供者从网络用户提供的作品、表演、录音录像制品中直接获得经济利益的，应当认定其对该网络用户侵害信息网络传播权的行为负有较高的注意义务。

（6）未在合理期限内采取必要措施。网络服务提供者接到权利人以书信、传真、电子邮件等方式提交的通知，未及时采取删除、屏蔽、断开链接等必要措施的，应当认定其明知相关侵害信息网络传播权行为。

除了网络存储服务提供者外，以上标准也是提供搜索、链接服务的网络服务提供者是否承担共同侵权责任的普遍判断标准。

2. 网络直播。网络直播是近几年兴起的新型业态，用户可通过直播平台观看主播提供的内容并与主播互动。目前国内主流的直播平台有斗鱼、虎牙、YY直播、酷我秀场等。就音乐直播而言，直播间的主播或在直播时播放歌曲作为直播间背景音乐，或播放伴奏带进行演唱，有的游戏主播往往会在直播游戏过程中播放符合氛围的背景音乐。网络直播中所需的音乐版权许可类型在我国著作权法上尚未有明确规定，有观点认为，直播音乐属于著作权人所享有的"其他权利"，也有认为该行为构成对音乐作品的"表演"。如果直播后的音乐提供回放的，则还涉及歌曲的信息网络传播权授权。

2017年，音著协起诉花椒直播，称其侵犯了其管理的音乐作品相关权利，成为当时终结"网红直播免费唱歌"的重要案件。2019年8月，音著协诉斗鱼直播一案审理完毕，法院判决认为，斗鱼提供的直播回放侵犯了音乐作品的信息网络传播权。

案例参考：中国音乐著作权协会与武汉斗鱼网络科技有限公司著作权权属、侵权纠纷案（2018）京0491民初935号：

2018年2月14日，网络主播冯提莫在斗鱼公司经营的斗鱼直播平台编号为71017的直播间进行在线直播，其间冯提莫播放了歌曲《恋人心》，时长约

1分10秒（歌曲全部时长为3分28秒）；歌曲在播放时显示词曲作者为张超。播放该歌曲前，主播冯提莫与观看直播的用户互动说："一起安静听歌"；在时长为1分10秒播放歌曲《恋人心》的过程中，主播冯提莫不时与观看直播的用户进行解说互动，感谢用户赠送礼物打赏，并哼唱了该歌曲歌词中的"长江水"三个字。直播结束后，此次直播视频被主播制作并保存在斗鱼直播平台上，观众可以通过登录斗鱼直播平台随时随地进行播放观看和分享。庭审中，音著协明确，本案所诉的侵权行为并不是主播在直播中的行为，而是直播后该次直播视频被上传到斗鱼直播平台供人观看分享的行为，斗鱼公司作为视频的权利人，直接侵害了音著协享有的信息网络传播权，应当承担侵权责任。

法院认为，本案存在三个争议焦点：①音著协是否有权提起本案诉讼；②本案所诉侵权行为的主体是否为斗鱼公司；③如果斗鱼公司的行为构成侵权，应当如何承担侵权责任。

针对第二个争议焦点，法院认为：

第一，斗鱼平台主播不应是本案被诉侵权行为的侵权主体。根据斗鱼公司提交的《斗鱼直播协议》，主播虽然与直播平台之间不存在劳动或劳务关系，但双方约定主播在直播期间产生的所有成果均由斗鱼公司享有全部知识产权、所有权和相关权益，这里面的"所有成果"当然包括涉案视频在内的上传并存放于斗鱼直播平台的视频。虽然主播是视频的制作者和上传者，但因为主播并不享有对这些视频的知识产权和所有权，所以根据权利义务相一致的原则，其不应对视频中存在的侵权内容承担侵权责任。而相应的，既然斗鱼公司是这些成果的权利人，享有相关权益，其自然应对因该成果产生的法律后果承担相应责任。

第二，斗鱼公司并不是通常意义上的网络服务提供者。斗鱼公司所有的斗鱼直播平台与普通网络服务提供者不同，凡在斗鱼直播平台上进行直播的主播均要与斗鱼公司签订《斗鱼直播协议》，在协议中详细约定双方的权利义务、服务费用结算以及直播方应承担的违约责任，最重要的是约定了斗鱼公司虽不参与创作，但直播方产生的"所有成果"的权利属于斗鱼公司，这说明斗鱼公司不仅是网络服务的提供者，还是平台上音视频产品的所有者和提供者，并享有这些成果所带来的收益。在这种情况下，虽然其在获悉涉案视频存在侵权内容后就及时删除了相关视频，但也不能就此免责。

第三，海量的注册用户及直播的即时性和随意性亦不能成为斗鱼公司的免责理由。既然斗鱼公司与每一位在平台上注册的直播方约定直播方在直播期间的所有成果的全部知识产权及相关权益均由斗鱼公司享有，那么其当然应对直播成果的合法性负有更高的注意义务和审核义务。况且，海量用户的存在还会带来巨大的影响和收益，斗鱼公司不应一方面享受利益，另一方面又以直播注册用户数量庞大及直播难以监管而逃避审核、放弃监管，放任侵权行为的发生，拒绝承担与其所享有的权利相匹配的义务。

3. 短视频配乐。短视频是近几年流行的内容传播方式，主要以 15 秒左右的短视频为内容载体，由用户上传至网络平台。国内主流的短视频平台有抖音、快手等。短视频存在多种多样的表现形式，目前多数短视频内容均具备一定的创作水准，具有独创性，因此，国内司法实践倾向于认定具备独创性的短视频构成类电作品。如在北京快手科技有限公司诉广州华多网络科技有限公司一案中，法院认定，短视频受《著作权法》保护，属于类电作品。在《著作权法》修改后，该类作品，根据新法应被归类于视听作品。

短视频具有适合在移动和短时休闲状态下观看，以及生产流程简单、制作门槛低、参与性强等特点，且其中不乏内容新颖和积极的视频，这使其迅速成为受欢迎程度较高的新传播形式。而鼓励作品的创作和传播，促进文化事业的发展和繁荣，是《著作权法》的立法追求之一，在短视频产业已渐成规模的当下，法律规范应当对市场及其中的商业逻辑有所回应，尤其不应为"作品"设限，人为提高作品构成要件的门槛。整体看来，目前我国法院对于短视频的独创性要求较低。

短视频主要涉及的音乐版权法问题有以下几种：①短视频内容为音乐翻唱的；②使用音乐作为短视频背景音乐的；③改编音乐作为短视频上传的。其中的第①②涉及的是音乐词曲作品的摄制权及信息网络传播权，或行业惯称的"影音同步权"，其中第②种情形下可能还涉及音乐录音制品的相应权利授权许可问题。第③种情形往往还涉及词曲作品的改编权。在以上情景下使用音乐均应当取得相关权利人的授权，否则极易构成侵权。

案例参考：中国音乐著作权协会与北京快手科技有限公司侵害作品信息网络传播权纠纷案[①]：

快手未经许可，在其经营的"快手APP"中，向公众传播原告音著协享有词曲权利的涉案歌曲——《好运来》。快手虽辩称，涉案歌曲系用户作为短视频背景音上传，但涉案音乐在原告提供的证据中并非以短视频的形式展示而可以进行全面展示和播放，涉案 APP 上涉案音乐的展示界面并未提供上传者的任何信息，且其中一段音乐时长超过一般短视频的时长，同时被告亦未提交其他证据予

---

① 参见北京市东城区人民法院（2018）京 0101 民初 13895 号民事判决书。

以证明。因此，法院不予支持被告的抗辩观点。除法定情形外，通过信息网络传播他人作品应当经权利人许可并支付报酬。被告未经权利人许可向公众提供涉案歌曲部分内容的在线播放的行为，侵犯了涉案歌曲著作权人的信息网络传播权。

（二）抄袭

所谓"抄袭"，也称"剽窃"，从版权法的角度看，实际指的是一个作品对另一个作品构成"实质性相似"的情况。该行为一般会侵犯在先被抄袭作品的复制权、发行权、改编权、信息网络传播权等权利。不可否认的是，作为一门表达形式相对有限的艺术，音乐创作总是建立在某种普遍规则上的，如曲式、和声、和弦等这些基础创作规则的运用，总会使得歌曲之间存在某些"相似之处"，因此不能将属于创意、思想范畴的作曲技巧，以及较为常见的曲式表达形式纳入著作权法的范畴内予以规制，否则会影响艺术的借鉴和创新，从而阻碍音乐艺术的发展。但是当两个作品的具体表达的"相似"超过一定程度之后，就可能成为"抄袭"，从而侵犯原作者的权利。抄袭并不是一个严格的法律概念。因此，通常认定著作权法意义上的"抄袭"，需要考虑两个因素，一是"接触"，二是"实质性相似"。

接触，即后作品的作者有可能知道、见过在先作品。接触的认定相对来说较为简单，在司法实践中，仅需证明存在接触的可能性即可。但实质性相似，尤其是在音乐作品领域的实质性相似则复杂许多。

实质性相似的规则最早来自于美国版权法合理使用的相关规定，在我国通过多年的司法实践逐渐成为裁判作品是否构成抄袭的标准。实质性相似确定的是智力成果利用的合法性边界。[①] 实质性相似并不是一个明确的可量化比例，即无法通过确定的数量或比例来衡量抄袭，如不能简单认为某作品对在先作品的相似度达到 50% 即可认为是侵权，而如果是 10%，则不构成侵权。因此，在我国，音乐行业中的抄袭存在 8 小节相似即为侵权的说法没有充分依据。小节为音乐专业词汇，从一个强拍到下一个强拍之间的部分即称一小节。一般情况下，一小节由数个四分音符组成。而"8 小节相似"是在音乐行业广为流传的一个说法，较多人认为，如果两首歌曲的相似程度达到 8 个小节的，则应视为抄袭。但如前所述，实质性相似的程度并不因为小节的雷同度而确定。实际上，法院对于此类侵权案件的判决也并没有依照这种规定。例如，"广东太阳神集团有限公司与可口可乐（中国）饮料有限公司等著作权侵权纠纷、不正当竞争纠纷案"以及"饶河县四排赫哲族乡政府诉郭颂等侵

---

① 参见梁志文："试论'实质性相似＋接触'的侵权认定规则"，载《法学》2015 年第 8 期。

犯民间文学艺术作品著作权纠纷案"等案件中，相关鉴定人出具的意见都是从音乐技术层面来进行综合分析，而非从所谓的"小节相似度"来进行判断。另一方面来说，由于音乐创作是一项技术性较强的创作活动，没有掌握相关知识的人很难进行真正的音乐创作。对于音乐抄袭的比对来说，专业意见可能更为重要。例如，在"董颖达与谭旋等著作权权属、侵权纠纷"一案中，原告申请法庭对涉案作品进行鉴定，以比对两者的相似程度，法院最终采纳了该鉴定意见。

中国版权保护中心版权鉴定委员会于 2017 年 6 月 5 日作出中版鉴字 [2016] 第（046）号鉴定报告，主要内容为：通过听觉上的直观比对，发现 piantou8（A 曲）与 Mr. right（B 曲）在旋律、调式、结构安排、主题发展、音乐织体、和声进行、音色、配器、节奏型、速度、乐曲长度等方面构成基本相同；从整体上听，两曲的区分度和辨析度较低。经过波形图复核，可以得出如下结论：

1. 两曲调式调性相同，均为 d 小调，速度均为 98BPM。

2. piantou8 为 54 小节，Mr. right 为 51 小节，两曲时长均为 2 分钟，平均速度基本相同，尤其前 20 小节，二者的段落结构、行进速度、节奏型及其变化基本相同，二者的差别只是体现在：13 至 20 小节节奏型略有差异，Mr. right 在 B13-B16 小节采用了呼麦和声。

3. piantou8 从 21 小节进入中段，做了延音处理，此时 Mr. right 重复 8 小节，加入女声，旋律及和声走向与 A13-A20 小节相似，并从 B29 小节进入中段，同样做了延音降速处理，二者延长时间几乎相等。

4. 两曲分别进入中段前的段落，配器音色相同，均采用了电吉他和木吉他音色，不同之处是 Mr. right 加入了呼麦及女声。

5. 两曲中段均以手碟打击音色为主，piantou8 采用脚鼓、铜锣、电贝斯予以过渡和推进；Mr. right 亦有相似处理与趋势，且二者节奏律动类似，只是长度略有不同。

6. piantou8 自 A22 小节转为快速，A37 小节加速，Mr. right 自 B30 小节转为快速，B37 小节加速，二者变化模式一致。

7. 两曲均在第 46 小节做了二次延音降速处理，延长时间相同；piantou8 尾段 7 小节与 Mr. right 尾段 5 小节和声、节奏型类似。综上，鉴定结论为：piantou8 和 Mr. right 虽然存在一些细节方面的差异，但在旋律、调式、结构安排、主题发展、节奏织体、和声进行、音色、配器、节奏型及其变化模式、乐曲速度、乐曲长度，以及主观听觉效果与感受等方面都构成基本相同。

从以上法院所采纳的鉴定意见中，我们可以看出，法律并不是依据 8 小节近似的方法来判断是否侵权，而是从歌曲的细节、编排、整首歌的听觉感官等方面，综合判断两首歌曲是否构成实质性相似。其中鉴定报告中提到的旋律、调式等因素都是音乐整体性的设计。由此可见，抄袭和原作之间，在普通人听来存在很高的相似度，是有理论可循的，但由于流行音乐的创作方法、和弦等存在一定的类似之处，并不是所有听上去"相似"或使用了相同和弦走向、曲式的歌曲就一定都构成"抄袭"。如著名的乐曲《卡农》的和弦走向，就成为许多流行音乐的创作来源。这些歌曲的整体和弦都存在类似甚至是相同之处，如 Aphrodite's Child 的 Rain and Tears，The Beatles 乐队的 Let It Be，Jason Marz 的 I'm Yours 都是由卡农和弦走向衍生出来的，但这些决不能算是"抄袭"之作。由此可见，所谓的"8 小节"就更不能作为是否抄袭的判断标准了。

案例参考：美国的抄袭判断标准：

在近期发生一起案件中，美国当红歌手凯蒂·佩里（Katy Perry）的热门歌曲《黑马》（*Dark Horse*）被认为抄袭了马克斯·格雷（Marcus Gray）的说唱歌曲《快乐噪音》（*Joyful Noise*），法院判决凯蒂在内的 6 名创作者和歌曲的出版商赔偿马克斯 280 万美元。

原告认为，《黑马》在特定的小节（notes）和节奏（beats）方面抄袭了原告的歌曲，尽管这两首曲子听起来整体并不相同。在审理过程中，专家证人支持了原告的主张，认为两首歌曲在节奏方面存在实质性相似之处，故认为凯蒂的歌曲抄袭了《快乐噪音》。

对比该案的两首歌曲，从整体听感上来说的确差别较大，至少在普通人的耳中，两首歌的确很难算得上相似。在案件审理过程中，专家证人 Todd Decker 经过反复试听表示，两首歌在下行旋律（descending melodies）方面的确不相同，但是他认为，两首歌在每 8 个音符的小节中就有 5~6 处相似，这些相似分别包括了音高、节奏、织体、样式的重复、旋律走向和音色。足以达到抄袭的地步。加州地方法院的陪审团也采纳了这一意见。

根据美国诉讼程序法的规定，Katy 的辩护团队邀请了 15 名来自世界各地的音乐学家撰写意见，要求地方法院的法官改判陪审团之前作出的侵权裁决。音乐学家们认为，两首歌曲的相似之处仅在于存在相似的 Ostinato（固定音型）。固定音型，是乐曲中以同一个声部重复呈现的乐句，例如重复出现的吉他音、鼓点等，流行音乐上又称之为 riff。根据音乐学家的分析，两首歌曲涉及的相似固定音型并非原创，不具可版权性，因为这类固定音型普遍地出现在各种音乐当中，应当属于音乐创作素材的一种，是公有领域中的内容。音乐学家在报告中举例而言，其在音乐搜索引擎 Themefinder.org 上输入 "Joyful Noise"、ostinato，包含相同 ostinato 的音乐作品有 6 首，在保留其形状 / 顺序后找到了 26 首。此外，音乐学家在名为 RISM 的音乐数据库中搜索到的相似结果高达 2000 条，而这些结果大多数都来自于 18 世纪和 19 世纪。①

可见，虽然中美两国法律有所差异，在音乐抄袭的比较上，都会从音乐专业本身的细节着手分析其侵权性。因为音乐创作不但是一门艺术，更是一门专业技术，只有专业人士通过专业的方法，才能够在技术层面辨别两首歌之间是否存在抄袭，而不能仅凭普通听众的一般听感判断。而由于音乐创作素材中，很多元素并不具备可版权性，必须在审慎分析后，才能对其侵权与否做出判断，否则只会造成过度保护，不仅引发创作者的担忧，更会阻碍音乐产业的整体发展。

（三）盗版

盗版，通常指的是未经权利人授权私自复制、发行、信息网络传播唱片、磁带等音乐录音制品复制件的行为，该行为本质上同时侵犯了音乐作品和录音制品两个权利对象的复制权、发行权、信息网络传播权。该类侵权行为的认定一般较为简单，只要行为人实施了未经授权的复制、发行及信息网络传播行为，即可认定为盗版，从而构成侵权。在实体唱片发行作为音乐市场主流的年代，贩卖盗版唱片行为在我国曾十分猖獗。而近年来，随着互联网技术的逐渐发达，人们对于音乐的消费方式从实体唱片转向了网络下载及在线流媒体播放。实体录音制品的销售市场逐渐萎缩，盗版光碟之类的侵权行为较之以前也有所减少。但盗版行为也由此更多转向了非实体的数字音乐文件的非法复制，如通过各种移动介质，如网盘等复制、传播音乐文件。②

案例参考：天津泰达音像发行中心诉河北纪元光电有限公司，告天津市塘沽区东方音像电器商店，武汉音像出版社侵犯《腾格尔》唱片光盘著作权案。③

天津泰达音像发行中心（天津泰达）系音乐唱片《腾格尔》的发行公司，

---

① RISM 数据库于 1952 年成立于巴黎，是全球最大的音乐词曲作品创作素材数据库。
② 参见 "安徽省开展打击利用移动存储介质从事侵权盗版违法行为专项整治"，载 http://www.ncac.gov.cn/chinacopyright/contents/518/404210.html，最后访问时间：2020 年 1 月 2 日。
③ 参见张晓敏："歌星腾格尔唱片被盗版侵权案引发的思考"，载中国法院网，https://www.chinacourt.org/article/detail/2002/07/id/8463.shtml，最后访问时间：2020 年 1 月 2 日。

是该录音制品的权利人。2000年11月，该专辑正式对外发售。但是在发售仅一个月内，市场上就出现了与该专辑相关的30余种盗版产品，且售价低于正版。低价盗版专辑的盛行使得权利人的利益遭到了严重损害，天津泰达在锁定侵权人和相关线索后向法院提起诉讼。天津经济技术开发区人民法院受理了首批诉讼的5件案件。该案是国内歌星专辑被盗版侵权维权的诉讼受案，在当时受到了社会各界的广泛关注。最终，法院依据《著作权法》等相关法律和规定，判处此案三被告共向原告支付30万元的赔偿金，并且在相关媒体登报致歉。

二、音乐版权独家授权许可问题

2017年前后，在国家著作权行政管理部门的监管压力促使下，国内各家网络音乐平台开始逐步推行全面正版化，争相抢夺正版音乐资源，并借此瓜分互联网音乐市场，经过多轮的竞争与淘汰，最终形成了以QQ音乐、酷狗音乐、酷我音乐、网易云音乐、百度音乐、虾米音乐等数家企业为代表的头部竞争市场。但各家网络音乐平台互相"争抢"版权资源，并通过与音乐词曲作品及录音制品版权方签订独家授权许可协议的方式，构建版权壁垒的行为也给国内音乐市场的发展带来不利影响。其中，以腾讯音乐娱乐集团为代表，率先积极使用"独家＋部分转授权"的营销模式，成为国际三大唱片公司及众多华语唱片公司在中国大陆地区的独家版权资源经销商，其凭借对版权授权许可和定价权利的垄断，在国内网络音乐市场赢得了相当的支配地位，更为国内网络音乐市场的版权资源合理竞争与分配带来诸多变数。2017年9月，国家版权局多次约谈各家音乐公司和国际唱片业协会等相关组织，要求音乐授权公平合理避免授予独家版权。[①]2018年初，在国家版权局积极协调推动下，网易云音乐与腾讯音乐就音乐版权合作事宜达成一致，相互授权音乐作品，互相授权曲库据新闻披露达到99%。而2019年8月前后，有报道称，腾讯音乐因为独家许可转授权模式涉嫌违反《反垄断法》等相关规定，正在接受相关机构调查。2020年2月，有媒体披露，该调查已经中止。而时至今日，国内网络音乐市场的版权资源争夺与垄断问题仍未得到有效的协调与解决，这也为广大消费者带来享受物美价廉的优质音乐资源带来不便。这一问题需要通过法律制度的完善、行业集

---

① 参见"国家版权局约谈境内外音乐公司 要求音乐授权公平合理避免授予独家版权"，载 http://www.ncac.gov.cn/chinacopyright/contents/518/349380.html，最后访问时间：2020年1月2日。

体谈判与协调机制的建立及行业参与主体的公平竞争与相互谅解等多种途径予以解决。

三、救济的选择

目前，音乐作品遭受侵权的救济途径仍以诉讼为主，但是权利人也会选择通过音著协或维权公司代为发起维权诉讼。对于时间、财力有限的独立音乐人来说，选择诉讼进行维权也是一条较为艰难的道路。音乐人多数会选择把网络舆论当成"维权渠道"之一，许多侵权方迫于舆论压力，会对权利人进行道歉、赔偿或私下和解。对于大的唱片公司或出版商来说，则更多会选择委托律师向侵权方发送律师函或公司函的方式来进行初步维权，如难以协商的，则可直接诉诸诉讼途径予以解决。实践中，相关当事人应当根据所面临的实际情况灵活处理，避免陷于舆论上的被动。

四、授权链条的确定

多重转授权现象在行业内十分普遍，例如，一名美国的词曲作者可能会把自己的词曲权利交由词曲代理公司（music publishor）进行打理，而经过词曲代理公司的层层转授权，这些词曲才最终出现在中国的音乐流媒体平台上。众多音乐的使用者很多时候并不是通过原始权利人获得授权，因此，审查对应作品或制品的权利链条就显得尤其重要。而由于著作权对象的无体性特点，伪造授权链条欺骗音乐版权被许可人较为容易，更增加了授权链条的清查难度。但无论对于被授权方或被维权方来说，审查权利链条是在面对侵权案件时的重中之重，从而才可避免在被维权时出现此类"诈和"的情况。

在审查权利链条时，使用者尽量要追索到原始作者或原始著作权人处。由于跨国授权的增多，有些歌曲甚至经过3~4重授权才落到实际使用者的手里，而在这种情况之下，使用者务必让授权人提供每一层权利链条的证明，如每一层的授权人的加盖公章的声明，以形成完整的授权链，保证没有权利瑕疵。如果授权人是公信力相对较强的大型企业，权利链条的追索相对简单，因为这些词曲、录音的权利往往就在进行授权许可的公司手中，或者这些公司直接代理了音乐人的相应权利，所以通常只存在一层授权。但对于一些小众的歌曲，则尤其要注意权利来源和链条的审查。

五、证据保全

互联网语境下的各类证据存在容易灭失和篡改的特点，对于维权者来说，在维权之前及时保全证据十分重要，如果不能及时保全证据，则无法固定侵权事实，从而直接导致维权失败。根据最高人民法院 2018 年发布的《最高人民法院关于互联网法院审理案件若干问题的规定》，当事人提交的电子数据，通过电子签名、可信时间戳、哈希值校验、区块链等证据收集、固定和防篡改的技术手段或者通过电子取证存证平台认证，能够证明其真实性的，互联网法院应当确认。这一规定的颁布明确了电子证据的效力，也为维权人保全证据提供了便利，减轻了当事人的举证责任。当事人一般在网络上即可完成取证过程，这对于打击互联网音乐侵权行为是极其便利的。2019 年 12 月，最高人民法院发布《最高人民法院关于修改〈关于民事诉讼证据的若干规定〉的决定》，进一步对电子数据的效力判断进行了相对具体的规定。目前从事电子存证服务的机构已经有许多，如 e 签宝、联合信任时间戳服务中心等。

六、如何证明作者身份

在"视觉中国版权事件"后，如何证明作品作者或权利人身份成为一部分权利人的忧虑。[①] 总体而言，在诉讼过程中，证明作者身份的要求仍然应当符合证据的高度盖然性标准，法院不应当为权利人在证明自己权属的正当性设立过高的门槛。

一般情况下，在案件中，当法院要求原告尽量提交能证明其创作作品的证据时，有些原告会提交其作品著作权登记证书、作品在第三方网站公开发表的网页打印件、电子文件，甚至申请由创作者或参与创作的人作为证人出庭陈述创作过程。如果这一系列的证据相互之间不存在矛盾之处，且能互相印证，显然可以认为原告提交的初步证据能形成优势证据，除非被告提交相反证据，则可认定原告完成了其权属的举证证明责任。同时，有法官认为，不同类型的作品证明权属的初步证据不同，应考虑作品所处的具体行业惯例因素、创作方式、作品发表方法对权属证据的影响。如一些电子依附性而特别强的创作，则并不必然要求原告在证明权利时提供所谓的"手稿"或"源文件"，这样显然对原告的举证造成了客观的障碍。

《最高人民法院关于审理著作权民事纠纷案件适用法律若干问题的解释》第 7 条规定，当事人提供的涉及著作权的底稿、原件、合法出版物、著作权登记证书、认证机构出具的证明、取得权利的合同等，可以作为证据。在作品或

---

① 参见"视觉中国发布致歉声明：对平台内容产品服务全面筛查"，载新华网，http://www.xinhuanet.com/2019-04/19/c_1124386309.htm，最后访问时间：2020 年 1 月 2 日。

者制品上署名的自然人、法人或者非法人组织视为著作权、与著作权有关权益的权利人，但有相反证明的除外。

对于音乐作品和录音来说，以上证据均可作为证明自己权属的参考，而对于录音制品来说，如发行过实体唱片的，《指南》中规定，署名基本可以认为是推定作者身份的证据，并且给出了是否为作者署名的判断标准。例如，录音制品上加注"P""℗"等字样、符号标记的，一般可认为对应的主体是录音制作者。

第七节　音乐现场演出

一、概述

除了直接欣赏录音制品播放的音乐外，音乐现场演出是人们欣赏音乐的最重要方式之一。常见的音乐现场演出主要的形式有演唱会、Live House、音乐节等。演唱会一般是指音乐人举办的具有一定规模的演出活动，举办场地多在大型体育场馆、会展中心等，规模通常都在几千人或万人以上。实践中，一般只有具备一定实力和票房号召力的歌手、乐队才有实力举办个人演唱会，如张学友、周杰伦、五月天等。这些知名歌手、乐团、乐队往往每年都会在国内主要城市举办数场巡回演唱会，有的甚至一票难求。而 Live House、音乐节则更多的是独立歌手或刚起步的音乐人的舞台，国内较为知名的音乐节品牌有草莓音乐节、迷笛音乐节等。音乐节一般以两天左右为期，每天的演出从中午开始，持续到晚上 10 点左右，主办方会邀请多个乐队、歌手进行接替表演，每个乐队、歌手都有 1 个小时左右的演出时间，最晚出场的一般是人气最高的压轴歌手、乐队，大多是已经具备演唱会实力的音乐人。音乐节所表演的音乐风格也十分多元，有民谣、摇滚、嘻哈音乐等。Live House 则指代规模更小的音乐小型演出现场，Live House 最初于日本被广泛使用，成为日本音乐演出行业的一大特色形式。在日本有近千家 Live House，光东京一座城市就拥有三百多家。作为一种以小规模、特色化为特征的音乐演出形式，Live House 以固定的小场地为中心，配有专业音响、乐器等演出设备，观众的情绪很容易被调动。而在欧美地区，这种小型的现场演出一般称为 Gig。Live House 可以为观众提供近距离的现场音乐体验，更注重人们对音乐的真实感和沉浸感，歌手和乐队不像音乐节和演唱会那样高高在上与观众隔着几十米甚至几百米舞台的距离，通常只有几米的距离，观众甚至能捕捉歌手脸上的汗水，能够更真切地感受到现场音乐的魅力。目前，我国知名的品牌 Live House 场地有 MAO LIVEHOUSE 等。而国内 Live House 也呈现出以城市当地文化为依托的发展方式，在每个城市都散落着当地颇具特色的知名 Live House，如成都的"小酒馆"、南京的"欧拉"、北京的"糖果"等。

表 4-17　2017 年、2018 年中国音乐会演出市场对比

类别	2017 年	2018 年	升降率
场次（万场）	2.23	2.42	8.52%
平均票价（元）	180	200	11.11%
上座率	80%	84%	5.00%
观众人数（万人）	713.6	772.8	8.30%
票房收入（亿元）	13.34	14.34	7.50%

资料来源：中国演出行业协会

2017 年，我国现场音乐总收入达 48.57 亿元，其中演唱会占比最高，达 81%，2018 年中国演出市场经济规模超 500 亿元，同比上升 5.03%，其中演出票房收入（含分账）182.21 亿元，同比上升 3.03%。在如此庞大的市场中，各类法律纠纷也处于高发的状态，主要以演唱会音乐授权、演唱会承办过程各类合同纠纷为主。而近几年，演唱会也逐渐成为热播综艺、电视剧的一种"衍生品"，如音乐综艺节目《乐队的夏天》结束后的"乐队的夏天演唱会"，电视剧《陈情令》结束后主办方组织的"国风音乐演唱会"等，都是围绕着节目产品本身设计的演唱会，由此涉及更多的授权问题，应当予以注意。

根据场地大小不同，演唱会可以分为体育场、体育馆、剧院、Live House 诸多等级，这也是目前国内频繁使用的行业内俗称，一般在主办方和歌手洽谈演唱会举办规模的时候，都用这些场地名称进行指代。体育场的规模至少在万人以上，经常有知名艺人举办 5 万人以上的演唱会，而体育馆则比体育场稍小，一般在 1 万 ~2 万人的规模，剧院的规模一般在数千人，Live House 的规模一般在 1000 人以下。

二、内容授权及合规

无论是演唱会还是其他现场演出形式，其项目流程基本均涉及以下几个环节：①立项；②与歌手签约；③签署演唱会赞助协议；④签署演唱会硬体设备搭建、租赁等协议；⑤消防、公安、文化等审批推进；⑥演唱会举行；⑦收益分配。下面简要介绍演唱会的合规流程和相关重点。

立项指的是确定演唱会举办的意向，立项可能由有实力的主办方发起，主办方会确定有潜力举办演唱会的艺人，并与其经纪人团队进行洽谈。演唱会也是艺人获得收益，与歌迷互动以获取名声的重要方式，所以专业的音乐人团队当然也会主动联系有实力的演唱会主办方，安排音乐人一年或是近几年的现场演出计划。而我们在演唱会海报上看到的主办方，一般是艺人的经纪团队所属的公司和负责演唱会落地执行统筹的公司。

立项后，主办方与经纪公司会签署具体的合作协议，确定演唱会执行和分成相关的各种细节。演唱会合作的签约模式有多种，如签署一份合作框架协议规划粗线条的合作内容，此后签署多份每场演唱会具体的落地执行协议，或直接签署一份事无巨细的规定所有合作细节的协议。相较而言，前一种签约方式更为灵活，也更受市场的青睐。

实践中，在签署最重要的合作协议后，主办方则会寻找具体的承办方，如果主办方自有一定的演唱会制作资源及专业团队，多数也会亲自参与到具体的执行过程当中，而不再另外聘请承办方。承办方的责任是保证演唱会的成功举办，尽量达到更好的艺术效果。而实践中，演唱会涉及的场地、音乐制作团队、舞台、音响等各个方面，都需另外签署相应协议。由于国内对于大型群众活动有相对严格的行政审批要求，承办方还需负责各类行政审批的相关手续。

演唱会运行的另一个重要因素就是"钱"。在收取票款前，主办方的投入基本处于"垫付"状态，所以寻找合适的赞助方就显得十分重要，赞助方在支付赞助费的同时，会要求得到相应的回报，或是相对的商业权益，如冠名、广告宣传等权益，或是提出获得一定比例的票房回款。另外一个可以有效获得投资的方式是于近几年兴起的演唱会基金这种募资方式，稍后将会具体进行介绍。

图 4-3 为演唱会各个主要参与方之间的工作和相互关系：

在立项环节一般少有涉及具体的合规事项，主要由演唱会主办公司与艺人商谈基本的合作事宜，可能会签署意向书，确定合作意向。在确定合作意向之后，双方就会开始谈判有关具体合作细节，并签署《演唱会合作协议》。

演唱会合作协议一般由演唱会主办方与艺人经纪公司签署，为了规避风险，主办方一般不会与歌手直接签约。合同条款都具有较强的"实践性"，这也是音乐演出行业合同的特点之一。一般而言，现场演出合同的主要条款涉及的合规内容有以下几方面：

1. 一般歌手不会直接参与谈判，经纪公司及其经纪人会出面代表歌手与承办方进行谈判，所以需要经纪公司在签约时提供艺人的授权书，主要内容为证明艺人和经纪公司之间的合作等法律关系。

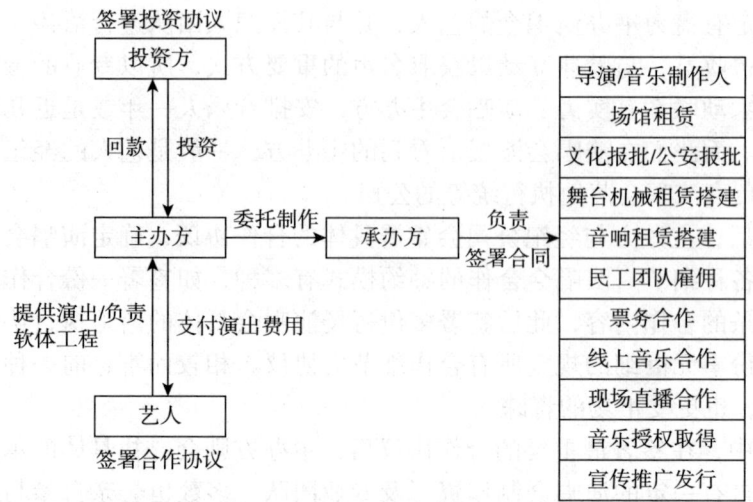

图4-3　演唱会各个主要参与方之间的工作和相互关系

备注：

1. 票务合作方面，可能由承办方收取票房回款，再转付主办方，也可能主办方直接介入，和票务方达成合作，直接回款更能保证主办方获取收益。

2. 线上音乐合作和现场直播合作部分，可能由主办方直接负责和相应的平台签署授权协议，承办方不介入。

3. 硬体工程、软体工程是行业俗称，硬体工程一般是指除了演员、歌手之外举办演唱会所必需的硬件设备，如音响、舞台、机械设备、LED屏幕及其他舞美、道具等，软体工程指艺人的表演、舞团和其他助演嘉宾等呈现在舞台上的音乐和表演。

2. 对于承办方来说，在条款设置上有以下几点需要特别注意：① 需要特别确认歌手国籍问题，境外歌手需要更长的报批时间，如不提前预留时间，则可能耽误演唱会的举办和合同的履行；② 承办方的职责范围一般在于演唱会的硬体工程部分，即除了演唱、表演之外的所有硬件设施的筹备，此外，承办方还要负责演唱会当天的艺人接待；③ 除了演唱会当天的工作之外，承办方应当合理安排艺人进场彩排，具体的接待和彩排时间以及其他安排，这些都需要通过合同条款明确；④ 承办方应和艺人经纪公司约定演唱会产生的相关知识产权归属，如演唱会所表演的歌曲的录音、录像以及后续衍生品，包括纪录片、周边产品等的知识产权归属，以便进行后续的开发；⑤ 演唱会的赞助商不能与歌手在先代言的产品或有合作关系的产品产生冲突，应当在签署合作协议时进行明确。

3. 艺人公司站在艺人有利的角度，一般会更注意赞助权益的冲突，演唱会的硬体设备标准，如音箱设备的质量，舞台搭建的资质和安全保障情况等。总体来说，如歌手知名度高的，艺人经纪公司在谈判中会占据较更大的优势。

4. 分成和支付条款也是合作关注的重点。歌手及其经纪公司一般会收取一笔"秀费"（show fee），即演出的"劳务费"作为演出酬劳，并不参与最终的票房分成，但这并不是绝对情况，有演唱会票房号召力的歌手也会参与到票房分成当中。随着演唱会的商业形式不断增多，诸如网络直播收益、衍生品分成收益都被逐渐纳入了合作协议中。

在与歌手的经纪公司签署合作协议后，主承办方之后会陆续签署其他相关配套协议。观众所看到的舞台、灯光、音响、场地都有专门的工作人员负责，均需要签署相关协议。音乐现场演出行业的合同多偏向于"实操性"合作，合同本质主要还是集中在委托、承揽（现场搭建合同，灯光搭建合同等）、租赁合同（场地租赁合同、音响租赁合同等）等一些传统的合同领域，其合规难点主要在于合规人员应充分了解行业具体实操情况，能够分辨出在行业实际操作中的纠纷高发点，并撰写相应的合同条款，制定相应合规策略。比如各地主要的体育场馆是否具备举办演唱会的资质，什么样的场地应该配备什么样的音响设备，什么样的舞台搭建应当如何定制，新的舞台定制需要花费多久时间，成本大概是多少，等等诸如此类的行业实践信息。只有合规人员能够较为准确地获取上述信息，才可极大降低合同履行的风险，提前将风险扼杀在摇篮之中。

三、演出的行政审批

现场演出的报批工作一般贯穿在一场演唱会的筹备过程中，在签署演唱会合作协议后，承办公司就会开始整理报批需要的文件，一般大致分为两种，一是"文化报批"，二是"公安报批"。两项审批缺一不可，如无法通过审批，则无法正常举办活动。根据 2013 年文化部（现为文化旅游部）的规定，负责演出文化报批的单位为省级人民政府文化主管部门。

（一）文化报批

根据《营业性演出管理条例》和其实施细则，举办演唱会应当向演出所在地文化主管部门进行报批，即通常所称的"文化报批"。根据规定，申请材料内容应当包括：①演出名称、演出举办单位和参加演出的文艺表演团体、演员；②演出时间、地点、场次；③节目及其视听资料。具体来说，应当包括主办方与艺人签署的合约，艺人的身份证明及相关资料，演唱的所有曲目和歌词，主办方资金证明，相关资质（主要是营业性演出许可证）等。

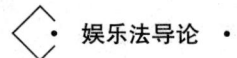

（二）公安报批

按照《大型群众性活动安全管理条例》（以下简称《活动管理条例》）要求，面向社会公众举办的每场次预计参加人数达到 1000 人以上的活动，如体育比赛、演唱会、音乐会等文艺演出、展览、展销等，需要活动承办方向公安机关申请安全许可，即通常所称的"公安报批"。

根据《活动管理条例》第 13 条第 1 款规定："承办者应当在活动举办日的 20 日前提出安全许可申请，申请时，应当提交下列材料：①承办者合法成立的证明以及安全责任人的身份证明；②大型群众性活动方案及其说明，2 个或者 2 个以上承办者共同承办大型群众性活动的，还应当提交联合承办的协议；③大型群众性活动安全工作方案；④活动场所管理者同意提供活动场所的证明"。[1] 具体来说，公安报批需要的材料包括：舞台搭建的安全资质及其相关资料，处置突发事件应急方案、消防安全处置方案、安检方案、场地租赁协议及其相关安全资料，车辆组织情况和大型活动举办方交通组织工作方案应急工作预案等，涉及了公安、交通、消防、安检等方方面面。

四、演出歌曲的著作权许可

在商业现场演出中，歌手表演歌曲作品的行为，属于我国《著作权法》规定的表演权中的现场表演，因此，需要取得音乐词曲权利人的许可。这种授权通常必须在演出之前获得，否则在表演进行后，即使后补了授权，在著作权人不同意追认的情况下，其行为仍构成侵权。

根据《著作权法》的规定，演出组织者组织演出，由该组织者取得著作权人许可，并支付报酬。这种授权可以直接向权利人协商获取，而如果所欲表演作品的权利人属于音著协会员，也可以向音著协索要相应授权。音著协作为我国唯一的音乐著作权集体管理组织，依照法律规定可以对其会员委托的作品开展对外授权活动，表演权即在此列。

根据国家版权局在 2000 年出台的相关规定，现场演出的歌曲授权收费标准为按每场演出门票收入的 7% 付酬，但每场不得低于应售门票售价总额的 2.5%。其中，"门票收入"是指扣除演出场地费用后的实际收入，"应售门票"是指本场演出平均票价（依申请人演出前提供的预计出售门票的价位及其相应票数的清单计算）与演出场地实际座位数的乘积。但如果能够进行事前协商，

---

① 这里的承办者在演出行业实践中，实际上对应的是主办方，也即对整场演唱会进行统筹安排，对演出活动负责的公司。

提前取得授权，那么实际达到的授权费率可能比这一建议费率要低。

我国《著作权法》第 24 条第 9 项还规定了演出组织者无需著作权人同意也无需支付报酬的情况，即"免费表演已经发表的作品，该表演未向公众收取费用，也未向表演者支付报酬，且不以营利为目的"。根据这一规定，如组织者举办了未向公众收费，也未向表演者支付报酬，且不以营利为目的的公益演出等活动的，无需取得音乐权利人的授权也无需支付费用。但是针对该情况应当严格限缩在"两个免费"的范围内，如演出组织者以演出未盈利，是政府活动等理由拒绝取得授权，通常是无法适用这一条款的。在《著作权法》修改后，除了"两个免费"，法律还增加了"不以营利为目的"作为适用条件，使得"免费表演"的内涵更为严格。

五、转播与节目制作

演唱会直播成了现场演出行业的新业态，由于场地有限和距离所限，很多观众并不能亲临现场感受演唱会，于是"现场演出 + 演唱会直播"成了一种新的演唱会模式，又称 O2O 演唱会。[①] 在 2014 年，歌手汪峰巡回演唱会北京站在鸟巢上演，此次的鸟巢演唱会门票从 280 元到 1680 元不等，而乐视网也首次尝试了付费看直播的尝试，价格定为普通用户 30 元，乐视会员 25 元。除此之外，还有免费的线上演唱会直播，平台提供免费的直播和重播服务，但在提供服务的过程中可能会附加增值服务或者广告，如腾讯视频主办的张惠妹"偏执面"演唱会，线下观众仅 6000 名而线上观众却超过了 100 万名。[②]

以汪峰在 2014 年的线上直播演唱会为例，线上的累计销售收入达到 225 万元，直播付费人数达到 7.5 万人，其中包括 4.8 万张网络直播电子票和 2.7 万张回放转播票。而该演唱会的演出场地鸟巢是全国最大的体育场，可容纳人数在 9.1 万人，而网络直播购票人数已经可以媲美线下人数，可见网络直播演唱会对于观众的号召力。

腾讯音乐娱乐集团的三大音乐平台 QQ 音乐、酷狗音乐、酷我音乐联合腾讯视频对 2018 年 8 月 TFBOYS 北京工人体育场举行的出道五周年演唱会进行了同步直播，其 1.25 亿的在线观看量又一次刷新了演出直播的观看纪录。

近些年，有越来越多的平台和歌手尝试演唱会同步网络直播的模式。现在三大主流视频平台腾讯、爱奇艺、优酷都有经营相关业务，且逐渐成熟。经纪

---

① O2O 是英文 "Online To Offline" 的缩略形式，即"在线离线 / 线上到线下"，是指将线下的商务机会与互联网相结合，让互联网成为线下交易的前台。

② 参见刘家懋："我国音乐产业中 O2O 模式演唱会研究"，载《艺术研究》2016 年第 5 期。

公司在与主办方签署演唱会合作协议时，都会将O2O演唱会单独作为一项权益提出，一般由经纪公司一方获得较高分成。

六、演唱会私募基金

（一）私募基金的定义

私募基金，全称私募股权基金（Private Equity Fund），简称PE。一般而言，PE只能向少数、特定的对象募集资金，且只能采取非公开的方式，PE通常的管理模式是投资人将资金交由专业的管理团队进行运作，自身不参与运营管理。相比起公募基金来说，因为私募基金只能向少数合格投资者进行募集，并且只能通过非公开途径发售，由此比起公募基金来说，规模一般会小很多，可能只有千万级别。私募基金不要求管理者有严格的披露义务，只对购买该产品的投资者进行适当的净值披露。私募基金也不像公募基金那样，对投资产品有着严格的限制，整体来说较为灵活。

私募基金在体量上虽然没有公募基金大，但是发展极其迅速，截至2020年2月底，在中国基金业协会登记私募基金管理人共计24 527家，私募基金产品数量83 381只，管理基金规模13.89万亿元。

私募基金主要分为私募证券投资基金、私募股权投资基金、资产配置类私募基金。私募证券基金主要投资于公开交易的股份有限公司的股票、债券、期货、期权、基金份额以及中国证监会规定的其他资产；私募股权投资基金主要投向未上市企业股权、上市公司非公开发行或交易的股票以及中国证监会规定的其他资产；资产配置类私募投资基金，主要采用基金中基金的投资方式，主要对私募证券投资基金和私募股权投资基金进行跨类投资。

（二）演唱会私募基金的运作结构

私募基金主要有以下几个参与方：①合格的投资人，②基金管理人，③托管机构，④投资项目运营方。演唱会私募基金运作中的相互关系如下所示：

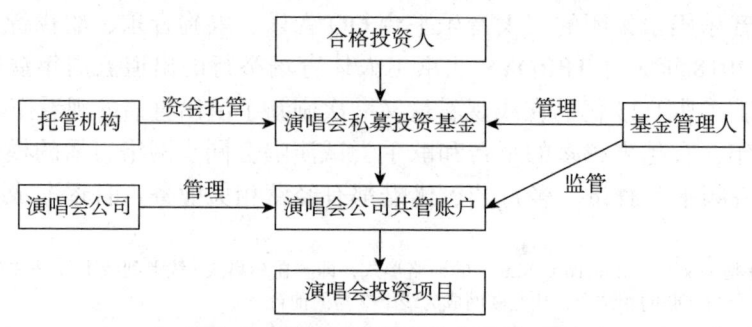

图 4-4　演唱会私募基金各方关系图

私募基金的合格投资者是指具备相应风险识别能力和风险承担能力，投资于单只私募基金的金额不低于 100 万元且符合下列相关标准的单位和个人：①净资产不低于 1000 万元的单位；②金融资产不低于 300 万元或者最近三年个人年均收入不低于 50 万元的个人。金融资产包括银行存款、股票、债券、基金份额、资产管理计划、银行理财产品、信托计划、保险产品、期货权益等。基金管理人是指凭借专门的知识与经验，运用所管理基金的资产，根据法律、法规及基金章程或基金契约的规定，按照科学的投资组合原理进行投资决策，谋求所管理的基金资产不断增值，并使基金持有人获取尽可能多收益的机构。托管机构是对基金的资产进行托管的主体。《中华人民共和国证券投资基金法》（以下简称《证券投资基金法》）规定，基金托管人由依法设立的商业银行或者其他金融机构担任，商业银行担任基金托管人的，由国务院证券监督管理机构会同国务院银行业监督管理机构核准；其他金融机构担任基金托管人的，由国务院证券监督管理机构核准。

投资项目运营方指被投资的项目的运营人，对于演唱会私募基金来说，运营人通常就是演唱会的主办方，也就是演唱会公司。投资项目是指基金管理人募集的资金选择进行投资的项目，对于演唱会私募基金来说，投资项目即是指演唱会相关的商业活动，如演唱会的举办、票务销售等。

合格投资人将资金交由基金管理人打理，募集来的资金会由具备资格的托管银行进行托管。对于演出行业来说，基金管理人和项目运营方，也就是演唱会公司，会建立共管账户，共同监督资金的使用。与私募基金相关的法律法规有很多，主要有《证券投资基金法》《中华人民共和国信托法》《暂行办法》《私募投资基金管理人登记和基金备案办法（试行）》等。

（三）演唱会私募基金的运营现状

娱乐圈在大众看来往往充满了神秘感，演唱会动辄上千的内场票价，一场数万人的规模，常常让"圈外人"觉得举办演唱会是一门赚钱的生意，演唱会私募基金也因此变得诱人。在演唱会私募基金的介绍文案中，常常会出现各种明星的名字，例如张学友、汪峰、李宇春等，致使很多人觉得投资演出行业大有利可图。但就国内而言，目前仍旧相对混乱的行业治理并未给投资人带来太多惊喜。有消息指出，2017 年开始，演唱会私募基金的登记数量就逐年下降，甚至趋零，更有数只基金传闻"管理混乱"。例如，钜派投资旗下的"钜星永乐演艺私募投资基金"（下称钜星永乐基金）就传出投资者无法"退出"的窘境。该基金约定基金的存续期不超过 2 年，其中 18 个月为投资期，6 个月为退出期，但是直至退出期满，基金管理人仍未和投资人进行清算。

上述基金存续期指的是基金成立至终止日之间的期限，私募基金的投资期是指私募基金管理人利用募集到的资金进行投资的期间，私募基金的退出期是指一个私募基金在完成它的任务后退出市场的时间，也即基金管理人向投资人"回款"的期间。因为该类基金合同签署时，通常约定争议解决方式为仲裁，由于仲裁信息一般不公开，所以亦难以找到有关类似纠纷的司法案件和判决。但从行业实践角度看，有关国内演唱会私募基金治理混乱、回款困难的消息一直甚嚣尘上，而这些负面信息基本都是围绕"演唱会未能实际举行而款项不知所踪"展开。例如前述举例的"矩星永乐基金"，以及同一投资集团旗下公司管理的"中恒合 A 演唱会基金"都传出过类似负面消息。理论上来说，私募基金是一项风险较高的投资，基金管理人虽然不可承诺收益，但是至少应当在投资期满开展结算工作，演出经常会由于政策变更、审批困难等原因取消，但是这并不意味着投资无法回款，只是由于运作不佳而可能导致产生损失。从根本上看，演唱会私募基金往往不是因为运作本身的问题而无法回款，而是因为各类复杂原因和欺诈事件导致了清算"困难"，投资者应当对相关问题予以高度重视。

即便演唱会私募基金开展了良好的合规工作，演出运营行业也并非像表面看上去的"稳赚不赔"，投资者不应当进入"明星是高收入，所以投资明星一定也可以获得高收入"这样的误区。虽然明星级别的艺人有众多粉丝，且具有很强的市场号召力，但是就真实的市场情况而言，即使是所谓大明星，在不同地域其号召力也不同。此外，并非只要是"大明星"的演唱会一定就能赚钱，除了卖座，合理控制成本也是必要的，但是由于演出市场合规性较差，很多演出成本的计算往往很不清晰。在中国的演出市场，还存在着"黄牛乱象"，演唱会主办方常常会为了抬高票价，将部分票提前出给黄牛，让黄牛进行市场操作，这一部分的收入很可能是无法被监管和监督到的，这样也就造成了很多演唱会票务行业的乱象，诸如开票 1 秒即售空，虽然卖座但项目却很难盈利等。这些都是国内演唱会行业本身不得不说的痛，而在文化娱乐产业不断发展的今天，这些乱象显然亟需解决，而这必须依仗于法律制度和行业规范的不断完善及行业参与主体素质的提升。

第八节　音乐艺人经纪与职业生涯管理

一、概述

艺人经纪是娱乐圈必不可少的一环，其连接了艺人与市场，是二者之间的一座重要桥梁，而经纪人则是维护这座桥梁的主要角色。国内较为知名的艺人经纪公司有嘉行传媒、华谊兄弟、壹心文化等，而如美国 CAA 这样的知名经纪公司也开始在中国设立分部，开辟市场。但就国内目前的情况而言，这些艺人经纪公司的签约对象一般是演员而非歌手。在过去，国内音乐市场的歌手通常只专注于演唱录制和演出工作，一般从事的活动主要是写歌、录制发行唱片、开演唱会等，艺人如具备一定社会影响力的，还会参加广告代言等商业活动。但现在情况已经大不相同，多栖艺人成为趋势，歌手已经不仅仅只是歌手，通常还会开展各种各样的演艺活动，参演电影、电视剧，综艺节目拍摄等非音乐创作与表演的活动。以往许多歌手可能仅需要签署一家唱片公司，再由唱片公司或歌手自己安排简单的商业活动，但现在，一名歌手不仅要会"唱"，而且要会"跳"、会"演"，这时就需要一家好的艺人经纪公司来为其合理安排、接洽诸如此类的演艺活动，而经纪公司也不会仅被动地安排歌手的活动，而更多地给一名具备演唱专业能力的艺人安排合理的各类商业资源，充分发挥其带来的市场效益。目前，国内主要的音乐人经纪公司往往和唱片公司进行绑定，在签约歌手、发行唱片之外，还会为歌手安排艺人经纪工作，或将歌手除了演唱之外的经纪工作交给专业的经纪公司进行打理。

二、经纪人

总体上，国内目前的经纪人主要分为两类，一是类似于艺人"生活助理"，他们负责艺人的日常生活的打理，由于艺人的工作不像普通白领那样有固定的时间，甚至经常处于"昼伏夜出"的状态，自然需要一些助手安排他们工作中的生活起居和与工作相关的行程安排，如预订机票、酒店，安排餐饮交通等。二是目前行业中"主流"的经纪人，他们更像是艺人的幕后推手，这类经纪人往往掌握着较多行业资源，可以为艺人谋划市场，进行商业推广，帮助音乐人负责相应的内容产出，经纪人负责将这些内容推入合适的市场，或根据市场的要求为艺人拟定创作方向，建立合作关系，诸如为电视剧、品牌商创作主题曲等。在成熟的商业市场中，经纪人也需要为音乐人制定恰当的"人设"，从而能够更符合市场的要求。根据这些既定的"人设"，经纪人会为艺人安排符合其人设的品牌代言、商业活动等，以便提高歌手在市场上的地位，发挥商业价值。除此之外，有时经纪人也需介入艺人的维权工作、公关工作。综上，国内的经纪人分类和承担的具体工作与美国等娱乐产业领先的国家和地区有较大差异，应当予以注意。有关美国音乐产业中经纪人的分类和工作内容，可参见本编第一章的内容。

需要注意的是，经纪公司是经纪人聚集的地方，但经纪人并不是经纪公司独有的产物。有些独立音乐人也会单独聘请经纪人为其打理商业事务。随着流媒体的发展，网络音乐平台也成为一些体量不大的音乐人的选择，如"网易音乐人""腾讯音乐人"等音乐平台下设的音乐人开发计划，也可以为音乐人提供一些类似经纪人的服务，如作品发布及管理、线上推广、商业合作等，音乐人还可以依托平台优势选择更多的商业变现方法，如进行直播、发布数字专辑、获得礼物打赏以及与平台签约获取广告分成等。

三、经纪合同的性质

经纪合同是歌手与经纪公司之间签署的，约定双方权利义务关系的合同。我国法律对"经纪合同"的法律性质并未作出直接的规定。但近年的司法判决多次确认，通常情况下，经纪合同并非委托合同，也非劳动合同，而是具有居间、代理、行纪等综合性质的合同。[①]

"经纪合同"并非演艺界专有。在国内，比较常见的经纪合同有以下几种，其合同属性各不相同。以下试举几例：

1. 证券经纪。依据《证券法》第132条，证券公司办理经纪业务，应当置备统一制定的证券买卖委托书，供委托人使用。采取其他委托方式的，必须作出委托记录。客户的证券买卖委托，不论是否成交，其委托记录应当按照规定的期限，保存于证券公司。此处的"委托"指的就是委托关系，其相应的合同性质为委托合同。

2. 保险经纪。依据《保险法》第118条，保险经纪人是基于投保人的利益，为投保人与保险人订立保险合同提供中介服务，并依法收取佣金的机构。此处的"中介服务"，指的就是居间服务，其对应的合同便是居间合同性质。

3. 房地产经纪合同。依据《房地产经纪管理办法》第7条第1款，本办法所称房地产经纪机构，是指依法设立，从事房地产经纪活动的中介服务机构。此处的，"中介服务"便使得房地产经纪合同具有居间合同性质。

因此，仅凭"经纪"二字，很难对其合同性质下定论。想要真正识别演艺经纪合同所具有的合同性质，要看合同内容本身约定了什么。一般性的演艺经纪合同的约定，其中通常存在至少以下几方面的内容，从而据此也可判断相应合同所具有的法律性质：

1. 在演艺经纪合同框架性的约定中，经纪公司大多为艺人的"演艺事业独

---

① 参见蒋劲夫与天津唐人影视股份有限公司合同纠纷案（2016）京03民终13936号。

家代理人"，由经纪公司"为艺人洽谈、安排、管理及策划艺人的演艺工作"，这里颇有委托合同的色彩，其中经纪公司作为受托人处理作为委托人的艺人的演艺工作。

2. 经纪公司对艺人的包装、培训义务条款。单一来看，该类条款属于经纪公司为艺人提供的服务，具有服务性质。

3. 经纪公司商业活动保底条款。比如经纪公司承诺安排艺人每年不低于几次的商业演出、广告代言，而这些业务颇具居间色彩。

4. 经纪公司对艺人的行为约束条款。如经纪公司往往要求艺人手机不得关机，随时保持通讯畅通，类似这样的非金钱给付的约束，又带有劳动关系的影子。值得一提的是，很多经纪公司为了避免不必要的用人单位责任，都会明确双方之间不存在劳动关系的条款。

5. 分账条款。经纪公司与艺人之间的分账条款，有别于委托合同、行纪合同、居间合同中有关报酬的相关约定或处理方式。艺人与经纪公司的关系好比是两位合伙人共同打造某种高知名度的艺人形象，以共谋利益。因此，这里的分账比例类似于合伙人之间的分红比例。对于艺人的演艺工作，成熟的经纪公司往往要投入大量的财力、物力、人力对艺人进行包装、宣传、推广，以及管理、公关等工作。艺人的演艺工作又包括电影、电视剧（网剧）、综艺节目演出、音乐的制作发行，以及演唱会、商业演出、商业出席、广告形象代言等。双方围绕艺人的增值、变现展开全方位的合作，进而达到共同分账的终极目的。正因为双方付出的努力纷繁复杂，产生收益的途径也多种多样，这就很难以单一合同性质概而论之。

四、艺人解约与合同

就国内音乐娱乐行业而言，艺人解约一直是行业中高发的现象，其根本原因多数还是商业利益所致。艺人的走红除了艺人本身的专业素质以外，更需要经纪公司在背后的辛勤运作。经纪公司最初签约艺人时，艺人往往并不具备市场地位，只是一名可能具备演艺素质的"路人"，只能依靠经纪公司给予的资源发展。但是当艺人具备一定市场地位后，商务合作蜂拥而至，这时艺人在很大程度上并不依赖于经纪公司对其的包装和推荐，靠自己的名声即可吸引"流量"，可以获得各种各样的表演机会和商业合作。尽管经纪合同约定了高昂的违约金，但是在大量商业利益的引诱下，艺人很多时候宁愿支付天价违约金也要解约，以摆脱经纪公司对其的控制。在解约高发的情况下，许多艺人以其与经纪公司建立的是劳动合同或具有委托性质的合同为理由提出解约，目前看来并不被国内的法院所支持。

经纪合同的实践性较强，主要通过合同条款来尽可能约束艺人和公司在"签约"期间彼此的权利义务，如公司应当负责为艺人进行生涯规划，拓展商业市场，而艺人应当提高自己业务水平，做好艺人形象管理等。在审查经纪合同时，双方都需要特别注意这些与"实际履行"紧密相关的条款，以减少合同履行的风险。音乐领域，一般来说，初出茅庐的音乐人在签署合约时往往处于较为弱势的地位，合同一般都由经纪公司或唱片公司主导。而在音乐人发展成熟之后，就会选择自己创立工作室乃至独立的厂牌，音乐人也许还会选择与更大的唱片公司签约，以获取更好的资源和谈判地位。总体来说，经纪合同在签约时有以下几点需要特别注意：

1. 经纪公司代理的权限和范围。实践中，即便是经纪公司也有不同的专长，因此，有些艺人会将自己的"经纪约"分成好多部分交由不同的经纪公司打理，例如，有些经纪公司聚集了较多演出与商业资源，那么艺人就会把自己的商业、演出权益交给这类公司管理，而有些公司联系了比较多的广告客户，艺人就会把自己的代言权益交给这类公司。很多时候，经纪公司也会选择"分约"，比如李宇春在知名演唱选秀节目《超级女声》出道后，其签约的经纪公司就将其"唱片约"分给了太合麦田公司，由太合麦田负责歌手的音乐制作和出版的相关事宜。

2. 与费用、支付相关的条款。商业合作最在乎的就是如何分配收入。艺人、音乐人的收入会分为很多部分，如演出收入、专辑发行收入、参加综艺收入、广告代言收入、影视节目拍摄收入等。不同的收入可能适用不同的分成比例，如果是艺人自带的资源，或者由艺人主动接洽的资源，艺人一般来说会获得更高的分成。而经纪公司需要特别注意的是，应当扣除运营成本后再进行收入分配，如专辑的制作成本、宣发成本、商业推广成本、日常运维成本等。分配周期也是双方需要注意的一个重点，对艺人来说当然是越快分配越好，而公司在具有强势谈判地位的情况下，也可以约定每个季度或半年进行收益核算和分配。另外，艺人和经纪公司一般会约定设计阶梯式的收入比例，艺人分配的比例由少递增到多，如签约第 1 年，艺人分配的比例可能只有 20%，但是到签约的第 5 年，艺人的分配比例即可达到 50% 或者是更多。

3. 双方权利义务。一般来说经纪公司需要在合同中明确对于艺人的资源提供底线，如至少在 3 年内为艺人打造 1 张专辑，1 年内接拍 1 部电视剧并在其中担任主要角色等。如果达不到这样的培养要求的，也就是所谓经纪公司对艺人的"雪藏"，艺人可以就这些情况提出单方解除权。就音乐艺人经纪合同而言，如为不具备创作能力的歌手，经纪公司一般都会承诺艺人在特定期限内要约创作人，为艺人提供一定数量的歌曲供其表演和发行专辑。而另一方面，经纪公司也会为艺人设立一些行为准则和要求，如禁止劣迹、限制整容、禁止接私单等。

4. 解除权和违约金。通常情况下，经纪公司会为自己设立较多可以解除的情况，如发现艺人没有发展潜力、触犯劣迹条款导致演艺生涯无法继续等。但是艺人通常来说很难为自己设置单方解除条款，只能依据《合同法》（已失效）的一般规定来为自己争取权益。除此之外，经纪公司一般会设置"天价违约金"来对艺人进行绑定。这主要是因为在娱乐行业，艺人一旦发展成功后，凭借自己的实力即可号召大量的商业资源，而经纪公司的作用只会越来越微小，所以一旦艺人成名或成名在望时，就会选择解约，来为自己谋求更多的发展空间，甚至不惜支付"天价违约金"。因为演艺行业的人身性很强，艺人本身就是一切商业资源和收益的来源，经纪公司也只能通过这样看似"夸张"的办法，来留住艺人，保证自己的权益。

案例参考：邓紫棋与蜂鸟音乐的解约风波：

2018 年 3 月，歌手邓紫棋发微博宣布与经纪公司蜂鸟解约。随后，网络上便爆出新闻，称邓紫棋在数年前就在参与一档综艺节目时被经纪公司强迫续约，而经纪公司对她则是百般"压榨"，视她为摇钱树。而另一方面，蜂鸟公司作为邓紫棋的"伯乐"，发掘并培养了她，使她从一个校园歌手成为当红歌星。在邓紫棋宣布解约消息不久，蜂鸟公司就向香港某法院起诉，向邓紫棋索赔 1.3 亿港元，并表示双方的合约至 2022 年才结束，双方的合作关系继续有效。

邓紫棋原名邓诗颖，邓紫棋系经纪公司为其所取的艺名。在 2015 年和 2010 年，蜂鸟公司就将"邓紫棋"以及"G.E.M"（邓紫棋常用英文名）注册成为商标，网络上一度传闻，邓紫棋若和蜂鸟解约，恐无法继续使用该名称，但邓紫棋本人表示不会改名，蜂鸟公司亦未作出回应。事情在过去一年多后，有关双方的新闻报道已经减少许多，双方后续的关系如何处理还需等法院进一步审理才能有所定论。

在这一事件中，邓紫棋的粉丝表示支持自己的偶像脱离经纪公司的控制，而也有舆论表示经纪公司培养艺人不易，艺人往往在成名后就主动选择脱离，一定程度上破坏了商业秩序。但是无论如何，解约对双方来说都是"伤敌一千，自损八百"的举措，从中也足以看见双方之间经纪合同的重要性。如在经纪合同当中可以约定清楚解除权和艺人相关人身性权益归属的，则可以尽量避免解约时的窘境。

五、艺人肖像、名誉权

艺人作为公众人物，其肖像在未经授权的情况下被使用十分普遍，人们经常会在医美广告或中小城市的小商品广告上看见知名艺人的"形象"，这些艺人往往都是"被代言"的状态。根据《民法典》第1018条，自然人享有肖像权，有权依法制作、使用、公开或者许可他人使用自己的肖像。肖像是通过影像、雕塑、绘画等方式在一定载体上所反映的特定自然人可以被识别的外部形象。

在《民法典》生效以前，根据《民法通则》的规定，"以营利为目的"是是否侵犯他人肖像权的一个重要因素，而在《民法典》生效后，旧《民法通则》同时失效，是否以营利为目的已非侵犯肖像权的因素。除了《民法典》规定的肖像权"合理使用"的情形外，只要未经肖像权人同意，第三人不得制作、使用、公开肖像权人的肖像。未经肖像权人同意，肖像作品权利人不得以发表、复制、发行、出租、展览等方式使用或者公开肖像权人的肖像。肖像权的外延由此也变得更为清晰。

而艺人的名誉权和肖像一样也时常遭受侵犯，艺人经常会面临被侮辱、诽谤的情境。娱乐圈常称这些制造艺人负面新闻的人为"黑粉"。根据《民法典》第1024条第1款，民事主体享有名誉权。任何组织或者个人不得以侮辱、诽谤等方式侵害他人的名誉权。一般来说，艺人在起诉时都会要求被告赔礼道歉和赔偿经济损失。这些都是法律规定的承担侵权责任的方式。其实对于知名艺人而言，其一定程度上属于高收入群体，经济赔偿并非其最终目的，而有效地减少负面新闻和对演艺生涯带来的损失，避免正常的生活与隐私遭到侵扰才是其真正所希望的。

六、衍生品开发

相较于影视演员而言，音乐人的衍生品开发的规模并不大，基本是围绕着艺人本身的形象、名称、品牌，或艺人创作的作品进行开发。如知名乐队组合五月天推出了公仔、图书在内的各类衍生品，主要都是围绕着艺人形象、故事等创作的内容。而一些衍生品则是与艺人相关的一些一般物品，如五月天演唱会的荧光棒都成了歌迷"哄抢"的衍生品。又如，音乐艺人周笔畅则在自己的官方网站上销售与其巡演相关的衍生产品，包括帆布包、T恤、袜子以及其他产品。

行业中还有专门从事艺人衍生品开发的公司，如 MAGICBUS，其商业模式是和艺人签约，获得对艺人衍生品开发的代理权限，然后销售周边产品，获得的收益与艺人进行分成。在每个单独的品类里，MAGICBUS 一般会获得 3 到 5 年的授权时间，而不像经纪公司那样将艺人的所有商业权利都控制在自己手里，MAGICBUS 在北京还开设有实体店。

衍生品商业是有待音乐人开发的一片蓝海，随着内地"偶像经济"的兴起，越来越多的"粉丝"乐忠于为音乐人买单，在以网络发行为主的数字唱片时代，实体唱片甚至都成了一种"衍生品"，许多音乐人、乐队会发行限量的专辑 CD 供粉丝购买签名。如盘尼西林在 2019 年的巡回演出中，就随现场演出出售了诸如帽子、帆布包、T 恤、CD 等在内的各种衍生品，在演出后，歌迷可以拿着这些衍生品和自己喜欢的歌手签名，进行互动。就衍生品开发而言，艺人一方面需要注意其与衍生品生产商、销售商签署授权生产及销售协议时，需要通过合同条款保障自己对衍生品的控制等相应权益，并且要注意有关产品质量等可能会给艺人带来的相应风险；另一方面，音乐艺人应当注意衍生品开发过程中所使用元素等可能涉及的版权、专利、商标等知识产权的授权许可与权利登记、申请、注册等问题。

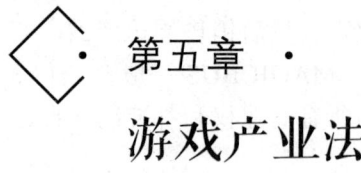

第五章

游戏产业法

第一节　网络游戏的概念与类型

一、网络游戏的定义

网络游戏（Online Game），简称"网游""在线游戏"，是指以互联网为传输媒介，以游戏运营商服务器和用户计算机为处理终端，以游戏客户端软件为信息交互窗口的可实现多用户同时参与的游戏。网络用户通过对游戏人物角色或场景的操作，实现娱乐、休闲、交流、取得虚拟成就等目的。

网络游戏诞生于20世纪70年代。随着互联网的兴起，游戏开发市场也获得长足发展，形成上下游分工明确的网络游戏产业。随着人类社会进入移动互联时代，移动端游戏在网络游戏版图中日益占据显著位置。网络游戏存在道具收费、交易收费等多种收费模式。我国网络游戏行业始于20世纪末，随着互联网技术和市场的发展而蓬勃壮大。近年来我国网络游戏的市场规模持续快速增长，游戏产业在国民经济中的地位日益提升。[①]

二、网络游戏的类型划分[②]

（一）按网络游戏载体划分

1.网页游戏。网页游戏是基于浏览器的游戏，简称页游。其特点是，用户

---

① 参见中国音数协游戏工委《2019年中国游戏产业报告》。

② 参见"'网络游戏'词条"，载 https://baike.baidu.com/item/ 网络游戏 /59904；"'游戏分类'词条"，载 https://baike.baidu.com/item/ 游戏分类 /7690482?fr=aladdin；"网络游戏行业的定义及分类"，载 http://m.chinabgao.com/k/wangluoyouxi/14261.html；"网络游戏、单机游戏、主机游戏，所有游戏分类专业术"，载 https://baijiahao.baidu.com/s?id=16182774659147375 13&wfr=spider&for=pc，最后访问时间：2020年12月20日。

不需要下载客户端，只需用浏览器打开游戏网页，即可进行游戏。网页游戏的主要类型包括角色扮演、战争策略、社区养成、模拟经营、休闲竞技等。

2. 客户端游戏。此类游戏需要用户在电脑或者移动设备上安装游戏客户端软件，通过客户端连接游戏运营商的服务器以进行游戏。用户参与游戏的角色资料及游戏记录等储存在游戏运营商服务器端。

3. 电视游戏。此种类型游戏以电视屏幕为显示媒介，分为主机游戏、智能机顶盒游戏和智能电视游戏等。

此外，当前游戏市场上的移动端游戏发展迅猛。移动端游戏又称手游，是指那些在移动终端如手机、平板电脑上运行的游戏，通常亦分为网页游戏和客户端游戏。

（二）按网络游戏内容划分

1. 休闲类网络游戏。主要是指卡牌类游戏，包括将传统物理棋牌类游戏如象棋、桌上游戏等制作成游戏软件，新类型卡牌游戏如三国杀、UNO 牌，等等。

2. 对战类游戏。其通常是用户操作游戏客户端，通过游戏运营商的服务器实现对战，如穿越火线、星际争霸、魔兽争霸等游戏。其中，第一人称射击游戏（FPS）又称"主视点射击游戏"，是以玩家（控制的角色）的视角进行游戏，表现激烈的战斗场面，有较强的带入感，广受玩家欢迎。

3. 角色扮演类游戏（RPG）。表现为用户在游戏中扮演某一角色，通过任务的执行，提升角色等级，获得游戏道具，代表性游戏如大话西游、倩女幽魂、月光宝盒等。传统的角色扮演游戏有完整的故事情节，强调剧情发展和个人体验，具有升级和技能成长要素。而"大型多人在线角色扮演游戏"（MMORPG），则表现为以网络连接数以千计的玩家，同时参与一个游戏，强调玩家之间的交流互动，不一定有完整的剧情，其战斗系统多类似于动作角色扮演游戏，如《魔兽世界》《最终幻想 XI》等。

4. 功能性游戏。此类游戏一般由非网游类单位开发，借由网游的形式来实现特定训练、教育目的等，如光荣使命（南京军区开发用于军事训练）、清廉战士（用于反腐保先教育）、学雷锋（盛大出品的教育网游）等。

（三）按细分主题划分

网络游戏产业还有按主题划分网络游戏类型的做法，如：①动作游戏（ACT），是以打斗、射击、过关为主的游戏类型；②冒险游戏（AVG），包括文字冒险（《恐怖惊魂夜》《逆转裁判》等）、动作冒险（《古墓丽影》《生化危机》《寂静岭》等）；③益智游戏（PUZ），如《俄罗斯方块》《宝石方块》《旋转泡泡球》等；④卡片游戏（CAG）；⑤格斗游戏（FTG），又称"对战格斗"，如《街头霸王》《格斗之王》《VR 战士》《铁拳》等；⑥恋爱游戏（LVG）；⑦体育游戏（SPG），如《胜利十一人》《托尼·霍克滑板》《拳击之夜》等；⑧音乐游戏（MSC），如《劲舞革命》（DDR）《太鼓之达人》《DJMAX》《应援团》《吉他英雄》系列等；⑨模拟经营游戏，如《模拟城市》《主题公园》《A 列车》等；⑩模拟育成游戏，游戏目的就是让培养对象不同方面的能力得到提升，如《模拟人生》《偶像大师》《美少女梦工场》《任天狗》等；⑪竞速游戏（RCG），如《F-ZERO》《反重力赛车》等。

第二节　网络游戏的保护条件

一、网络游戏组成元素的保护

网络游戏是多元素的组合，其中包括名称、标识、软件、场景、地图、角色、情节、道具、对话、旁白、背景音乐、游戏规则及文字说明等，这些元素在满足相关条件时，均可受到相关法律的保护。

对游戏名称、背景介绍、技能说明、人物对话等以文字表现的游戏元素，应审查相关元素表达是否体现了作者个性化的取舍、选择、安排、设计，以及能否相对完整地表达一定的信息。对游戏标识、界面、地图、场景、角色形象等诉诸视觉美感的游戏元素，应审查其是否具有审美意义。对游戏背景音乐、插曲、音效、动画等游戏元素，应依照有关音乐作品、以类似摄制电影的方法创作的作品的构成要件予以审查。[①]

（一）游戏、角色或道具名称

网络游戏名称、游戏中的角色或者道具名称通常过于短小，无法容纳作品所要求的足够的内容，即便属于文字、字母、数字等的非常见组合，甚至别出心裁，亦不受著作权保护。司法判决的表述为"未表达较完整的思想，未实现文字作品的基本功能"。[②]另一方面，网络游戏名称、角色或道具名称如具有较

---

① 参见《广东省高级人民法院关于网络游戏知识产权民事纠纷案件的审判指引（试行）》（2020 年 4 月）第 16 条。

② 如泡泡堂一案中，法院认为，尽管两款游戏的一些道具名称具有相似性，但原告对"太阳帽""天使之环""天使之翼"等名称并不享有著作权。（2006）一中民初字第 8564 号民事判决书。
再如，"我叫 MT"案中，法院认为，对"我叫 MT"这一动漫名称而言，"我叫……"的表述方式是现有表述方式，而"MT"亦属于常见字母组合，故"我叫 MT"整体属于（下转 476 页）

高知名度，已被相关公众认知为特定作品或企业来源的标识，则可以受到反不正当竞争法的保护。①

（二）游戏软件

网络游戏包括游戏引擎和游戏资源库。②游戏引擎即计算机软件，其自动或按用户指示调用资源库中的素材，包括上载游戏、播放声音、显示图像等。按照我国《计算机软件保护条例》第 2 条之规定，计算机软件是指"计算机程

（上接 475 页②）现有常用表达，并非涉案动漫作者独创，不具有独创性。至于"哀木涕""傻馒""劣人""呆贼""神棍德"五个人物名称，公众在不知晓原告游戏，而仅看到上述名称的情况下，无法对其所表达的含义有所认知，因此上述名称并未表达较完整的思想，未实现文字作品的基本功能。（2014）京知民初字第 1 号民事判决书。

①　例如，"王者荣耀"作为一款网络游戏的作品名称已为相关公众所熟知，可以作为作品名称在先权益予以保护。第三人以该名称申请注册诉争商标，具有主观恶意，违反了商标法第 32 条的规定。

再如，"铁臂阿童木""阿童木"作为动漫作品的名称以及动漫的角色名称已为相关公众所了解，具有较高知名度，故"铁臂阿童木""阿童木"可以作为在先作品名称以及在先作品的角色名称进行保护。但在先作品名称以及在先作品的角色名称权益的保护范围并不当然及于全部商品和服务类别，仍应以限于相同或类似商品或服务为原则。

再如，"三生三世十里桃花"作为小说作品名称已经具有了较高的知名度。在商业实践中，利用小说作品名称进行商业衍生商品或服务开发（包括游戏改编权）已经成为普遍现象，因此，如果他人申请将该名称注册于第 9 类"计算机游戏软件"等商品之上，容易导致相关公众误认为是经过小说作品权利人的许可或者与权利人存在特定联系，从而影响相关公众对其核定使用商品来源的认知。

当作品名称因具有一定知名度而不再单纯局限于作品本身时，则作品名称能够与特定商业主体或商业行为相结合，相关公众可以将其对于作品的认同和情感投射于作品名称之上，这时作品的权利人即可据此获得作品发行以外的商业利益，此时该作品名称可构成适用《中华人民共和国商标法》（以下简称《商标法》）第 32 条"在先权利"予以保护的在先权益。在《小羊肖恩》在先具有较高知名度的情况下，如果允许他人将带有"小羊肖恩"字样的商标使用在核定商品上，容易使消费者误认为这些商品来源于阿德曼公司或者与其具有某种程度的关联，从而不正当地利用了《小羊肖恩》的知名度和影响力，挤占了第三人通过大量投入和劳动所获得的市场优势和商业价值，故以带有"小羊肖恩"字样的商标的申请注册构成《商标法》第 32 条所指的损害他人在先权利的行为，应当予以宣告无效。

参见北京知识产权法院："作品名称在先权益保护相关案件审理情况新闻发布会"，载微信公众号"知产北京"，2020 年 6 月 20 日上传。

②　国外判例又将游戏区分为三个独立的组成部分，包括游戏引擎、游戏资源库和 MAP 文件。文件扩展名为".MAP"的内容是游戏各个级别中的布局。游戏引擎会激活对应级别的 MAP 文件，每个 MAP 文件又包含一系列指令，这些指令告诉游戏引擎应在什么位置显示什么内容，再由游戏引擎向计算机发送相应指令。Micro Star v. FormGen Inc., 154 F.3d 1107 (9th Cir. 1998).

序及其有关文档"。^①计算机软件是著作权法上文字作品的一种类型。在我国网络游戏产业发展早期，存在着游戏企业工程师离职带走源代码，简单修改后更换游戏名称投入市场的案件。^②此种侵权方式相对低级，容易认定，现在已很少发生。竞争对手更多地通过重写源代码，再以新代码使用游戏资源库素材的方式来达到利用他人成果的目的。

（三）游戏说明

游戏说明通常包含两部分内容，一是对游戏背景的介绍，例如生化危机类游戏中关于时代背景、灾难事件或英雄事迹的介绍，这部分内容属于文学艺术作品。二是对游戏规则的说明，例如通关的条件、获得积分的方法等，这部分内容属于科学作品。^③

（四）游戏对白、旁白

网络游戏中的对白、旁白，是游戏开发者为特定游戏场景、角色专门设计的语言元素，对白、旁白满足作品独创性要求的，构成语言作品，受著作权法保护。

（五）角色设置、故事情节

网络游戏中的特定角色在性格特征^④、能力^⑤和背景等方面足够丰满、鲜明，

---

① 依照《计算机软件保护条例》第3条第1、2项之规定，计算机程序是指"为了得到某种结果而可以由计算机等具有信息处理能力的装置执行的代码化指令序列，或者可以被自动转换成代码化指令序列的符号化指令序列或者符号化语句序列。同一计算机程序的源程序和目标程序为同一作品"。有关文档是指"用来描述程序的内容、组成、设计、功能规格、开发情况、测试结果及使用方法的文字资料和图表等，如程序设计说明书、流程图、用户手册等"。

② 在畅游公司诉麒麟公司《成吉思汗》游戏软件侵权一案中，原告起诉被告开发的游戏侵犯其软件著作权，法院组织鉴定，发现被告游戏源代码中埋有原告工程师名字，后双方和解，原告撤诉。（2009）海民初字第20903号。

③ 在广州网易计算机系统有限公司与广州多益网络股份有限公司著作权权属、侵权纠纷、商业贿赂不正当竞争纠纷案中，原告指控《神武》端游和《神武》手游（以下合称被告游戏）的软件均分别侵犯了《梦幻西游》和《梦幻西游2》（以下合称原告游戏）软件著作权，诉称被告游戏与原告游戏在产品特征、游戏词汇、种族及角色、门派体系、技能体系、装备体系、游戏玩法等七方面均高度相似，抄袭了原告游戏的游戏元素。原告请求保护的涉案文字作品分为"十二门派技能法术介绍"和"装备特效介绍"两大部分。法院认定，被告《神武》端游、手游在3族12门派体系及名称、各门派及师傅名称上大部分相同，门派特色，门派地位，门派技能、法术的名称，法术、特技特效的使用条件和消耗的描述等均与涉案文字作品实质性相似，构成著作权侵权。(2015)粤知法著民初字第19号。

④ "对于游戏中刻画的人物，版权法保护的不仅是视觉上的相同，还包括角色属性和特征的相同。"TETRIS HOLDING, LLC and The Tetris Company, LLC, v. XIO INTERACTIVE, INC., 103 U.S.P.Q. 2d 1959.

⑤ DaVINCI EDITRICE S.R.L. V. ZIKO GAMES, LLC. et al., 111 U.S.P.Q. 2d 1692.

故事情节足够丰富，体现出作品所要求的创造性的，均可受著作权法保护。

（六）游戏界面、角色、道具、场景等二维或三维造型

依《著作权法实施条例》第 4 条规定，美术作品，是指绘画、书法、雕塑等以线条、色彩或者其他方式构成的有审美意义的平面或者立体的造型艺术作品。包括游戏界面在内的各类游戏造型，在满足作品独创性要求的前提下，构成美术作品，受著作权法保护。需要说明的是，美术作品的保护仅限于其有美感的外在形式，而不延及于其中蕴含的思想情感，[①] 因此侵权比对应集中在外在形象上。[②] 此外，为满足游戏功能而构建的界面布局属于"思想表达"二分法中的思想，不受著作权法保护。[③] 我国法院认为将游戏角色形象拍摄为电影中的角色，亦可构成美术作品侵权。[④]

（七）游戏地图

游戏地图通常又分为场景地图和小地图。游戏场景地图是指网络游戏中由开发者设计的用于玩家进行游戏的整体空间以及其中设计的路径、封闭式通道、游戏建筑物、障碍物、遮掩体等元素组合所形成的全部有形立体场景。游戏小地图，又可称为"游戏地图示意图"，是以俯视视角单纯运用线条绘制出的反映游戏场景地图整体轮廓、内部构成元素形状和布局结构的平面示意图，从功能上起到对玩家所在场景位置加以提示的作用，示意其所在区域可能的障碍物、

---

① 在游卡桌游案中，法院认为，原被告游戏虽然在人物的发型、服饰、手姿、身姿、武器等构成人物形象的要素方面极为相似，但二者勾勒人物的线条不同，人物的背景画面也不同，呈现出不同的表达风格，因此认定不侵权。（2014）一中民终字第 4370 号民事判决书。

② 在"我叫MT"案中，法院从服装及武器上对人物形象进行比对，认为被诉游戏中五个人物的武器及服饰与原告游戏中五个对应形象的武器与服饰差异较大，不构成实质性近似。（2014）京知民初字第 1 号。此外，在韩国泡泡堂诉腾讯 QQ 堂侵犯著作权、不正当竞争纠纷案中，法院从美术作品角度将 QQ 堂与泡泡堂的页面相比较，认为进入游戏前的登陆、等待页面、游戏实战画面及众多游戏道具的画面整体上并不相似，不构成侵权。（2006）一中民初字第 8564 号民事判决书。

③ 在炉石传说案中，法院对"炉石标识""游戏界面""卡牌牌面设计""游戏文字说明""视频和动画特效"等是否受到著作权法保护，分别进行了论述。法院认为，游戏界面的布局作为美术作品的思想不属于著作权保护的范畴，但涉案 14 个界面并非仅由布局构成，而是由色彩、线条、图案构成的平面造型艺术，属于应受到法律保护的作品。（2014）沪一中民五（知）初字第 23 号民事判决书。

④ 参见乐玩新大地（北京）科技有限公司（以下简称乐玩公司）与被告金刚时代文化传播（北京）有限公司（以下简称金刚时代公司）、被告北京威驰克国际数码科技有限公司（以下简称威驰克公司）、被告上海湃拉影视文化传媒工作室（以下简称湃拉工作室）侵害著作权及不正当竞争纠纷案。北京市海淀区人民法院（2018）京 0108 民初 64742 号（2020 年 6 月 1 日判决）。

通道等。

在相关案件中，审理法院认为，游戏场景地图将抽象战术场景进行形象化、具体化的表达，这与地图、示意图实质性特征相同，游戏场景地图应当被归入图形作品，其独创性的整体构图、内部组合结构和布局安排，属于应受法律保护的图形作品具体表达。在评价被控侵权游戏地图是否与权利人游戏地图构成近似时，应关注的是被诉游戏地图与请求保护的游戏地图具有独创性部分的整体轮廓、内部结构和布局等造型方面表达是否构成相似。小地图主要服务于实用性功能，即为玩家指示其在整张游戏地图中所处的位置，小地图对路线、掩体设计（包括掩体位置、大小和高度）、空间、距离、方位、区段等地图要素的表达和组合方式与游戏场景地图完全相同，故游戏场景地图与相对应平面游戏地图缩略图（小地图）均属于著作权法意义上的同一类作品即示意图。抛开美术装饰后，两者的独创性要素完全相同，小地图功能也是对游戏场景地图的具体反映，故小地图不能独立于游戏场景地图成为另一类需要单独保护的作品。[①]

本书认为，游戏场景地图并非著作权法意义上"说明事物原理或结构"的"示意图"类型，而是游戏场景，也就是玩家在其中进行游戏的虚拟空间。所谓场景地图，并不是像示意图那样仅发挥提供游戏信息的功能，场景地图就是游戏的一部分，更为准确的说法应当是"游戏场景"而非"场景地图"。相反，小地图恰恰是提供信息的真正的示意图。

（八）背景音乐

网络游戏在运行过程中通常伴有音效或背景音乐，以此让玩家获得更好的游戏体验。背景音乐具有独创性的，可以构成音乐作品，单独受到著作权法的保护。

（九）游戏规则

游戏规则又称游戏玩法，通常被认为属于"思想表达"二分法中的思想范畴，不构成作品或者作品的组成部分，不受著作权法保护。如果题材或者玩法也受著作权法保护的话，将会出现某一种玩法仅有一款游戏的情况，造成文化消费内容贫乏，不利于文化产业的发展。[②]美国法院审理的"三国杀"游戏侵

[①] 深圳市腾讯计算机系统有限公司与畅游云端（北京）科技有限公司、英雄互娱科技股份有限公司等单位侵害著作权纠纷案（穿越火线 vs 全民枪战），深圳市中级人民法院（2017）粤 03 民初 559 号。

[②] 在暴风公司诉上海游易著作权侵权及不正当竞争纠纷一案（炉石传说 vs 卧龙传说案）中，法院即认定游戏中卡牌与套牌的组合系思想，不能享有著作权法上的保护。（2014）沪一中民五（知）初字第 23 号民事判决书。另参见北京市海淀区人民法院课题组：《海淀法院有关网络游戏侵犯知识产权案件的调研报告》（2016）。

权案中亦明确否定了游戏规则受版权保护的可能性。[1]另一方面，法院从鼓励原创、杜绝抄袭的市场竞争原则出发，对于富有创意、获得市场认同的游戏玩法，取道反不正当竞争法加以保护。例如，在"炉石传说 vs 卧龙传说"网络游戏侵权纠纷案中，法院认为，涉案两款游戏所涉卡牌、界面相似度极高，视觉效果差别不大，区别仅在于角色形象由魔兽世界中的人物替换为三国人物；两款游戏在卡牌构成及使用规则、基本战斗规则上基本一致。因此，可以认定被告整体抄袭了原告游戏，这种通过不正当的抄袭手段将原告的智力成果占为己有，并且以此为卖点推广游戏的行为，背离了平等、公平、诚实信用的原则和公认的商业道德，超出了游戏行业竞争者之间正当的借鉴和模仿，具备了不正当竞争的性质。[2]

近年来，我国法院通过区分抽象的游戏题材与具体的玩法，通过保护"游戏规则的具体表达"而在一定程度上将游戏规则纳入了著作权保护范围。[3]有法院进一步认为，一款成功的网络游戏的核心部分并非美术设计、场景外观、音效等，而是玩法的具体设置。以射击类游戏为例，包括与战斗目标相匹配的地图行进路线设计、游戏人物的初始数值策划，赋予每位人物不同侧重的参数值和各具特色的技能或武器技能、用户界面的整体布局以及资源串联及功能调试等，这些属于游戏"设计要求"，是游戏规则的外在表现，属于具体表达层面。[4]此种观点可以看作是对"表达"概念的扩张，例如将游戏规则设计类比为文学作品中的故事情节，将角色技能或道具属性的具体规则设计看作表达。[5]

---

① DaVINCI EDITRICE S.R.L. V. ZIKO GAMES, LLC. et al., 111 U.S.P.Q. 2d 1692.

② （2014）沪一中民五（知）初字第 22 号民事判决书。

③ 法院认为，网络游戏中，具有独创性的展现游戏具体玩法规则的界面文字、布局、交互构成游戏玩法规则的特定呈现方式，可以认定为著作权法保护的客体。具体的界面图形和界面文字等内容可以认定是具体的"表达形式"，而在其之上进行的一层抽象与概括，可以演绎到某一特定的具体玩法规则的具体设定，这一层级的内容可以认定为系"表达内容"，同样可以被认定为著作权法保护的客体。在这之上，进一步抽象和概括到再上一级的游戏玩法和规则，则应该将其认定为属于"思想"的范畴。成都天象互动科技有限公司、北京爱奇艺科技有限公司与苏州蜗牛数字科技股份有限公司侵害著作权纠纷案（太极熊猫 vs 花千骨），江苏省高级人民法院（2018）苏民终 1054 号。

④ 参见暴雪娱乐有限公司、上海网之易网络科技发展有限公司与广州四三九九信息科技有限公司、四三九九网络股份有限公司著作权侵权及不正当竞争纠纷案（守望先锋 vs 英雄枪战），上海市浦东新区人民法院（2017）沪 0115 民初 77945 号。

⑤ 参见朱艺浩："论网络游戏规则的著作权法保护"，载《知识产权》2018 年第 2 期。

二、网络游戏整体画面的保护

网络游戏画面是指网络游戏运行时呈现在终端设备的由文字、声音、图像、动画等游戏元素构成的综合视听表达。这一表达形式是否构成著作权法上的作品，尤其是构成"以类似摄制电影的方法创作的作品"（即所谓类电影作品）与否，理论上存在争议。司法实践中，曾存在反不正当竞争法和著作权法两种处理模式。目前，著作权法保护模式日益占据主流。

（一）反不正当竞争法保护模式

我国曾有法院认为，竞技类游戏画面通常不构成类电影作品，而情节类游戏画面则构成作品。支持游戏竞技画面不属于作品的主要理由为，赛事本身并无剧本之类的事先设计，比赛画面是由参加比赛的双方多位选手按照游戏规则、通过各自操作所形成的动态画面，系进行中的比赛情况的一种客观、直观的表现形式，比赛过程具有随机性和不可复制性，比赛结果具有不确定性，故比赛画面并不属于著作权法规定的作品。[①]持网络游戏画面不是作品观点者往往倾向于适用反不正当竞争法一般条款中市场竞争者应遵守"平等、公平、诚实信用的原则和公认的商业道德"规定，认定画面的抄袭构成侵权。

（二）著作权法保护模式

实践中，支持游戏整体画面构成作品的观点试图从网络游戏的创作过程与传统的电影制作过程极为相似来论证前者属于"类电影作品"的恰当性。网络游戏的创作过程主要包括两大阶段，一是游戏策划人员进行游戏总体设计，选择游戏引擎、模式、风格、剧情等开发方向；二是在确定需要实现的功能后交予程序员进行具体的代码编写，并由相关人员负责故事情节、各类文字、图片、音乐等游戏素材的设计。持游戏画面作品论者认为，游戏策划、素材设计等创作人员的功能与电影创作过程中的导演、编剧、美工、音乐、服装设计等类似，游戏的编程过程则相当于电影的拍摄。从表现形式上看，随着玩家的操作，游戏人物在游戏场景中不断展开游戏剧情，所产生的游戏画面由图片、文字等多种内容集合而成，并随着玩家的不断操作而出现画面的连续变动。上述游戏画面由一系列有伴音或者无伴音的画面组成，通过电脑进行传播，具有和电影作品相似的表现形式。因此，网络游戏的整体画面可以作为类电影作品获得著作权法的保护。[②]

---

① 电竞游戏直播纠纷第一案（DOTA2 直播案），上海市浦东新区人民法院（2015）浦民三（知）初字第 191 号民事判决书。

② 《奇迹 MU》网络游戏侵权案，上海市浦东新区人民法院（2015）浦民三（知）初字第 529 号民事判决书。

依据著作权法基本原理，判断网络游戏整体画面是否构成一件独立作品，首先需要辨别，这一（含有伴音的）画面是否给用户或者受众带来了新的视听体验，这种视听体验产生于该画面组成部分的有机结合，而不是单独欣赏各组成部分时产生的视听体验的简单相加。如果答案是肯定的，就有一定把握认定画面的作品属性；如果答案是否定的，则难以赋予其作品的法律地位。根据这一标准，网络游戏画面能够满足法律对作品的要求。

　　我国《著作权法》（2010年修正）第3条第6项仅列出"电影作品和以类似摄制电影的方法创作的作品"（后者即所谓类电影作品），并没有给出一个具体的定义。不过，结合本法的其他相关规定，还是可以给此类作品画出肖像来的。结合本法第10条第1款第13项摄制权之规定与第10项放映权之规定，可以推知，电影作品须先行以摄制方法固定于介质之上，其后则能够通过技术设备予以播放。再结合本法第15条有关电影制片者及各参与方权益分配之规定，可知著作权法上的电影作品确指传统意义上的电影，形式上是动态连续画面，内容上为线性叙事。因此，可以说《著作权法实施条例》第4条第11项给电影作品所下定义并未偏离立法本意。如果严守我国《著作权法》有关电影作品和类电影作品的原意，那么，网络游戏画面就不能被纳入此类作品。事实上，网络游戏画面虽然也是动态画面，但和传统的电影电视剧仍存在区别，尤其是，传统的电影是线性叙事，而网络游戏画面不必然具备这一特征。此外，电影作品纳入国际公约保护之际，互动性的电子游戏也还没有出现。

　　另一方面，电影作品之所以能够在法律中单列，乃因著作权法从受众感知角度划分作品类型。电影作品在受众那里呈现为连续运动的画面，从而有别于静态的单张图片，也有别于不具运动特征的幻灯片放映。正是因为注意到这一特征，电影作品才在《伯尔尼公约》和各国著作权法中成为独立的一类作品。在《伯尔尼公约》当前文本中，对电影作品的定义是"电影作品和以类似电影的方式表现的作品"。这一表述来自公约修订的斯德哥尔摩会议。会议召开之时，现实中已经出现了无需事先固定的画面传播。例如，电视新闻报道既存在对录在胶片上的内容加以播放的情况，也存在现场直播。参会者认为，对观众而言，两种情况下的收看效果并无二致，因此出现在屏幕上的内容应该享受同样的保护。于是，公约修订者使用被表现（expressed）代替了此前文本中的获得（obtained），以强调关键在于作品的形式而不是向公众传播的方法。这里，所谓与电影类似不是指制作或传播技术类似，而是指给受众传递的视听效果类似。

　　目前，"摄制"要件因拘泥于传统的电影作品创作手段而在各国实务中被废弃。这同时意味着，我国《著作权法》（2010 年修正）中的"以类似摄制电影的方法创作的作品"是一个过时了的定义，"类电影作品"概念亦无存在的必要。由此出发，假如把构成电影作品与否的要件限定为是否"呈现为连续运动的画面"，而不问该画面的制作方法为何，是否先行固定于某个载体之上，有无互动性，那么，网络游戏画面进入电影作品之列即有据可依。① 当然，网络游戏与传统的电影、电视剧还是有区别的，后者通常表现为线性叙事，而网络游戏以互动性为其基本属性，用户可以对画面的具体呈现进行干预，因此，国外有将其独立归为一种新的作品类型即多媒体作品的观点。

近年来的司法实践倾向于不再区分竞技类游戏与扮演类游戏，而是以是否呈现为连续画面作为认定游戏是否构成类电影作品的标准。法院认为，结合相关法律对类电作品的定义，可以判断预先设定的故事情节并不是类电作品的必备要素。如在某些风光片或纪录片作品中，没有预设的故事情节，但不会妨碍其被认定为电影或类电作品。而网络游戏中连续动态画面因玩家操作不同产生的不同画面，其实质是因操作产生的不同选择，并未超过游戏预设的画面，不是脱离游戏之外的创作。该连续动态画面是唯一固定，还是随着不同操作而发生不同变化不影响类电作品的认定。某一类型的网络游戏的游戏画面是否可以视为类电作品，衡量的标准是此画面是否由一系列有伴音或无伴音的具有独创性的画面组成。② 2020 年修正的《著作权法》第 3 条不再使用"电影和以类似摄制电影的方法创作的作品"表述，而统一使用"视听作品"概念。

（三）网络游戏视听画面整体保护与构成元素保护之间的关系

通常而言，著作权争议中对网络游戏视听画面进行整体保护的，不宜再单独就网络游戏特定部分或游戏元素保护认定责任。其理由在于，游戏整体视听内容作为整合了文字、美术、音乐及其他游戏元素的外在表现形式，将其作为整体保护符合现实需求。主要理由如下：一方面，当前网络游戏侵权形态已经

---

① 在炉石传说 vs 卧龙传说案中，被控侵权游戏中的"牌店及打开扩展包动画"与原告游戏中的"牌店及打开扩展包动画"无实质性差异，因此法院确认被告游戏中"牌店及打开扩展包动画"构成对原告"牌店及打开扩展包动画"的复制，侵害了其复制权。（2014）沪一中民五（知）初字第 23 号民事判决书。

② "从其（涉案游戏）运行的整体画面效果看，场景地图细腻逼真，英雄造型绚丽丰满，所持武器结构复杂，技能效果相生相克，游戏玩法逻辑自洽，蕴含了游戏开发者大量的智力成果。结合原告提供的《守望先锋》官网记载内容来看，《守望先锋》自 2014 年 11 月份首度公布英雄人物以来至 2016 年 5 月正式开服，期间历经一年半，陆续公布英雄人物和地图。开服后不断进行英雄属性和技能的修改。可见，该款游戏是主创人员付出大量劳动、团队合作的智慧结晶，完全符合著作权法关于独创性的要求。"上海市浦东新区人民法院（2017）沪 0115 民初 77945 号。

从盗用游戏源代码等方式发展为对游戏视听内容进行模仿或抄袭，而分拆式保护模式，容易割裂网络游戏作为有机整体所呈现的综合视听效果，不利于完整呈现网络游戏的真正面貌。从游戏用户的角度来看，其所体验的并非计算机代码或游戏素材资源库中的文字、图片、音频、视频等，而是游戏整体画面的视听效果。整体化保护有利于完整呈现网络游戏的真貌，符合一般游戏用户的认知，便于进行实质性相似比对等审查认定。另一方面，目前出现网络游戏相关权利人将连续的游戏画面、画面中的内容、游戏进阶关卡等人为拆分、尽量拆分的情势。以拆分为手段，以试探诉讼、增加诉讼、争取获得更多赔偿等为目的的做法，不但会造成司法资源浪费，而且碎片化的主张可能破坏知识产权的体系结构，无谓地制造了权利定性认定的困难，可能导致权利保护范围模糊、不当或不合理。因此，如整体化保护足以制止被诉侵权行为的，可以不再单独对网络游戏特定部分或游戏元素作出处理。①

相应的，对整体画面的保护限于游戏预设的范围，若画面呈现落在开发者预设范围之外，则不能受到著作权保护。②

第三节　网络游戏著作权侵权

一、网络游戏著作权的归属

2020 年修正《著作权法》第 17 条就"视听作品"权属作出规定。此前，我国《著作权法》（2010 年修正）第 15 条规定："电影作品和以类似摄制电影的方法创作的作品的著作权由制片者享有。"据此，构成（类）电影作品的网络游戏的著作权属于游戏开发商。此外，网络游戏以计算机软件驱动为基础，依照《著作权法》（2010 年修正）第 16 条规定，主要是利用法人或者其他组织的物质技术条件创作，并由法人或者其他组织承担责任的工程设计图、产品设计图、地图、计算机软件等职务作品，除作者署名权外，著作权的其他权利由法人或者其他组织享有，故网络游戏软件的著作权亦属于游戏开发商。

---

① 广东省高级人民法院《关于网络游戏知识产权民事纠纷案件的审判指引（试行）》（2020 年 4 月）第 18 条第 1 款规定：判断游戏画面是否符合以类似摄制电影的方法创作的作品构成要件，一般综合考虑以下因素：①是否具有独创性；②是否可借助技术设备复制；③是否由有伴音或无伴音的连续动态画面构成；④因人机互动而呈现在游戏画面中的视听表达是否属于游戏预设范围。

② 参见广东省高级人民法院《关于网络游戏知识产权民事纠纷案件的审判指引（试行）》（以下简称《指引》）（2020 年 4 月）第 8~15 条。

就游戏画面的著作权归属而言，不同玩家的操作会产生不同的游戏画面，这导致一些观点认为，玩家是这些操作中生成的游戏画面的作者乃至著作权人。但是，不同玩家运行游戏所产生的不同连续画面，已经由开发商的程序预先设置，无论是游戏规则、情节、结局可能性，均已包含在游戏的功能模块和游戏素材中，也就是说，玩家操作产生的画面可认为是游戏开发商所预设的场景。玩家行为通常并不产生新的作品，因此也不享有著作权。例如，就即时在线射击类游戏而言，游戏场景地图、英雄外观造型、游戏英雄人物及武器的绑定、游戏的取胜条件、用户界面的设置等均由游戏开发者预先设定。枪战射击类游戏确实与角色扮演类游戏不同，所呈现的整体画面无 NPC（Non-Player Character，非玩家控制角色）场景动画，无游戏人物的背景交代，无相对完整的故事情节，更注重玩家自主操作的交互式体验。但这种射击类游戏中，场地地图是固定的，每位英雄的技能是固定的，技能的释放效果是固定的，玩家可以控制的只有两项：人物或武器技能的释放（时间和角度）、人物的移动路线（包括前进、闪躲、跳跃等和前进路线的选择）。[1] 一方面，如果玩家参与游戏并无创作意图，其目的在于通过熟练掌握游戏规则和游戏技巧，以更高超的操作获得通关、击败对手等体验，这种行为不属于著作权法上的创作行为，而是类似于体育竞赛中运动员的竞技行为。因此，若游戏画面系游戏程序根据游戏用户操作指令、按既定规则调用游戏开发商预先设置的游戏元素自动生成，该用户操作行为不属于创作行为，不影响对游戏画面的定性判断。[2] 另一方面，如果一款网络游戏旨在为用户提供创作的园地，用户调用网络游戏可以进行绘画、建模乃至音视频创作，那么，用户行为构成创作的可能性较大。[3]

如果网络游戏并未给游戏用户提供足够的个性表达创作空间，游戏画面中出现的角色形象、装备道具、技能动画、文字图案、音乐音效等素材，均由游戏开发商设计完成并存储固定在游戏资源库中。游戏用户按照既定的游戏规则和流程进行游戏，不能随意添加游戏中没有的素材，因此即便是玩家之间的社交互动或对抗竞技画面，也大都落在游戏开发商设计并反复测试中预设的各种可能性范围之中。此时玩家运行游戏时展现的只是游戏策略技巧和游戏熟练度

---

① 参见上海市浦东新区人民法院（2017）沪 0115 民初 77945 号。

② 参见广东省高级人民法院《指引》（2020 年 4 月）第 20 条。

③ 刘文杰："网络游戏画面构成类电影作品吗"，载《中国知识产权报》2017 年 4 月 14 日，第 10 版。另参见上海市浦东新区人民法院（2017）沪 0115 民初 77945 号。

的高低，难以形成新的独创性表达从而构成新的作品。此时应当认定游戏开发商而非游戏用户是游戏连续动态画面的著作权人。如果游戏只是设定简单的规则，并提供了基本的素材工具，其他游戏内容均由玩家自由探索，甚至开放剧情或地图编辑器，允许和鼓励玩家创作新的游戏内容，在这种情形下，不排除玩家有可能创作出具有独创性表达的新作品。如无相反约定，玩家对其创作的新作品享有相应著作权。开发商可与玩家就相关游戏画面的著作权依法通过协议约定归属。[①] 这其中还包括玩家在运行游戏过程中，结合游戏进程加上自己富于表现力的解说、评论，若其与画面结合产生了新的独创性，则录制形成的直播画面构成类电影作品。当然，玩家创作的新作品可能是原游戏画面的演绎作品，此时，按照《著作权法》第13条规定，改编、翻译、注释、整理已有作品而产生的作品，其著作权由改编、翻译、注释、整理人享有，但行使著作权时不得侵犯原作品的著作权。

就电竞赛事直播节目而言，此类直播以对抗竞技性较强的网络游戏为基础，制作过程类似于电影摄制过程，在一定介质上制成一系列的音、视频数据产品。电竞赛事直播画面的独创性体现在赛程节目编排、摄像角度选取、镜头内容切换、主播口头解说、现场精彩回放等，凝聚了赛事组织者创造性劳动，是众多制作者的艺术观点和智力创作的结晶。因此，最终呈现的游戏直播画面通常属于具有独创性的连续动态画面的表达，可构成类电作品。

区别于电竞赛事节目的专业性和复杂性，由游戏主播个人制作的游戏直播节目技术门槛较低，一般存在于各大直播平台开设的直播频道或房间中。在这类直播行为中，除了网络游戏画面以外，游戏主播的口头解说也可能具有重要价值，其中可能包含游戏主播对于游戏的独特思考、技巧总结或好恶评价，游戏主播也可能在直播内容取舍、进程编排、粉丝互动等环节中付出了创造性智力劳动。此时游戏主播实际上是在游戏连续动态画面上进行演绎创作，故个人主播直播画面也有可能构成类电作品。但是，如果个人主播直播画面仅忠实记录主播运行游戏所形成的游戏连续动态画面，主播仅跟随游戏进程简单介绍游戏内容，此时的直播画面内容在游戏连续动态画面内容以外所添加、融合的元素过于简单，缺乏独创性表达，不能构成新的作品。[②]

---

① 参见广东省高级人民法院《指引》（2020年4月）第19条。

② 参见广东省高级人民法院《指引》（2020年4月）第19条。另参见焦和平："类型化视角下网络游戏直播画面的著作权归属"，载《法学评论》2019年第5期。

二、网络游戏中的合理使用

(一)作品合理使用的相关规定

著作权合理使用制度是对著作权及邻接权的限制,基于社会公众利益来确立可以自由使用作品的合理空间,最终实现著作权法"鼓励作品的创作和传播,促进文化、艺术和科学事业发展与繁荣"的立法目的。网络游戏著作权同样受到合理使用制度的限制。我国著作权法上的合理使用主要规定于《著作权法》第 24 条、《信息网络传播权保护条例》相关条款及《著作权法实施条例》第 21 条。《著作权法》第 24 条规定了著作权限制的 12 种情形,符合相应情形的使用作品行为可以不经著作权人许可,不向其支付报酬。根据《著作权法实施条例》第 21 条规定,使用可以不经著作权人许可的已经发表的作品的,不得影响该作品的正常使用,也不得不合理地损害著作权人的合法利益,此即所谓"三步检验法"。该标准来自于《伯尔尼公约》《世界知识产权组织版权条约》《TRIPS 协定》,即对专有权利的限制应局限于特定情况,不应与作品的正常利用冲突,且不得不合理地损害权利人的合法利益。

不过,在遇到疑难案件时,实务运用较多的方法是综合考虑作品使用行为的性质和目的、被使用作品的性质、被使用部分的数量和质量、使用对作品潜在市场或价值的影响等四项因素。这一方法规定于美国 1976 年版权法,是对此前判例法的归纳总结。最高人民法院对于这一方法给予肯定。[①] 近年来,我国法院在实践中越来越多地运用这一方法。[②] 在网络游戏审判实践居于前沿的法院明确认可这一方法。[③]

合理使用制度具有一定灵活性,不局限于《著作权法》第 24 条规定的情

---

① 参见最高人民法院《关于充分发挥知识产权审判职能作用推动社会主义文化大发展大繁荣和促进经济自主协调发展若干问题的意见》(法发〔2011〕18 号)第 8 条规定:妥当运用著作权的限制和例外规定,正确判定被诉侵权行为的合法性,促进商业和技术创新,充分保障人民基本文化权益。正确认定合理使用和法定许可行为,依法保护作品的正当利用和传播。在促进技术创新和商业发展确有必要的特殊情形下,考虑作品使用行为的性质和目的、被使用作品的性质、被使用部分的数量和质量、使用对作品潜在市场或价值的影响等因素,如果该使用行为既不与作品的正常使用相冲突,也不至于不合理地损害作者的正当利益,可以认定为合理使用。对设置或者陈列在室外社会公共场所的艺术作品进行临摹、绘画、摄影或者录像,并对其成果以合理的方式和范围再行使用,无论该使用行为是否具有商业目的,均可认定为合理使用。

② 电影海报使用葫芦娃、黑猫警长美术作品案上海美术电影制片厂与浙江新影年代文化传播有限公司、华谊兄弟上海影院管理有限公司著作权侵权纠纷案。上海市普陀区人民法院(2014)普民三(知)初字第 258 号,(2015)沪知民终字第 730 号。

③ 参见广东省高级人民法院《指引》(2020 年 4 月)第 25 条。

形。但若超越该条明文规定的情形，必须较为慎重，在个案中运用四要素分析法进行具体判断。

（二）对网络游戏的使用是否构成合理使用的判断

在网络游戏构成作品的情况下，未经著作权人许可而直接利用网络游戏内容，会导致权利人的侵权指控。当下，有关使用网络游戏内容是否构成合理使用的争议主要发生在游戏直播领域。由于直播属于新型作品利用行为，无法在《著作权法》第22条中找到法律依据，因此需要运用四要素分析方法加以判断。实践中，我国法院也完整运用了这一方法。在"梦幻西游"游戏直播案中，广东省高院即采用这一方法。

法院认为，法律基于促进技术创新、经济发展和文化繁荣等社会公共利益，对著作权这一私权作出限制，应当限于确有必要的特殊情形。游戏直播行为是否属于特殊情形下的合理使用，可以综合权衡四项因素，进而判断该作品使用行为是否与作品的正常使用相冲突以及是否不合理地损害著作权人的合法利益。

1. 考察游戏直播行为的性质和目的。当前主流游戏一般从视听效果或游戏玩法等方面吸引玩家体验并付费进行盈利，而大部分游戏直播主要是依靠游戏特点和主播个性吸引观众并进行流量变现（打赏、广告等），两者盈利模式虽有不同，但不影响其商业性质。如果直播平台组织的游戏直播中开通观众打赏功能，平台与游戏主播就对观众打赏的金钱进行收益分成。游戏直播吸引观众流量后，直播平台及游戏主播可以通过投放广告及提供其他增值服务获利。此时，游戏直播行为对涉案作品的使用明显具有商业性质，而非游戏主播为了追求自我展现与社交性表达目的。直播平台作为商事主体组织主播人员直播涉案游戏，并与其分配所得利益，该行为实际上是一种通过经营游戏直播业务营利的营商行为。虽然并非所有商业性质的使用作品情形一律不构成合理使用，但相对而言，基于商业目的使用他人作品需要更加充分的理由支持其不侵权抗辩。

2. 考察被直播的游戏整体画面的性质。网络游戏通常系游戏开发者耗费大量人力和物力研发的文化娱乐产品，游戏本身往往具有鲜明的商品属性。一般而言，作者创作时投入的成本越高，其通过控制作品使用方式获得更多利益的期望越合理，此时认定构成合理使用越要谨慎。著作权法对作品的保护强度也应与其创作高度相适应。游戏直播行为所形成的游戏直播画面中没有或很少添加新的独创性表达，实则将游戏整体画面忠实记录，此时，认定该使用作品情形构成合理使用空间更小，应更谨慎。

3. 考察被直播部分的数量和质量（重要程度）。游戏直播的主要内容是游戏整体画面，游戏整体画面占据直播画面的主要篇幅，从画面细节来看，其对游戏内容是"完全呈现"，而且随着直播进程的推进深入，展现的游戏内容将越来越多。不管直播观众的关注度在何处，游戏整体画面在游戏直播中均起到了基础性作用，没有游戏画面，就没有对游戏画面的直播。直播过程中，游戏画面通常是游戏直播画面的主要部分，余下屏幕显示的多为聊天框对话内容，所占分量有限。

4. 考察游戏直播行为对网络游戏潜在市场或价值的影响。网络游戏市场主要是游戏开发者、运营商向游戏玩家提供产品及服务从而获得玩家付费所形成的市场。游戏直播市场是随着游戏本身市场成熟、网络传播技术发展、玩家（观众）为内容付费习惯形成而逐渐兴起的游戏衍生市场。游戏著作权人的专有权利能否延伸至游戏直播市场，取决于游戏直播市场是否属于权利人的潜在市场。对于潜在市场的判断，应根据社会经济文化的发展，考虑著作权人在当前或近期技术发展条件下以新的方式利用作品的合理期待。潜在市场的收益无需局限在现实或必然获得的收益，还包括当前或近期可能出现的新的作品利用方式产生的应当归属于著作权人的收益。在直播技术还没有充分发展的时期，著作权人可能由于某种原因（比如技术瓶颈或者权利保护成本）而暂时不行使某项专有权利，但这并不意味其放弃行使该项权利。若作品使用行为对著作权人潜在市场收益带来实质性损害，则未经著作权人许可使用其作品不具有合理性。

综合考察以上四项要素，如果游戏直播基于商业营利目的，使用涉案游戏的独创性表达，使用部分的比例超出合理限度，对涉案游戏潜在市场产生不利影响，与游戏著作权人自己开展游戏直播或者发放游戏直播许可的作品正常使用方式相互竞争而产生冲突，即可得出权利人无法充分有效行使著作权利获得经济利益，受到实质损害的结论，[①] 从而否定合理使用的可能性。[②]

（三）网络游戏与转换性使用

在网络游戏著作权侵权争议中，被控侵权一方往往主张其使用构成转换性使用，属于合理使用的一种。转换性使用 (transformative use) 是英美版权法上的概念，但体现转换性使用原理的规则在大陆法上同样存在，我国《著作权法》第24条第1款第2项"为介绍、评论某一作品或者说明某一问题，在作品中

---

① "梦幻西游"游戏直播案，广东省高级人民法院（2018）粤民终137号。

② 参见孙玉荣、李贤："网络游戏直播的侵权风险与合理使用问题探析"，载《科技与法律》2020年第4期。

适当引用他人已经发表的作品"就是一条转换性使用规则。

转换性使用规则包含两个要点：一是对作品的展示利用须服务于不同于欣赏原作的目的，作品利用与欣赏目的距离越远，越倾向于构成合理使用；二是作品利用须紧密地服务于新的目的，新的目的不能只是一个掩护。[1] 就网络游戏的使用而言，当玩家将其操作的游戏片段上传到个人博客，向其他用户展示其游戏技能和战绩，此时的画面利用更多服务于玩家的个人才艺展示，具有社会交往的转换性目的，或者用户上传的视频包含对游戏设计与规则的批评和建议，则可以说展示作品服务于批评目的。相反，当普通玩家变身为游戏主播，操作游戏的营业性超过了个体展示的社交性，就游戏画面更多地在利用其本来的视听效果，则转换性相应减弱，构成合理使用的可能性也会变小。[2]

因此，是否构成转换性使用，首先考察使用的目的，其次考察使用的内容与使用目的结合的程度。以游戏直播为例，从其目的来看，其在游戏整体画面的基础上形成游戏直播画面，既传播了游戏画面，也展示了主播个性，确实具有一定的转换性。但是，构成合理使用的"转换性使用"，应当达到使受众关注点由作品本身的文学、艺术价值，转移到对作品转换性使用所产生的新的价值和功能的程度。这种转换性使用行为增进社会知识财富的贡献应超过对著作权人利益的损害。转换性程度越高，距离著作权的原有独创性表达越远，对著作权人利益损害越小，则认定构成合理使用的可能性越大。相对于侧重策略技巧的竞技类游戏或卡牌类游戏来说，具有复杂故事情节的角色扮演类网络游戏对受众的吸引力在相当程度上仍依赖于游戏整体画面的视听表达，玩家在游玩体验的同时也在欣赏着由各种视听元素有机组合的游戏整体画面美感及其呈现的特定故事情节，此类游戏整体画面的艺术价值功能在游戏直播中并未发生质的转变，仍是通过玩家或观众的视听体验得以实现。游戏直播的价值和功能在

---

① See Authors Guild, Inc. v. Google Inc., No. 13-4829-cv (2d Cir. Oct. 16, 2015).

② 在腾讯科技（成都）有限公司、深圳市腾讯计算机系统有限公司（以下统称腾讯公司）与运城市阳光文化传媒有限公司、今日头条有限公司、北京字节跳动科技有限公司关于"西瓜视频"APP招募、组织主播直播游戏《王者荣耀》纠纷中，腾讯公司向法院提出行为保全申请。法院认为，游戏直播行为属于我国《著作权法》规定的应当由著作权人享有的其他权利。"西瓜视频"App开设直播窗口、组织主播人员进行游戏直播，字节跳动公司、今日头条公司为用户观看《王者荣耀》游戏直播提供购买虚拟产品服务，存在共同侵犯涉案游戏著作权的可能性，也存在构成不正当竞争的可能性。2019年1月31日，广州知识产权法院依法裁定阳光文化公司、今日头条、字节跳动公司停止通过"西瓜视频"APP以直播方式传播《王者荣耀》游戏内容的行为，期间不影响其为用户提供余额查询及退费等服务。（2018）粤73民初2858号之一。

相当程度上仍来源于游戏著作权人的创造性劳动。如果游戏直播行为具有明显的商业性、竞争性使用性质，即使其使用目的存在转换性，但显然不占主导地位，故难以认定为合理使用。①

应当认为，游戏主播通过直播形式展示自身参与网络游戏的过程，当其收取经济利益（包括"打赏"）时，实际上是一种演艺行为，是以展示个人技巧为内容的营业性演出。此时，不论是主播还是与其合作的平台，都很难依靠合理使用规定，原因在于，此时的游戏画面利用缺乏较强的转换性。但是，并非对网络游戏画面的利用一概不适用合理使用规则，诸如《著作权法》第24条的各项规定也适用于对网络游戏的利用，新的游戏画面利用方式在满足要素分析的前提下，存在构成合理使用的可能。

三、网络游戏侵权

（一）网络游戏侵权案件主要类型

按照《著作权法》第10条规定，著作权人享有署名权等4项人身权利和复制权等12项财产权利，此外，该条还开放式规定"应当由著作权人享有的其他权利"。网络游戏侵权既包括网络游戏对在先作品的侵权，也包括在后作品对网络游戏的侵权。实践中的网络游戏侵权主要类型为网络游戏侵犯改编权、信息网络传播权。改编是指改变作品，创作出具有独创性的新作品，既可以是与原作表达方式相同的再创作，也可以是表达方式不同的再创作。②信息网络传播权是指以有线或者无线方式向公众提供作品，使公众可以在其个人选定的时间和地点获得作品的权利。网络游戏需要通过网络进行传播，因此相关争议往往涉及信息网络传播权侵权。此外，网络游戏直播也可能涉及"应当由著作权人享有的其他权利"。

网络游戏侵犯改编权案件主要有三种类型：一是将既有的文艺作品改编为游戏；二是将游戏改编为小说、影视剧等作品；三是将一款游戏改编为另外一

---

① "梦幻西游"游戏直播案。广东省高级人民法院（2018）粤民终137号。

② 本书认为，改编权实质上是复制权的一种类型，所谓侵犯改编权，是指改编作品复制了原作的部分形式或者形式所包裹的内容。至于改编者新创作产生的内容，则不在原作著作权人的控制范围。例如，在"梦幻西游"游戏侵权一案中，法院认为"三个游戏中的相关美术形象基本相同或实质性相似，在网易公司提起诉讼后，三被告运营的涉案游戏中对部分具体细节进行了修改，但仍存在大量的相同或近似内容"。（2013）海民初字第27744号民事判决书。

款游戏。[1]

首先，直接将小说、影视剧等文艺作品中的核心情节作为游戏情节，构成侵权的可能性较大。[2] 其次，文学作品中的人物角色如果具有鲜明的特征，本身构成有独创性的表达，同样受著作权保护，不得未经许可而将其纳入网络游戏。[3] 对思想、题材、风格、技巧的借鉴属于著作权法许可的范围，只有使用他人的独创性表达才可能构成著作权侵权。[4]

有观点认为，仅仅使用原著小说中的角色名称和人物关系，没有采用故事情节及其脉络发展，不构成侵犯改编权。这一观点值得商榷，如果使用的文学角色特征及人物关系具有足够丰满的内容，同样可能构成侵权。[5]

（二）网络游戏侵权的判定

1. 著作权侵权。网络游戏著作权侵权的判定方法与传统上的侵权判断方法相同，[6] 即 "接触加实质性相似" 规则。所谓接触，是指被控侵权人接触过原告作品，或者有机会接触原告作品。就侵犯网络游戏著作权争议而言，由于此类争议中原告游戏通常已经公开或者进行公测，因此证明被告接触过原告游戏的

① 参见北京市石景山区法院知识产权庭调研课题组等："北京市石景山区法院关于涉动漫游戏知识产权案件新情况、新问题的调研报告"，载《电子知识产权》2016 年第 11 期。

② 在 "大武侠物语" 一案中，法院认为，《大武侠物语》游戏将小说中的核心人物、情节作为游戏主干，构成侵犯金庸小说改编权。金庸作品为知名度较高的作品，小说中的人物名称、武功、武器名称、故事情节均为虚构，并非公有领域中的通用词汇，相同或相似元素在游戏中大量出现不属巧合。（2015）京知民终字第 2256 号民事判决书。

③ 在 "大掌门" 一案中，法院认定，涉案 5 个人物为温瑞安小说中独创性程度较高的组成部分，是承载了 "温派" 武侠思想的重要表达，温瑞安对小说中独创性表达部分享有著作权，被告游戏中对 5 个人物的使用构成侵犯著作权。（2015）海民（知）初字第 32202 号民事判决书。

④ 在 "全民武侠" 一案中，法院认为，该游戏使用与涉案 11 部小说相同或相似的装备、武功、人物、情节的数量较大，超出合理使用的范围，构成对小说内容的改编。（2015）海民（知）初字第 7452 号民事判决书。

⑤ 在 "六大门派" 一案中，法院认为，《六大门派》游戏内容对《倚天屠龙记》文字作品相关元素的使用，主要体现为武当派张三丰等的人物名字和人物之间的关系相同，但从构成改编最重要的故事情节及脉络发展来看，《六大门派》游戏公证内容没有体现出与《倚天屠龙记》文字作品相同的故事情节。《六大门派》游戏中仅在襄阳战场游戏场景中以列表方式出现丐帮诸长老等人名，亦未出现与《射雕英雄传》和《神雕侠侣》文字作品相同的故事情节。因此，未认定《六大门派》游戏构成对《倚天屠龙记》《射雕英雄传》和《神雕侠侣》小说的改编。（2015）杨民三（知）初字第 55 号民事判决书。

⑥ 庄羽诉郭敬明著作权侵权案，北京市高级人民法院民事判决书（2005）高民终字第 539 号；琼瑶诉于正著作权侵权案，北京市第三中级人民法院（2014）三中民初字第 07916 号民事判决书；北京市高级人民法院 (2015) 京民终字第 315 号民事判决书。

难度不大。

实质性相似的认定，依据"思想表达"二分法，采用逐层抽象方法进行。[①] 首先将作品中的主题、价值取向等抽象出来，这些构成作品内容中不受著作权保护的思想。例如，网络游戏中"以笑表示获胜、哭表示失败"即属于思想。[②] 就游戏而言，比对的是连续画面的外在呈现而不是制作技术或风格。比对时还要将作品中属于公有领域的内容排除。最后，将过滤出思想和公有领域内容而余下的部分进行对比，如内容实质性相似，则构成侵权。

需要指出的是，对逐层剥离法不可机械使用，而是需要辅以整体比对法，即在认定原作在整体上构成作品的基础上，将二者进行整体比对。若比对出的相似内容属于思想或者公有领域部分，不构成侵权。如果在先作品与在后作品的相似内容个别地看均属于公有领域，但在先作品体现出对这些公有领域内容的有独创性的编排、选择，使这些内容构成了新的有机整体，那么在后作品对这种有独创性的材料选择与安排的抄袭仍然构成侵权。如果涉案游戏对部分细节进行了修改，但仍存在大量与原告游戏相同或近似的内容，包括原告游戏的情节设计、人物关系、背景等，则虽在表达上进行调整，例如将白话文改为文言文形式，并对部分内容进行同义词替换，仍属实质性相似表达。[③] 将原告作品的内容进行顺序调换，同样不能规避侵权的追究。[④] 在进行游戏画面的实质性相似比对时，需要比对的方面包括：①游戏连续动态画面整体视听效果；②游戏故事情节的具体编排；③游戏角色、技能、装备等特定体系架构或特殊的画面细节设计等。在比对过程中，要注意将思想和表达予以区分，避免从主体、创意、情感等思想层面进行比对，而应始终关注作品在表达方面的取舍、选择、安排、设计是否相似。[⑤]

2. 侵犯商标权。商标通常指运用于生产的商品或提供的服务之上，用以指示商品或者服务来源的标识。《商标法》第 8 条规定，任何能够将自然人、法人或者其他组织的商品与他人的商品区别开的标志，包括文字、图形、字母、数字、三维标志、颜色组合和声音等，以及上述要素的组合，均可以作为商标

---

① Nichols v.Universal Pictures Corporation et al., 45 F.2d 119 (1930).

② 泡泡堂诉腾讯 QQ 堂侵犯著作权、不正当竞争纠纷案。（2006）一中民初字第 8564 号民事判决书。

③ "梦幻西游"诉"口袋梦幻"著作权侵权案。（2013）海民初字第 27744 号民事判决书。

④ 《六大门派》著作权侵权案中，法院认为被告将游戏中的人物名称略做改动，但仅为同音字替换或前后顺序的调换，除此之外，与《笑傲江湖》小说中的人物名称呼叫基本相同，人物之间关系一致，构成侵权。（2015）杨民三（知）初字第 55 号民事判决书。

⑤ 参见广东省高级人民法院《指引》（2020 年 4 月）第 23 条。

申请注册。如果游戏开发商或者运营商在网络游戏所属产品或服务类型上注册了商标，且将该商标使用于特定游戏之上，他人使用相同或近似商标于网络游戏产品或服务上，构成对游戏开发商或运营商的商标侵权。①需要注意的是，《类似商品和服务区分表》仅系认定类似商品的参考标准，而非决定标准，且实际上第9类"已录制的计算机程序、软件；可用于个人电脑、电视游戏系统、便携式游戏系统、国际互联网或移动电话的游戏软件"商品与第41类"文娱活动、提供娱乐设施、（在计算机网络上）提供在线游戏"等服务虽然侧重点有所不同，但功能均为提供游戏，消费群体高度重合，销售渠道和服务方式也有部分重合，两者界限模糊。因此无论原告是注册在第9类还是第41类，均不影响是否属于类似商品或服务的判断。②此外，依《商标法》规定，结合网络游戏侵权争议的实际，能证明以下情况之一的，应认定为不构成侵害商标权：①被诉标识属于通用名称；②被诉标识系出于描述、说明游戏内容目的而进行的合理、善意使用；③被诉标识在原告注册商标申请日前已先于原告使用在被诉游戏上并产生一定影响；④原告不以使用为目的恶意注册涉案商标；⑤其他不构成侵害商标权的情形。③

3. 构成不正当竞争。他人使用游戏开发商的游戏名称、角色名称或者其他知名元素的名称，满足相应条件，也可适用反不正当竞争法有关对知名标识的保护规则加以解决，认定侵权人存在假冒、虚假宣传等行为。由于游戏名称往往是对游戏内容的描述，认定商标侵权应谨慎。④如果名称本身并不相似，或

---

① 第57条规定：有下列行为之一的，均属侵犯注册商标专用权：①未经商标注册人的许可，在同一种商品上使用与其注册商标相同的商标的；②未经商标注册人的许可，在同一种商品上使用与其注册商标近似的商标，或者在类似商品上使用与其注册商标相同或者近似的商标，容易导致混淆的；③销售侵犯注册商标专用权的商品的；④伪造、擅自制造他人注册商标标识或者销售伪造、擅自制造的注册商标标识的；⑤未经商标注册人同意，更换其注册商标并将该更换商标的商品又投入市场的；⑥故意为侵犯他人商标专用权行为提供便利条件，帮助他人实施侵犯商标专用权行为的；⑦给他人的注册商标专用权造成其他损害的。

第58条规定：将他人注册商标、未注册的驰名商标作为企业名称中的字号使用，误导公众，构成不正当竞争行为的，依照《中华人民共和国反不正当竞争法》处理。

② 参见广东省高级人民法院《指引》（2020年4月）第26条。

③ 参见广东省高级人民法院《指引》（2020年4月）第27条。

④ 《商标法》第48条规定：本法所称商标的使用，是指将商标用于商品、商品包装或者容器以及商品交易文书上，或者将商标用于广告宣传、展览以及其他商业活动中，用于识别商品来源的行为。

者名称并未起到标识来源的作用，则不应认定为商标或标识侵权。①

司法实务认为，主张网络游戏的名称属于有一定影响的商品名称的，应重点审查该游戏名称是否具有一定知名度，能否起到识别商品来源的作用；主张游戏图标、界面构成有一定影响的包装、装潢的，除审查相关游戏图标、界面是否具有一定知名度外，还应审查其是否作为包装、装潢使用，以及能否起到识别商品来源的作用；游戏角色、装备、场景等游戏元素虽不属于有一定影响的商品名称、包装、装潢，但其单独或者组合使用已具备一定知名度并起到识别商品来源作用的，如被告擅自使用与之相同或近似的标识，足以引人误认为是原告网络游戏或者与原告存在特定联系的，可认定属于《反不正当竞争法》第 6 条第 4 项规定的"其他足以引人误以为是他人商品或者与他人存在特定联系的混淆行为"。原告提交其网络游戏的运营时间、运营规模、下载数量、获奖情况或者广告宣传等证据，证明相关游戏元素为一定范围的相关公众所知晓并实际起到商业标识作用的，可认定为"有一定影响"。② 本书认为，将游戏角色、装备、场景等游戏构成元素认定为游戏的包装、装潢的观点存在错误。实践中，如果游戏构成元素取得足够知名度且在相关公众处起到标识商品或服务来源效果的，在认定不正当竞争侵权时还应考察被告是否在假冒的意义上使用了这些元素，否则案件只涉及著作权侵权问题，不可混淆。

此外，持游戏规则、装备、技术参数等不受著作权法保护观点的法院，③往往另辟蹊径，以原告在游戏开发上投入了大量的人力、物力和财力，被告擅自占有原告劳动成果，获取本应由原告享有的商业机会，不正当地增加自身市场竞争优势，违反公认商业道德为由，认定被告构成"搭便车"的不正当竞争行为。在电子竞技类案件争议中，法院的审理思路是，即便游戏比赛画面不属于著作权法规定的作品，电子竞技网络游戏进入市场领域后具有商品属性，开发商、运营商、比赛承办商、比赛转播商等相关主体为举办、转

---

① 在《古剑奇侠》与《古剑奇谭》游戏商标权侵权案中，法院认为，二者商标不近似，"古剑奇侠"是作为游戏名称使用而非商标使用，玩家看到改名称时不会第一时间联想到背后的厂商，被告仅是为表明产品的含义或内容，不构成侵权。广东省广州市天河区人民法院（2013）穗天法知民初字第 1965 号民事判决书。

② 参见广东省高级人民法院《指引》（2020 年 4 月）第 29 条。

③ 在穿越火线 vs 全民枪战案中，原告以被告行为构成不正当竞争行为请求保护的权利为原告《穿越火线》中的枪械名称以及 6 幅游戏地图和小地图的命名规则。法院认为，从 6 幅游戏地图的名称而言，没有反映出有规律性的命名规则，故原告所称的游戏地图命名规则并不存在。深圳市腾讯计算机系统有限公司与畅游云端（北京）科技有限公司、英雄互娱科技股份有限公司等单位侵害著作权纠纷案，深圳市中级人民法院（2017）粤 03 民初 559 号。

播比赛须付出一定的财力等成本，而转播游戏可以获得一定的商誉及经济利益，故未获相关授权的主体不得擅自转播相关比赛。此外，体育比赛的组织方、主办方包括类似于体育比赛的电子竞技网络游戏比赛的开发商、运营商等，对他人转播比赛行为进行相关授权许可，系国际国内较长时期以来的通常做法、商业惯例。如果原告取得赛事主办方的独家视频转播权，则该转播权承载着原告可以由此获得的商誉以及一定的经济利益，该种利益属于我国侵权责任法保护的一种财产性的民事利益。被告从客户端截取比赛画面并使用该画面进行直播，与原告享有的独家视频转播权产生了直接冲突，直接损害了原告独家行使转播权能够为其带来的市场竞争优势，侵害了该市场竞争优势能够为原告带来的商誉、经济利益等合法权益，亦损害了网络游戏直播网站行业的正常经营秩序，严重违反了诚实信用原则和公认的商业道德，具有主观恶意，构成不正当竞争。[①]这种审理思路在否定电子竞技画面不具有作品属性的同时，却认定竞技组织方可以就画面的使用对外有效授权，说理上存在着瑕疵。

也有司法观点从邻接权的法理出发，给予获得独家转播授权的主体以保护，这相当于间接承担电子竞技赛事组织者对画面享有独占权。持此种观点的法院强调，网络游戏赛事如同体育竞赛，同样需要组织者投资、策划、运营、宣传、推广、管理等。耀宇公司有一系列的人力、物力、财力的投入，其有权对此收取回报，通过视频转播赛事增加网站流量、提高广告收入、提升知名度、加强网络用户粘性，使直播平台经济增值。因此，网络游戏比赛视频转播权须经比赛组织运营者的授权许可是网络游戏行业中长期以来形成的惯常做法，符合"谁投入谁收益"的一般商业规则，亦是对比赛组织运营者的正当权益的保护，符合市场竞争中应遵循的诚实信用原则。对涉案赛事的实时直播实际上是一种"搭便车"行为，违反《反不正当竞争法》中的诚实信用原则，也违背了公认的商业道德，损害了被上诉人的合法权益，亦破

[①] 参见广东省高级人民法院《指引》（2020 年 4 月）第 28 条第 2 款：审查是否违反商业道德，应以网络游戏及衍生产业的经营者普遍认同和接受的商业伦理为标准，并符合反不正当竞争法第 1 条规定的立法目的。确定商业道德可参考以下因素：①网络游戏及衍生产业的行业惯例；②行业协会或自律组织制定的从业规范或自律公约；③网络游戏及衍生产业的技术规范；④其他有参考价值的行业惯例、从业规范或自律公约。

坏了行业内已形成的公认的市场竞争秩序，具有明显的不正当性。[1] 鉴于网络游戏直播或录播引发的争议不断发生，有关司法指导意见中对相关不正当行为类型进行了列举。[2]

（三）民事责任

网络游戏侵权中涉及侵害著作人身权的，主要责任形式为赔礼道歉、消除影响；涉及侵害著作财产权、商标权及不正当竞争的，主要责任形式为停止侵权和损害赔偿。

1. 停止侵权。《著作权法》第52、53条就侵害著作权的行为作出停止侵权的规定。停止侵权是指停止游戏的宣传、发售和运营等行为。此种救济方式从根本上制止了侵权行为的继续，有利于维护权利人的利益，但同时也会造成被告的投入不能获得回报，造成资源的浪费。

实践中有观点认为，如果通过损害赔偿能够充分弥补原告所遭受的损失，同时，被告能够通过对侵权游戏的修改而去除其中的侵权因素，那么也可以不判令停止游戏的发售与运营。如在"大武侠物语"游戏被诉未经许可使用金庸小说改编不正当竞争纠纷一案中，一审法院认为，涉案游戏大量使用了金庸作品中的人物名称、武功、武器名称及情节，这些内容贯穿游戏始终，并承接游

① 耀宇公司诉斗鱼公司 DOTA2 直播案判决，（2015）沪知民终字第 641 号。

在《梦幻西游》游戏侵权案中，法院还认为，在游戏类型、游戏故事题材、人物造型风格三方面相同的基础上，被告又使用了与《梦幻西游》所用文字作品实质性相似的文字开发《神武》端游，使两游戏在游戏词汇、种族及角色、门派体系、技能体系、装备体系及其相互关系等核心游戏元素方面均高度近似，已超出机缘巧合、参考借鉴的合理范围，应认定是被告刻意模仿所致，有攀附该游戏知名度的不正当竞争故意。被告侵犯原告涉案文字作品著作权，恶意抄袭原告游戏的核心游戏元素，开发、运营两被诉游戏将改变《梦幻西游》已有玩家对游戏原有的生存和成长的过程体验，降低对《梦幻西游》的黏着度，削弱《梦幻西游》的竞争优势。其"搭便车"坐享同行业良性竞争者劳动成果，以不正当竞争手段挤占同业竞争者市场份额的行为既损害了良性同业竞争者原告的合法权益，也扰乱了市场交易秩序，违反了《反不正当竞争法》所倡导的诚实信用原则和公认的商业道德，应为法律所禁止。故被告亦构成不正当竞争。参见（2015）粤知法著民初字第 19 号。

② 参见广东省高级人民法院《指引》（2020 年 4 月）第 30 条：被告未经许可且无正当理由，实施下列网络游戏直播或录播行为之一，损害原告合法权益、扰乱正常的竞争秩序、违背公平竞争原则和诚信原则、违反商业道德的，可认定为反不正当竞争法第 2 条规定的不正当竞争行为：①基于商业盈利目的，组织或提供网络游戏直播或录播，不当攫取原告的竞争优势，影响原告交易机会和市场份额的；②对原告组织的电子竞技赛事进行直播或录播，或者对原告提供的直播节目进行盗取转播，侵占原告市场份额，造成原告应得经济利益损失的；③中断、中止或以其他不当方式妨碍、破坏原告游戏直播、录播经营活动的。

戏内容主线及逻辑关系，抽离了金庸作品元素后，涉案游戏无法再称之为完整作品。虽然停止运营涉案游戏会造成一定社会资源的浪费，但权衡保护原告权利之利大于浪费社会资源之弊，判令被告停止运营涉案游戏。[①] 二审法院则认为，涉案游戏更接近于卡牌动作类游戏，并不倚重情节，角色名称、武器武功名称、关卡名称的变化并不会导致游戏无法运行。根据庭审演示，删除并替换后的涉案游戏仍是一款完整游戏，但已与金庸作品无关。删除、停止使用被控侵权的作品元素已可达到停止侵害的效果。停止运营涉案游戏可能造成被告公司对用户或推广渠道构成违约，从而给其利益造成损害，而这一不必要损害可以避免。因涉案游戏中已无与金庸作品有关的元素，一审判决已判令被告公开声明、消除影响，故即便涉案游戏名称未变更，对消费者形成新误导的可能性已不大。消除影响、赔偿损失足以弥补原告因被控不正当竞争行为造成的损害。二审法院改判被告将游戏中的侵权元素进行修改，而没有判令停止游戏运营。[②] 上述两审判决在法律问题的观点上并无差异，其分歧主要体现在事实认定层面。一审法院认为侵权游戏不可能在去除侵权元素后仍能运营，二审法院的看法正好相反。本质上讲，一、二审法院都持"侵权元素不得保留"的观点，这仍然是一种传统立场。真正的问题是，涉案游戏得否在保留少量侵权元素的前提下继续运营，由此确定能否对权利人以增加赔偿额形式加以弥补。对此，《指南》规定可供参考，其第8.1条"停止侵害的例外"规定："如果被告停止被诉侵权行为可能有悖公序良俗，或者违反比例原则的，可以不判令停止侵害，宜根据案件情况从高确定赔偿数额或者判令被告支付相应的对价。"

2. 损害赔偿。网络游戏侵权造成权利人损害的，应当依据相关法律规定承担损害赔偿责任。

《著作权法》第54条第1款和第2款规定，侵犯著作权或者与著作权有关的权利的侵权人应当按照权利人因此受到的实际损失或者侵权人的违法所得给予赔偿；权利人的实际损失或者侵权人的违法所得难以计算的，可以参照该权利使用费给予赔偿。对故意侵犯著作权或者与著作权有关的权利，情节严重的，可以在按照上述方法确定数额的1倍以上5倍以下给予赔偿。权利人的实际损失，侵权人的违法所得，权利使用费难以计算的，由人民法院根据侵权行为的情节，判决给予500元以上500万元以下的赔偿。赔偿数额还应当包括权利人为制止侵权行为所支付的合理开支。原告请求保护的权利

① （2014）海民（知）初字第27636号民事判决书。
② （2015）京知民终字第2256号民事判决书。

客体的知名度及影响力、原告游戏的下载数量、充值流水、玩家人数、市场份额的减少情况、利润的损失情况、侵权行为持续时间、同类型游戏的平均利润率、游戏软件的开发成本等，可作为确定原告因被侵权所受到的实际损失的参考因素。被诉游戏的下载数量、充值流水、玩家人数、实际退费情况、侵权行为持续时间、同类型游戏的平均利润率、被诉侵权元素对被诉游戏获取利润的贡献程度等，可作为确定被告因侵权所获得的利益的参考因素。游戏开发、运营、直播等领域的相关权利转让费用或者授权许可使用费用等，可以作为确定赔偿数额的参考因素。①

此外，未经许可直播游戏构成侵权的，直播规模及获利、直播持续时间、被直播游戏的类型及知名度，以及相同类型、相近知名度的其他在先游戏直播授权许可费用等，可作为确定赔偿数额的参考因素。确定游戏直播侵权案件的赔偿数额时，应根据游戏类型、直播行为特点综合考虑原告涉案权益以外的因素在被告获利中的贡献，不宜直接按照全部直播获利确定赔偿数额。② 提出这一原则是考虑到科技、经济、文化发展与立法滞后性之间的矛盾，以及游戏直播平台、游戏主播对于新兴产业的价值贡献等因素。若将新兴产业的全部市场收益都归于游戏著作权人独自享有，亦可能导致利益失衡，对此需要在侵权责任判定部分予以特别考虑。③

《商标法》第 63 条第 1 款和第 3 款规定，侵犯商标专用权的赔偿数额，按照权利人因被侵权所受到的实际损失确定；实际损失难以确定的，可以按照侵权人因侵权所获得的利益确定；权利人的损失或者侵权人获得的利益难以确定的，参照该商标许可使用费的倍数合理确定。对恶意侵犯商标专用权，情节严重的，可以在按照上述方法确定数额的 1 倍以上 5 倍以下确定赔偿数额。赔偿数额应当包括权利人为制止侵权行为所支付的合理开支。权利人因被侵权所受到的实际损失、侵权人因侵权所获得的利益、注册商标许可使用费难以确定的，由人民法院根据侵权行为的情节判决给予 500 万元以下的赔偿。《反不正当竞争法》第 17 条第 3、4 款规定，因不正当竞争行为受到损害的经营者的赔偿数额，按照其因被侵权所受到的实际损失确定；实际损失难以计算的，按照侵权人因侵权所获得的利益确定。经营者恶意实施侵犯商业秘密行为，情节严重的，可以在按照上述方法确定数额的 1 倍以上 5 倍以下确定赔偿数额。赔偿

---

① 参见广东省高级人民法院《指引》（2020 年 4 月）第 38 条。
② 参见广东省高级人民法院《指引》（2020 年 4 月）第 39 条。
③ "梦幻西游"游戏直播案，广东省高级人民法院（2018）粤民终 137 号。

数额还应当包括经营者为制止侵权行为所支付的合理开支。经营者违反本法第
6 条（假冒）、第 9 条（侵犯商业秘密）规定，权利人因被侵权所受到的实际损
失、侵权人因侵权所获得的利益难以确定的，由人民法院根据侵权行为的情节
判决给予权利人 500 万元以下的赔偿。

　　司法实践中，原告提供的收入证据可能带有宣传夸大成分，法院不轻易予
以采信，而被告则往往拒绝就其违法所得提供证据，因此，法院经常对损害赔
偿数额予以酌定。① 在原告实际损失及被告侵权获利均无法确定时，法院综合
考虑：①原告游戏的商业价值和知名度；②被告过错；③被告抄袭原告游戏画
面，使用与原告游戏名称相似的名称，并捆绑原告游戏进行宣传等行为的严重
程度；④被告游戏的玩家充值，开服数量，原告起诉后是否继续实施侵权行为；
⑤原告许可案外人改编游戏的许可费标准等，酌情确定赔偿金额。② 鉴于大型
游戏的研发需要较高的投入，游戏行业利润率通常较高的现实，法院在考虑原
告游戏的市场受欢迎程度、侵权行为的程度等因素后，对知名游戏的判赔额相
对较高。③

　　近年来，法院在网络游戏侵权案件中越来越多地突破法定赔偿 50 万元的
上限，酌定了较高的判赔额。④ 为解决法定赔偿额上限不高、法院判赔救济力
度不足的困境，最高人民法院司法政策明确提出，对于难以证明侵权受损或
侵权获利的具体数额，但有证据证明前述数额明显超过法定赔偿最高限额的，

---

①　如在"传奇国度"游戏被诉侵犯原告对"热血传奇"游戏道具图片著作权案中，法院认为被告
　　使用侵权套装图片用于《传奇国度》网页游戏宣传推广，对于吸引网络用户关注该游戏可起到
　　一定作用，但程度有限，游戏本身的可玩性高低才是决定被告获利多寡的根本原因，法院最终
　　综合考虑作品类型、被告主观过错及侵权方式、使用作品次数、时间、范围等因素酌定了 6 万
　　元的赔偿数额。（2012）沪一中民五（知）终字第 84 号民事判决书。

②　"奇迹 MU"游戏侵权案，（2015）浦民三（知）初字第 529 号民事判决书。

③　如在《全民武侠》等游戏改编金庸小说侵权案中，畅游公司提供了独家授权许可合同、渠道的
　　付费率、留存率等宣传数据，主张根据小说的授权合同、该游戏的发行渠道和付费率计算，被
　　告获利已超出了原告的诉讼请求，二被告则提供了相关移动开发平台的合作分成结算单。但一
　　审法院并未完全采纳原、被告的主张，而是认为原告获得的许可是独家许可，该案无法完全参
　　照许可数额，综合考虑涉案多部作品均为脍炙人口的经典武侠小说，原告为取得权利支付了高
　　额的版权费，游戏行业利润率通常较高，涉案游戏上线时间较长，在业内有一定影响，被告行
　　为会给原告运营正版游戏造成较大冲击，简单适用法定赔偿将显失公平，故酌定被告赔偿额为
　　150 万元。（2015）海民（知）初字第 7452 号民事判决书，另参见（2015）海民（知）初字第
　　26654 号民事判决书。

④　如《大掌门》游戏改编温瑞安小说侵权案，（2015）海民（知）初字第 32202 号民事判决书。

应当综合全案的证据情况，在法定最高限额以上合理确定赔偿额。① 据此，涉及侵犯大型热门网络游戏的案件中，赔偿额节节攀升。继《梦幻西游》直播侵权案判赔额达到 2000 万元之后，《全民枪战》侵犯《穿越火线》游戏侵权案中，一审法院判决赔偿原告经济损失人民币 45 247 986 元以及合理维权费用 95 394.12 元。②

3. 行为保全。网络游戏侵权纠纷中，当事人往往向法院提出行为保全的申请。考虑到网络游戏的生命周期短、传播速度快、传播范围广、玩家对游戏的黏着度高，如果放任被申请人的被诉侵权行为持续，可能会给申请人造成不可弥补的损失。《中华人民共和国民事诉讼法》（以下简称《民事诉讼法》）第 101 条第 1 款规定，利害关系人因情况紧急，不立即申请保全将会使其合法权益受到难以弥补的损害的，可以在提起诉讼或者申请仲裁前向被保全财产所在地、被申请人住所地或者对案件有管辖权的人民法院申请采取保全措施。依据这一规定，法院可以在审查后发布行为保全的裁定。

网络游戏侵权案件属于新类型案件，如法院采取行为保全，对被申请人的影响甚巨。因此，有司法观点认为，网络游戏的行为保全案件原则上应举行听证，就是否符合行为保全的条件、如何确定担保数额、是否存在可替代的其他保全方式等方面，听取双方当事人意见，确保法院作出公平、稳妥的处理决定。在审查行为保全申请人的请求是否具有事实基础和法律依据时，除了审查请求保护的知识产权效力是否稳定外，还应审查被申请人在构成侵权方面是否具有较大可能性。在依据《最高人民法院关于审查知识产权纠纷行为保全案件适用法律若干问题的规定》第 6 条、第 7 条第 2 项认定"情况紧急"和"申请人的合法权益受到难以弥补的损害"时，可综合考虑以下因素：①网络游戏的类型；②网络游戏或游戏直播、短视频等内容的上线时间；③网络游戏或游戏直播、短视频等内容的传播速度和传播范围，包括日 / 周 / 月活跃用户数量及其发展情况等；④网络游戏或游戏直播、短视频等平台的盈利能力、市场份额及其发展情况；⑤被诉侵权行为是否仍在持续；⑥其他紧急情况或导致难以弥补损害的因素。此外，审查行为保全申请应遵循比例原则，合理平衡申请人利益和被

---

① 《最高人民法院关于当前经济形势下知识产权审判服务大局若干问题的意见》（法发【2009】23号）第 16 条。

② 法院确认 2015 年 ~2017 年 5 月《全民枪战》游戏获利金额为 572 324 648 元，基于前述确认的游戏地图对于 FPS 游戏的贡献率以及涉案游戏地图对于整个游戏地图的贡献率，确认本案《全民枪战》因侵害原告《穿越火线》游戏 6 幅游戏地图的复制权和信息网络传播权的赔偿金额为 45 2479 86（572 324 648 × 20% × 39.53%）元。

申请人利益。存在以下情形的，一般不宜裁定采取行为保全措施：①采取行为保全措施对被申请人造成的损害明显超过其在案件中可能承担的民事责任的；②采取行为保全措施对被申请人造成的损害明显超过不采取行为保全措施对申请人造成的损害的；③其他导致利益明显失衡的情形。[①]

[①]　参见广东省高级人民法院《指引》（2020年4月）第8~15条。

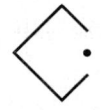

第六章
网络视听产业法

第一节　网络娱乐发展与法律保护现状

一、网络娱乐产业发展概述

网络娱乐是我国信息消费市场的重要组成部分。数字化逐渐占据市场的主导地位，不断为消费者带来新的娱乐产品，成为信息技术未来发展的重要领域。2017 年 8 月 13 日，国务院发布的《关于进一步扩大和升级信息消费持续释放内需潜力的指导意见》（国发〔2017〕40 号）中明确提出，要重点发展"面向文化娱乐的数字创意内容和服务"。根据《互联网文化管理暂行规定》，互联网文化产品是指通过互联网生产、传播和流通的文化产品，具体形态包括但不限于网络音乐娱乐、网络游戏、网络演出剧（节）目、网络表演、网络艺术品、网络动漫等。

受手机网络渗透率增加的影响，我国网络数字娱乐媒体的市场规模从 2013 年的 2126 亿元增加至 2018 年的 6156 亿元，年复合增长率高达 23.7%，预计 2022 年的市场规模将达到 14 464 亿元。[1]2019 年是中国 5G 大规模商业化应用的元年，随着"互联网 +"与文化领域融合发展步伐的加快，以数字出版、数字影音、游戏动漫、智慧旅游等业态为代表的数字文化产业正日益成为文化产业发展的重点领域和我国数字经济的重要组成部分。[2]数字娱乐产业作为新兴产业，具有很强的创新性，能够带动相关产业快速增长。借助大数据、云计算

---

[1]　智通财经网："数字娱乐提供商九尊互娱二度冲刺港交所收益主要来自游戏定制的虚拟物品"，载 http://stock.10jqka.com.cn/20190902/c613698764.shtml，最后访问时间：2020 年 5 月 13 日。

[2]　肖宇、夏杰长："我国数字文化产业发展现状、问题与国际比较研究"，载《全球化》2018 年第 8 期。

和人工智能，各种差异化、个性化的服务也会变得相对便捷和可能。在这种情况下，满足不同消费群体、不同消费年龄段的数字娱乐产品，将变得更为普遍，数字技术与传统娱乐行业的融合程度也将随之加强，提供的产品也将更加丰富多元。①

二、网络娱乐法律保护现状

网络娱乐方面的立法在逐渐完善。在法律法规层面，通过了《中华人民共和国网络安全法》《中华人民共和国互联网信息服务管理办法》（以下简称《互联网信息服务管理办法》）、《电影产业促进法》等，确定了网络娱乐产业的安全和产业发展政策。在规范性文件方面，国务院多个部门包括工业和信息化部、国家互联网信息办公室、国家广播电视总局等，分别负责监管网络视听、网络游戏、网络表演、网络音乐等多个领域。

（一）主管机构的分工与职责

经过多次改革，互联网主管机构的分工相对明确。按照国务院《关于授权国家互联网信息办公室负责互联网信息内容管理工作的通知》及中共中央办公厅、国务院办公厅《关于进一步深化文化市场综合执法改革的意见》等规定，网络信息内容有关的监管由网信办体系负责；涉及网络文化领域内的游戏、视听、音乐、出版及教育等产业政策，分别属于国家不同部委体系监管，形成了产业与内容、分业监管与分层监管相结合的监管模式。

在产业政策的监管方面，随着国家部委改革，监管体系发生了多次变化。以对网络视听产业的监管为例，负责监管的部门一开始为国家广播电影电视总局，在其整合了国家新闻出版总署的职责之后，调整为国家新闻出版广电总局，在2018年国家机构改革后，再次调整为国家广播电视总局。网络游戏的监管机构更是经历了多次变更，多个部委均参与了网络游戏有关的监管。文化和旅游部2019年7月15日发布的《游戏游艺设备管理办法（征求意见稿）》，明确了文化和旅游部针对游戏游艺设备的管理和监督责任，更进一步完善了调整后的国内游戏监管权限分配。

（二）业务监管实施分类准入

1.业务分类准入。根据《电信业务分类目录》的分类标准，电信业务分为基础电信业务和增值电信业务。实践中，判断一个增值电信业务是否在境内开展，标准包括但不限于：是否由境内注册的商业实体运营；是否在境内

---

① 夏杰长、肖宇："数字娱乐消费发展趋势及其未来取向"，载《改革》2019年第12期。

办理 ICP 备案；是否在境内设置服务器；业务协议是否在境内签署；主要服务对象是否在境内；是否使用境内支付或物流；是否以中文作为主要服务语言；等等。①

根据《互联网信息服务管理办法》，国家对经营类互联网信息服务实行许可制度，对非经营性互联网信息服务实行备案制度。从规定来看，根据事的业务类型，分别获得经营许可。如在网络视听节目方面，开展网络视听节目的，在取得 ICP 许可与备案的同时，需要取得网络视听节目经营许可证。开展网络表演服务的，需到文化部办理备案。开展直播服务的，应当到网信办办理备案。开展新闻服务的，应取得互联网新闻信息服务许可。在网络游戏方面，网络游戏的运营需要取得 ICP 许可及备案，同时应为运营的游戏办理著作权登记并申请版号。

2. 产业资本准入。网络视听产业有着较为严格的资本准入要求。根据《互联网视听节目服务管理规定》，申请从事互联网视听节目服务的，必须是国有独资或国有控股单位。《深化文化体制改革实施方案》提出了国有特殊管理股制度。2017 年 1 月，《关于促进移动互联网健康有序发展的意见》指出，"在互联网新闻信息服务、网络出版服务、信息网络传播视听节目服务等领域开展特殊管理股试点"。同年 5 月，网信办发布《互联网新闻信息服务管理规定》，提出"符合条件的互联网新闻信息服务提供者实行特殊管理股制度"。

同时限制外商投资的进入，根据《自由贸易试验区外商投资准入特别管理措施（负面清单）》（2019 年版）的要求，禁止外商投资互联网新闻信息服务、网络出版服务、网络视听节目服务、互联网文化经营和广播电视节目制作经营等。

3. 网络文化经营准入。根据《互联网文化管理暂行规定》的要求，企业经营网络文化的，应当依法取得《网络文化经营许可证》。经营性是指，直接向用户收取信息服务费、会员费、空间服务费、技术服务费等。对于不直接收取费用，而是通过打赏、赞助、电商、广告等方式获利，是否属于经营范围，尚未明确。《网络表演经营活动管理办法》规定，网络表演经营活动是指通过用户收费、电子商务、广告、赞助等方式获取利益，向公众提供网络表演产品及服务的行为。类比该规定，上述的不直接收取费用的行为应属于经营行为。

（1）许可经营范围。根据《关于调整〈网络文化经营许可证〉审批范围进

---

① 参见黄春林：《网络与数据法律实务——法律适用及合规落地》，人民法院出版社 2019 年版，第 19 页。

一步规范审批工作的通知》的规定，调整后的《网络文化经营许可证》许可经营范围包括：网络音乐、网络演出剧（节）目、网络表演、网络艺术品、网络动漫和展览、比赛活动。其中网络表演指以网络表演者个人现场进行的文艺表演活动等为主要内容，通过互联网、移动通讯网、移动互联网等信息网络，实时传播或者以音视频形式上载传播而形成的互联网文化产品。电商类、教育类、医疗类、培训类、金融类、旅游类、美食类、体育类、聊天类等直播不属于网络表演。网络演出剧（节）目是指以在舞台场景下现场进行的文艺表演活动等为主要内容，通过互联网、移动通讯网、移动互联网等信息网络，实时传播或者以音视频形式上载传播而形成的互联网文化产品。

（2）负责行政许可审批的部门。根据《关于下放经营性互联网文化单位行政许可审批工作的通知》，从 2010 年 7 月起，设立经营性互联网文化单位许可的行政审批事项将下放至省、自治区、直辖市人民政府文化行政部门负责。

（三）分业监管与分层监管

近年来，随着以科技化、数据化驱动的监管手段进一步成熟，中国网络与数据领域监管从强调准入逐步过渡到强调事中事后合规监管，分业、分层合规监管雏形逐步形成。

所谓分业监管，是指按监管机构职能，将网络与数据监管根据业态划分为网络安全、内容合规和业务合规，分别由不同的机构或职能部门负责。

所谓分层监管，是指采取分级合规，综合利用评估、测评、认证及行业推荐性标准等多层次监管手段，从而充分发挥有限监管资源优势，增强监管措施的引导性。

第二节　网络视听产业的发展与规制概述

"法理学中的法律部门或部门法是指依据一定的标准和原则将调整某一类社会关系的同类法律规范集合而成法律系统的总称，正是由于调整社会关系的不同导致了不同法律部门的诞生。"[①] 娱乐法的存在目的在于调整娱乐产业运行过程中形成的社会关系，解决娱乐行业的现实法律问题，推动娱乐行业法律制度的完善和法律适用的不断深化。在网络视听领域，由网络视听相关法律法规，对应着互联网娱乐中网络视听这一娱乐产业。接下来，将主要结合我国网络视听产业的发展脉络，梳理网络视听领域中不断发展、完善与深化的法律制度。

---

① 刘承韪："娱乐法的规范意蕴与体系构建"，载《政法论坛》2019 年第 4 期。

一、我国网络视听产业的发展与规制

（一）1999 年～2002 年：初始阶段

网络视听产业的产生依托于互联网的诞生，中国于 1989 年开始建设互联网，1994 年获准加入互联网，并于同年 5 月完成联网工作。中国的网络视听产业，自 1996 年 12 月中央电视台国际互联网站（央视国际网络的前身）成立开始产生。[①]随着信息网络的快速发展，网上传播电影电视类节目的活动越来越普遍，为了加强通过信息网络向公众传播广播电影电视类节目的管理，监控电视节目、视频节目、电影节目等通过信息网络传播的活动，国家广播电影电视总局于 1999 年 10 月发出《关于加强通过信息网络向公众传播广播电影电视类节目管理的通告》（现已废止），对境内的单位或个人利用互联网向公众传播广播电影电视类节目作出了规定，该规定是就规制网络视听节目首次出台的行政规范。此后，互联网行业进一步发展壮大，针对互联网领域的监管进一步得到落实。为了规范互联网信息服务活动，促进互联网信息服务健康有序发展，2000 年 2 月国务院通过《互联网信息服务管理办法》，将互联网信息服务分为经营性和非经营性两类，分别实施许可制度和备案制度。

在互联网不断繁荣发展的大背景下，网络视听产业以生产基于互联网传播的视听文化产品为基础，作为面向社会大众的公共文化产业，成为互联网行业中的重要内容。保障网络视听产业的健康发展，不仅需要产业自身遵从互联网发展的特点和规律，而且需要政府在公共服务、内容监管、版权保护等方面发挥职能，规范引导。网络视听产业不断蓬勃发展，逐渐产生强大的影响力，对其进行监管和规制，建构相关法律制度的需求应运而生。网络视听产业与相关法律法规发展进入到下一个阶段。

（二）2003 年～2010 年：强化经济性规制阶段

1. 2003 年～2006 年：行业初期。在这一阶段，基于网络视听产业所产生的强大影响力，监管与规制不断强化，加强监督管理、建立和完善法律制度成为这一阶段的重点任务。2003 年 1 月，国家广播电影电视总局发布《互联网等信息网络传播视听节目管理办法》（总局第 15 号令）（现已废止，以下简称《办法》），作为网络视听节目管理的综合性单行法律文件，首次通过部门规章的形式对于互联网等信息网络中开办视听节目栏目提出明确要求，以加强监督管理，维护健康的市场竞争秩序，促进社会主义精神文明建设。该文件明确了"信息网络""视听节目"的概念，适用范围界定为在互联网等信息网络中开办各种

---

① 参见王樱洁："中国网络视听产业规制的演变与效果"，载《教育传媒研究》2019 年第 4 期。

视听节目栏目，播放 (含点播) 影视作品和视音频新闻，转播、直播广播电视节目及以视听节目形式转播、直播体育比赛、文艺演出等各类活动。同时该文件明确 "信息网络传播视听节目" 的概念，《办法》中第 3 条第 3 款界定的信息网络传播视听节目的范围，是指通过包括互联网在内的各种信息网络，将视听节目登载在网络上或者通过网络发送到用户端，供公众在线收看或下载收看的活动，包括流媒体播放、互联网组播、数据广播、IP 广播和点播等。对网络视听产业的经济性规制主要集中在市场准入、版权维护、引导监督三个方面，要求通过信息网络向公众传播视听节目必须持有《网上传播视听节目许可证》，由国家广播电影电视总局主管信息网络传播视听节目，负责制定信息网络传播视听节目的发展规划，确定视听节目网络传播者的总量、布局和结构，对视听节目的网络传播业务实行许可管理。同时《办法》第 19 条第 11 款提出，要求禁止通过信息网络传播从网络或境外媒体上收录下来的境外节目的内容。

随后，2003 年 5 月，文化部发布《互联网文化管理暂行规定》，确立了进口互联网文化产品的内容审查制度，进一步对境外互联网文化产品和节目的引进和播放进行完善。仅仅一年后《办法》进一步得到完善，2004 年 6 月，国家广播电影电视总局发布《互联网等信息网络传播视听节目管理办法》(总局第 39 号令)，将适用范围进一步明确为，以互联网协议（IP）作为主要技术形态，以计算机、电视机、手机等各类电子设备为接收终端，通过移动通信网、固定通信网、微波通信网、有线电视网、卫星或其他城域网、广域网、局域网等信息网络，从事开办、播放 (含点播、转播、直播)、集成、传输、下载视听节目服务等活动。新《办法》重新对视听节目进行了定义，视听节目 (包括影视类音像制品)，是指利用摄影机、摄像机、录音机和其他视音频摄制设备拍摄、录制的，由可连续运动的图像或可连续收听的声音组成的视音频节目。同时，新《办法》对信息网络传播视听节目业务实行许可制度，要求申请许可证的机构都必须具有可行的节目监控方案，同时要求通过信息网络向公众传播的影视剧类视听节目必须取得《电视剧发行许可证》《电影公映许可证》。总体上，对比修改之后的《办法》，为实现规范互联网等信息网络传播视听节目秩序，加强监督管理，进一步明确了业务许可、业务监督的范围，细化了违反《办法》的罚则的规定，体现出更细致、严格的特点。同时新《办法》明确了外商独资、中外合资、中外合作机构不得从事信息网络传播视听节目业务。

在中国网络视听产业发展的大事记中，2006 年以前被统称为导入期 (即行业初期)。作为新兴的领域，网络视听领域在此之前缺少明确的经营和盈利模式，在行业发展和法律规定方面都处在经验探索阶段，基本形态尚未确定。一方面，2005 年初广电总局陆续颁发了数十张针对互联网视频的《信息网络传播视听节目许可证》，其中大多为广电体系下的单位获得，互联网企业得到的数量并不多。[①] 另一方面，截至 2006 年 7 月，中国互联网宽带用户数已经达到7700 万，而 2005 年上半年仅有 5300 万用户，平均年增长 45%，宽带用户数迅猛的增长势头为网络视频产业的发展打下了坚实的用户基础，并预示了网络视频市场的发展趋势。[②]

2006 年作为重要的时间节点被称为网络视听元年。在这一年，出现了第一批民营视频网站，具有代表性的优酷网、酷 6 网成立，仅一年时间，视频网站由原来的 30 家增长为 300 余家。据艾瑞统计，2005 年中国的网络视频用户占中国网民的 29%，2006 年网络视频用户有 6300 万，占网民的 47%，网络视频收入总规模为 5 亿元，复合年增长率为 60% 左右；与此同时，网络视听产业在海外呈现高热度发展，据艾瑞统计，截止到 2006 年 10 月软银、凯雷、IDG、Sequioia Capital、SIG 等国际顶级风投均不约而同地进入网络视听领域，视频分享类和 P2P 流媒体类中的很多网站都获得不同程度的投资，累积总额达 1 亿美元以上。[③] 同年 8 月，土豆网获得第二轮 850 万美元投资，12 月，优酷网获得 1200 万美元风险投资。

2.2007 年 ~2010 年：成长期。2007 年到 2010 年为其成长期（即行业高速发展期）。Nielsen 的监测数据显示，从 2007 年 5 月至 8 月，土豆网一周视频播放量从 1.3 亿次跃升至 3.6 亿次，一周独立用户数从 1149 万增长到 2884 万，8 月播放量和独立用户数分别是 5 月份的 2.75 倍和 2.5 倍。[④] 在此期间，视频网站的运营模式大多采用"用户生产内容"模式，由用户自主上传自制内容，通过社交的方式进行分享，从而带来更多的流量和关注度。这种模式的缺陷在于用户上传的内容质量难以保证，而网站管理者一方面具有审查义务，另一方面其技术和能力有限，无法快速进行处理和判断，因此政府对此进一步加强管理。

---

① "中国网络视听领域的发展进程、阶段、大事记"，载 https://yule.sohu.com/20131122/n390632180.shtml，最后访问时间：2020 年 5 月 10 日。

② 艾瑞市场咨询有限公司："2006 年中国网络视频研究报告"，载《声屏世界：广告人》2007 年第 5 期。

③ 参见艾瑞市场咨询有限公司："2006 年中国网络视频研究报告"，载《声屏世界：广告人》2007 年第 5 期。

④ "Nielsen 公布土豆网流量王微：增强广告主信心"，载 http://it.enorth.com.cn/system/2007/09/08/001917735.shtml，最后访问时间：2020 年 5 月 10 日。

2007 年 12 月，国家广播电影电视总局与信息产业部联合发布《互联网视听节目服务管理规定》（总局 56 号令），对之前的规定进行了大幅度修改，明确规定从事互联网视听节目服务，应当取得《信息网络传播视听节目许可证》，还应符合安全传播管理制度，具有视听节目资源储备、相应的技术能力、网络资源、资金、技术人员等要求，提升了网络视听行业的准入要求。同时要求申请视听许可证须具备国有独资或国有控股单位的身份，对准入条件进一步作出了限制。在内容要求上，对制作、编辑、集成、并通过互联网（含移动互联网）向公众提供视音频节目，以及为他人提供上载传播视听节目服务的活动做出具体规定。对广播电影电视主管部门和电信主管部门进行了明确的分工。至此，对于网络视听领域的法律规制的内容较为详实，对行业规范、准入要求、市场监管都有明确的规定，但规定中要求国有独资或国有控股单位的身份，确实不利于民营视频网站的融资和更进一步的发展。

　　经历了前期的积累，除了网络视听制作者、传播平台、投资方和内容版权方之外，网络视听产业的参与方越来越多，政府通过成立国家网络电视台和提高行业标准等方式进一步加强对行业的管理。2009 年，我国开始着力推进三网融合战略，对网络视听产业的监管力度进一步加大，对版权保护的力度增强，版权资源成为影响网络视听行业的关键。2009 年 4 月，国家广播电影电视总局发布《关于加强互联网视听节目内容管理的通知》，规定从事互联网视听节目服务的单位所播节目应具有相应版权，在互联网上传播的影视剧必须依法取得广播影视行政部门颁发的相关许可证。同时，该通知要求未取得《电影片公映许可证》的境内外电影片、未取得《电视剧发行许可证》的境内外电视剧、未取得《电视动画片发行许可证》的境内外动画片以及未取得《理论文献影视片播映许可证》的理论文献影视片，一律不得在互联网上传播。同年 8 月，为了规范一些企业为谋取不当经济利益，未经行业主管部门批准和著作权人授权，擅自将互联网上的影视剧等各类视听节目，随意传送到电视机终端供用户收看，严重侵犯著作权人的合法权益，扰乱互联网视听节目传播秩序的行为，国家广播电影电视总局发布《关于加强以电视机为接收终端的互联网视听节目服务管理有关问题的通知》，以规范互联网视听节目传播秩序。通知要求通过互联网连接电视机或机顶盒等电子产品，向电视机终端用户提供视听节目服务，应当按照《互联网视听节目服务管理规定》（广电总局、信息产业部令第 56 号）、《互联网等信息网络传播视听节目管理办法》（广电总局令第 39 号）的有关规定，取得"以电视机为接收终端的视听节目集成运营服务"的《信息网络传播视听节目许可证》。

除了行政方面制定针对性监管的法规，2009 年 9 月 15 日，以搜狐和优朋普乐为代表的视频网站发起成立了"中国网络视频反盗版联盟"，开展了一系列包括诉讼、发布会等保护版权的活动。但自发形成的组织在行业中威信不高，甚至被认为有利用市场优势进行垄断构成不正当竞争的嫌疑，无法解决面临的版权问题，甚至带来盲目竞争等新的问题，此后行业自发组织被广电总局主管的中国网络视听节目服务协会替代。

　　国家网络电视台也加入了网络视听产业中，2009 年 12 月 28 日，以平台建设和技术准备为主，中央电视台组建了中国网络电视台，全面部署多终端业务架构，建设网络电视、IP 电视、手机电视、移动电视和互联网电视等集成播控平台。[1]2010 年 4 月，国家广播电影电视总局发布《互联网电视内容服务管理规范》《互联网电视集成业务管理规范》，规定对互联网电视业务采取"集成服务＋内容服务"的管理模式，分别颁发集成服务和内容服务的牌照，内容服务商提供节目资源，集成服务提供商建立平台，负责向互联网电视输出节目，对产业进行规范化的管理。[2]自此，互联网电视牌照制度得以形成，通过颁发牌照管理内容的方式沿用至今，也正式确认了互联网电视业务的合法地位。虽然作为新兴产业的网络视听行业的地位得到了肯定，但行政监管的具体和规范化给其带来了政策的压力，政策的约束引发了更多的限制，产业的发展需要不断探索形成自身明确的定位。

　　（三）2011 年～2016 年：强化社会性规制阶段

　　2011 年之后，网络视听产业进入成熟期（即行业成熟—再度突破期）。随着网络用户与企业规模的扩大，网络视听产业的规模与影响力不断扩大，产业化链条逐渐形成与完善，平台整体生态逐步构建。社会性规制要求网络视听产业不仅需要取得经济效益、引领市场健康发展，还需要肩负社会责任、取得社会效益。对规范引导的需求加强了行业自律，2011 年 8 月，中国网络视听节目服务协会成立，主要功能在于制定行业自律规范、打击盗版传播、树立媒体社会责任、促进行业健康发展。同年 10 月，国家广播电影电视总局办公厅下发《关于印发〈持有互联网电视牌照机构运营管理要求〉的通知》，以进一步规范互联网电视服务秩序、促进三网融合工作顺利进行。同年 10 月，十七届六中

---

①　参见"CNTV 概述"，载 http://www.wm23.com/wiki/126479.htm，最后访问时间：2020 年 5 月 11 日。

②　参见南方都市报："广电新规：互联网电视'集成＋内容'双管制"，载 http://www.chinanews.com/it/it-itxw/news/2010/04-28/2251183.shtml，最后访问时间：2020 年 5 月 11 日。

全会通过《中共中央关于深化文化体制改革推动社会主义文化大发展大繁荣若干重大问题的决定》，提出要加强网络法制建设、形成规范的管理体系，营造文明理性的网络环境。

2011 年之前，受制于网络、技术、终端等因素，桌面端是视频网站发展的主要受众，移动端视频发展缓慢。在内容方面，早期的网络内容由网民自发完成，形成了"用户生成内容"模式。到了 2011 年网络自制内容逐渐增多，移动互联网成为行业内的新热点，视频网站在"用户生成内容"模式的基础上不断探索出了新的方式，产生了"专业生成内容"的模式。这类模式的上传者大多是专业的媒体人，能够在一定程度上缓解早期出现的视频内容质量不高和版权隐患等问题。2012 年，网络视听行业平稳发展，市场规模逐渐饱和，用户增长速度放缓，行业集中加剧，通过一系列的并购、重组、整合逐渐呈现出成熟的行业格局。这一年，优酷网与土豆网合并，爱奇艺收购了 PPS，腾讯、爱奇艺与搜狐共同合作组建内容，资源进一步整合和拓展。

与此同时，移动互联网的整体发展势头迅猛，"移动"首次成为网络视听行业年度发展的关键词。[①] 各视频网站结合自身优势，快速推进移动视频业务。2012 年 6 月，国家广播电影电视总局发布《关于 IPTV 集成播控平台建设有关问题的通知》，要求 IPTV 集成播控凭条需要取得相应的许可证才能开展相关业务。同年 7 月，国家广播电影电视总局发布《关于进一步加强网络剧、微电影等网络视听节目管理的通知》，要求互联网视听节目服务单位按照"谁办网谁负责"的原则，对网络视听节目实行先审后播的管理制度。这一政策极大地调动了社会各界参与创作的热情，促进了网络剧、微电影等网络视听节目创作繁荣发展。[②]2013 年 1 月，国家广播电影电视总局发布《关于促进主流媒体发展网络广播电视台的意见》，确立了网络广播在新媒体传播格局中的主流地位。

自制内容改变了视频网站的内容生产格局，提升了自身的内容生产能力，对内容的制作和播出也有了新的监管要求。2014 年 1 月，国家新闻出版广电总局发布《关于进一步完善网络剧、微电影等网络视听节目管理的补充通知》，提出强化对网络视听服务的内容制作和播出的监管。同年 8 月，中央全面深化改革领导小组第四次会议通过《关于推动传统媒体和新兴媒体融合发展的指导意见》，提出加快传统媒体向新媒体转型的步伐。同年 4 月，"扫黄打非·净网2014"专项行动开展，快播等企业被关闭。同年 9 月，国家新闻出版广电总局

①　参见唐胜宏、郭雪颖："2012 年我国移动新媒体发展状况"，载《网络传播》2013 年第 8 期。

②　董年初："不断完善中的网络视听节目管理法规"，载《传媒》2017 年第 11 期。

发布《关于进一步落实网上境外影视剧管理有关规定的通知》，对境外影视剧的规范引进提出了要求。2015 年 10 月，《中共中央关于繁荣发展社会主义文艺的意见》强调大力发展网络文艺，提出要"加强内容管理，创新管理方式，规范传播秩序，让正能量引领网络文艺发展"，为网络视听产业健康有序的发展提供了政策保障。同年国务院办公厅发布《关于印发〈三网融合推广方案〉的通知》，全面推进三网融合，将广电、电信业务双向进入扩大到全国范围，电信网、广电网、互联网彼此兼容，网络视听新业务迅速发展。2016 年，国家新闻出版广电总局发布《专网及定向传播视听节目服务管理规定》，同时废止了《互联网等信息网络传播视听节目管理办法》（39 号令），对公网和专网视听节目服务实施更加严格的准入退出管理制度。规范性文件目前涵盖了包括公网与专网等不同信息网络定向和非定向的网络视听节目的各个服务类型，针对网络视听平台的监管体系基本形成。

网络视听的发展离不开网络行业的技术开发，技术层面 CDN（Content Delivery Network，内容分发网络）推送方式，用于在网络服务器所组成的大型网络中智能组织路由和复制内容，使得宽带进一步普及。[1] 随着网络技术的不断发展，网络视听产业探索出现了许多新的发展形式。2016 年，网络直播作为一种新兴业态异军突起、发展迅猛，统计数据显示，2017 年"我国网络直播平台已经超过 500 家，网络直播用户达到 3.43 亿"。[2] 网络视频直播也在不断探索经营模式。除了网络直播外，短视频也成为 2016 年的产业热点，因其自身时长短、传播性快等特色迅速积累了一批用户。这期间的规定和办法主要为《关于加强网络视听节目直播服务管理有关问题的通知》《互联网直播服务管理规定》《关于加强微博、微信等网络社交平台传播视听节目的管理规定的通知》《关于进一步加强网络原创视听节目规划建设和管理的通知》《网络表演经营活动管理办法》等，成为网络视听内容的监督、规范、管理体系建立的重要环节。

（四）2017 年以后：规制多元化阶段

根据中国互联网络信息中心（CNNIC）发布的第 44 次《中国互联网络发展状况统计报告》，截至 2019 年 6 月，我国网民规模达 8.54 亿，较 2018 年底增长 2598 万，互联网普及率达 61.2%，较 2018 年底提升 1.6 个百分点；我国手机网民规模达 8.47 亿，较 2018 年底增长 2984 万，网民使用手机上网的比例达 99.1%，较 2018 年底提升 0.5 个百分点。其中，我国网络视频用户规模达

---

① 参见余晨薇、王睿、刘千桂：《从免费到吸金》，中国财富出版社 2018 年版，第 1 页。

② 陈鹏主编：《中国互联网视听行业发展报告（2018）》，社会科学文献出版社 2018 年版，第 65 页。

7.59 亿,较 2018 年底增长 3391 万,占网民整体的 88.8%。各大视频平台进一步细分内容品类,并对其进行专业化生产和运营,行业的娱乐内容生态逐渐形成;各平台以电视剧、电影、综艺、动漫等核心产品类型为基础,不断向游戏、电竞、音乐等新兴产品类型拓展,以 IP(Intellectual Property,知识产权)为中心,通过整合平台内外资源实现联动,形成视频内容与音乐、文学、游戏、电商等领域协同的娱乐内容生态。①

　　此阶段规制的形式与内容多元化,呈现出政府规制与行业自律、社会监管相结合的特征。政府规制方面,2017 年以来国家相关政策的密集出台,对多个领域、各个阶段都加强了监管,使网络视听产业规制进一步向科学化、规范化、细分化方向发展。在网络视听节目的播出与审核方面,《关于进一步加强网络视听节目创作播出管理的通知》《关于加强网络视听节目领域涉医药广告管理的通知》《关于支持电视剧繁荣发展若干政策的通知》强调网络视听节目与广播电视节目的同一标准、同一尺度,对电视剧、网络视听节目实施统筹管理,建立健全的审核制度。《关于开展 2017 年"网络视听节目精品创作传播工程"的通知》《进一步加强社会主义核心价值观网上传播的通知》更加注重将网络平台作为思想文化与舆论宣传的重要阵地,打造精品内容,营造健康向上的网络氛围。《关于电视剧网络剧制作成本配置比例的意见》《网络视听节目内容审核通则》有利于加强行业自律自管,促进网络视听节目内容健康发展。《关于进一步规范网络视听节目传播秩序的通知》《微博客信息服务管理规定》《关于加强网络直播答题节目管理的通知》《关于做好暑期网络视听节目播出工作的通知》进一步规范网络视听节目传播秩序,引导行业健康有序发展。《关于进一步加强广播电视和网络视听文艺节目管理的通知》对广播电视和网络视听文艺节目在类型、片酬、监管方面提出了要求。《关于网络视听节目信息备案系统升级的通知》实现网上网下同一标准、同一尺度。2019 年"青少年防沉迷系统"全面推广上线,限制青少年用户的使用时长、时段、功能和内容,监管更加全面,更细致地在网络视听节目的内容、传播方面提出了相应的管理要求。

　　自 2017 年至今,随着网络视听行业的不断发展,网络视听领域发展出许多新的内容,主要包括网络视频(含短视频)、网络直播等,对此仅仅以政府出台规定的形式进行规制,难免存在滞后性。因此,将规制的权利让渡给行业

---

　　① 中共中央网络安全和信息化委员会办公室:"中国互联网络信息中心(CNNIC)发布第 44 次《中国互联网络发展状况统计报告》",载 http://www.cac.gov.cn/2019-08/30/c_1124938750.htm,最后访问时间:2020 年 5 月 14 日。

自身与社会组织尤为必要。在行业协会自律方面，中国网络视听节目服务协会作为政府与行业之间连通的桥梁纽带，可以起到有效的监管与约束作用，促进产业的自律发展。2017年6月，中国网络视听节目服务协会常务理事会通过的《网络视听节目内容审核通则》，在2012年根据《中国网络视听节目服务自律公约》的精神制定发布的《网络剧、微电影等网络视听节目内容审核通则》基础上修订完善而成，旨在进一步指导各网络视听节目机构开展网络视听节目内容审核工作，提升网络原创节目品质，促进网络视听节目行业健康发展。具体界定了网络视听节目，包括：①网络剧、微电影、网络电影、影视类动画片、纪录片；②文艺、娱乐、科技、财经、体育、教育等专业类网络视听节目；③其他网络原创视听节目。

2018年短视频平台"抖音"爆发式崛起，利用科技开创了媒介现象，短视频社交成为网络社交的重要形态。面对持续热度很高的短视频，为提升短视频内容质量，2019年1月，中国网络视听节目服务协会发布《网络短视频内容审核标准细则》《网络短视频平台管理规范》。其中，《网络短视频内容审核标准细则》共计100条，对网络短视频的内容审核进行规范，规范监管开始注重价值观引导。同时，行业内部也进行自我监督，视听新媒体平台逐渐完成由单一的播出平台向制播一体化的转变。2019年，腾讯视频、优酷、爱奇艺等联合发布《关于规范影视秩序及净化行业风气的倡议》《关于抑制不合理片酬，抵制行业不正之风的联合声明》等倡议，这对于促进行业的自我协调、自我管理具有积极作用。

综上，自2006年网络视听行业元年以来，网络视听产业的每一次重大事件的发展都离不开规制。随着行业的不断发展，人们对于规制的认识也逐步由浅入深。早期对网络视听行业的规制集中在作为互联网媒体功能的规制上，互联网的功能是实现点对点的快速交流，因此对行业的规制重点在接入与安全规制上。当互联网媒体功能不断拓展，从人际交流转向大众传媒时，对网络视听产业的规制逐渐发展出内容服务规制方面的要求。尤其是自2017年以来，针对网络视听行业的规制越来越多，不仅涉及的领域越来越全面，而且规定的内容越来越细致，对行业的经营战略和策略产生明显的影响。当前规制的主要形式是以行政法规、部门规章为主，结合一定的行业自律的要求，重点在网络视听行业的行政许可、经营行为、内容服务等方面，确定了许可证制、节目审查、分类管理等行业管理的基础性问题。明确了管理的行业内容包括网络剧、微电影、境外影视剧、网络电视台、网络直播、移动互联网、网络综艺等方面。一方面要求提高行业准入标准，另一方面注重在内容服务过程中内容的版权保护与合规性。规制的主体主要是行政规章的制定主体和行业自律主体，包括国家广播电影电视总局（后并入国家新闻出版广电总局）、国家互联网信息办公室、信息产业部（后并入工业与信息化部）、文化部、中国网络视听节目服务协会等。总的来说，对网络视听产业的规制不仅仅是限制，也包含着支持性的措施，在认可了网络视听行业的合法性之后，规制的内容在限制与支持之间不断寻求平衡与发展。

二、美国网络视听行业的发展与规制

美国的网络视听产业的起步时间较早，但是由于美国的版权保护制度较为严格，禁止在合同限定的渠道以外播出电视节目，如果美国的电视公司希望在互联网上播出已购电视节目，那么就需要更新当初的版权购买协议——这影响了电视公司开展网络视频业务的积极性，因为更新购买协议就意味着一笔新的支出，何况该业务的发展前景并不明朗。[1]受技术的限制，直到 2006 年之后宽带互联网快速普及，网络视听业务才有了进一步的发展。美国的网络视频市场出现了"生于互联网、长于互联网"的 YouTube、传统 DVD 租赁行业转型而来的 Neflix 以及电视公司共同投资的 Hulu。

2005 年，YouTube 成立。同年 4 月 23 日，创始人之一乔德·卡瑞米（Jawed Karim）亲自向 YouTube 上传了第一段视频。该视频的名字是 "Me at the Zoo"（我在动物园），尽管这一视频内容平淡无奇，且只有 19 秒长，但由于这段视频所具有的历史意义，它的累积浏览量已经超过了 3000 万次。2006 年，谷歌宣布斥资 16.5 亿美元收购 YouTube，这使得谷歌一夜之间突然成了网上视频领域的明星，同时这也是多年来科技业内最重大的一笔收购案。[2]

到了 2007 年，在网络上在线观看视频成为美国的流行趋势。成立于 1997 年的 Netflix 最早的业务是出租 DVD，就是用户下订单，然后给用户邮寄 DVD，按照次数收钱的 pay-per-rental 的业务模式。[3]2007 年，Netflix 推出了流媒体服务，开启了全盘互联网化，会员能够从他们的个人电脑上实时收看电视节目，在互联网平台上获得更好的技术和数据支持。Netflix 除了将数据用于分析用户行为，还将数据用于内容生产。由 Netflix 制作的影视剧《纸牌屋》

① 参见靳戈：《中国网络视频产业发展战略研究》，光明日报出版社 2019 年版，第 40 页。

② 参见："谷歌收购 Youtube 十周年：视频行业就这样被改变了"，载 https://tech.qq.com/a/20161010/044092.htm，最后访问时间：2020 年 5 月 13 日。

③ 参见："数据驱动的 Netflix，如何颠覆传统影视消费模式？"，载 https://www.jianshu.com/p/c374c0469a3b，最后访问时间：2020 年 5 月 13 日。

（第一季）在 2013 年获得了第 65 届艾美奖的 4 项奖项和 6 项提名。据 Netflix 称，该剧制片方在立项过程中通过分析观众的收视选择、影评和搜索关键词来判断最受观众欢迎的导演和演员，并按照这一判断选择制作团队和演员，最终获得了市场的好评，实现了"巫术一般的精准营销"。①

2007 年 3 月，美国国家广播环球公司（NBC Universal）、新闻集团旗下的福克斯广播公司（FOX）和美国广播公司（ABC）共同注册了 Hulu 网。② 除了这三家专门从事视频业务的网站外，还有一些互联网公司从事网络视频业务，并且发展出了聚合平台。2019 年 3 月 26 日，苹果宣布 5 月推出 Apple TV channels，并将在秋季登陆 Mac 平台。Apple TV channels 所支持的视频平台包括亚马逊、Hulu、HBO、Starz 和 Showtime，用户可以只对自己想看的内容进行付费。③

美国网络视听产业的发展、规制与技术、流量密切相关。为推动宽带服务均等化，实现宽带进一步覆盖，2014 年 4 月，美国联邦通信委员会（FCC）决定，从 2015 年开始，未来 5 年每年投资 18 亿美元总计投资 90 亿美元，为目前尚未被宽带覆盖的 500 万美国农村居民提供高速上网服务。④ 另一个与流量相关的议题是兴起于美国的网络中立议题，其每一个进展都受到了国际社会关注。⑤ "网络中立性"（Net Neutrality），是由哥伦比亚大学法学教授 Tim Wu 提出的，指的是网络在作为一个应用程序层的操作平台的"非歧视性的互联互通"原则，在这种原则下，所有网络用户都应被平等对待，而网络运营者（所有者）不得通过调整网络配置从而导致服务内容的差别。⑥ 网络中立政策源于美国针对电话和有线电视分别采行的"公共承运"原则和"必载条款"，要求网络运营商为互联网服务商和用户提供无差别的传输服务。⑦ 美国 FCC 于 2017 年以 3 票对 2 票的投票结果宣布废除 2015 年实施的网络中立法，同时提出实施"低

---

① 靳戈：《中国网络视频产业发展战略研究》，光明日报出版社 2019 年版，第 63 页。

② 参见罗燕："环球企业家：Hulu 剧场"，载腾讯网，https://tech.qq.com/a/20100709/000351.htm，最后访问时间：2020 年 5 月 13 日。

③ 参见 "一文读懂苹果春季发布会：推出原创视频服务 打造独立游戏生态"，载 https://digi.tech.qq.com/a/20190326/001287.htm，最后访问时间：2020 年 5 月 13 日。

④ 朱新梅、潘瑞佳："2014 年欧美国家视听新媒体管理回顾"，载《中国广播》2015 年第 4 期。

⑤ 参见马源："4G 时代的网络中立"，载《高科技与产业化》2014 年第 7 期。

⑥ 牟飞洁："网络中立性探讨——以美国及韩国的 CDN 案例分析为中心"，载《管理观察》2019 年第 24 期。

⑦ 易前良："网络中立：媒介架构视域下互联网规制的政策渊源与利益协商"，载《湖南师范大学社会科学学报》2020 年第 1 期。

度监管"政策以刺激 5G 投资、创新和竞争,并为 5G 发布更多的中频频谱以促进其商业部署。① 除了围绕"网络中立"的博弈之外,同期美国网络视频产业的另一特点是电信网、网络视频、电视合流,同电视网竞争。②

网络视听行业同样注重版权保护。2014 年 9 月,美国最高法院判决互联网电视公司 Aereo 侵权,认为 Aereo 发行未经授权的电视台内容属于侵权,Aereo 要继续运营,必须像有线电视、卫星电视公司一样,向电视台缴纳版权费。③

第三节 网络视听节目类型与监管

网络视听产业是指围绕网络视听节目的生产和传播、经营等相关活动的经济关系的集合。既包括产生节目内容,又包括传输节目的一系列经营服务。

一、网络视听行业的主体

从产业链角度来看,网络视听行业主要涉及三个主体:内容提供商、视频运营商和终端用户。内容提供商是指向视频运营商提供视频内容的企业或个人,包括传统的电视台与影视制作公司、专业的视频制作公司以及一部分网民;视频运营商即上述各类视频网站;终端用户指的就是观看视频的网民。网络视频行业的外围主体包括广告商、硬件 / 技术支持、风险投资、监管部门等。④

(一)网络视听平台

网络视听平台作为数字化出版平台的一种形式,是相对于传统的纸质媒体和电视媒体而言,借助于互联网领域和移动客户端不断发展壮大,从生活服务向生产服务转型,从传统媒体网络化传播转为以优质原创主打的传播平台。不同于传统纸媒和电视媒体,对于网络视听平台而言,网络视听节目内容成为关键。网络视听平台类似一个定制的频道,而每个人都有自己个性化的频道,大众传媒的体验将被个性化取代,因此通过平台的内容获得关注是网络视听平台运营的关键。网络视听平台的运营商逐渐成为版权的重要购买者。

随着网络视听平台发展的不断成熟,平台逐渐出现了类型区分。一类是内容平台,注重内容优势和内容价值,目前,以腾讯视频和爱奇艺等网络视听平

---

① 李三虎:"5G 时代的流量正义和网络中立之争及治理前瞻",载《长沙理工大学学报(社会科学版)》2020 年第 1 期。

② 靳戈:《中国网络视频产业发展战略研究》,光明日报出版社 2019 年版,第 72 页。

③ 朱新梅、潘瑞佳:"2014 年欧美国家视听新媒体管理回顾",载《中国广播》2015 年第 4 期。

④ 梁晓涛、汪文斌:《网络视频》,武汉大学出版社 2013 年版,第 21 页。

台为代表，其选择以"版权购买＋自制剧"的模式进行内容的制作，国产网络剧呈现出大规模、高速度的发展势头。网络剧的播出带来的超高人气带动电视剧的创作，网络剧反向输出电视台的现象更为普遍。另一类平台以工具性的聚合平台为主，依靠融资、规模、垄断来聚合流量，着眼于未来的预期价值。聚合平台是通过对有关的数据进行内容挑选、分析和归类，呈现出人们想要的结果的平台。人们利用聚合平台进行交流、交易、学习和开展一系列的社交互动。

根据《互联网视听节目服务业务分类目录（试行）》中的分类，聚合网上视听节目的服务指将互联网上的视听节目信息编辑、排列到同一网站上，并向公众提供节目的查找、收看服务的业务活动。"聚合平台的使用价值来自它的服务功能，正是聚合平台的社会化使用，使'应用功能'和'应用服务'得到开发和扩展，创造了互联网独特而有效的交往方式——共享关系。"① 聚合平台发挥着传播媒介、技术平台、经营平台、虚拟社会等多重功能。

（二）监管主体

对网络视听节目具有监管资格的主体包括广电总局、工信部、网信办、文化与旅游部。

广电总局是重要的行政许可主体，负责《信息网络传播视听节目许可证》《广播电视节目制作经营许可证》《网络出版服务许可证》等的许可。原广电总局 1999 年就对信息网络传播广播影视剧进行规制，且首次提出"通过信息网络向公众传播视听节目"必须持有《网上传播视听节目许可证》，之后变更为《信息网络传播视听节目许可证》，并一直沿用。在专网及定向开展互联网视听节目服务的，均须依法取得《信息网络传播视听节目许可证》。根据《广播电视节目制作经营管理规定》，从事主持、访谈、报道类视听服务、自办网络剧（片）类服务的，应依法取得《广播电视节目制作经营许可证》。网络出版中，如在网络平台首次发布原创视听作品，需取得《网络出版服务许可证》。

工信部监管增值电信业务经营许可证（ICP）。根据《互联网信息服务管理办法》《电信业务经营许可管理办法》《电信条例》等规定，互联网企业开展经营性（包括但不限于通过用户收费、电子商务、广告、赞助等方式获取利益）网络视听节目服务的，应当依法办理增值电信业务经营许可证。

根据 2014 年国务院《关于授权国家互联网信息办公室负责互联网信息内容管理工作的通知》，网信办具有管理互联网信息内容的职权及执法地位，可

---

① 参见王晓红、周结主编：《中国网络视频年度案例研究 5（2019）》，中国传媒大学出版社 2019 年版，第 3 页。

以在职权范围内制定有关网络视听节目内容管理的规章及政策性文件，并参与互联网内容的监督和执法。此外根据《互联网新闻信息服务管理规定》，以视听节目形式提供互联网新闻信息服务的，如提供时政类视听新闻服务或提供主持、访谈、报道类视听服务的，应当依法取得《互联网新闻信息服务许可证》。

根据《互联网文化管理暂行规定》，互联网企业开展网络视听节目（含直播）等经营性网络文化活动的，应当依法办理《网络文化经营许可证》。另外，《网络表演经营活动管理办法》规定，为表演者开通表演频道的，应依法向文化与旅游部（原文化部）办理表演频道信息备案。

二、网络视听节目的界定

网络视听节目首次出现在 2003 年国家广播电影电视总局发布的《互联网等信息网络传播视听节目管理办法》（总局第 15 号令）中，该部门规章界定了信息网络传播视听节目的范围，明确网络视听节目是在互联网等信息网络中开办各种视听节目栏目播放 (含点播) 的。节目类型包括：影视作品和视音频新闻，转播、直播广播电视节目及以视听节目形式转播、直播体育比赛、文艺演出等各类活动。在学术文献中，网络视频与网络视听节目常常被混用，网络视频就是指在互联网上播放的视频节目。最早记载的网络视频是指远程电话会议的相关研究，为避免与网络视频会议混淆，因此在规范性文件中使用网络视听节目这一术语，并一直延续下来，本文采用网络视听这一用法，与规范性文件保持一致。在之后进行的修改中，2004 年 6 月，国家广播电影电视总局发布《互联网等信息网络传播视听节目管理办法》（总局第 39 号令）进一步从节目的产生方式对视听节目（包括影视类音像制品）进行明确界定，其是指利用摄影机、摄像机、录音机和其他视音频摄制设备拍摄、录制的，由可连续运动的图像或可连续收听的声音组成的视音频节目。2007 年经国家广播电影电视总局、中华人民共和国信息产业部审议通过的《互联网视听节目服务管理规定》的第 2 条规定，互联网视听节目服务，是指制作、编辑、集成并通过互联网向公众提供视音频节目，以及为他人提供上载传播视听节目服务的活动。

2017 年 3 月，国家新闻出版广电总局为适应互联网视听节目服务行业发展需要，根据《互联网视听节目服务管理规定》（广电总局、信息产业部令第 56 号）的规定，对 2010 年 3 月 17 日发布的《互联网视听节目服务业务分类目录（试行）》进行了调整，将网络视听节目服务划分成四类，包括第一类互联网视听节目服务（广播电台、电视台形态的互联网视听节目服务）、第二类、第三类、第四类互联网视听节目服务。其中常见的第二类视听节目服务包括：①时政类视听新闻节目转载服务；②文艺、娱乐、科技、财经、体育、教育等专业类视听节目的主持、访谈、报道、评论服务；③文艺、娱乐、科技、财经、体育、教育等专业类视听节目的制作（不含采访）、播出服务；④网络剧（片）的制作、播出服务；⑤电影、电视剧、动画片类视听节目的汇集、播出服务；⑥文艺、娱乐、科技、财经、体育、教育等专业类视听节目的汇集、播出服务；⑦一般社会团体文化活动、体育赛事等组织活动的实况视音频直播服务。同年6月，中国网络视听节目服务协会在京召开常务理事会审议通过《网络视听节目内容审核通则》，该通则对网络视听节目进行定义，通过列举的方式举例说明了网络视听节目包括哪些类型，具体包括：①网络剧、微电影、网络电影、影视类动画片、纪录片；②文艺、娱乐、科技、财经、体育、教育等专业类网络视听节目；③其他网络原创视听节目。

综合法律法规、行业规定所界定的网络视听节目中各要素，可以将其界定为，利用摄影机、摄像机、录音机和其他视音频摄制设备拍摄、录制的，由可连续运动的图像或可连续收听的声音组成的，制作、编辑、集成并通过互联网向公众提供以及为他人提供上载传播的，包括网络剧、微电影、网络电影、影视类动画片、纪录片、专业类、其他网络原创等的视音频节目。

三、网络视听节目的类型

（一）时政新闻类视听节目

时政新闻类节目有着比其他类型的节目更严格的监管。在第一类互联网视听节目服务（广播电台、电视台形态的互联网视听节目服务）中包括：①时政类视听新闻节目首发服务，指采访、制作或定制时政新闻、社会新闻类视听节目，首先供公众在网上点播的服务。定制指委托其他机构为本机构制作节目并供其播出的行为。②时政和社会类视听节目的主持、访谈、评论服务，指以主持、访谈、演讲的节目形式，围绕政治、社会事件或题材进行评论，供公众在网上点播的服务。③自办新闻、综合视听节目频道服务，指采用与广播电视节目频道相同的编播形式，自行编排含有时政新闻、社会新闻内容的互联网视听节目频道，通过互联网实时播出供公众收看的服务。④自办专业视听节目频道服务，指采用与广播电视节目频道相同的编播形式，自行编排不含有时政新闻、社会新闻内容的影视、文艺、娱乐、科技、财经、体育、教育等专业类视听节目的频道，通过互联网实时播出供公众收看的服务。⑤重大政治、军事、经济、社会、文化、体育等活动、事件的实况视音频直播服务，指通过互联网对重大政治、军事、经济、社会、文化、体育等活动或事件进行的视音频实况直播服务。

开办新闻类视听节目的网络传播业务须有国务院新闻办公室授予的网上发布新闻的资格，且传播的新闻类视听节目限于境内广播电台、电视台、广播电视台制作、播放的节目。同时要求，明确已获得相应业务资质的单位播出的时政类新闻视听节目，应当是地（市）级以上广播电台、电视台制作、播出的节目和中央新闻单位网站登载的时政类视听新闻节目，并且，不得允许个人上载时政类视听新闻节目。

通过视音频形式从事互联网信息采编发布服务（主体限定为新闻单位及其控股单位）、转载服务、传播平台服务（主要指微博客、公众账号、即时通信工具等平台）的，还需符合网信办《互联网新闻信息服务管理规定》及《互联网信息服务许可管理实施细则》的监管要求。

（二）网络剧、微电影

2012年《关于进一步加强网络剧、微电影等网络视听节目管理的通知》，重点明确了网络剧、微电影"谁办网谁负责"及"先审后播"原则。2014年《关于进一步完善网络剧、微电影等网络视听节目管理的补充通知》进一步加强了监管，新增个人制作上传网络剧、微电影时服务提供者的责任，要求对自审自播的网络剧、微电影节目信息进行备案，同时规定备案号标注责任等具体细致的内容。

（三）影视剧

自三网融合推广后，电信网、广电网、互联网彼此兼容，影视剧（含境内外电影片、电视剧、动画片及相应的音像制品）传播媒介从广电网延伸到互联网。在《关于加强互联网传播影视剧管理的通知》中用于互联网传播的影视剧和内容受到监管，要求网络视听节目服务机构网上传播的影视剧符合相关规定，同时机构需要持有《信息网络传播视听节目许可证》。用于互联网传播的影视剧，必须符合广播电影电视管理的有关规定，依法取得国家广电总局颁发的《电影片公映许可证》《电视剧发行许可证》或《电视动画片发行许可证》，同时获得著作权人的网络播映授权。用于互联网传播的理论文献影视片须获得国家广电总局颁发的《理论文献影视片播映许可证》。未取得《电影片公映许可证》的境内外电影片、未取得《电视剧发行许可证》的境内外电视剧、未取得《电视动画片发行许可证》的境内外动画片以及未取得《理论文献影视片播映许可证》的理论文献影视片一律不得在互联网上传播。

对境外引进的影视剧，根据《关于进一步落实网上境外影视剧管理有关规定的通知》，按照"总量调控、内容审核、发放许可、统一登记"的管理思路，加强网上引进节目的管理。

（四）真人秀节目

真人秀综艺节目取得了蓬勃的发展，成为网络视听节目中重要的节目类型。国家新闻出版广电总局认为，近年来，电视真人秀节目越来越热，已经成为电视上星综合频道的一个重要节目类型，为广大观众提供了更丰富的收视选择。大多数电视真人秀节目导向正确、内容健康，受到社会好评。但也有些节目既不攀登正能量的高峰也不触碰负能量的底线，"有意思"但没意义，收视率虽高但缺少价值引领，有的甚至传播错误价值观或流于低俗，引起舆论批评。当前有必要对一些真人秀节目进行引导和调控，要坚决抵制此类节目的过度娱乐化和低俗化。努力转型升级、改进提高，丰富思想内涵，弘扬真善美，传递正能量，实现积极的教育作用和社会意义。因此 2015 年《关于加强真人秀节目管理的通知》从内容设置、节目引进、嘉宾人选、节目价值等方面对真人秀节目作出规范。

（五）专业类视听节目

《办法》（15 号令）对网络视听节目分类管理，其中专业类视听节目包括科技、教育、医疗、财经、气象、军事、法制等。2009 年，广电总局联合证监会就专业性视听节目联合发布《关于加强互联网证券期货讯息、广告宣传等专业性视听节目服务管理的通知》。2017 年，《互联网视听节目服务业务分类目录（试行）》列举的专业类视听节目包括文艺、娱乐、科技、财经、体育、教育等。相比之前的分类，该目录增添了文艺节目的规定。2018 年，广电总局就文艺类视听节目发布《关于进一步加强广播电视和网络视听文艺节目管理的通知》。

（六）网络直播

根据《互联网直播服务管理规定》，网络直播是指基于互联网、移动网等，以视频、音频、图文等形式向公众持续发布实时信息的活动。随着网络直播的发展，网络直播平台的直播服务迅速发展。2016 年广电总局出台了《关于加强网络视听节目直播服务管理有关问题的通知》，对直播服务应具备的条件、准入政策、备案制度、弹幕和主持人管理等方面提出了明确的要求。与网络直播相关的概念是网络表演，根据 2016 年文化部制定的《网络表演经营活动管理办法》，网络表演是指以现场进行的文艺表演活动等为主要内容，通过互联网、移动通讯网、移动互联网等信息网络，实时传播或者以音视频形式上载传播而形成的互联网文化产品。根据 2017 年《互联网视听节目服务业务分类目录（试行）》中的分类，直播包括两种，第一类是通过互联网对重大政治、军事、经济、社会、文化、体育等活动或事件进行的视音频实况直播服务；第二类是通过互联网对一般社会性、团体性文化活动、体育赛事等向公众进行实况视音频直播的服务。目前常见的是第二类。

根据网信部发布的《互联网直播服务管理规定》，通过网络表演、网络视听节目等提供互联网直播服务的，互联网直播服务提供者和互联网直播发布者在提供互联网新闻信息服务时，都应当依法取得互联网新闻信息服务资质，并在许可范围内开展互联网新闻信息服务。互联网直播服务提供者应对互联网新闻信息直播及其互动内容实施先审后发管理，提供互联网新闻信息直播服务的，应当设立总编辑。

（七）短视频

作为一种新兴媒介传播形态，"移动短视频"尚未获得公认的定义。从生产者、时长和使用目的看，主要分为两类：一类为"PGC—资讯类短视频"，为专业视频网站使用专业拍摄工具生产，时长一般在几分钟，如新浪视频和凤凰视频出品的新闻、娱乐、体育等资讯类短视频，除了时长较短，与传统电视节目区别不大；另一类为"UGC—娱乐类短视频"，为品牌商家和网友通过微视、秒拍和美拍等智能手机端视频 APP 生产，时间严格控制在 5~15 秒，可以快速编辑或美化，主要用于社交网站分享。[①] 由于信息过载，网民应接不暇，其有效注意力时间（attention span）在进一步缩短。[②] 最早的一批短视频平台，如梨视频在 2016 年末重磅问世后，就对互联网视频媒体提出了挑战。其有关"时政突发类新闻"的内容，也与新闻资讯服务类媒体的功能有重合，填补了我国资讯短视频平台的空白，但也存在许多"打擦边球"的内容。[③] 很快国家广播电视行政主管部门对短视频行业责令整改，短视频市场才步入正轨。

四、行政监管与处罚案例

以《互联网视听节目服务业务分类目录（试行）》中的分类为基础，针对网络视听节目分类，专门的规范性文件对不同类型的节目实施细化、深入的监管，形成了分类合规监管的局面。我国对网络视听节目的监管重点在内容的合规审查和经营资质、经营范围合规审查上。一方面，主要审查内容涉及时政类、涉恐、涉黄、涉暴等。另一方面，随着网络视听节目行业野蛮生长终结，行业整顿已然来到，"裸奔"时代将终结，无证经营或者超范围经营将成为近期监

① 王晓红、包圆圆、吕强："移动短视频的发展现状及趋势观察"，载《中国编辑》2015 年第 3 期。
② 邓建国、张琦："移动短视频的创新、扩散与挑战"，载《新闻与写作》2018 年第 5 期。
③ 参见刘界儒："咨询短视频平台'梨视频'的问题与建议"，载《新媒体研究》2017 年第 12 期。

管执法的重点，名为"合作"实为"借牌"的模式也逐渐被监管机构和上市审查机构关注。①

（一）资质类监管

1. 梨视频因缺乏资质受到整改。2017 年 2 月，北京市互联网信息办公室发布消息称，市网信办、市公安局、市文化市场行政执法总队赴梨视频开展联合执法检查，并责令其全面整改。根据北京市网信办发布的通报，梨视频的运营公司在没有取得互联网新闻信息服务资质、互联网视听节目服务资质的情况下，通过开设原创栏目、自行采编视频、收集用户上传内容等方式大量发布所谓"独家"时政类视听新闻信息。②

2. "新浪微博""ACFUN"等网站关停视听节目服务。2017 年 6 月 22 日，针对"新浪微博""ACFUN""凤凰网"等网站在不具备《信息网络传播视听节目许可证》的情况下开展视听节目服务，并且大量播放不符合国家规定的时政类视听节目和宣扬负面言论的社会评论性节目，国家新闻出版广电总局发函责成属地管理部门，按照《互联网视听节目服务管理规定》（广电总局、信息产业部第 56 号令）的有关规定，采取有效措施关停上述网站上的视听节目服务，进行全面整改，为广大网民营造一个更加清朗的网络空间。③

3. 今日头条、快手缺乏资质受到整改。2018 年 4 月 4 日，国家广播电视总局对两家网站采取了整改措施，认定其在不具备《信息网络传播视听节目许可证》的情况下持续顶风拓展视听节目服务，扰乱网络视听行业秩序。

4. 喜马拉雅 FM 受到行政处罚。2019 年 5 月 13 日，上海市文化市场行政执法总队对喜马拉雅 FM 主体公司上海证大喜马拉雅网络科技有限公司擅自从事互联网视听节目服务，同时提供国家规定禁止内容的视听节目的行为进行了处罚。依据《互联网视听节目服务管理规定》第 24 条第 1 款和《行政处罚法》第 27 条第 1 款第 1 项，处以警告、罚款人民币 8000 元的行政处罚。④

---

① 黄春林：《网络与数据法律实务——法律适用及合规落地》，人民法院出版社 2019 年版，第 247 页。

② 参见人民网："人民网评：梨视频引发的网络治理思考"，载 http://opinion.people.com.cn/n1/2017/0210/c1003-29071290.html，最后访问时间：2020 年 5 月 14 日。

③ 中华人民共和国新闻出版广电总局："国家新闻出版广电总局要求'新浪微博'、'ACFUN'等网站关停视听节目服务"，载 http://www.sapprft.gov.cn/sapprft/contents/6588/338032.shtml，最后访问时间：2020 年 5 月 14 日。

④ 上海文化市场行政执法网："处罚公示"，载 http://whzf.sh.gov.cn/info/main，最后访问时间：2020 年 5 月 14 日。

（二）内容类监管

1. 百度 APP 部分频道违规整改。2020 年 4 月 7 日，国家互联网信息办公室指导北京市互联网信息办公室，针对百度 APP 多个频道存在严重违规问题，严肃约谈百度公司负责人，要求立即停止违规行为。百度 APP 推荐频道、图片频道、视频频道、财经频道、科技频道自 4 月 8 日上午 9 时起暂停更新，清理违规内容，开展深入整改。北京市互联网信息办公室有关负责人指出，百度 APP 违反国家有关互联网法律法规和管理要求，落实主体责任不力，大量传播低俗庸俗信息、密集发布"标题党"文章、公众账号注册管理及内容审核不严，传播秩序和生态问题突出，社会影响恶劣。百度公司负责人表示，将严格落实管理要求，切实履行主体责任，对违规问题进行全面整改，暂停有关频道更新，关闭违规账号，严肃处理责任人。同时，加强内部管理，健全完善信息安全管理机制，确保类似问题不再发生。①

2. 凤凰新闻客户端违规频道整改。2020 年 2 月 14 日，国家互联网信息办公室指导北京市互联网信息办公室，针对凤凰网存在刊发非规范稿源新闻信息、凤凰新闻客户端持续传播低俗庸俗信息等问题，严肃约谈凤凰网负责人，责令企业立即停止违规行为。企业负责人表示，将严格落实网信部门管理要求，对相关问题进行自查自纠，对违规问题严重的部分频道暂停更新，关闭有关违规账号，并严肃处理相关责任人。北京市互联网信息办公室有关负责人指出，凤凰网持续违反国家有关互联网法律法规和管理要求，刊发非规范稿源新闻信息，扰乱网络传播秩序。凤凰新闻客户端传播低俗庸俗信息，对网络生态造成不良影响。北京市互联网信息办公室责令凤凰网深入开展自查自纠，全面清理网上违规内容，杜绝类似情况再次发生。②

3. 喜马拉雅 FM 内容违规处罚。2020 年 4 月 3 日，上海市文化和旅游局依据《互联网视听节目服务管理规定》第 16 条第 9 项，对上海证大喜马拉雅网络科技有限公司从事互联网视听节目服务，提供含有危害社会公德内容的互联

---

① 中共中央网络安全和信息化委员会办公室："百度 APP 部分频道因严重违规今日起暂停更新 国家网信办指导北京市网信办约谈百度公司负责人"，载 http://www.cac.gov.cn/2020-04/08/ c_1587889929466226.htm，最后访问时间：2020 年 5 月 14 日。

② 中共中央网络安全和信息化委员会办公室："国家网信办指导北京市网信办约谈凤凰网负责人 凤凰网、凤凰新闻客户端违规严重的部分频道暂停更新"，载 http://www.cac.gov.cn/2020-02/15/ c_1583303419227448.htm，最后访问时间：2020 年 5 月 14 日。

网视听节目处以警告的行政处罚。①

4. 今日头条旗下内涵段子违规关停。2018 年 4 月 10 日，国家广播电视总局责令"今日头条"永久关停"内涵段子"客户端软件及公众号，并要求该公司举一反三，全面清理类似视听节目产品。②

5. 吱呀、Soul、语玩、一说 FM 等 26 款音频平台违规整治。2019 年 6 月 28 日，国家网信办会同有关部门，针对网络音频乱象启动专项整治行动。根据群众举报线索，经核查取证，首批依法依规对吱呀、Soul、语玩、一说 FM 等 26 款传播历史虚无主义、淫秽色情内容的违法违规音频平台，分别采取了约谈、下架、关停服务等阶梯处罚，对音频行业进行全面集中整治。③

上文提到的针对今日头条、快手的整改中，也涉及内容整改，依据《互联网视听节目服务管理规定》，国家广播电视总局责令两家网站立即采取以下整改措施：①全面清查库存节目，对网站上的低俗、暴力、血腥、色情、有害问题节目要立即下线；②停止新增视听节目上传账户，全面排查现有账户。对上传了违法违规有害节目的，要采取关停上传功能、永久封号等处理措施；③追究播出违法违规有害视听节目的网站审核人员、主管人员责任；④网站节目的上传总量和上线播出总量应立即调减至与网站审核管理力量相匹配的规模，确保未经审核的节目不得播出。总局将视两家网站的整改效果，依法采取进一步处置措施。④

---

① 上海文化市场行政执法网："处罚公示"，载 http://whzf.sh.gov.cn/info/main，最后访问时间：2020 年 5 月 14 日。

② 国家广播电视总局："国家广播电视总局责令'今日头条'网站 永久关停'内涵段子'等低俗视听产品"，载 http://www.nrta.gov.cn/art/2018/4/10/art_114_35849.html，最后访问时间：2020 年 5 月 14 日。

③ 中共中央网络安全和信息化委员会办公室："国家网信办集中开展网络音频专项整治"，载 http://www.cac.gov.cn/2019-06/28/c_1124685210.htm，最后访问时间：2020 年 5 月 14 日。

④ 国家新闻出版广电总局："国家广播电视总局严肃处理'今日头条''快手'传播有违社会道德节目等问题"，载 http://www.sapprft.gov.cn/sapprft/contents/6582/363639.shtml，最后访问时间：2020 年 5 月 14 日。

第四节　网络视听节目内容的发展与规制

一、网络视听节目内容发展

（一）第一阶段（2004年~2005年）：视听内容集成阶段

2004年之前，互联网上未出现专业化的视频网站，2004年乐视网的出现打破了这种局面。到2005年上半年，土豆网、56网、激动网、PPTV、PPS等相继上线，构成我国视频网站发展初期的主要成员。[①]早期的产业处于探索阶段，没有内容提供商和专门策划网站的支持，主要内容为用户自行上传和视频网站组织上传，对视频内容要求较低。大多原创视频的作者缺乏专业知识，拍摄目的并非为了盈利，因而节目内容较为混乱，清晰度较低。例如，以用户上传内容为主的土豆网，于2005年4月15日上线并上传了第一条视频内容，以"每个人都是生活的导演"为口号。土豆网在创立之初，内容生产与传播的模式与之前的播客非常相似，都是基于社交分享。用户产生内容模式是web2.0时代逐渐兴起的一种互联网内容生产方式，是用户使用互联网的新方式，网站不需要关心上传什么内容、从哪里购买内容，只需要搭建好稳定、关注度高的平台，自然有用户主动上传自制内容，并且通过社交化的方式进行分享，如滚雪球一样吸引更多的用户加入内容上传者的行列，可以在短时间内完善视频网站的内容资源库，带来更多的流量和关注度。[②]乐视网以上传发行的影视剧为主，PPS和PPTV则是作为网络电视客户端，利用P2P技术进行点对点播放。各大视频网站形成了不同的定位与发展模式。

（二）第二阶段（2006年~2007年）：内容生产服务盈利阶段

2006年，优酷网上线，与土豆网的发展思路基本一致，强调"用户产生内容"模式，更着力于推广具有社会影响力的内容生产，呈现具有差异化的内容，不断壮大用户上传内容。专业类视频内容也成为激烈的行业竞争中有相关生产优势的主体之一。新浪、搜狐等综合门户下的视频网站（如新浪视频、搜狐视频），开始切入边缘内容生产，例如体育新闻、文娱新闻等原创短视频出现。较之过去文字为主、影像为辅的交互形态，这些"边缘突破"的视频信息产品，为后来网络视听业的发展方向确立提供一定借鉴。[③]以新浪网为例，其实现了从

①　参见张逸、贾金玺："中国视频网站十年进化史"，载《编辑之友》2015年第4期。

②　参见靳戈：《中国网络视频产业发展战略研究》，光明日报出版社2019年版，第47页。

③　周勇、何天平："资本去沫、战略升级，纷纷转型平台型媒介的视频网站'下半场'有哪些新动向？"，载 https://www.sohu.com/a/233855416_100109496，最后访问时间：2020年5月13日。

广告到付费的突破。2007 年 8 月 9 日，获得英国足球超级联赛 2007 年~2010 年度全媒体版权的天盛传媒与新浪网签署新赛季英超视频转播协议，新浪网成为中国大陆地区英超赛事网络视频直播的独家门户合作伙伴。① 另一方面，互联网依旧是推动电视剧版权交易的传播平台，新媒体的移动化促进了交易主体的变化，网络视听媒体制作的成本降低，互联网视听媒体平台运营商逐渐成为重要的电视剧版权购买方。许多关于视听媒体版权研究的内容近年来逐渐增多。电视剧版权交易双方的市场地位发生改变，从近乎单边的买方市场向更趋平等的双边市场，甚至向高度融合的交易模式进行转变。

（三）第三阶段（2008 年~2009 年）：产业政策兴起阶段 随着网络视听产业的兴起，政策不断随之变更和完善。《互联网视听节目服务管理规定》中明确了视频网站牌照制经营的规定，明确用于互联网传播的影视剧，必须依法取得《电影片公映许可证》《电视剧发行许可证》，同时获得著作权人的网络播映授权。新兴文化产业发展应正确使用和利用网络资源，从节目的导向问题入手，对参与生产制作网络视听媒体的人员加以管理，对于自媒体的直播和小成本自制节目加以规制。网络视听文化产业多数涉及小说改编网剧，因此著作权的保护也面临新的挑战。2009 年，以"整顿互联网低俗之风专项行动""剑网行动"等为代表的行政规制得到强化，网络视听业内部围绕"版权"问题开展行业自净，国家呼吁加强互联网内容建设，建立网络综合治理体系，营造清朗的网络空间。

（四）第四阶段（2010 年~2015 年）：自制内容生产阶段

开放、自由的网络环境促进对内容的研究和创新，网络视听内容的自制逐渐走向分众化、定向化路线。自制内容的兴起源于用户需求的增加、新媒介技术的推动以及移动终端日益完善。相对于购买传统媒体版权来说，自制内容更加经济实惠，因此网络视频平台纷纷启动自制剧项目、开启线上"独播"，加大对自制内容的投入，打造自制品牌。"优酷出品""搜狐制造""爱奇艺出品""乐视自制"成为关注度极高的词汇，大多网络剧呈现出向传统媒体反向传输的过程，接受度逐渐增加。平台节省了播放权购买成本，发展快速。根据中国电视剧制作产业协会和中国广播影视出版社联合发布的《中国电视剧（2014）产业调查报告》显示，2014 年的网络自制剧数量超过了之前数年累计数量的总和。另一方面，平台开始对内容变现实现盈利，利用会员"收费＋独

---

① 创业邦："新浪试水互联网视频付费"，载 https://www.cyzone.cn/article/1956.html，最后访问时间：2020 年 5 月 13 日。

播"的方式，吸引了一大批付费用户，为之后推出"付费会员提前看"的盈利模式奠定了基础。自制提升了网站的内容生产能力，推动了专业生成内容和版权购买业务不断完善，打造了网站付费内容的竞争力，会员付费制度开始变得更具有吸引力。[①]

（五）第五阶段（2016 年之后）：全面自制与新趋势

2016 年之后，网络视听产业进入多元化、规模化的自制内容生产阶段，网站在自制内容方面有了更多的生产经验，同时在内容变现、投入等上下游环节展开更多实践。在"用户生成内容"模式的基础上探索新的内容生产方式，形成了"专业生成内容"的模式。《2018 中国网络视听发展研究报告》显示，2018 年网络视频内容创作总量稳定、质量呈现提升趋势，虽没有出现较多现象级作品，但创作积极向主旋律靠拢，"小成本、正能量、大情怀"的现实内容创作增加，网络原创节目用户关注度与内容质量愈成正比。[②]纵观网络视听产业的发展，网络视听在基数大、传播速度快、用户体验改善的同时，内容监管问题依旧是重中之重。监管目前主要集中在内容监管、接入监管以及安全监管三个方面。

二、网络视听节目内容审查

（一）监管的一般性要求

对内容的监管是网络视听节目的监管重点。网络视听节目内容要满足国务院颁布的《互联网信息服务管理办法》中对互联网内容发布的要求，互联网信息服务提供者不得制作、复制、发布、传播含有下列内容的信息：①反对宪法所确定的基本原则的；②危害国家安全，泄露国家秘密，颠覆国家政权，破坏国家统一的；③损害国家荣誉和利益的；④煽动民族仇恨、民族歧视，破坏民族团结的；⑤破坏国家宗教政策，宣扬邪教和封建迷信的；⑥散布谣言，扰乱社会秩序，破坏社会稳定的；⑦散布淫秽、色情、赌博、暴力、凶杀、恐怖或者教唆犯罪的；⑧侮辱或者诽谤他人，侵害他人合法权益的；⑨含有法律、行政法规禁止的其他内容的。同时，网络视听节目内容要符合《互联网视听节目服务管理规定》和《专网及定向传播视听节目服务管理规定》，禁止发布规定中明令禁止的内容。

---

① 参见靳戈：《中国网络视频产业发展战略研究》，光明日报出版社 2019 年版，第 68 页。
② 王晓红、周结主编：《中国网络视频年度案例研究 5（2019）》，中国传媒出版社 2019 年版，第 4 页。

2009 年，《关于加强互联网视听节目内容管理的通知》除了禁止发布的内容外，还具体列举了 21 项要及时进行剪节、删除的视听节目内容。该文件还规定，互联网视听节目服务单位要完善节目内容管理制度和应急处理机制，聘请高素质业务人员审核把关，对网络音乐视频 MV、综艺、影视短剧、动漫等类别的节目以及"自拍""热舞""美女""搞笑""原创""拍客"等题材要重点把关，确保所播节目内容不违反禁止发布内容的和需要进行剪节、删除内容的规定。该文件同时要求从事互联网视听节目服务的单位要完善节目版权保护制度，严格遵守著作权法律、行政法规的规定，所播节目应具有相应版权。要采取版权保护措施，保护著作权人的合法权益。

2017 年，中国网络视听节目服务协会审议通过《网络视听节目内容审核通则》，具体阐释了内容审核的含义及要求。内容审核，是指从事互联网视听节目服务相关单位在播出网络视听节目前，对拟播出的视听节目作品和用于宣传、介绍作品等目的而制作的图文及视频内容的审核。具体审核要素包括：①政治导向、价值导向和审美导向；②情节、画面、台词、歌曲、音效、人物、字幕等。

互联网视听节目服务相关单位在网络视听节目内容审核方面，坚持如下原则：①先审后播原则。互联网视听节目服务相关单位应建立内容播前审核制度、审核意见留存制度及工作程序，配备与业务发展需要相适应的审核员，及相应的审看设施。互联网视听节目服务相关单位播出的网络视听节目必须经过审核员审核认定。②审核到位原则。一是审核员审核节目时应完整审看包括片头片尾在内的全部内容，不得快进和遗漏，每部网络剧、微电影、网络电影、影视类动画片、纪录片应由不少于三人的审核员审核，每期（条）专业类网络视听节目应由不少于两人的审核员审核。二是审核员应客观、公正地提出书面的节目审核意见，审核意见应明确指出需要修改的问题、是否同意播出，并说明理由。三是审核员应具有高度的社会责任感、较高的文化修养、良好的职业道德，熟悉国家相关法律法规、方针政策；审核员应经过节目内容审核业务培训，考核通过后从事节目内容审核工作。

除明确了先审后播及审核到位的原则外，《网络视听节目内容审核通则》还详细列举了节目内容审核标准。

（二）未成年人节目管理

2019 年，广电总局出台了《未成年人节目管理规定》，对从事未成年人节目的制作、传播活动进行监管。未成年人节目，包括未成年人作为主要参与者或者以未成年人为主要接收对象的广播电视节目和网络视听节目。节目中含有未成年人形象、信息等内容，有关内容规范和法律责任参照该规定执行。《未成年人节目管理规定》对未成年人节目内容进行了鼓励和禁止两方面的详细列举，对未成年人节目内容、未成年人隐私保护、节目播出时间、节目传播规范等作出了明确规定。由国务院广播电视主管部门负责全国未成年人节目的监督管理工作。县级以上地方人民政府广播电视主管部门负责本行政区域内未成年人节目的监督管理工作。

除了专门的管理规定外，《网络短视频内容审核标准细则》《网络短视频平台管理规范》也将未成年人节目管理工作纳入平台的管理工作中。

（三）短视频内容审查要求

2019 年中国网络视听节目服务协会发布《网络短视频平台管理规范》及《网络短视频内容审核标准细则》，从机构把关和内容审核两个层面为规范短视频传播秩序提供了依据。《网络短视频平台管理规范》对平台应遵守的总体规范、上传（合作）账户管理规范、内容管理规范和技术管理规范提出了 20 条要求。《网络短视频内容审核标准细则》面向短视频平台一线审核人员，针对短视频领域的突出问题，提供了操作性审核标准 100 条，要求网络短视频平台实行节目内容先审后播制度，平台上播出的所有短视频均应经内容审核后方可播出，审核范围包括节目的标题、简介、弹幕、评论等。网络短视频平台对节目内容的审核，应当按照国家广播电视总局和中国网络视听节目服务协会制定的内容标准进行。

（四）网络直播内容要求

根据《互联网直播服务管理规定》《网络表演经营活动管理办法》的规定，企业开展经营性表演类网络直播服务的，应当参照《网络文化经营单位内容自身管理办法》等有关规定，加强内容合规性，并根据网络直播的内容类别、用户规模等实施分级分类管理，对图文、视频、音频等直播内容加注或播报平台标识信息，对互联网新闻信息直播及其互动内容实施先审后发管理。企业同时还应当加强对评论、弹幕等直播互动环节的实时管理，配备相应管理人员。此外，企业应当建立内部巡查监督管理制度，对网络直播进行实时监管，并应当记录全部网络表演视频资料并妥善保存，资料保存时间不得少于 60 日，并在有关部门依法查询时予以提供。

三、网络视听准入及制作许可

（一）网络视听节目服务准入

根据《互联网视听节目服务管理规定》和《专网及定向传播视听节目服务管理规定》，从事互联网视听节目服务（即制作、编辑、集成并通过互联网向公众提供视音频节目，以及为他人提供上载传播视听节目服务的活动），从事专网及定向传播视听节目服务，均需取得《信息网络传播视听节目许可证》，但二者的主体准入条件不同。

根据《互联网视听节目服务管理规定》，申请从事互联网视听节目服务的，应当同时具备以下条件：①具备法人资格，为国有独资或国有控股单位，且在申请之日前3年内无违法违规记录；②有健全的节目安全传播管理制度和安全保护技术措施；③有与其业务相适应并符合国家规定的视听节目资源；④有与其业务相适应的技术能力、网络资源和资金，且资金来源合法；⑤有与其业务相适应的专业人员，且主要出资者和经营者在申请之日前3年内无违法违规记录；⑥技术方案符合国家标准、行业标准和技术规范；⑦符合国务院广播电影电视主管部门确定的互联网视听节目服务总体规划、布局和业务指导目录；⑧符合法律、行政法规和国家有关规定的条件。申请《许可证》，应当通过省、自治区、直辖市人民政府广播电影电视主管部门向国务院广播电影电视主管部门提出申请，中央直属单位可以直接向国务院广播电影电视主管部门提出申请。该规定要求申请人必须为国有独资或国有控股单位，在该规定实施之前已经取得资质的，其许可证续办不受影响。

截至2017年12月31日，根据国家新闻出版广电总局公布的互联网视听节目服务持证机构名单，全国一共有586家企业获得《信息网络传播视听节目许可证》。[①] 互联网视听节目服务单位变更注册资本、股东、股权结构，有重大资产变动或有上市等重大融资行为的，以及业务项目超出《许可证》载明范围的，应按《互联网视听节目服务管理规定》办理审批手续。互联网视听节目服务单位的办公场所、法定代表人以及互联网信息服务单位的网址、网站名依法变更的，应当在变更后15日内向省级以上广播电影电视主管部门和电信主管部门备案，变更事项涉及工商登记的，应当依法到工商行政管理部门办理变更登记手续。

根据《专网及定向传播视听节目服务管理规定》（2021年修订），申请从事专网及定向传播视听节目服务的单位，应当具备下列条件：①具备法人资格，为国有独资或者国有控股单位；②有健全的节目内容编审、安全传播管理制度和安全保护措施；③有与其业务相适应的技术能力、经营场所和相关

---

① 参见国家新闻出版广电总局："互联网视听节目服务持证机构名单（截至2017年12月31日）"，载 http://www.sapprft.gov.cn/sapprft/govpublic/6955/362247.shtml，最后访问时间：2020年5月11日。

资源；④有与其业务相适应的专业人员；⑤技术方案符合国家有关标准和技术规范；⑥符合国家广播电视总局确定的专网及定向传播视听节目服务总体规划、布局和业务指导目录；⑦符合法律、行政法规和国家规定的其他条件。外商投资企业不得从事专网及定向传播视听节目服务。

（二）特定类别视听节目服务许可证

根据2017年《互联网视听节目服务业务分类目录（试行）》的分类，从事网络视听节目服务的除了需要《信息网络传播视听节目许可证》外，申请从事特定类别视听节目服务应当具备其他条件，还包括获得业务许可范围内开展相应服务的资质。例如，申请从事广播电台、电视台形态服务、时政类视听新闻服务的，应当持有《广播电视播出机构许可证》或《互联网新闻信息服务许可证》。其中，以自办频道方式播放视听节目的，由地（市）级以上广播电台、电视台、中央新闻单位提出申请。申请从事主持、访谈、报道类视听服务的，应当持有《广播电视节目制作经营许可证》和《互联网新闻信息服务许可证》。申请从事自办网络剧（片）类服务的，应当持有《广播电视节目制作经营许可证》。

网络直播作为网络视听节目的一种，需要获得经营性互联网信息服务必备的《增值电信业务经营许可证》，以及按照互联网视听节目服务的要求获得《信息网络传播视听节目许可证》。此外，还应当结合直播的内容，如直播平台提供线上互联网新闻服务，则直播平台应当取得《互联网新闻信息服务许可证》。直播内容属于经营性网络文化时，运营主体应当依法取得《网络文化经营许可证》。

四、网络视听产业法律规制

（一）形成符合产业发展的法律体系

网络视听产业的本质是将视听内容通过互联网进行传播，因此传统的法律能够调整和解决的问题，尽量不再单独进行立法，如果确实有紧迫的需求，应以个案司法解决或者单行的政策规章来解决。只有出现现有的法律无法规范的新领域时，才能开展新的立法。分散性的立法能保持法律的稳定与灵活，解决实际问题，但分散性的立法容易导致不同立法机构和部门制定出不同的标准，在实践中产生法律适用的冲突。网络视听产业领域的法律规制以部门规章和规范性文件为主，缺少宏观层面的法律法规。目前，网络视听产业领域主要由行政主管部门通过行政手段进行规制，尚未建立网络视听相关的法律体系。同时，缺乏统一体系的部门立法，容易导致立法的随意。应结合我国网络视听产业的现状，从政府直接规制转由法律法规授权专门的、独立的规制机构，通过以市场为导向的规制方式进行管理，形成按照产业逻辑和产业规律安排的法律体系。

随着网络视频领域新事物、新现象不断涌现，网络视频行业自我管理在应对新问题、新挑战上捉襟见肘，在管理的覆盖范围、时效性等方面明显落后于行政规章。[①]《关于进一步加强网络视听节目创作播出管理的通知》《关于进一步规范网络视听节目传播秩序的通知》等网络视听政策清晰地指明，网上网下导向管理同一标准、合法合规的版权、正导向提品质的内容、行业自教自律等将是网络视听管理中进一步强化的领域。[②]

在内容规制方面，完善政府控制为主的管理模式，形成政府控制与行业自律相结合的规制模式，推动行业自律协会组织的发展，同时结合与用户之间协商的方式调节和彼此约束。另外，有的法律规定不清，缺乏过程规制，以《外商投资电信企业管理规定》为例，其要求"外方主要投资者应当具有从事增值电信业务的良好业绩和运营经验"，其中"良好业绩"和"运营经验"的标准缺乏准确的界定，有较大的弹性。应对标准进一步明确，形成便于遵守的内容体系，提高规则的可行性和执行力。

（二）《著作权法》修改对视听作品法律制度的引进

随着互联网科技的发展，创作视听作品变得十分容易，大量互联网视频充斥着我们的生活，例如抖音、快手等短视频，这就导致现有规定对"电影作品"的定义难以满足新的变化，无法囊括新的动态画面的节目，需要规定新的"视听作品"定义和分类。我国《著作权法》第三次修订的目标，即在于为参与建构著作权全球治理提供中国应对方案，为适应新一代信息技术发展提供现代制度产品，为中国特色先进文化产业化提供法律保障机制。[③]

1.国际公约中对视听作品的界定。

（1）《伯尔尼公约》。《伯尔尼公约》关于"电影作品"的规定无法将利用互联网等新型技术手段所创作的视听类作品纳入作品保护的范围。

《伯尔尼公约》第1条规定，适用该公约的国家为保护作者对其文学和艺术作品所享权利结成一个同盟。第2条第1款规定，"文学和艺术作品"一词包括：文学、科学和艺术领域内的一切成果，不论其表现形式或方式如何，诸如书籍、小册子和其他文字作品；讲课、演讲、讲道和其他同类性质作品；戏剧或音乐戏剧作品；舞蹈艺术作品和哑剧；配词或未配词的乐曲；电影作品和

---

① 靳戈："中国网络视频规制的现状、特征与方向"，载《当代传播》2017年第6期。

② 彭锦："以制度护航 开创中国网络视听新局面"，载《中国广播电视学刊》2018年第7期。

③ 吴汉东、刘鑫："我国《著作权法》第三次修订之评析"，载《东岳论丛》2020年第1期。

以类似摄制电影的方法表现的作品；图画、油画、建筑、雕塑、雕刻和版画作品；摄影作品和以类似摄影的方法表现的作品；实用艺术作品；与地理、地形、建筑或科学有关的插图、地图、设计图、草图和立体作品。

第 2 条是对受保护作品类型的规定，并未明确给"作品"作出定义，只是列举了受保护的作品类型，明确"文学作品"和"艺术作品"是保护的作品类型，并且对生活中常见的作品进行了列举，其中包括"电影作品"。《泊尔尼公约》没有具体定义文学作品和艺术作品，也没有定义电影作品和以类似电影的方法表达的作品。考虑到新型作品的复杂性，《伯尔尼公约》将确定"电影作品和以类似电影的方法表达的作品"归属的权利留给了成员国，允许成员国自行以国内法制定规则。

（2）《TRIPS 协定》。《TRIPS 协定》第 2 部分第 1 节是"版权和相关权利"的规定，第 9 条强调了该协定与《伯尔尼公约》的关系。《TRIPS 协定》关于"视听作品"的保护与《伯尔尼公约》保持一致。

2. 英美法系版权法体系中对视听作品的界定。

（1）美国《版权法》。1976 年美国《版权法》第 102(a) 条明确规定了"电影作品和其他视听作品"的分类，并且是主要的作品分类。[①] 其中没有定义"作品"，但定义了"电影作品和其他视听作品"，规定了该法所称"作品"以固定为条件，认为"电影作品和视听作品"是指由一系列连续画面组成，需要借助装置播放的作品，其载体的性质如何在所不问。[②] 第 102(a) 条共列举了 8 种作品类型，使用了"包括"一词（include），根据第 101 条"定义"的规定，"'包含'和'例如、诸如'是非限定性例示的意思"[③]。

（2）英国《版权法》。1988 年英国《版权法》第一章中"版权及版权作品"和"作品种类及相关规定"将作品分为 10 个种类，版权是依据该编存在于下列作品中的一种财产权，文学、戏剧、音乐、数据库、艺术作品、录音作品、

---

① U.S.Code. § 102(a) .

② U.S.Code. § 101.Definitions "Audiovisual works" are works that consist of a series of related images which are intrinsically intended to be shown by the use of machines, or devices such as projectors, viewers, or electronic equipment, together with accompanying sounds, if any, regardless of the nature of the material objects, such as films or tapes, in which the works are embodied.

③ U.S.Code. § 101. Definitions.The terms " including" and " such as" are illustrative and not limitative. 参见《美国著作权法》，杜颖、张启晨译，知识产权出版社 2013 年版，第 4 页。

电影作品、广播作品、出版物的版式设计作品。① 英国《版权法》没有对"作品"作出定义，但明确定义了"电影作品"："电影"是指能够通过任何手段再现运动图像的任何媒介上的录制品。②

3. 大陆法系著作权法体系中对视听作品的界定。1965 年德国《著作权法》规定，受该法保护的作品尤其指"包括以类似摄制电影方式制作的著作在内的电影著作"。③

1992 年法国《知识产权法典》规定，"本法典的规定保护一切智力作品的著作权，而不问作品的体裁、表达形式、艺术价值或功能目的。"L.112-2 条列举了 314 类尤其被视为该法典意义上的智力作品，其中第 6 项为："有声或无声的电影作品及其他由连续画面组成的作品，统称视听作品"。④

日本《著作权法》第 2 条第 1 款第 1 项规定："作品指文学、科学、艺术、音乐领域内，思想或者感情的独创性表现形式。"第 10 条对作品的类型进行了列举。⑤

综上，公约及各国对视听作品的认定，其具备的要素包括，"①要有系列图像存在；②图像必须是连续的、动态的；③需要借助一定装置或者媒介播放；④可以有声音，或者没有声音；⑤能被感知到。"⑥

4. 我国《著作权法》的修改。随着新型传播技术的广泛应用，新的作品类型出现，修法前我国《著作权法》中关于作品的规定存在涵盖不能、范畴不清、类型不明的问题。⑦ 我国在《中华人民共和国著作权法修改案（草案）》（以下简称《著作权法修改草案》）第三次修改之时，引进了"视听作品"法律制度，以涵盖新的视听类作品，并于 2020 年 11 月审议通过。

《著作权法修改草案》将原《著作权法》第 3 条第 6 项的"电影作品和以类似摄制电影的方法创作的作品"改为"视听作品"，定义为"固定在一定介质上，由一系列有伴音或者无伴音的画面组成，并且借助技术设备放映或者以其他方式传播的作品"。这一修改，不再限制创作视听作品的技术手段，从"摄

---

① 参见《十二国著作权法》翻译组：《十二国著作权法》，清华大学出版社 2011 年版，第 567 ~ 571 页。

② 参见《十二国著作权法》翻译组：《十二国著作权法》，清华大学出版社 2011 年版，第 569 页。

③ 参见《十二国著作权法》翻译组：《十二国著作权法》，清华大学出版社 2011 年版，第 147 页。

④ 参见《十二国著作权法》翻译组：《十二国著作权法》，清华大学出版社 2011 年版，第 64 页。

⑤ 参见《十二国著作权法》翻译组：《十二国著作权法》，清华大学出版社 2011 年版，第 368 页、369 页。

⑥ 杨幸芳、李伟民："视听作品的定义与分类研究——兼评我国《著作权法》第三次修订中'视听作品'的修改"，载《中国政法大学学报》2020 年第 3 期。

⑦ 参见吴汉东：《知识产权中国化应用研究》，中国人民大学出版社 2014 年版，第 289 页。

制"改为"固定",只强调最终的视听效果,遵循的是国际通行的技术中立惯例,将视听作品的保护范围进一步扩大。

第五节 网络视听作品著作权

网络技术给著作权制度带来了极大的冲击,在网络视听作品著作权的问题上,理解既有著作权体系及法律适用,协调新兴法律关系中的各方利益,是著作权制度安排的关键。"网络技术对著作权制度的冲突一般体现在两个方面:一是传播成本的降低,数字技术使信息与有形载体完全分离,实现了传播的无时间差和无地域性;二是传播技术的转移,计算机与互联网的普及,使信息传播渠道不再仅由少数商业机构控制,私人间的交互式传播逐步成为主流信息传播方式。"[1]

一、网络视听作品著作权的主体与归属

根据我国《著作权法》第 11 条第 3 款的规定,由法人或者非法人组织主持,代表法人或者非法人组织意志创作,并由法人或者非法人组织承担责任的作品,法人或者非法人组织视为作者。第 17 条规定,视听作品中的电影作品、电视剧作品的著作权由制作者享有,但编剧、导演、摄影、作词、作曲等作者享有署名权,并有权按照与制作者签订的合同获得报酬。前款规定以外的视听作品的著作权归属由当事人约定;没有约定或者约定不明确的,由制作者享有,但作者享有署名权和获得报酬的权利。视听作品中的剧本、音乐等可以单独使用的作品的作者有权单独行使其著作权。著作权法中的主体分为权利人(著作权人、表演者、录音录像制作者,统称为权利人)和使用者,重点在于赋予实施、投资和组织创作的主体以著作权,仅以合理使用的制度保证私人领域使用作品。

受"大规模数字化"和"用户创造内容"的影响,网络视听作品的创作者不再是职业化的主体,其范围扩大到所有的网络用户。[2]传统著作权的法律关系建立在产业模式的基础上,作品的创作与传播都是由内容产业主体控制。而网络著作权法律关系建立在网络用户大规模协作的"社群模式"上,因此网络著作权有着不同于传统著作权的主体界定标准,作品的创作与传播不再由内容

---

① 熊琦:"Web2.0 时代的著作权法:问题、争议与应对",载《政法论坛》2014 年第 4 期。

② 熊琦:"移动互联网时代的著作权问题",载《法治研究》2020 年第 1 期。

产业主体控制。① 网络环境下，用户之间大量通过无意思联络的大规模协作来创作作品，建立在"作为权利的网络用户—网络服务提供者—作为使用者的网络用户"三方法律关系上，"在以'用户创造内容'为特征 Web2.0 环境下，一方面网络用户代替产业模式中的商业机构成为作品的创作与传播主体，使以往根据主体类型设计的权利配置模式难以继续适用，另一方面网络用户集创作者、传播者与使用者于一身，导致著作权主体的界定标准失灵。"② 这种利用网络用户之间无意思联络大规模协作形成的创作者，难以通过现有的著作权法判断谁是创作者，也没有按照著作权法对修改、改编作品要求事前许可的要求。

二、网络视听作品著作权的客体与内容

网络视听作品著作权是在网络环境中著作权人对网络视听作品享有的权利。网络视听作品著作权的客体是网络视听作品。其权利内容包括两个方面：一方面是传统作品上传至网络时享有的著作权，主要内容是信息网络传播权；另一方面是网络视听作品著作权人享有的著作权，包括复制权、发表权、署名权、发行权等权利内容。

信息网络传播权，根据我国《著作权法》第 10 条第 1 款第 12 项的规定，即以有线或者无线方式向公众提供，使公众可以在其选定的时间和地点获得作品的权利。《信息网络传播权保护条例》（2013 年修订）第 26 条第 1 款规定，信息网络传播权，是指以有线或者无线方式向公众提供作品、表演或录音录像制品，使公众可以在其个人选定的时间和地点获得作品、表演或录音录像制品的权利。作为著作权的一种，信息网络传播权区别于其他著作权之处在于"个人选定的时间"这一要素。"个人选定的时间"这一要件是其各个构成要件中的核心要件。③ 这一核心要件意味着，个人按照其需要对其所获得的内容具有主动选择权。而传统的无线电广播和电视广播中，信号来源是唯一的，但有许多同类信号接收器；播放的时间、内容和顺序由电台、电视台确定，播放的方式是从头到尾的流水似的播放，用户只是被动的接受者。④

对于如何界定"信息网络"，《最高人民法院关于审理侵害信息网络传播权民事纠纷案件适用法律若干问题的规定》（法释 [2012]20 号，2020 年修正）第

---

① 参见熊琦："Web2.0 时代的著作权法：问题、争议与应对"，载《政法论坛》2014 年第 4 期。
② 熊琦："Web2.0 时代的著作权法：问题、争议与应对"，载《政法论坛》2014 年第 4 期。
③ 参见孔祥俊：《网络著作权保护法律理念与裁判方法》，中国法制出版社 2015 年版，第 81~82 页。
④ 参见陈锦川：《著作权审判：原理解读与实务指导》，法律出版社 2014 年版，第 204~205 页。

2 条作出了解释规定，该规定所称信息网络，包括以计算机、电视机、固定电话机、移动电话机等电子设备为终端的计算机互联网、广播电视网、固定通信网、移动通信网等信息网络，以及向公众开放的局域网络。

信息网络传播权独有的特征是"交互性"，强调个人对接受作品具有的主动选择权，在传播者限定的时间和地域范围内，只要公众可以通过网络自行选择时间和地点去"点播"，这一传播仍然是"交互式"网络传播，仍然是信息网络传播权所针对的行为。①

信息网络传播权的许可，就是关注和围绕着信息网络权的核心特征，排除其他形式的传播。网络环境下，非交互式传播存在多种形式，如网播、同步传播、即时传播、互联网电台等；网播是指通过互联网进行的首次有线传播；同步传播是指通过数字网络对以传播方式广播的节目进行同步和不加修改的转播；所有这些非交互式传播都依赖于对节目的播放，而不能单独地选择其希望获取作品的时间。②判断播放行为是否属于信息网络传播权的控制范围，主要依据是否存在"交互式"传播，或者用户能否按照需求自行选择时间和地点选择内容进行"点播"。如若不存在"交互式"传播，或用户不能自主按照需求自行选择内容，就不属于信息网络传播权的范围。因此，借助于判断信息网络传播权的著作权人是否通过交互式或按用户需求获得内容的方式传播作品，就可以界定是否具有侵权行为。"网络直播"或"网络定时播放"这两种行为虽然在网站提供相关内容的时间段内，网络用户可以选择在任何一个时间点内开始浏览或观看内容，但用户的观看只能按照网站事先安排好的时间表进行，其无法主动"按需"对获得的内容进行选择，因此这两种行为不是交互式按需传输行为，不符合"个人选定的时间"这一要件，不属于信息网络传播权控制的范围。③

另外，有学者将影视剧在网络发行称为新媒体发行。所谓新媒体发行，在本质上是影视剧之信息网络传播权或著作兜底（有线传播）权的许可使用。④要注意在信息网络传播权转授权过程中，不将影视剧著作权人的额外权利许可出去，避免超越权限。

---

① 参见王迁：《网络环境中的著作权保护研究》，法律出版社 2011 年版，第 137~138 页。
② 参见王迁："论'信息网络传播权'的含义兼评'成功多媒体诉时越公司案'—审判决"，载《法律适用》2008 年第 12 期。
③ 参见孔祥俊：《网络著作权保护法律理念与裁判方法》，中国法制出版社 2015 年版，第 85~86 页。
④ 余锋：《中国娱乐法》，北京大学出版社 2017 年版，第 207 页。

三、网络视听作品著作权的侵权与救济

（一）责任主体

认定网络视听作品著作权侵权主体时，往往将网络服务提供者或网络内容提供者作为被告，并根据主体的地位判断其应承担的侵权责任。

网络服务提供者，又称"网络服务提供商"。美国是最早就网络服务提供商可能存在的侵权责任进行法律规范的国家之一。早在 1998 年，美国国会就通过了《千禧年数字版权法》（DMCA），将网络服务提供商定义为"在线服务或网络接入提供商，或在线服务或网络接入设备的运营商"，以及"在由用户指定的网络两点或数点之间，对于用户选择的材料，不修改其传输或收到的材料内容，而提供传输、路由或提供数字在线通信接入服务的单位。"[①] 其中《在线版权侵权责任限制法案》（OCILLA）经通过成为《千禧年数字版权法》的组成部分，被称为"避风港"条款或《千禧年数字版权法》第 512 条。根据《千禧年数字版权法》第 512 条规定，网络服务提供者在满足一定条件下，可免于为其提供信息传输、系统缓存、主机服务，或链接服务产生的侵权责任承担赔偿责任。网络服务提供商如果想援引"避风港条款"，必须满足两项前提性条件：①该网络服务提供商"已经采取并合理实施了"针对"反复侵权用户"停止服务的政策；②网络服务提供商必须采用且未干涉"标准的技术性措施"。例如，在 2001 年美国第九巡回区上诉法院审理的"A&M 唱片公司诉纳普斯特"案[②]，原告唱片公司根据间接侵权责任理论起诉被告网络技术公司通过"点对点"的文件分享程序向其用户提供原告音乐文件的传输服务。在本案中，法院认为被告实际知晓其终端用户的侵权行为，并对侵权行为提供了实质性帮助，故可能负有帮助侵权责任；同时认为，被告具有控制侵权行为的能力，并从终端用户的侵权行为中直接获得了经济利益，故可能负有替代侵权责任，因此维持了下级法院签发的诉前禁令。[③] 如何认定网络服务提供者的法律责任是争议较多的问题之一。

根据《互联网信息服务管理办法》，互联网信息服务是通过互联网向上网用户提供信息的服务活动。按照该定义，我国的网络服务提供者就是从事通过互联网向上网用户提供信息的服务活动的主体。根据《信息网络传播权保护条

---

① 参见 17U.S.C. § 512（k)(1).

② A&M Records v. Napster, 239 F. 3d 1004 (9th Cir. 2001).

③ 参见宋海燕：《中国版权新问题——网络侵权责任、Google 图书馆案、比赛转播权》，商务印书馆 2011 年版，第 246~269 页。

例》，网络服务提供者提供服务的种类包括：①提供信息存储空间或提供搜索、链接服务；②根据服务对象的指令提供网络自动接入服务，或者对服务对象提供的作品、表演、录音录像制品提供自动传输服务；③为提高网络传输效率，自动存储从其他网络服务提供者获得的作品、表演、录音录像制品，根据技术安排自动向服务对象提供；④为服务对象提供信息存储空间，供服务对象通过信息网络向公众提供作品、表演、录音录像制品。《信息网络传播权保护条例》主要参考了美国《千禧年数字版权法》中的相关原则，特别是"避风港"条款。为了应对与日俱增的网络侵权案例，最高人民法院颁布了《最高人民法院关于审理侵害信息网络传播权民事纠纷案件适用法律若干问题的规定》的司法解释，为如何认定网络服务提供商的侵权责任及理解上述条例提供了具体的指导意见。

避风港原则发展至今，已经从以知识产权保护为中心，逐渐扩展至网络侵权责任调整的全内容。另一方面，长期以来我国出现的大量涉网络服务平台案件均被纳入避风港原则的调整中，而这种"通知—删除"义务的设置也给许多网络公司带来了极大的压力。更重要的是这并不利于权利保护，学界和司法实务界也逐渐认识到这一问题，在适当的范围内对原则适用进行调整越来越有必要。鉴于网络传输的信息量巨大，期待网络服务提供者充当"互联网警察"的角色以肩负知识产权保护的责任并不现实。[①]"云计算案"与"微信小程序案"开始对避风港原则有所突破，该案件中的大型网络公司主体有希望摆脱"通知—删除"义务所带来的巨大成本，而权利保护方式在案例中也有进一步的新思考。[②]

网络内容提供者。《互联网著作权行政保护办法》第2条第3款规定，互联网内容提供者是指在互联网上发布相关内容的上网用户。不过，从其规定来看，内容提供者并不限于上网用户。

（二）网络传播行为

信息网络传播行为是指以有线或者无线方式向公众提供作品，使公众可以在其个人选定的时间和地点获得作品的行为。判断行为是否构成"网络传播行为"，构成要件有两个：一是以有线或者无线方式向公众提供作品。《世界知识产权组织版权条约》认为，"提供"一词是指使他人作品处于可获取状态的一种"可能性"。也就是说，将作品公开上传到网上，有被其他网络用户下载使用的可能性就属于提供作品，不要求他人处于已经实际获得作品的状态。二

---

① 宋海燕：《娱乐法》，商务印书馆2018年版，第54~55页。
② 王立梅："网络空间下避风港原则的完善与网络服务提供者责任分类"，载《江西社会科学》2020年第5期。

是提供作品的行为后果是"使公众可以在其个人选定的时间和地点获得作品"。"任何时间""任何地点"要求公众可以随时随地获取被提供的作品。作品的提供行为具有"交互式"传播的特点，与网络传播行为的本质特征一致。将未经许可的信息上传至服务器中并使服务器的其他用户能够在其选定的时间和地点自由地浏览和下载该信息的行为，当然构成信息网络传播行为。①

判断链接是否属于信息网络传播行为。链接分为浅层链接和深层链接。浅层链接，也称普通链接，是指用于访问他人网站的链接，能够引导浏览器跳转至该首页，完整显示其内容及其网络地址的链接。深层链接，也称为深度链接，是指链接中的信息不是由设置链接的网页提供的，但用户在获取该信息时可以完全脱离存储网页而直接从设链网页中浏览或下载。提供深层链接是否等同于直接将作品置于服务器中传播，即是否可能构成对信息网络传播权的直接侵权，自始即引发了争议。

对提供"深层链接"行为定性的主要观点有"用户感知标准""实质呈现标准"和"服务器标准"。其中"用户感知标准"和"实质呈现标准"是以主观感受和效果而非行为特征为依据对提供链接行为进行定性。前者以用户的感知，即用户的主观感受认为被链作品来源于链接提供者作为定性的依据，不符合行为评价的客观标准。后者强调的是实质呈现了被链作品，即提供"深层链接"的效果是展示作品的内容，而非实质认定提供"深层链接"的行为与信息网络传播行为在行为方式上具有一致性。这两种标准都无法明确侵权行为的具体范围，还会把所有对作品提供"深层链接"的行为界定为"信息网络传播行为"，从而不可避免地将许多正当行为认定为侵权行为。作品"为公众所获得的状态"是由上传或其他在服务器向公众传播的行为造成的，而不是由设置链接的行为形成。能够使作品处于"为公众所获得的状态"的，不可能是已向处于公开传播状态的作品设置"深层链接"的行为。在认定网络服务商是否实施了"信息网络传播行为"时，应当采用"服务器标准"，而非"用户感知标准"或者"实质呈现标准"；也就是说，认定网络环境中的"信息网络传播行为"的标准应当是"服务器标准"，即只有将作品上传至向公众开放的服务器的行为，才是受信息网络传播权控制的"网络传播行为"，也才有可能构成对信息网络传播权的直接侵权。②

---

① 参见王迁："网络环境中版权直接侵权的认定"，载《东方法学》2009年第2期。
② 参见王迁："认定信息网络传播行为应采用'服务器标准'"，载《检察日报》2017年7月2日，第3版。

（三）司法适用

为应对司法实践中新出现的网络知识产权纠纷，北京市高级人民法院专门成立课题组，针对纠纷中高发的问题进行全面梳理与系统调研。北京市高级人民法院发布了《关于涉及网络知识产权案件的审理指南》针对涉及网络著作权案件，主要规定了著作权人和网络服务提供者举证证明责任的分配、网络服务提供者行为性质的认定、"分工合作"的判定方式、侵权要件与免责要件的适用关系、网页"快照"的合理使用、网络实时转播行为的法律适用等六大类问题。①

举证责任的分配。原告主张被告单独或者与他人共同实施了提供涉案作品、表演、录音录像制品行为的，应承担举证证明责任。原告举证证明通过被告网站能够播放、下载或者以其他方式获得涉案作品、表演、录音录像制品，被告仍主张其未实施提供行为的，由被告承担相应的举证证明责任。

对网络服务提供者实施具体行为性质的认定，可以通过现场勘验的方式，并结合原告、被告双方的证据，依照法律规定，运用逻辑推理和经验法则，综合进行判断。原告在起诉时未明确主张被告行为是构成信息网络传播行为，还是构成为他人的信息网络传播行为提供教唆、帮助，且在法庭辩论终结前仍未明确的，应结合原告、被告双方诉辩意见、在案证据等，对被告实施的行为性质进行全面审查。

"分工合作"的判定方式。各被告之间或者被告与他人之间存在体现合作意愿的协议等证据，或者基于在案证据能够证明各方在内容合作、利益分享等方面紧密相连的，可以认定各方具有共同提供涉案作品、表演、录音录像制品的主观意思联络，但被告能够证明其根据技术或者商业模式的客观需求，仅系提供技术服务的除外。

侵权要件与免责要件的适用关系。《民法典》第1194~1197条属于侵权责任构成要件条款。《信息网络传播权保护条例》第20条、第21条、第22条、第23条属于网络服务提供者侵权损害赔偿责任免责条款。单独或者以分工合作等方式共同提供作品、表演、录音录像制品的行为，不适用有关网络服务提供者的免责条款。未经许可以分工合作方式共同提供作品、表演、录音录像制品的行为，属于直接侵害信息网络传播权的行为。

网络实时转播行为的法律适用。被告未经许可实施网络实时转播行为，原告

---

① 参见北京法院网："北京高院发布《涉及网络知识产权案件审理指南》"，载 http://bjgy.chinacourt. gov.cn/article/detail/2016/04/id/1839981.shtml，最后访问时间：2020年5月12日。

依据《著作权法》第 10 条第 1 款第 17 项主张追究被告侵权责任的，应予支持。

（四）侵害作品信息网络传播权纠纷典型案例

1. 上海全土豆文化传播有限公司诉央视国际网络有限公司侵害作品信息网络传播权纠纷一案①：

原告（被上诉人）：央视国际网络有限公司

被告（上诉人）：上海全土豆文化传播有限公司

基本案情：2012 年 7 月 28 日（伦敦时间 2012 年 7 月 27 日），第 30 届奥林匹克运动会（以下简称 2012 伦敦奥运会）开幕式在伦敦举行。开幕式主要涉及文艺表演、各国运动员入场、和平鸽放飞、奥委会官员讲话、升旗仪式、外场火炬传递、运动员和裁判员代表宣誓、火炬入场及交接、点燃主火炬、焰火等环节。

2012 年 8 月 8 日，国际奥林匹克委员会（International Olympic Committee 即 IOC，简称国际奥委会）总经理 Christophe DeKepper 和法务部主任 Howard M.Stupp 出具了一份名为《敬启者》的文件，称国际奥委会是 2012 伦敦奥运会广播权和展览权在全球范围内的独家所有者。

2009 年 3 月 25 日，国际奥委会将伦敦奥运会的独家移动网和互联网的广播权和展览权授予中国中央电视台，包括但不限于，网络传播权和互联网互动点播权（"互联网和移动网广播和展览权"）以及央视国际公司获授权行使这些权利：①广播媒体：计算机网络展示（如：互联网）和移动平台展示；②语言：任何语言和所有的语言（澳门的英文广播除外）；③地区：中国（包括澳门地区，但不包括香港地区和台湾地区）；④期限：2009 年 3 月 25 日至 2012 年 12 月 31 日。国际奥委会已与中央电视台签订了 2012 年奥运会中国广播和展览权协议并已按上述日期实施。根据协议，CCTV.com / CNTV.cn 有权对第三方未经授权介入伦敦奥运会的广播和展示的行为采取必要的行动，包括签发通知 / 警告信，向境内的执法部门提出指控，向境内司法部门提起诉讼。该文件由瑞士公证机关予以证明，我国驻瑞士大使馆对此进行了认证。北京市长安公证处对上述文件出具了影印本与原本相符的公证书，公证书文号为（2012）京长安内经证字第 19555 号。

2009 年 4 月 20 日，中央电视台出具《授权书》一份，内容如下：中央电视台将其拍摄、制作或广播的，享有著作权或与著作权有关的权利，或获得相关授权的该台所有电视频道及其所含的全部电视节目〔包括但不限于现有及今

---

① 上海市第一中级人民法院民事判决书（2013）沪一中民五（知）终字第 227 号。

后之：综艺晚会（包括但不限于：春节联欢晚会、元宵晚会、专题晚会）、访谈节目……纪录片等〕通过信息网络（包括但不限于互联网络……新媒体传播平台）向公众传播、广播、提供的权利，授权央视国际公司在全世界范围内独占行使，并授权其作为上述权利在全世界范围内进行交易的独家代理；央视国际公司作为上述权利的独占被授权许可人，可以以自己的名义对外主张、行使上述权利，可以许可或禁止他人行使或部分行使上述权利，可以针对侵权行为以自己的名义或委托律师等第三方采取各种法律措施；前述所有授权内容自2006年4月28日起生效，至中央电视台书面声明取消前述授权之日失效。

全土豆公司系"土豆网"（网址：www.tudou.com）的经营管理者，其为注册用户提供信息存储空间服务。"土豆网"设置了原创、电视剧、电影、体育等频道，注册用户可选择相关频道上传视频。全土豆公司针对用户上传的视频设立了专职审片部门，用户上传的节目与内容均经过审片人员进行审查，并设立有信息发布前的关键字或敏感词汇的自动过滤功能，执行7×24小时三审流程。

2012年8月1日，央视国际公司向上海市静安公证处申请证据保全。央视国际公司代理人余晶使用该公证处已接入互联网的计算机进行如下操作：打开IE浏览器，输入www.tudou.com，查看土豆网相关介绍、"信息网络传播视听节目许可证""网络文化经营许可证""广播电视节目制作经营许可证"等内容，显示该网站由全土豆公司所有，其具有信息网络传播视听等相关资质；在"土豆网"网站首页搜索框输入"开幕式2012伦敦奥运会完整版"，点击播放由播客"七星0311"于3天前发布的"2012伦敦奥运会开幕式"（该视频播放次数为97 494次，播放框左上方有"CCTV"及奥运五环标志，右上方有"直播"字样，视频内容涉及文艺表演、运动员进场、火炬传递及点燃仪式等，视频解说明确播放的是伦敦奥运会开幕式），播放中用"camtasia recorder"屏幕录像软件对部分播放内容进行录制，并对部分页面进行网页截屏。上海市静安公证处公证员崔亚霞及工作人员徐静监督了上述操作过程，并于2012年8月10日出具了（2012）沪静证经字第2989号公证书。央视国际公司为上述证据保全公证，支付公证费人民币1200元（以下币种相同）。涉诉后，全土豆公司删除了其网站上的上述视频。

原审法院认为：本案的争议焦点为：①央视国际公司对涉案的"2012伦敦奥运会开幕式"是否享有信息网络传播权；②全土豆公司是否侵害了央视国际公司的信息网络传播权及应否承担相应的民事责任。

法院观点：对于争议焦点一，原审法院认为，我国《著作权法》规定的作品是指文学、艺术和科学领域内具有独创性并能以某种有形形式复制的智力成果。涉案的"2012 伦敦奥运会开幕式"由文艺表演、火炬传递及点燃仪式等相关环节构成，通过主创人员的创造性劳动，体现了该届奥运会的主题及奥林匹克运动的精神，具有一定的独创性，属于我国《著作权法》规定的作品。"2012 伦敦奥运会开幕式"系 2012 伦敦奥运会的有机组成部分，根据奥林匹克赛事的组织章程及相关协议，其权利主体为国际奥委会。根据《著作权法》第 2 条第 2 款的规定，外国人、无国籍人的作品根据其作者所属国或者经常居住地国同中国签订的协议或者共同参加的国际条约享有的著作权，受《著作权法》保护。国际奥委会系设立在瑞士的国际性、非营利性组织，中国与瑞士同为《伯尔尼公约》的成员国，故国际奥委会对"2012 伦敦奥运会开幕式"享有的著作权受我国《著作权法》保护。依据《著作权法》的相关规定，国际奥委会作为著作权人对"2012 伦敦奥运会开幕式"享有信息网络传播权。根据国际奥委会出具的《敬启者》的文件，国际奥委会将"2012 伦敦奥运会开幕式"的"互联网互动点播权"授予中央电视台，此处的"互联网互动点播权"应理解为《著作权法》规定的信息网络传播权；同时，中央电视台出具的《授权书》明确将其拍摄、制作或广播的，享有著作权或与著作权有关的权利，或获得相关授权的该台所有电视频道及其所含的全部电视节目通过信息网络（包括但不限于互联网络……新媒体传播平台）向公众传播、广播、提供的权利授权央视国际公司在全世界范围内独占行使，故央视国际公司享有涉案作品的信息网络传播权。在被授权的期限和地区内，任何人在未经许可或不具有合理使用等免责情形下通过信息网络向公众传播涉案作品的，均构成对央视国际公司享有的信息网络传播权的侵犯。

对于争议焦点二，原审法院认为，网络服务提供者在提供网络服务时教唆或者帮助网络用户实施侵害信息网络传播权行为的，应当承担相应的民事责任。奥林匹克运动会在全世界具有相当的知名度和影响力，其开幕式历来都是奥运会的重要组成部分，是万众瞩目的焦点。电视台、网络服务商等机构如需传播奥运会开幕式及相关赛事一般都要与国际奥委会签署协议或取得相应授权。全土豆公司经营的"土豆网"在 2012 伦敦奥运会开幕式举行后的较短时间内即出现了涉案视频，而上传者仅为一般注册用户，亦未表明其对于上传的视频获得了相关授权。全土豆公司作为专门从事影视、娱乐、体育等内容服务的视频分享网站，应当知晓上传涉案视频的用户并非权利人，但未及时采取删除、屏蔽、断开链接等必要措施，放任侵权行为的发生，其作为提供网络存储空间的网络服务提供者，虽然没有直接实施上传行为，却为他人实施侵权行为提供了帮助，主观上存在过错，构成帮助侵权，应当承担相应的民事责任。

关于经济损失数额，鉴于央视国际公司未能举证证明因被侵权所遭受的实际损失或者全土豆公司因侵权所获得的利益，原审法院综合涉案作品的类型、知名度、播放次数以及全土豆公司的主观过错程度、侵权行为的性质、期间等因素酌情确定。关于合理费用，公证费1200元确系为诉讼所需，原审法院予以支持；对于律师费，原审法院结合本案情况、律师工作量等因素酌情予以支持。

据此，原审法院依照《著作权法》第10条第1款第12项、第48条第1项、第49条，《最高人民法院关于审理侵害信息网络传播权民事纠纷案件适用法律若干问题的规定》第7条第1款、第3款，《最高人民法院关于审理著作权民事纠纷案件适用法律若干问题的解释》第25条第1款、第2款，第26条之规定，判决全土豆公司于判决生效之日起10日内赔偿央视国际公司经济损失8万元、合理费用7000元。

原审判决后，上诉人全土豆公司不服，向本院提出上诉，请求撤销原审判决，驳回被上诉人的诉请。其诉称：①被上诉人没有明确诉讼标的物，提供的证据未能证明其对涉案的诉讼标的物享有完整的作品信息网络传播权。理由是：一是在原审庭审中，被上诉人将诉讼标的物从2012伦敦奥运会开幕式的音像制品改为2012伦敦奥运会开幕式现场节目，但是这二者内容和性质上有区别；二是2012伦敦奥运会开幕式现场节目本身不符合《著作权法》对作品独创性的要求；三是即使2012伦敦奥运会开幕式现场节目符合《著作权法》对作品独创性的要求，但是国际奥委会也并不当然是著作权人，伦敦奥组委才是著作权人。②涉案节目系网友上传，上诉人已经尽到合理注意义务，不构成帮助侵权。

被上诉人央视国际公司辩称：①上诉人对本案诉讼标的物的理解存在错误，在原审中主张的是2012伦敦开幕式节目，但是此节目存在两种表现形式：一种是舞台现场表演的开幕式，另一种是观众在电视荧屏前看到的经摄制而成的开幕式。②涉案节目体现了较高的独创性，是类似摄制电影方法创作的作品。③根据《奥林匹克宪章》的规定，国际奥委会是涉案节目的原始著作权人，中央电视台从国际奥委会取得授权有依据。

在二审庭审中，双方当事人对原审查明的事实均无异议，且均未提交新证据，本院对原审查明的事实和采信的证据均予以确认。

综合双方当事人的诉辩意见，本院认为，本案的争议焦点在于：①被上诉人在原审诉讼中有无明确诉讼标的物。②2012伦敦奥运会开幕式是否是《著作权法》保护的作品。③被上诉人是否享有2012伦敦奥运会开幕式的信息网络传播权。④上诉人是否应承担侵权责任。针对以上争议焦点，本院结合查明的事实评述如下：

1. 关于本案诉讼标的物的问题。本院认为，诚如上诉人所言，"奥运会开幕式"与经摄制而成的"奥运会开幕式节目"的确不能简单等同，但经本院核查，在原审审理过程中，原审法院专门就此问题向被上诉人做了询问，要求其明确作品是指"奥运会开幕式"还是"经摄制而成的奥运会开幕式节目"，被上诉人最终明确表示主张的作品是"奥运会开幕式"本身。可见在原审中，被上诉人明确了其诉讼主张，一、二审法院应围绕该诉讼主张进行审理。

2. 关于"奥运会开幕式"是否是作品的问题。《著作权法实施条例》第2条规定，作品是指文学、艺术和科学领域内具有独创性并能以某种有形形式复制的智力成果。"奥运会开幕式"主题统一，表达连贯，在表达主题思想、刻画人物形象、营造现场气氛时将现代科技和主题精神相结合，这些巧妙构思和极富特色的表达方式带给观众丰富的视觉享受和美的体验；另一方面，这些表达不是按照特定的模式进行的唯一性表达，并不是单纯的智力机械性的或智力技艺性的劳动，相反在节目内容的编排和设计、现场灯光和配乐的选取、对参与者表演活动的指导等方面都反映了参与创作者独特的安排和个性化的选择，体现了创作者较高程度的创造性。进而言之，"奥运会开幕式"完全可以固定在一定载体上进行再现、传播。综上所述，"奥运会开幕式"应当作为作品予以保护。

3. 关于被上诉人是否是"奥运会开幕式"著作权人的问题。本案中，上诉人对涉案作品著作权人的异议，集中于以下两点：①认为国际奥委会并不当然是涉案节目的著作权人，伦敦奥组委才是著作权人。②根据被上诉人提供的《敬启者》文件显示，国际奥委会享有的是广播权和展览权，不包括《著作权法》上的信息网络传播权。本院认为，首先，根据《奥林匹克宪章》第7条的规定，奥运会是国际奥委会的专有财产，国际奥委会拥有与之有关的全部权利和数据，特别是不加限制地拥有涉及该运动会的组织、开发、转播、录制、展示、再创作、获取和散发的全部权利……"奥运会开幕式"是2012伦敦奥运会的组成部分，国际奥委会对其享有著作权有依据，不仅仅是文件显示的广播权和展示权。其次，根据《伯尔尼公约》和《著作权法》的规定，国际奥委会据此享有的权利受《著作权法》的保护，对此，原审法院已有论述，本院在此不再赘述。再次，根据《著作权法》第10条第1款第12项的规定，信息网络传播权，即以有线或者无线方式向公众提供作品，使公众可以在其个人选定的时间和地点获得作品的权利。《敬启者》中表述的"internet dissemination right and internet interactive communication rights"即翻译后的"网络传播权和互联网互动点播权"符合信息网络传播权的内涵和特征，可以理解为《著作权法》规定的信息网络传播权。最后，上诉人主张著作权属于伦敦奥组委也未提供任何证据予以证明，故对上诉人的以上主张，本院不予支持。

4.关于上诉人是否应承担侵权责任的问题。本案中，上诉人诉称其没有事前审查义务，已经尽到合理注意义务，故不构成帮助侵权。但是原审判决并未认为全土豆公司应当履行事先审查义务，而是基于涉案节目的巨大影响力、知名度和一般奥运会开幕式及相关赛事都需要授权的惯例，认为全土豆公司作为专业从事影视、娱乐等内容服务的视频分享网站应当具有相应专业能力，尽到合理的注意义务。原审据此认定全土豆公司承担侵权责任并无不当。

综上所述，上诉人全土豆公司的上诉理由均不能成立，原审认定的案件事实清楚、适用法律正确，所作判决并无不当。据此，依照《民事诉讼法》第170条第1款第1项的规定，判决如下：

驳回上诉，维持原判。二审案件受理费人民币1975元，由上诉人上海全土豆文化传播有限公司负担。

2.2013年度知识产权十大典型案例——《舌尖上的中国》作品信息网络传播权纠纷①：

基本案情：《舌尖上的中国》是由中央电视台制作的大型美食纪录片，播出后引起社会广泛关注，享有较高知名度。中央电视台将该节目的信息网络传播权授予原告央视国际网络有限公司（以下简称央视国际）独占行使。在节目播出后，原告发现被告上海全土豆文化传播有限公司（以下简称全土豆公司）未经许可，在其网站上提供涉案节目的在线点播服务。原告提起诉讼，请求判令被告停止侵权并赔偿经济损失人民币80万元及合理费用人民币5万元。

上海市闵行区人民法院（以下简称闵行法院）经审理认为：纪录片《舌尖上的中国》受《著作权法》保护。原告央视国际经中央电视台授权，独占享有该作品的信息网络传播权。被告全土豆公司未经授权于作品热播期内，在其网站上提供涉案作品的在线点播服务，是侵犯权利人对作品享有的信息网络传播权的行为，应该承担相应的侵权责任。闵行法院还认为，被告虽然辩称涉案作品系网友上传，但未就该主张提供实际上传者的信息等证据予以证明，其自行删除原始数据的行为导致该事实无法查明，应对此承担不利后果。闵行法院在一审中判决，被告全土豆公司应赔偿原告央视国际经济损失及合理费用共计人民币24.8万元。一审判决后，被告不服，上诉至上海市第一中级人民法院。法院经审理认为，原审判决合理，并作出判决，驳回上诉，维持原判。

---

① 上海市第一中级人民法院（2013）沪一中民五（知）终字第228号民事判决书。

根据《信息网络传播权保护条例》的规定，信息网络传播权是指以有线或者无线方式向公众提供作品、表演或者录音录像制品，使公众可以在其个人选定的时间和地点获得作品、表演或者录音录像制品的权利。立法者对于保护信息网络传播权的初衷是规制非权利人未经许可通过网络传播著作权人作品的行为。随着互联网在经济和生活中扮演着越来越重要的角色，信息网络传播权纠纷案件也呈逐年增加趋势。

本案的争议焦点有以下两点：其一，关于原告是否享有涉案作品的信息网络传播权，被告全土豆公司辩称，原告举证的由中央电视台出具的《授权书》中未明确具体作品名称，因此，原告获得的授权是不完整的。闵行法院经审理认为，纪录片《舌尖上的中国》的著作权归中央电视台享有，其《授权书》中虽未明确具体作品名称，但该授权书表明中央电视台将其制作的包括纪录片在内的全部电视节目的信息网络传播权授权给原告，而涉案作品系纪录片，属于相关授权范围内的作品，故原告享有涉案作品的信息网络传播权。其二，关于被告是否侵害了涉案作品的信息网络传播权及应否承担相应的民事责任，闵行法院认为，根据原告提交的证据表明，被告未经许可，擅自在其网站上直接向公众提供涉案作品的在线播放的情况属实，该行为侵犯了原告对该作品享有的信息网络传播权，损害了原告作为权利人的合法利益，应当依法承担相应的民事责任。闵行法院还认为，被告虽辩称其网站仅提供存储空间服务，涉案作品为网友上传，但被告并未对此提供相应证据加以证明，故对被告的辩称意见不予采信。闵行法院认为，原告对其主张的经济损失，未能提供有效的证据证明。在法院确定赔偿金额时，充分考虑了涉案作品的类型、社会知名度、侵权行为的性质以及侵权网站的经营规模、经营模式、影响力等因素，作出共计人民币24.8万元的赔偿金额之判决。

被告全土豆公司对一审判决不服，上诉至上海一中院。全土豆公司辩称其网站无事先审查义务，不明知也不应知涉案视频的存在。对此，上海一中院经审理认为，有关实际上传者的信息属于被告掌控和管理的范围，理应由其举证，但全土豆公司在涉诉后删除了涉案视频以及原始数据，导致事实无法查明，应承担举证不力的后果。最终，上海一中院作出判决，维持原判。

典型意义：该案是一起典型的视频网站侵害作品信息网络传播权纠纷案件。涉案作品《舌尖上的中国》创作过程花费巨大的人力、物力、财力，体现出较高程度的独创性，享有良好的社会知名度。土豆网是专业视频分享网站，在国内具有较大的影响力，其在涉案作品热播期就在自己网站上擅自提供在线点播服务，给权利人造成较大的经济损失。法院充分考虑涉案作品的类型、社会知名度、侵权行为的性质以及侵权网站的经营规模、经营模式、社会影响力等因素，合理确定法定赔偿金额，不仅体现了人民法院加强著作权保护的司法政策，而且有助于警示网络服务提供商加强自律，遏制日益多发的网络著作权侵权现象。①

3. 谢某诉深圳市懒人在线科技有限公司、杭州创策科技有限公司等侵害作品信息网络传播权纠纷案②：

基本案情：谢某享有《72 变小女生》文字作品著作权。后发现深圳市懒人在线科技有限公司（以下简称懒人公司）在其经营的"懒人听书"网，通过信息网络向公众提供涉案作品的有声读物。谢某从懒人公司提交的文件中发现懒人公司是经过杭州创策科技有限公司（以下简称创策公司）、杭州思变科技有限公司（以下简称思变公司）、北京朝花夕拾文化发展有限公司（以下简称朝花夕拾公司）的层层授权后提供听书服务的。谢某以四公司为共同被告提起诉讼，要求停止侵权，连带赔偿损失。

法院经审理查明：谢某曾于 2013 年将涉案作品的"信息网络传播权及其转授权，以及制作、复制和销售电子出版物的权利"授权创策公司。2014 年，创策公司向思变公司出具授权书，明确写明授权思变公司将涉案作品制成有声读物，并自行或再许可他方行使音频格式作品的信息网络传播权。2015 年，思变公司授权朝花夕拾公司将涉案作品的信息网络传播权转授权给懒人公司在其"懒人听书"平台上使用。同年，懒人公司与朝花夕拾公司签订合同，约定朝花夕拾公司将涉案作品有声读物许可懒人公司在其平台上使用。

案件审理过程中，谢某确认被控侵权行为已经停止。思变公司确认涉案有声读物系由其制作，在制作过程中未改变原作文字内容。思变公司与朝花夕拾公司均确认在向下游授权时对上游授权文件的审查系通过审查扫描件的形式进行。创策公司主张其从谢某处所取得"改编权"授权包含将涉案作品制作成音频制品的权利。

裁判结果：杭州铁路运输法院（现为杭州互联网法院）于 2017 年 6 月 19 日作出（2016）浙 8601 民初 354 号判决，认定侵权成立，判令懒人公司、创策公司、思变公司、朝花夕拾公司共同赔偿谢某经济损失及为制止侵权行为所

---

① "侵害纪录片《舌尖上的中国》信息网络传播权纠纷案"，载 https://www.chinacourt.org/article/detail/2014/04/id/1281658.shtml，最后访问时间：2020 年 5 月 13 日。
② 本案为最高人民法院发布第一批涉互联网典型案例。

支付的合理开支共计人民币 6100 元。谢某不服提起上诉,浙江省杭州市中级人民法院经审理后于 2017 年 9 月 25 日作出(2017)浙 01 民终 5386 号民事判决:驳回上诉,维持原判。

典型意义:"听书""有声读物"是近年新兴的一种文化消费方式,产业价值巨大。但制作、在线提供有声读物在著作权法上如何定性,经营者应当取得著作权人怎样授权,未经许可制作有声读物所侵害的是作者的复制权还是改编权等等问题,法律条文上无直接规定,理论界和实务界也有不同认识。这种局面可能使得业界法律界限不清,无所适从,不利于行业合法有序的经营发展。

本案争议焦点有三:其一,作品均以形成外在的独创性表达为其前提要件,对作品的改编应以改变作品之表达,且该改变具有独创性为前提。对于文字作品而言,文字表述是其作品的表达所在,改编文字作品应以文字内容发生改变为前提。将文字作品制成有声读物需要经过三个步骤:朗读、录音、后期制作。三个步骤均只改变了作品的形式或载体,无一改变了文字作品的表达或内容,因而不涉及对文字作品的改编,有声读物只是以录音制品存在的复制件。其二,根据《著作权法》保护著作权人权益的本意,凡未经著作权人明确授予的权利仍应保留在著作权人手中。授权作为一种合同行为,以双方当事人达成合意为前提。一项行为是否在著作权人授权范围之内,需要探明著作权人授权时的真实意思表示。本案中结合合同上下文及签约时的时间环境,不应认定在线提供有声读物属谢鑫授权范围之内。其三,上游"授权方"缺乏有效权利而向下授权他人实施受专有权利控制的行为,自身对此存在过错且行为实际发生的,所有上游授权方均构成侵权,与直接侵权人承担连带责任。

在当前立法和司法有关有声读物具体规则存在空白,而行业发展又亟需明确规则的背景下,本案裁判为行业主体提供了清晰的指引,对于充分发挥司法助推文化产业健康发展具有积极作用。

4. 北京微播视界科技有限公司与百度在线网络技术(北京)有限公司、百度网讯科技有限公司侵害作品信息网络传播权纠纷案①:

基本案情:北京微播视界科技有限公司(以下简称微播视界公司)是抖音平台的运营者。百度在线网络技术(北京)有限公司、百度网讯科技有限公司(以下合称百度公司)是伙拍平台的运营者。汶川特大地震十周年之际,2018

---

① 北京互联网法院(2018)京 0491 民初 1 号民事判决书。

年 5 月 12 日，抖音平台的加 V 用户"黑脸 V"响应全国党媒信息公共平台 0（以下简称党媒平台）和人民网的倡议，使用给定素材，制作并在抖音平台上发布"5.12，我想对你说"短视频（以下简称"我想对你说"短视频）。经"黑脸 V"授权，微播视界公司对"我想对你说"短视频在全球范围内享有独家排他的信息网络传播权及独家维权的权利。伙拍小视频手机软件上传播了"我想对你说"短视频，该短视频播放页面上未显示有抖音和用户 ID 号水印。微播视界公司以"我想对你说"短视频构成以类似摄制电影的方法创作的作品（以下简称类电作品），百度公司上述传播和消除水印的行为侵犯了微播视界公司的信息网络传播权为由，提起诉讼。

裁判结果：北京互联网法院一审认为，"我想对你说"短视频构成类电作品，百度公司作为提供信息存储空间的网络服务提供者，对于伙拍小视频手机软件用户的提供被控侵权短视频的行为，不具有主观过错，在履行了"通知 - 删除"义务后，不构成侵权行为，不应承担相关责任，判决驳回微播视界公司的全部诉讼请求。

典型意义：本案为 2018 年度"中国十大传媒法事例"之一，引发了各界的广泛关注。本案涉及短视频节目能否得到著作权法保护、给予何种程度保护等一系列新类型法律问题的解决，对人民法院如何在著作权司法实践中平衡好创作与传播、权利人与网络服务提供者以及社会公众的利益关系，提出了新的挑战。与传统类型的电影作品相比，短视频时间较短，是否具备著作权法对保护客体提出的"独创性"要求，是本案双方当事人争议的焦点。人民法院在本案中充分贯彻合理确定不同领域知识产权的保护范围和保护强度的司法政策，根据著作权关于文学艺术类作品在作品特性、创作空间等方面的特点，充分考虑"互联网 +"背景下创新的需求和特点，合理确定了本案短视频节目独创性的尺度，正确划分了著作权范围与公共领域的界限，充分实现了保护知识产权与促进创新、推动产业发展和谐统一。

四、网络视频创作与许可合同示范文本

2018 年由上海市网络视听行业协会第二届会员大会第三次会议推荐示范 2018 年版本的《网络视频创作与许可合同示范文本》，该合同示范文本包括《小视频委托创作合同》《视频版权转让合同》和《视频版权许可合同》。

（一）《小视频委托创作合同》

《小视频委托创作合同》用于一方委托另一方创作小视频作品项目制作。

该示范合同的特点是对创作内容、创作步骤、输出形式、交付形式、素材提供、版权归属、署名方式等条款做出了详细约定，并提供了多种选择方案。

甲方（委托方）：
法定代表人：
联系地址：
联系人：
电话：　　　　　传真：　　　　　电子邮箱：
乙方（受托方）：
法定代表人：
联系地址：
联系人：
电话：　　　　　传真：　　　　　电子邮箱：

根据《中华人民共和国民法典》、《中华人民共和国著作权法》及其他有关法律法规的规定，双方本着平等互利、合作共赢的原则，经友好协商，就甲方委托乙方创作小视频作品_____(项目名 / 作品名)之事宜（以下简称"本项目"），双方签订本合同，以兹共同遵守。

一、委托创作内容

甲方委托乙方创作以下小视频内容：

项目名称		
作品名称		
片长	总片长___分钟（秒或分钟),___集___分钟（秒或分钟）	
内容	三维动画 10 秒 / 集　　　　1000 元 / 秒 多媒体 50 秒 / 集　　　　500 元 / 秒	
输出形式	□标清 □高清 □超清 □其他	
交付形式	□光盘文件　□BETA 带 □FTP 传输	
主要演员		
其他	音乐素材：	□甲方提供版权音乐　□乙方提供版权音乐
	视频素材：	□甲方提供版权素材　□乙方提供版权素材
	配音 / 语言：	□普通话 □英语 □方言 ____ □其他 ____
	脚本：	□甲方提供 □乙方提供

二、项目创作的实施

2.1 乙方完成本项目创作的周期共计【 】个工作日，自本合同签订生效之日起计算，乙方最迟不得超过【 】年【 】月【 】日完成创作与验收。双方约定的创作具体实施进度应依据本合同附件1进行。

2.2 自本合同生效之日起【 】个工作日内，乙方须向甲方提交本项目创作实施所必须的资料清单，甲方应在收到乙方清单后【 】个工作日内向乙方提供其开展项目创作所需基础资料。

2.3 如因甲方原因导致资料无法按时提交完毕的，乙方完成项目创作的周期相应顺延，由此产生的责任由甲方自行承担。

2.4 乙方应自收到甲方提供的项目创作所需资料后【 】个工作日内，向甲方提交书面创作方案。甲方如有任何异议，应在收到创作方案后【 】个工作日内向乙方提出书面意见，否则视为甲方确认并同意按照乙方提交的方案实施创作。

2.5 创作方案一经双方确认，即作为乙方创作依据及甲方进行项目验收的标准，并视为本合同不可分割的一部分。如在乙方创作过程中，甲方提出变更创作方案时，乙方有权予以拒绝；如乙方接受的，乙方可以停止原方案的实施并按照双方重新确认的修改方案进行。双方可视实际情况协商确定因工作量增加所产生的费用及需延长的创作时间。

2.6 乙方完成创作后应及时向甲方提出书面验收申请，甲方应在收到申请后【 】个工作日内进行项目验收，及时反馈验收结果。如甲方认为乙方创作内容不符合双方确认的创作方案，验收不合格的，甲方有权要求乙方立即进行修改，直至符合创作方案中确定的验收标准。如甲方在规定时间内未予进行验收的，或未提出反馈意见，或已经正式使用的，视为甲方验收合格。

三、付费方式

3.1 甲乙双方经协商确定，每集创作费用为＿＿＿＿＿元，共计 集，总计人民币＿＿＿＿＿元（大写人民币＿＿＿＿＿圆）（含税／不含税）。

3.2 甲乙双方协商确定，前述创作费用由甲方采取以下第【 】种方式向乙方支付：

3.2.1 一次性付费方式：

甲方应于本合同签订之日起【 】个工作日内向乙方指定收款账户一次性支付3.1中全部创作费用；

3.2.2 分期付款方式：

甲方应按照以下支付阶段及方式向乙方指定收款账户支付本合同项下创作费用：

3.2.2.1 在本合同生效后【 】个工作日内，甲方应向乙方支付项目总价的＿＿＿＿%作为首付款，即＿＿＿＿元人民币。

3.2.2.2 乙方提交项目创作方案并经甲方书面确认后，甲方须于【 】个工作日内向乙方支付项目总价的＿＿＿＿%作为进度款，即＿＿＿＿元人民币。

3.2.2.3 乙方项目创作完成并经甲方验收通过后，甲方应于【 】个工作日内向乙方支付项目总价的＿＿＿＿%作为尾款，即＿＿＿＿元人民币。

3.2.3 甲乙双方协商确定的其他付费方式：＿＿＿＿。

3.3 乙方应于甲方付款前向甲方开具相应金额的增值税（专用／普通）发票，发票内容为＿＿＿＿。

3.4 乙方指定的收款账号为：

开户名称：＿＿＿＿；

开户银行：＿＿＿＿；

银行账号：＿＿＿＿。

四、甲方的权利与义务

4.1 甲方有权了解乙方的工作进展情况并督促乙方按约定的时间完成制作。甲方有权对乙方的创作提出要求和建议，对创作方案和提交验收的成品提出修改意见。

4.2 甲方应按照本合同第 2.2 条的约定，向甲方提供相应的资料，并有义务为乙方解释创作目的和要求。

4.3 甲方需按照本合同第三条规定的付款方式按期按时付款。除本合同约定款项外，甲方无需支付其他款项。

4.4 在乙方制作过程中，如果甲方要求更改既定的创作意图、故事内容、处理方案等（即实质性变更）从而影响乙方制作成本的，乙方可要求甲方另行支付相关费用，甲方需在支付本合同最后一笔款项时将上述提及的款项一并支付，若双方重新签订补充协议约定价格条款的，依补充协议履行。

五、乙方的权利与义务

5.1 乙方不得转包给第三方进行创作，除非事先获得甲方书面同意。

5.2 乙方应根据本合同的规定，按附件 1 项目进度表向甲方提供阶段性成果和视频样片等全部资料。

5.3 如甲方在双方已确认的脚本和制作方案后，对原定制作内容做出了实质性变更的，则乙方将在接到甲方书面通知后暂停制作，并按照双方重新确认的修改方案再继续进行，甲方须承担乙方因此而发生的额外制作费用，且项目成果交付时间应按照工作量的增加相应顺延，双方就此变更应另行签订补充协议。

5.4 在甲方公开发表本合同项下委托乙方创作的视频之前，乙方不得擅自向第三方披露该视频的任何资料、创意、脚本、阶段性成果、样片和最终成果。

六、不可抗力

6.1 由于战争、罢工、台风、水灾、火灾、地震、大规模传染病等不可抗力因素，直接影响本合同的履行或者不能按照合同的约定履行时，可以免除遇有不可抗力的一方的相关责任。但遇有不可抗力的一方应当在 3 个工作日内通知对方，并在 15 个工作日之内提供不可抗力的详细情况及合同不能履行或者部分不能履行或者需要延期履行的理由和有效的证明文件。甲乙双方根据不可抗力因素对合同履行的影响程度，协商决定是否解除合同，或者部分免除履行合同的义务，或者延期履行合同。

6.2 遇有不可抗力的一方，应当尽可能地采取必要的措施减轻不可抗力对本合同的履行所造成的影响。由于未采取适当措施致使另一方损失扩大的，不得就扩大损失的部分要求免除本方责任。

6.3 甲乙双方发生组织架构、人事变动的，不属于不可抗力或意外事件，本合同应继续履行。

七、知识产权

7.1 甲方委托乙方制作的视频作品，版权归属甲方／乙方／双方共同共有。乙方享有／没有署名权，署名方式为：＿＿＿＿＿＿。

7.2 双方保留各自原有版权。甲方保留提交给乙方的任何素材、脚本或者其他资料的版权。乙方完成创作所需的原始资料、过程文件（包括但不限于计算机模型、贴图、小样、样片等，但不包含甲方提供的基础文件）的版权归乙方所有。

7.3 乙方有权在汇报过程文件（包括但不限于样片、最终汇报样片及其他稿件）中标注乙方 LOGO 及未审批（例如：严禁用于商业用途）等相关字样。

7.4 乙方有权／无权将其创作作品和项目成片参与公益、专业、行业或媒介所组织的竞赛评比以及品牌宣传、公司简介等事项。

7.5 如为履行本合同之目的所使用资料（例如图片、字体、音乐、画面等）涉及第三方知识产权（例如商标专用权、版权、商业标识等）或者其他合法权利（例如肖像权、姓名权等），提供方应负责保证已经取得合法使用该等资料的全部授权，包括支付必要的费用。

7.6 如果工作成果中包含任何第三方拥有的权利，并且第三方对此等第三方权利设置了相应使用限制（包括但不限于：演员的肖像权的使用地域、使用期限、使用方式的限制等），甲方在使用该等成果时应遵守该等使用限制。如果由于甲方使用不当而产生的侵权行为，乙方不承担责任。乙方应当帮助甲方了解并掌握其所使用成果有可能涉及第三方知识产权或者其他权利限制的信息，并及时提醒甲方予以注意。

八、合同的变更、终止和解除

8 本合同及其附件经双方签署即具有法律效力，未因出现法定解除事由，或本合同约定的解除事由，或未经双方协商一致，任一方均不得随意变更或解除本合同。

九、违约责任

9.1 在合同的履行过程中，甲方无正当理由单方要求终止或解除合同时，甲方应当根据乙方已完成的工作量支付创作费用，并按照本合同总价的___% 承担违约金。

9.2 如甲方无正当理由迟延支付全部或部分款项的，乙方有权按照甲方到期应付未付金额的每日万分之三的标准要求甲方支付滞纳金。

9.3 如乙方无正当理由逾期通过甲方验收的，每逾期一天，须向甲方支付本合同总价的万分之三作为违约金。如乙方无正当理由逾期天数超过【 】个工作日，甲方有权解除合同并追究乙方违约责任。

十、争议解决

10.1 甲乙双方因本合同履行有关的任何争议，应友好协商解决，如协商不成的，双方同意选择下述第【 】种方式予以解决：

（1）任一方均有权向仲裁委员会按照该会实时有效的仲裁规则申请裁决；

（2）任一方均可向甲方所在地/乙方所在地/原告所在地有管辖权的人民法院提起诉讼。

10.2 双方同意本合同无效或部分内容无效，不影响本合同有关违约责任及争议解决条款的适用。

10.3 本合同的订立、履行、解释及争议解决均适用中华人民共和国法律。

十一、合同生效

11.1 本合同自甲乙双方签字盖章之日起生效。

11.2 本合同正式文本一式两份，甲乙双方各执一份，具有同等法律效力。

十二、其他

12.1 甲乙双方因履行本合同而相互发出或者提供的所有通知、文件、资料等，均应按照本合同首部所列明的通讯方式送达；一方如果迁址或变更其他联系方式，应当书面通知对方。

12.2 本合同未尽事宜，由甲乙双方另行协商签订书面补充合同，补充合同与本合同具有同等法律效力。

（以下无正文）

甲方（盖章）：　　　　　　乙方（盖章）：

签字：　　　　　　　　　　签字：

【　　】年【　　】月【　　】日　　【　　】年【　　】月【　　】日

附件1　项目创作进度表

项目创作具体进程	完成时间	负责方

（二）《视频版权转让合同》

《视频版权转让合同》用于视频内容的版权转让项目。该示范合同的特点是对转让标的、转让权能、转让地域、交付载体、权利保证、权利限制、维权权利、署名方式等条款做了详细安排，并提供了多种选择方案。

甲方（转让方）：

法定代表人：

联系地址：

联系人：

电话：　　　　　　传真：　　　　　电子邮箱：

乙方（受让方）：

法定代表人：

联系地址：

联系人：

电话：　　　　　　传真：　　　　　电子邮箱：

根据《中华人民共和国民法典》、《中华人民共和国著作权法》及其他有关法律法规的规定，双方本着平等互利、合作共赢的原则，经友好协商，就甲方向乙方转让视频作品＿＿＿＿＿＿＿（项目名/作品名）版权之事宜（以下简称"本项目"），双方签订本合同，以兹共同遵守。

一、版权转让内容

甲方向乙方转让以下视频内容版权：

作品名称	
片长	总片长＿＿分钟（秒或分钟），＿＿集＿＿ 分钟（秒或分钟）
著作权登记号	
转让权利	□ 整体转让（即《著作权法》项下允许转让的全部权利） □ 分项转让 □复制权；□发行权；□出租权；□展览权；□放映权；□广播权； □信息网络传播权；□改编权；□翻译权；□汇编权；□其他转让的权利：＿＿＿＿＿＿
输出形式：	□标清 □高清 □超清 □其他
载体交付形式	□光盘文件 □ BETA 带 □ FTP 传输
转让价格	大写：　　　小写：　　（含税/不含税）
转让地域	□全球范围内的权利 □中国大陆 □其他

二、付费方式

2.1 乙方采取以下第【　】种方式向甲方支付版权转让费：

2.1.1 一次性付费方式：乙方应于本合同生效之日起【　】个工作日内向甲方指定收款账户一次性支付第一条中所列版权转让费用；

2.1.2 分期付款方式：乙方应按照以下支付阶段及方式向甲方指定收款账户支付本合同项下版权转让费用：

2.1.2.1 在本合同生效后【　】个工作日内，乙方应向甲方支付版权转让费用总价的_____%作为首付款，即____元人民币。

2.1.2.2 甲方提交交付载体、经乙方验收通过后【　】个工作日内向乙方支付版权转让费用总价的_____%，即_____元人民币。

2.2.3 甲乙双方协商确定的其他付费方式：_____。

2.2 甲方应于乙方付款前向乙方开具相应金额的增值税(专用/普通)发票，发票内容为_____。

2.3 甲方指定的收款账号为：

开户名称：_____

开户银行：_____

银行账号：_____

三、甲方的权利与义务

3.1 甲方保证享有作品完整的版权，并拥有签署并履行本合同的全部权利。甲方保证该作品不存在以下全部或任一种情形：

3.1.1 该作品存在任何版权瑕疵或者已知法律纠纷；

3.1.2 作品版权已经进行质押、存在对外独占、排他许可等权利限制；

3.1.3 该作品存在其他版权共有人，共有人未认可本次转让；

3.2 本合同自生效之日起【　】个工作日内，甲方应向乙方提供其作品载体。

3.3 甲方有权确定该作品的署名方式，未经甲方事先书面同意，乙方不得修改。署名方式为：　　　　　。

3.4 甲方有义务出具本协议项下相关版权转让的证明文件或者积极配合乙方办理版权转让登记手续。

四、乙方的权利与义务

4.1 乙方向甲方支付完毕本协议项下版权转让费用之日起/本合同生效之日

起（即版权权利转让之日），享有本协议项下约定转让的版权权利。

4.2 未经甲方事先书面同意，乙方不得对作品进行修改、篡改、变更署名方式。

4.3 对于起始于版权权利转让之日之前、未持续至转让之日之后的侵权行为，乙方无权以自己名义进行维权，由甲方进行维权；对于起始于版权权利转让之日之前、持续至转让之日之后的侵权行为，乙方有权对转让之日之后的持续侵权行为以自己名义进行维权，甲方有权对转让之日之前的侵权行为进行维权；对于起始于转让之日之后的侵权行为，乙方有权以自己名义进行维权，甲方无权进行维权。

4.4 乙方仅限于本合同约定转让版权范围之内，享有相应版权权利，不得超出转让版权范围行使版权权利。

五、版权转让范围的特别限制

为免歧义，双方明确，乙方受让的以下版权权利，限于以下范围：

5.1 信息网络传播权：是指以有线或者无线方式向公众提供作品且使公众可以在自己选定的时间和地点获得作品的权利；具体使用形式包括但不限于/限于网络点播、直播、轮播、广播、下载、IPTV、数字电视、无线或有线增值业务、网吧等现有各种使用形式；具体用户的使用终端包括但不限于/限于手机、电脑、平板电脑、机顶盒、MPEG4播放器、航空器播放器、车载电视、互联网电视终端。

5.2 改编权：是指改变作品，创作出具有独创性的新作品的权利；具体改编范围包括但不限于/限于改编为话剧、音乐剧、小品、舞蹈、相声、电视剧、电影、类电影作品、手机游戏、网页游戏。

六、不可抗力

6.1 由于战争、罢工、台风、水灾、火灾、地震、大规模传染病等不可抗力因素，直接影响本合同的履行或者不能按照合同的约定履行时，可以免除遇有不可抗力的一方的相关责任。但遇有不可抗力的一方应当在3个工作日内通知对方，并在15个工作日之内提供不可抗力的详细情况及合同不能履行或者部分不能履行或者需要延期履行的理由和有效的证明文件。甲乙双方根据不可抗力因素对合同履行的影响程度，协商决定是否解除合同，或者部分免除履行合同的义务，或者延期履行合同。

6.2 遇有不可抗力的一方，应当尽可能地采取必要的措施减轻不可抗力对本合同的履行所造成的影响。由于未采取适当措施致使另一方损失扩大的，不得就扩大损失的部分要求免除本方责任。

6.3 甲乙双方发生组织架构、人事变动的，不属于不可抗力或意外事件，本合同应继续履行。

七、保密

7 任一方均应对本合同内容进行保密。任一方对因签署或履行本合同而接触对方未公开的保密信息的，均应保密，未经对方书面同意，不得自行使用或向任何第三方披露。

八、合同的变更、终止和解除

8 本合同及其附件经双方签署即具有法律效力，未因出现法定解除事由，或本合同约定的解除事由，或未经双方协商一致，任一方均不得随意变更或解除本合同。

九、违约责任

9.1 如乙方无正当理由迟延支付全部或部分款项的，甲方有权按照乙方到期应付未付金额的每日万分之三的标准要求乙方支付滞纳金。如乙方迟延付款累计超过 20 个工作日的，甲方有权决定解除本合同并要求乙方承担违约责任。

9.2 如甲方无正当理由迟延交付作品载体或者怠于配合办理版权转让登记手续的，每迟延一天，须向乙方支付本合同总额的万分之三作为违约金。

十、争议解决

10.1 甲乙双方因本合同履行有关的任何争议，应友好协商解决，如协商不成的，双方同意选择下述第【 】种方式予以解决：

（1）任一方均有权向仲裁委员会按照该会实时有效的仲裁规则申请裁决；

（2）任一方均可向甲方所在地/乙方所在地/原告所在地有管辖权人民法院提起诉讼。

10.2 双方同意本合同无效或部分内容无效，不影响本合同有关违约责任及争议解决条款的适用。

10.3 本合同的订立、履行、解释及争议解决均适用中华人民共和国法律。

十一、合同生效

11.1 本合同自甲乙双方签字盖章之日起生效。

11.2 本合同正式文本一式两份，甲乙双方各执一份，具有同等法律效力。

十二、其他

12.1 甲乙双方因履行本合同而相互发出或者提供的所有通知、文件、资料等，均应按照本合同首部所列明的通讯方式送达；一方如果迁址或变更其他联系方式，应当书面通知对方。

12.2 本合同未尽事宜，由甲乙双方另行协商签订书面补充合同，补充合同与本合同具有同等法律效力。

（以下无正文）

甲方（盖章）：　　　　　乙方（盖章）：

签字：　　　　　　　　　签字：

【　　】年【　】月【　】日　　【　　】年【　】月【　】日

（三）《视频版权许可合同》

《视频版权许可合同》用于视频内容的版权许可项目。该示范合同的特点是对许可标的、许可权能、许可性质、许可地域、许可期限、交付载体、权利保证、许可限制、维权权利、署名方式等条款做了详细安排，并提供了多种选择方案。

甲方（许可方）：
法定代表人：
联系地址：
联系人：
电话：　　　　　传真：　　　　　电子邮箱：
乙方（被许可方）：
法定代表人：
联系地址：
联系人：
电话：　　　　　传真：　　　　　电子邮箱：

根据《中华人民共和国民法典》、《中华人民共和国著作权法》及其他有关法律法规的规定，双方本着平等互利、合作共赢的原则，经友好协商，就甲方向乙方许可视频作品_____(项目名/作品名)版权之事宜（以下简称"本项目"），双方签订本合同，以兹共同遵守。

一、版权许可内容

甲方向乙方许可以下视频内容版权：

作品名称	
片长	总片长__分钟（秒或分钟）,___集__分钟（秒或分钟）
著作权登记号	
许可权利	□ 整体许可（即《著作权法》项下允许许可的全部权利） □ 分项许可 □复制权；□ 发行权；□ 出租权；□ 展览权；□ 放映权；□ 广播权； □ 信息网络传播权；□ 改编权；□ 翻译权；□ 汇编权；□ 其他许可的权利：_____
输出形式：	□标清 □高清 □超清 □其他
载体交付形式	□光盘文件　□ BETA 带 □ FTP 传输
许可价格	大写：　　小写：　　（含税/不含税）
许可地域	□全球范围　□中国大陆　□其他
许可性质	□独占许可，甲方无权自行使用、无权许可他人使用 □排他许可，甲方有权自行使用、无权许可他人使用 □普通许可，甲方有权自行使用，有权许可他人使用 □ 特别约定许可：
许可期限	共 年，自 年 月 日起至 年 月 日止 自　　　起至 年 月 日止
转许可权	乙方有权转许可　□乙方无权转许可

二、付费方式

2.1 乙方采取以下第【 】种方式向甲方支付版权许可费：

2.1.1 一次性付费方式：乙方应于本合同签订之日起【 】个工作日内向甲方指定收款账户一次性支付第一条中所列版权许可费用；

2.1.2 分期付款方式：乙方应按照以下支付阶段及方式向甲方指定收款账户支付本合同项下版权许可费用：

2.1.2.1 在本合同生效后【　】个工作日内，乙方应向甲方支付版权许可费用总价的_____%作为首付款，即_____元人民币。

2.1.2.2 甲方交付载体、经乙方验收通过后【　】个工作日内向甲方支付版权许可费用总价的_____%，即_____元人民币。

2.2.3 甲乙双方协商确定的其他付费方式：_____。

2.2 甲方应于乙方付款前向乙方开具相应金额的增值税（专用／普通）发票，发票内容为_____。

2.3 甲方指定的收款账号为：

开户名称：_____

开户银行：_____

银行账号：_____

三、甲方的权利与义务

3.1 甲方保证享有作品完整的版权／转许可权利，并拥有签署并履行本合同的全部权利。甲方保证该作品不存在以下全部或任一种情形：

3.1.1 该作品存在任何版权瑕疵或者已知法律纠纷；

3.1.2 作品版权已经进行质押、存在对外独占、排他许可等权利限制；

3.1.3 该作品存在其他版权共有人，共有人未认可本次许可；

3.2 本合同自生效之日起【　】个工作日内，甲方应向乙方提供其作品载体。

3.3 甲方有权确定该作品的署名方式，未经甲方事先书面同意，乙方不得修改。署名方式为：_____。

3.4 甲方有义务出具本协议项下相关版权许可的证明文件或者积极配合乙方办理版权许可登记手续。

四、乙方的权利与义务

4.1 乙方依约向甲方支付完毕本协议项下版权许可费用之日起／本合同生效之日起（即版权权利许可之日），享有本协议项下约定许可的版权权利。

4.2 未经甲方事先书面同意，乙方不得对作品进行修改、篡改、变更署名方式。

4.3 如果甲方独占或者排他许可乙方，起始于版权权利许可之日之前、未持续至许可之日之后的侵权行为，乙方无权以自己名义进行维权，由甲方进行维权；对于起始于版权权利许可之日之前、持续至许可之日之后的侵权行为，乙方有权对许可之日之后的持续侵权行为以自己名义进行维权，甲方有权对许可之日之前的侵权行为进行维权；对于起始于许可之日之后的侵权行为，乙方有权以自己名义进行维权，甲方无权进行维权。

4.4 如果甲方普通许可乙方，乙方有权／无权对起始于许可之日之后的侵权行为，以自己名义进行维权。

4.5 乙方仅限于本合同约定许可版权范围之内，享有相应版权权利，不得超出许可版权范围行使版权权利。

五、许可版权范围的特别限制

为免歧义，双方明确，乙方被许可的以下版权权利，限于以下范围：

5.1 信息网络传播权：是指以有线或者无线方式向公众提供作品且使公众可以在自己选定的时间和地点获得作品的权利；具体使用形式包括但不限于／限于网络点播、直播、轮播、广播、下载、IPTV、数字电视、无线或有线增值业务、网吧等现有各种使用形式；具体用户的使用终端包括但不限于／限于手机、电脑、平板电脑、机顶盒、MPEG4 播放器、航空器播放器、车载电视、互联网电视终端。

5.2 改编权：是指改变作品，创作出具有独创性的新作品的权利；具体改编范围包括但不限于／限于改编为话剧、音乐剧、小品、舞蹈、相声、电视剧、电影、类电影作品、手机游戏、网页游戏。

六、不可抗力

6.1 由于战争、罢工、台风、水灾、火灾、地震、大规模传染病等不可抗力因素，直接影响本合同的履行或者不能按照合同的约定履行时，可以免除遇有不可抗力的一方的相关责任。但遇有不可抗力的一方应当在 3 个工作日内通知对方，并在 15 个工作日之内提供不可抗力的详细情况及合同不能履行或者部分不能履行或者需要延期履行的理由和有效的证明文件。甲乙双方根据不可抗力因素对合同履行的影响程度，协商决定是否解除合同，或者部分免除履行合同的义务，或者延期履行合同。

6.2 遇有不可抗力的一方，应当尽可能地采取必要的措施减轻不可抗力对本合同的履行所造成的影响。由于未采取适当措施致使另一方损失扩大的，不得就扩大损失的部分要求免除本方责任。

6.3 甲乙双方发生组织架构、人事变动的，不属于不可抗力或意外事件，本合同应继续履行。

七、保密

7 任一方均应对本合同内容进行保密。任一方对因签署或履行本合同而接触对方未公开的保密信息的，均应保密，未经对方书面同意，不得自行使用或向任何第三方披露。

八、合同的变更、终止和解除

8 本合同及其附件经双方签署即具有法律效力，未因出现法定解除事由，或本合同约定的解除事由，或未经双方协商一致，任一方均不得随意变更或解除本合同。

九、违约责任

9.1 如乙方无正当理由迟延支付全部或部分款项的，甲方有权按照乙方到期应付未付金额的每日万分之三的标准要求乙方支付滞纳金。如乙方迟延付款累计超过 20 个工作日的，甲方有权决定解除本合同并要求乙方承担违约责任。

9.2 如甲方无正当理由迟延交付作品载体或者怠于配合办理版权许可登记手续的，每迟延一天，须向乙方支付本合同总额的万分之三作为违约金。

十、争议解决

10.1 甲乙双方因本合同履行有关的任何争议，应友好协商解决，如协商不成的，双方同意选择下述第【 】种方式予以解决：

（1）任一方均有权向仲裁委员会按照该会实时有效的仲裁规则申请裁决；

（2）任一方均可向甲方所在地／乙方所在地／原告所在地有管辖权的人民法院提起诉讼。

10.2 双方同意本合同无效或部分内容无效，不影响本合同有关违约责任及争议解决条款的适用。

10.3 本合同的订立、履行、解释及争议解决均适用中华人民共和国法律。

十一、合同生效

11.1 本合同自甲乙双方签字盖章之日起生效。

11.2 本合同正式文本一式两份，甲乙双方各执一份，具有同等法律效力。

十二、其他

12.1 甲乙双方因履行本合同而相互发出或者提供的所有通知、文件、资料等，均应按照本合同首部所列明的通讯方式送达；一方如果迁址或者变更其他联系方式，应当书面通知对方。

12.2 本合同未尽事宜，由甲乙双方另行协商签订书面补充合同，补充合同与本合同具有同等法律效力。

（以下无正文）

甲方（盖章）：　　　　　　乙方（盖章）：

签字：　　　　　　　　　　签字：

【　　】年【　】月【　】日　　【　　】年【　】月【　】日

第六节　网络直播法

一、网络直播概述

近些年来，随着科学技术的进步、互联网的兴起，特别是移动互联网和移动电子终端设备的长足发展与迭代，信息传播与交互方式出现了新的形态，并得到快速发展。网络直播快速兴起，成为当下最为火热的娱乐和商业方式，已渗透到日常生活与商业运营的各个方面。那么，何为网络直播？网络直播发展历程是怎样的？网络直播有哪些类型以及网络直播受到何种监管呢？

（一）网络直播的概念

1. 直播的定义。为避免混淆，且使得表达更符合人们现在用词的含义，若无特别说明，文章中所说的"直播"特指"网络直播"，并且用"传统直播"指代传统电视节目的直播播出方式。

在互联网兴起之前，广播电视节目按照播出方式，可以分为录播与直播。那么，何为直播播出方式呢？按照《广播电视辞典》的解释，"直播"是"广播电视节目的后期合成、播出同时进行的播出方式"。[①] 在英文中，与传统直播对应的是"live"。换言之，传统直播是拍摄与播出同时进行的广播电视节目的一种播放方式。

根据 2016 年 11 月 4 日由国家互联网信息办公室发布，并于 2016 年 12 月 1 日生效的《互联网直播服务管理规定》第 2 条第 2 款的规定，互联网直播是

---

① 参见赵玉明、王福顺主编：《广播电视辞典》，北京广播学院出版社 1999 年版，第 25 页。

指"基于互联网，以视频、音频、图文等形式向公众持续发布实时信息的活动"。笔者认为，《互联网直播服务管理规定》在一定程度和角度上概括出了互联网直播的定义，但并没有完全概括出互联网直播的特点与独特性。因此，基于上述互联网直播的定义，以及参考前文中《广播电视辞典》对"直播"的解释，并综合考虑网络直播的特点，笔者尝试给出网络直播的抽象定义。

笔者认为，网络直播是指：基于互联网，事件发生与制作和播出同时进行，且播出方式具有多样性并能够多向互动的易于接入的信息发布方式。

2.直播的特点。为更能明确直播的内在含义，下面将结合直播的定义进一步阐述直播的特点。

（1）直播易于接入。虽然随着互联网技术的发展，传统直播也慢慢从利用广播电视技术向利用互联网技术转化实现信息的网络发布，但是传统直播对技术、设备、人员、节目制作等的要求以及成本比较高，从而限制了信息发布的来源，使得发布的信息大多数局限在社会热点事件范畴，例如体育赛事直播、真人秀直播等节目。网络直播虽然也是一种信息网络发布方式，但与传统直播显著不同的是，网络直播接入非常容易，主要体现在两方面：一是只需一部安装有直播软件的联网电子设备，任何人能在任何时候任何地点通过接入直播发布任何信息；二是若想通过直播获取信息，亦只需一部安装有直播软件的联网电子设备，任何人能在任何时候任何地点通过接入直播获取信息。并且，一般而言直播软件是免费安装的，并支持安装在多种电子设备（例如手机、电脑、平板电脑）上。同时，随着技术的发展，电子设备性能、网速以及普及率不断提高且使用成本不断降低，网络直播的接入变得更加容易。

（2）直播具有即时性。直播一般涉及四个阶段：事件发生，事件数字化制作，事件传播以及事件接收。对传统直播和网络直播而言，上述4个阶段均是同步发生的，即信息发布具有即时性。不同的是，传统直播可借助电视广播和互联网技术进行传播，而网络直播借助互联网技术传播。

（3）直播播出方式具有多样性。一般而言，直播播出方式一般有：视频直播、语音直播、图文直播、文字直播。信息发布者能够选择其中的任何一种方式进行直播，直播方式具有多样性，能够满足不同的需求。随着技术的发展，电子设备性能、网速以及普及率不断提高且使用成本不断降低，视频直播已成为了主流直播方式，深受大众喜爱。

（4）直播能够多向互动。与传统直播信息单向传播显著不同的是，网络直播在传播过程中能够实现多向互动，且该多向互动具有实时性，主要体现在三个方面：其一，信息发布者与接收者互动；其二，信息接收者之间的互动；其三，信息发布者之间的互动。

（二）网络直播的发展

1. 网络直播平台的发展。直播作为近年来出现的新兴事物，得到了迅猛发展，以下为直播平台发展的主要脉络：

2003 年，电视上最早出现了关于电子游戏的直播；①

2005 年，9158 视频交友社区成立；②

2007 年，直播网站 Justin .tv 成立；③

2008 年，游戏沟通即时通讯软件 YY 语音推出，用户自发在 YY 语音上表演；

2009 年，YY 语音转型为 YY 直播；④

2012 年，多玩 YY 官方推出用于电子游戏竞技的直播插件；

2014~2016 年，直播平台涌现，发展至两百余家，2016 年被称为中国网络直播元年；⑤

2020 年，直播带货火爆。

2. 网络直播用户规模的发展。随着直播行业的迅猛发展，特别是自 2016 年以来，在资本力量的加速推动下，直播用户的规模呈现井喷式发展。中国互联网络信息中心在 2016 年 7 月公布的《第 38 次中国互联网络发展状况统计报告》中首次将网络直播用户规模作为一项单独的统计项目予以统计，据该报告统计，截至 2016 年 6 月，网络直播用户规模达到 3.25 亿，占网民总体的 45.8%。据中国互联网络信息中心在 2020 年 4 月公布的《第 45 次中国互联网络发展状况统计报告》，截至 2020 年 3 月，我国网络直播用户规模达 5.60 亿，

---

① 参见百度百科词条"段暄"（2020 年 10 月 18 日版本）："2003 年，段暄开始主持具有电视周播栏目《电子竞技世界》"，载 https://baike.baidu.com/item/ 段暄，最后访问时间：2021 年 1 月 10 日。

② 参见百度百科词条"傅政军"（2019 年 12 月 03 日版本），载 https://baike.baidu.com/item/ 傅政军，最后访问时间：2021 年 1 月 10 日。

③ 参见百度百科词条"twitch（实时流媒体视频平台）"（2020 年 11 月 25 日版本），载 https://baike.baidu.com/item/twitch/2027421，最后访问时间：2021 年 1 月 10 日。

④ 参见百度百科词条"YY 直播"（2020 年 11 月 18 日版本），载 https://baike.baidu.com/item/YY 直播，最后访问时间：2021 年 1 月 10 日。
参见百度百科词条"YY 游戏直播"（2020 年 11 月 18 日版本），载 https://baike.baidu.com/item/ YY 游戏直播，最后访问时间：2021 年 1 月 10 日。

⑤ 参见百度百科词条"中国网络直播元年"（2016 年 10 月 18 日版本），载 https://baike.baidu.com/item/ 中国网络直播元年 /19867930?fr=aladdin，最后访问时间：2021 年 1 月 10 日。

占网民整体的 62.0%。2016 年 12 月~2020 年 3 月网络直播用户规模及使用率[①]
如下：

表 6-1　2016.12-2020.3 网络直播用户规模及使用率

时间 数据	2016 年 12 月	2017 年 12 月	2018 年 12 月	2019 年 6 月	2020 年 3 月
网络直播用户 规模（万人）	34 431	42 209	39 676	43 322	55 982
使用率	47.1%	54.7%	47.9%	50.7%	62%

（三）网络直播的类型

作为新兴事物，虽然直播行业历史不过短短十几年，但由于技术的不断发展与迭代，且直播有着广泛的用户基础，直播类型具有了丰富的多样性，下面将基于不同的划分标准阐述直播的分类。

1. 基于网络直播功能的划分。基于直播功能的不同，直播可以划分为娱乐直播和商务直播。娱乐直播主要是指用于休闲娱乐的直播，包括秀场直播、游戏直播、体育直播等；商务直播主要指供商业用途使用的直播，包括培训直播、会议直播等。相较娱乐直播的娱乐效果，商务直播更偏向于严肃、实用的风格。

2. 基于网络直播内容专业性的划分。基于直播内容的专业性，直播可以划分为全民直播和垂直直播。全民直播一般是指内容没有专业主题但具有丰富性的直播类型，包括直播吃饭、美妆、唱歌、聊天等；垂直直播指内容具有专业性并围绕着主题进行的直播类型，包括财经直播、电商直播、游戏直播等。

3. 其他划分标准。直播的分类还有其他划分标准，在此不作一一阐述。例如，基于直播场所划分，直播可以分为室内直播和户外直播；基于播出方式不同，直播可以划分为视频直播、语音直播、图文直播和文字直播；基于电子设备的不同，直播可以划分为手机直播和电脑直播。

（四）网络直播的监管

随着直播的快速发展，在经济利益的驱使下，直播行业开始之初乱象丛生，直播参与者鱼龙混杂，直播内容良莠不齐。伴随着 2016 年被称为中国直播元年，为整治直播行业中的不良信息和行为，抵制低俗色情暴力的直播内容，以促进直播行业的健康有序发展，相关国家部门和行业着手加强对直播行业的监管。

---

① 参见中国互联网络信息中心的《第 45 次中国互联网络发展状况统计报告》，第 56 页。

1. 国家部门监管。

（1）一般性规定：

2016 年 7 月，文化部下发《关于加强网络表演管理工作的通知》，该通知明确要求：督促网络表演经营单位和表演者落实责任；加强内容管理，依法查处违法违规网络表演活动；对网络表演市场全面实施"双随机一公开"。

2016 年 9 月，国家新闻出版广电总局下发《关于加强网络视听节目直播服务管理有关问题的通知》，该通知要求对活动、事件的实况进行视音频直播需取得相应的许可证，直播前应当及时向相应部门备案，开展直播活动应当配备审核人员和建立应急手段，重大活动事件不得开通弹幕功能，一般活动应加强弹幕功能管理，应加强对直播内容和参与人员的管理。

2016 年 11 月，国家互联网信息办公室发布《互联网直播服务管理规定》，该规定于 2016 年 12 月 1 日起正式实施。该规定要求互联网直播服务提供者提供服务应当取得相关资质，应当建立直播内容审核平台，应当加强对评论、弹幕等直播互动环节的实时管理，应当对用户进行真实身份信息认证，应当建立信用等级管理体系和黑名单管理制度。

2016 年 12 月，文化部发布《网络表演经营活动管理办法》，该办法自 2017 年 1 月 1 日起施行。该办法要求网络表演经营单位建立健全内容审核管理制度，配备满足自审需要并取得相应资质的审核人员以及建立适应内容管理需要的技术监管措施，应当加强对未成年人的保护，应当加强对表演者的管理，应当要求表演者实名注册并进行核实，应当对网络表演进行实时监管，应当建立突发事件应急处置机制，应当建立健全举报系统。

2018 年 8 月，全国"扫黄打非"工作小组办公室会同工业和信息化部、公安部、文化和旅游部、国家广播电视总局、国家互联网信息办公室联合下发《关于加强网络直播服务管理工作的通知》，该通知要求加强网络直播服务许可和备案管理工作，强化网络直播服务基础管理工作，组织开展存量违规网络直播服务清理工作，建立健全网络直播服务监管工作机制。

（2）特定行业规定：除了国家部门的一般性规定，某些特定行业直播服务还应当满足相应规定，例如电商直播服务还应当符合国家广播电视总局办公厅下发的《关于加强"双 11"期间网络视听电子商务直播节目和广告节目管理的通知》；教育直播服务还应当符合教育部办公厅、国家市场监管总局办公厅、应急管理部办公厅下发的《关于健全校外培训机构专项治理整改若干工作机制的通知》中对在线培训的监管要求，互联网新闻信息直播服务还应当符合国家互联网信息办公室的《互联网新闻信息服务管理规定》。

除上述针对直播服务的监管规定外，直播服务还应当符合《互联网信息服务管理办法》《互联网视听节目服务管理规定》《移动互联网应用程序信息服务管理规定》《网络信息内容生态治理规定》等。

2. 行业自律监管。

2016年4月，百度、新浪、搜狐、爱奇艺、乐视、优酷、酷我、映客、花椒等20余家直播平台共同发布《北京网络直播行业自律公约》，要求对所有主播进行实名认证，不得向未成年人提供主播注册通道，建立主播黑名单制度，禁止传播恐怖暴力色情等内容，落实直播平台自身的责任。

2017年5月，中国演出行业协会网络表演（直播）分会在北京正式成立。该分会发布了《促进网络表演（直播）行业健康有序发展行动计划》《关于强化网络表演（直播）行业联动机制的通知》《网络表演（直播）行业主播"黑名单"管理制度（试行）》等。中国演出行业协会网络表演（直播）分会在行业自律监管方面发挥着积极作用，例如近年来根据《网络表演（直播）行业主播"黑名单"管理制度（试行）》，公布了多批《网络表演（直播）行业主播黑名单》，被列入黑名单的主播将在行业内禁止注册和直播，封禁期限5年，被列入黑名单的主播包括"乔碧萝殿下"与"红花会贝贝"等多名网友热议的主播；2020年4月21日，中国演出行业协会网络表演（直播）分会针对连续多天受网友广泛热议和关注的多家网红公司争夺刑满出狱的"不打工男"周某事件发表声明"以此为噱头炒作的经纪公司将纳入负面清单"，为行业正本清流。

2017年7月，网络直播行业自律联盟成立，战旗TV、映客直播、斗鱼TV等全国18家直播平台作为首批成员加入该联盟。该联盟旨在加强行业自律，规范行业发展，弘扬社会主义核心价值观、传播正能量、传播真善美，实现联盟自我监管、自我治理，建立举报平台，建立实施网络平台黑名单制度，对违法违规平台及主播进行行业联手惩戒与公示。

2018年11月，中国演出行业协会网络表演（直播）分会牵头起草的《网络表演（直播）内容百不宜》（2018版）发布，其包括关于政治、宗教、民族、公共秩序、社会文化、两性等多方面内容，尤其在未成年人保护、个人隐私、知识产权等方面为直播平台画出红线、明确底线。2019年1月，中国网络视听节目服务协会发布的《网络短视频平台管理规范》要求开展短视频服务的网络平台，在上传（合作）账户管理、内容管理、技术管理等方面应当遵守相应规范；同时发布的《网络短视频内容审核标准细则》详尽阐述了网络短视频内容审核基本标准，审核范围包括短视频节目内容（包括语言、表演、字幕、背景）及其标题、名称、评论、弹幕、表情包等。

2020 年 6 月，中国广告协会发布的《网络直播营销行为规范》在总体上规范网络直播营销活动的同时，分别对商家、主播、网络直播营销平台、主播服务机构及用户等参与者的网络营销活动行为进行针对性规范。

二、网络直播的参与者

从前文可知，2020 年初网络直播用户规模已达 5 亿多人。面对如此庞大规模的用户群体，直播参与者的类型有哪些、相互之间是何种法律关系以及应具有何种权利义务关系呢？

（一）参与者类型

直播的参与者基本分为：互联网直播服务提供者、互联网直播发布者、用户、经纪公司及其他延伸参与者。其中，其他延伸参与者主要指通过他人利用直播从事商业经营的主体，例如传统企业与主播合作，在主播直播间进行企业宣传等。

1. 互联网直播服务提供者。根据《互联网直播服务管理规定》第 2 条第 2 款定义，互联网直播服务提供者，是指提供互联网直播平台服务的主体，即我们日常所说的"直播平台"。目前，知名度较高的直播平台有斗鱼、虎牙、企鹅电竞、龙珠、战旗、触手、火猫、CC 直播、YY LIVE、映客、花椒、火山、抖音、快手等。

直播平台向公众提供直播服务的主要手段是通过向公众提供直播软件或者网站服务，公众通过该直播软件或者网站实现提供直播服务或者观看直播。根据直播平台主要提供的直播服务类型和定位，直播平台可以划分为：综合类直播平台、秀场类直播平台、游戏类直播平台、短视频类直播平台、电商类直播平台、商务类直播平台等。

2. 互联网直播发布者。根据《互联网直播服务管理规定》第 2 条第 2 款定义，互联网直播发布者是互联网直播服务使用者的一个类型，指通过直播平台提供直播节目的互联网直播服务使用者，即我们日常所说的"主播"。目前，主播渐渐成为一种职业，其工作岗位可以类比传统电台的播音员，但主播更侧重于通过视频的方式展示才艺等，并和观众直接互动，且该互动方式具有即时性和丰富多样性。

当知名度达到一定程度时，主播便会成为我们日常所说的"网红"，即网络红人。网红自带非常强的流量属性，因而拥有了较强的变现能力，且其收入一般较高，已成为新一代被追捧和追求的对象，在年轻群体中具有很高的影响力，亦成为各种商业公司和直播平台争夺的对象。虽然大多数网红都是昙花一现，但若网红能成功塑造具有较强个人风格的形象，如李佳琦和薇娅，网红便具有了较持续性的影响力和变现能力。

3. 用户。根据《互联网直播服务管理规定》第2条第2款定义，用户是互联网直播服务使用者的另一个类型，此处的用户是狭义上的概念，是相对互联网直播发布者而言的，即特指在直播平台上观看和接收互联网直播发布者提供的直播节目的群体。根据用户是否在直播平台注册账号和登录，用户可以划分为注册用户和游客用户。同时，用户和互联网直播发布者（即主播）之间是可以相互转换的，且同一个人能同时兼备用户和主播两个身份。当一用户关注某一（些）特定主播时，该用户亦被称为该（些）主播的"粉丝"。

4. 经纪公司。与演艺行业相似，在直播行业同样存在着大量的经纪公司，直播行业的经纪公司在直播平台上一般以"公会"或者"MCN（Multi-Channel Network）机构"的名义出现。经纪公司一般熟悉直播行业与服务的运作，在挖掘主播、培训主播、包装主播、推广主播、直播运营以及与直播平台达成合作条件、对外承接商务活动变现等方面具有较大的优势。

（二）参与者之间的法律关系

直播作为新兴的行业，参与者之间建立的关系具有多种形态，双方的权利义务难以用某种传统典型的法律关系去概括，使得认定参与者之间的法律关系，特别是直播平台与主播之间以及经纪公司与主播之间的法律关系，成了一个难题。

主播与经纪公司或者主播与直播平台之间被认定存在劳动关系的情形大多数存在于直播行业发展初期，双方对双方之间的权利义务关系约定不够明确，或者基于直播行业特殊行业惯例，对双方之间存在的管理与被管理的约定不够明确。双方之间是否存在经济、人身从属性是双方争议焦点所在，特别是双方之间存在的管理与被管理关系是否具有人身从属关系。当双方之间存在的管理与被管理关系被认定具有人身从属关系时，双方之间一般形成劳动关系；若双方之间存在的管理与被管理关系只是一种松散的合作关系，双方之间一般形成的是劳务关系或者商务合作关系，且实务中法院明确认定双方系劳务关系的案例较少。随着行业的发展以及管理的规范化，主播与经纪公司或者主播与直播平台之间的法律关系已经慢慢从劳动关系、劳务关系向合作关系转化。当然，一些直播平台或者经纪公司为了能够留住某些形象好、能力强的主播，往往亦会主动跟主播签订劳动合同。

1. 劳动关系。劳动关系，是指用人单位与劳动者之间，依法所确立的劳动过程中的权利义务关系。在劳动关系存续期间，劳动者提供劳动，用人单位支付报酬，且劳动者接受用人单位的管理。劳动关系具有人身关系和财产关系性质。根据《劳动法》与《劳动合同法》的规定，建立劳动关系，应当订立书面劳动合同。根据原劳动和社会保障部2005年下发的《关于确立劳动关系有关事项的通知》，确认劳动关系一般参考以下三项要件：①用人单位和劳动者符合法律、法规规定的主体资格；②用人单位依法制定的各项劳动规章制度适用于劳动者，劳动者受用人单位的劳动管理，从事用人单位安排的有报酬的劳动；③劳动者提供的劳动是用人单位业务的组成部分。笔者认为，不能仅依据双方（包括直播平台与主播、公会与主播之间等）签订合同的名称是否为劳动合同而判断双方是否存在劳动关系，而是应结合双方之间的权利义务关系的本质进行判断。换言之，双方签订了劳动合同亦有可能形成的是非劳动关系，双方签订的是非劳动合同亦有可能形成劳动关系。

在张某与北京某传媒公司劳动争议一案①中，双方于2017年6月28日签订一份《主播签约协议》，协议约定，张某为公司的签约主播，公司为张某提供演艺平台，公司有权对张某的行为实施监督、管理，合同有效期为2017年6月28日至2020年6月27日，张某的待遇由底薪、提成、奖金构成，具体构成及数额根据张某每月表现进行确定，待遇每月15日发放，协议约定了月直播天数、时长，且若月刷量不达标，公司有权下月取消张某主播资格。双方进一步约定，正式主播每天必须按时上播，如有特殊情况需提前一天申请，批准之后方可请假，无批准不开播的，视为旷工处理，扣除底薪100元，出现2次以上公司有权取消主播资格，一个月内只允许三天带薪请假，多请假一天扣50元，2日扣100元，以此类推。后张某将公司诉至法院，请求确认劳动关系。一审法院认为，张某与公司签订的主播签约协议中明确约定了其工作内容、工作条件、工作地点、职业要求、劳动报酬等，该协议已具备劳动合同的要件，双方存在劳动关系；二审法院认为，公司与张某具有符合法律法规规定的劳动关系主体资格，存在管理与被管理的人身隶属关系，因而确认双方存在劳动关系。

2. 劳务关系。劳务关系，是指平等主体之间通过口头或者书面劳务合同建立的一种民事权利义务关系，一般是由一方提供一次性或者特定的劳务服务，另一方支付相应报酬，由《民法典》总则编与合同编进行规范和调整。

在李某与泉州某传播公司劳动纠纷一案②中，李某与公司于2016年4月16日签订了《演艺活动经纪合同》一份，约定了合作期间李某收益包括基本

---

① 北京市第三中级人民法院民事判决书（2018）京03民终10711号。
② 福建省晋江市人民法院民事判决书（2017）闽0582民初5372号。

工资（李某满足约定的每月直播最低要求后，公司每月支付底薪和社保折现补贴）、直播平台支付给公司的基础收入分成以及观众"打赏"分成（占主要部分）、非直播演艺收入分成等事项，但没有对直播时间段（次数、起止时间段）、地点和内容进行具体约定。后李某于 2016 年 8 月 1 日与公司再次签订了《××文化演艺活动经纪合同》，同日李某、公司与某直播平台三方签订《×× 主播独家合作协议》一份，约定由李某在 ×× 直播平台上以个人主播的方式进行主播表演。李某于 2017 年 4 月 12 日停止主播表演，2017 年 4 月 15 日与公司交接完毕后离职。李某请求确认与公司存在劳动关系。法院认为，从双方签订的经纪合同看来，双方没有订立劳动合同的合意，且李某主要的直播工作是使用公司提供的直播设备，在家中自主完成，工作时间、地点自主支配，只要保证每月最低直播天数和时长和等最低要求即可，无需到公司的办公场所上班，亦无需遵守公司考勤、值班、人事等规章制度，李某的自主权较大，双方实际属于松散的合作关系而非劳动管理关系；从李某收入组成包括约定分成来看，双方之间是合作分成共赢关系。因此，法院认为，李某、公司之间地位平等，不存在人身依附性，无明显的劳动关系人格从属性和经济从属性特征，应认定为劳务合同关系，受民法、经济法调整。

3. 合作关系。合作关系，是指平等主体之间通过口头或者书面协议达成商务合作的一种民事权利义务关系，双方当事人分工明确、资源共享、优势互补，所得收益双方按约定分配，并同时约定双方当事人在合作期间应履行的义务，由《民法典》总则编和合同编进行规范和调整。

在上述李某与泉州某传播公司劳动纠纷一案[①]中，法院认为双方存在劳务合同关系并无不妥，特别是当主播向经纪公司或者直播平台追索劳动报酬时，在双方实质上不存在劳动关系时认定为劳务关系，有利于简化双方当事人的法律关系，有利于主播追索劳动报酬。但是，笔者认为，主播与经纪公司或者直播平台之间形成的所谓劳务关系与传统的劳务关系仍存在一定的区别。其一，严格来讲，在该案例中，李某提供的直播服务并非传统意义上的劳动者（李某）向用工者（公司）提供劳务服务，因为李某在提供直播服务时使用的是属于其个人的直播账号。退一步讲，即使李某在提供直播服务时使用的是公司为其提供的直播账号，李某的直播行为也并非向公司提供劳务服务，因为李某提供的直播服务并非是公司的业务组成部分，公司的业务是包装、推广主播等，因而李某与公司之间的关系应为李某负责提供直播服务公司负责包装、推广主播的

---

① 福建省晋江市人民法院民事判决书（2017）闽 0582 民初 5372 号。

合作关系。其二，李某提供直播服务所得收益并非由公司支付，其收益主要来源是观众的"打赏"所得。即使在该案例中，双方约定公司向李某每月支付一笔"基本工资"亦不影响认定李某收益的来源，因为该笔"基本工资"实质上是双方达成合作的一个条件，是公司应负的义务，并非公司向李某支付的劳动报酬。综上两点，上述案例中，笔者认为，认定双方之间的法律关系为商务合作关系可能更加妥当。

在排除主播与经纪公司或者直播平台之间明确或者实质建立了劳动关系的（极少数）情形，大多数情况下主播与经纪公司或者直播平台之间的合作模式一般为：双方之间建立一种较为松散的合作方式，并约定一定的分配方式，双方的分工是主播提供直播服务，经纪公司或者直播平台负责包装与推广主播以及对外承接商务合作等，即双方之间形成的法律关系是合作关系。至于双方约定的其他条件是双方约定的在合作期间应负的义务，例如主播应达到的直播时长、天数、场数，经纪公司或者直播平台应付给主播的"底薪"或者应培训、指导主播的直播行为或者应向主播提供直播内容，等等。

4.经纪关系。在实务中，当主播与经纪公司发生劳动纠纷或者劳务合同纠纷时，有些经纪公司会抗辩双方既不存在劳动关系也不存在劳务关系，双方之间的关系是经纪关系，其依据往往是双方签订《经纪合同》。我国《民法典》合同编规定了 19 类基本合同类型：买卖合同，供用电、水、气、热力合同，赠与合同，借款合同，保证合同，租赁合同，融资租赁合同，保理合同，承揽合同，建设工程合同，运输合同，技术合同，保管合同，仓储合同，委托合同，物业服务合同，行纪合同，中介合同和合伙合同。经济合同并非我国《民法典》合同编规定的基本合同类型之一，在我国其他部门法中亦未规定有经纪合同类型。换言之，经纪合同在我国属于无名合同，亦即我国并无经纪关系这一法律关系。因而，若双方当事人签订了经纪合同，双方之间形成的法律关系应按双方实质确定的法律关系来认定。

（三）参与者的权利义务

权利义务分为法定权利义务和合同权利义务，合同权利义务是指双方在签订的合同中约定各自的权利义务。本节讨论的是经纪公司或者直播平台与主播之间签订的劳动合同、劳务合同或者合作合同中双方约定的相关权利义务。在实践中，双方对各自的权利义务的主要分歧和争议在于：其一，双方的基本合法权益；其二，竞业限制条款；其三，高额违约金；其四，独家合作与禁止跳槽。笔者认为，为确实保障双方合法权益，在签订相关合同时，双方应当充分尊重与理解对方，并具有基本的契约精神，遵守诚实信用原则，如此直播行业方能健康有序长久发展。

1. 关于主播的基本合法权益。虽说主播与经纪公司或者直播平台之间大多数情况下形成的是平等的合作关系，但对大多数主播而言，在签订合作合同时，相较于经纪公司或者直播平台，主播实质上是处于相对弱势地位。同时，由于直播行业的特殊性和行业惯例，为确保主播直播取得较好效果以及直播符合国家部门和行业协会的监管要求，大多数情况下，主播在一定程度上需接受经纪公司或者直播平台的管理。在实践中，经纪公司或者直播平台往往会利用其优势地位达成有利的合作条件，从而在一定程度上损害了主播的基本合法权益，而主播却无法依据劳动法或者劳动合同法请求保护自己的基本合法权益。

因而，笔者认为，相关部门或者行业协会应当出台一些针对性的规定，要求在一定程度上保护主播的基本合法权益，例如主播的休息休假权、最低底薪、超时直播加班费，妥善处理主播社保缴纳问题等。

2. 关于竞业限制条款。在我国，竞业限制分为法定竞业限制和约定竞业限制：法定竞业限制主要适用于法人单位的高级管理人员以及合伙企业的合伙人等；根据《劳动合同法》第 23 条的规定，约定竞业限制是指用人单位与负有保守用人单位的商业秘密和与知识产权相关的保密事项的义务的劳动者基于意思自治约定的竞业限制条款，即负有保密义务的劳动者在离职后一定时间内不得从事与原任职企业相竞争的业务。约定竞业限制条款是《劳动合同法》的规定，《民法典》中并无该规定。

对直播行业而言，最有价值的是流量，而流量是在大量平台用户的基础上产生的，因而用户是直播平台赖以生存的根基。一般而言，平台吸引用户的一个有力手段是通过主播吸引粉丝。因而为了尽可能吸引更多粉丝，经纪公司或者直播平台会通过一系列手段包装、培训、推广主播，且为了利益最大化，经纪公司或者直播平台往往要求主播签订竞业限制协议。

在韩某与深圳某传媒公司合同纠纷一案[①]中，韩某和公司于 2017 年 6 月 8 日签署《艺人独家经纪合同》，约定：本合同是依照《合同法》的规定构成双方之间的演艺经纪合同关系，不构成《劳动法》上的劳动合同关系，且合同第八条约定因韩某在本协议履行过程中将得到公司的各种信息及培训，自本协议解除之日起 3 年内，不会到与公司从事同类业务的有竞争关系的其他用人单位任职或为其提供服务、展开合作，也不会自行经营（包括但不限于投资、参股、合作、承包、租赁、委托经营或其他任何方式）或从事同类业务，韩某承担竞

---

① 广东省深圳市中级人民法院民事判决书（2018）粤 03 民终 13419 号。

业限制义务的地域范围包括但不限于中国，如韩某违反本条约定，应当向公司支付违约金 100 万元。同日，双方还签订了《保密协议》，约定韩某承担公司商业秘密的范围包括但不限于技术信息、经营信息、公司依照法律规定或有关协议的约定，对外承担保密义务的事项等。在该案中，法院认为，考虑到网络主播的长期性、稳定性亦是公司正常经营的基础，而直播行业的竞争较为激烈，公司对韩某作出竞业禁止的限制亦符合行业惯例，上述协议均系双方当事人的真实意思表示，未违反法律法规的禁止性规定，合法有效，具有法律效力。

在司法实践中，不管经纪公司或者直播平台与主播之间是否存在劳动关系，法院一般都会支持双方约定的竞业限制条款，上述即为其中的一个案例。

然而，笔者认为，经纪公司或者直播平台与主播之间约定的竞业限制条款是否有效仍值得商榷。根据相关法律规定可知，约定竞业限制成立的构成要件为：其一，双方之间存在劳动关系；其二，用人单位拥有商业秘密和与知识产权相关的保密事项；其三，员工负有保密义务。

（1）存在劳动关系。除上文中讲到，约定竞业限制条款由《劳动合同法》规定之外，根据最高人民法院 2020 年修改后印发的《民事案件案由规定》可知，竞业限制纠纷案由是属于"第六部分劳动争议、人事争议"下"劳动争议"中的"劳动合同纠纷"的下属四级案由之一。换言之，竞业限制条款作为一种对劳动者就业权和人身自由进行限制的约定，具有明显的人身从属性，并不适用于经纪公司或直播平台与主播建立合作关系的情形，而只适用于双方存在劳动关系的情形。

此外，从公平的角度讲，在经纪公司或者直播平台选择与主播建立合作关系而使得经纪公司或者直播平台承担较轻责任的情形下，要求主播以劳动者而非合作者的身份承担竞业限制条款较重的责任，难言公平。

（2）用人单位拥有商业秘密和与知识产权相关的保密事项。用人单位拥有商业秘密和与知识产权相关的保密事项，是指商业秘密和与知识产权相关的保密事项客观上存在，且由用人单位所有和控制。

在直播行业中，与主播相关的信息一般是经纪公司或者直播平台包装、培训主播的方式等经营信息。显然，该经营信息一般属于商业秘密的范畴。那么，该经营信息是否构成商业秘密，且是否由经纪公司或者直播平台所有和控制呢？根据《反不正当竞争法》第 9 条第 4 款规定，商业秘密，是指不为公众所知悉、具有商业价值并经权利人采取相应保密措施的技术信息、经营信息等商业信息。一方面，若经纪公司或者直播平台包装、培训主播的方式是常规手段，则其为公众所知悉，不满足商业秘密的构成要件，即该情形下客观上不存在商业秘密；

另一方面，若包装、培训主播的方式是针对特定主播而设定的，其关键点在于挖掘主播的个人风格，具有明显的人身属性，无法脱离主播而存在，并不由经纪公司和直播平台拥有和控制。换言之，相对主播而言，经纪公司或者直播平台一般不拥有商业秘密和与知识产权相关的保密事项。对个别案件而言，若经纪公司或者直播平台主张拥有商业秘密和与知识产权相关的保密事项，则需举证。

综上，笔者认为，大多数情况下，经纪公司或者直播平台与主播之间约定的竞业限制条款，由于双方之间不存在劳动关系或者经纪公司和直播平台不拥有与主播相关的商业秘密和与知识产权相关的保密事项，该竞业限制条款应当无效。

同时，笔者认为，经纪公司或者直播平台虽然不能通过设立竞业限制条款约束主播，但仍然可以通过设立违约责任条款保护自身合法权益，以防止主播随意跳槽或者解约。

3. 关于高额违约金。为与主播建立长期、稳定的合作关系，并取得更好的直播效果和利益最大化，经纪公司和直播平台在与主播签订的合同中一般会禁止主播跳槽或者提前单方解约，否则主播应赔偿高额违约金。高额违约金条款是基于双方意思自治而约定的，基于维护契约精神，理应得到支持与保护。对直播行业而言，流量与用户为王，主播为了"更大利益"罔顾约定肆意跳槽或者解约，不仅造成了原经纪公司或者直播平台的投入付诸东流和带来可期待利益损失，造成直播行业恶意无序竞争，而且由于主播，特别是"网红"主播，对广大粉丝有着较大影响，主播违背"契约精神"的行为为广大粉丝树立的不良榜样，与社会主义诚信价值观相背离，非相对较高的违约金不足以制止违约行为。

在江某与广州某公司网络服务合同纠纷一案[①]中，江某在与公司签订协议后，公司为江某倾斜了众多资源使得江某成为公司的头号大主播，被称为"中国王者荣耀第一人"，经过专业机构评估，江某蕴含的流量所附带的商业价值可达 1 亿元以上，且经查实，江某在公司担任主播期间的综合收益为 11 186 666.24 元。江某与公司签订的相关协议中，双方约定若江某未经公司同意擅自终止协议或违反排他条款的约定，在公司以外的其他网络平台进行直播及解说，则构成重大违约，公司有权收回江某在公司平台已经获得的所有收益（包括但不限于合作费用、道具分成、广告收入等），并要求江某赔偿 2400 万元人民币或江某在公司平台已经获取的所有收益的 5 倍（以较高者为准）作为违约金，并赔偿由此给公司造成的全部损失。法院认为，基于该约定，合同约定的违约金较高者应为江某在公司直播平台获取的收益的 5 倍即 55 933 331.2 元，遂支

---

① 广东省广州市中级人民法院民事判决书（2018）粤 01 民终 13951 号。

持公司主张要求江某赔偿的 4900 万元违约金。

笔者认为，主播与经纪公司或者直播平台约定的高额违约金确实有利于直播行业健康长久有序发展，但不合理的违约金，特别是在经纪公司或者直播平台存在过错的情况下，理应不能得到支持，否则将导致主播处于非常不利的境地，反而不利于直播行业的发展。换言之，一方面，我国违约金采取"填平"损失的原则，因而经纪公司与直播平台主张高额违约金应充分举证，方能得到法院的支持；同时经纪公司或者直播平台亦不能倚仗手握高额违约金条款，不履行或者不完全履行自身在合约中的义务，否则高额违约金条款亦有可能无效。另一方面，主播要有基本的契约精神。若经纪公司或者直播平台存在过错，主播应先与经纪公司或者直播平台充分沟通以解决问题；若合作关系或者劳动关系确实难以继续，主播也应尽可能在取得证据或者委托律师介入的情况下，方与经纪公司或者直播平台解约，如此方有可能妥善处理。否则，主播主张经纪公司或者直播平台违约金过高难以得到法院支持，因为通过违约行为获得更大的利益本身于法于理于情均应不能得到认可。

4. 关于禁止主播跳槽的行为保全。根据《民事诉讼法》第 100 条的规定，行为保全，是指人民法院对于可能因当事人一方的行为或者其他原因，使得判决难以执行或者造成当事人其他损害，根据对方当事人的申请，可以责令其作出一定行为或者禁止其作出一定行为。禁止主播跳槽的行为保全，是指在主播违背合同约定的情形下，经纪公司或者直播平台可申请法院禁止主播跳槽或者责令主播停止在新平台直播的行为。主播跳槽往往会导致大量粉丝流向竞争对手，形成此消彼长的局面，使得直播平台处于更不利的竞争地位，且有时通过获得主播高额违约金也难以填平该损失或者难以制止主播的跳槽现象，因而直播平台会向法院申请禁止主播跳槽的行为保全。

在江某与广州某公司网络服务合同纠纷一案[①]中，公司亦向法院申请了禁止江某跳槽的行为保全，根据案情，法院裁定江某不得在公司直播平台之外的其他网络直播平台开展网络主播活动或开展相关相似的任何形式的合作行为，××公司（第三人）不得以任何形式将江某作为其直播主播进行推广或录制、使用、发布（直播或转播）、播放江某直播视频内容。然而，江某和第三人 ×× 公司均拒不执行法院生效裁定。

学界与实务界对主播的跳槽行为能否采取行为保全措施仍有争议，主要分歧点在于禁止主播跳槽的行为保全是否限制了主播的自由择业的权利。笔者认

---

① 广东省广州市中级人民法院民事判决书（2018）粤 01 民终 13951 号。

为，针对该分歧点应该视乎主播与直播平台之间存在的法律关系是劳动关系还是合作关系。若主播与直播平台之间存在的是劳动关系，劳动者具有自由择业的权利，法院不应通过行为保全限制主播的劳动自由。若主播与直播平台之间存在的是合作关系，那么在双方的合作之中，主播提供的并非是劳动，而是基于双方签订的合同而负有提供直播服务的合同义务，即使该提供直播服务的合同义务往往是以"劳动"的外在形象呈现，但是该合同义务是主播应当履行的，与劳动者自愿提供劳动，具有本质的区别。换言之，基于双方约定的合同权利义务，直播平台是有权要求主播继续履行合作合同的，继续履行合同事项包括主播不得在其他直播平台提供直播服务。因而，若主播不继续履行合同，直播平台可以申请法院责令主播继续履行合同，即向法院申请禁止主播跳槽的行为保全，该行为保全并没有侵犯主播的自由择业权。但是，禁止主播跳槽的行为保全并不是无限期的，而应局限在双方约定的合作期限范围内。因为，当双方约定的合作期限达到之后，该合同已自动失效，此时主播不再负有原合同约定的权利义务。

在江某与广州某公司网络服务合同纠纷一案[①]中，江某和第三人××公司均拒不执行行为保全的生效裁定，那么该行为保全裁定是否只是一纸空文呢？根据《民事诉讼法》第 236 条规定，发生法律效力的民事判决、裁定，当事人必须履行，一方拒绝履行的，对方当事人可以向人民法院申请执行。该法第 111 条规定，若拒不履行人民法院已经发生法律效力的判决、裁定，对于个人，人民法院可以根据情节轻重予以罚款、拘留，构成犯罪的，依法追究刑事责任；对于单位，人民法院可以对其主要负责人或者直接责任人员予以罚款、拘留，构成犯罪的，依法追究刑事责任。换言之，对于生效的法律文书，切不可无视，否则将可能付出更加惨重的代价。同时，主播肆意跳槽，若引发行业恶意无序竞争，有可能还会受到行业协会的监管而被纳入黑名单，届时有可能面临更长时间的全网禁止直播的联合惩罚。

三、网络直播中的侵权行为

直播作为一种新型业态，深入了日常生活和商业经营中的方方面面，聚集了大量的参与者，蕴含着巨大的商机和利益。根据我国《民法典》侵权责任编的规定，侵害民事权益，应当承担侵权责任，民事权益包括人身权益、物权以及知识产权等权利。

笔者认为，在直播领域中，涉及侵权的最常见的法律纠纷为侵害人身权益

---

① 广东省广州市中级人民法院民事判决书（2018）粤 01 民终 13951 号。

纠纷与侵害知识产权纠纷。侵害人身权益纠纷与侵害知识产权纠纷并非直播领域独有的纠纷，网络也并非法外之地，但因为直播作为迅猛发展和影响深远的新兴行业，直播中涉及人身权益和知识产权侵权的行为亦有其自身独特之处。

（一）侵害人身权益的行为

与直播相关的侵害人身权益行为可分为两类：因直播而引起的侵害人身权益的行为与直播行为引起的侵害人身权益的行为。

因直播而引起的侵害人身权益的行为，是指围绕着直播而引发的侵害人身权益的行为。直播行为本身不涉及侵权行为，只是侵权行为发生的事由，例如因直播场所抢夺、同行竞争、直播扰民、直播谩骂等行为而引发的殴打等侵害人身权益的行为。这类侵权行为与一般侵害人身权益的行为涉及的法律问题并无二致，在此不作赘述。

直播行为引起的侵害人身权益的行为，是指直播行为与直播内容本身涉及侵害人身权益的行为。这类侵权行为进一步可以分为两种：①直播行为引起的侵害他人人身权益的行为，例如直播内容泄露他人隐私、直播行为损害他人名誉、直播过程擅自使用他人肖像等；②直播行为引起的侵害主播人身权益的行为，例如因直播行为导致主播人身伤亡。

1.网络直播行为引起的侵害他人人身权益的行为。直播行为引起的侵害他人人身权益的行为，与一般侵害人身权益的行为既有相同之处，也有因直播行业的特殊性而导致的不同之处。这类侵权行为与一般侵权行为相比，在侵权责任构成要件方面是相同的，即有加害行为、有损害事实的存在、加害行为与损害事实之间有因果关系以及行为人主观上有过错，而在侵权责任承担主体方面，两者存在一定差异。

若主播与直播平台或经纪公司之间构成劳动关系，则主播执行直播平台或者经纪公司的工作任务造成他人损害的，由直播平台或者经纪公司承担侵权责任，若主播存在故意或者重大过失的情形，直播平台或者经纪公司在承担侵权责任后，可以向主播追偿。

若主播与直播平台或者经纪公司之间构成合作关系，承担侵权责任的主体需视直播平台或者经纪公司与主播是否构成共同侵权而定：若直播平台或者经纪公司与主播构成共同侵权，则需承担连带责任；若主播与直播平台或者经纪公司不构成共同侵权，经纪公司无需承担责任，但是由于直播平台作为网络服务提供者，其提供的直播平台属于网络空间的范畴，因而直播平台是否应当承担责任以及承担何种责任，则需要进一步讨论。

（1）直播平台是否应当承担责任。网络不是法外之地，直播平台应承担其应担责任和义务，但由于直播平台是通过网络空间提供网络直播服务，关于网络空间如何定性尚存在争议，因而直播平台的责任如何适用法律尚存在争议。

有观点认为，网络空间虽然具有开放性、公共性的场所特征，但是网络空间作为虚拟公共空间，其与现实物理公共空间存在着明显差异，能否扩大解释我国《民法典》第1198条①，将有形物理空间的安全保障义务扩张到无形网络空间，尚存争议。为更好地体现法律正义，维护社会公平正义，当案件事实处于两个或多个规范涵盖范围之内时，应当考虑的是适用何种法律规范更有利于提高事实与法律规范的契合度，在适用我国《民法典》第1165条②规定的过错责任原则能够归责的情况下，不必扩大解释《民法典》第1198条适用范围。③

笔者认为，网络空间虽然是一种虚拟空间，与物理空间存在有形和无形之差异，但对网络直播领域而言，网络直播空间只是借助网络直播技术将物理线下空间转化为虚拟线上空间的产物，其仍然具有开放、互动、共享等公共场所或者群众性活动的实质特点，而直播平台是网络直播空间的经营者、管理者或者网络直播群众性活动的组织者，因而客观上直播平台是网络直播空间这一经营场所、公共场所的经营者、管理者或者群众性活动的组织者。

进一步，笔者并不认可上述观点中"在适用我国《民法典》第1165条规定的过错责任原则能够归责的情况下，不必扩大解释《民法典》第1198条适用范围"，理由主要为：其一，《民法典》第1198条对"经营场所、公共场所"采用的是列举式定义"宾馆、商场、银行、车站、机场、体育场馆、娱乐场所等"，其中的"等"字恰恰体现了立法者对"经营场所、公共场所"持开放式态度，为"经营场所、公共场所"的内涵和外延留下足够空间，以防止该条文的不周延性而不能适应社会情势的变迁，即立法者并未将"经营场所、公共场所"局限为"宾馆、商场、银行、车站、机场、体育场馆、娱乐场所"，也并未局限为"物理空间"，而网络直播空间只是时代和技术发展的产物，在具备"经营场所、公共场所"的实质特点情况下，应属于"经营场所、公共场所"的范畴，而不是对该条文的扩大解释；其二，为了更好地调整和规制法律

---

① 我国《民法典》第1198条第1款规定，宾馆、商场、银行、车站、机场、体育场馆、娱乐场所等经营场所、公共场所的经营者、管理者或者群众性活动的组织者，未尽到安全保障义务，造成他人损害的，应当承担侵权责任。

② 我国《民法典》第1165条第1款规定，行为人因过错侵害他人民事权益造成损害的，应当承担侵权责任。

③ 参见北京市第四中级人民法院民事判决书（2019）京04民终139号。

行为，在能适用专门条款的情况下，应优先适用专门条款，而非适用兜底条款，而《民法典》第 1198 条和 1165 条分别为专门条款和兜底条款，即应当优先适用的是《民法典》第 1198 条；其三，2013 年 9 月 10 日生效的《最高人民法院、最高人民检察院关于办理利用信息网络实施诽谤等刑事案件适用法律若干问题的解释》把信息网络视为公共场所，虽然该司法解释引起了学术界颇多的争议，但一般而言，刑法相对民法更应保持谦抑性和采用限制性解释方法，换言之，在刑法领域把信息网络视为公共场所的情形下，在民法领域把信息网络（直播网络空间）视为公共场所更应无障碍。

综上所述，直播平台通过网络空间提供直播服务，应受我国《民法典》第 1198 条调整和规制，即直播平台对其提供的网络空间负有安全保障义务，其义务相对方是该网络空间的使用者，即直播平台的用户。若直播平台对其提供的网络空间未尽到安全保障义务，造成他人损害的，应承担侵权责任。

（2）直播平台应采取何种安全保障措施。与实体公共场所或者线下群众活动对安全保障措施的要求不同，由于网络空间的虚拟性，且囿于目前网络技术水平，直播平台在提供网络服务时对其用户应尽的安全保障义务体现在以下两方面：①内容合法性先审后播，对用户上传的视频与直播内容（包括标题、简介、评论、弹幕等）进行审查，若视频与直播内容存在违法内容，则应拒绝视频与直播通过审查；②内容安全性被动审查，即"通知—删除"，在应知或明知用户的行为会导致损害他人权益行为发生的情形下，直播平台应当采取删除、屏蔽、断开链接等必要措施。

（3）直播平台应当承担何种责任。

侵权责任：根据我国《民法典》第 1198 条[①]的规定，直播平台对其提供的网络空间未尽到安全保障义务，造成他人损害的，应承担侵权责任。

补充责任：根据我国《民法典》第 1198 条[②]的规定，对网络空间而言，因第三人的行为造成他人损害的，直播平台未尽到安全保障义务的，承担相应的补充责任。

---

① 我国《民法典》第 1198 条第 1 款规定，宾馆、商场、银行、车站、机场、体育场馆、娱乐场所等经营场所、公共场所的经营者、管理者或者群众性活动的组织者，未尽到安全保障义务，造成他人损害的，应当承担侵权责任。

② 我国《民法典》第 1198 条第 2 款规定，因第三人的行为造成他人损害的，由第三人承担侵权责任；经营者、管理者或者组织者未尽到安全保障义务的，承担相应的补充责任。

网络服务提供者责任：根据我国《民法典》第 1195 条①的规定，直播平台接到被侵权人通知后未及时采取必要措施的，对损害的扩大部分与实施侵权行为的用户承担连带责任；根据我国《民法典》第 1197 条②的规定，直播平台知道或者应当知道网络用户利用直播平台侵害他人民事权益、未采取必要措施的，与实施侵权行为的用户承担连带责任。

比例适当原则：直播平台承担责任的程度应符合比例适当原则，即在直播平台应当承担责任的情形下，应综合考虑侵权人、被侵权人以及直播平台之间对侵权结果发生的过错程度，合理分配责任承担。

在丁某某、赵某等与北京某某科技有限公司生命权、健康权、身体权纠纷一案③中，北京某某科技有限公司（以下简称北京某公司）的直播平台的用户（以下简称侵权人），利用北京某公司提供的直播平台以短视频和直播的形式对原告的亲属（以下简称被侵权人）进行人身攻击、辱骂诅咒，被侵权人亦对侵权人进行反击，且多次向直播平台举报申诉侵权人及其行为，并要求对侵权人进行惩处，直播平台对侵权人的账号给予封禁等不同程度的处理，侵权人账号解封之后，侵权人又再次对被侵权人进行人身攻击以及辱骂诅咒，最终被侵权人不堪刺激而自杀。在该案中，法院认为：被侵权人作为完全民事行为能力人，其对自身行为的选择及对自身情绪的控制不当是导致其死亡的主要原因；北京某公司虽然对违规用户采取了处理措施，但是该处理并未达到有效遏制的效果，亦未采取有效措施维护网络的安全文明环境，鉴于北京某公司对其平台上出现的网络不文明行为制止不力，酌定北京某公司对被侵权人的死亡予以适当补偿，补偿比例为因死亡产生损失的 10%。

2. 直播行为引起的侵害主播人身权益的行为。与直播行为引起的侵害他人人身权益的行为不同之处在于，直播行为引起的侵害主播人身权益的行为，并不涉及第三人人身权益。在这类侵权行为之下，若主播与经纪公司或直播平台之间构成的是劳动关系，主播的人身权益损害赔偿适用《工伤保险条例》；

---

① 我国《民法典》第 1195 条第 2 款规定，网络服务提供者接到通知后，应当及时将该通知转送相关网络用户，并根据构成侵权的初步证据和服务类型采取必要措施；未及时采取必要措施的，对损害的扩大部分与该网络用户承担连带责任。

② 我国《民法典》第 1197 条规定，网络服务提供者知道或者应当知道网络用户利用其网络服务侵害他人民事权益，未采取必要措施的，与该网络用户承担连带责任。

③ 河北省沧州市运河区人民法院民事判决书（2018）冀 0903 民初 4159 号。

若主播与经纪公司或直播平台之间构成的是合作关系，则应综合考虑过错程度、工作分工、收益分配等合理确定主播与经纪公司或直播平台之间承担责任的比例。

此外，其与直播行为引起的侵害他人人身权益的行为相同之处在于，直播平台作为其提供的网络空间（直播平台）这一经营场所、公共场所的经营者、管理者或者群众性活动的组织者，对其用户负有安全保障义务，若未尽到安全保障义务，造成主播人身权益损害的，应承担相应的补充责任。

在何某等与北京某科技有限公司网络侵权责任纠纷[①]一案中，何某的亲属吴某（以下简称主播）系北京某科技有限公司（以下简称北京某公司）提供的直播平台的主播用户，该主播作为国内高空挑战"第一人"，具有一定的人气和知名度，在直播平台上传了大量其攀爬各种办公楼、铁塔、烟囱等高空建筑或在上述高空建筑顶端或边缘处表演行走、跳跃、翻转、悬空身体等高空危险性表演的视频。此后，主播在与直播平台进行一场宣传活动的合作中，挑战高空失败，不幸失手坠落身亡。在该案中，一审法院认为：该主播作为完全民事行为能力人，其主观上应能够完全认识到其所进行的冒险活动具有高度危险性，其拍摄、上传相关危险动作视频均系其自愿行为，其自身的冒险活动才是导致其坠亡的最主要原因，应对其死亡承担最主要的责任；直播平台有能力对该主播上传视频的内容进行审核，本可以采取删除、屏蔽、断开链接等必要措施对该主播上传的视频予以处理，并对该主播进行安全提示，但直播平台未完全采取上述措施，且在知道该主播从事相关危险冒险活动，并具有一定知名度的情况下，邀请该主播为其进行宣传活动，直播平台未尽到安全保障义务，且与该主播坠亡之间具有一定的因果关系，应承担相应的责任，但其所承担的责任是次要且轻微的。

在上述何某等与北京某科技有限公司网络侵权责任纠纷二审一案中，二审法院在适用法律上虽然与一审法院存在不同意见，但仍然认为直播平台应承担责任，从而判决驳回了北京某公司的上诉，维持原判。

此外，上述案件的主播，除了在直播平台，亦在微博平台上传了其高空挑战与表演的视频，该主播的亲属何某亦起诉了微博平台，但法院认为微博平台已尽到了安全保障义务，不应对该主播的死亡承担侵权责任，从而驳回了何某

---

① 北京互联网法院民事判决书（2018）京 0491 民初 2386 号。

的全部诉讼请求。①

上述两案中判决结果出现一定差异，笔者认为，其主要原因在于：

（1）两者安全保障义务要求不同。虽然微博平台与直播平台都是作为各自提供的网络空间的管理者，但两者对其用户所承担的安全保障义务有所差异，因为两者提供网络空间的平台服务有所差异：微博平台提供的主要是信息存储与搜索平台，而直播平台提供的是用户展示其线下表演的平台。换言之，相较于微博平台，直播平台更接近用户在线下实际空间的表演活动，因而直播平台应当承担相对较高的安全保障义务。

（2）两者在该事件上的主观状态不同。该主播虽然均在直播平台和微博平台发布了危险动作视频，但该危险动作视频内容并不违法相关法律法规的规定，网络服务提供者承担的应当是被动审查义务。

在上述何某与微博平台网络侵权责任纠纷一案中，微博平台对该主播发布的危险动作视频不具有明知或应知的主观状态，其对该主播所发布的危险动作视频未予审查不存在主观过错，也无法预知、防范该主播拍摄相关视频时可能遭遇的危险，因而对该主播已尽到安全保障义务，不应对该主播的死亡承担侵权责任。

而在上述何某与直播平台纠纷一案中，直播平台具有明知该主播发布危险动作视频的主观状态，还邀请了该主播通过高空挑战表演参与其宣传活动，因而对该主播的死亡未尽到安全保障义务，从而需要承担相应的责任。

（二）侵害知识产权的行为

与直播相关的侵害知识产权行为，包括侵害他人专利、商标、著作权的专用权的行为，与直播行为引起的侵害他人人身权益的行为类似，涉及多方主体，包括主播、直播平台、经纪公司以及享有知识产权的第三方。直播行为引起的侵害知识产权行为，与普通侵犯他人知识产权行为判定标准是统一的，不同之处在于，直播这一新兴的模式在行为特征方面与普通侵权行为有所差异，特别是涉及著作权的直播行为，从而导致对某些类型的直播行为如何定性、应承担何种责任以及由谁承担责任等法律问题的处理出现分歧。直播中涉及著作权的行为，特别是涉及音乐和游戏作品的行为，是最为普遍的，也是最具争议的，下文将围绕直播中使用音乐与游戏作品等涉及著作权的法律问题展开论述。

1. 直播使用音乐作品和制品涉及的法律问题。与音乐作品和制品相关的著作权及邻接权包括：词、曲作品著作权，表演者权和录音制作者权。各项权利

---

① 北京市第四中级人民法院民事判决书（2019）京 04 民终 139 号。

对应的主体如下：词、曲作品著作权对应作词人、编曲人，表演者权对应歌手与演奏者，录音制作者权对应录音制作者。我们日常所听的音乐，即是录音制作者录制的由歌手演唱与演奏者演奏的作词人与编曲人所著词曲的音乐制品。

除词、曲著作权人人身权及表演者人身权外，与直播使用音乐作品和制品最相关的著作权及邻接权的财产权为：①表演权，即公开表演作品，以及用各种手段公开播送作品的表演的权利；②广播权，即以有线或者无线方式公开播送或者转播作品，以及通过扩音器或者其他传送符号、声音、图像的类似工具向公众传播广播的作品的权利，但不包括信息网络传播权；③信息网络传播权，即以有线或者无线方式向公众提供作品，使公众可以在其个人选定的时间和地点获得作品的权利；④表演者享有许可他人通过信息网络向公众传播其表演，并获得报酬的权利；⑤录音制作者享有许可他人通过信息网络向公众传播其制作的录音制品，并获得报酬的权利；⑥将录音制品用于有线或者无线公开传播，或者通过传送声音的技术设备向公众公开播送的，应当向录音制作者支付报酬。

直播中使用音乐作品或制品常见的方式有以下几种：①主播清唱；②主播自弹自唱；③主播演奏纯乐器；④主播翻唱（重新编曲）；⑤主播翻唱（重新填词）；⑥主播使用录音制品伴奏进行演唱；⑦主播播放音乐制品作为背景音乐。其中，第①～④种方式涉及主播表演，第⑤～⑥种方式涉及主播表演和使用技术手段播送录音制品，第⑦种方式涉及使用技术手段播送录音制品，且第①～④种行为涉及词曲著作权，第⑤～⑦种方式涉及词曲著作权、表演者权以及录音制作者权。

观看主播的直播表演有两种方式：一是在主播直播时间观看；二是主播结束直播后，在个人选定时间和地点观看主播直播的录音录像制品。那么，主播直播时的上述第①～⑦种直播行为，以及主播直播的录音录像制品的传播等行为，是否侵害了相应的著作权和邻接权，以及应当由谁承担侵权责任？

（1）主播直播时使用音乐作品或音乐制品是否侵犯表演权、广播权及信息网络传播权。

与传统在现场表演音乐作品或者在现场使用设备播送（机械表演）音乐制品不同的是，上述第①～⑦种行为往往是主播首先在其个人空间（场所）进行表演或者通过设备播放音乐制品，然后通过信息网络等技术手段实时将该表演或者播放传播给观看直播的用户，用户也只能在直播特定的时间接收该表演或者播放的传播。

显然，主播在直播时使用音乐作品或制品行为的传播方式，与信息网络传播权对应的交互式信息网络传播方式（即用户可以在个人选定的时间和地点接收传播）是不相同的，用户不能通过该传播方式在选定的时间和地点接收传播。因而，主播在直播时使用音乐作品或制品的行为并不侵犯著作权中的信息网络传播权。

同时，显然地，主播在直播时使用音乐作品或制品行为的传播方式，是通过网络直播技术（有线或者无线方式）公开传播作品。因而，主播在直播时使用音乐作品或制品的行为，可能侵犯的权利是著作权中的广播权。

而关于主播在直播时使用音乐作品或者音乐制品是否侵犯表演权具有较大争议。一种观点认为主播在直播时使用音乐作品或音乐制品未侵害表演权：根据《著作权法》第 10 条第 1 款第 1~16 项可知，各项分权利是并列独立的，各自控制的行为应当是不相同的，即表演权与广播权、信息网络传播权以及放映权等是并列的，且表演权控制的行为是在公共场所直接面对现场观众的行为，包括表演者的现场表演和用各种手段实现的机械表演，由于直播间使用音乐作品或音乐制品不是直接向现场观众表演，因而不侵害表演权。另一种观点认为，直播间使用音乐作品或音乐制品的行为很可能落入了表演权定义中的"用各种手段公开播送作品的表演"所控制行为的范围，具体而言，使用手段为利用信息网络等技术实现了作品表演的播送，因而该行为侵害了表演权。

笔者认为，直播间使用音乐作品或音乐制品的行为侵害了著作权中的表演权，主要理由是：①表演权立法原意应是强调控制公开表演及其播送的行为，从上文可知，直播平台作为一种网络空间，是属于公共场所的范畴，直播平台提供者是这一公共场所的管理者或群众性活动的组织者，即主播在直播间的行为是属于在公共场所进行群众性活动的公开表演，网络直播技术实现的只是将实体线下空间向虚拟线上空间转化，并没有改变公共场所公开表演的实质，因而主播的行为属于表演权控制的范畴；②退一步讲，主播在直播时的行为是由"主播在直播平台空间进行表演"与"利用网络直播技术传播该表演"构成，暂且不论网络直播技术在该行为中所起的作用，在"主播在直播平台空间进行表演"的行为中，"主播"对应"表演者"，"直播平台空间"对应"公共场所"，"直播受众"对应"观众"，"主播表演或者设备播放"对应"表演行为"，该行为已经全部具备表演权所控制行为的全部要素，即表演者在公共场所向观众表演或通过设备播送该表演，因而主播在直播间的行为属于表演权控制的范畴；③表演权和广播权是并列独立的（表演权强调的是表演，广播权强调的是传播），并不影响主播在直播时的行为是否侵害了表演权，因为主播在直播时的行为是复合的，同时属于表演权和广播权控制的范畴，即"主播在直播平台空间进行表演"属于表演权控制的范畴，"利用网络直播技术传播该表演"属于广播权控制的范畴。综上所述，主播在直播时使用音乐作品或者音乐制品的行为侵害了著作权中的表演权，具体而言，主播上述第①～④种行为属于现场表演，第⑤～⑥属于现场表演和机械表演的结合，第⑦种行为属于机械表演。

（2）主播直播时使用音乐制品的行为是否侵犯了表演者权和录音制作者权。主播上述第⑤～⑦种行为涉及音乐制品的使用，涉及表演者权和录音制作者权。

表演者权包括人身权和财产权：一是表演者人身权，表演者享有表明表演者身份和保护表演形象不受歪曲的权利；二是表演者财产权，根据我国《著作权法》第 43 条 ① 的规定，录音录像制作者制作录音录像制品，应当同表演者订立合同，并支付报酬。2018 年 4 月 20 日发布并生效的《指南》第 6.2 条规定："电影作品和以类似摄制电影的方法创作的作品中，表演者就其在作品中的表演主张财产性权利的，不予支持。"可知，虽然该指南没有明确指明表演者就其在录音制品中的表演主张财产性权利是否应予以支持，但是结合《著作权法》第 43 条可知，表演者在录制音乐制品时已经从录音制作者处获得报酬，换言之录音制品的财产性权利应完全由录音制作者享有，表演者并不享有录音制品的财产性权利，主播在直播时的行为并不侵害表演者的财产性权利。

因而，主播若在直播时使用音乐制品，应当标明歌唱者和演奏者的身份，以及不得歪曲歌唱者和演奏者的表演形象，否则很可能侵害了录音制品表演者的人身权。

主播的直播行为是否侵犯了录音制作者权呢？根据我国《著作权法》第 44 条的规定，录音制作者享有许可他人通过信息网络向公众传播其制作的录音制品并获得报酬的权利，因而，该问题的关键点在于如何认定何为"通过信息网络传播"。根据《著作权法》第 10 条关于"信息网络传播权"的规定，可知"信息网络"传播的一个特性是"使公众可以在其个人选定的时间和地点获得作品"，为保持法条中上下文意思一致，此处的"通过信息网络传播"应当能够使公众可以在其个人选定的时间和地点获得作品。由于主播的直播行为是定时传播，直播受众无法在其选定的时间获得直播节目，因而，主播的直播行为并不受《著作权法》第 44 条规制。但是，主播的直播行为属于"将录音制品用于有线或者无线公开传播"，因而，根据《著作权法》第 45 条规定，主播应当向录音制作者支付报酬。

---

① 我国《著作权法》第 43 条规定，录音录像制作者制作录音录像制品，应当同表演者订立合同，并支付报酬。

（3）主播直播的录像制品的传播是否侵害著作权及邻接权。直播平台可以对主播的直播随播随录，主播直播结束后，直播平台能够存储直播的录像制品，以供错过直播的观众点播和重播。该录像制品的传播行为由"主播在直播平台空间进行表演"与"利用录播和信息网络等技术传播该表演的录像"，与主播的直播行为不同之处在于，公众可以在其个人选定的时间和地点获得该录像制品。结合上述第（1）点"主播直播时使用音乐作品或音乐制品是否侵犯表演权、广播权及信息网络传播权"和第（2）点"主播直播时使用音乐制品的行为是否侵犯了表演者权和录音制作者权"可知，"主播在直播平台空间进行表演"涉及侵害表演权，若未表明作词人、编曲人以及表演者身份，涉及侵害著作权人和表演者人身权，而"利用录播和信息网络等技术传播该表演的录像"则涉及侵害著作权人和录音制作者的信息网络传播权。

（4）主播直播时使用音乐作品或音乐制品是否构成合理使用。

根据《著作权法》第24条的规定，免费表演已经发表的作品，该表演未向公众收取费用，也未向表演者支付报酬，且不以营利为目的，属于合理使用，可以不经著作权人许可，不向其支付报酬，但应当指明作者姓名或者名称、作品名称，并且不得影响该作品的正常使用，也不得不合理地损害著作权人的合法权益，且该规定适用于对表演者和录音制作者的限制。

主播直播时使用的音乐作品或音乐制品一般是已经发表的作品，同时，虽然从表面上看，直播时主播未向公众收取费用，其自身也并未获得直播平台支付的报酬，但是一般来说，主播的直播行为并不属于合理使用。其原因在于：①主播虽然未向公众收取费用，但公众可以自愿向主播打赏，且获得公众打赏是主播开播的主要目的之一，其本质并非不向公众收取费用，而是公众自愿付费，与未向公众收取费用的立法原意不符合；②主播开播主要目的之一是获得报酬，包括公众打赏、广告推广费、货物销售等（粉丝经济），与未向表演者支付报酬的立法原意亦不符合。

但是，另一方面，若主播直播目的仅是个人兴趣或者个人才能展示，且无获取公众打赏或者开展粉丝经济的意向（即不以营利为目的），在主播举证（例如关闭公众打赏功能，没有明示或暗示的推广或带货等情形）证明的前提下，且指明了作者姓名或者名称、作品名称，亦不存在影响该作品的正常使用和损害著作权人合法权益的情形，则主播在直播时使用音乐作品或音乐制品的行为构成合理使用。

（5）侵权责任的承担。主播的直播行为以及直播的录像制品的传播行为导致的侵权责任承担，参考本书第四章第六节第三小节中"直播行为引起的侵害他人人身权益的行为"中关于责任承担主体以及应承担的责任,不同之处在于,直播平台在侵害他人著作权中应承担的责任还应根据直播平台所扮演角色细分:若直播平台仅作为直播服务提供者,其责任承担适用"通知—删除"原则;若直播平台还作为直播内容提供者,例如主播直播录像等成果的知识产权归属直播平台,则其责任承担不适用"通知—删除"原则,即直播平台应当承担侵权责任。

在武汉某网络科技有限公司(以下简称直播平台)与中国音乐著作权协会(以下简称音著协)因著作权权属、侵权纠纷一案①中,主播在直播期间播放了歌曲《咱们屯里的人》,直播平台在直播结束后在平台向公众提供该直播的录像以供公众回播。在该案中,虽然该歌曲仅被播放了 2 分 16 秒,在播放歌曲期间主播还在不断与观众进行直播对话,播放页面上也没有广告,针对该直播录像传播行为,法院认为该直播录像传播的行为侵害了著作权人的信息网络传播权,且由于直播平台享有该直播录像的知识产权,该直播录像的侵权责任应由直播平台承担。

在北京某文化传播有限责任公司与武汉某网络科技有限公司(以下简称直播平台)侵害作品表演权纠纷一案②中,主播在直播时播放了歌曲原版伴奏,并演唱了《小跳蛙》,直播结束后,该直播视频被主播制作并保存在直播平台上,观众可以通过登录直播平台随时随地进行播放观看和分享。在该案中,直播平台上存放的直播录像中存在未经著作权人许可表演歌曲《小跳蛙》的内容,并进行公开播送,属于侵害著作权人表演权的行为,且由于直播平台享有该直播录像的知识产权,该直播录像的侵权责任应由直播平台承担。

2. 游戏直播涉及的法律问题。游戏直播,是指游戏主播对游戏过程画面通过直播平台实时向观众展示,并可以配有解说、音乐以及与观众进行互动的行为。游戏直播过程中必然使用到游戏厂商提供的游戏和游戏画面,游戏直播涉及游戏开发者、直播平台、主播、游戏玩家以及经纪公司,游戏直播涉及的与游戏相关的著作权、主播及游戏玩家扮演的角色、游戏直播是否侵犯他人著作权、侵权责任由谁承担等问题至今仍具有很大争议。

(1)与游戏相关的著作权。游戏由内在计算机软件技术和外在游戏界面组

---

①　案号(2019)京 73 民终 1669 号。

②　案号(2019)京 0491 民初 29100 号。

成，内在计算机软件技术是游戏运行的基础，外在游戏界面是直接面向游戏玩家的。目前关于内在计算机软件著作权的法律问题已达成较统一的共识，但关于外在游戏界面的著作权问题争议仍较大。一般而言，外在游戏界面包括游戏地图、人物形象、游戏场景、道具装备、UI 界面、图标、特效视频、文字解说等美术作品、音乐、动画、视频以及文字等。对于其中涉及的美术、文字、音乐、动画、视频等是否构成著作权的判定标准已基本达成统一，即思想表达二分法以及是否具有独创性。争议点主要在于游戏玩家通过操作游戏形成的连续动态画面是否构成《著作权法》意义上的作品。

在《著作权法》第 3 次修正①之前，游戏玩家操作游戏形成的连续动态画面是否构成"以类似摄制电影的方法创作的作品"具有较大争议。《指南》2.14 条确定，运行网络游戏产生的连续动态游戏画面，符合以类似摄制电影的方法创作的作品构成要件的，受著作权法保护。广东省高级人民法院发布的《指引》再次确定了《指南》的该条内容。换言之，在实务界，游戏玩家操作游戏形成的连续动态画面可以构成以类似摄制电影的方法创作的作品已慢慢达成共识。

但是，仍然有不少反对者持相反的观点，其主要理由在于《著作权法实施条例》第 4 条第 11 项规定"电影作品以类似摄制电影的方法创作的作品，是指摄制在一定介质上，由一系列有伴音或者无伴音的画面组成，并且借助适当装置放映或者以其他方式传播的作品"，要求"以类似摄制电影的方法创作的作品"需采用"摄制"的技术手段，而游戏玩家操作游戏形成的连续动态画面并非通过"摄制"的技术手段形成，因而不构成"以类似摄制电影的方法创作的作品"。

笔者认为，游戏玩家操作游戏形成的连续动态画面，是在游戏开发者预设范围内，通过特定预设操作而触发形成的动态画面，且特定操作触发形成的动态画面是游戏开发者通过一定技术手段固定在一定介质上。随着技术的发展，动态画面已经可以脱离"摄制"的技术手段而实现，即可单纯通过计算机软件设备实现，这是技术发展的必然趋势与结果，故而应对"摄制"这一技术手段做类推解释，即可类推解释为通过"采取一定的技术手段"实现的，使之符合时代和技术的发展。因而，当游戏玩家操作游戏形成的连续动态画面符合以类似摄制电影的方法创作的作品构成要件时，应予保护。

在《著作权法》第 3 次修正中，"电影作品和以类似摄制电影的方法创作

---

① 《著作权法》2020 年 11 月 11 日第 3 次修正，于 2021 年 6 月 1 日起施行。

的作品"被修正为"视听作品"①，赋予了该类型作品更宽广的含义，也脱离了"摄制"手段的限制，因而游戏玩家操作游戏形成的连续动态画面属于"视听作品"保护的客体，在具有独创性的基础上，应予以保护。

进一步，虽然游戏玩家操作游戏形成的连续动态画面是由游戏玩家操作形成，若所形成的连续动态画面均在开发者预设范围内，即使游戏玩家付出了体力劳动（操作游戏）和智力劳动（设法形成特定连续动态画面），但并不享有"操作游戏形成的连续动态画面"这一视听作品的著作权。此种情形下，该视听作品的著作权应属于游戏开发者。

（2）游戏直播画面是否构成著作权。游戏直播，包括：①普通游戏直播，即游戏主播个人进行的，以自己或他人运行游戏所形成的游戏连续动态画面为基础，并可以配有解说、音乐以及与观众进行互动的行为；②电竞赛事游戏直播，即游戏主播对电竞赛事活动画面的直播，包括电竞过程的游戏画面的选择与剪辑、精彩镜头回放、电竞现场及玩家状态与游戏画面之间的切换、电竞过程解说以及与观众互动等。游戏直播画面，能否作为独立于游戏连续动态画面构成新的作品，其判断标准在于，游戏操作产生的连续动态画面与直播过程的表达是否具有独创性。

根据广东省高级人民法院发布的《指引》第20条的规定，判断游戏操作产生的连续动态画面是否可能构成新的独立作品，关键在于：游戏玩家的操作行为是否在游戏开发者预设的范围以外创作了新的表达元素。目前，对绝大多数游戏而言，游戏玩家的操作行为产生的连续动态画面都是根据游戏开发者预设的游戏规则和游戏元素自动生成，因而该连续动态画面并不构成新的独立作品，即使该连续动态画面的生成需要高难度的操作（包括体力劳动和智力劳动）方能实现。

因而，对绝大多数游戏而言，游戏直播画面能否作为独立于游戏连续动态画面构成新作品，其判断标准在于，直播过程的表达是否具有独创性：①若直播画面伴随的主播口头解说及其他元素仅系对相关游戏过程的简单描述、评论，该直播过程的表达不具有独创性；②若直播过程中，游戏主播根据游戏过程的画面和进展等进行创作性的解说、评论与选择、剪辑等，或者融入具有较高个人风格的解说元素，若该创作性达到一定的高度，则该游戏直播画面可以构成新的独立作品，若该创作性高度较低，则可以通过录像制品予以保护。

（3）游戏直播是否侵犯了他人的著作权。在腾讯科技（成都）有限公司等

---

① 参见《著作权法》第3条第6项。

原告与运城市阳光文化传媒有限公司等被告侵害计算机软件著作权及不正当竞争纠纷一案①中，被告公开招募原告享有著作权的游戏作品《王者荣耀》的直播主播，并在其对应的直播平台开展《王者荣耀》游戏直播。在该案裁定书中，法院认为，游戏直播不属于我国《著作权法》第10条第5项至第16项规定的财产权控制范围内，而属于我国《著作权法》第10条第17项规定的应当由著作权人享有的其他权利所控制；著作权是一种排他权，未经著作权人许可，也无《著作权法》规定的限制事由，利用他人作品即构成侵害著作权的行为。

笔者认可上述法院认为游戏直播的行为侵害了他人著作权的观点，但对于侵犯了著作权的何种权利内容持有保留意见。根据《著作权法》第10条第1款第10项的规定，放映权，是指通过放映机、幻灯机等技术设备公开再现美术、摄影、视听作品等的权利。比照放映权的概念，游戏直播行为可以解读为：通过直播设备与网络直播技术公开再现视听作品，即游戏直播行为应当属于放映权控制的行为。有观点认为，放映权控制的行为应为通过技术设备向现场观众进行公开再现美术、摄影、视听作品等，游戏直播行为并不属于面向"现场观众"的行为，因而游戏直播不属于放映权控制的范围。关于此点，可参考本书4章第6节第3小节中关于主播在直播时使用音乐作品或者音乐制品是否侵犯表演权的论述，不在此累述。换言之，游戏直播是满足向"现场观众"再现视听作品的要素，因而应受放映权控制。

（4）游戏直播是否构成对游戏作品的合理使用。广东省高级人民法院发布的《指引》第25条规定，对于不属于著作权法明文规定的行为是否属于合理使用的问题，应在促进技术创新和商业发展确有必要的特殊情形下进行个案判断，可参考以下因素，综合判断该行为是否影响该作品的正常使用以及是否不合理地损害著作权人的合法利益：①使用作品的目的和性质；②被使用作品的性质；③被使用部分的数量和质量；④对作品潜在市场或价值的影响。

游戏直播的出现、普及并得到迅猛发展，改变了许多人娱乐与工作方式，并促使了新的商业模式和行业的出现与发展。因而，对游戏直播中使用游戏作品是否构成合理使用的认定符合"应在促进技术创新和商业发展确有必要的特殊情形下"进行个案判断的前提条件。且其合理使用的四要素具体如下：①使用作品的目的和性质：对直播平台而言，使用游戏作品进行游戏直播，是为了吸引更多的用户以提高直播平台的知名度和商业价值。对游戏主播而言，使用游戏作品进行游戏直播，是为了展现其高超的游戏操控能力、展现游戏画面、

---

① 广州知识产权法院民事裁定书（2018）粤73民初2858号之一。

展现游戏剧情、进行游戏教学以及展现游戏带来的娱乐感等以获得他人认可、打赏、开展粉丝经济活动等。②被使用作品的性质：游戏直播中被使用的作品为与游戏界面相关的多项（类）享有著作权的作品，包括文字、美术、音乐、视听作品等，这些作品的研发与运营往往需要花费游戏开发者大量的人力、物力和财力。③被使用部分的数量和质量：游戏直播中一般会高清高质使用与游戏画面相关的所有作品的所有内容。④对作品潜在市场或价值的影响：游戏直播对游戏作品既有可能带来积极影响，也有可能带来负面影响。

综上所述，游戏直播使用游戏作品的行为，参照合理使用"四要素"整体上是不利于游戏使用者的，因而游戏直播使用游戏作品构成合理使用的可能性相对较低。但是，对于一些国民级或者现象级的游戏，如果游戏著作权人过度使用其游戏相关的著作权，很有可能给行业发展以及公众利益带来负面影响，因而在维护著作权人权益与促进行业发展、维护公众利益方面需维持平衡，以期社会福祉最大化。

（5）游戏直播侵害他人著作权的责任承担，与直播使用他人音乐作品或者音乐制品的责任承担相同，在此不作累述。